ÉTUDES ROMANTIQUES ET DIX-NEUVIÉMISTES
sous la direction de Pierre Glaudes et Paolo Tortonese

Les Lois de l'économie selon les romanciers du XIXe siècle

Ouvrage publié avec le soutien de l'université de Picardie – Jules Verne
et de l'axe « Roman et Romanesque » du centre d'études des relations
et contacts linguistiques et littéraires (CERCLL – EA 4283)

Christophe Reffait

Les Lois de l'économie

selon les romanciers du XIXᵉ siècle

PARIS
CLASSIQUES GARNIER
2020

Christophe Reffait est professeur de littérature française à l'université de Picardie – Jules Verne et travaille sur le roman du XIXe siècle (Émile Zola, Jules Verne) et la notion de romanesque. Il a publié *La Bourse dans le roman du second XIXe siècle, discours romanesque et imaginaire social de la spéculation*.

© 2020. Classiques Garnier, Paris.
Reproduction et traduction, même partielles, interdites.
Tous droits réservés pour tous les pays.

ISBN 978-2-406-09745-7 (livre broché)
ISBN 978-2-406-09746-4 (livre relié)
ISSN 2103-4672

Pour Eliot, Anouk et Madeleine.

INTRODUCTION

Une « science sans entrailles » ?

« Science sans entrailles », dit le *Dictionnaire des idées reçues* à l'article « Économie politique ». Entendons : science sans conscience, forgée par des hommes sans cœur, qui théorisent un équilibre abstrait, en réduisant l'humanité à l'*homo œconomicus* et en la plongeant dans les eaux glacées du calcul égoïste. Science sans pitié, qui loin de penser la production pour l'homme, inféoderait celui-ci à la perpétuation des produits. Science sans espoir, qui loin de chercher la formule du bonheur, placerait les hommes et les sociétés dans un écheveau de contraintes. Science sans programme, qui loin de résoudre les apories du politique, viderait le citoyen de sa substance. Déterminisme, amoralité, matérialisme : il semble entendu que l'économie politique n'a pas d'entrailles.

Science du travail, par exemple, elle confondrait l'homme et la machine : « Un ouvrier, en économie politique, n'est autre chose qu'un capital fixe, accumulé par le pays qui l'a entretenu tout le temps nécessaire de son apprentissage et à l'entier développement de ses forces », écrit sérieusement un économiste des années 1830[1]. Il ajoute : « Par rapport à la production de la richesse, on doit le [l'ouvrier] considérer comme une machine à la construction de laquelle on a employé un capital qui commence à être remboursé et à payer intérêt, du moment qu'elle devient par l'industrie un utile auxiliaire. » De telles lignes ne passent pas inaperçues des détracteurs chrétiens de la science nouvelle, qui concluent à « une science sans entrailles et aussi sans vérité et sans pénétration », une « science bornée aux surfaces de la société, qui, trouvant

---

[1] Il s'agit de l'économiste libéral espagnol Alvaro Florez Estrada (1765-1853), dans le chapitre XIV de son *Cours éclectique d'économie politique* (trad. L. Galibert, Paris, Treuttel et Wurtz, 1833, p. 363). Il est ici cité par Pierre-Sébastien Laurentie dans sa *Théorie catholique des sciences. Introduction à l'encyclopédie du XIXᵉ siècle*, Paris, Bureau de l'Encyclopédie, 1842, p. 35.

des larmes dans le monde, ne s'enquiert pas d'où elles viennent². . . ». Ailleurs, toujours aux alentours de 1840, on compare l'économie politique à l'entomologie ou l'ornithologie, car c'est une science descriptive, or « la science descriptive est une science sans entrailles, qui ne s'émeut ni des souffrances du pauvre, ni des catastrophes du riche, ni des crises du commerce, ni du désordre industriel, ni de l'anarchie sociale », en somme « une science sans moralité, une science étrangère à toute notion du droit, et qui n'a aucun rapport avec la science du juste et de l'injuste³ ». Au milieu du siècle, l'économiste Adolphe Blanqui s'explique ainsi que l'économie politique ait « perdu la sympathie des populations » : « On ne joue pas impunément de la sensibilité humaine et l'on ne doit pas traiter des hommes comme des *choses*⁴. »

Science de la concurrence, aussi, l'économie politique confondrait émulation et combat à mort, et elle entretiendrait un progressisme naturaliste bientôt dégradé en darwinisme social. Certes on voit Michel Chevalier tenter de réconcilier concurrence et « sentiment chrétien » dans une défense de l'économie politique devant son auditoire du Collège de France : « gardez-vous de la considérer comme une science sans entrailles, qui, à la façon de l'impitoyable génie de la guerre, au gré duquel les hommes ne sont que de la chair à canon, poursuivrait les progrès de la production, en broyant les générations sous les roues de fer de son char⁵. » Il n'en reste pas moins que le progrès prôné par l'économie politique ressemble en effet au « char de Jaggernaut qui passe », comme le résume Marc Angenot lorsqu'il brosse le duel entre les réformateurs socialisants et les économistes des années 1840⁶. Et cette image serait toujours valide pour décrire certaines postures du demi-siècle suivant : elle évoque les accès de darwinisme économique de Zola, la

---

2 Pierre-Sébastien Laurentie, *ibid*. Cependant, Laurentie omet de dire que dans ce passage, Florez Estrada défend l'immigration d'ouvriers étrangers déjà bien formés, en expliquant qu'elle accroît la richesse nationale.
3 L. Valois, « Qu'est-ce que l'économie politique ? », *La Revue synthétique. Sciences, littérature, Beaux arts, industrie*, tome second, Paris, Aux bureaux de la *Revue synthétique*, 1843, p. 140.
4 Compte rendu des propos d'Adolphe Blanqui, dans MM. Dunoyer, Cousin, Blanqui et Chevalier, « De l'objet et des limites de l'économie politique », *Séances et travaux de l'académie des sciences morales et politiques* [1853], Paris, A. Durand, 1855, p. 153.
5 Ramon de la Sagra, réfutation d'un discours de Michel Chevalier au Collège de France, dans *Organisation du travail : questions préliminaires à l'examen de ce problème*, Paris, Ledoyen, 1848, p. 58.
6 Marc Angenot, *Dialogues de sourds*, Paris, Fayard, 2008.

naturalisation des crises promue par le médecin et économiste Clément Juglar, ou encore ce progressisme non-idéaliste selon lequel les ruines sont revigorantes et le marché se nettoie lui-même comme une nature... Ici s'esquisse le débat de tout un siècle entre d'un côté le socialisme et le christianisme, de l'autre un libéralisme économique dont la science économique est l'organe ; ce qui n'empêche pas le christianisme social de renvoyer libéralisme et socialisme dos à dos en leur reprochant leur commun déterminisme.

UNE IDÉE REÇUE

Mais que l'économie politique soit une « sciences sans entrailles » est d'abord une idée reçue, un cliché polémique, un réflexe phraséologique qui a toute sa place dans le *Dictionnaire* de Flaubert – ce qui lui vaut aussi de figurer en bonne place au début des travaux universitaires sur économie et littérature[7]. Frédéric Bastiat, admiré par le romancier, constate qu'il passe communément pour « un économiste sans entrailles[8] », et nous voyons la notice du *Dictionnaire du XIXe siècle* de Pierre Larousse sur *Les Harmonies économiques* tenter de le laver de cette accusation toute faite[9]. « Pour employer une locution vulgaire », écrit Paul Leroy-Beaulieu en 1880, l'économie politique passe « dans l'opinion de beaucoup de personnes » pour une « science sans entrailles », en raison de son abstraction et de son apparent fatalisme[10]. En 1865, l'économiste libéral

---

7   Voir Nicole Édelman et François Vatin (dir.), *Économie et littérature, France et Grande-Bretagne 1815-1848*, Paris, Le Manuscrit, 2007, p. 11, p. 15-16 et 4e de couverture. Voir aussi Francesco Spandri, « Romanzo e denaro : alcune riflessioni metodologiche sul caso francese » [http://romatrepress.uniroma3.it/ita].

8   « Il est maintenant reçu que je suis un homme sans cœur et sans entrailles, un philosophe sec, un individualiste, un bourgeois, et, pour tout dire en un mot, un économiste de l'école anglaise ou américaine. » Frédéric Bastiat, *Journal des Débats*, 25 septembre 1848, cité in Françoise Mélonio, « Flaubert, "libéral enragé" ? », dans Anne Herschberg-Pierrot (dir.), *Savoirs en récits I*, Saint-Denis, Presses Universitaires de Vincennes, 2010, p. 17.

9   Article « Harmonies économiques (Bastiat, 1849) », *Grand Dictionnaire universel du XIXe siècle*, sous la direction de Pierre Larousse, tome 9 (H-K), 1872, p. 84.

10 Paul Leroy-Beaulieu, *Essai sur la répartition des richesses et la tendance à une moindre égalité des conditions* [préface de novembre 1880], Paris, Guillaumin, 1881, p. 4.

Lamé-Fleury, parce qu'il souhaite précisément distinguer l'économie politique du droit et de la morale, veut reprendre le cliché à son compte pour mieux refonder la méthode : « c'est une expression que je demande la permission de répéter », proclame-t-il, « bien qu'elle m'ait été sévèrement reprochée comme une *fantaisie de langage* qu'il fallait laisser à nos adversaires[11] ». D'où vient l'expression « sciences sans entrailles » ? Charles Gide en fait en 1890 le quasi-synonyme de l'expression « *dismal science* » (« science lugubre » ou bien « science du lugubre »). Mais de même que l'origine de l'expression forgée par Thomas Carlyle pour désigner l'économie politique n'est pas conforme à l'opinion répandue[12], celle de l'expression « sciences sans entrailles » se perd dans l'histoire des polémiques. D'autres sciences ne peuvent-elles être « sans entrailles », comme on le dit communément d'un homme, d'une bureaucratie, d'un appareil législatif, ou comme Valéry le dit du personnage romanesque ? On le dit parfois de la statistique. On le dit ailleurs de la théologie. Mais au fil du XIXe siècle, cet objectivisme froid semble devenir l'apanage de l'économie politique, laquelle accède au triste statut de comparant : « De la théologie, comme de l'économie politique, on avait pu dire trop longtemps qu'elle était une science sans entrailles[13]... ».

Comment répondre à pareille réputation d'inhumanité ? Les tenants de l'économie pure dissocient celle-ci du droit et de la morale. Frédéric Bastiat prévient d'emblée, lorsqu'il débat avec Proudhon de la notion d'intérêt, que l'économie politique peut se prononcer sur l'*hérédité*, l'*échange* ou le *prêt*, mais qu'elle n'a pas à s'occuper du *don*, des conséquences de la générosité sur le donateur et le récipiendaire. En conclure qu'elle est une « science sans entrailles » est « une accusation ridicule », puisque « de telles considérations

---

11 Ernest Lamé-Fleury, compte rendu de l'ouvrage de M. P. Rivet, avocat à la Cour d'appel de Paris, *Des rapports du droit et de la législation avec l'économie politique* (Paris, Guillaumin, 1864), *Journal des économistes*, avril 1865, p. 303. Ernest Lamé-Fleury fait semble-t-il référence à un débat qui aurait eu lieu lors de la séance de la Société d'économie politique le 6 juin 1864.

12 Carlyle utilise bien l'adjectif *dismal* dans un commentaire de 1839 sur l'*Essai sur le principe de population*, mais il ne forgera l'expression « *dismal science* » qu'en 1849 dans la brochure intitulée *Occasional Discourse on the Negro Question*. Or justement ce texte est un texte contre l'abolition de l'esclavage. Voir David Levy et Sandra Peart, « The secret history of the dismal science », 22 janvier 2001, [econlib.org], page consultée le 17 juillet 2016.

13 James-Élie Néel, « Les deux nouvelles écoles », *Revue chrétienne*, juillet 1894, p. 349. L'article croit discerner une analogie « entre la nouvelle école théologique et la nouvelle école économique ».

appartiennent évidemment à la morale[14] ». D'autres, opérant la même dichotomie et bornant le périmètre de l'économie politique, expliquent que celle-ci « résumera les lois auxquelles obéissent fatalement les intérêts matériels », pendant que « la morale corrigera ces lois, souvent si âcres, d'après les règles à elle propres qui lui servent à juger que les instincts de l'homme sont bons ou mauvais », et que le droit, quant à lui, « formulera les prescriptions auxquelles doivent être, avec la sanction sociale, assujetties les actions humaines[15] ». Le déterminisme économique contre la loi votée : dégager l'économie politique du droit ou de la morale semble le moyen d'en excuser l'apparente insensibilité, tout en consolidant sa scientificité.

Certains défenseurs de la discipline sont plus maladroits lorsqu'ils prétendent conserver des prétentions morales. Un analyste de la condition de l'ouvrier américain déclare à la fin du siècle : « C'est une erreur propagée en Amérique comme en Europe par les réformateurs de dire que l'économie politique est une science sans entrailles[16] ». Cette accusation peut selon lui se comprendre, puisque cette science « a pour objet d'étudier les faits économiques et d'en dégager les lois qui les gouvernent et non de construire des utopies séduisantes ». Certes « elle n'est pas la morale », convient l'économiste, « mais elle ne se désintéresse pas de la morale, parce qu'elle sait combien les qualités morales des travailleurs ajoutent à la productivité générale d'une nation[17] ». Ajout malencontreux ! – car il revient encore à inféoder l'humanité à la recherche du profit, et cette maladresse n'échappera pas aux commentateurs de son livre[18]. Nous retrouvons semblable raisonnement chez un auteur de manuel des années 1920, qui explique que la législation sur les accidents du travail, laquelle paraît d'abord avoir pesé sur les coûts de production, a donné par la suite « des résultats d'ordre proprement économique d'une réelle importance[19] ». Ce correctif relève involontairement de la même

---

14 Frédéric Bastiat, *Capital et rente* [février 1849], dans *Œuvres complètes* de Frédéric Bastiat, t. V, Paris, Guillaumin, 1854, p. 33.
15 Voir Ernest Lamé-Fleury, art. cité, p. 303.
16 Émile Levasseur, *L'ouvrier américain : l'ouvrier au travail, l'ouvrier chez lui, les questions ouvrières*, chap. VIII, vol. 2, Paris, L. Larose, 1898, p. 462.
17 *Ibid.*, p. 463.
18 Voir Jean-Louis de la Verdonie, « Essai de morale économique : le devoir social du patron », *La Science catholique : revue des questions religieuses* (périodique), 18ᵉ année, n° 1, décembre 1903, p. 47.
19 Maurice Ansiaux, *Traité d'économie politique. Les problèmes généraux de la vie économique*, Paris, Giard, p. 644.

réincorporation du droit dans la productivité, de la morale dans l'intérêt, de l'immatériel dans le matériel. Il s'agit peut-être d'une maladresse rhétorique, mais on touche là à une vérité profonde. S'exprime peut-être ici l'espèce de cynisme avec lequel le capitalisme fait feu de tout bois. Ou bien l'espèce de détachement dont font montre les libéraux les plus convaincus, lorsqu'ils expliquent que le marché ne demande qu'à jouer dans un cadre législatif clair pour tout le monde. Le repentir des économistes témoignerait aussi de la vigueur avec laquelle la théorie économique élabore ses raisonnements tout en rejetant sur ses marges ce qui relève des lois votées ou de la simple humanité. Cela indique enfin et surtout la difficulté de la science nouvelle à trouver sa place au XIXe siècle, selon qu'elle aspire à devenir une véritable physique des intérêts, ou qu'elle se conçoit dans le sillage de la science sociale qu'appelaient de leurs vœux les objecteurs d'obédience socialiste sous la monarchie de Juillet[20].

C'est ainsi que la meilleure réponse à l'idée reçue est peut-être celle des économistes qui insistent sur l'historicité et la diversité de leur discipline. Pour Adolphe Blanqui en 1853, c'est Ricardo qui a eu « le tort de faire de l'économie politique une science sans entrailles », car ses raisonnements auraient motivé en Angleterre « quelques applications sauvages dans les questions de fermage et de salaires[21] ». Pour Paul Leroy-Beaulieu, « il y a parmi les doctrines économiques des vérités qui sont éternelles (…), mais il y a aussi des observations qui sont contingentes, auxquelles on a eu tort de donner souvent la forme de lois et qui n'ont qu'une vérité relative » : selon lui, un économiste de 1880 « ne peut plus raisonner sur la répartition des richesses comme le faisaient Turgot, ou Malthus, ou Ricardo[22] ». Pour Charles Gide, c'est le propre de « l'économie classique » de se détourner des misérables qui réclament qu'on relève le taux des salaires ou l'assistance aux indigents[23]. Bien différente est

---

20 Depuis ce qu'il est convenu d'appeler « le problème d'Adam Smith » (le caractère apparemment duel d'une œuvre fondatrice qui comprend à la fois la *Théorie des sentiments moraux* et *La Richesse des nations*) jusqu'aux dissensions internes de la 6e section du CNU en France, la science économique doit avant tout nous apparaître plurielle.

21 Compte rendu des propos d'Adolphe Blanqui, « De l'objet et des limites de l'économie politique », art. cité.

22 Paul Leroy-Beaulieu, *Essai sur la répartition des richesses…, op. cit.*, p. 5-6.

23 Charles Gide, « L'école nouvelle », troisième conférence, dans *Quatre écoles d'économie sociale : conférences données à l'Aula de l'université de Genève, ; sous les auspices de la société chrétienne suisse d'économie sociale*, Genève, Stapelmohr, 1890, p. 133.

« l'école nouvelle », qui estime « qu'il y a quelque chose à faire, beaucoup à faire même, parce que l'ordre de choses actuel est très défectueux et que jamais l'homme ne se résignera à accepter un ordre de choses contre lequel sa conscience et sa raison protestent[24] ». Gide lui-même représente ce tournant solidariste de l'économie, associant sociologie et science économique. « Vous avez humanisé l'économie politique », le félicitera Célestin Bouglé en 1921 : « D'une science sans entrailles, sèche, froide, vous avez fait une science qui ne sait pas demeurer insensible aux peines, aux injustices, aux misères dont elle dresse le bilan[25] ». Et Gide adressera exactement le même compliment, posthume, à son collègue Henri Saint-Marc[26]. Un économiste pourra conclure au tournant du siècle : « Le temps est loin où l'économie politique passait pour une science sans entrailles ; les modernes écoles économiques ne nous sèvrent pas de morale, elles nous en comblent, quelques-uns prétendent qu'elles nous en accablent[27]. »

De ce fait, un homme comme Charles Gide, réputé avoir donné à l'économie « une couleur éthique (...) que l'école libérale ou classique des Bastiat et des Ricardo ignorait à peu près complètement[28] », est particulièrement bien placé pour contester l'idée reçue qu'on aurait là une science sans entrailles : « épithète assez injuste », note-t-il en effet, « car une science n'est pas nécessairement tenue d'avoir des entrailles ; c'est bien assez qu'elle ait un cerveau[29] ». Nous trouvons un contrepied comparable en 1896, dans une Conférence de Carême à Notre Dame de Paris qui semble avoir eu quelque écho dans la rubrique économique des revues catholiques : Mgr Maurice d'Hulst y constate qu'« il est de

---

24 *Ibid.*
25 Célestin Bouglé, « Le banquet Charles Gide », *L'Émancipation*, 1921, p. 144, cité dans Jean-Paul Laurens, « Les instabilités institutionnelles d'une discipline émergente – *Le cas de la sociologie à Montpellier (1838-1922)* », *Revue d'anthropologie des connaissances*, vol. 9, n° 4, 2015.
26 « Il avait l'indignation prompte et généreuse, le cœur chaud, et on le sentait battre – ce pauvre cœur qui a battu si fort jusqu'à en mourir – même quand il traitait les sujets et les plus ingrats. Ce n'est certes pas entre ses mains que l'économie politique se fût jamais attirée le qualificatif que lui décrochait Carlyle, de science sans entrailles. » Charles Gide, « Henri Saint-Marc », *Revue d'économie politique*, Paris Sirey-Dalloz, 1896, p. 848.
27 Henri Truchy, compte rendu de Francesco Saverio Nitti, *Principes de science des finances*, trad. J. Chamard, préface A. Wahl, Paris, Giard et Brière, 1904, *Revue de science et de législation financières*, janvier 1904, p. 557-558.
28 James-Élie Néel, « Les deux nouvelles écoles », art. cité, p. 346.
29 M. Charles Gide, « L'école nouvelle », art. cité, p. 133.

mode, dans certains milieux, de médire de l'économie politique », alors qu'après tout, l'économiste « rentre dans le domaine de la science qui lui est propre, il observe les faits, il les interprète, il en tire des lois et malheur au moraliste qui, de parti pris, négligerait ces faits et ces lois[30] ! » On ne peut reprocher à l'économiste d'être expert en lois économiques ; c'est même à cette condition qu'il peut agir en vrai moraliste.

D'où la possibilité d'une argumentation plus audacieuse, qui épouserait l'idée reçue afin de mettre justement en lumière la nécessité de la morale et de la réforme économiques : « Nulle science n'a le droit d'avoir d'entrailles [sic] », écrit ainsi le philosophe Edmond Goblot[31]. Il faut admettre que « cette mesure de ce qui est ne nous apprend rien relativement à ce qui est juste », renchérit-il. Il faut enfin rappeler que « la nature est indifférente à la justice comme à la douleur ». Mais l'économie politique, justement parce qu'elle étudie sans état d'âme la mécanique des intérêts, aboutit à des constats qui appellent l'intervention morale ou politique. Par exemple, écrit Goblot, on peut clamer que le travail « n'est pas payé ce qu'il vaut » quand des couturières qui travaillent 15h par jour ont besoin du bureau de bienfaisance pour survivre. Mais « disons plutôt », conclut le philosophe, « qu'il est souvent inique et inhumain de ne payer un travail que ce qu'il vaut[32] ». Là serait peut-être la vertu de cette « science sans entrailles » : elle montrerait crûment où va le monde lorsqu'aucune âme n'est là pour le corriger. Elle montrerait justement ce qu'est le jeu des intérêts en dehors de toute tempérance. Là résiderait sa moralité, si nous disons, comme Zola, que « la seule moralité est celle du vrai ».

Si donc l'économie politique, plus que toute autre science, plus que la statistique, la théologie ou l'entomologie, desquelles ses détracteurs l'ont rapprochée, semble indisposer si fort les hommes du XIXe siècle, c'est peut-être parce qu'elle dévoile combien peut leur être cruel un ordre qui n'émane pourtant que d'eux-mêmes. L'économie politique apparaîtrait sans entrailles parce qu'elle part du principe que l'individu

---

30 Voir P. Drillon, Compte rendu de la Conférence de Carême de 1896 à Notre Dame de Paris par Mgr d'Hulst, « Bulletin des sciences sociales », *La Science catholique : revue des questions religieuses*, Lyon, Delhomme et Briguet et Paris, Sueur-Charruey, 15 novembre 1896, p. 1212.
31 Edmond Goblot, « Exercices logiques sur les jugements de valeur », *Revue philosophique de la France et de l'étranger*, Paris, Alcan, janvier 1901, p. 326.
32 *Ibid.*

est parfois sans cœur. En effet, la réduction de l'humain au calcul n'est pas seulement une licence méthodologique, mais aussi une hypothèse plausible. Et qui pis est, la science nouvelle promet le bonheur matériel, seuil peut-être d'un bonheur plus élevé, à cette humanité médiocre. On lui reproche ainsi des raisonnements dont on n'ose pas voir qu'ils coïncident avec une philosophie morale pessimiste à laquelle on est acquis, comme si on lui reprochait de fructifier sur cette anthropologie. Certes, il suffit de parcourir la pensée de l'auteur de *La Richesse des nations* et de la *Théorie des sentiments moraux* pour constater que le jeu de la liberté individuelle, guidé par l'intérêt, ne relève pas d'une anthropologie aussi pessimiste. Peu importe, le procès de l'économie politique est celui de son naturalisme[33].

LES LOIS NATURELLES DE L'ÉCONOMIE

Matérialiste et naturaliste, l'économie politique dévoile le fonctionnement autonome de la sphère des intérêts les plus primaires. Universaliste, elle s'attire des critiques qu'on n'adresserait pas à l'histoire, puisqu'elle paraît justement dénuée de sens historique. Déterministe, elle effraie surtout par les lois et mécanismes implacables qu'elle semble déceler dans le réel. Les physiocrates, justifiant leur nom, ont tout particulièrement contribué à théoriser un ordre naturel de l'économie que le pouvoir politique ne pourrait plus ignorer ni contredire. Quesnay recommande ainsi que « ceux qui se destinent aux emplois de l'administration se soient assujettis à l'étude de l'ordre naturel le plus avantageux aux hommes réunis en société[34] », manière aimable de renvoyer le souverain à l'école. La réalité économique est régie par des lois intelligibles, encore offertes

---

33 *Naturalisme* : ce terme philosophique se rencontre aussi en épistémologie de l'économie ou en histoire de la pensée économique, par exemple chez Charles Gide. Voir Alain Barrère, avec la collaboration d'Edwin Le Héron et Pierre Lévy, *Histoire de la pensée et de l'analyse économiques*, t. I, « La formation des premiers systèmes d'économie politique (des origines à 1870) », Paris, Cujas, 1994, notamment p. 218-219, 256-257 ou 266-267.
34 François Quesnay, maxime deuxième, *Maximes générales du gouvernement économique d'un royaume agricole* [1767], dans *Œuvres économiques et philosophiques de François Quesnay*, Paris, Jules Peelman, p. 331.

aux spéculations des économistes, explique Jean-Baptiste Say au moyen d'images empruntées à la physique. Dans son *Cours à l'Athénée*, il rappelle « qu'on a pu dire qu'on savait l'astronomie, lorsqu'on a su prévoir et annoncer les éclipses[35] ». Il ajoute : « on disait aussi avant Torricelli qu'il était impossible de peser l'air, et maintenant le poids de l'air et de tous les autres gaz est au nombre des choses les mieux connues. » De même, conclut-il, « en Économie politique il y a [...] des vérités qui étaient tout à fait inconnues et qui sont connues maintenant ». Il faut accéder aux « *saines connaissances* », souligne-t-il, c'est-à-dire à « celles qui font connaître la vraie nature des choses et *l'enchaînement* des faits entre eux[36] ». Et il faut aussi, explique-t-il dans le « Discours préliminaire » à son *Traité d'économie politique*, reconnaître les *faits généraux* même lorsqu'ils sont masqués par des *faits particuliers* : certes les jets d'eau de nos jardins s'élèvent vers le ciel, mais « le fait particulier d'un jet d'eau est un effet où les lois de l'équilibre se combinent avec celles de la pesanteur sans les détruire[37] ». L'économie politique, au fur et à mesure de ses découvertes, doit mettre au jour les déterminismes qui s'imposent aux hommes et aux royaumes depuis toujours : les quantités, les prix, les salaires, la valeur des monnaies et toutes les variables de l'économie obéiraient à des lois aussi irréfragables que celles de Galilée ou Newton. Le discours de Jean-Baptiste Say, dont on mesure peut-être mal aujourd'hui le retentissement dans la France du XIXe siècle[38], est de ce point de vue aussi mécaniciste et universaliste que celui de Jeremy Bentham ou de David Ricardo. Certes l'économie ne l'a pas attendu pour raisonner par lois (loi de l'offre et de la demande, loi de Gresham sur la monnaie...). Mais en célébrant la naissance de la « science nouvelle », Say lui prescrit de se

---

35   Jean-Baptiste Say, *Cours à l'Athénée* [4e séance de 1819], dans *Cours d'économie politique et autres essais*, éd. Philippe Steiner, Paris, Flammarion, « GF », 1996, p. 165.
36   *Ibid.*, p. 166.
37   Jean-Baptiste Say, « Discours préliminaire », *Traité d'économie politique*, t. I, Paris, impr. Crapelet, éd. Déterville, 1803, p. IV-V. La comparaison avec le jet d'eau reviendra dans les versions ultérieures du texte : les faits particuliers n'abolissent pas les faits généraux, « comme dans les jets d'eau de nos jardins, où l'on voit les lois de la pesanteur modifiées par celles de l'équilibre, sans pour cela cesser d'exister » (5e éd., 1826, p. XIIJ).
38   Nous renvoyons aux travaux de Philippe Steiner sur Jean-Baptiste Say en particulier et sur l'école française d'économie politique en général. Voir récemment Philippe Steiner *et al.*, *Traité d'économie politique*, édition des variantes, dans *Œuvres complètes de Jean-Baptiste Say*, vol. I, Paris, Economica, 2006. Voir aussi Philippe Steiner, en collaboration avec Alain Béraud, « French Political Economy : History of (1700-1870) », *New Palgrave Dictionary of Economics*, 2008.

constituer en corpus de lois, lequel va s'étoffer à partir des classiques : loi sur l'expansion de la production (Say), sur le niveau des salaires et des profits (Ricardo), sur la croissance de la population et des subsistances (Malthus), sur la structure de la consommation (Engel)...

De manière corollaire, l'économie politique a prétendu dévoiler les errements des politiques économiques passées et présentes. Quesnay révèle ainsi qu'un impôt peut être « destructif[39] ». Jean-Baptiste Say tonne contre le colbertisme récurrent d'une France qui vante « les bienfaits des jurandes et des maîtrises » ou qui réglemente « la manière de faire un peigne ou de la gaze », sans s'apercevoir qu'il s'agit là d'une « violation de la propriété » et que celle-ci est « une atteinte portée à la production qui, après tout, est ce qui fait vivre les nations[40] ». Nous retrouverons semblable discours chez tous ses thuriféraires au cours du siècle, jusqu'à l'économiste et homme politique Yves Guyot. Ce proche de Zola cite volontiers les formules caractéristiques du naturalisme économique de Say : « [les lois générales de l'économie] dérivent de la nature des choses, tout aussi sûrement que les lois du monde physique : on ne les imagine pas, on les trouve ; elles gouvernent les gens qui gouvernent les autres, et jamais on ne les viole impunément[41]. » Surtout, Guyot formule à la suite de son maître une critique sévère de l'« ordre factice » que Colbert, Bonaparte ou les réformateurs socialisants des années 1880 ont prétendu ou prétendent opposer à l'ordre naturel de l'économie[42]. Contestation ouverte des politiques économiques, l'économie politique libérale est aussi en conflit permanent avec un socialisme toujours accusé de méconnaître les lois naturelles. De ce point de vue, le socialisme modéré des *Katheder Sozialisten* belges et allemands des vingt dernières années du siècle est méthodologiquement plus éloigné d'elle que le déterminisme marxiste. Il est frappant que Gustave de Molinari, diffuseur éminent de la vulgate libérale à la fin du siècle, croie encore devoir publier en

---

39 François Quesnay, maxime cinquième, *Maximes générales du gouvernement économique d'un royaume agricole*, op. cit., p. 332.
40 Jean-Baptiste Say, *Cours à l'Athénée*, op. cit., p. 165.
41 Jean-Baptiste Say, « Discours préliminaire », *Traité d'économie politique*, cit. dans Yves Guyot, *La science économique*, Paris, C. Reinwald, « Bibliothèque des sciences contemporaines » vol. VII, 1881, p. 7. Yves Guyot cite la version du traité éditée en 1841 chez Guillaumin.
42 Voir Yves Guyot, *La science économique*, Introduction à la 2ᵉ édition, Paris, Reinwald, 1887, p. 10. Sur ces points, nous nous permettons de renvoyer à notre article « Le roman du XIXᵉ siècle et les lois naturelles de l'économie », *Épistémocritique*, n° 12, « Littérature et économie », dossier dirigé par Christine Baron, 2013 (https://epistemocritique.org).

1887 un ouvrage intitulé *Les lois naturelles de l'économie politique*[43], sorte de piqûre de rappel libérale dans une fin de siècle où la science économique s'amende et où les « socialistes de la chaire » proclament que l'économie politique doit désormais « formuler un système de gestion morale des intérêts sociaux[44] ».

Enfin et surtout, l'économie politique s'avance depuis la deuxième moitié du XVIIIe siècle, dans son herméneutique de l'ordre naturel des échanges, vers l'hypothèse forte d'une coordination involontaire, immanente et optimale des intérêts des hommes : « l'énigme advenue », écrit Marcel Gauchet, « d'un ordre se faisant, d'existence indubitable, mais ne dépendant de personne, bien que créé par les hommes, résultant de leurs entreprises et en permanence agi par eux[45] ». Dans le passage célèbre de *La Richesse des nations* où Smith utilise la métaphore de la « main invisible », il part d'une critique du protectionnisme pour esquisser un naturel du marchand et conclut : « tout en ne cherchant que son intérêt personnel, il travaille souvent d'une manière bien plus efficace pour l'intérêt de la société, que s'il avait réellement pour but d'y travailler[46]. » Geste fondamental, qui refuse le providentialisme nimbant l'ordre naturel des physiocrates pour fonder un naturalisme économique « sécularisé » sur le jeu de la liberté individuelle[47]. Mais conclusion qui « traduit plus profondément », écrit Pierre Rosanvallon, « l'aspiration à l'avènement d'une société civile immédiate à elle-même, autorégulée[48] » : désormais, « c'est le marché (économique) et non pas le contrat (politique) qui est le vrai régulateur de la société (et pas seulement de l'économie) ». Adam Smith serait ainsi non « pas tant le père

---

43 Écrits en 1884, ces articles ont été recueillis sous ce titre en 1887 : Gustave de Molinari, *Les lois naturelles de l'économie politique*, Paris, Guillaumin, 1887, 333 p. Nous y reviendrons dans l'introduction de la partie II du présent ouvrage.
44 Gustav von Schönberg, cité dans Émile de Laveleye, *Le socialisme contemporain* [1880], 2e éd., Paris, Germer-Baillère, 1883, p. XLII (préface).
45 Marcel Gauchet, préface à Benjamin Constant, *De la liberté chez les modernes – Écrits politiques*, (textes choisis, présentés et annotés par Marcel Gauchet), Paris, Hachette, « Pluriel », 1980, p. 64.
46 Adam Smith, *Recherche sur la nature et les causes de la richesse des nations* [1776], t. II, IV, II, trad. Germain Garnier revue par Adolphe Blanqui, éd. Daniel Diatkine, Paris, Flammarion, « GF », 1991, p. 43 (t. II). C'est principalement à cette édition que nous renverrons dans la suite de cet ouvrage.
47 Voir Alain Barrère, *Histoire de la pensée et de l'analyse économique*s, *op. cit.*, p. 218-219.
48 Pierre Rosanvallon, *Le capitalisme utopique – histoire de l'idée de marché*, Seuil, « Points Essais », 3e éd., 1999, p. II (préface de 1998).

fondateur de l'économie moderne que le théoricien du dépérissement de la politique[49] ». Devant l'hypothèse libérale d'une coordination naturelle des intérêts particuliers, à la fois résultante et validation des diverses lois naturelles de l'économie, il reste deux postures possibles pour l'économiste libéral : soit, comme y invite Jean-Baptiste Say, s'employer à dégager et formuler ces lois ; soit, comme y insiste Friedrich Hayek, renoncer justement à les formuler parce qu'elles dépassent notre entendement[50].

Tels sont le naturalisme et le mécanicisme de la science économique orthodoxe, que les économistes romantiques, les objecteurs catholiques et socialistes du XIXe siècle, les thuriféraires de la science économique comprise comme science sociale (de Charles Gide à André Orléan) et tous les économistes hétérodoxes n'ont cessé depuis bientôt deux siècles de dénoncer comme un paradigme faible – critique qui serait facile si ce paradigme faible n'avait pour corollaire une idée forte, celle de la « main invisible ». Pour ses détracteurs, l'économie politique classique semble, à son berceau, nier toute historicité et toute diversité : « Les constructeurs de cette discipline sont, dès le départ, fascinés par la vision newtonienne d'un monde déterministe et ordonné, dans lequel le mouvement des objets est régi par une loi universelle, transhistorique et atemporelle, la loi de la gravitation[51]. » Comme le retrace l'histoire de la pensée économique, comme le remarque aussi François Vatin[52], cette théorisation initiale de l'ordre économique comme substitut du politique en même temps qu'expression d'une physique s'est trouvée tôt contestée. Et récemment encore, l'épistémologie de la science économique interrogeait avec vigueur l'existence et la validité des prétendues lois de l'économie[53].

---

49 *Ibid.*, p. III-IV.
50 Friedrich Hayek, *La route de la servitude* [1944], chap. XIV, trad. G. Blumberg [1946], Paris, PUF, « Quadrige », 2010, p. 148. Nous reviendrons sur ce point au début de la première partie.
51 Gilles Dostaler, « Les lois naturelles en économie. Émergence d'un débat », *L'Homme et la société*, n° 170-171, Paris, L'Harmattan, 2008-2009, p. 74.
52 François Vatin, Introduction, dans Nicole Édelman et François Vatin (dir.), *Économie et littérature, op. cit.*, p. 12.
53 L'Association Charles Gide pour l'Étude de la Pensée économique a organisé les 22-24 septembre 2005 un colloque intitulé « Y a-t-il des lois en économie ? ». La moitié des cinquante communications a été publiée : Arnaud Berthoud, Bernard Delmas et Thierry Demals dir., *Y a-t-il des lois en économie ?*, Villeneuve d'Ascq, Presses universitaires du Septentrion, 2007, 647 p. Ces travaux ont donné lieu parallèlement à un numéro d'*Économie et sociétés* sous la direction d'Annie Cot (n° 10-11, oct-nov 2007).

Nous comprenons mieux pourquoi s'impose au XIXe siècle l'idée que l'économie politique serait « sans entrailles ». Nous comprenons mieux pourquoi l'« ordre naturel » théorisé par la physiocrates et désigné comme une « évidence[54] », même transformé par Smith en ordre émanant de la poursuite naturelle, par chacun, de ses intérêts, a pu s'inverser en naturalisme noir pour les détracteurs de la science nouvelle. Parce que la solution que l'économie politique semble offrir aux apories du gouvernement dans la société post-révolutionnaire peut se retourner en révélation amère d'un ordre immanent indépendant du politique, indifférent aux révolutions quoique révélé par elles. Parce qu'on pourra toujours regarder comme une dictature muette et sans visage l'ensemble des lois qui font que l'ouvrier ne peut être payé beaucoup plus que le coût de sa subsistance ; qu'il doit se spécialiser pour trouver du travail ; que le taux de profit baisse de manière tendancielle ; que l'ouverture au marché anglais menace le lin et le coton français... Parce qu'une société affranchie découvre que dans sa liberté, elle est encore déterminée, et qu'il lui faudrait s'en remettre à des hommes de l'art pour comprendre comment se forme, se déplace et s'accroît la richesse. Parce qu'elle s'entend dire par son économiste-vedette que les lois de l'économie s'épanouiraient aussi bien en dictature, du moment que le politique laisse faire et aller le commerce[55].

Mais certainement, cette science n'indisposerait pas tant si elle ne s'occupait, en vérité de l'essentiel : les entrailles. Elle examine justement comment l'on peut manger à sa faim, elle interroge l'opportunité d'enfanter, elle dit l'effet du travail sur les esprits et les corps, elle explique les gradients de la richesse, elle prévoit la courbe des vies humaines. C'est précisément parce qu'elle passe l'essentiel au crible de l'intérêt, parce qu'elle manipule froidement de l'humain, de la chair et des espoirs quelle apparaît « sans entrailles » à ceux qui croient d'abord en l'amour, la solidarité, la loi votée ou l'impondérable. D'autant que cette science descriptive est toujours susceptible de tourner à la science prescriptive, l'inventaire des lois confinant à l'ambition normative.

---

54 Voir Alain Barrère *et al.*, *Histoire de la pensée et de l'analyse économiques*, *op. cit.*, p. 173.
55 Il s'agit d'une malencontreuse parenthèse de Jean-Baptiste Say dans la première édition de son *Traité d'économie politique*.

LE ROMAN EXPÉRIMENTAL DE L'ÉCONOMIE

Quel a pu être le rapport du roman du XIXe siècle à cette économie politique qui se constituait ? Quel a pu être le rapport du genre total du XIXe siècle à cette science qui s'institutionnalisait, gagnait des colonnes dans les journaux, fondait ses revues et ses maisons d'édition, pour introduire une nouvelle technique d'interprétation du mouvement de la société post-révolutionnaire, en-deçà de la succession des régimes et des constitutions ? Quel a pu être le rapport du roman à ce corpus scientifique nouveau, qui se désignait comme indispensable en même temps qu'il affirmait la naturalité du fait économique s'imposant au même moment à tous ? L'assomption de l'économique a pu motiver deux modalités de la création romanesque, que nous verrons s'exprimer dans le corpus du présent ouvrage : l'analyse et l'utopie. Dans son *Histoire du roman moderne*, Albérès commentait la propension du roman du siècle de Marx à rêver qu'une « volonté » animait l'Histoire et à fonder le réalisme sur ce rêve :

> Nous craignons aujourd'hui que, s'il existe un mécanisme des sociétés, il devance en rapidité l'intelligence humaine, et la broie avant qu'elle ait eu le temps de le connaître et de le définir. Balzac ne pensait sans doute pas autrement, ni Dickens ni Hugo. Mais ils donnèrent au roman la fonction royale qui consiste à régner, au nom de l'esprit, sur la réalité sociologique[56].

Lu à cette aune, le roman du XIXe siècle semble prédisposé à l'investigation des lois naturelles qui présideraient à l'ordre économique. Il répondrait ce faisant à l'injonction de Jean-Baptiste Say visant à dégager les lois intelligibles de l'économie politique. Mais aussitôt se fait jour une autre urgence, que rappelle bien Pierre Barbéris : « *la véritable économie est en avant, la véritable économie est à faire*[57] », dans et par le roman. L'affirmation vaut peut-être autant pour les opus utopiques de Balzac que pour tout le roman du siècle :

---

56 René-Marill Albérès, *Histoire du roman moderne*, 4e éd. revue et augmentée, Albin Michel, 1962, p. 41.
57 Pierre Barbéris, *Mythes balzaciens*, Paris, Armand Colin, « Études romantiques », 1972, p. 143.

Dès lors, l'économie devient sujet de roman. Par la description d'abord. Par les perspectives qu'elle ouvre ensuite. Et non seulement, elle est du domaine du roman, mais elle relance et approfondit le roman. Elle est, sous des apparences qu'on désespère de maîtriser, la réalité première. Non pas réalité figée, définitive, définie, mais réalité ouverte, aventure engagée, pari rationnel, chance, pour l'homme, de se forger un destin plus complet et d'émerger dans l'authentique. L'économie est la face nouvelle de cet essentiel, que l'art s'épuise, depuis toujours, à tenter de saisir et de comprendre[58].

Dès lors se jouent dans le roman à la fois la représentation de l'ordre économique et, plutôt que sa contestation, laquelle appartient plutôt à la littérature d'idées, sa reconfiguration expérimentale, le roman rejouant les faits et possibilités économiques à l'intérieur de ses propres structures et selon son propre impératif de cohérence.

« Les grands livres sont faits des savoirs qu'ils mobilisent, qu'ils absorbent et projettent en avant d'eux-mêmes », observent Anne Herschberg-Pierrot et Jacques Neefs[59]. Roman et économie politique ne semblent-ils pas en effet relever d'une même *épistémè*, qui examinerait la possibilité du bonheur dans le déploiement orchestral des motivations individuelles ? Nous discernons quelques traits de ce paradigme commun : l'économie politique tout comme la littérature nouvelle s'affranchissent de l'impératif moral ; cette science sans entraves comme le roman réaliste recourent à une anthropologie anti-idéaliste ; tous deux ambitionnent une herméneutique du social ; ce sont des corpus descriptifs inspirés par une forme de naturalisme ; ce sont des régimes textuels centrés sur la notion de causalité ; ce sont deux interrogations jumelles sur les motivations de l'individu... Claire Pignol remarque que « l'économie partage avec la littérature une interrogation anthropologique sur l'individu, son désir de richesse, de pouvoir, de bonheur[60] ». Yves Citton écrit de même que « littéraires et économistes ont été mis en orbite à partir d'une même poussée initiale – qui visait à *rendre compte / conte de l'économie de nos affects*[61] ». En-deçà des effets de posture, des polémiques ouvertes, de la défiance que va rapidement susciter l'économie

---

58 *Ibid.*
59 Anne Herschberg-Pierrot et Jacques Neefs, Avant-propos, dans *Savoirs en récits* (I et II), Saint-Denis, Presses universitaires de Vincennes, 2010, p. 7-9.
60 Claire Pignol, « Usages de la littérature en sciences sociales. », *Revue Française de Socio-Économie* 1/2009 (n° 3), p. 195-197 (article en ligne).
61 Yves Citton, « Le poulpe et la vitre. Résistance ou complicité de la littérature envers l'hégémonie économique ? », *Versants*, 58/1, 2011, p. 81.

politique (en particulier anglaise)[62], c'est d'abord un questionnement commun qui relie donc l'individualisme méthodologique de l'économie politique et celui du roman. Du reste, il n'y a « pas besoin d'attendre » le XIXe siècle pour lire dans le roman une proximité (contestataire) avec le raisonnement économique, laquelle éclate dans le roman du XVIIIe siècle et nourrit de grandes œuvres du siècle précédent[63]. Enfin, ce mélange de convergence dans la méthode et et de divergence dans les conclusions indiquerait moins une opposition du roman et de l'économie politique qu'un « *déphasage* » : « économie et littérature n'ont divergé qu'en se spécialisant sur deux faces complémentaires de notre rapport aux objets du désir[64] », écrit ainsi Yves Citton. Le rapport entre littérature et économie, et plus particulièrement entre réalisme romanesque et économie politique, participe donc d'une sorte d'évidence qu'il est difficile de réduire. Il nous est arrivé d'interroger cette contiguïté sous forme interro-négative : « *comment ne pas concevoir* comme à la fois rivaux et jumeaux ces deux langages ? », nous demandions-nous en examinant avec Patrice Baubeau, Alexandre Péraud et Claire Pignol les relations du roman réaliste avec l'économie politique classique[65]. Comment le roman du XIXe siècle « *aurait-il pu ne pas* » être informé par la conception théorique d'un ordre naturel de l'économique ? – nous demandions-nous dans une lecture comparée d'Yves Guyot et Zola[66]. De telles questions traduisent cette évidence problématique en exprimant la difficulté de la subdiviser pour la penser.

C'est justement le « déphasage » historique ou le décalage méthodologique entre littérature romanesque et économie politique qui donnent à penser. S'il est vrai que « l'*homo œconomicus* de la théorie économique orthodoxe est un être général, sur qui l'on peut tenir un

---

62 Voir par exemple Marc Angenot, *Dialogues de sourds*, *op. cit.*, et aussi François Vatin, « La genèse littéraire de la critique sociale de l'économie politique. L'écriture du cœur d'Eugène Buret (1811-1842) », dans Francesco Spandri (dir.), *La littérature au prisme de l'économie. Argent et roman en France au XIXe siècle*, Classiques Garnier, « Rencontres », 2014, p. 335-356, et en particulier p. 348 *et sq*.

63 Voir Yves Citton et Martial Poirson, « L'économie à l'œuvre », dans Martial Poirson, Yves Citton, et Christian Biet (dir.), *Les frontières littéraires de l'économie (XVIIe-XIXe siècles)*, Paris, Desjonquères, 2008, p. 17.

64 Yves Citton, « Le poulpe et la vitre », art. cité, p. 81.

65 « Avant-Propos », *Récit romanesque et modèle économique*, revue *Romanesques*, n° 7, Paris, Classiques Garnier, mai 2015, p. 15.

66 « Le roman du XIXe siècle et les lois naturelles de l'économie », *Épistémocritique*, n° 12, art. cité. Voir la partie sur « L'herméneutique romanesque des lois naturelles de l'économie ».

discours qui transcende les singularités », tandis que « la littérature de fiction fait le récit de vies singulières qui ne peuvent prétendre à la généralité de la définition abstraite de l'individu », comme le résume Claire Pignol[67], éclairant par là un champ qu'a particulièrement exploré l'épistémologue Bruna Ingrao[68], il n'en reste pas moins que la littérature acquiert alors un intérêt pour l'économiste, « parce qu'elle donne à penser, par les exemples singuliers qu'elle met en scène, la diversité des contextes qui font de nous des individus ». Le rapport entre littérature romanesque et économie politique n'est donc pas affaire de vectorisation simple. « Le roman du XIXe siècle peut se lire à l'aune de la théorie économique », résume a priori Marie de Gandt[69] : « non comme le disait Lukács parce qu'il révèle un état de la société, mais parce que les romanciers sont influencés par une pensée économique ». Mais loin d'indiquer un rapport de fécondation à sens unique, elle s'empresse d'indiquer une analogie structurelle : « La tentative des romanciers de construire un monde de valeurs internes, de faire vivre une société où insérer l'individu, répond aux tentatives des économistes pour imaginer la naissance de la société, et définir la liberté de l'individu au sein de cette société[70] », le roman ajoutant ses qualités dynamiques au statisme de la théorie économique. C'est ainsi que la fiction romanesque élabore ses propres inférences aux côtés de la littérature économique. « C'est ainsi que la littérature intervient profondément dans la formulation et la consistance même des savoirs », estiment même Anne Herschberg-Pierrot et Jacques Neefs[71]. Et c'est ainsi qu'elle peut être lue avec profit par l'économiste aujourd'hui : André Orléan retrouvant dans Balzac des conceptions immatérielles de la monnaie ; Claire Pignol interrogeant dans la figure de Robinson

---

67   Claire Pignol, « Usages de la littérature en sciences sociales. », art. cité.
68   Voir Bruna Ingrao, « Economic life in nineteenth-century novels : what economists might learn from literature », dans G. Erreygers (dir.), *Economics and Multidisciplinary Exchange*, London, Routledge, 2001. Et du même auteur, « La pile instable d'assiettes. Contes économiques et récits romanesques », dans Patrice Baubeau, Alexandre Péraud, Claire Pignol et Christophe Reffait (dir.), *Récit romanesque et modèle économique*, revue *Romanesques*, n° 7, *op. cit.*, p. 67-86.
69   Marie de Gandt, « Le signe entre littérature et économie », dans Boris Lyon-Caen et Andrea del Lungo (dir.), *Le Roman du signe, Fiction et herméneutique au XIXe siècle*, Saint-Denis, Presses Universitaires de Vincennes, « Essais et savoirs », 2007, p. 72.
70   *Ibid.*
71   Anne Herschberg-Pierrot et Jacques Neefs, Avant-propos, art. cité, p. 7.

Crusoé une pensée du labeur[72] et rappelant avec Marthe Robert « qu'une philosophie économique – celle qui se développe au XVIIIᵉ siècle et parcourt toute l'époque moderne et contemporaine – *s'invente* dans une forme littéraire nouvelle – le roman[73] ».

STENDHAL ÉCONOMISTE

Il nous semble que si les historiens de l'économie ou les historiens de la pensée économique peuvent faire leur miel de leurs lectures romanesques, dans la mesure où ils entrent dans le roman armés d'une connaissance du concept économique dont ils n'auraient *plus qu'à* mesurer l'amendement fictionnel, la complexification et la reconfiguration, les littéraires sont plus immédiatement confrontés à des choix méthodologiques difficiles : ils ne peuvent méconnaître l'apport des approches historiennes[74] ; ils sont intéressés par l'analyse du discours romanesque au regard de l'intertexte doctrinal constitué par l'économie politique[75] ; ils peuvent trouver une source d'inspiration dans les hypothèses d'un certain structuralisme philosophique historiciste[76], en même temps que dans les applications du raisonnement économique à la fiction romanesque[77] ; ils sont tentés par tout raisonnement homologique qui, dans la tradition

---

72 Claire Pignol, « Quel agent économique Robinson Crusoé incarne-t-il ? », *Épistémocritique*, n° 12, 2013, *op. cit.*
73 Claire Pignol, « Usages de la littérature en sciences sociales. », art cité.
74 Voir notamment Laurence Fontaine, « Félix Grandet ou l'impossible rencontre de l'avare et du spéculateur », et Carole Christen, « Qu'est-ce qu'épargner veut dire ? Par-delà les poncifs de l'avarice balzacienne », dans Alexandre Péraud (dir.), *La Comédie (in)humaine de l'argent*, Lormont, Le Bord de l'eau, 2013, respectivement p. 29-52 et p. 53-76.
75 Voir Dorothée Picon, « Dickens et la critique de la pédagogie utilitariste », dans Nicole Édelman et François Vatin (dir.), *Économie et littérature*, *op. cit.*, p. 73-94. Voir aussi Patrice Baubeau et Alexandre Péraud, « Lectures romantiques de l'économie, lectures de l'économie romantique », *Romanesques* n° 7, *op. cit.*, p. 183-210.
76 Voir Jean-Joseph Goux, *Les monnayeurs du langage*, Galilée, 1984, 230 p., et *Frivolité de la valeur, Essai sur l'imaginaire du capitalisme*, Blusson, 2000, 318 p.
77 Voir notamment Claire Pignol et Anne de Rugy, « Les choix du consommateur. Entre récit romanesque et modèle économique », et Laurent Jaffro, « Jekyll et Hyde. Quel modèle de multiplicité des soi ? », *Romanesques* n° 7, *op. cit.*, respectivement p. 87-104 et p. 105-120.

des premières études post-marxistes sur littérature et économie[78], leur permettrait d'approcher au plus près l'expression poétique du fait ou du raisonnement économiques[79]... Encore n'évoquons-nous ici que l'éventail de l'analyse du discours ou de la théorie du reflet, sans même indiquer l'autre champ que représente l'étude de l'économie du champ littéraire, ou bien celle de la littérature comme partie prenante d'une « économie de l'attention[80] ». D'emblée, l'étude littéraire du rapport entre économie et littérature paraît confrontée à la nécessité de varier et doser les approches – les études les plus complètes étant celles qui combinent réduction d'incertitude historique, analyse des intertextes doctrinaux et poétique du roman[81] –, tandis qu'elle doit lutter contre une forme d'insécurité conceptuelle en matière économique et qu'elle bute contre l'éternelle aporie de l'étude d'influences, qui la fait hésiter entre le flou protecteur du concept d'*épistémè* et le rigorisme vain de l'étude des sources et des vecteurs médiatiques.

Face à ces difficultés méthodologiques, nous avons opéré dans cette étude quelques choix qui engagent la réflexion, la compromettent peut-être, en même temps qu'ils lui donnent forme. Comment fallait-il attaquer le massif que représente l'ensemble des lois proclamées « naturelles » de l'économie politique ? Dans quelle mesure fallait-il s'inquiéter de la réalité de la lecture de la science économique par les romanciers ? Comment s'assurer que c'est la « naturalité » même de l'économique qui, dans l'économie, intéresse éventuellement les romanciers ? Comment ne pas sembler réduire le roman du naturalisme

---

78 Voir par exemple Marc Shell, *Money, Language, and Thought : Literary and Philosophic Economies From the Medieval to the Modern Era*, John Hopkins University Press, 1982, 264 p. [réimpr. 1993].

79 Voir Jean-Joseph Goux, « Monnaie, échanges, spéculations. La mise en représentation de l'économie dans le roman français du XIXe siècle », dans Francesco Spandri (dir.), *La littérature au prisme de l'économie*, *op. cit.*, p. 51-70. Voir en particulier le passage sur « l'omniscience de l'argent », p. 59 *et sq.* Voir aussi, dans le même volume, sur l'analogie entre rapport amoureux et relation d'argent : Luca Pietromarchi, « Flaubert : l'éducation commerciale », p. 219-232.

80 Nous renvoyons ici aux travaux de Martial Poirson. Rappelons que dans l'introduction méthodologique de leur ouvrage sur *Les frontières littéraires de l'économie* (*op. cit.*, p. 18-19), Yves Citton et Martial Poirson dénombrent quatre approches possibles du rapport entre les deux champs, qui sont la théorie du reflet, la contestation des valeurs et concepts de l'économie, l'objectivation critique des discours sur l'économie, enfin l'étude de l'économie du champ littéraire.

81 Voir notamment Alexandre Péraud, *Le crédit dans la poétique balzacienne*, Classiques Garnier, 2012, 401 p.

économique au roman dit naturaliste ? Pour introduire la question des lois naturelles de l'économie politique, pour interpréter leur éventuelle citation ou reconfiguration dans le roman du XIXe siècle, nous n'avons pas opéré un choix arbitraire dans l'éventail des lois qui s'offraient à nous, loi d'économie des forces, loi de la concurrence ou loi de l'offre et de la demande, pour reprendre des lois évoquées par Gustave de Molinari... Notre réducteur d'incertitude a été les lectures économiques d'Henri Beyle entre 1805 et 1810 et les traces qu'il en a laissées : les annotations qu'il a portées, en compagnie de son ami Louis Crozet, sur son exemplaire des *Recherches sur la nature et les causes de la richesse des nations* d'Adam Smith (traduction de Germain Garnier, édition de 1802), sur le *Traité d'économie politique* de Jean-Baptiste Say (édition de 1803) et sur l'*Essai sur le principe de population* de Malthus (traduction de Pierre Prévost et édition de 1809)[82], ainsi que les fragments d'économie politique qu'il a écrits sur ces trois fondateurs de l'économie politique classique[83]. « Il y a gros à parier que pour un économiste de métier les réflexions que les deux Grenoblois ont consignées sur le papier ne sont que de risibles balbutiements », écrivait prudemment Victor Del Litto, qui ajoutait : « Néanmoins on aimerait savoir si elles s'inscrivent dans un cadre d'idées banales ou si elles renferment, surtout par rapport à l'économisme du XVIIIe siècle, le germe d'orientations originales. » Sans être économiste et sans prétendre opérer un rapport avec la pensée économique du XVIIIe siècle, nous avons accordé toute leur importance à ces notes et ces fragments, en tentant d'isoler les concepts qui avaient pu intéresser le jeune Beyle, alors convaincu que l'homme capable du XIXe siècle devait produire son propre traité d'économie politique.

De là découlent un certain nombre de caractères du présent ouvrage, à commencer par son organisation. Les lectures de Smith, Say et Malthus par Beyle déterminent naturellement trois séquences de la réflexion sur *la division du travail*, *la loi des débouchés* et *la loi de Malthus*, et servent

---

[82] La version la plus récente de ces marginalia, version augmentée par rapport aux premiers travaux de Louis Royer dans les années 1920 et aux premiers relevés de Victor Del Litto en 1955, est la suivante : Victor Del Litto, *Une somme stendhalienne. Études et documents, 1935-2000*, vol. II, Paris, Honoré Champion, 2002, p. 1107-1119 et p. 1151-1171. Nous reviendrons en introduction de partie I sur la présentation détaillée de ces notes.

[83] Stendhal, « Traité d'économie politique », dans *Œuvres complètes*, vol. 45, *Mélanges I – Politique, Histoire, Économie politique*, éd. Victor Del Litto et Ernest Abravanel, Genève, Édito-service, « Cercle du bibliophile », 1971, p. 111-138. Nous reviendrons sur le commentaire de ces fragments.

donc à opérer un choix parmi la liste des « lois » offertes à l'étude. Le lecteur initié à l'économie pourrait ainsi s'étonner de l'absence d'une partie sur la concurrence, l'offre et la demande, ou encore la rente ou le salaire, ces concepts n'étant éventuellement abordés que par le travers. Le développement liminaire de l'étude, que nous pourrions prétendre consacré au concept de « main invisible » si nous n'y poursuivions un objectif plus modeste, a été plus exactement conçu comme un éclairage préliminaire sur l'anthropologie de l'économie politique. Il aurait pu s'ouvrir sur notre lecture de Balzac au regard d'Albert O. Hirschman[84], qui constitue un bon moyen de montrer que le roman et l'économie politique classique puisent dans la même philosophie morale. Mais il a paru plus logique de débuter par un propos touchant à l'individualisme et l'hédonisme de Beyle. Aussi les quatre moments de notre ouvrage commencent-ils par un développement stendhalien.

La structure d'ensemble de la réflexion se trouve ainsi gagée sur les lectures de jeunesse d'un seul de nos romanciers, le plus économiste de tous[85], parce que la quadripartition qui en découle possède une pertinence épistémologique. Nous commençons par présenter l'individu soumis au plaisir ou à la douleur, siège d'*intérêts* et de *passions*, c'est-à-dire que nous introduisons l'anthropologie qui serait commune au roman et à l'économie politique. Envisager ensuite *la division du travail* et *la loi des débouchés* consiste à s'intéresser à la production. Finir sur *la loi de Malthus* nous amène en revanche à traiter de la destruction et de l'épuisement (son titre recouvre à la fois la question du principe de population et celle de l'insuffisance des ressources, qui sont les deux axes problématiques de l'*Essai*). En tout cela, et même si Jean-Baptiste Say pense lui aussi la destruction, l'enchaînement décrit une sorte de généalogie abstraite de l'économie – et ressemble assez ironiquement à la décomposition naturelle des lois de l'économie selon Molinari, quoiqu'elle se termine justement sur une note sceptique et inquiète. Bien qu'apparemment peu respectueuse des progrès de la science économique au cours du XIXᵉ siècle, la démarche entend illustrer des questions si fondamentales qu'elles transcendent l'histoire de la pensée économique en même temps

---

84   Cela constitue finalement la sous-partie I.2 de notre ouvrage.
85   Voir Christian Boussuges, « Stendhal, un écrivain passionné d'économie », dans Nicole Édelman et François Vatin (dir.), *Économie et littérature, op. cit.*, p. 27-50. Voir aussi Alfred Bornemann, *Stendhal as economist*, New York, Peter Lang, 1994.

que l'opposition artificielle entre littérature et économie : quelles sont les motivations de nos actions ? pourquoi tendons-nous à nous spécialiser ? faut-il s'entourer d'objets ? est-il raisonnable de faire des enfants étant donné l'état du monde ?

Dans la mesure où cet ouvrage sur le roman du XIXe siècle se gage sur les lectures d'un jeune homme entre 1805 et 1810, il demeure centré sur l'aube de l'économie politique classique, et nos amis économistes s'étonneront de trouver, dans un ouvrage sur les lois de l'économie, si peu de références à David Ricardo ou John Stuart Mill, si peu d'allusions à la critique marxienne de l'économie politique, pour ne rien dire de l'absence presque totale d'Augustin Cournot, de Vilfredo Pareto, Léon Walras ou William Stanley Jevons, ou du silence presque complet sur le renouvellement de la science économique entre Charles Gide et John Maynard Keynes – ou même sur Frédéric Bastiat, trop rarement mentionné alors qu'il est au centre de toute célébration des « harmonies » économiques et qu'il appelle l'analyse littéraire[86]. Nous avons choisi une entrée parmi d'autres dans l'économie politique et ne prétendons pas mener une histoire comparée – littéraire et économique – de l'idée de marché. En outre, la plus grande prudence est de rigueur envers tout historicisme abusif qui affirmerait la progression parallèle des poétiques romanesques et des concepts économiques, alors que nous pouvons constater que Zola est le contemporain d'un Yves Guyot pour lequel Say n'a pas pris une ride, tandis que Stendhal anticipait sur les raisonnements des néo-classiques contemporains de Zola. Enfin, aucun économiste ne contesterait que traiter tout à la fois de la main invisible, de la division du travail, de la loi des débouchés et de la loi de Malthus, problématiques si vastes que chacune suffirait à une carrière, signale d'emblée le caractère forcément sélectif, discret au sens mathématique, de cette étude. Autant dire que les avant-propos définitionnels qui ouvrent chacune des quatre séquences de cette étude n'entendent aucunement rivaliser avec l'histoire de la pensée économique, mais doivent être lues comme les pages d'un littéraire qui s'aventure dans ce champ, comme des tentatives de saisir ce qui, dans le texte économique, peut provoquer l'intérêt, la rêverie voire la fiction. Embrasser ces quatre questions et les

---

86 Voir les avant-propos de Michel Leter dans : Frédéric Bastiat, *Sophismes économiques* et *Pamphlets*, éd. Michel Leter, Paris, Les Belles Lettres, respectivement 2005 et 2009. Voir aussi Françoise Mélonio, « Flaubert, "libéral enragé" ? », art. cité.

introduire ainsi avait un avantage : relire les pages lues par Beyle, relire plus généralement les économistes que trop d'économistes ne lisent plus, retrouver dans la matière même du traité d'économie ce qu'il porte de nuance, de vision et parfois de beauté – même si nos incursions dans l'étude rhétorique du texte économique n'ont été que ponctuelles[87].

Placer Stendhal à l'initiale de chaque partie risquait de donner au reste du corpus un statut ancillaire et d'assigner à chaque séquence une progression téléologique, le concept économique de départ passant au laminoir de la fiction romanesque conçue comme démontage des certitudes de la science nouvelle. Nous croyons avoir évité ce défaut. Aucun des moments de cette étude n'est tout à fait chronologique. Les développements stendhaliens inauguraux ne suffisent pas non plus à prescrire le cadre conceptuel des développements suivants. Ils sont l'amorce du mouvement dialectique supposé animer chaque moment de la démonstration. La première partie sur les passions et les intérêts passe de l'échelle individuelle à l'échelle collective. Le propos sur la division du travail présente la question de la spécialisation professionnelle avant d'en examiner les réponses éthiques et esthétiques. La troisième partie sur la loi des débouchés commence par se demander ce qu'est une politique d'offre, avant d'examiner sa conséquence, la multiplication des choses. Et le propos final sur la loi de Malthus examine d'une part le développement de la population, d'autre part l'épuisement des ressources. Dans ce déploiement dialectique, les développements sur Balzac, Flaubert, Zola ou Verne portent leur nécessité propre en même temps qu'ils viennent s'agréger à la réflexion sur ce qui, dans la question économique, intéresse au premier chef la littérature. Au passage, Jules Verne, romancier des sciences, des techniques et des choses, critique contrarié de l'idée de progrès, s'est invité parmi les romanciers dits réalistes parce qu'il est en définitive moins question ici de réalisme – comme en témoignent les corpus utopiques balzacien et zolien – que du rapport de la fiction romanesque au savoir. Enfin le mouvement dialectique de chaque partie n'aboutit pas tout uniment à une critique de l'économie politique, même si telle est la courbe de la première ou de la deuxième séquence, il aboutit plutôt à l'idée d'une communauté de pensée.

---

87 Nous renvoyons en la matière aux travaux fondateurs de Deirdre Mc Closkey, *The Rhetoric of Economics* [1985], University of Wisconsin Press, 1998 [disponible en ligne sur Project Muse]. Voir aussi Richard Bronk, *The Romantic Economist*, Cambridge, Cambridge University Press, 2009.

DE LA LITTÉRATURE
COMME OBJECTION DE CONSCIENCE

L'hypothèse qui a présidé à ce travail était que la littérature romanesque s'est constituée au XIXe siècle en critique directe ou indirecte de la théorisation, par l'économie politique classique, de la naturalité du marché et des lois économiques. Il est indéniable qu'une telle objection a pris corps dans et par les formes du roman, que le roman est par essence roman du « désenchantement du monde[88] », en un siècle où s'accuse l'écart entre l'apparition des crises et l'optimisme libéral. Mais la thèse émergente est qu'en cela, le roman et l'économie politique parlent le même langage : en nous penchant ici sur quelques pages de Smith, de Say ou de Malthus, nous mesurons plutôt que l'économie politique, entre autres « grandes prophéties rationnelles » qui introduisent « les idées absolues de loi, de commandement, de valeurs[89] » dans l'herméneutique du social, se donne le même périmètre qu'un roman préoccupé de la possibilité du bonheur de l'homme et des sociétés. Nous mesurons plutôt que les modèles mécanicistes ou organicistes des économistes constituent aussi le socle épistémologique que les romanciers sont contraints de penser[90]. Nous mesurons aussi que la physique sociale dont les économistes comme les romanciers se veulent désormais les descripteurs, sinon les théoriciens, leur pose identiquement le problème du finalisme. Nous mesurons enfin que le corpus de l'économie politique, qu'on aurait tort de saisir comme monstre de normativité, s'est en réalité pensé comme une modélisation, en cela peu différente de la fiction romanesque conçue comme recherche de cohérence[91]. Or avec cette ambition de modélisation a aussi grandi le doute : que nous considérions les objections de Condorcet à Pietro Verri

---

88 Max Weber, *L'Éthique protestante et l'esprit du capitalisme*, éd. et trad. Jean-Pierre Grossein, Paris, Gallimard, « Bibliothèque des sciences humaines », 2003, p. 106 *et sq.* et p. 132.

89 Pierre Rusch, « Les spectres de la totalité. L'histoire littéraire comme cosmologie et démonologie », *Romanesques* n° 8, « Lukács : cent ans de *Théorie du roman* » (dir. Carlo Arcuri), Paris, Classiques Garnier, 2016, p. 156. Nous reviendrons sur cet article dans notre conclusion.

90 Voir Arnaud Berthoud, Bernard Delmas et Thierry Demals (dir.), *Y a-t-il des lois en économie ?*, Villeneuve d'Ascq, Presses universitaires du Septentrion, 2007, p. 8.

91 Nous nous permettons de renvoyer à notre avant-propos dans *Romanesques* n° 7, « Récit romanesque et modèle économique », *op. cit.*, p. 15 *et sq.*

sur l'impossibilité de quantifier mathématiquement l'envie d'acheter ou de vendre[92], ou bien un siècle plus tard les objections d'Henri Poincaré à Walras sur la possibilité d'affecter des lois à la subjectivité[93], c'est le revers de leur propre tentative de rationalisation que ne cessent de considérer les économistes, c'est l'étendue de leur licence méthodologique. La littérature romanesque apparaît dès lors comme une aînée plus ambitieuse en même temps que plus lucide, qui prétend parfois à la « science psychico-mathématique » qu'ambitionnait Walras, développe souvent l'« observation pratique » à laquelle se résignait Pareto, mais intègre par nature, dans ses constructions vraisemblables, dans le langage qui lui est propre, l'empirisme et la complexité que la science économique n'a toujours écartés qu'avec mauvaise conscience.

Peu de place m'est impartie pour remercier Françoise Mélonio et Marie-Françoise Melmoux-Montaubin pour leurs lumières et leur soutien. Yvon Le Scanff, Agnès Spiquel, Claudia Senik, Gwenaëlle Aubry pour les conversations à l'origine de ce livre. Éléonore Reverzy, Paolo Tortonese, Alexandre Péraud, François Vanoosthuyse et Claire Pignol pour nos discussions de méthode. Les étudiants de Sciences Po qui ont fait vivre le séminaire sur « L'économie et ses lois selon le roman du XIXe siècle ». Dorothée Picon, pour sa relecture pénétrante des deux premières parties. Enfin l'amie de la nature qui a oublié un moment le grand air pour tout relire ligne à ligne.

---

92 Condorcet, lettres de 1771 et 1772 au comte Pietro Verri (à propos de ses *Meditazioni sull'economia politica*), dans Condorcet, *Arithmétique politique. Textes rares ou inédits (1767-1789)*, éd. Bernard Bru et Pierre Crépel, Paris, Institut national d'études démographiques / PUF, 1994, p. 68-74.
93 Giorgio Israel, « Y a-t-il des lois en économie ? », dans Arnaud Berthoud, Bernard Delmas et Thierry Demals (dir.), *Y a-t-il des lois en économie ?, op. cit.*, p. 25.

PREMIÈRE PARTIE

LES PASSIONS ET LES INTÉRÊTS

PREMIÈRE PARTIE

LES PASSIONS ET LES INTÉRÊTS

« La politique, la littérature sociale et économique n'affrontent qu'une question fondamentale », écrit Jean-Claude Perrot à propos de la philosophie du XVIIIe siècle. Or cette question nous apparaît aussi et nécessairement au fondement de la littérature romanesque du XIXe siècle. C'est « celle de la composition des intérêts privés[1] ». Elle constitue l'essence de l'idée libérale.

Dans quelle mesure l'individu désormais souverain, entrant en commerce avec ses semblables, détermine-t-il un progrès économique, social et politique ? Dans quelle mesure la poursuite de ses intérêts propres sert-elle l'intérêt général ? Pour que cette question soit posée, il faut d'abord que la notion d'individu ait acquis quelque validité : « Les problèmes d'agrégation, de régulation, se posent dans la pensée économique et sociale lorsque l'individu devient véritablement le sujet élémentaire, l'atome de la réflexion[2]. » Il faut en outre qu'on se soit donné les moyens de penser l'interaction des individus en les considérant à travers des « attributs universels » qui relèvent de la « nature humaine » : leurs passions, mêlées à leurs intérêts. Il faut enfin posséder « les bases d'une physique économique et sociale », permettant de mesurer les inerties, les forces et leurs *résultantes* (mot auquel nous recourrons souvent dans la présente partie) : la mécanique de Newton[3], qui influence le radicalisme philosophique étudié par Élie Halévy[4], qui informe les méditations des physiocrates comme des économistes classiques, que voudra perfectionner la physique sociale de Walras, enfin que les économistes hétérodoxes dénoncent

---

1 Jean-Claude Perrot, *Une histoire intellectuelle de l'économie politique, XVIIe-XVIIIe siècle*, Paris, École des hautes études en sciences sociales, 1992, p. 260.
2 *Ibid.*, p. 261.
3 Les pages de Jean-Claude Perrot que nous venons de citer ouvrent le chapitre sur les « Premiers aspects de l'équilibre dans la pensée économique française ».
4 « Ce qu'on appellera l'utilitarisme, le radicalisme philosophique, peut se définir tout entier un newtonianisme, ou, si l'on veut, un essai de newtonianisme appliqué aux choses de la politique et de la morale. » Élie Halévy, *La formation du radicalisme philosophique*, vol. I, *La jeunesse de Bentham 1776-1789* [1901], Paris, PUF, « Philosophie morale », 1995, p. 14. Par la suite, nous nous référerons de manière simplifiée aux trois volumes de *La Formation du radicalisme philosophique* en donnant simplement le numéro du volume dans cette édition.

aujourd'hui comme un paradigme mécaniciste dépassé quoique toujours en vigueur[5].

Cette question de la composition des intérêts privés appartient de plein droit au roman, dès lors que nous définissons celui-ci comme un genre caractéristique des « sociétés desserrées[6] » : le roman est roman de l'individu, le roman procède lui aussi d'un individualisme méthodologique, pourrait-on dire après Ian Watt. Malgré l'indivisibilité et l'hétérogénéité de la société féodale et bien avant l'entrée dans l'idéologie individualiste définie par Louis Dumont en lien avec l'assomption de l'économie[7], le roman occidental possédait déjà cette « conscience d'une désagrégation des solidarités traditionnelles » que l'histoire des idées repère chez Machiavel, Hobbes, Locke ou Mandeville[8]. C'est avec d'autant plus d'acuité que le roman postrévolutionnaire reformule la question de l'atomicité du corps social et celle de sa destinée : le roman est « le lieu de tous les possibles », rappelle Mona Ozouf, « et ceux-ci se sont multipliés dans un monde où chacun a acquis des droits et les revendique bruyamment, tendu vers l'objectif de faire son bonheur personnel[9]. » Ce roman – celui de Stendhal contraint de penser la république, celui de Balzac paradoxal fossoyeur de la société d'ordres, celui de Zola dont l'œuvre « eût été impossible avant 89[10] » – sera la peinture d'une « société de la rencontre et du mélange », montrant « les ambitions et les intérêts du monde nouveau[11] », se consacrant à la fourmilière du siècle. Or ce qui doit nous intéresser ici n'est pas la manière dont ce roman pense la « guerre de Cent ans entre l'Ancien-Régime et la Révolution » (comme l'écrit Mona Ozouf[12]), mais bien plutôt comment il pense la « paix de

---

5   Voir par exemple Gilles Dostaler, « Les lois naturelles en économie. Émergence d'un débat », *L'Homme et la société*, n° 170-171, L'Harmattan, 2008-2009, p. 74 et p. 91.
6   Pierre-Louis Rey repère l'emploi de ce mot aussi bien chez Pierre Grimal (introduction au volume de la « Bibliothèque de la Pléiade » sur les *Romans grecs et latins*) que chez Jacques Laurent (*Roman du roman*). Pierre-Louis Rey, *Le roman*, Paris, Hachette « supérieur », p. 4-5.
7   Louis Dumont, *Homo aequalis*, vol. I, *Genèse et épanouissement de l'idéologie économique* [1977], Paris, Gallimard, « Tel », 1985 (introduction p. 12-13) – et *Essais sur l'individualisme : une perspective anthropologique sur l'idéologie moderne*, Paris, Seuil, 1983.
8   Jean-Claude Perrot, *Une histoire intellectuelle de l'économie politique*, op. cit., p. 261.
9   Mona Ozouf, *Les aveux du roman*, Paris, Gallimard, « Tel », 2001, p. 22.
10 Émile Zola, « Notes sur la marche générale de l'œuvre » [1868-1869], *La fabrique des Rougon-Macquart*, éd. Colette Becker et Véronique Lavielle, vol. 1, Paris, Honoré Champion, 2003, p. 28.
11 Mona Ozouf, *Les aveux du roman*, op. cit., p. 22.
12 *Ibid.*, p. 10.

cent ans » (pour reprendre l'expression de Karl Polanyi[13]) qui s'établit parmi ces fourmis. Ces fourmis peuvent parfois, aux dires de certains, décourager la comédie, défier les faiseurs d'épopée ou dégoûter les poètes ; elles n'en restent pas moins des hommes, et les romanciers interrogent leurs fins individuelles en même temps que la destinée de la fourmilière.

Car le roman pense par nature l'articulation de l'individuel et du social : il se pose en somme les mêmes questions que les traités de législation du XVIIIe siècle dont les apories auraient été dépassées et résolues, pour reprendre la démonstration de Pierre Rosanvallon, par les théories du marché[14]. Et s'il est erroné de dire que le roman se pose ces questions ou qu'il les pense, du moins *donne-t-il à penser* au lecteur intéressé par l'histoire de l'idée de marché, dès lors qu'il fait mouvoir un personnage dans une collectivité et invite, par la tension résolutive même du récit, à interroger l'effet social de son action[15]. Notre propos est donc ici d'indiquer en quoi l'anthropologie romanesque du XIXe siècle se rapproche nécessairement de l'anthropologie de l'économie politique naissante, dans la mesure où elles procèdent identiquement de la méditation sur les intérêts et les passions qui fait le fond des traités de législation civile de Mandeville, de Hume, d'Helvétius, de Beccaria ou de Bentham, en attendant de trouver avec Adam Smith son expression économique.

Premièrement, le roman s'installe dans le même espace épistémologique que les penseurs de la législation civile qui ont pris leurs distances, comme Hume, avec les réflexions de Hobbes sur l'état de nature ou la nécessaire institution politique de la société[16]. Ne nous laissons pas impressionner par la citation (fantaisiste) de Hobbes qui ouvre *Le Rouge et le Noir* ; ne nous laissons pas abuser par le galop de bête humaine que Zola brosse complaisamment sur fond de nuit et de sang : le romancier du XIXe siècle n'en est pas moins installé dans la conviction que c'est du jeu des passions et des intérêts individuels que peut naître la légitimité

---

13 Il s'agit du titre du premier chapitre du livre de Karl Polanyi, *La grande transformation* [1944], Paris, Gallimard, « Tel », 2009, p. 37-57.
14 Voir Pierre Rosanvallon, *Le capitalisme utopique. Histoire de l'idée de marché* [1979], Paris, Seuil, « Points Essais », 1999.
15 Le mouvement d'un personnage A dans une société ABC ne donne pas la figure A'BC, mais la figure A'B'C', parce que toutes les interactions sont modifiées, rappelle incidemment Michel Butor dans « Individu et groupe dans le roman » [1964], in *Essais sur le roman*, Paris, Gallimard, « Tel », 1995, p. 106.
16 *Ibid.*, p. 35.

politique, et peut-être le bonheur. Il ne s'agit plus de rêver un Léviathan imposant sa loi à un peuple de Caïns. Il ne s'agit pas non plus de confier à un despote l'institution du droit et du bien, même dans les textes de Stendhal qui rêvent une tyrannie douce laissant libre cours à la vie intellectuelle et artistique plutôt que la démocratie argentière qui vient[17], même dans les dialogues balzaciens où les savants constatent que « le pouvoir n'ayant plus (...) d'unité marche sans cesse vers une dissolution sociale qui n'a plus d'autre barrière que l'intérêt[18] ». Certes le roman dit « réaliste » fera une large part à la conception pessimiste de la nature humaine qu'Albert Hirschman place à la source de son histoire de la promotion de l'intérêt, lorsqu'il évoque Augustin, Machiavel, Vico ou Mandeville[19]. Mais il nous semble que le roman passe aussitôt à la question suivante : non seulement il se désintéresse du législateur habile que définissent Helvétius ou Bentham, mais il interroge peut-être déjà, dans la chair et l'épaisseur de la fiction, la possibilité d'une immanence semblable à celle que va théoriser Adam Smith. Ce serait alors la même *épistémè* qui présiderait ainsi au fourmillement du roman réaliste et au concept de « main invisible » utilisé par Smith dans la *Théorie des sentiments moraux* et dans *La Richesse des nations*. Reformulons cette hypothèse de manière plus mesurée et en reprenant le vocabulaire d'Élie Halévy : peut-être se trouve-t-il des romans au XIXe siècle qui laissent penser qu'un législateur serait nécessaire afin de veiller à l'identification des égoïsmes avec l'intérêt général (principe de « l'identification artificielle des intérêts ») ; sans doute y en a-t-il d'autres qui suggèrent que les égoïsmes pourraient s'agréger immédiatement ou progressivement pour fonder une perspective de progrès (thèse smithienne de « l'identité naturelle des intérêts »)[20].

Deuxièmement, le roman réaliste du XIXe siècle nous semble s'inscrire dans le même espace méthodologique que celui de la philosophie politique

---

17   Voir Stendhal, « La comédie est impossible en 1836 », *in* Antoine de Baecque (éd.), *Du rire, essai philosophique sur un sujet difficile et autres essais*, Paris, Rivages poche, 2005 et voir le commentaire qu'en donne François Vanoosthuyse dans *Le moment Stendhal*, Paris, Classiques Garnier, 2017, p. 183-188.
18   Honoré de Balzac, *La Peau de chagrin*, éd. Pierre Citron, in *La Comédie humaine*, vol. X, Paris, Gallimard, « Bibliothèque de la Pléiade », 1979, p. 103.
19   Albert O. Hirschman, *Les passions et les intérêts*, trad. Pierre Andler, PUF, 1980 [*The Passions and the Interests – Political Arguments fot Capitalism before its Triumph*, Princeton University Press, 1977], p. 20-21.
20   Élie Halévy, *La formation du radicalisme philosophique*, vol. I, p. 26-27.

et morale du XVIIIe siècle, du radicalisme philosophique dont Élie Halévy a reconstitué l'histoire en multipliant les formules fortes pour désigner « l'arithmétique morale » de Bentham. En effet, le roman réaliste nous paraît bien une « science de l'homme » dans le sens où l'entendent Halévy décrivant le « naturalisme » de Hume[21] ou Norbert Waszek évoquant la « méthode expérimentale » du *Traité de la nature humaine*[22]. Ce roman relève, comme cette philosophie, d'une « science de l'homme empirique, nourrie surtout par une observation prudente[23] ». Il ambitionne comme Hume une « anatomie » de la morale[24] et comme Ferguson une « histoire naturelle » de la société[25]. Et parce qu'il est roman, parce qu'il est à la fois psycho-récit et polyphonie, parce que son narrateur y oscille entre un tempérament réformateur et une impassibilité qui ne l'empêche guère de distribuer peines et récompenses, le roman réaliste nous semble déployer son observation selon les « prémisses centrales » des Lumières écossaises[26]. Il est à la fois introspection et interrogation sur les fondements de la sociabilité. Il met en scène le rapport entre passion et raison dans le for intérieur. Et plaçant des personnages en relation, il interroge aussi bien la « bienveillance », qui consiste à désirer voir autrui heureux, que la « sympathie », qui consiste à comprendre autrui en se représentant sa situation[27].

Mais comme il ne s'agit pas ici de démontrer qu'il existe une relation intime entre le *Scottish Enlightenment* et le roman réaliste occidental, entreprise qui décourage les forces, et comme il ne s'agit pas de s'en tenir à semblables généralités, concentrons-nous sur l'hypothèse selon laquelle le roman réaliste du XIXe siècle serait tenté par le même atomisme que cette science de l'homme et l'économie politique qui en naîtra. Il s'agit d'une part d'un atomisme social, qui envisage l'identité des individus, examine leur comparabilité, pose l'homogénéité de la société. Il s'agit d'autre part d'un atomisme intime, qui interroge la

---

21 *Ibid.*, p. 20-21.
22 Norbert Waszek, *L'Écosse des Lumières. Hume, Smith, Ferguson*, Paris, PUF, « Philosophies », 2003, p. 37. Et voir Élie Halévy, *ibid.*, vol. I, p. 17.
23 Norbert Waszek, *L'Écosse des Lumières, op. cit.*, p. 40.
24 *Ibid.*, p. 49.
25 *Ibid.*, p. 62.
26 *Ibid.*, p. 44.
27 On reconnaîtra ici les concepts définis successivement par Hutcheson et Smith. *Ibid.*, p. 52-57.

possibilité, comme le fait Bentham, de peser sûrement son bonheur en procédant à des arbitrages dans son for intérieur, selon les repères du plaisir et de la douleur. Pour Helvétius comme pour Bentham, ces deux atomismes sont gigognes : de même que je puis calculer mon bonheur, le législateur éclairé peut aussi ajuster l'étendue de ma liberté selon une hiérarchie des peines, les législations civile et morale se fondant l'une dans l'autre. Et comme nous le rappelle Catherine Audard, le caractère gigogne de ces deux atomismes s'illustre en particulier dans l'économie politique. Celle-ci « est peut-être l'application la plus célèbre du principe d'utilité » et « *l'homo œconomicus* emprunte ses traits aux descriptions de Bentham[28] » : « L'autorégulation apparente de la sphère économique est, en réalité, l'effet des calculs en matière d'utilité, de gains et de pertes, que font à chaque instant les agents économiques dont on peut décrire la fonction d'utilité[29]. » Mais comme on le voit, on oscille encore ici entre composition naturelle et composition artificielle des intérêts individuels. Peut-être cette distinction sera-t-elle sensible chez les romanciers que nous allons envisager.

Pourquoi la littérature est-elle ici pertinente ? En quoi Stendhal, Balzac et Zola, que nous évoquerons successivement dans cette partie, peuvent-ils intéresser le lecteur d'Halévy, de Dumont ou de Rosanvallon (car c'est dans ce sens que nous gagnons à poser la question) ? Le jeune Stendhal représente le cas exceptionnel d'un homme qui a d'une part lu Helvétius et Bentham, d'autre part « pioché » Smith, Say et Malthus. Comme l'a montré Michel Crouzet, il incarne simultanément un attrait pour l'utilitarisme et un scepticisme à l'égard de l'économie politique[30]. Il permet ainsi de penser non seulement le rapport conflictuel entre utilitarisme et économie politique, mais aussi entre utilitarisme et libéralisme. Or il y a là, comme nous voudrions le montrer, un processus endogène : le jeune Stendhal semble d'abord acquis à une forme d'introspection benthamienne, à une sorte d'atomisme des passions, mais il s'avance nécessairement vers une contradiction entre logique utilitaire et égalitarisme. Ce mécanicisme du moi achoppe contre la question de la comparabilité des êtres, qui est un enjeu central de l'utilitarisme.

---

28 Catherine Audard, *Qu'est-ce que le libéralisme ? Éthique, politique, société*, Paris, Gallimard, « folio essais », 2009, p. 144.
29 *Ibid.*
30 Michel Crouzet, *Stendhal et le désenchantement du monde. Stendhal et l'Amérique II*, Paris, Classiques Garnier, 2011.

C'est ainsi que Stendhal permet de réfléchir à la « fracture » évoquée par Catherine Audard entre le libéralisme de la liberté, qui est celui de Tocqueville, et un « libéralisme du bonheur » égalitariste, démocratique, hédoniste, issu de l'utilitarisme[31]. Catherine Audard écrit d'abord que « l'utilitarisme réconcilie l'individualisme aristocratique libéral et l'idéal démocratique, grâce au principe d'utilité[32] », or ce qui peut nous passionner chez Stendhal est d'observer comment la profession de foi utilitaire (et même le dépassement héroïque de l'utilitarisme) achoppent contre la haine de la « tyrannie de l'opinion » sur laquelle se termine le premier chapitre du *Rouge*, et surtout contre les apories du calcul utilitaire.

Aussi n'est-il pas facile de réfléchir, à partir de l'individualisme stendhalien, à la composition des intérêts individuels : ce sont bien plutôt le roman balzacien, le roman zolien, qui nous permettraient d'approcher cela et de réfléchir en particulier à la manière dont les vices privés peuvent se résoudre en bénéfice social, pour reprendre les termes de Mandeville. Bien sûr, Balzac et Zola ne claironnent pas le paradoxe qui est au cœur de la célèbre *Fable des abeilles*, ce paradoxe qu'Adam Smith a dépouillé de ses atours satiriques, tout en radicalisant la théorie de la composition naturelle des intérêts individuels[33]. Ni Balzac ni Zola ne semblent jamais rejoindre l'idée libérale selon laquelle les vices privés déterminent le bien commun et le progrès. Certes ils montrent le vice. Certes ils ne semblent pas critiquer les passions et les intérêts dans les termes de Hobbes ou de Rousseau, mais bel et bien les concevoir comme moteur social. Cependant, ce mouvement apparaît-il dans leurs romans vectorisé comme un progrès ? Chez Balzac, dont les autorités proclamées comptent Machiavel, Hobbes ou Bonald, c'est le catholicisme combiné

---

31 Catherine Audard, *Qu'est-ce que le libéralisme ?*, op. cit., p. 150.
32 *Ibid.*, p. 147.
33 Si Mandeville prépare bel et bien l'idée de composition naturelle des intérêts (alors qu'Helvétius, par exemple, en appelle encore à un législateur), il convient de faire deux remarques. Premièrement, Louis Dumont note que Mandeville évoque encore ponctuellement, pour que le vice se tourne en bénéfice, « la manipulation adroite d'un politicien habile » (Louis Dumont, *Homo aequalis*, vol. I, *Genèse et épanouissement de l'idéologie économique* [1977], Paris, Gallimard, « Tel », 1985, p. 88). Deuxièmement, de la *Théorie des sentiments moraux* à *La Richesse des nations*, Smith change de périmètre : il passe de la « sphère de la moralité » à la « sphère de l'économie » en donnant d'autant plus aisément à la « socialisation » des actions humaines un tour automatique (*ibid.*, p. 92).

à la monarchie qui constitue « le plus grand élément d'Ordre Social[34] ». Et la lecture marxiste de Balzac est plutôt celle d'une continuelle destruction créatrice de la bourgeoisie, qui n'appelle aucune autre fin que la révolution. Quant à Zola, qui mesure parfaitement ses « différences » avec Balzac, il ne parvient pas à partager l'optimisme progressiste de Michelet ou de Hugo, et son darwinisme (impénitent) est son unique manière de résoudre le problème de la composition des intérêts privés, en attendant que son comtisme ou son tainisme (tout aussi impénitents) déterminent dans ses romans utopiques des gouvernements de l'ingénieur (dont le paternalisme rejoint, par une autre voie, celui de l'utilitarisme[35]). Malgré ces limites explicites, nous voudrions tenter ici une lecture « libérale » de Balzac et de Zola, dans laquelle le marché et son auto-régulation se profileraient comme des tentatives de résolution du désordre ou du mouvement postrévolutionnaire. Semblable tentative de lecture, concentrée bien évidemment sur certaines pages et sur le terrain de l'économie, pourrait identifier les points où le roman balzacien et le roman zolien, après la pensée de Stendhal, sont justement irréductibles au principe libéral de composition naturelle des intérêts privés.

---

34 Honoré de Balzac, « Avant-Propos » de *La Comédie Humaine*, dans *Écrits sur le roman. Anthologie*, éd. Stéphane Vachon, Paris, Le livre de poche, « références », 2000, p. 289-290.
35 Catherine Audard, *Qu'est-ce que le libéralisme ?, op. cit.*, p. 153.

STENDHAL ET L'APORIE
DU CALCUL UTILITAIRE

Sans refaire le travail de Fernand Rude[1] ou de Victor Del Litto[2], soulignons la logique sous-jacente de plusieurs des lectures d'Henri Beyle durant la première décennie du siècle. La lecture des sensualistes, des Idéologues et des physiologistes par le jeune Stendhal donne l'impression, écrit Starobinski, qu'« à ce polytechnicien manqué, il faut une philosophie clairement mécaniste : l'homme devient un clavier sur lequel il faut apprendre à jouer[3] ». Cet idéal de maîtrise recouvre chez Beyle aussi bien la réflexion morale que la pensée esthétique (et premièrement dramaturgique). Il est le fil rouge qui relie sa lecture d'Helvétius, Bentham ou Destutt de Tracy à sa réflexion sur les caractères au théâtre ou encore à sa lecture de Burke sur le *Sublime*, en passant par le corpus économique qu'il fréquente à partir de 1804.

Stendhal s'est en effet fixé dans son *Journal* un « plan d'instruction[4] » qu'il a repris dans son projet de « Collège des Pairs[5] » et qu'ont assez bien suivi ses lectures de vingt-et-un à vingt-huit ans. En combinant ce que nous disent le *Journal* et le « *Journal littéraire*[6] » à partir de 1803,

---

1   Fernand Rude, *Stendhal et la pensée sociale de son temps*, Paris, Plon, « Histoire des mentalités », 1967. Voir les p. 57-98 sur l'économie politique.
2   Victor Del Litto, *La vie intellectuelle de Stendhal. Genèse et formation de ses idées (1802-1821)*, Paris, PUF, 1959. Voir en particulier partie II, chap. 3.
3   Jean Starobinski, « Stendhal pseudonyme » [1951], dans *L'œil vivant*, Paris, Gallimard, 1961, p. 214.
4   Stendhal, *Journal*, 14 mars 1806, éd. Henri Martineau, revue par Xavier Bourdenet, Paris, Gallimard, « folio classique », 2010, p. 436.
5   Il s'agit du projet de « Collège des Pairs » que Stendhal adresse à son désormais beau-frère François-Daniel Périer-Lagrange en annexe d'une lettre du 24 mai 1814, projet qui en cette période de réaction constitue une sorte d'idéal d'éducation avancée. Stendhal, *Correspondance générale*, t. II (1810-1816), éd. Victor Del Litto, Paris, Honoré Champion, 1998, p. 553-554.
6   Nous avons choisi, par souci de commodité, d'utiliser d'une part la récente édition du *Journal* par Henri Martineau, revue par Xavier Bourdenet, d'autre part le *Journal littéraire* composé par Victor Del Litto et Ernest Abravanel pour les *œuvres complètes* distribuées

nous savons qu'Henri lit d'abord Helvétius et Tracy, puis qu'il entend compléter en 1806 sa connaissance des Idéologues au nom de l'idée que « l'étude des faits peut être l'étude de l'art de conduire son esprit à la vérité[7] ». En regard d'Helvétius (*De l'esprit*, *De l'homme*) et de Hobbes (*De la nature humaine*), il lit les *Caractères* de La Bruyère, pièce essentielle du *nosce te ipsum* enseigné par Tracy et la Grèce en même temps que modèle pour les exercices de portraits qu'il écrit avec son ami Louis Crozet[8]. C'est vers août 1806 que se précise la lecture de *L'Esprit des lois*, qui donne lieu deux ans plus tard à un commentaire détaillé de la partie de l'ouvrage sur les lois somptuaires et sur le luxe[9]. Début 1810, il découvre Malthus, ce qui l'amène sans doute à reprendre Smith, dont la *Richesse des nations* avait été parcourue en mars 1805 et la *Théorie des sentiments moraux* un an plus tard, et à se faire un jugement sur le *Traité d'économie politique* de Say, dont le *Journal* n'a rien dit depuis cette date. Nommé auditeur au Conseil d'État, Beyle consacre une partie d'août-septembre 1810 à « piocher » l'économie politique avec son ami Louis Crozet, chez qui il se retire à Plancy, dans l'Aube ; du projet avorté d'écrire un traité en réplique à Jean-Baptiste Say nous restent des fragments et des notes marginales dans les ouvrages spécialisés, éléments essentiels pour l'étude de Stendhal apprenti économiste[10]. Avant cette session de travail, il a

---

    par le Cercle du bibliophile, même si les deux textes peuvent parfois se chevaucher ponctuellement et même s'il aurait été plus logique de s'en remettre intégralement à la répartition des manuscrits proposée par Victor Del Litto. Stendhal, *Journal littéraire* (trois tomes), *Œuvres complètes*, vol. 33, 34 et 35, éd. Victor Del Litto et Ernest Abravanel, Genève, Édito-service, « Cercle du bibliophile », 1970.

7 Stendhal, *Journal*, 26 janvier 1806 (note de fin de cahier), *op. cit.*, p. 465.

8 Stendhal, « Caractères », dans *Journal littéraire, op. cit.*, t. II, p. 209-261.

9 *Ibid.*, p. 283-294. Cette longue objection de Stendhal contre la condamnation du luxe chez les personnes privées et dans l'État tourne au véritable micro-récit du développement économique et de la multiplication des choses. Voir la troisième partie du présent ouvrage.

10 Stendhal, « Traité d'économie politique », dans *Œuvres complètes*, vol. 45, *Mélanges I – Politique, Histoire, Économie politique*, éd. Victor Del Litto et Ernest Abravanel, Genève, Édito-service, « Cercle du bibliophile », 1971, p. 111-138. Le titre « Traité d'économie politique », choisi par Victor Del Litto rend mieux compte de l'ambition de Beyle que de la physionomie réelle de ces quelques pages, qu'il faudrait plutôt désigner comme des fragments d'économie politique. Aux fragments d'économie politique des t. V et XVII des manuscrits de Grenoble R.5896, Victor Del Litto a ajouté en 1970 des considérations économiques empruntées au *Journal* ainsi que la transcription de notes de Stendhal sur son exemplaire de l'*Essai* de Malthus. Mais il a été amené à corriger et augmenter cette transcription des annotations marginales ou infra-paginales de Beyle (et Crozet) sur Malthus et Smith : voir Victor Del Litto, « L'étude de l'économie politique. Nouvelles

des velléités d'écrire une histoire de la Révolution, il passe à une étude de la combinatoire des passions dans l'homme, enfin il file une réflexion sur le rire (d'après *Les Précieuses ridicules, Le Misanthrope, Tartuffe*). Après l'économie politique à Plancy, ce sera notamment en février 1811 une étude du plaisir et de la douleur selon Burke et des réflexions parallèles sur la théorie des tempéraments et l'esthétique théâtrale.

Bien qu'il ne rende compte ni de la totalité ni de l'*intricato* des lectures[11], ce résumé hâtif procure encore un effet d'éparpillement. Cet éparpillement n'est qu'apparent. Il serait en effet difficile de séparer la question de la fabrique dramaturgique de celle de la combinatoire des passions qui occupe Beyle lorsqu'il s'appuie sur Helvétius et même Malthus pour écrire que « les passions font faire des actions presque entièrement différentes suivant qu'elles se nichent dans des *tempéraments* ou des *caractères* ou *ensemble d'habitudes différents*[12] » : cette combinatoire dicte d'emblée des canevas dramatiques. Quant à la lecture de Bentham, juste avant le départ pour Plancy, Victor Del Litto ne la sépare pas de la lecture de Tracy ou Cabanis : « l'idée d'utilité qui régit les actions humaines et celle que ces actions doivent être décomposées par l'analyse et la classification, s'accordaient à merveille avec les principes puisés dans Helvétius et les Idéologues[13] ». Notons que la question même des tempéraments apparaît dans le chapitre VI des *Principes de législation* de Bentham, qui analyse les différentes « circonstances » – parmi lesquelles les idiosyncrasies individuelles – pouvant influer sur la sensibilité, donc sur le calcul des plaisirs et des peines exposé dans le chapitre IV[14]. Il existe ainsi un rapport entre l'analytique des passions explorée par Beyle

---

notes inédites », *Une somme stendhalienne, Études et documents 1935-2000*, t. II, Paris, Champion, 2002, p. 1151-1171.
11   Exemple : le 19 mars 1805, Beyle lit Smith en même temps qu'*Andromaque* et *De l'Esprit* d'Helvétius. Le 14 avril 1810, il lit Malthus en même temps que le troisième volume des *Voyages en France* d'Arthur Young. Le 9 juillet 1810, la lecture de la *Nosographie des passions et de l'état de l'âme* de Pinel semble avoir au moins autant d'importance que le projet d'étude de Smith. Enfin, en contrepoint de l'écriture des fragments d'économie politique à Plancy, Beyle lit Helvétius, *Les Années d'apprentissage de Wilhelm Meister* et *Tom Jones*. Etc.
12   Stendhal, *Journal littéraire, op. cit.*, p. 296-297.
13   Victor Del Litto, *La Vie intellectuelle de Stendhal, op. cit.*, p. 389.
14   Jeremy Bentham, *An Introduction to the Principles of Morals and Legislation*, éd. J. H. Burns et H. L. A. Hart, introd. F. Rosen, Oxford, Clarendon Press, 1996. Voir chap. IV, « Value of a lot of pleasure or pain, how to be measured », et chap. VI, « Of circumstances influencing sensibility ». Victor Del Litto précise que Beyle a lu ces *Principes de législation*

en 1805-1810 et l'arithmétique morale de Bentham. Nous pouvons voir en outre un rapport entre la longue analyse de *L'Esprit des lois* qui s'est déployée à partir de 1808 et d'une part les lectures utilitaristes de Beyle, d'autre part ses études d'économie de l'été 1810. En effet, la lecture de Montesquieu par Henri le conduit notamment à l'idée qu'il faut « étendre » l'objet de luxe jusqu'à le faire devenir « objet commun ». Cela consonne d'emblée avec le grand objectif benthamien et utilitariste, déjà présent chez Hutcheson et Beccaria[15], selon lequel la meilleure action est celle qui procure « le plus grand bonheur du plus grand nombre[16] ». De même, cette démocratisation du luxe consonne avec la théorie de la consommation et du bonheur qu'exposeront les fragments d'économie politique d'août-septembre 1810[17]. Enfin, n'existe-t-il pas un rapport essentiel entre les écrits des Idéologues ou des utilitaristes et ceux ces économistes – Say, Smith, Malthus – étudiés à Plancy crayon à la main ? Avec Helvétius, Destutt de Tracy ou Bentham, le jeune Stendhal remue une arithmétique morale qui est au fondement de l'économie politique. Non seulement cela, mais il la pense déjà en termes esthétiques, en lien avec une interrogation sur la notion de personnage et en rapport avec La Bruyère ou Molière. Ajoutons que les réflexions quantitatives sur la douleur et le plaisir selon Burke – sur le regret, la douleur projetée et le plaisir comme représentation du plaisir – confirment l'adhésion de Beyle au principe d'utilité. Bref, les lectures stendhaliennes se tiennent beaucoup plus fermement que ne le laissent supposer les énumérations de livres du *Journal* ou les articles du « Collège des Pairs ».

Il serait cependant un peu précipité de dire que la morale d'Helvétius et l'utilitarisme de Bentham consonnent pour Beyle avec l'économie politique qu'il étudie aux côtés de Crozet pendant l'été 1810. Les historiens de la formation intellectuelle de Stendhal ont souvent affirmé

---

dans : Jeremy Bentham, *Traités de législation civile et pénale*, vol. 1, éd. E. Dumont, Paris, Bossange, Masson et Besson, 1802.

15   Voir Élie Halévy, *La formation du radicalisme philosophique*, *op. cit.*, vol. I, respectivement p. 23 et p. 31.

16   Citons ici Catherine Audard, à propos de l'objectif utilitariste de réduire les inégalités : « En effet, augmenter les revenus des plus riches n'augmente leur utilité que marginalement, à la différence des plus désavantagés pour qui même une augmentation minime fait une grande différence. Et comme les plus défavorisés sont les plus nombreux, l'augmentation de leur bien-être contribue beaucoup plus à l'accroissement du bien-être total ou moyen. » Catherine Audard, *Qu'est-ce que le libéralisme ?*, *op. cit.*, p. 151.

17   Voir la troisième partie, première sous-partie, du présent ouvrage.

que la période « économiste » de Stendhal est bien circonscrite et qu'elle s'achève sur une désillusion, alors que son utilitarisme perdure. Victor Del Litto conclut la généalogie des lectures stendhaliennes de la période décembre 1808 – septembre 1810 (entre le retour de Brunswick et le projet de traité d'économie politique) en énumérant les gestes sans équivoque par lesquels Beyle s'est ultérieurement dépris de cette discipline[18]. La lettre à son ami Mareste du 4 mai 1818 semble d'abord sans appel : « Pour moi, je renonce à cette science » – sans appel, à condition de préciser que cette lettre souligne tout de même le progrès de Jefferson et Malthus par rapport aux idées de 1780, ou bien qu'elle débat des mérites comparés de Say et Smith (il n'y a donc pas désaveu global)[19]. De même, en 1825, à l'époque de la fondation du journal *Le Producteur* par les disciples de Saint-Simon et de l'écriture du pamphlet *D'un nouveau complot contre les industriels*, Beyle estime que la science économique est « encore très loin d'avoir atteint la parfaite certitude qui fait le charme particulier des mathématiques[20] ». Ce serait peut-être la raison d'un premier désaveu de Beyle : le faiseur d'équations de l'École centrale de Grenoble se pique de critiquer les économistes pour leur manque de scientificité. Et certes, Say, Smith et Malthus ne sont pas John Stuart Mill, Cournot ou Walras, que Stendhal n'a pu connaître et qui ont largement répondu aux critiques qu'il a formulées contre l'économie politique[21]. Il faudrait dès lors voir en Stendhal un promoteur précoce de la mathématisation de l'économie politique qui, précisément, s'est installée si tardivement en France[22] : comme s'il déclarait qu'il ne serait

---

18 Victor Del Litto, *La vie intellectuelle de Stendhal, op. cit.*, p. 379-391.
19 Stendhal, *Correspondance générale*, t. III, éd. Victor Del Litto, Paris, Honoré Champion, 1999, p. 123.
20 Stendhal, Lettre de Paris n°XI, *London Magazine*, novembre 1825, dans *Courrier anglais*, vol. V, éd. Henri Martineau, Paris, Le Divan, 1936, p. 238.
21 Lorsque Beyle écrit dans *D'un nouveau complot contre les industriels* : « Moi aussi, j'ai lu Mill, Mc Culloch, Malthus et Ricardo, qui viennent de reculer les bornes de l'économie politique », c'est à James Mill, continuateur de Bentham, qu'il fait allusion. Fernand Rude doute du reste que Beyle ait lu James Mill. Voir Stendhal, *D'un nouveau complot contre les industriels*, dans *Œuvres complètes*, vol. 45, *op. cit.*, p. 277. Voir aussi Fernand Rude, *Stendhal et la pensée sociale de son temps, op. cit.*, p. 133.
22 Sur la « stratégie du silence [du premier XIXe siècle] vis-à-vis des économistes qui utilisaient les mathématiques », voir Yves Breton, « Les économistes libéraux et l'emploi des mathématiques en économie politique : 1800-1914 », *Économies et sociétés*, tome XX, n°3, mars 1986. La question de la mathématisation est liée à celle de l'autonomisation de l'économie au XIXe siècle, et cela mettrait Stendhal dans le camp des « puristes » :

compris avec Cournot qu'en 1880... Une phrase de la *Vie de Henry Brulard* résume donc sévèrement la session de travail de l'été 1810 aux côtés de Louis Crozet : « Nous lûmes ensemble Adam Smith et Jean-Baptiste Say, et puis abandonnâmes cette science comme y trouvant des points obscurs ou même contradictoires[23]. »

Le divorce semble cependant plus profond, dans l'esprit de Beyle, entre la philosophie utilitariste et l'économie politique, en dépit de la parenté, bien soulignée par Élie Halévy, entre la pensée de Bentham et celle d'Adam Smith[24]. Sans entrer pour le moment dans le détail des critiques de Stendhal contre Smith ou Say[25], nous pouvons dire qu'il y a chez lui solution de continuité entre l'intéressante arithmétique morale de Bentham et celle de Smith. Notre hypothèse serait que Beyle est moins convaincu par l'idée d'une identité naturelle des égoïsmes (présente chez Smith) que par celle d'une identité artificielle des intérêts (construite par le régime des peines et le législateur avisé de Bentham). Peut-être même est-il moins intéressé par la composition des égoïsmes que par le calcul égoïste des plaisirs et des peines, comme si la théorie benthamienne se trouvait chez lui coupée de ses conséquences collectives. Ce jeune homme est un naturaliste. Il adhère aux principes cardinaux de l'utilitarisme que sont l'hédonisme, le rationalisme et le conséquentialisme. Mais il s'annonce plus purement utilitariste que libéral.

Au fond de la pensée de Stendhal, il y a d'abord et avant tout l'hédonisme moral des utilitaires, mais envisagé de manière centripète : l'indice de cela serait son désintérêt pour la *Théorie des sentiments moraux* de Smith. On a parfois fait l'erreur de confondre deux passages

---

voir Gilbert Faccarello, « L'économie, une science nouvelle ? Ce siècle avait trois ans... », *Romantisme*, n° 133, « Économie, économistes », Paris, Armand Colin, 2006, p. 16-17.

23 Stendhal, *Vie de Henry Brulard*, (1835-1836), chap. XXIX, dans *Œuvres intimes*, vol. II, éd. Victor Del Litto, Paris, Gallimard, « Bibliothèque de la Pléiade », 1982, p. 810. Voir aussi les *Souvenirs* de Delécluze, qui rappellent comment, un soir de 1825, Beyle quitte comiquement la pièce pendant que Cerclet évoque le lancement du *Producteur* : « Entouré de collaborateurs doués du même instinct [celui des "spéculations scientifiques"], tous avaient formé le projet de répandre la connaissance d'une science encore nouvelle alors, celle de l'économie politique. Lorsque Cerclet prononça ces mots, Beyle, qui se trouvait au milieu de la réunion assez nombreuse, ce jour-là, fit une grimace affreuse, prit son chapeau et s'en alla au milieu du rire universel que son horreur pour l'économie politique avait provoqué. » Étienne-Jean Delécluze, *Souvenirs de soixante années*, Paris, Michel Lévy, 1862, chap. XVII, p. 265.

24 Élie Halévy, *La formation du radicalisme philosophique*, vol. I, p. 119, 135 et 146.

25 Voir les deuxième et troisième parties du présent ouvrage.

du *Journal*, séparés d'un an, lorsque Beyle écrit : « Je lis Smith avec un très grand plaisir[26] » ; puis lorsqu'il note : « Smith (de la page 125 à 160, I) m'ennuie tellement par le peu d'idées nettes, ou leur trivialité pour moi, que je suis vraiment malheureux, je m'endors, et au réveil je suis encore malheureux[27]. » Or dans la première occurrence, c'est la *Richesse des nations* que lit Stendhal ; dans la deuxième, c'est la *Théorie des sentiments moraux*[28], qu'il lit dans l'excellente traduction de Sophie de Condorcet[29]. Mais il préfère grandement les *Lettres sur la sympathie* de la traductrice, qui accompagnent le texte de Smith, à la *Théorie* elle-même. Comment interpréter cette préférence – s'il faut chercher à l'interpréter ? Marc-André Bernier donne peut-être une explication lorsqu'il évoque la pensée de Sophie de Condorcet : « chez elle, la sympathie ne doit plus être considérée seulement en fonction d'une représentation imaginaire, dans la mesure où elle est avant tout l'expression d'une loi de la sensibilité qui dispose chaque individu 'à sentir d'une manière semblable à celle d'autrui'[30]. » Nous savons que chez Smith en revanche,

---

26 Stendhal, *Journal*, 19 mars 1805, *op. cit.*, p. 310.
27 *Ibid.*, 14 mars 1806, p. 435. Dans l'édition de Sophie de Condorcet, la p. 125 marque le début du dernier chapitre de la Ière partie de la *Théorie des sentiments moraux*, et la p. 160 marque la fin de toute la section I (« Du sentiment que nous avons du mérite et du démérite de nos actions ») de la partie II (« Du mérite ou du démérite, ou des objets de récompense ou de châtiment »), juste avant une longue note. L'appréciation de Beyle concerne donc ces six chapitres de la *Théorie des sentiments moraux* : I, III, III : « De la corruption de nos sentiments moraux, résultante de notre disposition à admirer les riches et les grands, et à mépriser ou négliger les personnes pauvres et d'une condition obscure » ; II, I, Ier : « Que tout ce qui paraît mériter notre reconnaissance, nous paraît digne de récompense ; et de même, que tout ce qui nous paraît mériter la haine, nous paraît aussi mériter le châtiment » ; II, I, II : « Des objets naturels de notre reconnaissance et de notre ressentiment » ; II, I, III : « Que dans les cas où nous désapprouvons la conduite du bienfaiteur, nous partageons faiblement la reconnaissance de celui qu'il a obligé ; et que lorsque nous ne désapprouvons pas les motifs qui ont déterminé un homme à faire du mal à un autre, le ressentiment de celui qui a souffert, ne nous inspire aucune sympathie » ; II, I, IV : « Récapitulation des chapitres précédents » ; enfin II, I, V : « Analyse du sentiment du mérite et du démérite de nos actions ».
28 Voir Victor Del Litto, *La vie intellectuelle de Stendhal*, *op. cit.*, p. 291.
29 Adam Smith, *Théorie des sentimens moraux ou essai analytique sur les principes des jugemens que portent naturellement les hommes*, suivi d'une *Dissertation sur l'origine des langues*, traduit de l'anglais par Mme S. de Grouchy, marquise de Condorcet, suivi de huit *Lettres sur la sympathie*, Paris, An VI-1798, 2 volumes.
30 Marie-Louise Sophie de Grouchy, marquise de Condorcet, *Lettres sur la sympathie* [1798], éd. Marc-André Bernier et Deidre Dawson, Oxford, Voltaire Foundation, 2010. Voir la présentation de Marc-André Bernier p. 13.

la sympathie est une propension, différente de la bienveillance selon Hutcheson, à se représenter la situation dans laquelle se trouve autrui, et à en concevoir un sentiment (compassion, colère, etc.), quand bien même nous devrions rester parfaitement étrangers à cette situation[31]. Bref, Madame de Condorcet procèderait à un « infléchissement nettement sensualiste et matérialiste » de la théorie de Smith, estime ici Marc-André Bernier. Les travaux de Laurie Bréban et Jean Dellemotte détaillent cet infléchissement dans la traduction et le commentaire de la *Théorie des sentiments moraux* par Sophie de Grouchy[32]. Le jeune Beyle trouverait-il dans ce sensualisme un aliment plus conforme à son hédonisme moral de facture utilitariste ? Philippe Steiner et Gilbert Faccarello donnent un autre indice : la pensée de Sophie de Condorcet, comme en témoigne sa correspondance avec Cabanis, adopte un pli rationaliste qui entend se démarquer de la philosophie écossaise[33]. Serait-ce cela qui satisferait la raison calculante du jeune Beyle, alimentant d'une autre manière son goût pour le raisonnement des utilitaires ? Ce petit fait de lecture n'est qu'un signe parmi d'autres que la formation intellectuelle d'Henri Beyle le situe à la charnière délicate de l'utilitarisme et du libéralisme, sans que l'inférence entre ces deux pensées ait pour lui quoi que ce soit d'évident : on dirait qu'Henri est plus intéressé par l'économie du for intérieur que par la logique sociale de la sympathie.

---

31   Rappelons l'amorce de la *Théorie des sentiments moraux* : « Quelque degré d'amour de soi qu'on puisse supposer à l'homme, il y a évidemment dans sa nature un principe d'intérêt pour ce qui arrive aux autres, qui rend leur bonheur nécessaire, lors même qu'il n'en retire que le plaisir d'en être témoin » (I, 1, 1). Voir Norbert Waszek, *L'Écosse des Lumières*, *op. cit.*, p. 57, pour une explication très claire du fait que la sympathie chez Smith est dénuée de tout aspect égoïste.
32   Laurie Bréban et Jean Dellemotte, « From one form of sympathy to another : Sophie de Grouchy's translation of and commentary on Adam Smith's *Theory of Moral Sentiments* », 2016, [hal.archives-ouvertes.fr] <hal-01435828>, déposé le 15 janvier 2017.
33   Voir Gilles Faccarello et Philippe Steiner, « La diffusion de l'œuvre d'Adam Smith en langue française : quelques lignes de force », p. 14, traduction française en ligne de : « The Diffusion of the Work of Adam Smith in the French Language : An Outline History », dans Keith Tribe (dir.), *A Critical Bibliography of Adam Smith*, Londres, Pickering & Chatto, 2002, p. 61-119 [ggjjff.free.fr/textes/Smith_en_France/2002 consulté le 11 avril 2016].

D'HELVÉTIUS À BENTHAM

Le rapport de Beyle à la pensée d'Helvétius permet de sentir que son enthousiasme pour l'utilitarisme s'accompagne pourtant de résistance. D'un côté, l'œuvre d'Helvétius concilie l'apologie des passions et la reconnaissance intime du bien-fondé de l'intérêt ; elle promeut une morale individuelle et autonome qui prétend à une théorie du gouvernement, voire vaut introduction à l'économie politique. De l'autre, la morale d'Helvétius prévient contre la dérive calculante à laquelle expose la recherche de l'intérêt, signale le danger que le chasseur de bonheur confonde la fin et les moyens, et finalement explique pourquoi Stendhal pourra retourner Helvétius contre l'économie politique des Say, Smith et Malthus. C'est dire que la pensée d'Helvétius est pour Stendhal un *pharmakon*. Il faut y revenir brièvement, afin de suggérer pourquoi l'anthropologie stendhalienne ressemblera à un utilitarisme contrarié.

Enthousiasme pour la morale d'Helvétius : Beyle lit dès 1803 aussi bien *De l'Esprit* (1758)[34] que *De l'Homme* (posth. 1773) et il lit ces ouvrages non seulement avec assiduité[35], mais de plus avec un plaisir qui va défier les années puisqu'en août 1810, quelques jours avant de repartir à Plancy travailler l'économie politique avec Crozet, il note : « Je reviens à Paris en lisant Helvétius, il me semble que je lis des notes écrites par moi en style lâche, tant je suis d'accord avec lui[36]. » Les historiens du libéralisme, parce qu'ils mettent l'accent, comme Hirschman, sur la contribution d'Helvétius à l'assomption de la notion d'intérêt ou considèrent comme saillante, dans *De l'Esprit*, la notion de « passion compensatrice[37] », n'éclairent peut-être pas les raisons pour lesquelles le jeune Stendhal peut aimer cet auteur et y revenir sans cesse. Il apprécie Helvétius pour

---

34 *De l'Esprit* fait partie des livres emmenés par Beyle à Paris, selon son inventaire du 23 février 1804. Stendhal, *Journal*, 23 février 1804, *op. cit.*, p. 72.
35 L'index général des *Œuvres complètes* du Cercle des Bibliophiles donne une cinquantaine d'occurrences, rien que pour la période 1802-1804 couverte par le premier tome du *Journal littéraire*.
36 Stendhal, *Journal*, 6 août 1810, *op. cit.*, p. 669.
37 Voir Albert O. Hirschman, *Les passions et les intérêts*, *op. cit.*, p. 24 et p. 30 et Catherine Audard, *Qu'est-ce que le libéralisme ?*, *op. cit.*, p. 126. Nous développerons la lecture de Hirschman dans la sous-partie suivante à propos de Balzac.

les mêmes raisons qu'il aimera Bentham. Il ne s'agit pas d'admirer en Helvétius un promoteur de la passion calme des intérêts. Il s'agit d'abord d'admirer chez lui l'« apologiste des passions » : peut-être les passions sont-elles sources d'« erreurs[38] », mais elles ont une irréfutable « puissance[39] ». Il s'agit ensuite et surtout de reconnaître une pensée qui intervient en-deçà de toute distinction entre les passions et les intérêts, et détaille les règles de la comptabilité hédoniste. Les passions ont pour origine « l'amour du plaisir » ou la « crainte de la douleur[40] », répète Helvétius : la sensibilité physique est la cause de l'amour de soi, lequel préside aux passions[41]. De même, les intérêts apparaissent, dans tout le Discours II de l'ouvrage (« De l'esprit par rapport à la société »), comme l'expression de l'amour de soi. L'intérêt dicte le jugement que nous nous faisons des actions comme des idées. « L'intérêt personnel » est un principe de législation universel[42]. La « Récapitulation » qui clôt *De l'Homme* montrera clairement l'unicité du principe proclamé par Helvétius : la « sensibilité physique » est le « principe » qui « explique toutes les manières d'être des hommes, [...] dévoile les causes de leur esprit, de leur sottise, de leur haine, de leur amour, de leurs erreurs et de leurs contradictions[43] ». Ce principe est d'« expression nette » et « nulle erreur ne peut se mêler à la simplicité d'un tel axiome[44] ». « La morale est-elle une science ? », demande Helvétius, pour conclure : « oui ; si dans la sensibilité physique j'ai découvert le principe unique dont tous les préceptes de la morale soient des conséquences nécessaires[45] ».

---

38 Helvétius, *De l'Esprit* [1758], texte revu par Jacques Moutaux, Paris, Fayard, « Corpus des œuvres de philosophie en langue française », 1988. Voir le Discours I, chap. II (« Des erreurs occasionnées par nos passions »), p. 26.
39 *Ibid.*, Discours III, chap. VI (« De la puissance des passions ») et chap. VIII (« Que l'on devient stupide, dès qu'on cesse d'être passionné »). On retrouve cette idée dans *De l'Homme*, Section II, chap. X (« Que les plaisirs des Sens sont à l'insu même des nations leur plus puissants moteurs »). Voir Helvétius, *De l'Homme* [1773], texte revu par Geneviève et Jacques Moutaux, Paris, Fayard, « Corpus des œuvres de philosophie en langue française », 1989, t. I, p. 191.
40 Helvétius, *De l'Esprit*, Discours III, chap. IX (« De l'origine des passions »).
41 *Ibid.*, Discours II, chap. XXIV (« Des moyens de perfectionner la morale »), p. 218.
42 « C'est (...) à la connaissance du principe de l'amour de soi, que les sociétés doivent la plupart des avantages dont elles jouissent (...). » *Ibid.*, p. 212.
43 Helvétius, *De l'Homme*, Récapitulation, chap. II (« De l'importance et de l'étendue du principe de la sensibilité physique »), *op. cit.*, t. II, p. 950.
44 *Ibid.*
45 *Ibid.* Telles sont les premières lignes de ce chapitre récapitulatif.

Il n'y a de ce point de vue aucune différence entre Helvétius, relu en août 1810, et Bentham, lu fin juillet[46] : le « principe simple » proclamé par Helvétius ne se distingue pas du principe d'utilité défini dès les premiers chapitres du *Traité de législation civile et pénale*, et Bentham reconnaît d'ailleurs volontiers sa dette[47]. C'est vers 1819 que les notes de Beyle relieront explicitement le moraliste français et le juriste anglais, en définissant l'« utilité » comme le « grand principe de Helvétius très bien appliqué aux lois par J. Bentham[48] ». En 1827, Stendhal écrira qu'« Helvétius perfectionné par Jérémie Bentham, a fort bien expliqué ce qui se passe dans le cœur de l'homme passionné, ou simplement agité par des désirs (...)[49] ». Mais il n'a évidemment pas attendu ces dates pour mesurer la consonance entre la morale d'Helvétius et l'utilitarisme de Bentham. Et lorsque Stendhal corrige le vocabulaire d'Helvétius, c'est en quelque sorte d'après Bentham. On connaît le fragment relatif à *De l'amour* dans lequel Stendhal dit d'Helvétius et de son « principe simple » : « Ce philosophe commit la petite maladresse d'appeler ce principe l'*intérêt*, au lieu de lui donner le joli nom de *plaisir*[50] ». Opérer cette correction, c'est encore se rapprocher de la science morale de Bentham, qui professe justement « qu'il n'existe pas une espèce de motif qui soit en elle-même mauvaise », et qui veut corriger pour cela le langage censé décrire voire discriminer les motivations des hommes[51]. Le défaut du terme « intérêt » est d'évoquer le vieux dualisme des moralistes (selon

---

46   Voir Victor Del Litto, *La vie intellectuelle de Stendhal, op. cit.*, p. 389. Beyle approfondira sa connaissance de Bentham en particulier grâce au compte rendu de la théorie des peines et des récompenses dans le n° 43 de l'*Edinburgh Review* en octobre 1813. Sur ce point, voir Victor Del Litto, *ibid.*, p. 533-534.
47   « L'idée de considérer le bonheur comme résoluble en un nombre de plaisirs individuels, je l'ai prise à Helvétius ; avant son temps, on peut dire à peine que le bonheur ait été jamais mesuré », dit un manuscrit de Bentham sur le calcul des plaisirs et des peines. Voir Élie Halévy, *La formation du radicalisme philosophique*, vol. I, appendice II, p. 303. Sur l'influence d'Helvétius sur Bentham, voir *ibid.*, p. 37 *et sq.*
48   Annotation sur une brochure italienne. Stendhal, *Journal littéraire*, t. III, p. 377.
49   Stendhal, « L'état de la philosophie à Paris en 1827 », dans *Œuvres complètes*, vol. 46, *Mélanges (Journalisme)*, t. II, éd. Victor Del Litto et Ernest Abravanel, Genève, Éditoservice, « Cercle du bibliophile », 1972, p. 204.
50   « *Voluptas* », selon l'églogue de Virgile cité alors Stendhal. Il s'agit du quatre-vingt-onzième des « fragments divers » qui dans l'édition folio terminent le Livre II de l'ouvrage. Stendhal, *De l'amour*, éd. Victor Del Litto, Paris, Gallimard, « folio classique », 1980, p. 271. C'est à cette édition que nous renverrons par la suite.
51   Sur ce point, voir Élie Halévy, *La formation du radicalisme philosophique*, vol. I, p. 44-45. La citation en italique est extraite du chap. x des *Principes de législation et de morale*.

lequel il y aurait contradiction entre l'intérêt et le bien), de voiler inutilement les fondements hédonistes de l'utilitarisme, voire de prêter le flanc à l'accusation d'appauvrissement matérialiste qu'on peut opposer à cette éthique.

Le « principe unique » d'Helvétius, le principe d'utilité de Bentham, sont universels. Ils refondent la morale comme le gouvernement, tout en préparant la théorisation de l'économie politique comme mécanique autorégulée. Refondation de la morale dans la nature, hors des dualismes classiques et de la direction chrétienne : Michel Crouzet rappelle avec vigueur pourquoi la morale d'Helvétius et l'utilitarisme de Bentham pouvaient séduire un jeune homme refusant toute hétéronomie et toute transcendance et pourquoi cette philosophie lui apparaît véritablement comme un *gai savoir*[52]. Elle invite chaque homme à forger son bonheur dans l'étude affranchie des peines et des plaisirs qui sanctionnent ses actes, et cet hédonisme parachève l'ambition cartésienne puis spinoziste d'une éthique fondée *more geometrico*[53]. Le principe d'utilité encourage l'individu à se méfier du détestable « principe ascétique » qui consiste à fonder « la morale sur les privations et la vertu sur le renoncement à soi-même[54] ». Comme le résume fidèlement le traité *De l'amour*, le principe ascétique, synonyme d'« hypocrisie », est parfaitement opposé au principe d'utilité et n'est nullement un « hommage rendu à la vertu », car « on ne contredit jamais la nature » : tout ce que fait le principe ascétique est qu'il détermine une sorte d'équilibre personnel et collectif sous-optimal où « il y a moins de bonheur sur la terre et infiniment moins d'inspirations généreuses[55] », écrit Stendhal en inversant terme à terme la formule utilitariste du « plus grand bonheur du plus grand nombre ».

Car le principe d'utilité est aussi et tout uniment moyen de refondation du gouvernement des hommes : désormais, proclame Helvétius, « la connaissance du principe de l'amour de soi (...) a fait confusément

---

52 Michel Crouzet, *Stendhal et le désenchantement du monde, op. cit.*, p. 182 *et sq.*
53 « Alors les propositions morales, politiques et métaphysiques devenues aussi susceptibles de démonstration que les propositions de Géométrie, les hommes auront de ces sciences les mêmes idées, parce que tous (comme je l'ai montré) aperçoivent nécessairement les mêmes rapports entre les mêmes objets », s'écrie Helvétius après avoir lui aussi réclamé une réforme de la langue. Helvétius, *De l'Homme, op. cit.*, section II, chap. XIX (« Il est un seul moyen de fixer la signification incertaine des mots... »), t. I, p. 248.
54 Le « principe ascétique » est défini par Bentham dans le chap. II de ses *Principes de législation*. Voir Élie Halévy, *La formation du radicalisme philosophique*, vol. I, p. 39.
55 Stendhal, *De l'amour, op. cit.*, livre II, chap. LI, p. 187.

apercevoir au Législateur la nécessité de fonder sur la base de l'intérêt personnel les principes de la probité[56] ». Il ajoute dans *De l'Homme* que « les sciences de la Morale et de la Législation ne peuvent donc être que des déductions de ce principe simple[57] ». De là, sous la plume d'Helvétius, des maximes qui rabattent la morale et le gouvernement sur la physique newtonienne (« Si l'Univers physique est soumis aux lois du mouvement, l'Univers moral ne l'est pas moins à celles de l'intérêt[58] »), en même temps qu'elles préparent le terrain de l'économie politique. En effet, nous voyons bien dans *De l'Homme* comment s'articulent la conduite individuelle et la régulation du collectif : Helvétius, constatant que « la sensibilité physique semble être donnée aux hommes comme un ange tutélaire chargé de veiller sans cesse à leur conservation », peut en conclure que, si les « lois » sont « bonnes », alors « l'intérêt particulier ne sera jamais destructif de l'intérêt général[59] ». Et ce qui s'énonce, dans des termes proches de ceux de Bentham, est une possibilité de régulation sociale (Helvétius pose encore la nécessité d'un législateur), voire une possibilité d'autorégulation (qui paraît annoncer Smith) : « Chacun s'occupera de sa félicité ; chacun sera fortuné et juste ; parce que chacun sentira que son bonheur dépend de celui de son voisin[60]. » Pour Helvétius en effet, « douleur et plaisir sont les liens par lesquels on peut toujours unir l'intérêt personnel à l'intérêt national[61] ». Beyle adhère à cette réforme de la morale par la physique et semble adhérer à cette régulation hédoniste de la vie sociale. Serait-il, pour autant, prêt à dire de la sensibilité physique – et de l'intérêt dont elle est le guide – « que l'idée en est claire, la notion distincte, l'expression nette, et qu'enfin nulle erreur ne peut se mêler à la simplicité d'un tel axiome[62] » ?

---

56 Helvétius, *De l'Esprit*, Discours II, chap. XXIV, *op. cit.*, p. 212.
57 Helvétius, *De l'Homme*, « Récapitulation », chap. II, t. II, *op. cit.*, p. 951.
58 Helvétius, *De l'Esprit*, Discours II, chap. II (« De la probité, par rapport à un particulier »), *op. cit.*, p. 59.
59 Helvétius, *De l'Homme*, « Récapitulation », chap. II, t. II, *op. cit.*, p. 950.
60 *Ibid.*
61 *Ibid.*, p. 951.
62 *Ibid.*, p. 950.

LE CALCUL, CONDITION DE L'HOMME MODERNE ?

Ici se présente un double problème. Premier écueil, le *perfectionnement* benthamien du principe d'Helvétius, comme le disait Stendhal, confine à la contradiction. Comment le sujet peut-il mener à bien le *felicific calculus* qui suppose d'avoir identifié les quatorze plaisirs simples et les douze peines simples, de les avoir pondérés, avant d'agir, en fonction de leur « intensité », leur « durée », leur « proximité » ou leur « probabilité », sachant que la valeur du plaisir ou de la peine est aussi relative à sa « fécondité », à sa « pureté » voire à son « extension[63] » ? Nous sentons bien que Bentham veille à ne pas faire de l'homme une machine à calculer dans les premiers chapitres du *Traité de législation civile et pénale*, en particulier dans son chapitre sur « l'estimation » des plaisirs et des peines[64]. Le manuscrit reproduit par Halévy est, lui aussi, d'un style assez enlevé[65]. L'histoire de la pensée économique n'en souligne pas moins parfois la complexité de ces textes où Bentham calcule « l'amplitude » d'un plaisir en multipliant son « intensité » par sa « durée », puis évalue le taux de réduction que lui imprime son éloignement dans le temps, ou encore examine la « fécondité » du plaisir reproductible, à moins que ce ne soit l'intensité du plaisir « pur[66] »... Cette morale autonome de la libération par le calcul du bonheur a donc un redoutable effet pervers, qu'a exposé Hannah Arendt dans *La Condition de l'homme moderne*, et qu'a formulé Michel Crouzet à propos de Stendhal en évoquant la critique de l'homme économique par Christian Laval[67] : l'amoraliste hédoniste risque de se réifier en *homo œconomicus* ; l'ascétisme guette dans la rumination calculante elle-même ; et l'homme de calcul est voué à devenir

---

[63] Sur le calcul moral de Bentham, voir Élie Halévy, *La formation du radicalisme philosophique*, vol. I, p. 41-44 et l'appendice II, p. 300 *et sq.* sur « le calcul des plaisirs et des peines ».
[64] Jeremy Bentham, *An introduction to the principles of morals and legislation, op. cit.* : voir le chap. IV, « Value of a lot of pleasure or pain, how to be measured ».
[65] Élie Halévy, *La formation du radicalisme philosophique*, vol. I, *op. cit.*, p. 300 *et sq.*
[66] Voir Annie Cot, « Jeremy Bentham, un 'Newton' de la morale », Alain Béraud et Gilbert Faccarello (dir.), *Nouvelle histoire de la pensée économique*, t. I, Paris, La Découverte, 1992, p. 292-293.
[67] Christian Laval, *L'homme économique. Essai sur les racines du néolibéralisme*, Paris, Gallimard, 2007.

un homme calculable et prévisible. Bref, lorsque nous ajoutons à cela que les peines sont plus vives que le plaisir (« le plaisir ne produit pas peut-être la moitié autant d'impression sur notre être que la douleur », prétend Stendhal en se référant à Bentham[68]), alors tout annonce que la fin heureuse risque de s'engloutir dans l'examen des moyens[69].

Or c'est aussi l'écueil dans lequel tomberaient, selon Beyle, les économistes qu'il étudie entre Helvétius et Bentham. Un fragment de son projet de traité d'économie politique, daté du 4 septembre 1810, nous suffira pour l'instant à résumer les conclusions de cette étude : « Tous les écrivains d'économie politique ne tendent qu'à faire produire, économiser les produits et jamais consommer », constate Beyle. Et de conclure : « Ils ne font pas entrer en considération le bonheur[70]. » On a glosé sur le titre que prévoyait Stendhal pour son « *book* » : *Influence de la richesse sur la population et le bonheur*[71]. Ce titre parfaitement beyliste, n'en pastiche pas moins la phraséologie de Smith ou de Malthus. Mais le « bonheur » est promu du sous-titre (où Malthus par exemple le confine[72]) au titre, comme s'il s'agissait de rappeler les fins de l'économie politique, ou de suggérer qu'elle n'est pas en prise avec ce qu'enseignent Helvétius ou Bentham. Chez Bentham, l'argent est bel et bien une mesure possible des utilités : la myriade des prix induits par l'échange entre les hommes est l'émanation chiffrée des calculs d'utilité des uns et des autres. Mais l'économie politique que lisent Stendhal et Crozet ne semble plus conserver trace de l'optimisation du plaisir que se proposaient Helvétius ou Bentham, et cette science paraît elle-même le lieu d'une gigantesque confusion de la fin et des moyens. Ou alors, comme le suggèrent les pages d'Hannah Arendt consacrées à la logique utilitaire, la production des objets manifesterait le même déficit de sens, la même substitution du moyen à la fin, que le calcul de l'individu pesant et maximisant son utilité[73]. À cet égard, Helvétius reste un excellent viatique, lorsqu'il montre

---

68 Stendhal, *De l'amour*, *op. cit.*, fragment 121, p. 292.
69 Voir Michel Crouzet, *Stendhal et le désenchantement du monde*, *op. cit.*, notamment p. 154.
70 Stendhal, « Traité d'économie politique », *op. cit.*, p. 123.
71 *Ibid.* p. 119.
72 L'*Essai* de Malthus a pour titre développé *Essai sur le principe de population, ou exposé des effets passés et présents de l'action de cette cause sur le bonheur du genre humain ; suivi de quelques recherches relatives à l'espérance de guérir ou d'adoucir les maux qu'elle entraîne*. Voir l'introduction de la quatrième partie du présent ouvrage.
73 « Dans un monde strictement utilitaire, toutes les fins seront de courte durée et se transformeront en moyens en vue de nouvelles fins. / Cette perplexité inhérente à l'utilitarisme

comment la recherche de l'intérêt peut compromettre le bonheur même qu'on en attend. Par exemple, dans le passage de *De l'Esprit* consacré à l'ambition – l'un de ces chapitres où, dans la grande geste civilisée de la conquête de la dame, plaisir et amour apparaissent sous la plume du moraliste comme les leviers du monde[74] –, Helvétius réécrit un peu à la manière hédoniste l'analyse par La Bruyère du courtisan guindé au sommet par des machines, et il souligne que la conquête du bonheur jette l'homme jeune dans un « désir d'acquérir » et enferme l'homme mûr dans un « désir de conserver » qui finissent par ajourner le plaisir même que visait leur quête[75]. Ainsi, Helvétius mène à l'utilitarisme tout en en prévoyant les effets pervers. De même, il mène avec Bentham à l'économie politique, tout en permettant à Stendhal de déceler que celle-ci oublie le principe hédoniste et contredit la quête du bonheur[76]. Helvétius demeure donc pour Stendhal un excellent *garde-fou* (meilleur que Bentham), une meilleure protection contre la « déraison économique » qu'a analysée Serge Latouche, c'est-à-dire le divorce qui peut survenir entre la rationalisation économique et le domaine du raisonnable[77].

---

cohérent, qui est par excellence la philosophie de l'*homo faber*, peut se diagnostiquer théoriquement comme une incapacité congénitale de comprendre la distinction entre l'utilité et le sens (...). » Hannah Arendt, « Instrumentalité et *homo faber* », chap. IV (« L'œuvre »), dans *La Condition de l'homme moderne* [*The Human condition*, 1958], trad. Georges Fradier [1961], Paris, Calmann-Lévy, « Agora », 1988, p. 207.

74 Voir notamment *De l'Esprit*, Discours III, chap. XV (« Que la crainte des peines ou le désir des plaisirs physiques peuvent allumer en nous toutes sortes de passions »).

75 « Il est évident que l'homme, dont la passion des femmes aura fait un ambitieux, ne parviendra ordinairement aux premiers postes que dans un âge où tous ses désirs seront étouffés. » Helvétius, *De l'Esprit*, Discours III, chap. XII (« Si, dans la poursuite des grandeurs, l'on ne cherche qu'un moyen de se soustraire à la douleur, ou de jouir du plaisir physique ; pourquoi le plaisir échappe-t-il si souvent à l'ambitieux ? »), *op. cit.*, p. 306.

76 Michel Crouzet a montré qu'« à Say, Smith, Malthus, Stendhal oppose en fait Rousseau, et Helvétius » en rappelant la condamnation par Rousseau de la médiation de l'argent, et l'analyse par Helvétius de l'avarice ou de l'ambition. Michel Crouzet, « L'or, la Bourse et l'ironie » [1985], dans Lucien Leuwen, *le mentir-vrai de Stendhal*, Orléans, Paradigme, 1999, p. 83.

77 « En s'émancipant de la morale pour être 'scientifique', donc rationnelle, l'économie rejette le raisonnable. » Serge Latouche, *La déraison de la raison économique – Du délire d'efficacité au principe de précaution*, Paris, Albin Michel, 2001, p. 77. Établissant une autre opposition entre rationalisation et Raison, Pierre Barbéris écrivait, en célébrant la dépense : « La prévision, l'économie, l'organisation, la rationalisation de la vie, c'est le "oui Seigneur" à Moloch et à la raison marchande dont chacun sait bien depuis Engels à quel point elle est douloureuse caricature de la Raison abstraite, universelle et révolutionnaire des lumières. » Pierre Barbéris, *Le Prince et le Marchand*, Paris, Fayard, 1980, p. 376.

L'enchaînement des lectures de juillet-septembre 1810 – Bentham, Helvétius, Smith, Say, Malthus – ne permet donc aucun amalgame. Certes, Beyle est tenté par l'utilitarisme. Suffisamment sans doute pour être guidé vers l'étude d'une science économique qui aurait dû exprimer la perfection newtonienne de cette arithmétique morale. Mais suffisamment aussi pour sentir dans le calcul utilitaire un risque de réification du sujet et dans l'économie politique une inversion des priorités. Michel Crouzet rappelle comment Stendhal a étendu, contre Rousseau ou Diderot, le principe d'utilité au-delà de son acception étroite, en y faisant entrer la définition d'un intérêt supérieur, d'un intérêt éthique, qui peut inclure le sacrifice, c'est-à-dire la préférence pour une idée de soi supérieure à la préservation de soi-même[78] : c'est l'apologue du lieutenant Louaut dans le projet ironiquement intitulé « Philosophie transcendantale[79] », ou bien ce sont les pages sur Régulus chez les Carthaginois[80]. Cependant, ce dépassement de l'utilitarisme par lui-même, compatible avec la définition stendhalienne de l'héroïsme, ne peut faire oublier que la construction du sujet stendhalien s'origine aussi dans la tentation du calcul. Comme s'il y avait une sorte de schize dès le départ dans l'anthropologie stendhalienne : tentation du calcul, dans le prolongement de la nature, mais reconnaissance de sa limite et de son caractère anti-naturel ; tentation de l'économie, mais désintérêt pour la chose économique. Dans ce complexe, l'utilitarisme continue de pouvoir dire les limites du principe de l'utilité et l'économie peut toujours dire les limites de l'économie : le calcul, aussi fantaisiste soit-il, serait une méthodologie ; l'économie, aussi décevante soit-elle, resterait une métaphore possible pour penser le soi et le social.

---

78 Michel Crouzet, *Stendhal et le désenchantement du monde*, op. cit., p. 248-269.
79 Stendhal, « Philosophie transcendantale », dans *Journal littéraire*, t. III, p. 178-181. Dans cet *exemplum* à la première personne, le brave Louaut retrace comment il en est venu à sauver un marinier qui se noyait : d'abord tenté d'ignorer les appels du malheureux et de fuir les lieux du drame, il s'aperçoit qu'il ne peut s'en désintéresser et anticipe la douleur de devoir répondre ultérieurement de sa lâcheté devant le tribunal de sa conscience, ce qui l'amène à rebrousser chemin et à sauver l'inconnu. Bien loin d'illustrer un quelconque altruisme, l'exemple, replacé sous les autorités de Bentham et Helvétius (p. 182) est censé démontrer que « le motif des actions humaines c'est tout simplement la recherche du plaisir et la crainte de la douleur » (p. 181), l'une et l'autre ayant un aspect prospectif.
80 *Ibid.*, p. 182.

LE *FELICIFIC CALCULUS* DANS LE *JOURNAL* OU *DE L'AMOUR*

La morale utilitaire et calculatrice est une morale autonome. Le calcul relève d'abord de l'intime. Aussi la syntaxe même de Beyle dans son *Journal* est-elle souvent moulée sur ce calcul. Non seulement le diariste dresse sa comptabilité de l'année[81] ou de la nuit[82], mais il multiplie les raisonnements sur diverses séries de quantités. Tout semble obéir à une règle de proportionnalité et à un raisonnement analogique, qu'il s'agisse des succès mondains (« quelqu'un qui aurait fait attention à moi m'aurait trouvé l'un des quatre ou cinq hommes les plus gais, et il y en avait douze ou quinze[83] »), de la valeur de l'esprit (« Une plaisanterie amusante a plus de prix si l'on voit qu'elle est dite dans l'intention de vous plaire que si elle est faite naturellement[84] »), ou de la valeur de l'amour (« Dans une âme faible, ce serait une grande preuve d'amour que de traverser la Vendée en l'an VI, à cheval, seul avec un domestique, pour aller voir sa maîtresse. La preuve d'amour sera bien moins grande dans une âme ferme[85] »). Ailleurs encore, le diariste qui a lu Bentham raisonne en actuaire, en banquier du cœur, véritablement en économiste marginaliste, lorsqu'il déduit d'une quantité une durée, chiffrant les mensualités de l'amour : « Je pense que le succès [avec Alexandrine Daru] sera suivi d'un an de plaisir au moins, puisqu'il a fallu *the want of ideas of Ange[lina] and 120 nights ever together for expelling love*[86] ». Mais ce pourra être un raisonnement inverse sur l'optimum du bonheur par l'épargne (« J'aurais plus de plaisir à dépenser 200 francs de moins par mois et à faire un tour d'un mois en Suisse[87] »). Car le *Journal* est une chronologie de l'évaluation, mais une chronologie non

---

81   Voir les journaux de comptes qui terminent l'année 1804 ou bien l'année 1805.
82   « Il me semble que mon bonheur physique avec Angéline m'a ôté beaucoup de mon imagination. *I make that one or two every day, she five, six and sometimes* neuf fois. » Stendhal, *Journal*, 17 mars 1811, *op. cit.*, p. 720.
83   *Ibid.*, 27 avril 1810, p. 622.
84   *Ibid.*, 30 mars 1810, p. 608.
85   *Ibid.*, note recopiée datée du 7 février 1805, p. 437.
86   « ...puisqu'il a fallu le manque d'idées d'Angelina et 120 nuits partagées pour épuiser l'amour ». *Ibid.*, 17 juin 1811, p. 761.
87   *Ibid.*, 27 juillet 1810, p. 657.

orientée, qui jamais ne trouve sa vérité. D'ailleurs, l'année 1810 ponctue une période dominée par une gigantesque erreur d'appréciation : c'est l'illusion, durant des mois et des années, d'un amour partagé avec Alexandrine Daru. Dans cette dramaturgie intime de l'évaluation, les économistes ont leur place. Extraordinaire raccourci que le passage où Beyle constate qu'« il est difficile de ne pas s'exagérer le bonheur dont on ne jouit pas » pour ajouter aussitôt : « Je vais lire Smith[88] ». Coq-à-l'âne ou inférence directe ? La formule est à rapprocher de cette phrase écrite deux mois plus tard : « On s'exagère les défauts de l'endroit où l'on est[89] ». Et c'est ici l'essentiel : le diariste s'engage peut-être dans les méandres du *felicific calculus* benthamien (car tout ce que nous venons de citer touche à l'*intensité*, à la *proximité* ou à la *fécondité* du plaisir), mais il perçoit d'emblée que tout calcul pâtit de la distorsion de perspective ou de l'effet-halo du sujet.

C'est aussi ce que montrera le traité *De l'amour* sur la relation bilatérale, l'échange, l'intimité. Non que le calcul soit par nature étranger à l'amour ou détruise l'amour ; non que le vocabulaire économique soit par essence étranger à cette passion-là : ils sont au contraire un moyen de sa connaissance. Bien sûr, *De l'amour* commence par distinguer l'« amour-passion » de l'« amour de vanité » en opposant la passion à l'intérêt : « Tandis que l'amour-passion nous emporte au travers de tous nos intérêts, l'amour-goût sait toujours s'y conformer[90] ». L'amour-goût est fait de « vanité », forme d'intérêt dont l'auteur éconduit par Matilde désire instamment ne pas être soupçonné : « Rien de plat comme l'amour-goût où tout est calcul comme dans toutes les prosaïques affaires de la vie[91] ». L'amour-passion s'affranchit au contraire des lois les plus évidentes de l'économie de la vanité, comme tendent à le prouver les chapitres qui montrent « la beauté détrônée par l'amour[92] » : la beauté semble *a priori* la loi implacable du marché des sexes, mais ce principe libéral d'appariement se trouve déjoué par l'amour-passion, car bien que la beauté soit décisive pour la cristallisation[93], le laid,

---

88 *Ibid.*, 13 mars 1806, p. 434.
89 *Ibid.*, 30 mai 1806, p. 488.
90 Stendhal, *De l'amour*, livre Ier, chap. Ier, *op. cit.*, p. 27.
91 *Ibid.*, fragment 11, p. 249.
92 *Ibid.*, livre Ier, chap. XVII à XX. Il s'agit du titre du seul chap. XVII, continué en XIX par une « Suite des exceptions à la beauté ».
93 *Ibid.*, livre Ier, chap X, p. 47.

l'énergique, le Danton, peuvent inspirer la passion. L'amour-passion se trouve donc classiquement décrit dans son irrationalité : « Une marque effrayante que la tête se perd, c'est qu'en pensant à quelque petit fait, difficile à observer, vous le voyez blanc, et vous l'interprétez en faveur de votre amour ; un instant après vous vous apercevez qu'en effet il était noir, et vous le trouvez encore concluant en faveur de votre amour[94]. » Symétriquement, la métaphore de l'intérêt pécuniaire semble se limiter à dire la fin de l'amour-passion et de « l'intimité » : « Dès lors l'amour n'est plus l'amour, il tombe à n'être qu'une affaire ordinaire ; la seule différence, c'est qu'au lieu d'argent on gagne du plaisir ou de la vanité, ou un mélange des deux[95]. » Tout cela est entendu. Et nous savons que cet économisme métaphorique demeurera vivace jusqu'à *Lucien Leuwen*, où le héros se trouve parfois « à l'égard de la belle madame Grandet dans la situation d'un connaisseur qui marchande un tableau médiocre » ou bien a « l'air d'un banquier qui pèse la convenance d'une grande spéculation[96] ».

Cependant, tout comme dans le *Journal*, la cristallisation et l'amour-passion mêmes peuvent être pensés en termes d'utilité. Lorsque dans la nouvelle *Ernestine*, le protagoniste Philippe Astézan se dit : « Jamais auprès d'une telle femme je ne connaîtrais la satiété[97] » ; il s'agit d'un exorcisme qui désigne en creux l'usure de l'amour qu'a toujours à l'esprit le beyliste. En Stendhalie, on estime ordinairement à six mois de bonheur parfait l'effet d'une femme. Quelle est celle qui pourra contrecarrer la loi de la décroissance marginale d'utilité par le *stock* même de ses vertus, par le *flux* de la monnaie de l'amour, et pas seulement par « la pique d'amour-propre[98] » lancée à son amant (cette relance ponctuelle, cette manipulation du prix qui ressemble à une politique économique à la petite semaine) ? L'hédonisme stendhalien est un marginalisme : Stendhal pense toujours en termes de valeur marginale décroissante de l'amour.

---

94 *Ibid.*, livre Ier, chap. XII, p. 51.
95 *Ibid.*, livre Ier, chap. XXXII, p. 112.
96 Stendhal, *Lucien Leuwen*, éd. Michel Crouzet, Paris, Librairie Générale française, « Le Livre de poche classique », 2007, respectivement partie II, chap. XLVIII, p. 549 et partie II, chap. LXV, p. 785. Nous optons pour cet établissement du texte et renverrons désormais à cette édition, en indiquant simplement le chiffre de la partie, puis les numéros de chapitre et de page.
97 Stendhal, « Ernestine ou la naissance de l'amour », dans « Compléments », *De l'amour*, *op. cit.*, p. 395.
98 Stendhal, *De l'amour*, livre Ier, chap. XXXVIII, p. 129.

Cela est vrai de l'amour physique, comme le montre très bien le passage du *Journal* où il déplore en termes crus son *fiasco* devant une jolie fille d'auberge : « j'avais usé cette sensibilité avant mon départ de Paris[99]. » Cela est aussi vrai de la passion amoureuse, laquelle ne fait pas partie de ces passions qui, telles l'avarice, produisent des plaisirs « augmentés (...) par la durée[100] ». Nous retrouvons ce Stendhal marginaliste lorsque, recourant à la parabole du verre d'eau qu'utilisent aussi les penseurs de la valeur[101], il explique la soif d'amour de l'adolescent[102]. Enfin il s'agit du même raisonnement, élevé au carré, lorsque le traité *De l'amour* examine comment se perd la fleur de la sensation :

> Lorsque le plaisir a entièrement parcouru sa carrière, il est clair que nous retombons dans l'indifférence ; mais cette indifférence n'est pas la même que celle d'auparavant. Ce second état diffère du premier, en ce que nous ne serions plus capables de goûter, avec autant de délices, le plaisir que nous venons d'avoir[103].

Que l'amour-passion soit d'abord vu comme l'antithèse de l'intérêt, que l'évocation physique de l'amour soit une méditation sur les utilités décroissantes, n'est pas nécessairement pour surprendre. Plus intéressante est la constance avec laquelle l'essayiste de 1822, même lorsqu'il décrit les progrès et l'apogée de la passion, s'alimente au langage des intérêts et au raisonnement économique, licence ouverte par la requalification de l'« intérêt » d'Helvétius en « plaisir ». Par exemple, ce n'est pas strictement de l'amour de vanité que traite Stendhal lorsque, présentant les premières étapes de l'amour, il les pense en termes d'offre et de demande : « En amour, notre vanité dédaigne une victoire trop facile, et, dans tous les genres, l'homme n'est pas sujet à s'exagérer le prix de ce qu'on lui offre[104]. » Une telle proposition, qui prépare bien des passages romanesques sur la défiance mutuelle des amants orgueilleux, suggère que la théorie de

---

99 *Journal*, « août-septembre 1810 », p. 682.
100 *De l'amour*, fragment 140, p. 302.
101 Nous pensons à la parabole des verres d'eau de Ricardo. Mais on notera que chez Bentham aussi il y a décroissance marginale de l'utilité : « Supposons *qu'une* guinée donne à un homme *un degré* de plaisir : il n'est vrai en aucune manière *qu'un million* de guinées, données au même homme dans le même temps, lui donnerait *un million* de ces degrés de plaisir. » Cité dans Élie Halévy, *La formation du radicalisme philosophique*, vol. I, p. 305.
102 Stendhal, *De l'amour*, livre Ier, chap. v, p. 37.
103 *Ibid.*, fragment 140, p. 304.
104 *Ibid.*, livre Ier, chap. x, p. 48.

l'amour courtois développée par Helvétius part de l'économisme avant de l'abolir. Il existe un calcul rationnel de l'amour, mais un calcul promis à la destruction : un peu différent de « cette maladie du *trop raisonner* qui coupe bras et jambes à la jeunesse de Paris et lui donne le caractère d'une vieille femme[105] », il permet plutôt au sujet de s'éprouver. Mais c'est en le confrontant à un triple problème d'évaluation.

TROIS LIMITES DU CALCUL

Premier problème, la cristallisation apparaît explicitement comme un dysfonctionnement des capacités évaluatives du sujet : « Du moment qu'il aime, l'homme le plus sage ne voit plus aucun objet *tel qu'il est* ». Cet homme n'est pas vraiment un homme irrationnel, opposé à l'*homo œconomicus*, mais un homme pris en défaut dans l'exercice de sa rationalité : comme le diariste en proie à la *bashfulness*, « il exagère en moins ses propres avantages, et en plus les moindres faveurs de l'objet aimé[106] ». Aussi l'explication de la cristallisation justifie-t-elle encore une comparaison des plus prosaïques :

> On se plaît à orner de mille perfections une femme de l'amour de laquelle on est sûr ; on se détaille tout son bonheur avec une complaisance infinie. Cela se réduit à s'exagérer une propriété superbe, qui vient de nous tomber du ciel, que l'on ne connaît pas, et de la possession de laquelle on est assuré[107].

La cristallisation est comparable à un jeu d'argent, en ce qu'elle porte à imaginer « l'emploi à faire de l'argent que vous allez gagner[108] ». Elle est à la fois surévaluation et spéculation, économie du déséquilibre et plaisir à crédit, et nous mène vers une folle création monétaire, peut-être une folle inflation, en vertu du fait que « l'amour est la seule passion qui se paye d'une monnaie qu'elle fabrique elle-même[109] ». C'est de l'économie, mais compromise par le jeu, par la planche à billets de

---
105 Stendhal, *Lucien Leuwen*, partie I, chap. II, *op. cit.*, p. 71.
106 *De l'amour*, livre Ier, chap. XII, p. 50.
107 *Ibid.*, livre Ier, chap. II, p. 30-31.
108 *Ibid.*, livre Ier, chap. VI, p. 39.
109 *Ibid.*, fragment 145, p. 306.

l'illusion, et par un véritable drame de la valeur. Chez le timide, l'écart entre dépréciation de soi et exaltation de l'aimée est le plus grand, la cristallisation tournant à la destruction de l'échange : « Il y a une preuve de mon amour bien frappante, c'est la gaucherie dont je suis avec vous, qui me met en colère contre moi-même, et que je ne puis surmonter[110] », écrit Beyle à Matilde Dembowski. Le *Journal* comme la correspondance de Beyle méditent continument sur la corrélation inverse et ironique que recouvre le mécanisme de l'inhibition : « Je n'ai jamais eu le talent de séduire qu'envers les femmes que je n'aimais pas du tout[111]. » C'est cette loi que l'on trouve au fondement du *fiasco* physique, défini, en une phrase presque incorrecte, comme hyperbole de la cristallisation :

> Plus un homme est éperdument amoureux, plus grande est la violence qu'il est obligé de se faire pour oser toucher aussi familièrement, et risquer de fâcher un être qui, pour lui, semblable à la Divinité, lui inspire à la fois l'extrême amour et le respect extrême[112].

Outrer sa pauvreté, exagérer le prix de l'aimée : il y a dans le mécanisme funeste de la *bashfulness* quelque chose des méditations d'Adam Smith sur l'oscillation du *prix de marché* autour du *prix naturel*, dans un chapitre du Livre I de *La Richesse des nations* que Beyle et Crozet ont lu[113] et que Crozet a annoté avec une certaine pertinence[114] : l'amant timide, alors qu'il n'est pas dans une de ces situations d'amour de vanité où il est d'usage de craindre des rivaux, paraît jouer contre lui-même, son clivage installant une concurrence virtuelle qui intensifie sa demande et place le prix de l'aimée bien au-dessus de ce qu'on pourrait regarder comme son *prix naturel*[115]. Mais il y a là aussi les linéaments d'une

---

110 Lettre à Matilde du 4 octobre 1818, citée dans *De l'amour*, p. 451.
111 Lettre à Matilde du 7 juin 1819, *ibid.*, p. 455.
112 « Des fiasco », dans Compléments, *ibid.*, p. 348.
113 Le chapitre VII du Livre I de *La Richesse des nations* examine les fluctuations du « prix de marché » des marchandises autour de leur « prix naturel », entendons par-là à peu près leur prix de revient, en intégrant dans celui-ci la part des profits.
114 Crozet annote le passage selon lequel la part correspondant à la rente fixe en argent serait moins affectée par la fluctuation des prix, propos de Smith qui lui semble problématique puisque cette rente fixe en argent doit être considérée comme variable, en termes réels, dès lors que le prix des denrées qu'on voudrait se procurer a changé entre-temps. Victor Del Litto, *Une somme stendhalienne*, t. II, *op. cit.*, p. 1167.
115 Adam Smith, *La Richesse des nations*, livre Ier, chap. VII, trad. Germain Garnier revue par Adolphe Blanqui, éd. Daniel Diatkine, Paris, GF-Flammarion, 1991, p. 127 (t. I). Sauf indication contraire, c'est à cette édition que nous renverrons désormais, en indiquant

poétique romanesque. « Exagérer » le prix de tel être ou telle chose, surtout « s'exagérer » ce prix : verbe stendhalien récurrent, comme le montrent les pages qui précèdent, verbe qui fond la perception et l'évaluation, obsession qui peut-être appellera justement une poétique correctrice, une écriture de l'euphémisme qui tentera d'éviter le portrait physique. Être obsédé par ce bouleversement évaluatif, c'est se préparer à écrire autrement que Madame de Lafayette, à refuser les superlatifs.

Deuxième problème, deuxième bouleversement évaluatif que cause l'amour-passion : c'est la brutale dépréciation de tout l'environnement économique. « Une âme qui, par l'effet de quelque grande passion, ambition, jeu, amour, jalousie, guerre, etc., a connu les moments d'angoisse et d'extrême malheur, par une bizarrerie bien incompréhensible, *méprise* le bonheur d'une vie tranquille… », déclare la *contessina* Fulvia dans le fragment de *De l'amour* intitulé « Rêverie métaphysique », où Stendhal transpose sous forme dialoguée l'une des conversations idéales qu'il a tenues ou aurait pu tenir avec Matilde[116]. Une telle proposition n'engage pas seulement le rapport du sujet amoureux avec le reste de sa propre vie : elle isole aussi les amants passionnés du régime des douleurs et des peines de l'humanité commune. Cela est central. C'est le point sur lequel Bentham peut poser problème au beyliste : le *Traité de législation civile et pénale* et tout l'utilitarisme, en réfléchissant au pont entre maximisation de l'utilité individuelle et bonheur du plus grand nombre, achoppe contre cette question de la comparabilité des utilités[117]. C'est aussi le point sur lequel Stendhal entre en friction avec Helvétius : il regrette un peu l'universalisme niveleur de ce dernier[118], tout comme il demeurera divisé entre réductionnisme psychologique et quête du naturel[119]. Oui, tous les hommes peuvent tomber amoureux ; oui, tous

---

    simplement le chiffre du livre, puis les numéros de chapitre et de page, suivis entre parenthèses de la tomaison.

116 Stendhal, *De l'amour*, fragment 121, p. 291.

117 Dorothée Picon nous indique que c'est précisément ce problème qui a conduit à faire de l'optimum de Pareto un critère normatif chez les utilitaristes et dans l'économie contemporaine. Cette difficulté a donc été résolue en théorie.

118 « Helvétius a eu parfaitement raison lorsqu'il a établi que le principe d'utilité ou *l'intérêt* était le guide unique de toutes les actions de l'homme. Mais comme il avait l'âme froide, il n'a connu ni l'amour, ni l'amitié, ni les autres passions vives qui créent des intérêts nouveaux et singuliers. » Stendhal, lettre à Mareste du 13 novembre 1820, dans *Correspondance générale*, t. III (1817-1830), éd. Victor Del Litto, Paris, Honoré Champion, 1999, p. 314.

119 « S'agit-il de se trouver, de rejoindre en soi une 'vraie nature' permanente ; ou bien s'agit-il simplement d'inventorier un certain nombre de mécanismes psychologiques élémentaires

peuvent aimer l'Italie, et même l'opéra ou le Corrège ; mais leur amour sera-t-il de la même étoffe que le mien ? L'individu est comme une zone économique, à l'intérieur d'une pensée nationale qui est encore une zone économique, et cela n'est pas propre à l'amour : « L'esprit et le génie perdent vingt-cinq pour cent de leur valeur, en débarquant en Angleterre[120] », dira plaisamment Julien au marquis de la Mole en rentrant de sa mission à Londres.

Chez le sujet élu, « le véritable amour rend la pensée de la mort fréquente, aisée, sans terreurs » : la mort devient « un simple sujet de comparaison, le prix qu'on donnerait pour bien des choses[121] ». L'amour fonde dès lors un système de prix propre à l'amant et c'est lorsqu'on réfléchit, en quelque sorte, en termes de parité de pouvoir d'achat, qu'apparaît tout l'écart entre l'échelle des valeurs qui prévaut dans la « fièvre des grandes passions » et la « vie heureuse » des autres hommes. Celle-ci, tout simplement, « ennuie », dit la *contessina*. D'où cet autre fragment daté de 1812 sur la force (comme la force d'une monnaie) qui désormais isole l'amant du commun des vivants : « Vivre, c'est sentir la vie ; c'est avoir des sensations fortes », dit l'auteur. Et il retrouve son pli analogique : « Comme pour chaque individu le taux de cette force change, ce qui est pénible pour un homme comme trop fort est précisément ce qu'il faut à un autre pour que l'intérêt commence[122]. » Stendhal est familier de ce raisonnement, ici appliqué au champ amoureux et à celui de la sensibilité esthétique. Cela n'a-t-il pas des implications immenses, ne prépare-t-il pas un romanesque de l'exception ? Mais ce raisonnement n'est pas non plus étranger à celui d'Adam Smith, lorsque ce dernier distingue le « prix réel » du « prix nominal » des marchandises (et par suite le salaire réel du salaire monnayé) et en vient à comparer des systèmes de prix entre différents pays[123]. Il s'agit d'un chapitre de

---

(impersonnels et communs à tous les hommes) à partir desquels on pourrait librement se composer un caractère ? À cette question Stendhal ne s'est pas soucié de donner une réponse définitive et sans retour. » Jean Starobinski, « Stendhal pseudonyme », *op. cit.*, p. 217.
120 Stendhal, *Le Rouge et le Noir*, éd. Michel Crouzet, Paris, Librairie générale française, « Le livre de poche Classiques », 1997, partie II, chap. VII, p. 279. C'est à cette édition que nous renverrons désormais de manière simplifiée en précisant les numéros de la partie et du chapitre puis la page.
121 Stendhal, *De l'amour*, fragment 46, p. 258.
122 *Ibid.*, fragment 136, p. 300.
123 Voir Adam Smith, *La Richesse des nations*, I, V, (t. I). Michel Crouzet a déjà signalé que Stendhal était attentif à cette distinction : voir « L'or, la Bourse et l'ironie », art. cité, p. 81.

La Richesse des nations que Crozet a lu et a annoté à l'endroit approprié[124] et que Beyle a paraphrasé avec quelque attention dans ses fragments d'économie politique. Henri commençait par noter que le « prix réel » d'une marchandise est ce qu'elle coûte réellement à l'acheteur en termes de « quantité de travail » et son « prix nominal » ce qu'elle coûte en « quantité d'argent[125] ». Le fragment est attentif à cette distinction et la résume en s'inspirant d'une page où Smith la fait comprendre en envisageant deux villes éloignées (en l'occurrence Londres et Canton) et en montrant qu'il n'y a « pas de proportion régulière entre le prix réel des marchandises et leur prix en argent[126] ». Cette distinction conduit à l'idée que les structures de prix peuvent être différentes d'un univers à l'autre. Stendhal reprend cette distinction en la compliquant, puisqu'il insiste sur la relativité du prix en rapportant les montants nominaux à un autre bien de consommation qui vaudrait unité de mesure, ainsi qu'à un indice de satisfaction personnelle :

> Ainsi la montre que je veux vendre vaudra 4 louis à Genève et en même temps 8 journées d'une berline à deux chevaux ; à Londres elle vaudra 6 louis et 6 journées d'une voiture du même genre (c'est-à-dire du même effet moral de vanité et seulement légèrement plus commode, car la voiture de Londres peut valoir en elle-même deux fois celle de Genève et n'atteindre cependant pas le même effet moral).
> Il est clair que si j'habite successivement Genève et Londres avec les mêmes besoins, ma montre sera plus chère à Genève pour 4 louis qu'à Londres pour 6[127].

Certes nous sommes fort loin de l'amour-passion, puisqu'il y va ici de la quantification de l'effet de vanité attendu d'une consommation ! Mais Stendhal nous fait pénétrer, à la suite de Smith, dans le régime relatif du prix. Ce n'est pas simplement une proposition économique portant sur les taux de change (puisqu'ici Stendhal ramène tout à la même monnaie et raisonne justement à parité), ni sur la différence des systèmes de prix nationaux (le raisonnement de Smith repose sur la

---

124 C'est-à-dire juste avant que le propos de Smith ne se concentre sur le prix des marchandises en relation avec le titrage de la monnaie en or et en argent. Voir *La Richesse des nations*, I, V, (t. I), p. 108.
125 Voir Adam Smith, *La Richesse des nations*, I, V, p. 99 et 103 (t. I) et, en regard, Stendhal, « Traité d'économie politique », p. 117.
126 *La Richesse des nations*, I, V, p. 107 (t. I).
127 « Traité d'économie politique », *op. cit.*, p. 116-117.

différence des coûts de production nationaux). C'est aussi une introduction à la distinction individuelle des niveaux de satisfaction, à la démonstration de la cherté relative des passions (et par suite aux différentes valeurs du langage amoureux, etc.). Alors que le prix nominal, exprimé en monnaie commune, laisserait croire à une inégalité dans un sens, la distinction des espaces inverse cette inégalité en termes de satisfaction morale. Cette distinction des espaces est comparable à la différence des systèmes de valeurs dans lesquels évoluent les individus. À recherche égale de bonheur, l'amour d'un homme (et le langage associé) peuvent avoir beaucoup plus de valeur réelle que ceux d'un autre homme (bien que l'un et l'autre puissent être ironiquement réduits aux mêmes déboires). C'est ainsi que le commun des mortels pourrait figurer une économie intégralement dépréciée, où le beyliste pourrait à la fois tout acheter et serait condamné à l'ennui, mais où l'on connaît pourtant les mêmes joies et peines relatifs que celui qui vit dans la nation fort chère de sa passion, comme le dit l'amorce d'une lettre à Matilde Dembowski :

> Je voudrais vous écrire une lettre un peu amusante, mais je passe ma vie avec de bons bourgeois qui s'occupent toute la journée du prix du blé, de la santé de leurs chevaux, de leur maîtresse et de leur casin[128]. Leur grosse joie, leur bonheur si facile me fait envie ; avec un cœur qui se contente de choses si grossières, comment faire pour manquer le bonheur ? Et cependant ils errent au hasard, au milieu de ces écueils qui semblent si aisés à éviter, et eux aussi sont presque toujours malheureux[129].

Mais à ce problème d'hétérogénéité des zones économiques (« Ils ne s'occupent guère du monde qui nous intéresse et qui pour eux est une terre étrangère[130] »), qui creuse la différence entre les médiocres et les *(un)happy few* et qui énonce l'impossibilité d'un libre-échange amoureux (l'amour courtois, l'amour d'élite, sera la seule contre-économie possible), s'ajoute un troisième bouleversement évaluatif causé par la passion. Il s'agit de la difficulté, sise au cœur même du système hédoniste, de quantifier le plaisir ou la peine que causent l'amour. En effet, nous ne sommes pas seulement frappé des exercices de froideur de Beyle dans son *Journal* (en Mélanie, il faut « voir une femme ordinaire, analyser

---

[128] Casin : « Petite maison de plaisance d'architecture arabe ou italienne », précise le *TLF* en citant *Valérie* de Mme de Krüdener.
[129] Stendhal, Lettre du 16 novembre 1818 à Matilde, citée dans *De l'amour*, p. 452.
[130] *Ibid.*

son cœur, et jouer sur ses passions[131] ») ; ni simplement de ses hypothèses sur la surévaluation de l'objet aimé (« il est difficile de ne pas s'exagérer le bonheur dont on ne jouit pas ») ; ni même de sa méprise sur les sentiments de Marie (« Choses que je regarde comme prouvant l'amour et que je ne puis regarder autrement[132] »). Le *Journal* et le traité *De l'amour* montrent aussi et surtout avec force que l'évaluation est d'emblée compromise par la montée de quantités concurrentes. Lorsque l'amour apparaît, il est aussitôt mélangé : « Je me trouvai, sur les six heures, aimer Mme P[ietragrua] ; la timidité naquit ; dès cet instant un noir affreux remplit mon âme[133]. » La *bashfulness* évide l'amour de l'intérieur, le diariste se reconnaissant un caractère « dans lequel la force nécessaire pour l'exécution tue le sentiment[134] ». Ainsi, l'amour (apparent) d'Angelina satisfait l'orgueilleux tout en le glaçant : « Elle m'aime et l'ennui me saisit[135]. » Souffrir de cette éviction perpétuelle du plaisir par la douleur, « c'est avoir en soi un principe de malheur », conclut Beyle en termes benthamiens[136].

Cette difficulté de la comptabilité hédoniste des affections de l'âme se retrouvera au centre de deux importants fragments rattachés au traité *De l'amour*. Dans la « Rêverie métaphysique », Fulvia commente la nature oxymorique de l'amour-passion : « L'amour donne les sensations les plus fortes possibles ; la preuve en est que dans ces moments d'*inflammation*, comme diraient les physiologistes, le cœur forme ces *alliances de sensations* qui semblent si absurdes aux philosophes Helvétius, Buffon et autres[137]. » Le devisant, en froid « philosophe » benthamien, souligne alors l'inégale pondération des douleurs et des peines : « Voulez-vous une millième preuve que nous ne sommes pas faits par un être bon, c'est que le *plaisir* ne produit pas peut-être la moitié autant d'impression sur notre être que la *douleur*[138]... »

Cette différence de barème des affections de l'âme fera l'objet d'un autre long fragment, où Stendhal débat des effets relatifs de la peine

---

131 Stendhal, *Journal*, 30 avril 1805, p. 362.
132 *Ibid.*, 30 juillet 1810, p. 663. La comtesse Daru est alors enceinte de trois mois et demi.
133 *Ibid.*, (voyage en Italie, août-novembre 1811), chap. XXIII, p. 822.
134 *Ibid.*, chap. XXVII, 12 septembre 1811, p. 830.
135 *Ibid.*, chap. XXIX, 15 septembre 1811, p. 834.
136 *Ibid.*
137 Stendhal, *De l'amour*, fragment 121 (« Rêverie métaphysique »), p. 290. C'est Stendhal qui souligne.
138 *Ibid.*, p. 292.

ou du plaisir sur une âme indifférente, et de la pertinence d'appeler plaisir une cessation de la douleur (en discutant le *Discorso sull'indole del piacere e del dolore* de Pietro Verri[139]). Le calcul utilitariste des niveaux de satisfaction débouche finalement sur un solde défavorable :

> Pour peu qu'une véritable passion rencontre de contrariétés, elle produit vraisemblablement plus de malheur que de bonheur ; cette idée n'est peut-être pas vraie pour une âme tendre, mais elle est d'une évidence parfaite pour la majeure partie des hommes, et en particulier pour les froids philosophes qui, en fait de passions, ne vivent presque que de curiosité et d'amour-propre[140].

Le propos semble contradictoire (la fin de la phrase nie que cette loi concerne la « véritable passion »), mais il prépare l'idée dans laquelle le Moi devisant et Fulvia vont finalement communier : l'« âme tendre », qui est aussi l'âme « pour qui la *chose imaginée est la chose existante*[141] », rachète par sa spéculation heureuse tous les malheurs qu'elle endure. « – Oui », s'exclame Fulvia, « pour vous et pour moi, l'amour, même malheureux, pourvu que notre admiration pour l'objet aimé soit infinie, est le premier des bonheurs[142] ». Ainsi, d'un côté, le malheur d'aimer dévore le bonheur qu'on en tire, et les deux variables du calcul hédoniste se retrouvent mêlées, à coefficient inégal, dans un calcul du bonheur qui devient fort complexe. Mais d'un autre côté, l'amour-passion actualise le bonheur en bouleversant le critère benthamien de *proximité* et en dressant l'imagination devant les sens : que devient dès lors le calcul hédoniste et quelle est la valeur du plaisir, dans « l'âme enflammée » chez laquelle l'imagination « ne se figure pas la dernière des faveurs mais la plus prochaine[143] », ne se berce pas du rêve d'une union avec l'objet aimé, mais se contente de l'œillade ou de la main abandonnée ?

Ces bribes ne disent pas que le calcul est étranger à la passion amoureuse. Beyle objecte dès 1804 qu'« Helvétius n'a pas assez considéré la différence entre notre intérêt réel et notre intérêt apparent », car il a « jugé les hommes trop raisonnables » tandis qu'« ils sont presque toujours dominés par leurs passions[144] ». Ce n'est pas dire que la passion

---

139 *Ibid.*, fragment 140, p. 301. Voir la note correspondante de Victor Del Litto, p. 548.
140 *Ibid.*, fragment 121, p. 290. Telle est la réplique qui ouvre la « Rêverie métaphysique ».
141 *Ibid.*, p. 292.
142 *Ibid.*, p. 293.
143 *Ibid.*, fragment 140, p. 303.
144 Stendhal, « Pensée du 9 juin 1804 », *Journal littéraire*, t. I, p. 283.

abolit l'intérêt : c'est plutôt recalculer l'intérêt, voire introduire les réflexions des économistes modernes sur la rationalité limitée[145]. La question de l'amour est un lieu *a fortiori* pour ce développement : il faut d'abord poser le calcul pour expérimenter la dissolution du calcul. Nous avons dit le triple problème qui vient enrayer l'arithmétique morale de l'amoureux. D'abord, la cristallisation modifie le prix de tous les éléments du contexte, surévalue l'objet du désir et dégrade la position du sujet. Ensuite, la relation bilatérale des deux amants s'établit en une sphère dont le taux de change avec le reste du monde est écrasant et expose le beyliste à l'ivresse comme à l'ennui. Enfin tout demeurerait maîtrisable si, de par la difficulté même du calcul – effet d'éviction du plaisir par une peine à coefficient deux, rachat des peines par le crédit de l'imagination, surcote imaginative du petit bonheur le plus proche –, le calcul n'était voué à s'abolir. Inhibition, instabilité et irrationalité viennent remplacer l'hédonisme, le rationalisme et le conséquentialisme censés caractériser l'utilitarisme. Tout le petit référentiel hédoniste des plaisirs et peines vole en éclats dans la multiplication des facteurs. La boîte à outils benthamienne est dérisoire.

Cela signifie-t-il que le calcul était inutile ? De Stendhal, Gracq écrit que « la seule morale sociale qu'on peut tirer de ses livres est que les *buts* ne servent à rien, si ce n'est à communiquer à une vie le mouvement au cours duquel le bonheur a une chance de se présenter à la traverse[146] ». Voilà des *buts* déjà bien fertiles. De même, le calcul était nécessaire *ex ante*. Il a fondé l'intimisme du diariste. Il a nourri le délicieux devis des amants. Et son autodestruction même dégage de la chaleur.

---

145 La référence classique est Herbert Simon (« A behavioral model of rational choice », 1955 ; *Models of Thought*, 1979), mais elle concerne la théorie des organisations. Voir Amartya Sen, « La théorie du choix rationnel », dans *Rationalité et liberté en économie*, Paris, Odile Jacob, 2005, p. 33. Pour une exploitation du concept de rationalité (relativement à la consommation) entre économie et littérature, voir Claire Pignol et Anne de Rugy, « Le choix du consommateur, entre récit romanesque et modèle économique », *Romanesques* n° 7, Paris, Classiques Garnier, 2015, p. 87-104.
146 Julien Gracq, *En lisant en écrivant*, Paris, José Corti, 1980, p. 25.

LE HÉROS CALCULATEUR

Il nous semble que le roman, dix ans plus tard, porte encore les traces de ce calcul chaud, de ce *felicific calculus* aboli, bien que les pages du *Rouge* soient presque débarrassées de l'hédonisme marginaliste ou des métaphores économiques qui criblent le *Journal* ou *De l'amour*. Le chapitre narrant la première nuit de Julien avec Mme de Rênal dit très bien l'éviction du bonheur par la peine d'y parvenir. Dès lors que le héros a formulé son but (« Madame, cette nuit à deux heures, j'irai dans votre chambre... »), le passage fait monter la série des « malheurs » (le mot est récurrent) qui concurrencent la réalisation de son désir. C'est « tremblant » et « souffrant plus mille fois que s'il eût marché à la mort » que Julien s'avance vers ce qui devrait être son plaisir. Et c'est parce qu'il est animé par « l'idée du devoir » qu'il ne parvient pas à « jouir » de son bonheur : « en un mot, ce qui faisait de Julien un être supérieur fut précisément ce qui l'empêcha de goûter le bonheur qui se plaçait sous ses pas[147] ». Helvétius, lisant ces pages, y approuverait le modèle don juanesque et dynamique de l'« homme accoutumé à subjuguer les femmes », mais il y constaterait l'éviction du bonheur de la fin par la douleur des moyens. Bentham, de son côté, se féliciterait que le moi de Julien demeure un, et qu'il ne saisisse pas le « prétexte » de l'éveil de M. de Rênal pour ne pas agir[148]. Mais il s'étonnerait que la *proximité* du plaisir devienne étrangement ce qui le détruit (« il était en un mot fort malheureux, quand deux heures sonnèrent à l'horloge du château »). Stendhal, dépassant Helvétius ou Bentham, efface tout calcul en mettant en scène deux amants qui

---
147 Stendhal, *Le Rouge et le Noir, op. cit.*, I, XV, p. 90-91.
148 Lors d'une discussion à un colloque récent sur la « science des mœurs », André Lapidus estimait cette page de Stendhal compatible avec la pensée de Bentham sauf lorsque le texte indique : « Il n'y avait donc plus de prétexte pour ne pas aller chez elle », car cela suppose ponctuellement un sujet bifide, ouvre vers l'éventualité d'une multiplicité des *moi* qui engagerait une autre théorie de l'agent. « La notion de 'Science des mœurs' aux XVIIIe et XIXe siècles », dir. Laurie Bréban, Séverine Denieul, Stéphan Pujol et Élise Sultan, Paris 1 Panthéon Sorbonne / Paris Nanterre, 9-10 mars 2018 (publication en cours). Sur un sujet proche des points qui nous intéressent, voir André Lapidus et Nathalie Sigot, « Individual Utility in a Context of Asymetric Sensitivity to Pleasure and Pain : An Interpretation of Bentham's Felicific Calculus », *European Journal of the History of Economic Thought*, Taylor&Francis (Routledge), 2000, 7 (1), p. 45-78.

n'ont « aucun projet » et en poussant la scène à la limite, c'est-à-dire à l'oxymore : c'est à l'imprévu que Julien doit « une victoire à laquelle ne l'eût pas conduit toute son adresse si maladroite », c'est en revenant à son « rôle naturel » que l'amant se fait aimable. La problématique du calcul impossible ou l'ironie de l'utilitarisme ont évolué vers un paradoxe plus profond, formulé par Michel Crouzet : celui du naturel stendhalien, qui est « une *manière d'être* avec sa nature » plutôt qu'un donné. « L'Égotisme ne fait que parcourir ce paradoxe » selon lequel « il faut *une manière*, une forme (...), pour *être*, pour être soi, au plus profond de soi, pour épuiser ses virtualités de bonheur et de création[149] ». Il faut un défi pour fonder son bonheur. Il faut un but pour s'éprouver paradoxalement dans l'absence de projet. Il faut même un « modèle idéal » pour abolir tout modèle idéal et établir son naturel en même temps que son bonheur. Cela n'abolit pas la nature à laquelle se réfère l'hédonisme. Cela n'abolit peut-être pas tout à fait le rationalisme du calcul, dont on conserve la tension. C'est en fait une manière de les dépasser tous deux : les calculs dérisoires de l'utilitarisme n'ont été chez le jeune Stendhal qu'une forme provisoire de la projection de soi, que désignent aussi la métaphore de l'écrivain ver à soie ou les défis du héros.

Mais si *Le Rouge et le noir* est un diptyque, s'il faut raconter avec Mathilde la geste de « l'amour de tête » après avoir montré avec Mme de Rênal le bonheur de « l'amour vrai[150] », c'est peut-être parce qu'il reste une dernière chose à régler avec le calcul, l'utilitarisme, l'économisme, et que le déploiement de cette objection ne peut se faire que dans le mouvement du roman. Que la première nuit avec Madame de Rênal montre à sa manière l'inanité du *felicific calculus* n'empêche pas que tout lecteur remarque ailleurs combien Julien « calcule au plus juste ses investissements intellectuels[151] ». Les premières pages du *Rouge* indiquent d'emblée que « pour gagner le vieux curé Chélan, duquel il voyait bien que dépendait son sort à venir, il avait appris tout le Nouveau Testament en latin[152] ». Lorsque le bon curé l'avertit qu'il s'agit de « faire fortune dans ce monde, ou dans l'autre[153] », le héros prétend encore travestir

---
149 Michel Crouzet, préface de *Stendhal en tout genre*, Paris, Honoré Champion, 2004, p. 10.
150 Stendhal, *Le Rouge et le Noir*, II, XIX, p. 361.
151 Yves Ansel, article « *Le Rouge et le Noir* », dans Yves Ansel, Philippe Berthier et Michael Nerlich (dir.), *Dictionnaire de Stendhal*, Paris, Honoré Champion, 2003, p. 633.
152 Stendhal, *Le Rouge et le Noir*, I, V, p. 29.
153 *Ibid.*, I, VIII, p. 53.

son ambition sous le vertueux refus des « cinquante louis de rente[154] » d'Élisa. Plus tard, il lira froidement la destitution du bon curé comme une leçon de prudence : « peut-être il serait plus avantageux à son salut de ne pas entrer dans les ordres sacrés[155]. » Ce héros chiffre l'ambition : « être évêque d'Agde ! mais où est Agde ? et combien cela rapporte-t-il ? deux ou trois cent mille francs peut-être[156]. » Il rêve « cent mille francs d'appointements et le cordon bleu, comme M. l'évêque de Beauvais[157] ». Il semble même étendre à tout cette logique de l'intérêt. Baiser hardiment la main de Mme de Rênal dès la première entrevue : « Il y aurait de la lâcheté à moi de ne pas exécuter une action qui peut m'être utile[158]. » Le regretter ensuite : « [ce geste] avait failli arrêter sa fortune[159]. » *Profiter* du découragement de Mme de Rênal pour la prier de ne pas regarder le portrait de Napoléon qui le mènerait à sa perte[160]. Plus tard, adopter la froideur devant Mathilde lorsqu'elle semble s'offrir : « Ce raisonnement le laissa plus froid et plus calculant qu'il ne l'avait jamais été[161]. » Puis s'enfoncer dans la folie de l'anticipation rationnelle en copiant et en mettant en sûreté les lettres où elle se déclare[162]. Nous comprenons le verdict que Mme Derville partage avec les jeunes amis de Mathilde : « C'est un sournois[163]. » Nous partageons les délibérations intérieures du marquis de la Mole, lorsque Mathilde lui apprend qu'elle attend un enfant du jeune secrétaire : « Y a-t-il eu amour véritable, imprévu ? Ou bien désir vulgaire de s'élever à une belle position[164] ? » La question n'appartient pas qu'au marquis ; elle est pour nous un filtre interprétatif ; elle participe d'une rhétorique de la lecture.

Julien n'est certes pas un homme économique, dans le sens où l'argent n'a ici aucune importance. Le début du roman suffit à dénoncer « l'atmosphère empestée des petits intérêts d'argent[165] ». Il en dit aussi

---

154 *Ibid.*, p. 54.
155 *Ibid.*, I. XIV, p. 88.
156 *Ibid.*, I, XVIII, p. 112.
157 *Ibid.*, II, XIII, p. 329.
158 *Ibid.*, I, VI, p. 40.
159 *Ibid.*, I, VII, p. 45.
160 *Ibid.*, I, IX, p. 66.
161 *Ibid.*, II, XIV, p. 335.
162 *Ibid.*, II, XIII, p. 331 et II, XV, p. 339.
163 *Ibid.*, I, XIV, p. 87.
164 *Ibid.*, II, XXXIV, p. 446.
165 *Ibid.*, I, I, p. 13.

le ridicule : comme l'affirmait *D'un nouveau complot contre les industriels*, l'homme d'argent peut faire un bon personnage de comédie à condition que l'écrivain lui donne peu de caractère, ce que le XIXᵉ siècle démocratique rend de plus en plus malaisé. C'est donc à la critique de l'homme économique ou du négociant à la mode de Smith que tendent Monsieur de Rênal ou le père Sorel, ces deux *finesses* que le roman montre immédiatement aux prises, en soulignant que « la finesse du paysan l'emport[e] sur la finesse de l'homme riche, qui n'en a pas besoin pour vivre[166] » et en substituant, au schéma irénique et libéral de l'échange optimal, l'ancien régime de la duperie et de la ruse. Ouvrir le roman par « Une négociation » permet de dire d'emblée que dans la fixation d'un prix se joue l'affichage d'une vanité : un amour-propre que la transaction débusque – « il y a pourtant quelque chose là-dessous[167] », songe le père Sorel –, et qu'elle va permettre de chiffrer. De ce point de vue, Rênal et son marché perdu – le deuxième après le dédommagement pour le déplacement de la scierie – illustrent l'idée que la vanité peut l'emporter sur l'intérêt. Des deux personnages, ce ne serait donc pas le maire l'homme économique, mais ce père qu'on pourra faire déguerpir de la cellule de Besançon en lui parlant « d'*économies*[168] », aussi vite qu'un prêtre alléché par une messe à quarante francs[169]. Or cette passion des intérêts matériels est étrangère à Julien, qu'il s'agisse de son propre salaire ou de l'économie en général, comme l'indique le chapitre sur la Fête-Dieu à Besançon :

> Les sons si graves de cette cloche n'auraient dû réveiller chez Julien que l'idée du travail de vingt hommes payés à cinquante centimes et aidés peut-être par quinze ou vingt fidèles. Il eût dû penser à l'usure des cordes, à celle de la charpente, au danger de la cloche elle-même, qui tombe tous les deux siècles, et réfléchir au moyen de diminuer le salaire des sonneurs, ou de les payer par quelque indulgence ou autre grâce tirée des trésors de l'Eglise, et qui n'aplatit pas sa bourse.
> Au lieu de ces sages réflexions, l'âme de Julien, exaltée par ces sons si mâles et si pleins, errait dans les espaces imaginaires[170].

---

166 *Ibid.*, I, V, p. 30.
167 C'est ce que pense le vieux Sorel lorsqu'il constate qu'il ne s'agit pas d'une intrigue amoureuse entre Julien et Mme de Rênal, inconnue de lui. *Ibid.*, p. 28.
168 *Ibid.*, II, XLIV, p. 497.
169 *Ibid.*, II, XLIII, p. 494.
170 *Ibid.*, I, XXVIII, p. 195.

Précisons qu'il s'agit plutôt d'une inaptitude à l'administration mesquine des intérêts, celle qui consiste à songer « aux salaires des sonneurs » avec « le génie de Barême ». Car si le texte dénie à Julien toute inclination pour l'économie comprise comme comptabilité analytique, byzantinisme de l'amortissement ou cynisme de la gestion de risque, il n'exclut pas la possibilité chez lui de spéculations économiques plus ambitieuses :

> Si Julien eût voulu songer aux intérêts matériels de la cathédrale, son imagination, s'élançant au-delà du but, aurait pensé à économiser quarante francs à la fabrique, et laissé perdre l'occasion d'éviter une dépense de vingt-cinq centimes[171].

Faire économiser quarante francs au conseil administrant les ressources de l'église relèverait bel et bien de la réforme économique et non plus de la mesquine comptabilité. Parce que doué d'imagination, le héros a peut-être l'étoffe d'un économiste réformateur, l'irréel du passé permettant ici d'affirmer une virtualité du personnage tout en renvoyant les intérêts du commun des mortels à leur petitesse. Car on peut, comme le Touriste sur le bateau qui descend de Saumur à Ancenis, d'un côté oublier de se réserver un coussin sur les banquettes et voir le reste des voyageurs (qui jamais n'oublient leur petit intérêt) prendre les bonnes places, d'un autre côté faire des « raisonnements à la Turgot » sur la progressivité de l'impôt et des taxes[172]. Il y a deux conceptions de l'économie chez Stendhal, de même qu'il y a deux acceptions de l'utilité. Que Monsieur de Rênal figure l'utilitarisme le plus plat, celui que caricaturera Dickens (« j'aime l'ombre, je fais tailler *mes* arbres pour donner de l'ombre, et je ne conçois pas qu'un arbre soit fait pour autre chose, quand toutefois, comme l'utile noyer, il *ne rapporte pas de revenu*[173] »), n'empêche pas que le mot d'Altamira à Julien soit le plus grand compliment imaginable (« Vous n'avez pas la légèreté française, et comprenez le principe de l'*utilité*[174] »). Bentham reste grand pour penser la réforme du gouvernement. Les petits calculs restent quant à

---

171 *Ibid.*, p. 196.
172 Stendhal, *Mémoires d'un touriste* (De la Touraine, 23 juin 1837), dans *Voyages en France*, éd. Victor Del Litto, Paris, Gallimard, « Bibliothèque de la Pléiade », 1992, p. 229.
173 Stendhal, *Le Rouge et le Noir*, I, II, p. 16-17. C'est Stendhal qui souligne.
174 *Ibid.*, II, IX, p. 299. C'est Stendhal qui souligne.

eux petits. Simplement, rien des sphères d'application de l'utilitarisme – économie, politique, justice –, n'intéresse Julien Sorel.

Car c'est bien autre chose qui se joue dans les calculs du héros. Si la fureur de la lettre dictée à Mme de Rênal par son confesseur et envoyée au marquis de la Mole est assez forte pour amener le héros à tirer sur la femme aimée, c'est parce que cette lettre le rabat justement sur « l'homme vil » du préjugé, celui dont le « grand et unique objet est de parvenir à disposer du maître de la maison et de sa fortune[175] ». Cette fausse et « affreuse vérité » selon laquelle Julien serait un arriviste de feuilleton ajourne les délibérations intérieures du marquis (« Je pouvais tout pardonner, excepté le projet de vous séduire parce que vous êtes riche », écrit-il à sa fille[176]). M. de la Mole avait pourtant commencé de percer Julien. Ce « quelque chose d'effrayant » que lui trouve le marquis, ce « quelque chose de réel[177] » qu'il tente de « saisir », est ce qui se trouve indiqué à la fin du chapitre et qu'a dit tout le roman. En effet, alors, Julien est heureux de sa nomination comme lieutenant de hussards (« mon roman est fini et à moi seul tout le mérite »); il est satisfait (« j'ai su me faire aimer de ce monstre d'orgueil »); il estime maîtriser une chaîne de dépendances (« son père ne peut vivre sans elle, et elle sans moi[178] »). Ce dénouement provisoire éclaire dans son ambiguïté ce qu'a toujours été la motivation de ce héros : faire reconnaître sa propre valeur. Répondre à la seule question à laquelle ne répondent pas les chapitres de Bentham sur l'estimation des plaisirs et des peines, et qui est pourtant à la source de toute valeur et de toute mesure : savoir combien l'on vaut soi-même, pour autrui, pour soi, pour soi à travers autrui.

C'est ici que l'ensemble de ce diptyque romanesque de « l'amour vrai » et de « l'amour de tête » apparaît à la fois comme progression et régression. Régression parce qu'en conquérant l'amour de Mathilde, Julien a parcouru le chemin qui mène à l'estime de soi, sans mesurer immédiatement que la valeur intrinsèque qu'il atteint par la tension de son ambition lui avait déjà été conférée, et tout entière, par l'amour de Mme de Rênal. Tout était déjà là, qui n'a pas été mesuré. Mais progression aussi, parce que l'aventure Mathilde

---
175 *Ibid.*, II, XXXV, p. 452.
176 *Ibid.*, p. 451 pour ces dernières citations.
177 *Ibid.*, II, XXXIV, p. 445-446.
178 *Ibid.*, II, XXXIV, p. 448 pour les dernières citations.

radicalise la situation sociale initiale du héros envers Mme de Rênal. Le roman conte des péripéties de l'estime de soi, qui font balancer Julien entre d'une part le refus d'être caressé comme « un jeune chien de chasse[179] » ou l'« impatience du mépris » que remarquera M. de la Mole, d'autre part la « bonne foi ardente » avec laquelle le héros en vient à « se mépris[er] lui-même[180] ». L'ambition n'est pas ici une question sociale (et n'est plus une passion comme l'entendaient les moralistes classiques), mais une question de valeur : « Si je veux être estimé et d'eux et de moi-même, il faut leur montrer que c'est ma pauvreté qui est en commerce avec leur richesse, mais que mon cœur est à mille lieues de leur insolence, et placé dans une sphère trop haute pour être atteint par leurs petites marques de dédain ou de faveur[181]. » C'est encore la réplique de Julien à Mme de Rênal, pour la punir de ses attentions charitables : « Je suis petit Madame, mais je ne suis pas bas[182]. » Mais si l'arrivisme du plébéien est moins social qu'ontologique, cela n'empêche pas justement les « affaires » du cœur de prendre d'abord l'aspect de l'économique et du social, parce que c'est sur ce terrain-là que l'on peut chiffrer les sacrifices faits par autrui et se chiffrer soi-même.

Lorsqu'on a l'ambition de son orgueil, tout revers dans ces « affaires » est lu comme le signe de l'ascendant social de la femme aimée, et cette lecture obère celle du cœur : la haine sociale est une forme a priori du dépit amoureux, et Mme de Rênal se trouve alors renvoyée à l'indistinct parti des « gens riches[183] ». Inversement, lorsqu'on a l'ambition de son orgueil, tout succès amoureux passe pour un chiffrage social de la valeur de soi : « c'était la joie de posséder, lui pauvre être si malheureux et si méprisé, une femme aussi noble et aussi belle[184]. » Dans tous les cas, la position sociale de la femme n'est qu'un signe de son amour. L'enjeu se durcit à l'égard de Mathilde :

> Je n'ai pas été aimable pour elle ce matin, je n'ai pas cédé à la fantaisie qu'elle avait de causer. J'en augmente de prix à ses yeux[185].

---

179 *Ibid.*, I, IX, p. 67.
180 *Ibid.*, II, XVIII, p. 354.
181 *Ibid.*, I, XII, p. 76.
182 *Ibid.*, I, VII, p. 48.
183 *Ibid.*
184 *Ibid.*, I, XVI, p. 95.
185 *Ibid.*, II, X, p. 304.

Car c'est à Paris, plutôt qu'à Verrières, que se déploie la lutte dont l'enjeu et la variable sont la valeur intrinsèque de Julien. Le roman s'est donné pour situation limite la rencontre de deux caractères : l'ennui et l'ambition théorisés par Helvétius. L'ennui de Mathilde réclame l'exception que l'ambition de Julien prétend incarner, et ces deux orgueils sont unis, ou plutôt se répondent, dans la détestation du « premier venu[186] ». Ainsi, les chapitres de colère, de douleur et de destruction de l'amour-propre, depuis la scène de la « vieille épée » décrochée rageusement par Julien jusqu'à l'aveu retenu de la scène du chèvrefeuille[187] ou bien la révélation que Mathilde est enceinte[188], doivent être lus non seulement comme la relation d'une vaste opération militaire ou diplomatique, cette « politique russe[189] » que constitue la diversion Fervaques, mais aussi et surtout comme un drame de l'évaluation, expression romanesque, dynamique et radicale, des calculs qui furent exposés dans *De l'amour*. Ce combat engage la valeur même du héros, confronté au mépris et bientôt acquis à ce mépris[190], victime de son « imagination renversée[191] », certain qu'il est « perdu » et réduit à l'état de « cadavre[192] » : « *C'est montrer soi inférieur* », lui reproche alors Korasoff[193]. Ce combat est un ensevelissement du langage du cœur (« Si elle voit combien je l'adore, je la perds[194] »). Il ne fait pas de quartier et peut vider le sujet de lui-même (« Je me perds[195] »). En regard, la douleur de Mathilde peut se traduire aussi par une phraséologie et une gestuelle de la soumission, mais jamais cette femme ne perdra la haute conscience de sa valeur : « Je veux guérir à jamais votre petit amour-propre des idées qu'il a pu se figurer sur mon compte[196]. » Elle tient un discours qui sera longtemps interdit au héros.

« S'exagérer » la valeur des êtres et des choses : le pronominal, omniprésent dans le *Journal* ou *De l'amour*, revient naturellement dans le texte du roman. Julien « s'exagère » les « plus petits avantages » des

---

186 *Ibid.*, II, XVII, p. 351.
187 *Ibid.*, II, XXXI, p. 430-431.
188 *Ibid.*, II, voir les chap. XVII à XXXI.
189 *Ibid.*, II, XXVIII, p. 419.
190 *Ibid.*, voir l'ensemble du chapitre.
191 *Ibid.*, II, XIX, p. 363.
192 *Ibid.*, II, XXIV, p. 399.
193 *Ibid.*, p. 395.
194 *Ibid.*, II, XXXI, p. 430.
195 *Ibid.*, p. 431.
196 *Ibid.*, II, XX, p. 370.

Caylus et autres Croisenois[197]. Ce verbe traduit tout ce que l'opération d'évaluation a de centripète chez Stendhal. Le sujet est jeté dans le monde des valeurs, de la valeur. Cette valeur n'est certes pas mesurée par l'argent : à l'hôtel de la Mole, on se moque justement du comte de Thaler, qui a « cent mille écus de rente par mois[198] » et frise la caricature de roman. L'« envie » (mot de la fin de ce même chapitre) est hors-sujet, et l'argent n'est qu'une forme accidentelle de la recherche de soi. La vraie pierre d'achoppement de l'utilitarisme dans la pensée de Stendhal, c'est l'évaluation de l'évaluateur, la valeur de soi pour soi, valeur dont l'estimation ne peut faire l'économie du rapport à autrui, qu'on mesure sa propre valeur au dépassement vaniteux de l'autre (Mathilde) ou bien au vrai « sacrifice » (Madame de Rênal), mais dont l'estimation ne se limite pas non plus à quelque considération sociale. Au terme de ce parcours, lorsque Julien affirme devant Mme de Rênal, dans sa prison, « jamais je n'aurai été aussi heureux ! », il n'est pas si insolite qu'il ajoute : « Dieu me préserve d'exagérer[199]. »

Il est entendu que nous ne pouvons penser les intérêts sans les passions chez Stendhal. Certes, il regarde le monde des intérêts pécuniaires, l'industrieux Verrières du *Rouge* ou le grisâtre Nancy de *Lucien Leuwen*, comme un monde absolument glacé. Mais il adopte une conception extensive de l'intérêt, celle d'Helvétius, qui ne contredit pas les passions (l'ambition, l'orgueil, l'amour), qui est aussi plaisir, et qui se rapproche plutôt du principe utilitaire de Bentham. Dès lors il existe, au départ de cette naturalisation de la morale et de l'action, une appétence pour le calcul : il y a chez le jeune Stendhal non seulement des velléités mathématiques ou une vraie sensibilité au concept d'utilité marginale, mais aussi une proximité avec le *felicific calculus* benthamien, échafaudage de l'action qui peut annoncer la structure tensive du défi héroïque. Cependant, Stendhal a tôt fait de remarquer que ce calcul confine, comme l'économie politique, à la confusion de la fin et des moyens : la meilleure mesure de l'amour et du bonheur est l'autodestruction du calcul. Ce que va montrer la fiction romanesque est plus profond encore : le héros ne va calculant que par l'inquiétude de sa propre valeur. Qu'il faille vaincre un « amour de tête » pour atteindre le « laisser-aller, sans lequel

---

197 *Ibid.*, II, XVIII, p. 354.
198 *Ibid.*, II, IV, p. 262.
199 *Ibid.*, II, XLIII, p. 492.

l'amour n'est souvent que le plus ennuyeux des devoirs[200] », indique que le principe d'utilité n'est pertinent que lorsqu'il ramène la question de la valeur à ce que ne considère pas le système de Bentham : non pas les objets du désir, mais le sujet désirant lui-même. Stendhal retourne l'utilitarisme en interrogation sur la valeur du moi.

Quelle place y a-t-il pour une théorie du social dans cet utilitarisme dépassé et aboli ? Quelle place y a-t-il pour la moindre notion de composition des intérêts individuels ? On se rappelle la remarque faite par Halévy sur le calcul moral benthamien : y prédomine *l'égoïsme*, « car, si l'on excepte les quatre classes constituées par les plaisirs et les peines de la bienveillance et de la malveillance, tous les sentiments de plaisir et de peine que Bentham énumère sont des sentiments personnels[201] ». Chez Stendhal, ce calcul centripète fonde de surcroît une singularité. « J'ai cru pendant un temps que les passions ne différaient qu'en intensité, qu'elles étaient comme la température », écrit le diariste en recopiant une pensée du 7 février 1805. Or il se trouve aussi que « les hommes ont des passions différentes », que les passions sont aussi qualitativement distinctes d'un individu à l'autre : « l'amour senti par Crozet n'est point l'amour senti par Beyle[202]. » Et l'on ne peut même pas mesurer leur intensité selon qu'on risquerait ou non sa vie pour elles, puisque tout le monde n'estime pas sa vie au même prix. L'utilitarisme normalement « ne s'occupe pas de ce qui fait de chaque être une individualité unique[203] », il ne s'occupe que de la comparabilité des utilités des hommes, mais Stendhal en revient toujours au problème de la singularité. L'atomisme moral est peut-être une méthode, mais celle-ci révèle avant tout l'hétérogénéité humaine.

Ensuite, on discerne mal où s'articuleraient chez Stendhal le calcul individuel des plaisirs et des peines et la législation civile : nulle hiérarchie des peines qui vaille, dès lors que la valeur du héros ne peut être mesurée que par la peine capitale, ou dès lors qu'on incline vers le paradoxe selon lequel sous « le plus mauvais, le plus absurde, le plus désastreux des pouvoirs, l'individu s'élève à la plus haute valeur personnelle[204] ». Cela ajourne toute entreprise de distinction entre composition artificielle

---

200 *Ibid.*, I, XIII, p. 84.
201 Élie Halévy, *La formation du radicalisme philosophique*, vol. I, *op. cit.*, p. 43.
202 Stendhal, *Journal*, mars 1806, p. 437, pour l'ensemble de ces citations.
203 Catherine Audard, *Qu'est-ce que le libéralisme ?*, *op. cit.*, p. 151.
204 Michel Crouzet, *Stendhal en Amérique*, Paris, Éditions de Fallois, 2008, p. 11.

ou naturelle des intérêts. Et si le libéralisme de la liberté est celui de la tyrannie des opinions majoritaires, si le libéralisme utilitariste du bonheur est celui du nivellement et de l'égalisation des conditions, alors décidément les individus apparaissent plus propres à fonder le roman qu'à fonder une forme de gouvernement. Enfin, même si, à défaut de solution politique, nous entreprenions comme Smith de rechercher ce qui, dans l'échange marchand, reste une forme de « sympathie », un nœud social en deçà de la « bienveillance », nous devrions nous rendre à l'évidence que le plus économiste des romanciers fait de l'échange marchand au pire une duperie de fabliau qui nie le modèle libéral du gain réciproque[205] (les transactions Rênal-Sorel), au mieux une ironie et un jeu (les délits d'initié du père Leuwen). Où qu'on regarde, la société est le royaume gris des spéculations sur le blé, le règne du délit d'initié, la preuve d'un équilibre sous-optimal qui nie le bonheur du plus grand nombre (et Julien lui-même ne donne pas l'administration du bureau de tabac de Verrières à qui la mérite, tout comme Lucien mène campagne contre le républicain Mairobert). La société, c'est le salon de Madame d'Hocquincourt à Nancy (on pourrait y causer Bentham avec effroi), sous la fenêtre duquel passe et repasse le caracolant Lucien, dans l'anxiété d'une reconnaissance qui cherche son juge, en attendant de trouver sa valeur dans l'intimité partagée. La priorité du héros reste celle-ci : se connaître, jusque dans et par le mauvais rôle, pour s'estimer. Cette autotélie doit se distinguer de la vanité et du contentement de soi qui suffit aux autres. Mais il n'est pas sûr qu'elle fasse société.

---

[205] « Considérer l'échange comme avantageux aux deux parties représente un changement fondamental, et signale l'accession de la catégorie économique. » Louis Dumont, *Homo aequalis*, vol. I, *Genèse et épanouissement de l'idéologie économique, op. cit.*, p. 45.

BALZAC AU PRISME DE HIRSCHMAN

Dans la première partie de son ouvrage *Les passions et les intérêts*, Albert O. Hirschman dégage à peu près quatre étapes logiques dans « l'approbation » progressivement donnée à la notion d'intérêt en Occident. À travers Vico, Spinoza ou Hume, il retrace d'abord le processus intellectuel d'acceptation des vices de l'homme dans la philosophie morale et politique à la suite de Machiavel[1]. Toujours à partir de *L'Éthique* ou du *Traité de la nature humaine*, et en citant les termes identiques par lesquels Vauvenargues ou D'Holbach avancent que « les passions sont les vrais contrepoids des passions[2] », Hirschman éclaire ensuite l'apparition de la notion de « passion compensatrice[3] », qu'il décèle aussi dans certains passages d'Helvétius[4]. Dans une troisième étape[5], il détaille l'assomption de la notion d'intérêt, qui peut passer pour un « tiers terme » entre passion et raison : « on reconnaît en lui à la fois la passion de l'amour de soi ennoblie et maîtrisée par la raison, et la raison orientée et animée par l'amour de soi », écrit Hirschman, qui ajoute que nous avons affaire à un « hybride » qui va constituer un excellent principe compensateur et « ne pâtit ni du pouvoir destructeur de la passion ni de l'impuissance de la raison[6] ». En effet, comme l'indique le dernier moment de cette généalogie[7], fondé sur Hume, sur Smith et sur l'idée de Montesquieu

---

1 Cela correspond aux sections I à III de la première partie de l'ouvrage de Hirschman : « Comment, pour combattre les passions, on fera appel aux intérêts. »
2 Voir D'Holbach, *Système de la nature*, cité dans Albert O. Hirschman, *Les passions et les intérêts, op. cit.*, p. 29.
3 Tel est le propos de la section IV de l'ouvrage.
4 Hirschman (*ibid.*, p. 30) relève le raisonnement suivant dans *De l'Esprit* : « pour inspirer, par exemple, à la femme galante plus de retenue et de modestie vis-à-vis du public, il faut mettre en opposition sa vanité avec sa coquetterie » (il s'agit d'un extrait du discours II, chap. xv, « De quelle utilité peut être à la morale la connaissance des principes établis dans les chapitres précédents »). Mais un tel raisonnement nous semble assez isolé dans l'ouvrage d'Helvétius.
5 *Ibid.*, sections V et VI.
6 *Ibid.*, p. 43-44 pour ces deux citations.
7 *Ibid.*, sections VII à IX.

selon laquelle « partout où il y a du commerce, il y a des mœurs douces[8] », l'intérêt passe pour une passion calme et prévisible : en vérité à peine une passion, mais plutôt une « activité innocente et inoffensive[9] », que la morale et la philosophie politique peuvent approuver. L'assomption de l'idée d'intérêt a ainsi résolu la psychomachie médiévale[10] en un système où toutes les passions sont tempérées par les calmes intérêts positifs et, de plus, transmuées en intérêt général.

Entre-temps, Hirschman doit signaler le glissement sémantique qui a fait passer de l'intérêt des princes (selon le duc de Rohan en 1638) aux intérêts matériels des groupes et particuliers (selon Shaftesbury en 1711)[11] ; déplacement de sens, du politique vers l'économique, qui s'opèrerait en Angleterre comme en France au cours de la seconde moitié du XVIIᵉ siècle, jusqu'à accoucher de l'opposition que souligne l'historien des idées : « *un type particulier de passion, dénommé jusqu'ici cupidité, avarice ou appât du lucre, peut servir à contrecarrer et réfréner d'autres passions comme l'ambition, l'amour du pouvoir ou la concupiscence de la chair*[12] ». Incidemment, le sens du mot passion passe aussi dans le propos de Hirschman du registre politique (intempérance des princes) à celui du sentiment (lorsqu'il cite La Bruyère, c'est dans la section « Du cœur » des *Caractères*[13]). Mais le prime intérêt de l'étude est de montrer qu'à partir de l'ouvrage du duc de Rohan, *De l'interest des princes et Estats de la chrestienté*, l'attelage des termes *intérêt* et *passion*, au gré de la flexion singulier/pluriel, devient presque systématique dans la philosophie politique et chez les moralistes.

Il y a un tremblement sous la plume de Hirschman : tout en répliquant à Weber que l'affirmation de l'éthique de l'intérêt (économique) a été un processus endogène et généralisé, tout en disant que cette mutation morale n'est pas la « victoire » d'une « idéologie armée de pied en cap » mais que « les choses se sont passées d'une façon bien plus compliquée et bien moins directe[14] », Hirschman ne peut s'empêcher parfois de désigner

---

8   Montesquieu, *L'Esprit des lois*, XX, 1, cité *ibid.*, p. 59. Tel est le sujet des sections VII-VIII de l'ouvrage de Hirschman.
9   Albert O. Hirschman, *Les passions et les intérêts, op. cit.*, p. 56-57.
10 *Ibid.*, p. 24.
11 *Ibid.*, p. 35 et p. 38. Les sections V et VI décrivent ces glissements sémantiques.
12 *Ibid.*, p. 41. C'est Hirschman qui souligne.
13 « Rien ne coûte moins à la passion que de se mettre au-dessus de la raison : son grand triomphe est de l'emporter sur l'intérêt » (*Les Caractères*, Du cœur, 77), cité in *Les Passions et les intérêts, op. cit.*, p. 46.
14 *Ibid.*, p. 16.

une forme d'escamotage terminologique et éthique qui se serait joué à travers les siècles. Montesquieu serait dans le processus un peu plus coupable que Spinoza. Hume semblerait pris d'un « mouvement qui amène un des grands penseurs de l'époque à saluer dans le capitalisme une force capable de mobiliser certaines inclinations bienfaisantes de l'homme aux dépens de certains de ses mauvais penchants[15] ». Quant à Smith, ce serait « pour mieux faire passer l'idée » que les menées particulières des hommes se résolvent en intérêt général qu'il aurait remplacé les termes de « vice » ou de « passion » de Mandeville « par des termes inoffensifs comme "avantage" ou "intérêt"[16] ». La rhétorique de Hirschman est partagée entre la détection d'une « nouvelle stratégie de neutralisation réciproque des passions » qui aurait été « reconnue comme pleine de promesses[17] » et le repérage de tel ou tel « étrange concours de circonstances[18] » idéologique. Mais peu importe le réglage phraséologique de cette histoire des idées : ce qui importe est qu'elle prend le parti de déclarer majoritaire une tendance intellectuelle, la promotion de la notion d'intérêt. Cependant, elle laisse entendre la basse continue d'un puissant contre-discours[19], comme l'a remarqué Paolo Tortonese[20]. C'est peut-être d'abord par là que cette histoire des idées fait signe vers la littérature, en interrogeant l'axiologie de la fiction par rapport à un discours philosophique et moral qui serait dominant.

Du reste, l'histoire philosophique et morale de Hirschman ne néglige pas le théâtre, la poésie ou le roman. Elle commence par la

---

15 *Ibid.*, p. 64.
16 *Ibid.*, p. 22.
17 Voir l'amorce de la section V pour ces deux citations, *ibid.*, p. 33.
18 *Ibid.*, p. 55, à propos de l'intérêt considéré jusqu'alors comme insatiable.
19 L'organisation du propos de Hirschman dans la partie I de son ouvrage, plus logique que vraiment chronologique, relevant plus du tableau que de la reconstitution d'un « mouvement d'idées », n'occulte pas tout à fait ce contre-discours. Il existe d'ailleurs une sorte de saut entre les sections VI et VII du livre : la section VII renoue, après de fortes antithèses, avec les vertus de la prévisibilité de l'intérêt.
20 Paolo Tortonese a mené une étude comparée du livre de Hirschman et du roman balzacien en même temps que nous écrivions ces pages : il y note que l'assomption de l'idée d'intérêt selon Hirschman n'est pas facile à suivre partout, puisque « les adversaires de l'intérêt sont restés nombreux, même dans un contexte qui leur était défavorable ». Ainsi, La Bruyère continue de mépriser l'intérêt d'argent et La Rochefoucauld mêle intérêt et amour-propre en semblant étudier une libido unique. Paolo Tortonese, « La main visible. Balzac, l'intérêt et l'amour propre », dans Francesco Spandri, *La littérature au prisme de l'économie. Argent et roman en France au XIXe siècle*, Paris, Classiques Garnier, 2014, p. 158.

« démolition du héros » selon Bénichou ou Doubrovsky. Elle fait la genèse du désenchantement des Romantiques. Elle effleure l'histoire des représentations, quand Hirschman note à propos de l'homme de négoce : « Longtemps encore on continuera de ne voir en celui-ci qu'un piètre personnage, un peu sordide, et en tout état de cause insignifiant[21] ». Un Monsieur Dimanche irreprésentable, anti-héroïque, qui est encore trop gris pour trouver sa place dans le cahier des charges de la nouvelle littérature selon Mme de Staël. L'intuition frappante de Hirschman est de souligner que cet homme-là et la *doxa* qu'il incarne se sont fait leur place au soleil justement grâce au « dédain » qu'ils inspiraient, et qu'ainsi le triomphe du capitalisme provient d'abord du « refus de le prendre au sérieux[22] ». Hirschman le dit lui-même : son travail consiste à faire la généalogie morale de la « paix de cent ans » qui s'est ouverte après le congrès de Vienne et qu'a analysée le livre de Polanyi[23]. Sur cette morne plaine, dans ce « monde en ruines » où s'étire la vie « si pâle et si mesquine » dont parle Musset, les redingotes grises ne sont plus que des redingotes grises. C'est Monsieur Dimanche multiplié par mille, en attendant la fourmilière du perron de la Bourse. La formation doxale du « parti de la paix », au fil des siècles étudiés par Hirschman, a laissé la place aux *realia* du capitalisme, et tout roman qui s'y intéressera désormais sera un peu l'histoire de la résistible ascension des Popinot et autres Pillerault (Crevel a encore trop de relief). Nous voyons très bien comment les romanciers du XIXᵉ siècle lisent cette histoire, que concentrera et problématisera le livre de Hirschman : Stendhal la lit comme celle de la glaciation des passions et de la montée du désenchantement. Zola sent combien l'héroïsation de l'homme d'intérêt est une gageure, lorsqu'on est un romancier bourgeois qui aime l'argent. Pour Balzac, elle résonne d'abord comme la chronique d'un mensonger travestissement des passions sous les intérêts, ne faisant pas oublier que le libéralisme économique est un principe de désordre et qu'il pourrait se retourner en despotisme aveugle. L'unique fois où Hirschman cite Balzac, c'est en effet pour évoquer un passage de

---

21 Albert O. Hirschman, *Les passions et les intérêts*, *op. cit.*, p. 57.
22 *Ibid.*
23 *Ibid.*, p. 65 : « J'ai cherché à démontrer que la théorie fait partie, à l'époque, de ce que Michael Polanyi appelle la "dimension sous-entendue" [*ta*cit] », écrit Hirschman.

La Cousine Bette (sur « la toute-puissante pièce de cent sous », qui est au-dessus de la Charte), à l'intérieur d'une explication des réserves de Tocqueville à l'égard de la correspondance entre libéralisme économique et démocratie[24].

LA « GRANDE TRANSITION » SELON BALZAC

Les quelques pages de *l'Introduction aux Études philosophiques* écrites par Félix Davin sous la dictée de Balzac[25], qui décrivent la flexion des *Scènes de la vie de province*, des *Scènes de la vie privée* et des *Scènes de la vie parisienne*, suffisent à montrer comment le discours préfaciel balzacien, même en tenant compte de l'instabilité de ses catégories, de son amphibologie, peut résonner comme un parfait contre-discours de l'évolution intellectuelle dégagée par Hirschman. Dans ce passage, Félix Davin ne propose pas une généalogie intellectuelle de l'intérêt, mais l'exposé d'une « grande transition[26] » qui relève d'une logique à la fois biographique (les âges de la vie), géographique (remontée vers Paris), sociale (de l'individu au monde) et amplificatrice (la dépravation du monde parisien accentue les déchéances éprouvées ailleurs). Ce texte de 1834 précise que « Les *Scènes de la vie de province* sont destinées à représenter cette phase de la vie humaine où les passions, les calculs et les idées prennent la place des sensations, des mouvements irréfléchis, des images acceptées comme des réalités ». La sensation, l'épanchement, la naïveté, « l'émotion sans arrière-pensées », ou encore ce que l'introduction appellera plus loin « la grâce des rêves » voire le « platonisme », étaient déjà flétris dans les *Scènes de la vie privée*. Ils le sont plus nettement dans les *Scènes de la vie de province*. Ils laissent la place aux « passions » et aux « calculs », groupés dans une énumération, comme souvent sous la plume de Balzac, lorsque le prologue de *La Fille aux yeux d'or* décrit Paris comme le « champ de bataille des intérêts

---

24 *Ibid.*, p. 110.
25 Voir Honoré de Balzac, *Écrits sur le roman*, éd. Stéphane Vachon, Paris, LGF, « Livre de poche références », 2000, p. 96-97 pour l'ensemble des citations de ce paragraphe. Nous nous référerons désormais à cette anthologie.
26 Le terme indique l'ambition généalogique de ce discours préfaciel.

et des passions[27] », lorsque Lucien de Rubempré convient qu'écrire exige « une longue expérience du monde, une étude des passions et des intérêts humains[28]... », ou encore quand *La Cousine Bette* montre en Hortense outragée l'incarnation de « la jeunesse irréprochable, à qui les honteux ménagements du monde sont inconnus, parce qu'elle en ignore les passions et les intérêts[29] ».

On voit bien dans l'*Introduction aux Études philosophiques* signée Davin que le désenchantement opère au niveau même de la vie individuelle : « À vingt ans les sentiments se produisent généreux ; à trente ans, déjà tout commence à se chiffrer, l'homme devient égoïste[30] ». À Paris, cette dénaturation est plus grande et plus précoce, comme si la même courbe était déplacée sur un diagramme : « le jeune homme a cent ans et insulte la vieillesse[31] ». Le texte ajoute : « Ici les sentiments vrais sont des exceptions ; ils sont brisés par le jeu des intérêts ». Mais la mise en relation des sentiments, des passions et des intérêts dans ce péritexte ne se réduit pas à dire le flétrissement des sentiments par l'argent, comme le fait la littérature depuis des temps immémoriaux et comme le feront continûment le théâtre, la poésie ou le roman du XIXe siècle. Les passions jouent ici un tiers rôle ; non pas seulement la passion amoureuse que Balzac reproche à Walter Scott d'avoir négligée par puritanisme national[32] et dont d'Arthez recommande la peinture à Lucien[33] ; non pas seulement la passion au singulier dont parle encore Balzac dans sa réponse à Hippolyte Castille sur l'immoralité supposée de ses romans, c'est-à-dire la passion qui est « l'excès », qui est « le mal », par exemple l'improbité de Camusot ou Nucingen[34] ; mais aussi l'ensemble des passions évoquées dans le résumé des *Scènes de la vie de province* dans l'Avant-Propos à la *Comédie humaine* : elles « représentent l'âge des passions,

---

27 Honoré de Balzac, *La Fille aux yeux d'or*, éd. Rose Fortassier, dans *La Comédie humaine*, vol. V, Paris, Gallimard, « Bibliothèque de la Pléiade », 1977, p. 1053. Nous nous référerons désormais à cette édition.
28 Honoré de Balzac, *Illusions perdues*, éd. Roland Chollet, dans *La Comédie humaine*, vol. V, Paris, Gallimard, « Bibliothèque de la Pléiade », 1977, p. 208.
29 Honoré de Balzac, *La Cousine Bette*, éd. Anne-Marie Meininger, dans *La Comédie humaine*, vol. VII, Paris, Gallimard, « Bibliothèque de la Pléiade », 1977, p. 288.
30 Honoré de Balzac, *Écrits sur le roman, op. cit.*, p. 96.
31 *Ibid.*, p. 97.
32 *Ibid.*, p. 298.
33 Honoré de Balzac, *Illusions perdues, op. cit.*, p. 313.
34 Honoré de Balzac, réponse à Hippolyte Castille, dans *Écrits sur le roman, op. cit.*, p. 318-319.

des calculs, des intérêts et de l'ambition[35] ». Or l'une des questions que pose l'introduction de Davin à propos des *Scènes de la vie parisienne* est de savoir ce que sont devenues les passions qui dans les *Scènes de la vie de province* avaient détrôné les « sentiments ». À Paris, elles « ont fait place à des goûts ruineux, à des vices[36] ». En même temps que « les calculs » se généralisaient dans ce « bazar où tout est coté » (aussi bien « les idées généreuses » et « la probité » que la « religion »), les passions ont donc elles-mêmes disparu dans leur fraîcheur première, jaunies par le règne des « calculs » ou bien désormais confondues avec ces calculs. Confondues avec ces calculs parce que d'abord, comme l'a montré Pierre Barbéris à propos des *Mémoires de deux jeunes mariées*, embrasser la passion (comme le fait ici Louise), c'est entrer dans le « commerce » parisien de la « vanité » et c'est aussi entrer dans le règne tragique et le registre fantastique de la nécessité[37]. Sans jeu de mot – car il s'agit bien d'une idée corollaire – cette nécessité interne de la passion est aussi nécessité d'argent, calcul, intérêt, compte de dépense fantastiquement projeté sous les contours de la peau de chagrin que scrute anxieusement Raphaël.

N'y a-t-il pas un stade de la « grande transition » décrite par Balzac où les intérêts tempéreraient les passions sans promouvoir les vices, comme chez Adam Smith ? Décrivant le passage des « émotions » aux « idées plus politiques » qui s'opère dans les *Scènes de la vie de province*, l'*Introduction aux Études philosophiques* de Davin dit en effet : « La vie devient sérieuse ; les intérêts positifs contrecarrent à tout moment les passions violentes aussi bien que les espérances les plus naïves[38] ». Mais cela ne correspond pas du tout au principe de la passion compensatrice. Ce n'est qu'une étape déplorable de l'assèchement des âmes, et cela débouche sur un discours en nette contradiction avec la représentation de l'intérêt comme calme contrepoids des passions : « le choc journalier des intérêts moraux ou pécuniaires fait jaillir le drame et parfois le crime au sein de la famille la plus calme en apparence ». C'est dire que l'intérêt pousse au drame, pousse au crime, aiguillonne les passions, *topos* balzacien. C'est Gobseck disant à Derville : « toutes les passions humaines agrandies par le jeu de vos intérêts sociaux viennent parader devant moi qui vis

---

35 *Ibid.*, p. 302.
36 *Ibid.*
37 Pierre Barbéris, *Le monde de Balzac*, Paris, Kimé, 2000, p. 472 et 475 *et sq.*
38 Honoré de Balzac, *Écrits sur le roman*, *op. cit.*, p. 96.

dans le calme[39] ». Ou bien c'est le « drame bourgeois » du *Curé de Tours*, « où les passions se retrouvent tout aussi violentes que si elles étaient excitées par de grands intérêts[40] ». Parfois, la dynamique s'inverse, et ce sont les passions qui exacerbent les intérêts : « Il avait étudié les lois humaines », dit le portrait de Wilfrid dans *Séraphîta*, c'est-à-dire « le jeu des intérêts mis en présence par les passions[41] ». Mais Balzac l'articule plus souvent dans l'autre sens : comme on le constate dans ces « comédies jouées par-devant notaire » où il s'agit de dresser un contrat de mariage, la loi sociale est que « les passions humaines sont aussi vigoureusement agitées par de petits que par de grands intérêts[42] ». À bien y réfléchir, ce rapport des passions et des intérêts apparaît vectorisé dans les deux sens, parce qu'on ne saurait dire, par exemple dans *Le Curé de Tours*, ce qui dans le vocabulaire balzacien relève d'une part des passions (le tranquille égoïsme de l'innocent Birotteau ? l'envie symétrique du cruel Troubert ? les prétentions sociales et la vanité blessée de mademoiselle Gamard ?), d'autre part des intérêts (l'évêché pour Troubert ? la pairie pour le marquis de Listomère et le grade de capitaine de vaisseau pour le baron ? ou encore ce que le texte appelle « les intérêts de mademoiselle Gamard[43] » ?). Cette confusion fait sens : l'intérêt est renvoyé chez Balzac dans le monde des passions et est peut-être la plus virulente d'entre elles, en même temps qu'il les amplifie.

L'intérêt n'est-il donc plus cet hybride entre passion et raison ou du moins cette passion calme, innocente et prévisible que promouvaient Montesquieu et même Hume ? Non, l'intérêt est au contraire selon ce discours balzacien à la fois la plus violente passion (voir « le choc journalier des intérêts ») et la plus déraisonnable raison (« la femme raisonne au lieu de sentir[44] »). On le voit bien dans les dernières pages de *Gobseck* :

---

39 Honoré de Balzac, *Gobseck*, éd. Pierre Citron, dans *La Comédie humaine*, vol. II, Paris, Gallimard, « Bibliothèque de la Pléiade », 1977, p. 970.
40 Honoré de Balzac, *Le Curé de Tours*, éd. Nicole Mozet, dans *La Comédie humaine*, vol. IV, Paris, Gallimard, « Bibliothèque de la Pléiade », 1976, p. 200. Ce passage annonce le drame.
41 Honoré de Balzac, *Séraphîta*, éd. Henri Gauthier, dans *La Comédie humaine*, vol. XI, Paris, Gallimard, « Bibliothèque de la Pléiade », 1980, p. 793.
42 Honoré de Balzac, *Le Contrat de mariage*, éd. Henri Gauthier, dans *La Comédie humaine*, vol. III, Paris, Gallimard, « Bibliothèque de la Pléiade », 1976, p. 551.
43 Honoré de Balzac, *Le Curé de Tours*, *op. cit.*, p. 990.
44 Voir toujours l'« Introduction » aux *Études philosophiques* de Félix Davin, dans *Écrits sur le roman*, *op. cit.*, p. 96-97.

le texte a jusque-là travaillé la sécheresse de l'usurier, économe de son verbe (« – Vrai », « – Possible », « – Juste[45] ») et moteur immobile du tourbillon des êtres (car il a « la pénétration de tous les ressorts qui font mouvoir l'Humanité[46] »). Maxime de Trailles et Anastasie de Restaud paraissent devant lui pour la signature du réméré sur les diamants et ils forment respectivement la trilogie du vice, de la passion et de l'intérêt. Or l'usurier lui-même finira par glisser du côté de la passion destructrice. Le récit, longtemps gouverné par une focalisation dépassionnée sur le personnage de Gobseck (par exemple dans le premier portrait d'Anastasie au lever, portrait où passion et nécessité apparaissent d'emblée comme l'avers et l'envers de la même médaille), laisse la place à la régie narrative dépassionnée de Derville, lorsqu'il dit à Mme de Grandlieu : « j'ai porté dans les affaires d'intérêt que je traite et où les passions sont si vivement mises en jeu un esprit d'analyse involontaire[47] ». Dans le même temps, le texte finit par ranger Gobseck parmi les fous, obsédé par une « contre-lettre » tout comme Restaud agonisant et son épouse échevelée. Car raconter la mort de l'usurier n'amène pas simplement à répéter certains détails du récit de la mort du comte (on pose une seconde fois des scellés, on refait la description d'une cheminée où se consument des preuves) : le récit de l'agonie de Gobseck hésite entre continuer de dire que le personnage a « toute sa raison[48] » et « reconnaître les progrès d'une passion que l'âge avait convertie en une sorte de folie[49] ». Or c'est cette dernière idée qui s'impose finalement : Derville contemple dans le grenier de l'usurier « les effets d'une avarice à laquelle il n'était plus resté que cet instinct illogique dont tant d'exemples nous sont offerts par les avares de province » ; l'étude attentive de la correspondance de Gobseck démontre « cet entêtement incompréhensible auxquels arrivent tous les vieillards chez lesquels une passion forte survit à l'intelligence[50] ». L'intérêt est requalifié en passion, le calme en intempérance, l'immobilité en agitation : il y a une passion de l'intérêt, et l'usurier ressemble finalement à l'Antiquaire de *La Peau de chagrin* quand il réapparaît au bras d'Euphrosine.

---

45 Honoré de Balzac, *Gobseck*, *op. cit.*, p. 987 et 992-993.
46 *Ibid.*, p. 970.
47 *Ibid.*, p. 1001.
48 *Ibid.*, p. 1011.
49 *Ibid.*, p. 1009.
50 *Ibid.*, p. 1011-1012 pour ces deux citations.

Admettons que Balzac ne laisse aucune chance à la distinction artificielle entre intérêt paisible et passions destructrices fabriquée par tout un pan de la pensée occidentale entre le XVIIe et le XVIIIe siècle selon Hirschman. Peut-être *prévisible*, mais rarement *calme* et aucunement *innocent*, l'intérêt balzacien rejoint ouvertement le cortège des passions. Cupidité, avarice et amour du gain rejoignent la vanité, l'amour du pouvoir et la concupiscence de la chair. On voit bien que le péritexte et le texte balzaciens articulent volontiers les termes passion(s) et intérêt(s) : il y a là un réflexe lexical qui suggère que Balzac utilise un peu la même langue que les moralistes et les philosophes convoqués dans *Les passions et les intérêts* et que son roman s'inscrit donc assez bien dans le contre-discours que résume la première partie de l'ouvrage de Hirschman[51]. Le discours d'auteur de Balzac s'approche par exemple de celui de Bossuet, pour qui « l'intérêt et la passion corrompent les hommes[52] », et nous savons que Bossuet chez Balzac figure en bonne place aux côtés de Bonald. De même, si le cardinal de Retz ne fait pas partie du panthéon des penseurs politiques de Balzac[53], sa pensée consone avec le discours auctorial de la *Comédie humaine* lorsqu'il explique que « la maxime la plus véritable pour juger sainement des intentions des hommes est d'examiner leur intérêt » (La Bruyère le dit de manière plus cinglante), mais que « la politique la plus délicate ne rejette pas absolument les conjectures que l'on peut tirer de leurs passions, parce qu'elles se mêlent quelquefois assez ouvertement et qu'elles se coulent presque toujours insensiblement dans les ressorts qui donnent le mouvement aux affaires les plus importantes[54] ». Cette fusion et cette retrempe des intérêts dans les passions, qu'affirmaient les

---

51 On reste surpris de la récurrence lexicale de l'attelage « passion »/« intérêt » sous la plume de Balzac. Une étude de la base Frantext pour *La Comédie Humaine* donne 93 co-occurrences de ces deux termes au singulier et 55 co-occurrences au pluriel. Les deux notions sont tantôt coordonnées, tantôt opposées, lorsqu'elles ne sont pas reliées par une relation d'inclusion ou d'amplification. L'attelage des termes ne recouvre pas seulement l'opposition commune entre calcul et sentiment. Il attesterait plutôt la familiarité de la langue balzacienne avec le discours des moralistes que convoque Hirschman. Sur ce vocabulaire moral et la reprise des idées de Vauvenargues ou Chamfort, voir Brigitte Méra, « L'art d'être croyant », *L'Année balzacienne*, 2003, n° 4, p. 96. Elle renvoie à son tour à Pierre Citron, « Balzac lecteur de Chamfort », *L'Année balzacienne*, 1969, p. 293.
52 Bossuet, *Politique tirée des paroles de l'écriture sainte*, Genève, Droz, 1962, p. 24, cité dans Albert O. Hirschman, *Les passions et les intérêts, op. cit.*, p. 44.
53 Voir Honoré de Balzac, « Avant-Propos » de *La Comédie humaine*, dans *Écrits sur le roman, op. cit.*, p. 289.
54 Voir Albert O. Hirschman, *Les passions et les intérêts, op. cit.*, p. 45.

hommes du XVIIᵉ siècle, est celle que déploie *La Comédie humaine*, qui fonctionnerait ainsi comme dévoilement, déconstruction et antithèse de la *doxa* reconstituée par le livre de Hirschman : le démontage dix-neuviémiste de ce « courant d'opinion qui s'est [antérieurement] développé au sein même de l'appareil du pouvoir[55] ». Balzac rejoindrait Barnave ou Tocqueville (dans l'idée que la collectivité commerçante peut avoir des mœurs dissolues ou faire place à un nouveau despotisme), plutôt que Montesquieu et Steuart (du côté de l'espérance), dans la généalogie de l'idée d'intérêt fabriquée par Hirschman[56]. Ainsi, les prudences mêmes des promoteurs de l'intérêt cités ici, qu'il s'agisse de Smith disant que le désir d'améliorer sa condition matérielle « est, en général, à la vérité, calme et sans passion[57] » ou de Shaftesbury indiquant que si ce même désir « est modéré et raisonnable et s'il ne fait naître aucune inclination passionnée, rien alors ne s'y attache qui le rende incompatible avec la vertu[58] », sont autant de brèches dans lesquelles s'engouffre le roman balzacien pour dire le dérèglement passionné des intérêts. Admettons donc que Balzac à lui seul contredit la dernière étape du raisonnement de Hirschman. Estime-t-il tout de même que les intérêts – même s'ils sont passions, même s'ils sont vices comme chez Mandeville – peuvent nous conduire à un optimum économique ? Que devient chez Balzac l'idée de l'autorégulation de la société humaine des intérêts ? Y a-t-il dans l'enfer balzacien composition naturelle des intérêts particuliers ?

PEUT-ON PARLER D'UN GOUVERNEMENT DES INTÉRÊTS ?

Dire l'intempérance, la violence, la passion de l'intérêt comme le fait Balzac, dénoncer avant Marx le mensonge du « doux commerce », passe par l'emploi de la métaphore mécanique, qui serait le pendant pessimiste du mécanicisme de l'économie politique. Dans les *Scènes*

---

55 *Ibid.*, p. 116.
56 *Ibid.*, p. 106-107.
57 Adam Smith, *La Richesse des nations*, livre II, chap. 3, *op. cit.*, p. 429 (t. 1). Cité dans Albert O. Hirschman, *op. cit.*, p. 64.
58 Albert O. Hirschman, *Les passions et les intérêts*, *op. cit.*, p. 63.

de la vie de province, souligne l'introduction de Davin, « se révèlent les frottements du mécanisme social ». Dans les *Scènes de la vie parisienne*, les sentiments « sont brisés par le jeu des intérêts, écrasés entre les rouages de ce monde mécanique[59] ». Cet aspect destructif ne laisse guère de place à l'idée smithienne d'une résultante bénéfique des intérêts particuliers. Il y a peut-être là une forme d'autorégulation, mais c'est une autorégulation qui évide l'être et la société de l'intérieur. Certes, il paraît exister une mécanique collective et auto-entretenue des intérêts, un processus qui s'énonce à la voix pronominale : « tout se sublimise, s'analyse, se vend et s'achète ». Mais c'est l'intérêt qui semble produire les vices privés au lieu d'en assurer la transmutation en bien commun.

Parfois, la société apparaît comme un circuit économique équilibré et le tableau balzacien semble opérer une véritable modélisation du social, comme le montre Patrice Baubeau lorsqu'il étudie, dans le prologue de *La Fille aux yeux d'or*, la dynamique spatiale, la circulation des richesses et la logique des mariages[60]. Évidemment, la physique sociale de Balzac n'y apparaît aucunement pacifiée : « Le désir apparaît bien comme le moteur du modèle balzacien », convient Patrice Baubeau, « un désir absolu, bien proche en vérité de l'*utilité* walrassienne mais sous une forme qui n'aurait pas été édulcorée par l'économie, c'est-à-dire un désir riche de conflits, de cruautés et de violences[61]. » Mais nous pouvons nous demander plus avant si la métaphore mécanique sous-jacente, qui est celle de la vis sans fin, s'apparente vraiment à l'idée de composition naturelle des intérêts (aussi vicieux soient-ils). En effet, la métaphore mécanique se mêle dans ces pages aux métaphores de la nature ou du volcan (Paris est « une nature sociale toujours en fusion », est un « éternel cratère[62] ») pour dire plutôt une permanence tourmentée. L'ascension économique et sociale se paie d'ailleurs d'un universel racornissement, d'un vieillissement prématuré : les hommes d'affaires « s'usent et se démoralisent », tandis que les artistes sont « brisés » et que les aristocrates ont « fourbu leur

---

59 Honoré de Balzac, *Écrits sur le roman*, *op. cit.*, p. 96-97.
60 Patrice Baubeau propose de voir dans ces pages l'équivalent d'un « modèle à générations imbriquées » comme en a conçu Paul Samuelson en 1958. Patrice Baubeau, « Un modèle économique chez Balzac ? Une relecture de *La Fille aux yeux d'or* », dans Alexandre Péraud (dir.), *La comédie (in)humaine de l'argent*, Lormont, Le Bord de l'eau, 2013, p. 111.
61 *Ibid.*, p. 125.
62 Honoré de Balzac, *La Fille aux yeux d'or*, *op. cit.*, p. 1040.

nature[63] ». Dans la mesure où le déploiement des désirs ne semble ici doté d'aucun caractère expansionniste mais paraît se rabattre sur l'image du creuset et de la perpétuelle retrempe, il y aurait plutôt ironie de l'autorégulation économique. La logique cynique de Mandeville semble renvoyée à une forme de vanité et dépassée par les images de l'usure. Si bien que la seule exception à l'universel vieillissement est la beauté (Paquita) et que la seule résultante positive du tourbillon parisien est le brio même du narrateur qui l'analyse[64].

L'économie quant à elle serait une mécanique creuse, après assèchement des sentiments et résolution des passions en intérêts; elle serait nécrosée comme les sacs de denrées entassés par Gobseck, comme la « vie creuse[65] » des aristocrates de *La Fille aux yeux d'or*. Mais elle demeure une mécanique tyrannique : la logique propre des intérêts, en particulier des intérêts pécuniaires (Hirschman notait que le glissement sémantique du mot « intérêt » n'était pas étranger à son acception en technique financière[66]), se dresse devant les hommes. Alors que Mandeville, Smith ou Montesquieu décrivaient l'inférence de l'individu vers le social, de l'intérêt d'un seul vers la richesse de tous, qui animait la croissance du monde, le discours balzacien des passions et des intérêts montrerait de manière pré-marxienne l'effet-retour du collectif économique sur l'individu, le terrifiant racornissement du beau fruit, la manière dont l'écorce en expansion dévore la pulpe. L'aventure de l'imprudent César, ce n'est pas simplement celle que résume assez aimablement l'Avant-Propos en notant que « les infortunes des Birotteau, le prêtre et le parfumeur, sont (…) celles de l'humanité[67] ». Le créateur de la pâte des sultanes et de l'eau carminative incarne aussi le « doux commerce » de Montesquieu aux prises avec la toute-puissance du système[68] de l'argent. Non que le premier soit opposé au deuxième : ce sont les deux faces d'une même médaille. Et la puissance du crédit échappe non seulement à l'obsolète parfumeur, mais aussi aux Claparon, Du Tillet

---

63 *Ibid.*, respectivement p. 1047, 1049 et 1050.
64 « *Quod erat demonstrandum*, ce qui était à démontrer, s'il est permis d'appliquer les formules de la scolastique à la science des mœurs », conclut victorieusement le narrateur à la fin des quinze pages étourdissantes du prologue. *Ibid.*, p. 1054.
65 *Ibid.*, p. 1051.
66 Voir Albert O. Hirschman, *Les passions et les intérêts*, *op. cit.*, p. 34 et 39-40.
67 « Avant-Propos » de *La Comédie humaine*, dans *Écrits sur le roman*, *op. cit.*, p. 301.
68 Pierre Barbéris a insisté sur ce terme. Voir *Mythes balzaciens*, Paris, Armand Colin, « Études romantiques », 1972, p. 134.

et Keller qui ne l'incarnent que ponctuellement et imparfaitement. Alexandre Péraud a bien montré ce que fait le crédit aux personnages, au récit et à l'énonciation balzaciens : comment les structures propres de cette économie financière s'imposent en retour aux agents[69]. Mais il ne faudrait peut-être pas opposer la finance à la fabrique : la déplorable aventure de Birotteau dit plutôt et plus généralement que le jeu des intérêts individuels en régime économique libéral est un jeu destructif.

Nous comprenons donc que le discours préfaciel balzacien, à l'inverse des théories économiques de l'équilibre, de la main invisible, de la résolution des vices privés en bien collectif, soit un discours de la régulation – régulation non marchande, précisément, mais politique et religieuse. Ainsi en est-il du passage célèbre de l'Avant-Propos à la *Comédie humaine*, qui en appelle au catholicisme pour encadrer deux facteurs de chaos social présentés d'abord comme distincts, mais qui en vérité se recouvrent : « l'intérêt » et « la passion[70] ». D'un côté, l'homme est perfectionné par la Société, dit Balzac en se distinguant de Rousseau, « mais l'intérêt développe alors énormément ses penchants mauvais » : ce sont ces « tendances dépravées » dont le catholicisme assure la « répression ». D'un autre côté s'énonce l'idée que « si la pensée, ou la passion, qui comprend la pensée et le sentiment, est l'élément social, elle en est aussi l'élément destructeur » : de là la métaphore de la peau de chagrin comme « capital » de force vitale et la nécessité pour la religion de, cette fois, *modérer* l'« action vitale » des individus. La passion a l'air ici moins coupable que l'intérêt. Mais en vérité la distinction entre l'une et l'autre manque de netteté. L'une comme l'autre a un effet induit destructif. L'une et l'autre ne peuvent être laissés libres parce que cet effet destructif est disproportionné (« énormément » tient lieu de multiplicateur négatif). Il n'existe donc aucune résultante positive à attendre de l'expression des passions, pourtant « élément social », ni des intérêts, pourtant corrélés au perfectionnement social. L'équilibre du social est un équilibre instable ; jamais les vices privés ne sauraient accoucher d'un bien collectif. D'ailleurs, que sont au juste les « penchants mauvais » exacerbés par l'intérêt, sinon précisément les passions, menacées de se corrompre en vice ? Non seulement l'Avant-Propos rabat encore une fois les intérêts sur les passions et dit leur excitation mutuelle, mais il refuse toute idée d'autorégulation.

---

69 Alexandre Péraud, *Le crédit dans la poétique balzacienne*, Paris, Classiques Garnier, 2012.
70 Honoré de Balzac, *Écrits sur le roman*, *op. cit.*, p. 290-291.

LE MÉDECIN DE CAMPAGNE

Ne trouve-t-on pas cependant sous la plume de Balzac un jeu des intérêts qui soit dépassionné, et ce plutôt pour le meilleur que pour le pire ? De toute évidence, *Le Médecin de campagne* (1833), à l'instar du *Curé de village* (1841), présente un scénario de développement « vertueux », comme disent les économistes. Cette fiction de développement prend place dans une analepse – le récit de Benassis à Genestas[71] – qui en resserre les enchaînements logiques, en rehausse les causalités économiques, en distingue même les périodes. Une cinquantaine d'années plus tard, Zola écrira, en réfléchissant à la figuration dans *L'Argent* du développement économique financé par la Banque universelle : « Mon roman dure deux ou trois ans et il faudrait au moins 50 ans, pour donner une idée du progrès[72]. » Il trouvera alors l'expédient romanesque du décentrement des réalités économiques dans un Orient qui est toujours envisagé depuis la perspective parisienne du récit, jamais vraiment distingué de son état d'épure, ce qui permet l'hyperbole. Dans *Le Médecin de campagne*, Benassis résume deux fois cinq ans de développement du coin de Dauphiné choisi par Balzac, en une analepse qui recouvre des taux de croissance invraisemblables[73]. Peu importe : sans être utopique, le récit se veut justement exemplaire.

Benassis, comme il le dit nettement à Genestas, n'a développé ce bourg et cette vallée qu'en acceptant les hommes tels qu'ils sont : « je ne me suis abandonné à aucune illusion, ni sur le caractère des gens de la campagne, ni sur les obstacles que l'on rencontre en essayant d'améliorer les hommes ou les choses[74] ». Ne point faire « des idylles » sur les hommes, première règle du développement économique avancée par le médecin, principe commun aux moralistes (Benassis apparaît plus

---

71 Elle soutient le chap. Ier, « Le pays et l'homme ».
72 Émile Zola, Ébauche de *L'Argent*, f° 434. Voir Émile Zola, *Les Rougon-Macquart*, t. V, éd. Henri Mitterand, Paris, Gallimard, « Bibliothèque de la Pléiade », 1967, p. 1251-1252.
73 Sur cette invraisemblance, voir la préface du roman par Emmanuel Le Roy Ladurie : Honoré de Balzac, *Le Médecin de campagne*, Paris, Gallimard, « folio classique », éd. Patrick Berthier, 4e éd. revue, 2007, p. 25.
74 Honoré de Balzac, *Le Médecin de campagne*, éd. Rose Fortassier, dans *La Comédie humaine*, vol. IX, Paris Gallimard, « Bibliothèque de la Pléiade », 1978, p. 415. Sauf indication contraire, nous nous référerons toujours à cette édition.

tard lecteur de Vauvenargues ou Chamfort[75]) et à la pensée libérale. Corollaire : « j'ai surtout compris que je n'agirais sur eux que par des calculs d'intérêt et de bien-être immédiats[76] ». Ainsi, de l'ancien maire qui était un ennemi, Benassis s'est fait un allié : « Je pris mon homme et par l'amour-propre et par son intérêt[77] ». L'amour-propre peut s'opposer à l'intérêt ; mais Benassis parvient chez l'ancien maire à flatter l'un et l'autre. Et la question pour nous, lecteur de ces pages, est de savoir jusqu'où elles satisfont la *doxa* reconstituée par Hirschman : dans quelle mesure elles correspondent à un modèle libéral de croissance.

Il est indéniable que le développement économique dépeint dans *Le Médecin de campagne* est un développement dirigé. « Je résolus d'élever ce pays comme un précepteur élève un enfant[78] », dit Benassis. C'est le médecin qui a suscité l'implantation du vannier, son « triomphe » et sa « joie » originels : « J'avais créé dans ce bourg une industrie, j'y avais amené un producteur et quelques travailleurs[79] ». C'est Benassis qui décide la construction d'un « bon chemin de voiture » entre le bourg et la route de Grenoble, à une époque où ce développement volontariste des infrastructures locales confine au rétablissement des « corvées[80] ». Jean-Hervé Donnard a montré avec Bernard Guyon combien le trop rare développement des chemins vicinaux dans la France des années vingt et trente n'a tenu qu'à des personnalités exceptionnelles comme le pasteur Oberlin, dont Benassis est le décalque[81]. Ici s'indique le caractère impérieux du personnage (qui est aussi l'expulseur de crétins des Alpes, le Diafoirus de la diète et de la saignée, sur lequel ironise Leroy-Ladurie[82]) : « j'ai, pendant tous les dimanches de la première année de mon administration, constamment entraîné, de gré ou de force, la population du bourg, les femmes, les enfants, et même les vieillards, en haut de la montagne où j'avais tracé moi-même sur un excellent fonds le grand chemin qui mène de notre village à la route de Grenoble[83] ».

75 *Ibid.* p. 448.
76 *Ibid.*, p. 415.
77 *Ibid.* p. 416.
78 *Ibid.* p. 414.
79 *Ibid.*, p. 416.
80 *Ibid.*, p. 417.
81 Jean-Hervé Donnard, *Balzac. Les réalités économiques et sociales dans* La Comédie humaine, Paris, Armand Colin, 1961, p. 177-180.
82 Voir *Le Médecin de campagne*, Gallimard, « folio classique », *op. cit.*, préface p. 19-20.
83 Honoré de Balzac, *Le Médecin de campagne*, « Bibliothèque de la Pléiade », *op. cit.*, p. 417.

C'est encore Benassis qui achève cette route « en plantant une double rangée de peupliers le long de chaque fossé latéral » (le maître d'ouvrage s'efface ici devant le maître d'œuvre). C'est Benassis qui fait venir un maréchal-ferrant comme il a fait venir le vannier. Benassis est aussi et avant tout le grand *défricheur*[84]. Enfin Benassis a orchestré le « second âge[85] » du développement de l'artisanat, de l'industrie et des services, tout comme il avait promu les infrastructures et l'agriculture.

Dans ce volontarisme polyvalent, Pierre Barbéris a reconnu l'influence profonde du saint-simonisme sur Balzac et a voulu voir la préfiguration d'une administration dans le plein sens du terme, non pas d'une administration de ronds de cuir, non pas seulement d'une *organisation* saint-simonienne, mais presque d'une coordination supérieure de type socialiste[86], et il y a surtout repéré une foi dans la volonté, l'action, la vigueur – Benassis le dit en relativisant l'importance des « gens à idées » : « les idées sont peu de chose là où il ne faut qu'une volonté[87] ». Nous aurions donc ici l'exemple d'une magistrale orchestration des intérêts, et cette expérience de laboratoire suggérerait en retour qu'on ne saurait rien attendre du libre jeu des intérêts passionnés. Ces pages de Balzac ne sont pas cependant sans produire une impression curieuse sur le lecteur, qui appelle la confrontation avec la généalogie de Hirschman : Benassis est si présent qu'il en devient abstrait, il se distribue si bien qu'il se dissémine, son *je* envahit si parfaitement le texte que sa substance disparaît. Benassis est une immanence.

Constatons d'abord que Benassis ne fait qu'initier un mouvement dans lequel les hommes du bourg trouvent rapidement leur intérêt. Pour la route : « les habitants en avaient si bien reconnu les avantages, que le dernier tiers s'acheva dans une ardeur qui me surprit[88] ». Les mentalités se réforment, l'intérêt se comprend, tandis que le bienfaiteur devient anonyme : « le bon sens public de ce bourg, naguère sans intelligence, avait acquis les idées que cinq ans auparavant un voyageur aurait peut-être désespéré de pouvoir lui inculquer[89] ». Le développement s'autonomise, le règne de l'utilité appelant l'utilité :

---

84 Voir Jean-Hervé Donnard, *Balzac. Les réalités économiques et sociales...*, *op. cit.*, p. 177.
85 Honoré de Balzac, *Le Médecin de campagne*, p. 421 (Benassis définit lui-même cette période).
86 Voir Pierre Barbéris, *Mythes balzaciens*, *op. cit.*, p. 185-186.
87 Honoré de Balzac, *Le Médecin de campagne*, p. 431.
88 *Ibid.*, p. 417.
89 *Ibid.*, p. 418.

« Le besoin engendrait l'industrie, l'industrie le commerce, le commerce un gain, le gain un bien-être et le bien-être des idées utiles[90] ». D'où l'abondance des pronominaux dans ces pages : des établissements « se form[ent] » dans la vallée ; « le commerce des bois s'est subdivisé[91] ». D'où l'abondance aussi des tournures impersonnelles : « il fallut des maisons » ; les fermes « appelaient des ouvriers » ; « il nous vint un mercier[92] ». Bien sûr, Benassis est un homme qui *prêche*[93], aux côtés de son ami le curé Janvier. Bien sûr, il a en partie « le droit » de raconter à Genestas « l'histoire de ce petit coin de terre en [son] nom[94] ». Mais il faut reconnaître décidément la bizarrerie de ce *je*, l'impersonnalité de ce héros. Elle apparaît assez bien dans les innombrables passages où il suggestionne à tel ou tel administré d'agir : « Je donnai l'idée à un jeune homme intelligent de prendre à ferme (...) une grande portion de terrain » ; « je lui persuadai de vendre ses paniers au-dessous des prix de Grenoble » ; « je continuais insensiblement mon œuvre » ; et surtout : « je réussis à lui faire comprendre qu'il avait à son insu travaillé pour lui-même[95] ». Qui est donc cette entité que chacun finit par comprendre (« Il me comprit » ; « cet homme devint mon prosélyte[96] »), sinon une abstraction à peu près confondue avec l'intérêt ? Qui est-elle sinon l'intérêt bien entendu, ordonnateur du marché ? « L'administration, dira Benassis, est l'art d'appliquer les lois sans blesser les intérêts[97] ». La figure de l'organisateur proto-socialiste ou du législateur paternaliste se retourne comme un gant en personnification de la main invisible. Le tableau de cet « îlot de bonheur libéralo-despotique », pour reprendre le terme de Gérard Gengembre[98], pourrait s'inverser en peinture d'un miracle libéral tout court. Lire le récit de Benassis, c'est entendre parfois une prosopopée du marché.

Une belle (et terrifiante) page de Friedrich Hayek affirme que « c'est la soumission de l'homme aux forces impersonnelles du marché qui, dans

---

90 *Ibid.* p. 418-419.
91 *Ibid.*, p. 418 et p. 420-421.
92 *Ibid.*, respectivement, p. 418, 419 et 421.
93 « Je prêchai donc l'assainissement des étables ». *Ibid.*, p. 422.
94 *Ibid.* p. 423.
95 *Ibid.*, p. 415, 418 et 419 pour ces quatre citations.
96 *Ibid.*, p. 415 et 417 pour ces deux citations.
97 *Ibid.*, p. 432.
98 Gérard Gengembre, « Balzac, Bonald et/ou la Révolution bien comprise ? », *L'Année balzacienne*, 1990, p. 202.

le passé, a rendu possible le développement d'une civilisation qui sans cela n'aurait pu se développer ; c'est par cette soumission quotidienne que nous contribuons à construire quelque chose qui est plus grand que nous pouvons le comprendre[99] ». Tout rationalisme qui prétendrait comprendre les forces du marché, et prétendrait les comprendre pour les réformer et les infléchir, serait, affirme Hayek dans sa critique du planisme, un « rationalisme incomplet » : « Il faudrait, en effet, avoir infiniment plus d'intelligence qu'aucun de nous n'en possède actuellement, pour maintenir simplement notre civilisation complexe sans imposer aux hommes l'obligation de faire des choses dont ils ne comprennent pas la nécessité ». Or cette compréhension supérieure, Benassis semble la posséder : « j'ai toujours tâché de faire converger les intérêts des uns vers ceux des autres[100] ». Il est comme le Dieu de Leibniz dans sa création continue. Il est si supérieurement conscient des politiques agricole, infrastructurelle, industrielle à mener, il a la bouche si près de l'oreille de chacun de ses administrés, qu'il ressemble à ce coordinateur tout-puissant, hors de toute saisie humaine. Il est vrai que son administration fonctionne parce que « tout y est local[101] » : Balzac théorise l'impossibilité de développer un tel volontarisme économique dans le cadre d'un gouvernement ; pour lui, tout doit être induit de la province. Mais nous pourrions dire que montrer dans le roman cette « sphère d'intérêt[102] » réduite, c'était aussi en permettre une représentation qui échappe à la théorie. En outre, l'« humble ferveur religieuse » dont parle Hayek dans le passage cité, le « respect pour les doctrines économiques », respect qui est pour Hayek plus respectable que l'*hybris* et l'arbitraire socialistes, est aussi ce qui s'exprimera dans l'hommage final des administrés « au bon Monsieur Benassis, notre père à tous ». Les habitants de la vallée, qui ont commencé par tirer au fusil sur Benassis, ont finalement accepté de se soumettre « aux forces dont on ne peut suivre en détail les opérations », ils ont accepté cette « nécessité » dont parle Hayek et ont opéré une conversion (et le vrai curé, dans cette histoire, ne serait pas Janvier).

---

99 Friedrich Hayek, *La route de la servitude* [1944], chap. XIV, trad. G. Blumberg, Paris, PUF, « Quadrige », 2010, p. 148. Cette page est souvent citée et rarement remise en contexte.
100 Honoré de Balzac, *Le Médecin de campagne, op. cit.*, p. 432.
101 *Ibid.*
102 *Ibid.*, p. 428.

Il nous faudrait pousser cette lecture libérale à sa limite[103], vérifier jusqu'où le roman recoupe la pensée dont Hirschman dresse la généalogie. D'abord, l'économie de Benassis est une économie de libre-échange. On construit la route pour commercer. Les prix se fixent en fonction des nouveaux temps de transport et des avantages comparatifs du bourg. « En fait de commerce, encouragement ne signifie pas protection », souligne Benassis : « L'industrie ne peut être sauvée que par elle-même, la concurrence est sa vie ». Et de vanter la « liberté commerciale[104] ». C'est par là aussi que le modèle n'est pas simplement local : l'impulsion locale accouche d'un marché grenoblois, national, bientôt international. Ensuite, nous notons que les hommes composant la nouvelle société ont parfaitement compris la notion d'intérêt, mais qu'ils l'ont comprise dans l'interaction plutôt que par myopie égoïste.

À la fin du chapitre premier prend place la curieuse scène de visite du journalier Taboureau à Benassis en présence de Genestas. Ce spéculateur prétend être en procès avec l'une de ses contreparties, parce qu'il aurait rompu une vente à terme : Taboureau s'était engagé à livrer de l'orge à tel cours à un paysan, mais il a désiré rompre cet accord pour profiter d'une hausse survenue entre-temps. Il a vendu son stock. Benassis condamne fermement cette rupture de contrat et il assure Taboureau qu'il perdra son procès. C'est alors que ce spéculateur révèle aux deux protagonistes que le récit qu'il vient de leur faire intervertissait à dessein les positions des deux contractants. Il est, en vérité, l'acheteur à terme qui a été lésé dans cette affaire et il voulait s'assurer, par l'avis du bon docteur sur ce récit inversé, que le tribunal lui donnerait raison. Une fois Taboureau sorti, Benassis fait admirer à Genestas cet esprit retors, déjà parisien. Mais ce Dauphinois finaud, qui rappelle le père Sorel campé quelques mois plus tôt par Stendhal, n'est pas seulement un malin. Dans cette propension à envisager le marché depuis le point de vue de sa contrepartie, dans ce jeu de rôle, il y a aussi une forme d'altruisme libéral : ce n'est peut-être pas la sympathie smithienne, mais une propension à occuper la place de l'autre qui pourrait aussi bien avoir une vertu modératrice.

Enfin et surtout, le développement économique dont Benassis fait le récit à Genestas, et que figure le « délicieux paysage » s'offrant d'emblée

---

103 À l'inverse de ce que recommande Pierre Barbéris : « Il n'y a, malgré les apparences, rien de libéral en ceci. » Voir *Mythes balzaciens, op. cit.*, p. 190.
104 Honoré de Balzac, *Le Médecin de campagne, op. cit.*, p. 429.

au regard du soldat, prend sa source dans l'amuïssement des passions. « Son front calme accusait le pouvoir d'imposer silence aux passions[105] », dit le portrait liminaire de Genestas. Certes ce personnage n'est pour rien dans le développement de la vallée, mais ce détail est programmatique : le portrait de Benassis isolera, de même, des yeux exprimant « des passions amorties[106] », et le roman s'achève sur les récits jumeaux des amours tragiques des deux amis. Vanité, trahison, amours perdues pour Benassis, dont le volontarisme de grand organisateur est l'envers et le substitut du suicide : « je crus mieux agir, en rendant mon repentir profitable au monde social[107] ». Si après la mort de sa première fiancée, il a désiré la « gloire » d'être « utile[108] », la perte de la seconde et la mort de son fils l'ont encore éloigné de semblable prétention : le développement économique engendre sa joie sans flatter sa vanité. Benassis n'a plus de ressort personnel, comme l'indiquent les notules du récit sur la perception par Genestas du caractère négligé de sa maison. Quant au soldat, il a été trahi en amour comme en amitié, et il incarne surtout, lui qui ne nie pas la mort de Bonaparte, l'immense désenchantement politique qui coiffe le récit : la chute de Napoléon et des valeurs héroïques. Le retour de l'Empereur dans les récits (Goguelat, Genestas) est un perpétuel retour des cendres ou un perpétuel enterrement (d'où peut-être la *Fosseuse*). Le temps est à la transition de « l'épée » à « l'écritoire » dont parle le *juge de paix* au dîner de Benassis[109]. Car ce n'est pas seulement un désenchantement mais aussi une pacification économique que raconte le roman : le passage du « respect » pour l'homme qui a « versé son sang sur un champ de bataille » au respect pour le courage du professeur « qui use lentement le feu de sa vie à dire les mêmes paroles à des enfants du même âge[110] » ; le passage du « Napoléon du peuple » qu'est l'Empereur raconté par Goguelat au « Napoléon de notre vallée[111] » qu'a été Benassis. Cette transition dit l'inactualité de la gloire guerrière dans la gestion de la paix, et le roman de Balzac raconte à sa façon un bout de la « paix

---

105 *Ibid.*, p. 389.
106 *Ibid.*, p. 401.
107 *Ibid.*, p. 573.
108 *Ibid.*, p. 569.
109 *Ibid.*, p. 515.
110 *Ibid.*, p. 429.
111 *Ibid.*, p. 601. L'équivalence, en suspens durant tout le texte et surtout dans le titre à double entente du chapitre III (« Le Napoléon du peuple »), est enfin établie explicitement.

de cent ans » étudiée par Polanyi. Fin de la guerre, embaumement de l'amour, abolition de la vanité, douce fraternité des hommes rapprochés par la gestion des intérêts – comme en ce dîner chez Benassis qui inverse le dîner chez Taillefer de *La Peau de chagrin*. Ce tableau économique du règne des intérêts va de pair avec un silence des passions et semble décidément l'un des lieux où le discours romanesque balzacien touche du plus près aux fondements intellectuels du libéralisme détaillés par Hirschman. Nous serions autorisés à forcer la lecture libérale de ce texte pour voir par contrepied, dans ce modèle de régulation, une métaphore romanesque du jeu vertueux des intérêts particuliers.

Pourtant *Le Médecin de campagne* demeure inassimilable à cette lecture. C'est avec une évidente amertume que Benassis déclare à Genestas, lors de la première veillée : « Maintenant, pour étayer la société, nous n'avons d'autre soutien que *l'égoïsme*[112] ». C'est le pendant du passage précédent, où le médecin expliquait au soldat s'être appuyé sur les intérêts pour développer le bourg et la vallée. Or les intérêts ne suffisent pas[113] : avoir développé la contrée, c'est avoir produit des individus comme Taboureau, qui quelques pages plus loin entre en scène. « Homme simple en apparence, ignare même, mais certainement profond dès qu'il s'agit de ses intérêts[114] », Taboureau n'en est pas moins une créature de Benassis. « Plus il s'est enrichi, plus il s'est vicié », remarque cependant le médecin, qui explique cette dégradation morale par l'éloignement du travail paysan[115]. Mais les courtages de Taboureau sont aussi inséparables du développement économique de la vallée – et du reste le lecteur ne lui connaît pas d'opérations vicieuses. « Croyez-vous qu'à Paris cet homme-là ne serait pas bientôt millionnaire[116] ? » demande finalement Benassis à Genestas, sans aménité pour l'ancien journalier. Oui, Taboureau représente à lui seul la dégradation éthique qui s'opère entre les *Scènes de la vie de province* et les *Scènes de la vie parisienne*. Mais Taboureau est aussi inséparable de l'ouverture du marché recommandée par le bon docteur.

Or une société de Taboureau n'est pas une société enviable et ne ferait pas société : le règne de *l'égoïsme* a isolé d'autres principes sociaux comme

---
112 *Ibid.*, p. 430.
113 Balzac apparaît « horrifié par la réduction des rapports à l'intérêt », écrit Paolo Tortonese. Voir « La main visible. Balzac, l'intérêt et l'amour propre », art. cité, p. 162.
114 Honoré de Balzac, *Le Médecin de campagne*, op. cit., p. 437.
115 *Ibid.*, p. 436.
116 *Ibid.*, p. 440.

l'honneur, la *vertu chrétienne* et le *patriotisme*. Sont invalidées les « idées » qui seules font société, tandis qu'il n'existe plus de « grand homme ». Or « les nations, de même que les individus, ne doivent leur énergie qu'à de grands sentiments[117] ». Le chapitre premier du *Médecin de campagne* forme donc d'emblée un diptyque antithétique : d'abord un récit du développement économique qui dit la face riante du règne des intérêts, ensuite un discours sur le gouvernement qui révèle que cette économie de marché forme une « vie sociale », peut-être, mais ne fait pas société. Comme le dit Gérard Gengembre, Balzac a, dans ce roman, injecté du libéralisme économique dans la doctrine contre-révolutionnaire, mais il en appelle en retour à Bonald pour ménager une « perfectibilité » et une « conception de l'ordre » dans « l'incohérence anarchique » du système libéral[118]. En effet, la convergence des intérêts ne tient pas lieu de contrat social : le seul « contrat social » qui vaille, dira plus tard Benassis devant ses invités, en exprimant les positions de Balzac dans l'article inédit « Du Gouvernement moderne », serait « un pacte perpétuel entre ceux qui possèdent contre ceux qui ne possèdent pas » et qui pacifie les peuples en leur donnant un « bonheur tout fait[119] ». L'idée balzacienne d'un gouvernement des « supériorités[120] », le « génie » et la « volonté » que réclame Benassis chez l'homme d'État[121], suffisent à dire que la société des intérêts est incomplète. *Le Médecin de campagne* est un exemple a fortiori pour dire le refus du modèle libéral.

Corollaire : il n'existe pas de science économique. Car c'est bien ce que déclare Benassis à Genestas, lorsqu'après avoir dit l'avantage agricole de la France sur l'Angleterre et avoir prôné la libéralisation des échanges, il déclare : « de telles choses sont trop simples pour qu'on en compose une science, elles n'ont rien d'éclatant ni de théorique, elles ont le malheur d'être tout bonnement utiles[122] ». Étrange formulation. L'économie prend de la place faute de mieux. « Cette étude n'a pas été le but de ma vie », précise Benassis : « la tâche que je me suis tardivement donnée est accidentelle ». Définir les fins de la bonne « administration »,

---

117 *Ibid.*, p. 429-430 pour l'ensemble de ces citations.
118 Gérard Gengembre, « Balzac, Bonald et/ou la Révolution bien comprise ? », art. cité, p. 202.
119 Honoré de Balzac, *Le Médecin de campagne, op. cit.*, p. 510.
120 *Ibid.*, p. 509.
121 *Ibid.*, p. 514.
122 *Ibid.*, p. 429.

affronter la « question moderne » du libre-échange des grains et des coûts de production, c'est un pis-aller, ce n'est que du bon sens, même si cela réclame un « courage » quotidien. C'est l'immense produit du remords et de l'ensevelissement des passions. C'est aussi le symptôme d'un vide politique et moral.

En somme, *Le Médecin de campagne* rend un son double. Balzac y développe un scénario de croissance économique tout en refusant d'y voir les linéaments d'un modèle de gouvernement : le jeu des intérêts ne suffit pas à faire société. « Les sentiments d'un peuple sont ses croyances », dit Benassis, qui constate : « Au lieu d'avoir des croyances, nous avons des intérêts[123] ». De même, il n'existe pas de science économique qui devrait, comme chez Quesnay ou Say, s'imposer au souverain. Au contraire, le discours de Benassis promeut un gouvernement national qui serait la projection isomorphe de son pouvoir local : pas seulement un gouvernement prévisionniste « à dix ans d'échéance », mais un Benassis en très grand qui saurait « vivre enfin par le sentiment des masses, et toujours les dominer en étendant les ailes de son esprit, le volume de sa voix et la pénétration de son regard en voyant non pas les détails, mais les conséquences de toute chose[124] ». Atteindre cette sublimité, qui suppose « le sentiment de l'utilité », de « dépouiller ses passions » et de refuser « toute ambition vulgaire », « n'est-ce pas être un peu plus qu'un homme ? », conclut le médecin.

Mais nous voyons bien ce que le roman ne cesse d'indiquer, qu'il ne cesse de construire en creux, et qu'il exorcise : c'est le risque que l'intérêt souverain occupe cette place-là. Le risque que le seul grand homme possible soit le marché tel que le décrit Hayek. Benassis énonce bien le péril de l'émiettement inenvisageable des intérêts dans l'économique, corrélé au risque de fragmentation du « privilège » dans « l'élection[125] ». L'abolition de la pairie et le suffrage universel ne peuvent se faire qu'« en multipliant les froissements[126] ». Le libéralisme, politique comme économique, court à son propre anéantissement parce qu'il libère des individus désormais dénués de la rection intérieure de la religion et livrés au « frottement des intérêts[127] ». Or l'ambivalence de ce roman

---

123 *Ibid.*, p. 430.
124 *Ibid.*, p. 514 pour l'ensemble de ces citations.
125 *Ibid.*, p. 507.
126 *Ibid.*
127 *Ibid.*, p. 513.

consiste à rapprocher parfois le grand *organisateur* d'une abstraction, à confondre le grand homme espéré avec la main invisible. Finalement, *Le Médecin de campagne*, histoire de la « grande transition » d'un coin de Dauphiné, présente déjà l'histoire d'un « désencastrement » dans le sens de Polanyi. Il le refuse de toutes ses forces, bien sûr. Il en appelle à un « grand homme » dont Balzac n'imagine pas que ce pourrait être un jour un dictateur inhumain. Mais le roman raconte bien le mouvement inverse de ce que sera « la grande transformation » définie par Polanyi.

LA RÉHABILITATION ESTHÉTIQUE ET MORALE DES PASSIONS

Il y a cependant un autre moyen de refuser ce « désencastrement », et que ne cesse de dire le discours préfaciel et le roman balzaciens : c'est de réintégrer la passion dans le règne des intérêts. La passion est nécessaire pour des motifs d'art, Balzac l'a suffisamment exprimé, dans la préface du *Père Goriot* ou par la plume de Félix Davin[128], lorsqu'il a défendu une esthétique des « contrastes », seule propre à dire le réel en disant le vice. « La passion est toute l'humanité », dit l'Avant-Propos après avoir indiqué la limite de Walter Scott : « sans elle, la religion, l'histoire, le roman, l'art seraient inutiles[129] ». Si la passion est l'élément esthétique, elle n'en est jamais l'élément destructeur. Car « être moral, ce serait écrire à nouveau les Pères de l'Église, l'abbé Nicolle, Bossuet ou Bourdaloue », répond Balzac à Hippolyte Castille : « Hors de cette tâche, la littérature a pour mission de peindre la société[130] ». Aussi la cruauté de Du Tillet ou l'improbité de Nucingen doivent-elles être montrées – peut-être avec jubilation – dans le concert des passions. Aussi Paris n'est-il digne de peinture que « remué par une tempête d'intérêts[131] ». Il y a toujours un moment où la fiction littéraire dit, par une forme de prétérition, l'écueil qui la menace ; ce moment existe dans *Le Médecin de*

---

[128] Voir les termes de l'« Introduction » aux *Études de mœurs* (mai 1835), dans *Écrits sur le roman, op. cit.*, p. 296, n. 2.
[129] Honoré de Balzac, « Avant-Propos » de *La Comédie humaine, ibid.*, p. 299.
[130] Honoré de Balzac, Lettre à Hippolyte Castille, *La Semaine*, 11 octobre 1846, *ibid.*, p. 321.
[131] Honoré de Balzac, *La Fille aux yeux d'or, op. cit.*, p. 1039.

campagne, roman où les passions s'écrivent au passé, lorsque Benassis se demande ce que deviendra la France lorsque les mœurs seront changées dans le sens de la vertu : « ne deviendrions-nous pas, malgré les aises d'une vie triviale, le peuple le plus ennuyeux, le plus ennuyé, le moins artiste, le plus malheureux qu'il y aura sur la terre[132] ? » Certes, et c'est aussi ce qui guette ce roman à « tartines ».

Mais la passion est aussi nécessaire pour des motifs idéologiques. « Si la passion, qui comprend la pensée et le sentiment, est l'élément social, elle en est aussi l'élément destructeur » – oui, mais elle est d'abord l'élément social ! Et représenter cela est aussi éviter l'idée d'une société glaciale régie par les intérêts bien compris. Chez Balzac, les intérêts produisent du « frottement », la société chauffe, les passions s'en mêlent. « Or et plaisir ! », répète le prologue de *La Fille aux yeux d'or* ; n'est-ce pas dire un peu : « Intérêts et passions » ? Restons donc prudents en interprétant la mécanique balzacienne des intérêts, l'économie nécrosée de la *Comédie humaine* ou les « pâtés pourris » de Gobseck : la passion siège dans l'intérêt et ce qui se meut là n'est pas seulement un système, c'est aussi la nature des individus. N'est pas totalement indifférente la petite phrase par laquelle Gobseck dit à Derville qu'il sait parfaitement quelle comédie on lui joue parfois : « un jeune homme essaiera de me jouer la scène de Monsieur Dimanche[133] ». Car justement Gobseck, dans la passion de ses intérêts, n'est pas Monsieur Dimanche, n'est pas une simple redingote grise, n'est pas l'incarnation du désenchantement qui s'abat en même temps que la « paix de cent ans ». Le projet de *La Comédie humaine* est intégrateur. Il promet « une vue complète de l'humanité, avec tous ses mouvants tableaux ; les phases de la vie individuelle et sociale, l'histoire des instincts, des sentiments, des passions, l'analyse des erreurs, des intérêts, la peinture des vices, en un mot la physiologie générale de la destinée humaine[134] ».

Nous avons dit que Balzac, ainsi brossé, démasque l'approbation philosophique de l'intérêt reconstituée par Hirschman. Il faudrait se demander plus précisément si la gémellité balzacienne de l'intérêt et de la passion – en réalité les deux faces d'une même pièce – ne serait

---

132 Honoré de Balzac, *Le Médecin de campagne, op. cit.*, p. 431.
133 Honoré de Balzac, *Gobseck, op. cit.*, p. 976.
134 Honoré de Balzac, « Introduction » aux *Études philosophiques*, dans *Écrits sur le roman, op. cit.*, p. 102.

pas la réplique, dans le champ esthétique, d'une mutation qu'évoque ponctuellement Hirschman dans sa généalogie, lorsqu'il explique l'effet incident de la réhabilitation des passions au XVIIIe siècle sur le processus intellectuel d'approbation de l'intérêt. Les passions sont alors parfois apparues comme l'humain et l'heureux correctif des trop pures politiques de l'intérêt[135]. Elles sont apparues non pas modératrices mais mélioratives, sources d'équilibre et de création (les termes d'Hirschman évoquent une expansion morale qui n'exclut pas l'expansion économique). Bien sûr, le roman balzacien est la grimace de cela d'un point de vue sémantique : les passions n'y poussent pas à l'optimum. Mais il en est bien la réplique, d'une manière que nous pourrions dire pragmatique, dans le sens où passionner les intérêts pour des raisons d'art, c'est aussi réhabiliter l'intérêt passionné. Le roman balzacien contribue ainsi à une forme de reconnaissance, en même temps qu'il exorcise la tyrannie du marché : refaire de l'intérêt une passion, c'est le remettre en selle pour un roman des passions, c'est, pour le dire d'un raccourci, préparer l'américanisme de Zola.

Voilà donc ce que nous trouverions chez Balzac en le lisant avec les lunettes d'Hirschman : d'une part une immense réfutation de la réhabilitation de l'intérêt calme au-dessus du concert des passions, d'autre part une consécration esthétique et idéologique de ce même intérêt renvoyé à l'état de passion. Parvenir à rendre Gobseck ou Birotteau intéressants, c'est montrer, comme le dira Zola, « tout le drame de l'argent[136] » et préparer l'épopée commerciale et financière. Dire à travers la bouche de Derville qu'il existe la même « lucidité de raison » ou la même « puissance de vue intellectuelle » chez deux amants liés par la passion et chez deux adversaires divisés par l'intérêt[137], c'est consacrer la puissance sociale et romanesque du couple passions-intérêts à l'intérieur d'une même herméneutique de l'humain. Fabriquer des couples mythiques où la passion compénètre l'intérêt – Valérie Marneffe et Lisbeth, Rastignac et Vautrin, Lucien et Herrera – c'est construire une anthropologie romanesque qui nie l'argumentation par dissociation construite par les moralistes de l'intérêt. Le roman

---
135 Cela apparaît sous la plume de Shaftesbury, Butler ou Hume. Voir Albert O. Hirschman, *Les passions et les intérêts*, op. cit., p. 47.
136 Émile Zola, « Balzac », *Les romanciers naturalistes*, dans *Œuvres complètes*, t. XI, éd. Henri Mitterand, Paris, Claude Tchou / Cercle du Livre précieux, 1968, p. 56.
137 Honoré de Balzac, *Gobseck*, op. cit., p. 1001.

balzacien, même parcouru de catégories antithétiques, reste ici fondamentalement moniste, parce qu'il est roman. Mais surtout, dire que le règne de l'intérêt passionné est chaotique, c'est justifier et consolider sa position d'auteur, de narrateur, de législateur, seule garante du sens et de l'unité dans ce monde sans résultante.

ÉMILE ZOLA
ET LA FABLE DES ABEILLES

L'exemple balzacien que Zola allègue le plus volontiers est *La Cousine Bette*, notamment dans *Le Roman expérimental*. Il y trouve à la fois la netteté de l'intrigue et l'effet de l'individuel sur le social : « Le fait général observé par Balzac est le ravage que le tempérament amoureux d'un homme amène chez lui, dans sa famille et dans la société[1]. » Peu importe le foisonnement feuilletonesque du roman, qui est tout aussi bien le roman de Crevel, de Bette et de Valérie. Peu importe la difficulté qu'il y aurait à identifier précisément les « milieux » par lesquels Balzac aurait fait passer Hulot « pour montrer le fonctionnement de la passion » (le petit village de Lorraine d'où il a tiré la belle Adeline ? le monde ces actrices comme Josépha ? la petite bourgeoisie où intriguent les Valérie ? la roture des belles enfants vendues ?). Zola voit là un excellent exemple d'univers construit selon les « lois de la nature[2] », dans lequel le « tempérament » de Hulot compose « le déterminisme initial » et influe sur le « *circulus* social[3] ». Zola assigne au romancier expérimentateur, tel Balzac dans ce cas, la tâche d'écrire « le procès-verbal de l'expérience[4] ». Mais il revendique aussi pour les romanciers naturalistes un rôle de « moralistes expérimentateurs[5] ». D'un côté en effet, leurs romans font réfléchir à une réforme de l'individu : « admettez qu'on puisse guérir Hulot, ou du moins le contenir et le rendre inoffensif, tout de suite, le drame n'a plus de raison d'être, on rétablit l'équilibre, ou pour mieux dire la santé dans le corps social[6]. » D'un autre côté, le roman expérimental

---
1 Émile Zola, *Le Roman expérimental*, éd. François-Marie Mourad, Paris, GF-Flammarion, 2006, p. 53. Sauf indication contraire, c'est à cette édition que nous renvoyons dans les notes qui suivent.
2 *Ibid.*
3 *Ibid.*, p. 69.
4 *Ibid.*, p. 53.
5 *Ibid.*, p. 69.
6 *Ibid.*

suggère l'effet, réformable, du milieu sur l'individu : « Comme le dit très bien Claude Bernard, du moment où nous pouvons agir, et où nous agissons sur le déterminisme des phénomènes, en modifiant les milieux par exemple, nous ne sommes pas des fatalistes[7]. »

En tout cela, Zola ambitionne comme Balzac de guérir le corps social, ainsi que le remarque Michel Butor[8]. Quoique le jeune Zola insiste en 1868-1869, dans les deux feuillets intitulés « Différences entre Balzac et moi », sur la nécessité de substituer aux « principes » de Balzac les « lois » de l'hérédité, son entreprise romanesque est pensée, à l'instar de celle de Balzac, comme un diagnostic réaliste préalable à une réforme politique et morale : le roman se rapproche de l'enquête sociale ou de l'étude épidémiologique pour appeler une réforme hygiéniste. Il serait cependant difficile de repérer dans ce modèle organiciste du social quelque loi de mouvement ou de progrès. Zola s'intéresse dans *Le Roman expérimental* à ce qui se passe « si un organe se pourrit[9] » ; il mêle aussi à son modèle de naturalisation du social – dont les implications idéologiques sont inquiétantes[10] – une métaphore mécaniciste qui pourrait faire penser à celle des économistes[11]. Mais nous ne voyons pas poindre dans *Le Roman expérimental* de métaphore résolutive, encore moins l'idée d'une composition naturelle des intérêts. Lorsqu'il commente la comparaison balzacienne entre espèces sociales et espèces animales, Zola regrette que l'évolutionnisme de Geoffroy Saint-Hilaire, louable intertexte scientifique, soit altéré par les complications qu'y apporte l'Avant-Propos à *La Comédie humaine*[12]. Mais un texte comme *Le Roman expérimental* nous

---

7   *Ibid.*, p. 70.
8   Émile Zola, *Le Roman expérimental*, éd. Michel Butor, in *Œuvres complètes*, éd. Henri Mitterand, vol. 10, Paris, Claude Tchou / Cercle du livre précieux, 1968, p. 1150.
9   Émile Zola, *Le Roman expérimental*, éd. François-Marie Mourad, *op. cit.*, p. 68.
10 Voir Pierre Glaudes, « Le naturel et le social dans *La Fortune des Rougon* », dans *Relire La Fortune des Rougon*, Paris, Classiques Garnier, 2015, p. 219-256. Pierre Glaudes reconstitue notamment dans cet article la trajectoire intellectuelle et idéologique des scientifiques qui ont inspiré le jeune Zola en 1868-1869.
11 Sur l'idée du moraliste réformateur qui modifie les milieux, François-Marie Mourad écrit : « Cette idée d'intervention souveraine sur fond de connaissance exhaustive renvoie à la théorie positiviste du déterminisme *clos*, issu de la mécanique newtonienne et laplacienne. » Émile Zola, *Le Roman expérimental*, *op. cit.*, p. 70.
12 Commentant dans *Les Romanciers naturalistes* l'Avant-Propos de la *Comédie humaine* et la triple exception humaine à la loi animale (les femmes, la passion, les choses), Zola constate : « voilà la netteté du plan scientifique par terre. » Émile Zola, « Balzac », *Les romanciers naturalistes*, *op. cit.*, p. 65.

semble lui-même faire peu de place au modèle évolutionniste, tel n'est pas son propos.

Certes, les passions de l'homme constituent le sujet, comme chez les moralistes classiques : il s'agit de montrer « comment il pense, comment il aime, comment il va de la raison à la folie[13] » ; il s'agit de « montrer par l'expérience de quelle façon se comporte une passion dans un milieu social[14] ». Mais en 1880, Zola affirme surtout l'« obscurité » de l'homme et du social. Il proclame : « notre grande étude est là dans le travail réciproque de la société sur l'individu et de l'individu sur la société[15] », mais il répète qu'il « n'enten[d] pas formuler des lois » (prétérition ?) et il reconnaît que « dans les corps vivants, les phénomènes sont d'une complexité énorme » (grandeur du roman appelé à prolonger la physiologie)[16]. Le travail romanesque doit dire cette complexité et aider à en percevoir le mécanisme, dans l'espoir d'informer les réformateurs sociaux. Cette illisibilité même justifie l'expérience réitérée, l'écriture de romans expérimentaux. Mais penser les passions et l'effet des êtres les uns sur les autres suppose de se donner une anthropologie.

LE PERSONNAGE EXCEPTIONNEL STENDHALIEN

Le premier problème qui semble s'être posé au jeune romancier, une douzaine d'années avant *Le Roman expérimental*, lors de l'invention des *Rougon-Macquart*, est celui de la singularité des êtres et de l'atomicité du corps social, en ce qu'elles engagent la conception du personnage romanesque autant que la possibilité de penser le progrès. Se déterminer par rapport à Stendhal semble avoir été aussi important à cette époque qu'ajuster sa relation à Balzac. En 1868-1869, le problème que pose en effet à Zola le personnage stendhalien est celui de son exceptionnalité. Sur ce point, Zola a hésité et évolué. Il a lu, peu après leur parution en 1866, les *Essais de critique et d'histoire* dans lesquels Taine salue en

---
13 Émile Zola, *Le Roman expérimental*, *op. cit.*, p. 62.
14 *Ibid.*, p. 66.
15 *Ibid.*, p. 62.
16 *Ibid.*, p. 60-61.

Stendhal « un esprit supérieur[17] ». Mais lorsqu'il réfléchit en 1868-1869 à la conception de la future série des *Rougon-Macquart*, il est lui-même pénétré du conseil de Taine de « faire général », ce qui confronte sa future anthropologie romanesque à deux postulations contradictoires.

Pour le jeune Zola, « il y a deux genres de personnages, Emma et Germinie, la créature vraie observée par Flaubert, et la créature grandie créée par les de Goncourt[18] ». Dans le cas de Flaubert, « l'analyse est faite à froid, le type se généralise ». Dans le cas des Goncourt, « il semble que les auteurs aient torturé la vérité, le type devient exceptionnel ». Or cette tendance à l'exception est reconnue sienne par le jeune romancier (« Ma Thérèse et ma Madeleine sont exceptionnelles. ») ; et elle le place a priori dans le sillage de Stendhal : « Il semble qu'en sortant du général, l'œuvre devient* supérieure (Fa Julien Sorel) ; il y a création d'homme effort d'artiste ; l'œuvre gagne en intérêt humain ce qu'elle perd en réalité courante[19] ». Zola est donc pris entre l'éloge tainien de Flaubert, lequel fait général (Taine pouvant reconnaître en Flaubert « l'homme de sa théorie des milieux »), et l'admiration de Taine pour Stendhal, à laquelle Zola cherche des raisons : « il a dit de Stendhal qu'il était 'un homme supérieur' et Stendhal a pourtant créé des êtres exceptionnels, résumant une époque ou un pays, si l'on veut, mais à coup sûr hors de la foule ». Ce paragraphe des « Notes générales sur la nature de l'œuvre » s'arrête là : le jeune auteur ne tranche pas. Il a cette formule de conciliation : « Il faudrait donc faire exceptionnel comme Stendhal, éviter les trop grandes monstruosités, mais prendre des cas particulier* de cerveau et de chair. »

Existerait-il un rapport entre cette « exception » artiste, comprise par opposition à la vérité du « général », et l'exception telle que la conçoit le jeune Zola lorsqu'il lit le *Traité de l'hérédité naturelle* de Prosper Lucas ? En fait, ces deux réflexions sont orthogonales. Par opposition à Balzac et pour exaucer le scientisme tainien, Zola se donne un système unitaire qui ne consiste pas à « peindre la société contemporaine », mais « une seule

---

17   Zola le rappelle au début de son chapitre sur Stendhal dans *Les romanciers naturalistes*. Émile Zola, « Stendhal », *Les romanciers naturalistes, op. cit.*, p. 71.
18   Émile Zola, « Notes générales sur la nature de l'œuvre » (Ms 10345, f° 11), *La fabrique des Rougon-Macquart*, éd. des dossiers préparatoires par Colette Becker avec la collaboration de Véronique Lavielle, vol. I, Paris, Honoré Champion, 2003, p. 38.
19   *Ibid.* (f° 12). La photographie des feuillets et la transcription diplomatique des notes préparatoires de Zola permet de voir que le *Fa* de Fabrice est biffé. C'est Zola qui souligne.

famille, en montrant le jeu de la race modifiée par les milieux[20] ». Or ce modèle héréditaire lui laisse la latitude de l'invention par le recours éventuel à la notion d'innéité : « J'accepte même l'exception », disent alors ses notes[21]. Il semble évident que l'exception à l'hérédité d'Adélaïde Fouque et au « mécanisme intérieur » de la famille (par exemple le personnage de Pascal) n'est pas de même nature que l'exception représentée par Julien Sorel : il peut tout à fait y avoir singularité, grossissement voire monstruosité dans un cadre déterministe, comme le prouvent les exemples de Serge Mouret ou de Jacques Lantier. Ainsi, la flexion innéité/hérédité (qui relève de l'intertexte scientifique) permet d'incorporer la flexion exceptionnel/général (qui relève de la recherche esthétique) : Zola rattrape l'exception par l'hérédité ; son système lui permet de naturaliser la singularité ; comme s'il s'agissait de remettre du sang et de la « chair » dans le « cerveau » de Julien Sorel.

Dans sa maturité, Zola déplacera sa lecture de Stendhal sur ce terrain de la chair : lorsqu'il livre au *Messager de l'Europe* en mai 1880 l'étude sur Stendhal qui figurera dans *Les Romanciers naturalistes*, il force sa lecture dualiste de l'auteur des romans *Le Rouge et le noir* et *La Chartreuse de Parme*. Il reconnaît bien en lui un disciple de Condillac, mais plutôt que de tenter une manœuvre d'appropriation qui consisterait à tirer tout le parti naturaliste possible du sensualisme de Stendhal, il préfère abandonner la psychologie stendhalienne à ceux qui commencent en 1880 à s'en réclamer, pour creuser un autre argumentaire : « S'il est un de nos maîtres, s'il est à la tête de l'évolution naturaliste, ce n'est pas parce qu'il a été uniquement un psychologue, c'est parce que le psychologue en lui a eu assez de puissance pour arriver à la réalité, par-dessus ses théories, et sans le secours de la physiologie ni de nos sciences naturelles[22] ». Il faut guetter dans l'article de Zola les quelques lignes qui peuvent être versées au crédit de Stendhal et échappent par miracle à la cascade des réserves formulées par l'auteur du *Roman expérimental*. La vérité de Stendhal se loge dans quelques scènes – la première nuit de Julien et Mme de Rênal, sa première nuit avec Mathilde – qui anéantissent les « dissertations sur l'amour » et les « poncifs de roman[23] » : d'une part,

---

20 Émile Zola, « Différences entre Balzac et moi » (MS 10345, f° 15), *ibid.*, p. 42.
21 *Ibid.*
22 Émile Zola, « Stendhal », dans *Les romanciers naturalistes, op. cit.*, p. 77.
23 *Ibid.*

vérité de l'amour « avec ses mensonges et ses générosités, ses misères et ses délices[24] » ; d'autre part, vérité de l'amour dans « sa faute à la fois sotte et cruelle[25] ». C'est par ce « coup de génie de la logique[26] », qui mène au vrai, que Stendhal serait admissible parmi les romanciers naturalistes.

L'argumentaire se développe sur une ligne de crête malaisée. Zola consacre en Stendhal « un logicien qui part de la logique et qui arrive souvent à la vérité, en passant par-dessus l'observation[27] ». Mais il rabat cette virtuosité logicienne sur le romanesque et sur l'exception, laquelle ne semble plus désirable chez le Zola de 1880 : « où nous entrons en plein dans le romanesque ou plutôt dans l'exceptionnel, c'est lorsque Stendhal nous explique avec amour et sans arrêt les mouvements d'horloge qui font agir les personnages[28] ». Il existe une contradiction dans la critique zolienne de l'anthropologie stendhalienne, laquelle apparaît dénigrée au regard de celle de Balzac. D'un côté, c'est par le démontage rigoureux de la psychologie et des « calculs si froidement naïfs[29] » de Julien que Stendhal touche à la vérité. De l'autre, ces calculs touchent à l'invraisemblance, Julien confine à d'Artagnan, l'exception au romanesque, enfin et surtout, Stendhal n'écrit pas comme il analyse : « dès qu'il passe à la composition, dès qu'il doit écrire, toute cette admirable logique s'en va[30] ». Sans voir que cette dissolution du calcul, dans les analepses et les contre-champs caractérisant justement les passages qu'il aime, pourrait être le gage d'un réalisme psychologique, Zola préfère remarquer qu'il n'y a « plus de méthode, plus de système, plus d'ordre d'aucune sorte[31] » dans les chapitres de Stendhal. La lecture de Zola est encore dichotomique, lorsqu'il réduit Julien à « une âme isolée, fonctionnant toute seule dans le vide[32] » et qu'il dit étrangement du style de Stendhal : « c'est en un mot une forme qui n'est pas pour moi la forme de ses idées[33] ».

---

24   *Ibid.*, p. 81.
25   *Ibid.*, p. 76.
26   *Ibid.*, p. 81.
27   *Ibid.*, p. 73.
28   *Ibid.*, p. 84.
29   *Ibid.*, p. 79.
30   *Ibid.*, p. 92.
31   *Ibid.*
32   *Ibid.*, p. 75.
33   *Ibid.*, p. 93.

Cette critique dessine en creux les qualités propres qu'entend se donner Zola. La différence entre la réflexion zolienne sur Balzac et la critique zolienne de Stendhal est que la première lui permet, dès 1868-1869, de se penser par « différences » et que la seconde lui permet, à l'époque plus tardive et plus assurée de ses manifestes, de souligner rétrospectivement sa propre identité. Elle éclaire en effet son art de composer, ainsi que le monisme de son anthropologie romanesque. « Je ne comprends pas le haut et le bas, chez l'homme », écrit Zola dans son article de 1880 (ce sera son antienne anti-psychologue jusqu'à *La Bête humaine*, en passant par sa réplique à la lecture de *Germinal* par Jules Lemaitre) : « On me dit que l'âme est en haut et que le corps est en bas. Pourquoi ça ? Je ne puis m'imaginer l'âme sans le corps, et je les mets ensemble[34]. » C'est l'écueil du roman stendhalien, du moins lorsqu'on le considère en oubliant son fondement sensualiste : Zola estime qu'on n'y a pas de corps. Il remarque d'ailleurs que les milieux n'y agissent guère. De même que Julien Sorel est moins vivant que le baron Hulot, on ne sent pas les effluves vespéraux de Vergy agir sur Mme de Rênal comme le Paradou sur Albine... C'est donc l'éloge paradoxal de 1880 qui montre comment a été tranchée l'hésitation de 1868-1869 entre la généralité balzacienne (ou aussi bien flaubertienne) et l'exceptionnalité stendhalienne (ou goncourtienne). L'exception stendhalienne, parce qu'elle est tenue pour toute intellectuelle, s'avère inintéressante. Seule l'exception généalogique est digne d'étude. Et c'est peut-être parce que l'exception stendhalienne est refusée que l'anthropologie romanesque de Zola permet ce qu'autorisait difficilement l'anthropologie de Stendhal : interroger la résultante des forces sociales.

LES « APPÉTITS » ET LA « POUSSÉE »

On sait comment s'élabore l'anthropologie romanesque zolienne à la fin des années 1860 et en quoi elle engage à la fois une conception de l'individu et, à travers l'Histoire, une conception du social, selon l'articulation entre les perspectives physiologique et historique qu'opérera

---
34 *Ibid.*, p. 75.

la préface de *La Fortune des Rougon* du 1ᵉʳ juillet 1871[35]. La lecture de la *Physiologie des passions* de Letourneau enseigne que « le libre-arbitre n'existe pas[36] ». À ce déterminisme ponctuel ou discret, la lecture du traité de l'hérédité de Prosper Lucas ajoute un déterminisme structurel. Quant à l'Histoire, elle impose au romancier de montrer comment les Rougon et les Macquart, partis du peuple, « montent à toutes les situations, par cette impulsion essentiellement moderne que reçoivent les basses classes en marche à travers le corps social[37] ». Tout va de pair : la physiologie abolit la liberté, et la famille se confond avec la société. Nelly Wolf a montré en quoi le roman naturaliste, s'il est tenu par ses détracteurs pour l'infâme roman de la démocratie, n'en introduit pas moins une crise du roman qui figure aussi une crise de la démocratie. En effet, amoindrir la liberté par la physiologie et penser la société au moyen de la famille, c'est nier violemment les théories du contrat[38]. Or lorsqu'on se donne une anthropologie romanesque où l'homme et la société sont mus par « impulsion », on pose inévitablement la question de la régulation du corps social.

Il y a donc d'emblée articulation de la construction individuelle et pensée du social. Balzac pouvait penser l'individu à partir du social, comme l'atteste sa théorie des « types » (le jeune Zola reprend ce mot et ne sait guère qu'en faire, puisqu'il parle d'un type « exceptionnel » à propos des Goncourt ou de Stendhal[39]). Zola, bien qu'un bon quart des volumes des *Rougon-Macquart* semble sortir du seul prologue de *La Fille aux yeux d'or* et bien qu'il soit communément tenu pour un romancier de la foule, pense plutôt, comme Stendhal, le social à partir de l'individu[40]. Il serait abrupt de dire que *Les Rougon-Macquart* ont leur origine dans la même réduction de l'humain, dans le même mécanicisme naturaliste, que la vie intellectuelle de Stendhal. Pourtant il n'y a pas beaucoup de différence, au début du

---

35 Voir Pierre Glaudes, « Le naturel et le social dans *La Fortune des Rougon* », art cité.
36 Émile Zola, « *Physiologie des passions* (résumé) » (Ms 10345, f° 32), *La fabrique des* Rougon-Macquart, vol. I, *op. cit.*, p. 60.
37 Émile Zola, préface de *La Fortune des Rougon* (1ᵉʳ juillet 1871), dans *Les Rougon-Macquart*, t. I, éd. Henri Mitterand, Paris, Gallimard, « Bibliothèque de la Pléiade », 1960, p. 3-4.
38 Nelly Wolf, *Le roman de la démocratie*, Saint-Denis, Presses Universitaires de Vincennes, « Culture et société », 2003, notamment p. 100-101.
39 À propos du « type » chez Zola, voir Chantal Pierre, « Zola et le contrôle de l'individu », *Les Cahiers naturalistes*, n° 86, 2012, p. 27-40.
40 Nous le sentons bien dans ce propos de Claude Bernard reproduit dans *Le Roman expérimental* : « Dans la pratique de la vie, les hommes ne font que faire des expériences les uns sur les autres. » (Émile Zola, *Le Roman expérimental*, p. 54). Cela nous semble introduire l'analyse zolienne des interactions et des mimétismes.

moins, entre le radicalisme utilitariste du jeune Beyle et le physiologisme ou le déterminisme héréditaire du jeune Zola : c'est la même ambition de penser l'homme, dans sa singularité même, à partir d'un principe unique et calculable, et cette pensée engage une interrogation sur les interactions humaines. Simplement, Zola a besoin de ce réductionnisme pour entrer dans le roman, tandis que Stendhal l'abolit dans et par le roman.

Au début des « Notes sur la marche générale de l'œuvre », Zola écrit que « la caractéristique du mouvement moderne est la bousculade de toutes les ambitions ». Il écrit quatre feuillets plus loin que « l'Empire a déchaîné les appétits et les ambitions[41] ». Il parlera dans la préface de *La Fortune des Rougon* de « débordement des appétits ». Il y a trace, dans ce petit arbitrage lexical entre l'« ambition » (encore balzacienne, encore stendhalienne, héritière des libidos déséquilibrantes de l'âge classique) et l'« appétit » (qui devient le terme englobant), de la réduction physiologique qu'opère le début de la série. Bien sûr, le mot « intérêts » apparaîtra aussi dans le roman inaugural, notamment dans le deuxième chapitre qui montre comment Pierre s'estime spolié par les bâtards Antoine et Ursule[42]. Mais la métaphore de la prédation et de la manducation, l'inflation des frais de bouche du salon jaune de Pierre et Félicité, le motif hugolien final du festin des conjurés ou la métaphore de la curée qui domine les trois premiers volumes de la série, sont suffisamment clairs : tout peut se dire par l'appétit. À suivre la construction du troisième paragraphe de la préface de *La Fortune des Rougon*, nous voyons bien que le « débordement des appétits » paraphrase aussi bien « les sentiments, les désirs, les passions » des membres de la famille, que le mouvement de la société postrévolutionnaire. Chez Balzac, les passions et les intérêts se fouettent les uns les autres. Chez Stendhal, ils fusionnent dans un principe d'utilité aporétique. Chez Zola, autre négateur de « l'intérêt calme », ils régressent en « appétits » et nous ramènent à Hobbes et au problème cauchemardesque du gouvernement des individus, dans une société en forme de famille qui s'entre-dévore : « Malheureuse ! je n'ai fait que des loups… toute une famille, toute une portée de loups… », hurle Dide, « ils ont volé, ils ont tué. Et ils vivent comme des messieurs. Maudits ! maudits ! maudits[43] ! »

---

41 Émile Zola, « Notes générales sur la marche de l'œuvre » (Ms 10345, f° 2 et f° 6), *La fabrique des* Rougon-Macquart, vol. I, *op. cit.*, p. 28 et 32.
42 Émile Zola, *La Fortune des Rougon*, dans *Les Rougon-Macquart*, t. I, *op. cit.*, p. 48.
43 *Ibid.*, chap. VII, p. 301.

LA « POUSSÉE » A-T-ELLE UNE DIRECTION ?

C'est ici que la question de l'argent rejoint celle de la régression sociale. Dans ses « Notes générales sur la marche de l'œuvre », le jeune Zola écrit qu'il y a eu sous l'Empire « soif de jouir, et de jouir par la pensée surmenée, et par le corps surmené ». Ce qui signifie « pour le corps, poussée du commerce, folie de l'agio et de la spéculation[44] » (et pour « l'esprit », éréthisme et folie aussi). Non seulement Zola se donne une anthropologie romanesque où l'homme n'est qu'appétits, mais il envisage a priori le champ économique comme le terrain privilégié d'expression de ces appétits : Saccard est déjà bien présent en filigrane de ces notes préparatoires. Dès lors, à la perspective de Nelly Wolf concernant la critique romanesque des théories du contrat s'adjoint pour nous la perspective de Pierre Rosanvallon sur le détrônement de ces dernières par les théories du marché : si le roman zolien entend dire la « bousculade » / le « déchaînement » / le « débordement » des appétits dans la société postrévolutionnaire, pouvons-nous dire que le déploiement de ce que Zola appelle des « vices » (dans l'acception de Taine[45]) engendre un bien collectif ? Y aurait-il du Mandeville chez Zola ? Son roman propose-t-il une pensée du marché ? Félicité, cette « cigale », et le noir Saccard, cette fourmi, sont-ils les abeilles d'une fable romanesque libérale ?

Cette question centrale du libéralisme, le jeune Zola se l'est posée d'emblée, à sa façon. Elle a dès l'origine influé sur sa posture d'auteur et autorisé la stature de son narrateur. « Quand je tiendrai tous les fils, quand j'aurai entre les mains tout un groupe social », écrit dans la préface de *La Fortune des Rougon* ce romancier généticien et marionnettiste, « je le créerai agissant dans la complexité de ses efforts, j'analyserai à la fois la somme de volonté de chacun de ses membres et la poussée générale de l'ensemble ». Le roman zolien doit être roman de la « poussée ». Zola se prescrit cette puissance dans ses « Notes générales sur la nature de l'œuvre » (qui pour cette raison auraient dû échanger leur titre avec les

---

44 Émile Zola, « Notes générales sur la marche de l'œuvre » (Ms 10345, f° 6), *La fabrique des Rougon-Macquart*, vol. I, *op. cit.*, p. 32.
45 Nous renvoyons de nouveau à la préface de *La Fortune des Rougon*.

« Notes générales sur la marche de l'œuvre »[46]. Le chapitre, le roman, la série, tout doit être « poussée ». Mais où va cette « poussée » des « volontés » plurielles mises en scène par l'auteur ? Quelle est la résultante des appétits prêtés aux créatures ? Le feuillet le moins net de ces manuscrits originels de 1868-1869 est le deuxième (numérotation de l'auteur) des « Notes générales sur la marche de l'œuvre ». Ce ne sont que quelques lignes, et pourtant elles trahissent, au seuil de l'écriture des *Rougon-Macquart*, un doute fondamental :

> Il est faut absolument remarquer ceci : je ne nie
> pas la grandeur de l'effort de l'élan moderne,
> \plus ou moins
> je ne nie pas que nous puissions aller \à
> justice
> la liberté, à la vérité. Je pourrai même laisser
> entendre que je crois à ces mots, liberté,
> justice   Seulement ma croyance est
> vérité, bien que ma croyance soit que les
> hommes seront toujours des hommes, des
> animaux bons ou mauvais selon les circonstances. [47]

Que de biffures ! – pour accoucher d'un mouvement concessif qui ne fonctionne pas : on peut bien reconnaître un « élan » historique et lui opposer les imperfections humaines ou la stochastique des « circonstances », mais il paraît plus difficile d'esquisser l'idée d'un progrès et d'énoncer simultanément l'idée d'une permanence fatale des imperfections ou celle du règne de la contingence. Finalement, la biffure de la phrase qui seule esquissait un credo (tout en le confinant à l'implicite), ne laisse debout que les phrases les plus conformes au neutralisme naturaliste dont parle Philippe Hamon : le jugement par défaut ou la réduction animale. Mais Zola demeure irrésolu, et la suite de ces notes y revient. « Si mes personnages n'arrivent pas au bien, c'est que nous débutons dans la perfectibilité », écrit-il en soulignant le mot de Condorcet et en résumant tout son pessimisme dans cette espèce de double inchoatif. « Nous débutons » : qui au juste ? les hommes de

---

46 Émile Zola, « Notes générales sur la nature de l'œuvre » (Ms 10345, f° 11), *La fabrique des* Rougon-Macquart, vol. I, *op. cit.*, p. 38.
47 Émile Zola, « Notes générales sur la marche de l'œuvre » (Ms 10345, f° 3), *ibid.*, p. 30. Observer sur les photographies du manuscrit que ces biffures et corrections de Zola sont assez isolées dans l'ensemble de ces notes programmatiques de 1868-1869.

l'âge post-révolutionnaire ? de la nouvelle République ? d'une plus vague modernité ? Un feuillet plus loin, Zola reprend la question de « l'élan vers la liberté et la justice », peut-être gêné par la prégnance du modèle du « détraquement » sur sa vision du monde et son programme romanesque. Mais « l'élan », ce n'est pas tout à fait le progrès. Et même l'élan paraît douteux : « Je crois que cet élan sera long à aboutir, tout en admettant qu'il puisse conduire au mieux ». Que d'atermoiements ! Auguste Dezalay a fait remarquer combien est frappant le contraste entre le progressisme de Michelet dans sa « Préface à l'Histoire de France » et le pessimisme de la préface de *La Fortune des Rougon*[48] qui lui est contemporaine. Dans les notes de 1868-1869, Zola se donne du temps pour trancher : « C'est de la connaissance seule de la vérité que pourra naître un état social meilleur », dit-il pour clore la réflexion[49]. Le problème dépend donc d'une heuristique et non de la « politique » de Balzac. Il est intellectuel, ce qui veut dire qu'il se règlera peut-être sur le terrain de la fiction : nous comprenons que cela *s'établira en écrivant*[50]. Que les vices privés contribuent à l'intérêt romanesque, cela ne fait pas de doute. Que la bousculade des appétits puisse mener à la vérité et à la justice, c'est un problème autrement épineux. Et c'est la fiction qui permettra de le penser, comme Zola l'exprime de manière vibrante en revendiquant en 1880 « l'utilité pratique » du roman expérimental :

> Quand les temps auront marché, quand on possédera les lois, il n'y aura plus qu'à agir sur les individus et sur les milieux, si l'on veut arriver au meilleur état social. C'est ainsi que nous faisons de la sociologie pratique et que notre besogne aide aux sciences politiques et économiques[51].

---

48 Auguste Dezalay, « L'infortune des Rougon ou Le Mal des origines », dans Myriam Watthee-Delmotte et Metka Zupancic (dir. et introd.) et Max Milner (préface), *Le Mal dans l'imaginaire littéraire français (1850-1950)*, Paris, L'Harmattan, 1998, p. 181.
49 Émile Zola, « Notes générales sur la marche de l'œuvre » (Ms 10345, f° 3 à 5), *La fabrique des Rougon-Macquart*, vol. I, *op. cit.*, p. 30-32.
50 « Le caractère complexe d'Étienne s'établira en écrivant », écrit Zola dans le dossier préparatoire de *Germinal*, faute de pouvoir résoudre *ex ante* la double identité d'Étienne, « héros » de la grève et meurtrier par hérédité. Voir Colette Becker, « Du 'meurtrier par hérédité' au héros révolutionnaire. Étienne Lantier dans le dossier de *Germinal* », Cahiers de l'UER Froissart, automne 1980, p. 99-111, reproduit dans *La fabrique des* Rougon-Macquart, vol. VI.1, Paris, Honoré Champion, 2013, p. 9-23.
51 Émile Zola, *Le Roman expérimental*, p. 66.

LA BATAILLE DES INTÉRÊTS

En attendant une meilleure connaissance de l'homme, le théorème de la main invisible semble irrecevable. Cependant, les volumes qui marquent chez Zola l'infléchissement optimiste de la série des *Rougon-Macquart* lui font quelque place. Or il se trouve que ces volumes, témoin *Au Bonheur des dames*, participent d'un grand « poème de l'activité moderne[52] ». Il faudrait d'ailleurs inverser la perspective : c'est lorsque Zola analyse le fonctionnement du grand magasin ou celui de la Bourse, c'est lorsqu'il embrasse la thématique commerciale ou financière, qu'il pousse le plus haut la note optimiste du naturalisme. Ni *La Joie de vivre*, où le règlement de comptes avec le schopenhauerisme demeure ambivalent, ni *Germinal*, où le geste dilatoire des notes de 1868-1869 se trouve d'une certaine manière répété, ne disent avec autant de netteté l'élan, le progrès, l'espoir. Et ne parlons pas des notes sombres que font entendre *La Terre*, *La Bête humaine* (le train fou va à l'« avenir » plus qu'au « progrès ») ou *La Débâcle*, qui contredisent l'idée trop radicale d'un infléchissement optimiste à partir de 1883, malgré le « changement complet de philosophie[53] » annoncé au début de l'Ébauche d'*Au Bonheur des Dames*.

Chez Zola, le progrès ne provient pas du politique, c'est-à-dire qu'il ne provient ni de l'institution démocratique, ni du jeu des partis, ni de l'État tout court. Qu'il n'y ait pas de miracle républicain[54] semble vrai dès *La Fortune des Rougon*, où le narrateur ironise sur le naïf Silvère : « Quand il crut s'apercevoir que tout n'allait pas pour le mieux dans la meilleure des républiques, il éprouva une douleur immense[55]. » Cela est encore vrai vingt ans plus tard dans *L'Argent*, où l'on peut montrer que la Société anonyme montée par Saccard et opportunément baptisée

---
52 Émile Zola, Ébauche d'*Au Bonheur des Dames* (premières lignes, Ms 10277 f° 2), *La fabrique des* Rougon-Macquart, vol. IV, Paris, Honoré Champion, 2009, p. 49.
53 « Donc, changement complet de philosophie : plus de pessimisme d'abord, ne pas conclure à la bêtise et à la mélancolie de la vie, conclure au contraire à son continuel labeur, à la puissance et à la gaieté de son enfantement. » *Ibid.*
54 Ici, *Son Excellence Eugène Rougon*, roman d'un homme et de sa « bande » sous l'Empire, est en quelque sorte hors sujet.
55 Émile Zola, *La Fortune des Rougon*, chap. IV, dans *Les Rougon-Macquart*, t. I, *op. cit.*, p. 140.

Universelle exprime, à travers les biais du suffrage en assemblée générale, toutes les interrogations du « moment 1890 » de la démocratie républicaine exposées par Pierre Rosanvallon[56]. En outre, le milieu de la série est contemporain des articles sarcastiques de Zola sur les « boutiques républicaines ». Enfin, l'achèvement de la série est contemporain du boulangisme et des débats sur le mandat ou la figuration démocratique. Aucune de ces circonstances ne paraît propice à développer dans le roman un optimisme républicain en face de la monstruosité établie de ce « règne mort » qu'est le second Empire, sur laquelle les effets de syllepse de la geste zolienne rabattent parfois la république contemporaine de l'écriture. De surcroît, ce n'est pas non plus du politique que naît le progrès dans Les Quatre Évangiles, mais de héros providentiels, sacrificiels et spécialisés ; ils déterminent une généalogie positive par laquelle la société idéale présente, de nouveau, l'inconvénient de s'identifier à la famille : nous sommes toujours face à une naturalisation problématique du social. Il y a bien une mythologie républicaine zolienne, témoins les pages de La Fortune des Rougon sur Miette porte-drapeau ou sur la fusion du sol national avec l'armée républicaine[57], motif épique et visionnaire qui s'amplifiera dans La Débâcle[58]. Mais il n'y a pas chez Zola de pragmatique républicaine qui soit représentable[59].

C'est peut-être donc de l'économique que viendra le progrès. Non pas du jeu singulier et froid des intérêts, incarné dans le « roman des origines » par Pierre Rougon, qui finissait de dépouiller sa mère, qui spoliait Antoine et Ursule et qui devant les désordres d'Adélaïde ne se montrait « ni triste ni indigné, mais simplement très préoccupé du parti que ses intérêts lui conseillaient de prendre[60] ». Mais du jeu collectif et chaud des intérêts auquel participent Octave Mouret ou Aristide

---

56   Je me permets de renvoyer ici à mon article « L'Argent, roman politique », Les Cahiers naturalistes, n° 78, 2004, p. 63-69. Pour le détail de la démonstration, voir La Bourse dans le roman du second XIXe siècle, Discours romanesque et imaginaire social de la spéculation, Paris, Honoré Champion, coll. « Romantisme et modernités », 2007, p. 409-431.
57   Émile Zola, La Fortune des Rougon, chap. 1er, p. 35 et p. 27.
58   Je me permets de renvoyer ici à « La renaissance de la nation selon La Débâcle, d'Émile Zola », Dix-Neuf, Journal of the Society of Dix-Neuviémistes, n° 6, avril 2006 [https://www.tandfonline.com].
59   Son Excellence Eugène Rougon ayant justement servi à montrer le relativisme du jeu politique, cette cotation idéologique dégagée de toute éthique de conviction, qui est une politisation des intérêts.
60   Émile Zola, La Fortune des Rougon, op. cit., p. 48.

Saccard tout en tenant une position de surplomb. Car c'est là, dans la foule du grand magasin ou la foule de la Bourse, que les intérêts sont en présence et que se joue un équilibre du social. Ce qui nous intéresse, ce sont les mouvements de foule qui recouvrent une circulation de richesses ou correspondent à un parti économique[61], et non les foules du parvis de Notre-Dame, de Sedan ou de Lourdes. Or nous percevons immédiatement que la foule économique zolienne est double ; elle a deux incarnations qu'il y a lieu de ne pas confondre.

Il y a d'abord chez Zola des foules économiques qui illustrent la loi d'imitation théorisée par Gabriel Tarde et qui sont soudées par un intérêt économique unitaire. Nous mettons dans cette catégorie le flot des mineurs de Montsou, dont le déferlement marque la fin de la cinquième partie de *Germinal*. Nous y mettons aussi l'ensemble « de la clientèle entassée, de cette mer de corsages gonflés de vie, battant de désir » qui apparaît dans *Au Bonheur des Dames* depuis le lancement du Paris-Bonheur jusqu'à la grande exposition du blanc, ce « bétail » au-dessus duquel Mouret se tient et dont il tire sa fortune[62]. Là encore, il s'agit d'un déferlement unanime dont la résultante économique, tangible et linéaire, est le sac d'argent déposé le soir dans le bureau du patron. Plutôt que d'en appeler, comme on le fait communément, au Gustave Le Bon de *La Psychologie des foules* (1895) et au Gabriel Tarde de *La Logique sociale* ou des *Lois de l'imitation*, nous préférons nous référer ici au Tarde de *La Psychologie économique* (1902). *Au Bonheur des Dames* serait le pendant romanesque de sa méditation sur le rôle économique du désir comme facteur mimétique, et surtout sur le « bonheur » comme « rotation périodique de désirs enchaînés[63] ». Dans sa critique de l'économie politique du XIXe siècle, à laquelle il reproche généralement son objectivisme, son ignorance des lois de « l'inter-psychologie », son aveuglement sur les déterminations subjectives de la valeur, Tarde reconnaît que les Autrichiens de l'école marginaliste (il cite Menger, Jevons, Schmoller, qu'il connaît partiellement) inaugurent depuis une trentaine d'années une approche similaire à la sienne[64]. Il estime toutefois être allé plus loin

---
61   Voir Olivier Lumbroso, « "Système des masses et grands ensembles" : la poétique des foules dans *Les Rougon-Macquart* », *Les Cahiers naturalistes*, n° 86, 2012, p. 15-16.
62   Émile Zola, *Au Bonheur des Dames*, chap. XIV, *Les Rougon-Macquart*, t. III, *op. cit.*, p. 798.
63   Gabriel Tarde, *La Psychologie économique*, Livre premier, Paris, Alcan, 1902, p. 151 *et sq.* Les expressions citées correspondent au titre de la section II du chap. II.
64   *Ibid.*, partie préliminaire, chap. IV, p. 109.

dans l'analyse du rôle économique de la « croyance[65] ». Or nous savons que c'est finalement dans *L'Argent* qu'apparaît cette foule économique fervente, qui tient tout à la fois de la foule électorale[66], parce qu'elle est composée d'actionnaires de l'Universelle périodiquement réunis en assemblées générales, de la foule désirante, parce que le roman montre la nature mimétique des processus spéculatifs, mais aussi et enfin de la foule croyante, parce que Zola a donné toute l'extension possible au motif de la banque catholique emprunté à l'exemple historique de l'Union générale d'Eugène Bontoux.

Mais ce « bétail », ce « troupeau », cette première foule économique homogène et galvanisée, rencontre chez Zola un deuxième type de collectivité économique. Il s'agit des vendeurs d'*Au Bonheur des Dames*, des agents de change de *L'Argent* ou encore des « cinq à six cents charbonniers » qui dans *Germinal* participent aux « marchandages[67] » : c'est-à-dire de groupes économiques animés d'intérêts à la fois similaires et contraires, plongés dans une interaction concurrentielle ou transactionnelle. Dans *Germinal*, les haveurs se constituent en équipes emmenées par un chef (par exemple Maheu) pour participer à la mise aux enchères, par la compagnie minière de Montsou, de droits d'exploiter en exclusivité un bout de veine : cruelle situation que ces enchères négatives où, comme le dit Étienne, « c'est l'ouvrier qu'on force à manger l'ouvrier », puisqu'il doit casser les coûts d'exploitation pour remporter le marché. En organisant la concurrence interne des équipes, la compagnie fait cyniquement de l'ouvrier un agent de la loi de Ricardo sur les salaires. Ces cinq ou six cents hommes ne sont qu'une partie des ouvriers de Montsou, mais le flot des grévistes apparaîtra comme la réunion d'hommes que les patrons divisaient pour mieux régner. Dans *L'Argent*, il existe aussi une deuxième foule économique, la foule des haussiers actionnaires de l'Universelle. Ce n'est qu'une partie de la foule des spéculateurs : d'abord parce qu'il y a aussi des baissiers, dont on attribue la coordination à Gundermann, ensuite parce qu'il y a d'autres marchés que celui du seul titre de l'Universelle. Malgré leur masse, les actionnaires unanimes de l'Universelle ne sont donc qu'une partie du marché dont

---

65   Tel est le sujet du chap. III du Livre premier.
66   Sur les « foules électorales », voir Gustave Le Bon, *Psychologie des foules* [1895], Paris, PUF, « Quadrige », 2014, partie III.
67   Voir la fin du chap. Ier de la partie III. Émile Zola, *Germinal*, dans *Les Rougon-Macquart*, t. III, *op. cit.*, p. 1258-1259.

la corbeille est le foyer agonistique. Enfin dans *Au Bonheur des Dames*, le groupe des calicots et vendeuses est latéral, car placé dans un rapport de transaction avec le flot unitaire des acheteuses. Mais c'est peut-être à son propos qu'est définie le plus clairement la logique de ce deuxième type de foule économique dans le roman zolien et que s'exprime le plus nettement l'optimisme libéral de Zola.

Le roman du haut commerce expose très vite, dès le début du deuxième chapitre, les ressorts du *management* d'Octave Mouret, à propos de l'invention du carnet à souche et de l'intéressement des employés à la vente : « Il lâchait les passions, mettait les forces en présence, laissait les gros manger les petits, et s'engraissait de cette bataille des intérêts[68] ». Dans *Au Bonheur des Dames*, le drame de la concurrence ne se joue donc pas vraiment entre le grand magasin et le petit commerce des Baudu, Bourras et autres Robineau, quoi qu'en dise l'Ébauche impitoyable du roman[69], car ce récit-là est celui d'une pure et simple dévoration. Il se joue plutôt à l'intérieur du laboratoire vitré qu'est le grand magasin, où Mouret a compris la fertilité du jeu des « intérêts contraires » : « Cette application nouvelle de la lutte pour l'existence l'enchantait, il avait le génie de la mécanique administrative, il rêvait d'organiser la maison de manière à exploiter les appétits des autres, pour le contentement tranquille et complet de ses propres appétits[70] ». La petite foule des vendeurs est l'incarnation la plus parfaite de la foule économique concurrentielle : pendant optimiste de ce que *Germinal* montrera de manière noire en inversant la perspective. Parmi cette armée tenue par la concurrence interne et qui accueille la foule des acheteuses, Denise se retrouve « écrasée entre tant d'intérêts lâchés[71] ». Ajoutons que le groupe de ces vendeurs connaît la même réduction pointilliste, atomiste, déshumanisante, que les autres foules zoliennes : « dans leur fatigue commune, toujours sur pied, la chair morte, les sexes disparaissaient, il ne restait plus face à face que des intérêts contraires, irrités par la fièvre du négoce[72] ». Le même type de réduction se fait jour dans *L'Argent* avec la description finale des agents de change s'opposant à la corbeille : « Leurs mains étreignaient le velours de la rampe, leurs voix continuaient à glapir,

---

68   Émile Zola, *Au Bonheur des Dames*, op. cit., chap. II, p. 421.
69   Voir les termes de cette Ébauche cités dans la notice d'Henri Mitterand, *ibid.*, p. 1681.
70   Émile Zola, *Au Bonheur des Dames*, op. cit., chap. II, p. 422.
71   *Ibid.*, chap. IV, p. 476.
72   *Ibid.*, p. 495.

comme mécaniquement, par habitude de métier, pendant que, dans leurs regards fixes, s'échangeait toute l'affreuse angoisse du drame de l'argent[73] ». Ce sont déjà des épiphanies phénoménologiques à la façon de Duhamel ou de Sartre, que mettent en scène ces descriptions de corps réifiés, seulement innervés et vertébrés par les intérêts.

Il est peut-être abusif de rapprocher la gestion darwiniste de la firme (*Au Bonheur des Dames*, *Germinal*) de la transaction qui se joue à la corbeille (*L'Argent*). Car si les deux premiers romans expriment parfaitement ce que sont les « intérêts contraires », le troisième montre par définition des accords sur des cours, puisqu'il y a transaction entre les agents de change. Il faudrait donc envisager d'un côté la loi de la concurrence, de l'autre la loi de l'offre et de la demande. Cependant, *L'Argent* doit bel et bien être perçu en termes dynamiques et lu conformément à la métaphore prégnante de la bataille (napoléonienne) : certes la corbeille est par définition lieu de transaction, mais le cours de l'action est enjeu de bataille et ce sont ses fluctuations qui expriment le caractère contradictoire des intérêts. Des caricatures de Daumier jusqu'à *L'Éclipse* d'Antonioni en passant par le roman de Zola, la Bourse, censée représenter la quintessence du marché, apparaît plutôt comme un pugilat que comme le foyer d'une rencontre transparente, informée, fluide, des intérêts pluriels.

Concurrence pour grossir sa commission sur les ventes, concurrence pour gagner des *différences* : il s'agit en somme dans *Au Bonheur des Dames* et *L'Argent* de la même course à l'échalote, à ceci près que dans *L'Argent*, les « intérêts contraires » sont subsumés dans l'antagonisme global entre Saccard et Gundermann. La question est de savoir si la résultante de ces « intérêts contraires » ou antagoniques est positive. Or elle l'est assez évidemment, et cela fonde le discours de ces romans. Dans *Au Bonheur des Dames*, le gain n'est d'ailleurs pas seulement le chiffre d'affaires du magasin, matérialisé par le sac d'argent exhibé et déposé en fin de chapitre dans le bureau d'Octave Mouret, mais c'est aussi le progrès moral des employés, du moins dans l'idée d'Octave : les calicots voleront d'autant moins qu'ils seront intéressés au débit avéré de leurs marchandises ; les employés du bureau seront d'autant plus consciencieux qu'ils auront une prime à la découverte d'erreurs

---

73 Émile Zola, *L'Argent*, dans *Les Rougon-Macquart*, t. V, *op. cit.*, p. 329.

dans les notes de débit. La jungle des « intérêts contraires » devient un cercle vertueux, ce qui explique le propos attribué à Mouret dans ce passage :

> Quand on voulait faire rendre aux gens tout leur effort, disait-il souvent, et même tirer d'eux un peu d'honnêteté, il fallait d'abord les mettre aux prises avec leurs besoins[74].

Dans *L'Argent*, Saccard a un raisonnement comparable lorsqu'il vante les sociétés anonymes et l'effet de levier de la spéculation, puisqu'il part des appétits (en reprenant le terme de « bousculade ») pour affirmer la multiplication des énergies et la confiance en l'avenir : « tout en suant uniquement pour leur plaisir, les gens arrivent parfois à faire des enfants, des choses vivantes, grandes et belles[75]... ». Zola détourne ici consciemment la métaphore de la luxure communément employée dans les pamphlets contre la Bourse[76]. Deux chapitres auparavant, lorsque Saccard abandonne la gestion des activités charitables de la princesse d'Orviedo pour embrasser la spéculation à la Bourse, il se réjouit de « se retrouver sur son chantier, en plein dans la bataille des intérêts, dans cette course au bonheur qui a été la marche même de l'humanité, de siècle en siècle, vers plus de joie et plus de lumière[77] ». Peu importent donc les protestations de neutralité formulées dans l'Ébauche de ce roman boursier, peu importe le concert bien orchestré de « bénédictions » et d'« exécrations » qui termine le roman, peu importe même le tableau des désastres qui motive les deux derniers chapitres : le lien est fait entre « bataille des intérêts » et progrès. Nous comprenons que la geste de Saccard n'a pas été vaine, puisque l'antépénultième paragraphe du roman nous montre en Orient « le réveil d'un monde, l'humanité élargie et plus heureuse[78] ». Nous comprenons surtout que Madame Caroline, avec les crises d'espoir qui la reprennent périodiquement (« le flot de la joie montait, comme d'une source bouillonnante, qu'elle aurait tenté vainement d'arrêter[79] »), permet à Zola de résoudre, sur le mode de la nécessité et par le langage de la physiologie, l'antithèse factice énoncée

---

74 Émile Zola, *Au Bonheur des Dames, op. cit.*, chap. II, p. 422.
75 Émile Zola, *L'Argent, op. cit.*, chap. IV, p. 136.
76 Voir *La Bourse dans le roman du second XIXe siècle, op. cit.*, p. 394-399.
77 Émile Zola, *L'Argent, op. cit.*, chap. II, p. 81.
78 *Ibid.*, chap. XII, p. 398.
79 *Ibid.*, p. 396.

dans l'Ébauche (« Sur l'argent, sans l'attaquer, sans le défendre[80]... ») : il y a bel et bien apologie de l'argent et de la lutte économique. « Il faut s'y résigner, puisque cela est dans le plan de la nature[81]... », admet Madame Caroline. Le naturalisme zolien peut être pleinement libéral, parce qu'il est naturalisme.

Notons que ce libéralisme, ramené au pur et simple darwinisme social, est encore plus apparent, hors de la fiction, lorsque Zola débat de l'économie du champ littéraire, comme dans l'article « L'Argent dans la littérature[82] ». La réplique à Sainte-Beuve glisse en effet du débat sur la littérature industrielle à une défense de l'argent dans les Lettres qui inclut le refus des subventions. « L'État ne doit rien aux jeunes écrivains », écrit Zola. « Les faibles, en littérature, ne méritent aucun intérêt », déclare-t-il « avec netteté ». « Les faibles succombent, malgré les protections ; les forts arrivent au milieu des obstacles ; et toute la morale de l'aventure est là ». On guette la formule libérale et elle apparaît en effet : « Il n'y a plus qu'à *laisser aller* les choses, car on ne donne de talent à personne[83] ». Bien loin de se limiter à une réfutation de l'article de Sainte-Beuve de 1839, ces pages de Zola tournent à la pure et simple célébration de l'argent, consécration de la force, déclaration de libéralisation des arts (on croirait Bastiat). Cela annonce le ton de l'Ébauche d'*Au Bonheur des Dames* à propos des petits commerçants : « je ne pleurerai pas sur eux, au contraire (...) ils ne sont plus de leur temps, tant pis[84] ! ».

Certes le discours romanesque, dans *Au Bonheur des Dames* ou dans *L'Argent*, paraît plus complexe. Le sort des calicots n'est pas enviable. La description des jalousies des vendeuses des nouveautés est dysphorique. Saccard a des aspects ignobles. La ruine des petits actionnaires de l'Universelle est un désastre. Et nous disions que les petites foules économiques des vendeurs ou des agents de change connaissent une inquiétante déshumanisation. Mais poursuivre la liste de ces concessions n'amènerait qu'à constater combien cette noirceur influe peu sur l'axiologie de ces romans. Elle est une donnée. Elle est même gage de vérité, dans

---

80   Ébauche de *L'Argent*, citée dans la notice d'Henri Mitterand, *ibid.*, p. 1244.
81   Émile Zola, *L'Argent*, *op. cit.*, chap. IV, p. 136.
82   Émile Zola, *Le Roman expérimental*, *op. cit.*, p. 199-200.
83   C'est nous qui soulignons.
84   Ébauche d'*Au Bonheur des Dames*, citée dans la notice d'Henri Mitterand, dans *Les Rougon-Macquart*, t. III, *op. cit.*, p. 1681.

le discours de Zola sur la moralité dans la littérature[85]. À l'inverse, il semble exister une vraie complaisance dans la manière dont les deux romans considérés montrent l'émiettement des petits commerçants, l'étiolement des Baudu, la rage de Bourras, la capitulation de Robineau, puis la ruine des Beauvilliers, des Dejoie ou des Sédille. Faut-il parler de sadisme ou de *Schadenfreude* chez Zola ? Il y a plutôt un *effroyable besoin de la main qui se contente* (pour reprendre une expression frappante de *La Bête humaine*[86]) : écrire la boue, la sueur, le sang et l'écrasement des faibles est gage de vérité en même temps que de romanesque. Oui, Mouret « s'engraiss[e] » de la bataille des salariés et y satisfait son « appétit », et le roman n'hésite pas à le dire. De son côté, Saccard est au plus près du manifeste esthétique zolien dès lors qu'il tient non plus un glacial discours de l'intérêt personnel comme dans *La Fortune des Rougon*, non plus un discours démiurgique comme dans *La Curée*, mais dans le roman de la Bourse un discours antinomique sur l'argent-fumier : « il y a beaucoup de saletés inutiles, mais certainement le monde finirait sans elles[87] ». Ce discours suscite de la « bravoure » chez Madame Caroline, pivot axiologique de l'œuvre, mais cette *bravvura* appartient en propre et globalement au roman zolien lui-même, en particulier à ces contes naturalistes du commerce que sont *Au Bonheur des Dames* ou *L'Argent*. Le roman des appétits peut être un roman optimiste et dire « l'espoir » d'une vie sociale meilleure, justement parce qu'il adhère à une anthropologie anti-idéaliste. Pour que le roman soit pleinement libéral, il faut qu'il exhibe le gâchis, l'injustice, la sauvagerie ou la manipulation avant d'ajouter qu'il y a progrès *quand même* : le roman zolien fonde par là une sorte d'esthétique idéologique de l'hyperbate, il systématise le rajout optimiste, le greffon progressiste. Aussi les clausules de phrases, chutes de chapitres, dénouements d'*Au Bonheur des Dames* ou *L'Argent* sont-ils autant de réponses, ou d'expédients de réponses, aux hésitations du jeune Zola sur son propre progressisme. La poétique progressiste est une poétique du coup de force, du *quand même* immotivé, et le coup de force prend la forme d'une affirmation de nécessités physiques.

---

85 Émile Zola, « De la moralité », dans *Le Roman expérimental, op. cit.*, p. 269.
86 Dans le passage où Jacques Lantier tue Séverine. Émile Zola, *La Bête humaine*, dans *Les Rougon-Macquart*, t. IV, éd. Henri Mitterand, Paris, Gallimard, « Bibliothèque de la Pléiade », 1966, p. 1297.
87 Émile Zola, *L'Argent, op. cit.*, chap. IV, p. 136.

PARENTHÈSE VERNIENNE

Cela confirme l'idée que le thème économique permet de résoudre les interrogations zoliennes de 1868-1869 sur l'idée de progrès – comme si le romancier reproduisait, à l'échelle de son œuvre, une transition historique entre compréhension politique et compréhension économique du monde. Mais cela invite aussi à souligner que ce libéralisme zolien est parfaitement compatible avec une représentation dégradée de l'individu intéressé, comme dans *Le Médecin de campagne*.

Ce qui permet à Zola d'articuler une sorte d'optimisme libéral est l'oscillation du roman entre une perspective individualiste et une perspective holiste, qui pourrait le rapprocher d'un romancier comme Jules Verne, lorsque celui-ci s'intéresse aux foules commerciales. Dans une nouvelle comme « Le Humbug » s'observe par exemple un intéressant contraste entre le vif tableau du port commercial d'Albany et l'inquiétante représentation de l'homme d'affaires. Nous pourrions inventorier tous les passages où le narrateur français forgé par Verne déplore la cupidité des Américains, leur penchant au jeu, au pari, aux enchères, enfin et surtout le *puff* de la merveille fomenté par le personnage d'Hopkins, décalque fictionnel de Barnum. Il n'en restera pas moins que ce récit vernien s'ouvre, tout comme *Vingt mille lieues sous les mers*, sur un panorama en franglais du « grand mouvement commercial » qui se déploie entre New York et Albany, et que ce tableau relève du registre épidictique[88]. Faut-il penser que tout récit de ce genre consiste nécessairement à passer d'une focale holiste optimiste à une focale individuelle pessimiste ? Qu'aucun des commerçants qui apparaissent sur les tableaux de ports de Joseph Vernet ne gagnerait à être connu ? Que le panorama commercial n'est qu'un *topos* de début de roman ? Ce n'est pas si sûr, car les romans du boursier Verne ne cessent de se ressourcer au spectacle de la fourmilière humaine et à la mise en scène humoristique d'emballements polyphoniques de groupes, de clubs, de bourses.

Dans *Les Cinq cents millions de la Bégum* par exemple, le tableau de la Bourse de San Francisco qui lance le chapitre XV apparaît d'autant plus

---

88 Jules Verne, *Le Humbug*, in *Maître Zacharius et autres récits*, éd. Jean-Pierre Picot, Paris, José Corti, « Merveilleux », 2000, p. 151-152.

nettement méliratif que cette place financière a des caractéristiques inverses de celles du personnage de Schultze, le méchant Krupp de ce roman de revanche. Schultze est raciste alors que cette Bourse frappe par son « caractère cosmopolite ». Il veut la guerre alors qu'à la Bourse le Chinois simplement « lutte de finesse avec le Japonais, son ennemi historique[89] ». Schultze tire des coups de canon alors que la « fureur » et le « déchaînement[90] » de la Bourse sont seulement ceux de la cotation. Il rêve d'anéantir ses adversaires grâce à des obus d'acide carbonique liquide qui les gèleraient en même temps qu'ils les asphyxieraient – et il meurt congelé accidentellement par son arme – alors que la Bourse, où l'information et les fonds circulent « avec la rapidité de l'éclair » ou « de la foudre[91] », est le royaume de la *liquidité*. C'est à travers l'annonce, sur cette place boursière, de la suspension de paiement de Stahlstadt, la ville-usine de Schultze, que nous apprenons dans le roman la défaite du méchant : effet de point de vue qui rapproche l'anticipation du lecteur de la spéculation des boursiers, qui associe notre for intérieur à cette liquidité des opinions. Au cœur de la dramaturgie des états physiques de la matière qui se déploie dans les romans de Verne et qui nous semble indissociable de sa pensée de l'argent et du marché[92], la liquidité boursière est revêtue d'un sens éminemment positif. Il n'en reste pas moins que les Américains de la ville de Whaston, dans *La Chasse au météore*, sont d'incorrigibles parieurs ; que les passagers du bateau de New York à Albany dans « Le Humbug » se transforment en un tournemain en écœurants « spéculateurs ». Nous pouvons parfaitement avoir d'un côté un tableau global et mélioratif de la fluidité commerciale, de l'autre une critique individualisée de la cupidité ou de l'intérêt. Mais la Bourse, en tant qu'« expression condensée et en quelque sorte algébrique d'un immense mouvement industriel et commercial », comme l'écrit Verne dans une phrase digne d'un manuel[93], motive des tableaux euphoriques parce qu'elle est justement algèbre et anonymat. Il y a là d'ailleurs une

---

89   Jules Verne, *Les Cinq cents millions de la Bégum* [1879], Paris, Le livre de poche, 2002, chap. XV, p. 194.
90   *Ibid.*, p. 198.
91   *Ibid.*, p. 195 et 199.
92   Je me permets de renvoyer à l'article « L'argent et sa liquidité chez Jules Verne », dans Francesco Spandri (dir.), *La littérature au prisme de l'économie. Argent et roman en France au XIXᵉ siècle*, *op. cit.*, p. 95-116.
93   Jules Verne, *Les Cinq cents millions de la Bégum*, *op. cit.*, p. 194.

formule du dialogue vernien. Dans la scène de Bourse des *Cinq cents millions de la Bégum*, tout comme dans le passage du « Humbug » où les passagers du bateau spéculent sur les projets du tonitruant et mystérieux Hopkins[94], Verne construit de petits dialogues de dix ou vingt répliques anonymes qui suffisent à brosser une « tempête des voix[95] » : « les demandes, les réponses, les altercations se croisaient[96] », dit le narrateur, suggérant par ces saynètes et cette terminologie que la cotation à la criée a pu être un modèle du dialogue vernien. L'homme économique n'est peut-être pas séduisant, mais la foule économique finit par l'être : vices privés, vie de la ruche.

Cette parenthèse vernienne pourrait donc consolider l'idée que la flexion holiste / individualiste de la focale romanesque peut être une assez bonne transposition du raisonnement de Mandeville. Mais l'intérêt de Verne provient aussi de ce qu'il s'engage parfois, comme Zola, dans l'étude du clivage moral que peut présenter l'homme économique. « Était-ce un coquin, était-ce un héros[97] ? », se demande Madame Caroline dans *L'Argent* à propos de Saccard, résumant le balancement formulé dans l'Ébauche de ce roman. De même, dans la nouvelle vernienne « Le Humbug », il se produit un singulier rapprochement entre la figure du spéculateur charlatan Hopkins et celle de la charmante Mrs Melvil, amie américaine du narrateur. Le narrateur rencontre cette femme sur le bateau de New York à Albany, alors qu'il dînait précisément chez elle la veille. Rien de scabreux cependant dans la situation, car Mrs Melvil est à bord pour surveiller les intérêts de son mari empêché. Elle fait ainsi son autoportrait en situation : « aussi ne voyez-vous point ici, Mistress Melvil, qui admire les tableaux de Diaz ou Delacroix, qui joue les études de Chopin, qui jette ses bouquets et ses bravos à la Sontag ; c'est le premier commis d'Henri Melvil, négociant armateur de New York allant surveiller l'emmagasinage d'un chargement à Albany[98]. » Suit une conversation aimable où le narrateur français n'en trahit pas moins le conservatisme phallocrate et le chauvinisme les plus caractérisés. Bientôt, le narrateur doit abandonner la jeune

---

94 Jules Verne, *Le Humbug, op. cit.*, p. 161-162.
95 Jules Verne, *Les Cinq cents millions de la Bégum, op. cit.*, p. 195.
96 Jules Verne, *Le Humbug, op. cit.*, p. 162.
97 Émile Zola, *L'Argent, op. cit.*, chap. XII, p. 384.
98 Jules Verne, *Le Humbug, op. cit.*, p. 154.

femme à ses vérifications de bordereaux, à l'arrière du navire : « Je laissai ma singulière compagne de voyage repasser ses additions avec la rapidité des caissiers de la banque de New York, qui, dit-on, n'ont qu'à jeter un coup d'œil sur une colonne de chiffres pour en connaître immédiatement le total[99] ». Cinq ou six pages plus loin, le narrateur retrouve Mrs Melvil et son « front charmant » : « Vous avez quitté le négociant morose », lui dit-elle, « et vous retrouvez la femme du monde ; vous pouvez donc, sans crainte, lui rapporter vos observations morales et physiques, lui parler d'art et de sentiment, elle vous comprendra[100] ».

Or le trait le plus intéressant de cette séquence est que dans les pages intermédiaires, notre narrateur chauvin, esthète et sceptique, « tout en songeant à cette organisation bizarre, à cette *dualité* de l'existence chez ces charmantes miss[101] » que produit l'Amérique, assiste à l'autre extrémité du bateau aux propres comptes du spéculateur Hopkins, qui étudie « de longues suites de chiffres » et apparaît lui-même « en proie à la frénésie des calculs[102] ». Détail curieux, le texte indique que, tout à ses « additions », ses « multiplications » et ses « millions », l'homme d'affaires ne se préoccupe pas du paysage des rives, des « bois verdissants, jetés çà et là dans la campagne comme les bouquets aux pieds d'une prima donna[103] » : comme Mrs Melvil, il se définit par l'obsession du chiffre et la négation de l'opéra (*leitmotiv* de cette nouvelle). Ainsi, le récit ne se contenterait pas ici de dire la « dualité » de l'homme économique en le transposant sous les traits d'une femme, mais il établirait même une inquiétante gémellité entre la protagoniste, à la fois commerçante et sensible, et l'ignoble bonimenteur pour lequel elle montrera d'ailleurs, par la suite, une tolérance amusée. La gémellité paradoxale qui s'esquisse nous semble assez semblable à celle que l'on peut déceler, chez le Verne fantastique du *Secret de Wilhelm Storitz*, entre le narrateur Henry Vidal et le maléfique Storitz. Chez Verne, il n'y aurait pas seulement flexion entre morosité du calcul individuel des intérêts et admiration pour le mouvement collectif des affaires, mais aussi flexion entre les deux régimes, calculant et sensible, de l'individu (certains indices amènent d'ailleurs à

---

99 *Ibid.* p. 158.
100 *Ibid.*, p. 164.
101 *Ibid.*, p. 158 ; nous soulignons.
102 *Ibid.*, p. 162.
103 *Ibid.*, p. 160.

penser que le narrateur de la nouvelle est lui aussi un spéculateur, mais en vacances[1]). Nous retrouverions là cette association oxymorique de la mathématique et du cœur qui est un peu le paradigme de Philéas Fogg. L'homme économique n'existe pas à l'état pur. Mais en tout être il y a un homme ou une femme économiques. Or cette sécheresse et cette abstraction sont les sources de la vie alentour et n'abolissent pas l'art.

LIBÉRALISME ET DARWINISME

Revenant au roman zolien et à la flexion entre registre holiste et perspective individualiste, nous voyons bien qu'une anthropologie pessimiste montrant l'homme en proie à ses passions et ses appétits n'empêche aucunement de dire que la foule va à l'avenir et même au progrès. De même que cette flexion de l'individuel et du collectif permet à Zola d'amorcer sa pensée du socialisme (*Germinal* se termine sur l'unisson des coups de rivelaine anonymes après avoir approfondi le récit individualisé et complexe des dissensions, rivalités et réunions des mineurs), elle permet de tenir un discours sur la concurrence en régime capitaliste (le grand magasin prospère tout en n'étant parcouru que d'« intérêts contraires » ; la Bourse ou la Société anonyme permettent d'enfanter l'avenir bien qu'elles ne soient que la réunion de la passion des Saccard et de l'égoïsme des Maugendre et autres Daigremont). Il y a rétrospectivement une profonde unité dans les « Notes » de Zola de 1868-1869. Nous comprenons pourquoi le jeune homme s'y pose à la fois la question du personnage, de la « poussée » et du progrès : dire le progrès dépend en effet de la disjonction organisée entre ces deux focales. C'est par là que la série de Zola serait une sorte de *fable des abeilles*.

Certes, nous sentons bien aussi que l'identité du ressort, entre *Germinal* et *L'Argent*, nous interdit de faire une lecture pleinement libérale de ce

---

1 « Comme mon voyage n'était point un voyage d'affaires, comme mon portemanteau suffisait à contenir tout mon nécessaire et mon superflu de touriste, comme mon esprit ne se préoccupait ni de spéculations à tenter, ni de malles à surveiller, je me livrais à toutes ces réflexions matinales. » *Ibid.*, p. 152. L'accumulation des négations ne semble pas seulement désigner l'étrangeté du personnage à son environnement, mais aussi une condition qui est peut-être ordinairement la sienne.

naturalisme : en vérité, ce qui est au fondement de l'articulation entre appétits et progrès, c'est le darwinisme lui-même, qui forme le socle épistémologique commun au libéralisme et au socialisme tels que les pense le roman zolien. Il est toujours un peu déconcertant de voir Zola jeter en 1884 ses idées pour *Germinal* au verso de certains brouillons d'*Au Bonheur des Dames* : cela paraît accuser ironiquement l'écart de perspective entre les romans successifs des *Rougon-Macquart*, ici entre le « poème de l'activité moderne » en forme de chant de l'écrasement des petits, et le roman sur « le soulèvement des salariés, le coup d'épaule donné à la société, qui craque un instant[2] ». Un opus démentant le précédent, le roman zolien prêterait parfaitement le flanc à la critique de Lukács, qui lui reproche le caractère bourgeoisement conciliateur de ses fictions. Mais Zola – circonstance atténuante ou aggravante – sait parfaitement d'où il écrit. Il le sait sans doute depuis longtemps, mais il le sait d'autant mieux en 1884 qu'il prend des notes pour *Germinal* sur le livre d'Émile de Laveleye *Le socialisme contemporain*, et d'abord sur ce passage frappant :

> Les darwinistes et les économistes qui prétendent que les sociétés humaines sont régies par des lois naturelles auxquelles il faut laisser libre cours, sont les vrais et seuls adversaires logiques à la fois du socialisme et du christianisme. D'après Darwin, parmi les êtres vivants le progrès s'accomplit, parce que les espèces les mieux adaptées aux circonstances l'emportent dans la lutte pour l'existence. Les plus forts, les plus braves, les mieux armés éliminent peu à peu les plus faibles et ainsi se développent des races de plus en plus parfaites. Cet optimisme naturaliste est au fond de toute l'économie politique orthodoxe. Dans les sociétés humaines, dit-elle, le but est le plus grand bien général, mais on y arrive souvent en laissant agir les lois naturelles, et non en poursuivant des plans de réforme qu'inventent les hommes. Laissez faire, laissez passer. Au sein de la libre concurrence les plus habiles triompheront. Et c'est ce qu'il faut désirer. Rien de plus absurde que de vouloir, par une charité mal entendue, sauver ceux que la nature condamne à disparaître ; c'est faire obstacle à la loi du progrès. Place aux forts, car la force est le droit[3].

Nous nous sommes déjà demandé comment Zola avait bien pu recevoir, au moment où il réfléchissait à « la lutte du travail et du capital[4] »,

---

2 Émile Zola, Ébauche de *Germinal*, citée dans la notice d'Henri Mitterand, *Les Rougon-Macquart*, t. III, *op. cit.*, p. 1826.
3 Émile de Laveleye, *Le socialisme contemporain*, Paris, Germer-Baillère, 2ᵉ éd., 1883, p. x.
4 Émile Zola, Ébauche de *Germinal*, dans *Les Rougon-Macquart*, t. III, *op. cit.*, p. 1826.

cette citation au discours indirect libre d'un argumentaire qui associe explicitement l'« optimisme naturaliste » avec le libéralisme économique et qui consonne parfaitement avec l'Ébauche d'*Au Bonheur des Dames* ou avec l'article « L'argent dans la littérature[5] ». Pour Laveleye et les « socialistes de la chaire » qu'il représente, les « lois naturelles » de l'économie doivent être contrecarrées par le vote de lois humaines destinées à protéger les plus faibles (la charité chrétienne n'étant qu'un pis-aller). Mais il est entendu que ce socialisme ne doit pas selon lui s'alimenter au darwinisme, qui est la pensée de l'ennemi, même si les « darwinistes » et les « économistes » (l'école libérale française ou anglaise) ne se confondent pas tout à fait. C'est par là que le socialisme de la chaire, socialisme réformateur agréé par Bismarck, se distingue du naturalisme marxiste. Or non seulement le texte de *Germinal* évoque explicitement, et par deux fois, le problème que pose l'apparente légitimation du libéralisme économique par le darwinisme, mais Zola fait verser Étienne Lantier dans le socialisme darwiniste que refusait Laveleye, ce qui paraît une manière pour le romancier de concilier *in extremis* son naturalisme avec l'axiologie de son roman de la lutte des classes :

> Darwin avait-il donc raison, le monde ne serait-il qu'une bataille, les forts mangeant les faibles, pour la beauté et la continuité de l'espèce ? Cette question le troublait, bien qu'il tranchât, en homme content de sa science. Mais une idée dissipa ses doutes, l'enchanta, celle de reprendre son explication ancienne de la théorie, la première fois qu'il parlerait. S'il fallait qu'une classe fût mangée, n'était-ce pas le peuple, vivace, neuf encore, qui mangerait la bourgeoisie épuisée de jouissance ? Du sang nouveau ferait la société nouvelle[6].

Cela signifie donc qu'il faut montrer quelque prudence dans l'affirmation du caractère libéral de romans comme *Au Bonheur des Dames* ou *L'Argent*, dont le ressort est d'abord et plus fondamentalement darwiniste. Nous n'affirmerons pas que ce darwinisme est réducteur et caricatural, car il nous semble que dans l'idée récurrente de Zola selon laquelle l'homme va *quand même*, à travers les désastres, à plus de justice, nous pourrions voir l'équivalent de « l'effet réversif de l'évolution » qu'envisage aussi Darwin et sur lequel insistent les travaux de Patrick

---

5   Je me permets de renvoyer sur ce point à « Libéralisme et naturalisme », dans Nicholas White (dir.), numéro spécial sur Zola, *Romanic Review*, vol. 102, n° 3-4, New York, May-Novembre 2011 (parution 2013), p. 427-448.
6   Émile Zola, *Germinal, op. cit.*, fin du roman, p. 1589.

Tort[7]. Mais ce discours du *quand même* est un « acte de foi dans l'évolution darwinienne » qui tourne aussi, comme l'écrit Christophe Charle, à la « litanie réconciliatrice[8] ». Le darwinisme fonctionne comme un pis-aller, tout comme l'évolutionnisme chez certains économistes.

Il n'en reste pas moins que Zola propose dans *L'Argent* une représentation fine du marché. Il est possible de montrer que ce roman tardif inaugure un discours sur la pluralité des transactions et sur l'auto-régulation qui échappait aux sujets abordés dans *La Curée*, *Au Bonheur des Dames* ou *Germinal*[9] et qui se distingue assez radicalement du roman de mœurs boursières du second XIXe siècle, en même temps qu'il déjoue toute critique pressée de ranger l'opus zolien dans la famille des récits antagoniques opposant des haussiers et baissiers autour de la corbeille. Premièrement, Zola reformule la question du « mystère » des opérations de Bourse en une réflexion sur le mystère de l'identité des opérateurs boursiers, c'est-à-dire sur l'anonymat des détenteurs d'actions résultant de la cession fluide des titres. Deuxièmement, Zola évite de mettre face à face à la Bourse le haussier Saccard et le baissier Gundermann : il y a là volonté constante d'éviter tout romanesque boursier caricatural, tout « mélodrame de l'Ambigu[10] », en même temps que de renvoyer le violent antisémitisme de Saccard à une forme d'archaïsme. Dans ce roman, Saccard se retrouve, un peu comme sa nièce Angélique dans *Le Rêve*, confronté à un « invisible », parce que Gundermann « affect[e] de ne jamais mettre les pieds dans la grande salle » du Palais Brongniart et « y règn[e] en maître absent et souverain », tant et si bien que le parti des baissiers est diffus et incernable, puisque « chaque homme présent [est] peut-être le mystérieux soldat de Gundermann[11] ». Troisièmement – et c'est l'aspect le plus important pour nous qui cherchons dans le roman zolien l'idée d'une régulation naturelle des intérêts – le baissier Gundermann tient le discours communément naturaliste de la « logique » et de la « vérité », lorsqu'il souligne qu'« une action vaut d'abord son prix d'émission, ensuite l'intérêt qu'elle peut rapporter, et qui dépend

---

7   Voir Patrick Tort, article « Effet réversif de l'évolution », dans Patrick Tort (dir.), *Dictionnaire du darwinisme et de l'évolution*, Paris, PUF, 1996.
8   Christophe Charle, « Zola et l'Histoire », dans *Zola et les historiens*, Paris, Bnf, 2004, p. 16.
9   Voir *La Bourse dans le roman du second XIXe siècle*, *op. cit.*, p. 438-446.
10 Ébauche du roman, citée dans la notice d'Henri Mitterand. Émile Zola, *L'Argent*, *op. cit.*, p. 1259.
11 Émile Zola, *L'Argent*, chap. X, p. 297-298 pour l'ensemble de ces citations.

de la prospérité de la maison, du succès des entreprises », enfin qu'« il y a donc une valeur maximum qu'elle ne doit raisonnablement pas dépasser » ; car « dès qu'elle la dépasse, par suite de l'engouement public, la hausse est factice, la sagesse est de se mettre à la baisse, avec la certitude qu'elle se produira[12] ». Le déroulement du récit va se conformer à cette loi, soigneusement expliquée, retrouvant le schéma d'ascension et de chute assigné à la famille des Rougon-Macquart dans les notes de 1868-1869. Or à partir du moment où le personnage de Gundermann est désincarné, diffracté en agents hypothétiques, identifié à la « logique » des cours, il ressemble bien moins au baissier caricatural des romans de mœurs financières du second XIXe siècle qu'à un principe régulateur et abstrait que nous pourrions rapprocher de la « main invisible » de Smith : chacun poursuit sa fin, Saccard dans sa « passion » veut « le cours de trois mille francs[13] », les Maugendre et les Dejoie jouent la hausse, Caroline et son frère choisissent de vendre, mais tout se résout au cours donné de la « vérité ». La vérité est la résultante des échanges, y compris des vices individuels. Comment Zola n'adhèrerait-il pas à cette logique référentielle qui vient se surimposer à la logique de marché ? Certes, il y a krach et désastre. Mais Zola nous dit aussi, à travers le personnage de Gundermann, que la Bourse se nettoie toute seule. Elle n'est pas une « forêt de Bondy » comme on le prétend depuis les pamphlets de 1850. Elle est un organisme, une matrice vivant de liquidations périodiques, comme le remarquait Hélène Gomart[14]. Le marché est une nature, il est en somme naturaliste : « La logique seule régnait, la vérité était, en spéculation comme ailleurs, une force toute-puissante[15] ».

Cela n'empêche nullement le roman zolien d'en passer par des fantasmes de maîtrise du marché, dont nous comprenons bien le ressort métaromanesque. Au début de *La Curée*, lorsque Saccard commence à systématiser l'achat de maisons pour capter les indemnités d'expropriation, lorsqu'il fonde le Crédit viticole avec Toutin-Laroche et qu'il s'associe avec Mignon, Charrier et Cie, le texte le montre assez semblable au préfacier de *La Fortune des Rougon* : « à cette époque, ses affaires se compliquèrent tellement, il avait *tant de fils attachés à chacun de ses doigts*, tant d'intérêts à

---

12 *Ibid.*, chap. IX, p. 265 pour l'ensemble de ces citations.
13 *Ibid.*, chap. VIII, p. 246.
14 Hélène Gomart, *Les opérations financières dans le roman réaliste : lectures de Balzac et de Zola*, Honoré Champion, 2004, p. 174-178.
15 Émile Zola, *L'Argent*, chap. VI, p. 202.

surveiller et de marionnettes à faire mouvoir, qu'il dormait à peine trois heures par nuit et qu'il lisait sa correspondance dans sa voiture[16] ». De même, Octave Mouret au balcon du Bonheur, à la fin de l'exposition du blanc, touche au sommet de ses pouvoirs jupitériens de séduction, de son caractère de « despote » et de « Dieu[17] ». Enfin, le délit d'initiés fomenté par Saccard dans le chapitre VI de *L'Argent*, la circumnavigation du personnage par tous les lieux parisiens de la spéculation officieuse nocturne, provoque une autre agrégation puissante du lecteur à la perspective de l'homme d'affaires distribuant ordres et rôles, mais aussi, bien sûr, à celle du romancier programmateur, conformément à la mise en abyme de la fiction romanesque analysée par Philippe Hamon[18]. Les romans de Zola approchent au plus près le fantasme de maîtrise du marché, tout comme *The Pit* (1901) de Frank Norris, qui est une réécriture américaine de *L'Argent* et prend la forme d'un récit de tentative d'accaparement (*corner*) du blé à la Bourse de Chicago[19]. Nous voyons bien que se projette là la souveraineté de la conscience organisatrice du roman. Mais *L'Argent* (comme *The Pit*) n'en montrent pas moins que le marché, dans sa diffusion, sa puissance et son anonymat, est hors de la portée d'un seul agent (et si cela est démenti dans le cas de Gundermann, cela alimente plutôt l'identification de cet être à la résultante même des opérations boursières). L'analyse rejoint dès lors celle du *Médecin de campagne* de Balzac, où il nous paraissait que le discours de l'organisateur pouvait s'inverser en prosopopée du marché : ici, l'*hybris* économique de Saccard dans *L'Argent* (ou de Jadwin dans *The Pit*), sa tentative de gouverner le marché et d'avoir les baissiers à ses pieds (l'image revient plusieurs fois), dessinent finalement la puissance de l'invisible contre laquelle elles achoppent. Saccard, dans ses manœuvres napoléoniennes du chapitre X de *L'Argent*, est semblable à ces inconséquents qui selon Hayek prétendent accéder à la connaissance universelle des ajustements du marché, alors que le miracle toujours renouvelé de cet équilibre échappe

---

16 Émile Zola, *La Curée*, dans *Les Rougon-Macquart*, t. I, *op. cit.*, p. 420. Nous soulignons.
17 Émile Zola, *Au Bonheur des Dames*, *op. cit.*, chap. XIV, p. 797.
18 Émile Zola, *L'Argent*, éd. Philippe Hamon et Marie-France Azéma, dossier financier de Bernard Cieutat, Paris, Livre de Poche, 1998. Voir la préface, dans laquelle Philippe Hamon explique que « Saccard vit en effet de fiction ».
19 Le roman [*The Pit*, 1901] a été traduit récemment en français pour la première fois : Frank Norris, *Le Gouffre*, trad. M.-B. de Gramont, Paris, Les éditions du sonneur, 2012. Voir *La Bourse dans le roman du second XIXe siècle*, *op. cit.*, p. 461-514.

à notre raison, exorbite nos modèles de gouvernement, et exigerait une soumission aussi aveugle que la dévotion au divin. On comprend la motivation romanesque de ces tentatives héroïques de maîtrise. Mais elles échouent en confirmant le pli libéral de l'œuvre.

ABOLIR OU ACCEPTER L'INTÉRÊT ?

Cependant, la démonstration de la puissance du marché dans *L'Argent* pose un problème considérable. Si Gundermann n'est pas assimilable à n'importe quel baissier, parce que son jeu n'est pas relatif, comme celui du pusillanime Moser par exemple, mais absolu, puisqu'il pose une vérité des cours ; si Gundermann est non pas seulement le « maître absolu du marché » mais une véritable figure du marché, alors ce roman, dont nous avons voulu pousser la lecture libérale, est profondément clivé. Il y a d'un côté le banquier juif qui croit à la « logique », à la « vérité » des cours et qui est aussi un être sans appétit, insensible aux avances de la baronne Sandorff, exact sur les centimes. De l'autre le directeur de l'Universelle qui « veu[t] le cours de trois mille », attaque les femmes sur les divans, esquisse des additions aussi monstrueuses que celles du Hopkins de Jules Verne mais se « ruine avec les autres[20] ». L'opposition est posée au début du roman, lorsque Gundermann promet à Saccard : « Infailliblement, vous ferez la culbute, c'est mathématique, ça ; car vous êtes beaucoup trop passionné, vous avez trop d'imagination[21] ». Elle sera reprise par Saccard dans sa cellule, lorsqu'il éructe contre « ce sale juif, qui triomphe parce qu'il est sans désirs ! » :

> Moi, je suis trop passionné, c'est évident. (...) Et il faut ajouter que, si ma passion me tue, c'est aussi ma passion qui me fait vivre. Oui, elle m'emporte, elle me grandit, me pousse très haut, et puis elle m'abat, elle détruit d'un coup toute son œuvre[22].

D'un côté le naturalisme, de l'autre le romanesque ; d'un côté, l'intérêt calme, de l'autre la passion. Ou pour être plus précis : d'un côté le

---

20 Émile Zola, *L'Argent, op. cit.*, chap. XII, p. 386.
21 *Ibid.*, chap. III, p. 97.
22 *Ibid.*, chap. XII, p. 384.

naturalisme de la logique, de l'autre le naturalisme des appétits ; d'un côté l'intérêt calme et prévisible, de l'autre l'intérêt passionné de la destruction créatrice (une destruction créatrice qui ne serait plus la vis sans fin balzacienne, mais trouverait sa résolution dans l'expédient darwiniste). Ce roman boursier, dont Pierluigi Pellini a montré qu'il se singularisait par un retour en force du romanesque sous la plume de Zola[23], mettrait peut-être en scène la résolution des vices privés en marche à l'avenir, mais aussi la transition historique, décrite par Hirschman, du règne des passions destructrices vers celui de l'intérêt souverain et pacifié (à travers la figure de Gundermann). Cependant, une fois encore, le filtre du roman ne rend guère enviables cette « absolue croyance à la logique » qui caractérise Gundermann, cet intérêt froid de l'homme qui ne désire ni femmes ni vin, cette *mesure* enfin qu'Adam Smith estimait attachée aux pratiques commerciales. Avec Saccard, avec Mouret aussi, c'est la démesure qui reste romanesque. Un roman comme *L'Argent* s'avance donc vers une contradiction : libéral à la mode des « économistes » honnis par Émile de Laveleye, étant donné son darwinisme financier, libéral parce qu'il analyse une convulsion naturelle du marché en même temps qu'il promet le progrès vers le bonheur, il offre aussi un démenti du *doux commerce* évoqué par Montesquieu. Le manque de chair de Gundermann, son paradoxe comme personnage, suffisent à dire que l'intérêt calme n'est pas romanesque. *L'Argent* est une œuvre où le romancier semble interroger la possibilité de donner le moindre intérêt à un roman qui ne serait pas roman des passions et des appétits. Mais il interroge aussi la possibilité d'abandonner la flexion entre peinture des vices privés et affirmation de la marche au bonheur. Bref, ce roman réputé secondaire représenterait un stade critique du libéralisme darwiniste de Zola.

La manière dont Zola va sortir du dilemme posé d'une part par le caractère anti-romanesque de l'intérêt calme, d'autre part par la dialectique libérale des appétits et du progrès *quand même*, semble radicale : il va changer d'anthropologie. Telle est bien la mutation qui se joue dans *Les Quatre Évangiles*, en particulier dans *Travail* (1901). Comment conserver l'appétit ou l'intérêt passionné sans se condamner à une peinture renouvelée de l'écrasement des uns par les autres ? Comment pacifier le social sans aller dans le sens de l'intérêt calme et morne de l'optimisme libéral ?

---

23 Pierluigi Pellini, *L'oro e la carta. L'Argent di Zola, la « letteratura finanziaria » e la logica del naturalismo*, Schena Editore, 1996, 312 p.

Cette question point dans les trois « morceaux » socialistes de *L'Argent*, lorsque l'utopiste marxiste Sigismond Busch explique à ses interlocuteurs Saccard ou Madame Caroline son projet de « cité de justice et de bonheur[24] ». Dans ce résumé à haute altitude de la théorie collectiviste, lui-même issu de la quinzaine de feuillets de notes de Zola sur *La Quintessence du socialisme* de Schäffle, le personnage de Sigismond connaît deux moments de découragement intéressants. Lors de sa première conversation avec Saccard, il confesse que « l'état social actuel a dû sa prospérité séculaire au principe individualiste, que l'émulation, l'intérêt personnel rend d'une fécondité de production sans cesse renouvelée[25] ». Le « doute » et « l'angoisse » de l'utopiste socialiste sont dans l'abandon du ressort de cet intérêt passionné : « Le collectivisme arrivera-t-il jamais à cette fécondité, et par quel moyen activer la fonction productive du travailleur, quand l'idée de gain sera détruite ? ». Lors de sa deuxième conversation avec Saccard, Sigismond se demande « si l'amour des autres aura en soi assez de vigueur pour remplacer l'égoïsme, dans l'organisation sociale[26]... ». Comme le savent les lecteurs de *Travail*, cet argument est celui que nous retrouvons dans la bouche de l'instituteur Hermeline lors de ses conversations avec l'abbé Marle et le héros Luc Froment. À Luc, qui utilise en quelque sorte Fourier pour inverser Bentham et qui déclare que « le plus de bonheur possible de chacun est dans le plus de bonheur réalisé de tous », Hermeline réplique « ironiquement » ainsi :

> Bonne besogne ! (...) vous commencez, pour réveiller les énergies, par détruire l'intérêt personnel. Expliquez-moi donc, lorsqu'il ne travaillera plus pour lui, quel levier déterminera l'homme à l'action ? L'intérêt personnel est le feu sous la chaudière, on le trouve à la naissance de chaque œuvre. Et vous l'anéantissez, vous commencez par châtrer l'homme de son égoïsme, vous qui le voulez avec tous ses instincts... Sans doute comptez-vous sur la conscience, sur l'idée de l'honneur et du devoir[27] ?

La différence entre *L'Argent* et *Travail* est que l'utopie socialiste était censément bornée et mort-née dans le roman boursier des appétits,

---

24 Émile Zola, *L'Argent*, op. cit., chap. XII, p. 392. Le terme « morceau », pour ces passages sur la théorie socialiste, est celui que Zola utilise dans son Ébauche, f°s 471-472. Voir *La Bourse dans le roman du second XIXᵉ siècle*, op. cit., p. 377-383.
25 Émile Zola, *L'Argent*, op. cit., chap. Iᵉʳ, p. 46 pour cette citation et la suivante.
26 *Ibid.*, chap. IX, p. 285.
27 Émile Zola, *Travail*, éd. Béatrice Laville, Paris, Nouveau Monde Éditions, t. 19, 2009, p. 109 (livre Iᵉʳ, chap. V). Sauf indication contraire, c'est à cette édition que nous renverrons désormais.

tandis que le projet d'inspiration fouriériste exigera d'être développé dans le phrasé même du roman utopique. Comme on le constate ici, la réforme de Zola est donc indissociablement philosophique et romanesque (soulignons l'expression « chaque œuvre »). Repenser l'intérêt parmi les hommes, c'est aussi repenser l'intérêt romanesque, et c'est ce qui fait l'aspect surprenant et périlleux des *Évangiles*. D'une manière conforme à ce trait argumentatif zolien qu'est la concession – ou le contre-pied –, Luc répond à Hermeline qu'il « accepte l'égoïsme » (tout comme le planificateur de la série des *Rougon-Macquart acceptait* en 1868 l'exception). « Loin de détruire l'intérêt personnel, je le renforce », ajoute-t-il même[28]. Mais il distord profondément l'un et l'autre en rapportant le « bonheur de chacun » au « bonheur de tous » : « il nous suffira d'être convaincus que c'est travailler pour nous que de travailler pour les autres[29] ». Surtout, Luc accepte la passion en s'en remettant à la doctrine de Fourier :

> Le coup de génie était d'utiliser les passions de l'homme comme les forces mêmes de la vie. La longue et désastreuse erreur du catholicisme venait d'avoir voulu les mater, de s'être efforcé de détruire l'homme dans l'homme, pour le jeter en esclave à son Dieu de tyrannie et de néant. Les passions, dans la libre société future, devaient produire autant de bien, qu'elles avaient produit de mal, dans la société enchaînée, terrorisée, des siècles morts. Elles étaient l'immortel désir, l'énergie unique qui soulève les mondes, le foyer intérieur de volonté et de puissance qui donne à chaque être le pouvoir d'agir. Privé d'une passion, l'homme serait mutilé, comme s'il était privé d'un sens. Les instincts, refoulés, écrasés jusqu'ici, ainsi que des bêtes mauvaises, ne seraient plus, libérés enfin, que les besoins de l'universelle attraction tendant à l'unité, travaillant parmi les obstacles à se fondre dans l'harmonie finale, expression définitive de l'universel bonheur[30].

À bien lire ce passage, il n'y a rien que ne pourraient reprendre à leur compte les philosophes évoqués par Hirschman qui, de Spinoza à Montesquieu, ont constaté l'inanité de la correction religieuse des passions et ont imaginé une résultante positive des passions individuelles. Même Bastiat pourrait accepter cette promesse d'« harmonie ». Nous ne voyons pas non plus très bien la différence avec le propos d'Helvétius que nous citons à propos de Stendhal : « Chacun s'occupera de sa félicité ;

---

28 *Ibid.*, p. 110.
29 *Ibid.*
30 *Ibid.*, p. 103. Il s'agit d'un passage au style indirect libre.

chacun sera fortuné et juste ; parce que chacun sentira que son bonheur dépend de celui de son voisin[31]. » À cela près qu'ici, chacun ne s'occupe pas *d'abord* de sa propre félicité : dans le discours de Luc, sur lequel embraye le discours du roman, l'intérêt passionné prend le détour de l'altruisme. Les passions que le roman montre à l'œuvre sont l'amour, le désir, l'intérêt, l'ambition, mais comme elles tiennent toutes compte d'autrui, elles sont promotrices d'égalité et d'harmonie.

Nous ne savons pas très bien comment tient le système économique de la Crêcherie, dont les échanges avec l'extérieur sont embryonnaires et qui continue, du reste, de se fonder sur le principe de l'écrasement des coûts et sur les avantages comparatifs[32]. Nous savons encore moins de quelle organisation politique accouche cette réforme de la production, sinon de structures de planification industrielle et surtout de mariages qui tissent l'immense famille sociale que dénombre la troisième partie (cela est purement paternaliste). Nous voyons bien enfin qu'il y a quelque chose de commun entre la célébration balzacienne du législateur benthamien dans *Le Médecin de campagne* et la célébration zolienne du prophète Luc dans *Travail*[33]. Mais nous comprenons la réponse proposée par *Travail* aux dilemmes que rencontre *L'Argent* : l'intérêt et la passion se voient assigner une condition d'altruisme. On n'attend plus l'intérêt général supposé naître de la poursuite de ses intérêts par chacun ; on fait lire à chacun son intérêt particulier dans l'intérêt général. Peut-être est-ce forcer les choses que d'affirmer qu'il y a ici mutation anthropologique, puisque Zola lui-même insiste, par la voix de Luc, sur la permanence des passions, des intérêts, des instincts mêmes (tout en évitant de recourir au terme « appétits », par trop identifié au darwinisme des *Rougon-Macquart*). Mais il y a un changement radical des polarités ou des priorités : dans l'utopie de *Travail*, l'altruisme est une forme a priori de l'égoïsme, l'amour est un détour de l'intérêt personnel, le bonheur de tous est la condition de celui de chacun. Révolution aussi audacieuse que si l'on demandait au lecteur de concevoir l'intérêt romanesque en fonction de la réception collective et de la valeur sociale de l'œuvre.

---

31 Helvétius, *De l'Homme*, « Récapitulation », chap. II, t. II, *op. cit.*, p. 950.
32 Voir Émile Zola, *Travail, op. cit.*, livre II, chap. v, p. 221. Nous comprenons que les bons filons découverts par la Crêcherie permettent d'écraser l'Abîme.
33 Voir cette méditation de Jordan, pendant que Luc laisse grandir son exaltation (*ibid.*, p. 120) : « Pour déterminer les faits, il faut toujours un homme qui veuille et qui agisse, un rebelle de génie et de pensée libre qui apporte la nouvelle vérité… ».

CONCLUSION
DE LA PREMIÈRE PARTIE

Faut-il s'en étonner ? Ces quelques pages de Balzac, Stendhal ou Zola montrent que le roman du XIXe siècle poursuit par nature un objectif inverse de celui de l'économie politique qui lui est contemporaine : il n'est pas disposé à séparer les passions des intérêts. L'économie politique considère que la prospérité vient de l'aptitude des hommes à prendre conscience de leurs intérêts et à domestiquer leurs passions. Elle est acquise à l'idée, éclairée par la généalogie d'Hirschman, d'un intérêt à la fois pacificateur du sujet et ciment de la société. En retour, l'économie politique a besoin de postuler l'intérêt calme pour penser l'échange, l'équilibre et le progrès. Si les intérêts des hommes peuvent être examinés presque indépendamment de leurs passions, alors peut s'épanouir un savoir des intérêts susceptible d'une plus grande scientificité, puisqu'il manie une motivation humaine apparemment prévisible, calculable, cohérente dans le temps, homogène dans ses préférences. S'il est possible de dégager de la gangue humaine un *homo oeconomicus* de cette qualité, alors s'ouvre le champ d'une science économique autonome, accessible sous certaines restrictions à la mathématisation.

Décrit par Adam Smith, ramené à des lois par John Stuart Mill[34], mathématisé par Léon Walras, l'homme économique est une fiction forgée par l'économie classique et néo-classique promise à un certain avenir théorique (même si la critique de l'économie et les économistes eux-mêmes en reconnaissent le schématisme), puisque ce modèle pourra au XXe siècle être transposé à des analyses du comportement humain sur des terrains totalement étrangers à l'échange marchand, manifestant par là le caractère invasif du raisonnement économique. Or le dénouement de

---

34 Sur l'acception du concept d'*homo œconomicus* chez John Stuart Mill, voir Richard Arena et Anna Maricic, « La postérité ricardienne et l'œuvre de J. S. Mill », dans Alain Béraud et Gilbert Faccarello (dir.), *Nouvelle histoire de la pensée économique*, t. I, La Découverte, 1992, en particulier p. 531.

Gobseck ou l'aporie du *felicific calculus* chez Stendhal suffisent à suggérer que l'agent économique rationnel, calculateur et parfaitement informé, qui alloue ses ressources limitées de façon à satisfaire le maximum de ses besoins, qui « maximise son utilité » serait, dans son abstraction même, un « fou rationnel[35] ». L'anthropologie du roman réaliste du XIXᵉ siècle manifeste d'emblée qu'il est peu compatible avec l'intérêt romanesque et surtout contraire à la vérité de construire un personnage qui serait « un consommateur, mais non pas un citoyen », d'imaginer une créature « sans histoire, ni inconscient, ni appartenance de classe[36] ».

Dans *La Psychologie économique*, Gabriel Tarde estime que « l'erreur des premiers architectes de l'économie politique et de leurs successeurs a été de se persuader que, pour constituer en corps de science leurs spéculations, le seul moyen, mais le moyen sûr, était de s'attacher au côté matériel et extérieur des choses, séparé autant que possible de leur côté intime et spirituel, ou, quand c'était impossible, de s'attacher au côté abstrait, et non concret, des choses[37] ». Réifier l'homme, réifier ses buts : peut-être était-ce autoriser la naissance de l'économie politique, mais c'était d'emblée fonder cette discipline hors de la psychologie et hors de « l'inter-psychologie » que promeut Tarde, du moins avant que les économistes ne pensent de leur côté la loi tardienne du désir et de l'imitation (car il y a aussi un progrès dans la science économique). Réifier l'homme était, écrit Tarde, le moyen de forger le modèle de « l'homme économique, sorte d'être spirituel abstrait, supposé étranger à tout autre sentiment que le mobile de l'intérêt personnel ». Aussi Gabriel Tarde accuse-t-il cette supposée disparition de la passion :

> Dira-t-on que le progrès de la raison, accompagnement présumé du progrès de la civilisation, se charge de réaliser peu à peu l'abstraction imaginée par les économistes et de dépouiller l'homme concret de tous ses mobiles d'action, hormis le mobile de l'intérêt personnel ? Mais rien ne permet cette supposition et il n'est pas un seul des aspects de la vie sociale où l'on ne voie la passion croître et se déployer en même temps que l'intelligence. Dans le langage, est-ce que le style va se décolorant et se refroidissant ? En politique, est-ce que la névrose des partis va s'apaisant ? En religion, est-ce que la part

---

35 Amartya Sen, « Des idiots rationnels » [1983], dans *Éthique et économie (et autres essais)*, trad. fr. Sophie Marnat, Paris, PUF, « Philosophie morale », 1993.
36 Gilbert Rist, *L'économie entre songe et mensonges*, Paris, Les Presses de Sciences Po, 2010, p. 51.
37 Gabriel Tarde, *La Psychologie économique*, op. cit., p. 108.

des sentiments et de l'imagination se fait moindre? Dans le domaine de la science même, est-il certain que la part de l'enthousiasme créateur, fécond en belles hypothèses, en théories larges et spécieuses, ait diminué depuis les Grecs? Ainsi en est-il dans le monde économique, et nulle part, pas même ici, je n'aperçois trace d'une transformation réfrigérante de l'homme dans un sens de moins en moins passionnel et de plus en plus rationnel. Je n'aperçois pas non plus le contraire, mais il me semble que la passion et la raison, d'âge en âge, progressent ensemble[38].

Non, le monde ne va pas à l'intérêt calme dont Hirschman a montré la progressive promotion sous la plume des moralistes et des philosophes. Mais les romanciers n'ont pas attendu Gabriel Tarde pour le dire. Plus avant, nous songeons parfois à Stendhal, lorsque Tarde reproche à Malthus d'avoir pensé le progrès sous l'aiguillon de la souffrance et jamais du plaisir[39], lorsqu'il souligne que la prime question économique devrait être celle du rapport entre travail et loisir, lorsqu'il critique la « psychologie hédonistique » de l'utilitarisme ou qu'il dit que Say est glacé[40]. Nous pensons à Zola lorsque Tarde entre en compétition avec les économistes marginalistes pour faire de la Bourse l'exemple vivant de l'inter-psychologie dans l'économie, le lieu et la preuve par excellence de la formation psychologique de la valeur[41]. Il y a même des pages incongrues de *La Psychologie économique* qui font penser à Jules Verne (à l'exaltation de Paganel dans *Les Enfants du capitaine Grant*), lorsque Tarde médite sur la rotondité de la terre, le commerce inter-océanique et l'hypothèse économique d'une Terre plate[42]... L'interaction entre « l'égoïsme » et « l'altruisme » (termes utilisés par Tarde, fervent lecteur de la *Théorie des sentiments moraux*) n'est-elle pas pensée par Zola dans *Travail*, autant que par Stendhal lecteur Helvétius ? L'erreur du socialisme, soulignée par Tarde, qui a consisté à reprendre certaines des lois de l'économie pour combattre l'optimisme économique avec ses propres armes, n'est-elle pas exactement celle qu'affronte Zola entre *Germinal* et *Travail* ? Cependant Tarde ne s'intéresse guère à la littérature. Tout occupé de fonder l'inter-psychologie hors des sciences de la nature sur lesquelles l'économie politique aurait eu tort de s'adosser, il ne la fonde pas non plus sur la psychologie romanesque.

---

38 *Ibid.*, p. 115.
39 *Ibid.*, p. 118.
40 Voir respectivement p. 120, p. 117 et p. 138.
41 *Ibid.*, p. 109.
42 *Ibid.*, p. 17.

Or le roman montre bien que les intérêts humains demeurent des « *intérêts passionnés*[43] ». La langue de Balzac ne sépare pas les passions des intérêts et en dit sans cesse l'intrication. L'intérêt selon Helvétius ou le principe d'utilité de Bentham sont pour le jeune Stendhal le moyen de forger une morale sans transcendance en même temps que de ne pas séparer passions et intérêts, et la mise en scène des apories du *felicific calculus* benthamien dans *De l'amour* ou dans les romans stendhaliens jette d'emblée le discrédit sur la mathématisation des comportements du sujet qui pourrait être l'aboutissement d'une théorie économique de la pure rationalité des agents[44]. Enfin la « bousculade des appétits » chez Zola énonce non seulement l'idée que les passions excitent les intérêts et vice-versa, comme chez Balzac, mais aussi complète l'impulsivité de l'individu par le mimétisme des foules économiques. Bref, la littérature, en particulier le roman réaliste, formule naturellement tous les démentis que le réel peut opposer aux axiomes de l'intérêt calme ou de l'homme économique.

Mais ce faisant, le roman ramène dans l'équation tout ce que l'économie politique en a exclu. Dès lors que ce réductionnisme anti-romanesque est refusé, il devient nécessairement plus difficile de penser l'équilibre et la composition des intérêts individuels. Ce qui ne signifie pas que le roman renonce à le penser : qu'il adopte un autre langage ne signifierait pas que ses fins sont étrangères aux recherches des économistes. La richesse du roman est justement de dépasser la critique de l'économie, qu'il s'agisse des pamphlets qui entendent dépassionner l'économie (et qui se trouvent ironiquement endosser la théorie de l'intérêt calme) ou des objections les plus modernes contre le libéralisme économique. La richesse du roman réside en son clivage, en cette dangereuse conduite asymptotique qui peut, dans *Le Médecin de campagne* ou dans *L'Argent*, le mener au plus près du discours libéral, de même que le *Journal* de Stendhal est pétri de marginalisme utilitariste ou que l'analyse zolienne du champ littéraire est criblée de darwinisme économique. Le roman n'a pas froid aux yeux. D'une certaine manière, il y a une compromission essentielle de cette littérature, si l'on entend par là la tentation irrépressible, dénoncée par les *Katheder Sozialisten* comme par Gabriel

---

43 *Ibid.*, p. 116. C'est une expression que Tarde souligne et qu'il utilise pour décrire les intérêts du socialisme autant que ceux des « capitalistes milliardaires coalisés ».
44 On voit toutefois Tarde s'intéresser aux travaux de Cournot.

Tarde, mais bien reconnue par la critique littéraire marxiste, de *coller* au déterminisme naturaliste de l'économie jusqu'à s'y absorber, pour mieux l'analyser. Le héros fourbe stendhalien ou bien le tableau social balzacien ou zolien participent de cette nécessaire compromission du vrai roman, qui n'a que faire des exorcismes moraux et idéologiques.

Ce peut être une manière de s'inquiéter de la possible validité des déterminismes introduits par l'économie. Car notre présentation succincte de quelques anthropologies romanesques du XIXe siècle a déjà suggéré ce qui peut passionner le romancier : le caractère intimement contraint de ce qu'il représente, et qui entre en écho avec les contraintes propres de son écriture. Balzac voit dans les intérêts un « monde mécanique ». Stendhal constate que l'homme est gouverné par la douleur et le plaisir, fondement de l'économie politique pour Bentham, Bastiat, Molinari. Zola s'interroge pour *Germinal* sur la « loi d'airain » des salaires démontrée par Ricardo, puis énonce dans *L'Argent* l'idée d'une « logique » des cours de la Bourse... L'intimité du roman réaliste avec l'économie consiste en une délibération sur la validité de lois naturelles qu'il ne s'agirait pas d'ignorer, si elles peuvent servir le romanesque.

DEUXIÈME PARTIE

LA DIVISION DU TRAVAIL

C'est par la division du travail que commencent tout à la fois le discours, la vulgarisation, la critique de l'économie politique. À la théorie, il faut une origine ; au système, il faut un ancrage : la division du travail, qui prend les caractères d'un mythe. Il y a d'un côté les chasseurs-cueilleurs dont parle Smith à la première page de sa brève introduction, ces « nations sauvages » prêtes à laisser mourir ceux qu'elles ne peuvent nourrir. Il y a d'un autre côté « les nations civilisées et en progrès[1] », qui un beau jour ont fait un saut, ont décuplé et centuplé leur produit grâce à la division du travail, notion à laquelle Smith consacre son tout premier chapitre. Comment commencer autrement un traité d'économie politique ? Say ouvre le sien sur un long « Discours préliminaire », dans lequel il définit le champ de l'économie politique par rapport à la politique, revendique son empirisme contre les physiocrates et se réclame de Newton et du principe de clarté. Puis commence le premier chapitre sur la définition des trois industries (agricole, manufacturière, commerçante) qui sont à la source de la valeur. Il faut bien arrêter le cycle de l'économie quelque part pour parvenir à le penser, comme Quesnay avait dû le faire pour présenter son tableau économique : le fabricant-théoricien Jean-Baptiste Say commence donc par penser la production. Ce n'est qu'au chapitre X qu'il expose « Comment la division du travail multiplie les produits et les perfectionne », mais en vérité cette division est présentée dès le chapitre II, lorsque Say explique que pour produire, il faut d'abord « étudier la marche et les lois de la nature » (tâche du Savant), puis « appliquer ces connaissances » (d'où l'Agriculteur, le Manufacturier et le Commerçant), enfin « exécuter le travail manuel indiqué » (sort de l'Ouvrier)[2]. L'homme doit pourvoir à ses besoins, mais chacun doit voir son intérêt à se dessaisir de la partie de son labeur qu'un autre ferait mieux que lui, et donc entrer à la fois dans la recherche de productivité et dans l'échange. L'homme est un animal économique.

---

1   Adam Smith, *La Richesse des nations*, trad. Germain Garnier, éd. Daniel Diatkine, Paris, Flammarion GF, 1991, vol. 1, p. 65-66. Nous renverrons, sauf indication contraire, à cette édition, en précisant le tome.
2   Jean-Baptiste Say, *Traité d'économie politique*, Paris, Deterville, 1803, vol. 1, p. 6. Nous renverrons désormais à cette édition.

Dans le chapitre X du *Traité d'économie politique* (1803), Say rassemble plusieurs acceptions de la notion de division du travail. Il allègue d'abord l'exemple des diverses disciplines composant les sciences naturelles ; il évoque ensuite les différentes « classes de fabricants » de l'industrie manufacturière ; il détaille enfin les diverses « classes d'ouvriers » chargées de « travaux différents » dans « chaque industrie[3] ». Autrement dit Say, qui dans les chapitres précédents évoquait plusieurs archétypes de métiers, envisage cette fois les diverses acceptions de la notion de spécialité. C'est dans un même mouvement qu'il évoque la division du travail social en général et la division manufacturière du travail en particulier, alors que Marx préférera les distinguer dans le chapitre correspondant du *Capital*, tout en soulignant que « la division manufacturière du travail requiert que la division sociale du travail ait déjà mûri jusqu'à un certain degré de développement[4] ». La présentation généraliste n'empêchera pas Durkheim, s'appuyant sur les découvertes récentes de la biologie, d'expliquer qu'il faut « voir dans la division du travail un fait d'une généralité que les économistes, qui en parlèrent pour la première fois, n'avaient pas pu soupçonner[5] ». Mais la présentation généraliste de Say évite de reproduire l'erreur – si l'on peut dire – de Smith qui ouvrait son traité à la fois sur une phrase triomphaliste et sur un exemple étroit et dysphorique.

Les premières lignes de *La Richesse des nations* (1776) proclament en effet que « Les plus grandes améliorations dans la puissance productive du travail, et la plus grande partie de l'habileté, de l'adresse, de l'intelligence avec laquelle il est dirigé ou appliqué, sont dues (...) à la *Division du travail*[6]. » Mais Smith allègue d'emblée l'exemple de la manufacture d'épingles, preuve parfaite que décomposer un processus productif en dix-huit opérations permet à chaque ouvrier de gagner en dextérité, annule les temps de transfert entre postes de travail, permet d'introduire la machine[7]. Or il s'agit d'un exemple à double tranchant,

---

3   *Ibid.*, chap. X, p. 54-55.
4   Karl Marx, « Division du travail et Manufacture » (4ᵉ section, chap. XII), *Le Capital : critique de l'économie politique. Livre premier, Le procès de production du capital* [1867], traduit de la quatrième édition allemande par Étienne Balibar, Gérard Cornillet, Geneviève Espagne *et al.*, éd. Jean-Pierre Lefebvre, Paris, PUF, « Quadrige », 3ᵉ édition, 2009, p. 397.
5   Émile Durkheim, *De la division du travail social* [1893], Paris, PUF, « Quadrige », 8ᵉ éd., 2013, p. 3.
6   Adam Smith, *La Richesse des nations, op. cit.*, vol. 1, p. 71.
7   *Ibid.*, p. 75-76.

parfaitement probant mais tout à fait inquiétant, de la réduction de l'humain à un rouage. À l'homme qui « porte dans ses bras tout un métier, sent sa force et son indépendance », s'oppose désormais l'homme du « travail divisé », qui « tient de la nature des machines au milieu desquelles il vit », répliquera Pierre-Édouard Lemontey dans « Influence morale de la division du travail ». « C'est un triste témoignage à se rendre que (…) de n'avoir jamais fait que la dix-huitième partie d'une épingle », médite-t-il dans ce texte publié en 1801[8]. Pourquoi les pages liminaires de *La Richesse des nations* sont-elles surchargées de notes dans la « collection des principaux économistes » en 1843[9] ? Parce que la division du travail, qui assigne à l'homme une opération pouvant être, selon les propres termes de Smith, « la seule occupation de sa vie », est l'avers de l'effroyable inconvénient détaillé par Lemontey : voilà une grande découverte qui se solde par l'aggravation de la pauvreté, la destruction de la classe moyenne et la négation de l'idée de travail. Réagissant au texte de Smith, Adolphe Blanqui déclare qu'« il faut lire » Lemontey pour voir « la triste contre-partie de ce brillant tableau[10] ». Trois pages auparavant, notant que dans la situation décrite par Smith, « chaque ouvrier n'est plus qu'un rouage », Blanqui imite son devancier : « Qu'est-ce qu'un homme qui ne sait faire, même parfaitement, que des têtes d'épingles ou des pointes d'aiguilles[11] ? ». Deux pages après le passage sur la manufacture d'épingles, il ajoute : « Adam Smith aurait fort à rabattre des espérances que lui donnaient les phénomènes de la division du travail, s'il voyait aujourd'hui à quel état de misère

---

8   Pierre-Édouard Lemontey, « Influence morale de la division du travail », in *Œuvres*, t. Ier, éd. revue par l'auteur, Paris, Sautelet et cie éditeurs, 1829, p. 193-218. Voir la p. 202 pour ces citations.
9   On ne trouve plus ces notes dans les éditions françaises contemporaines de *La Richesse des nations*. Daniel Diatkine explique en préface à son édition de 1991, fondée sur le texte de 1881 (lui-même proche de celui de 1843), que « ces copieuses notes (…) encombraient le texte au point de le rendre inintelligible ». Il concède cependant que cet appareil de notes, où les commentaires initiaux de Germain Garnier et de Buchanan ou Mac Culloch sont à leur tour prétextes à des notes de Joseph Garnier ou Adolphe Blanqui, font de l'édition de 1881 un véritable « palimpseste, dont l'intérêt principal, aujourd'hui, est d'offrir une vision assez saisissante de la perception de *La Richesse des nations* qu'en offraient les économistes de l'époque ». C'est à ce titre que l'édition de 1843 intéresse le lecteur dix-neuviémiste et se trouvera ici utilisée ponctuellement.
10 Adam Smith, *La Richesse des nations*, Paris, Guillaumin, « Collection des principaux économistes », vol. V, 1843, livre I, chap. I, p. 12, note 1.
11 *Ibid.*, p. 8, note 1.

et d'abjection l'exagération de ce principe a réduit les classes ouvrières dans son pays[12] ». Lorsque nous ajoutons à cela la note du traducteur Germain Garnier qui souligne que le profit supplémentaire venant de la division du travail est inégalement réparti entre le *travailleur* et le *propriétaire foncier*[13] (note à son tour réfutée par Adolphe Blanqui[14]), nous percevons que l'exemple de la petite manufacture d'épingles, censé déployer au début de *La Richesse des nations* les avantages de la division du travail manufacturier, devient la prémisse la plus contestable de la pensée économique.

François Vatin a montré comment la formule de Lemontey sur le « dix-huitième d'aiguille », reprise textuellement par Say dans son *Traité*[15], résonne dans toute la critique de l'économie politique des XIXe et XXe siècles, de 1803 jusqu'au néo-marxisme des années 1970, en passant par Sismondi, Michelet, Tocqueville, Proudhon ou Charles Gide[16]. Mais il a aussi montré combien cette critique de la « déqualification » de l'ouvrier s'est fossilisée, en ignorant l'argument selon lequel le machinisme « consiste justement à dissocier le travail des machines et celui des hommes », tandis que se fossilisait symétriquement la théorie de la division du travail[17].

Car l'exposé même du principe de la division du travail tend à se simplifier au cours du XIXe siècle : tandis que *La Richesse des nations* contient, en son livre V, une critique de la division du travail plus vive que la concession formulée puis réfutée par Say dans le chapitre où il plagie Lemontey[18], le principe de la division du travail revêt sous la plume d'un Gustave de Molinari une forme d'évidence naturelle. Les économistes pourront s'engouffrer dans la légitimation naturelle de la division du travail qu'évoque Durkheim, lorsque ce dernier explique que la division du travail semble un « phénomène de biologie générale », une « loi » qui détermine un « *processus* général » auquel les sociétés ne

---

12 *Ibid.*, p. 14 note 1.
13 *Ibid.*, p. 14 à 16 et note 2, p. 14.
14 *Ibid.*, p. 16 (note signalée par astérisque). Blanqui reproche à Garnier de raisonner selon les termes de « l'école impitoyable et fataliste » de Malthus, Ricardo ou Mc Culloch.
15 Jean-Baptiste Say, *Traité d'économie politique*, Livre Ier chap. XIII, « Des inconvénients attachés à une trop grande subdivision du travail », *op. cit.*, vol. 1, p. 79.
16 François Vatin, « Pierre-Édouard Lemontey, l'invention de la sociologie du travail et la question salariale », *Revue du Mauss*, 2006/1 n° 27, p. 398-420.
17 *Ibid.*, p. 398-399.
18 Voir Adam Smith, *La Richesse des nations*, *op. cit.*, livre V, chap. Ier, vol. 2, p. 406-408.

font que se conformer[19]. Il y a là un mouvement sensible, même pour qui n'est pas historien de la pensée économique : tandis que l'économie politique du premier XIXe siècle fait monter les contradictions, celle du second XIXe siècle, du moins en France, se résout dans l'optimisme libéral des Frédéric Bastiat, Gustave de Molinari ou Yves Guyot, tandis que se développe dans l'ombre la révolution marginaliste[20]. Ce qui peut nous apparaître comme une économie politique de publicistes, un libéralisme économique vulgarisé, est d'ailleurs bien remis en contexte par Georg Lukács dans *Le Roman historique* lorsqu'il fait cette remarque incidente : de même que la philosophie hégélienne ou bien la pensée complexe et périlleuse du progrès (Lukács entend par là évidemment l'histoire scientifique de la lutte des classes) sont battues en brèche par la réaction conservatrice à la révolution de 1848, il apparaît que « l'économie classique, qui a exprimé hardiment en son temps certaines contradictions de l'économie capitaliste, devient l'harmonie sans heurts mais mensongère de l'économie vulgaire[21] ». Bref, on est passé de Ricardo à Molinari.

Et combien sont iréniques les pages du *Cours d'économie politique* de 1863, ou bien sûr des *Lois naturelles de l'économie* en 1887, ou encore de *La Morale économique* en 1888, dans lesquelles Molinari décompose avec suavité cet enchaînement naturel : l'homme est soumis à des besoins et enclin à minimiser ses souffrances et maximiser son plaisir ; pour satisfaire ses besoins, il obéit à une *loi d'économie des forces* qui l'incite à progresser dans les instruments et méthodes de production ; il adopte donc la division du travail et entre du même coup dans l'association et dans l'échange ; ce régime d'échange soumet à la destruction qui refuse le progrès, en vertu de la *loi de la concurrence* ; et la *loi de progression des valeurs* équilibre simultanément le système des prix, etc. La division du travail a une position liminaire dans ce raisonnement naturel, et il en va de même lorsqu'on explique l'économie aux enfants. Dans le *Magasin d'Éducation et de Récréation* de Hetzel commence en août 1870 une séquence de « Causeries économiques » par Maurice Block. Ces petits cours, présentés sous forme de dialogues entre un instituteur et ses élèves, avec intervention incidente du cultivateur, de l'ingénieur ou

---

19 Émile Durkheim, *De la division du travail social*, Introduction, *op. cit.*, p. 3-4.
20 Voir Jérôme Lallement, « Trois économistes face à la question sociale au XIXe siècle », *Romantisme* n° 133, 2006, p. 48-58.
21 Georg Lukács, *Le roman historique* [1937 ; trad. fra. 1965], Paris, Payot, « petite bibliothèque Payot », 2000, p. 194. Il s'agit du début de la 1re section du chap. III.

encore de l'ouvrier socialiste du village (est-ce un souvenir des *Soirées de la rue saint Lazare* de Molinari en 1849 ?), commencent par 1°) l'utilité et la valeur, 2°) la propriété, 3°) le travail, 4°) sa division... On inverse l'exemple malencontreux de la pointe d'épingle en généalogie arborescente de l'objet familier : « si l'on pouvait faire le calcul exact de tous les hommes qui ont contribué à produire les vêtements qu'un de vous porte, on trouverait peut-être un total de 100,000, plutôt davantage que moins », dit l'instituteur aux enfants impressionnés par l'invisible armada du travail divisé[22]. La division du travail est centrale ; elle est à l'articulation de la pensée de la profusion des objets et de la réflexion sur le destin de l'ouvrier.

L'économie part de cette loi naturelle pour fonder un système. La sociologie de Durkheim, prenant acte de la pauvreté des réflexions des économistes sur ce point[23], en repart aussi, mais pour l'interroger : si la division du travail est un fait de nature, « le développement de l'homme se fera dans deux sens tout à fait différents, selon que nous nous abandonnerons à ce mouvement ou que nous y résisterons[24] ». La division du travail pose un problème à « la conscience morale des nations » comme l'ont vu Say lui-même, Lemontey ou Tocqueville, cités par Durkheim, mais puisque ce ne sont ni les économistes, ni les « moralistes[25] » qui y répondront efficacement, c'est la sociologie qui se propose de le faire. Or la littérature aussi se tient là, tout près du problème. Pas seulement parce que Stendhal a lu Smith ou que Flaubert évoque la division du travail dans sa correspondance. Pas seulement parce que Zola raisonne par « mondes » ou est confronté, via la machine, au problème du travail divisé. Pas seulement parce que Jules Verne, en même temps que paraît dans le *Magasin* cette économie politique pour les enfants et une foule d'autres textes sur la genèse des produits de première nécessité, s'apprête à écrire ses robinsonnades[26]. La question de la mise en récit du savoir économique, qui nous intéresse au premier chef, se double du fait

---

22 *Magasin d'Éducation et de Récréation*, 7e année, 1870-1871, 2e semestre, 2e vol, p. 314.
23 Durkheim termine son introduction en citant un article de Schmoller (« La division du travail étudiée du point de vue historique », *Revue d'économie politique*, 1889) indiquant que « les observations d'une vérité banale de quelques économistes » n'ont pas permis de penser le problème. Émile Durkheim, *De la division du travail social, op. cit.*, p. 9.
24 Émile Durkheim, *ibid.*, p. 4.
25 *Ibid.*, p. 7.
26 Il songe au même moment à son roman *L'Oncle Robinson* ; il publie *L'Île mystérieuse* dans les mêmes colonnes quatre ans plus tard.

que la division du travail organise aussi le roman en-deçà et au-delà de l'écriture d'un thème. D'une part, les constructions mêmes du système des personnages ou du point de vue narratif peuvent être formulées en termes de division du travail, comme le dira la sociologie de la littérature de Lukács ou de Sartre. D'autre part, la division du travail régit la position même du romancier par rapport à l'édition, au journalisme, à la tribune politique, etc., comme l'ont aussi montré les historiens ou les sociologues du champ littéraire. Pour le roman comme pour les sociétés, la division du travail est un sujet englobant : sa définition est si simple, si forte, si malléable, qu'elle s'applique à des enjeux de poétique comme à des *situations* d'écrivain. Et surtout, pour le roman comme pour la sociologie, la division du travail est un phénomène ambivalent qu'il est impossible de trancher moralement. Un peu comme le fait le sociologue, il faut interroger le divers et voir en quoi « le pathologique nous aid[e] à mieux comprendre le physiologique[27] ».

---

27 Émile Durkheim, *De la division du travail social*, op. cit., p. 8.

DEUX FABRIQUES DE CLOUS

VERRIÈRES[1]

Lorsqu'elle s'intéresse aux deux premiers chapitres du *Rouge*, la critique s'accorde à montrer le caractère recréé, non référé, abstrait, de la description de Verrières, effectuée du point de vue d'un voyageur parisien en route vers Genève ou l'Italie. Verrières, le mont Verra, sont des noms inventés. Cette « petite ville » peut correspondre à plusieurs lieux de Franche Comté connus de Beyle. On évoque en particulier la ville de Dole ou la forteresse de Joulx, qu'il a vues lors d'un voyage à Genève en septembre 1811. La description de Verrières n'a donc pas de référent unique ; ce n'est pas un texte à clé. Ce n'est pas un chapitre des *Mémoires d'un Touriste*, référé à une ville de la carte (même si ces *Mémoires* s'ouvrent sur « Verrières, près Sceaux[2] »), mais plutôt une sorte de physiologie urbaine, qu'on a rapprochée de l'esthétique du guide Baedeker.

Aussi le commentaire, libéré de toute référence étroite, se concentre-t-il sur les oppositions sémantiques structurant cette ouverture. Nous avons avant tout affaire à une géographie idéologisée qui met face à face les deux noms de Rênal et Sorel à travers leurs œuvres[3]. Dans Verrières comme dans l'Angoulême d'*Illusions perdues*, nous voyons s'opposer une ville haute et une ville basse, et Pierre Barbéris dit comment cette partition, réifiée par les nombreux murs et murailles de la ville, va être bouleversée par l'ambition du héros et la passion de Mme de

---

[1] Un premier état de ce développement a été publié sous le titre « De la description comme euphémisation du savoir » dans Alice de Georges-Métral (dir.), *Poétiques du descriptif dans le roman français du XIXe siècle*, Paris, Classiques-Garnier, 2012, p. 239-254.
[2] Stendhal, *Mémoires d'un touriste*, éd. Michel Del Litto, dans *Voyages en France*, Paris, Gallimard, « Bibliothèque de la Pléiade », 1992, p. 3.
[3] Telle est la démonstration de Raymonde Debray-Genette dans le passage de *Métamorphoses du récit* où elle oppose la description stendhalienne à la description flaubertienne.

Rênal[4]. Toute la description de Verrières, explique Yves Ansel, est régie par la récurrence et l'opposition des adjectifs « petit » et « grand », qui permettent d'opposer le gigantisme des roches ou la vastitude de l'horizon à l'étroitesse des intérêts d'argent[5]. C'est ainsi que « les passages qui contribuent à planter un décor géographique vraisemblable, respectueux de données référentielles objectives consignées dans les cartes, décrivent bien moins un 'paysage' naturel qu'ils ne déclinent des séries paradigmatiques d'oppositions sémantiques fondamentales dans le roman[6] ». Cette ville imaginaire serait avant tout un système littéral donnant son élan au roman par le jeu des antithèses.

À l'intérieur de cette archi-description d'une petite ville du Jura, qui permettrait de poser un cadre paradigmatique, la description de la fabrique de clous qui constitue le troisième paragraphe du roman revêt une importance toute particulière. Elle introduit le portrait de M. de Rênal par ses œuvres, de même qu'elle expliquera l'opulence de la maison du maire, avec ses murs et sa « grille de fer ». Elle alimente l'analyse sociologique en représentant la conversion manufacturière de l'aristocrate placé entre les ultras et les libéraux. Elle nourrit le réalisme économique du roman en introduisant, après les scieries et l'industrie des toiles peintes qui ont déjà été évoquées mais pas décrites, une troisième industrie :

> À peine entre-t-on dans la ville que l'on est étourdi par le fracas d'une machine bruyante et terrible en apparence. Vingt marteaux pesants, et retombant avec un bruit qui fait trembler le pavé, sont élevés par une roue que l'eau du torrent fait mouvoir. Chacun de ces marteaux fabrique, chaque jour, je ne sais combien de milliers de clous. Ce sont de jeunes filles fraîches et jolies qui présentent aux coups de ces marteaux énormes les petits morceaux de fer qui sont rapidement transformés en clous. Ce travail, si rude en apparence, est de ceux qui étonnent le plus le voyageur qui pénètre pour la première fois dans les montagnes qui séparent la France de l'Helvétie. Si, en entrant à Verrières, le voyageur demande à qui appartient cette belle fabrique de clous qui assourdit les gens qui montent la grande rue, on lui répond avec un accent traînard : *Eh ! elle est à M. le maire*[7].

---

4 Pierre Barbéris, « Les éléments constitutifs de la ville et la naissance d'un problème », *L'Année Stendhal* n° 2, Klincksieck, 1998, p. 12.
5 Yves Ansel, *Stendhal littéral – Le Rouge et le Noir*, Paris, Kimé, 2001, p. 29-30.
6 Yves Ansel, « Le paysage est un miroir qu'on promène le long du roman », *L'Année stendhalienne* n° 3, Honoré Champion, 2004, p. 20.
7 Stendhal, *Le Rouge et le Noir*, Ière partie, chap. 1er, éd. Michel Crouzet, Paris, Librairie générale française, « Le Livre de poche classique », 1997, p. 12. C'est à cette édition que

On rappelle communément que lors de son voyage de septembre 1811, Beyle a visité à Morez une fabrique de clous, de même qu'il avait visité une fabrique d'indiennes en 1804. Le *Journal* de Stendhal témoigne de la visite de cette fabrique de clous[8] et Pierre Barbéris estime que tout Verrières sortirait de là : une forteresse en ruine sur son piton (Joulx) et une « belle fabrique de clous » (Morez), soit l'opposition pittoresque entre le chevaleresque aboli et l'industrialisme fraîchement éclos ; une histoire de murs toujours, qui dirait une transition socio-économique en toile de fond des bouleversements passionnels romanesques.

Ce qui est troublant dans ce passage est combien cette fabrique s'offre à la vue. On ne comprend pas très bien l'ancrage du bâtiment dans la ville : la fabrique paraît sise au beau milieu du pavé de la grand-rue de Verrières. Alors que la description de la maison et des jardins de M. de Rênal précisera plus loin qu'« en Franche-Comté, plus on bâtit de murs, plus on hérisse sa propriété de pierres rangées les unes au-dessus des autres, plus on acquiert de droit aux respects de ses voisins », la fabrique de clous de M. de Rênal semble justement n'avoir pas de murs. Elle s'offre à tous les regards, comme une sorte de lavoir. Elle est privée mais ressemble à un bâtiment à claire-voie, que la description traverse, et elle exprime ainsi l'exhibitionnisme tranquille voire la nuisance impunie de l'industrie du notable, qui a déjà détourné le ruisseau public à son profit. *Verrières* : ce nom a appelé le commentaire, qu'on y ait lu la désignation antiphrastique de la confiscation de la plus-value en régime capitaliste[9] ou la réduction de la petite ville touristique à l'état de vitrine[10].

Probablement cette fabrique de clous, sise au bord du torrent qui longerait la grand-rue ascendante, comme c'est le cas dans bien des bourgs de montagne, ressemble-t-elle à la scierie du père Sorel décrite au début du chapitre IV. « Une scie à eau se compose d'un hangar au bord d'un ruisseau », précisera alors le narrateur, qui ajoute : « Le toit est soutenu par une charpente qui porte sur quatre gros piliers en bois[11] ». Il y aurait là un implicite que maîtriserait le lecteur de 1830 :

---

nous nous référerons désormais en donnant successivement la partie, le chapitre et la page.
8 Voir le *Journal* de Stendhal au 3 septembre 1811. Stendhal a dessiné un clou (qui ressemble un peu à une vis, comme s'il était mal ébavuré).
9 Voir Pierre Barbéris, art. cité, p. 5-6.
10 Xavier Bourdenet, « Les laideurs de la civilisation », *L'Année Stendhalienne* n° 2, Honoré Champion, 2003, p. 31-37.
11 *Le Rouge et le Noir*, I, chap. IV, p. 25.

une fabrique de clous n'est qu'un gros appentis, ce qui expliquerait que le *travelling* descriptif du voyageur remontant la rue prenne ce caractère d'esquisse analytique. Mais si cela est du domaine du connu, pourquoi préciser pour la scierie ce qui n'a pas été dit pour la fabrique de clous ? Il y aurait bien ellipse et non implicite culturel dans le premier passage, ellipse qui intensifierait le caractère de *vision* de cette fausse description, ellipse qui renforce l'impression que le troisième paragraphe du roman *Le Rouge et le Noir* est avant tout un texte gnomique – le tour gnomique de ces lignes provenant aussi de la possible contamination du présent descriptif (qui prévaudra jusqu'à la moitié du chapitre second) par le présent de vérité générale, ainsi que du caractère exemplaire de cette fabrique (on en trouve visiblement d'autres « dans les montagnes qui séparent la France de l'Helvétie »). Aussi ce paragraphe cumule-t-il les caractères de la description stendhalienne « ellipsée », « squelettisée » et « allégorisée », pour reprendre les termes de Georges Kliebenstein[12]. Aussi ce paragraphe, s'il constitue un module dans un système littéral d'oppositions paradigmatiques, n'en fait-il pas moins signe vers une référence extérieure. Cette description anatomique d'un processus productif, bien que visiblement incomplète, est la restitution d'un savoir. C'est une vignette d'économie politique.

Ce n'est pas trahir le caractère abstrait, typologique ou physiologique qu'on attribue communément à la description de Verrières que de chercher une origine intertextuelle à ce paragraphe. De même qu'Yves Ansel donne un fragment des *Caractères* de La Bruyère comme un intertexte convaincant de la description itérative de cette jolie « petite ville » s'avérant « empestée des petits intérêts d'argent[13] », nous pouvons rappeler que le début du *Traité* de Say cite l'exemple de la fabrique de toiles peintes[14] ou évoque la production des vallées du Jura[15], ni surtout que le fameux début de *La Richesse des nations* sur la manufacture d'épingles laisse place à un paragraphe sur la fabrication des clous, dans lequel

---

12 Georges Kliebenstein, « Dysmimésis stendhalienne », *L'Année Stendhalienne* n° 2, Honoré Champion, 2003, p. 137-138.
13 *Le Rouge et le Noir*, I, chap. 1er, p. 13.
14 Jean-Baptiste Say, *Traité d'économie politique, op. cit.*, Livre Ier, chap. X (sur la division du travail), vol. 1, p. 55.
15 « L'aisance habite dans les gorges infertiles du Jura, surtout du côté de la Suisse ; c'est qu'on y exerce plusieurs arts mécaniques, l'horlogerie, la serrurerie ; on y fait des planches, des chars. » *Ibid.*, chap. VII (sur les capitaux productifs), p. 36.

Smith explique le surcroît de dextérité et de productivité provenant de la division du travail :

> Premièrement, l'accroissement de l'habileté dans l'ouvrier augmente la quantité d'ouvrage qu'il peut accomplir, et la division du travail, en réduisant la tâche de chaque homme à quelque opération très simple et en faisant de cette opération la seule occupation de sa vie, lui fait acquérir nécessairement une très grande dextérité. Un forgeron ordinaire qui, bien qu'habitué à manier le marteau, n'a cependant jamais été habitué à faire des clous, s'il est obligé par hasard de s'essayer à en faire, viendra très difficilement au bout d'en faire deux ou trois cents dans sa journée ; encore seront-ils fort mauvais. Un forgeron qui aura été accoutumé à en faire, mais qui n'en aura pas fait son unique métier, aura peine, avec la plus grande diligence, à en fournir dans un jour plus de huit cents ou d'un millier. Or, j'ai vu des jeunes gens au-dessous de vingt ans, n'ayant jamais exercé d'autre métier que celui de faire des clous, qui, lorsqu'ils étaient en train, pouvaient fournir chacun plus de deux mille trois cents clous par jour[16].

L'exemple de la fabrique d'épingles ou de la fabrique de clous pour illustrer la notion de division du travail constitue dans la littérature économique un exemple « canonique », pour reprendre l'expression de Marie de Gandt, qui a déjà remarqué cet écho entre le troisième paragraphe du *Rouge* et le corpus de l'économie politique[17]. Toute la réflexion de Michel Crouzet sur l'énergétique de Stendhal et sa réception de la théorie du travail divisé incorpore implicitement l'idée que ce paragraphe est la cristallisation locale d'un savoir emprunté à Smith ou à Say[18]. Certes l'intertextualité n'est pas stricte, même si nous trouvons d'une part les « jeunes filles fraîches et jolies », par ailleurs entrevues à Morez, d'autre part les « jeunes gens au-dessous de vingt ans » évoqués par Smith. En effet, ce passage de *La Richesse des nations* ne porte pas sur la machine, puisque c'est le premier moment d'un raisonnement ternaire sur l'accroissement de la productivité par la division du travail sous l'effet 1°) de l'accroissement de la dextérité, 2°) de l'annulation des coûts de transferts entre besognes, 3°) du

---

16 Adam Smith, *La Richesse des nations*, *op. cit.*, vol. 1, p. 75.
17 Marie de Gandt, « Le signe au XIXe siècle, entre littérature et économie », dans Andrea Del Lungo et Boris Lyon-Caen (dir.), *Le Roman du signe. Fiction et herméneutique au* XIXe *siècle*, Saint-Denis, Presses universitaires de Vincennes, « Essais et savoirs », 2007, p. 73. Marie de Gandt rattache plutôt ces pages au *Traité* de Say qu'au livre de Smith.
18 Michel Crouzet, « La division du travail », dans *Stendhal et le désenchantement du monde. Stendhal et l'Amérique II*, Paris, Classiques Garnier, 2011, p. 412.

développement des machines[19]. Il n'en reste pas moins que la valeur métonymique de l'exemple de la fabrique de clous abolit ces différences mineures : c'est bel et bien toute la pensée de la division du travail qui se trouve convoquée. Nulle part mieux qu'ici se vérifient les caractères du « réalisme sérieux » de Stendhal selon Auerbach : le savoir est immense et il est amuï, la citation est partout et elle est nulle part, enfin et surtout l'idéologie est là mais en silence – un silence qui inverse le vacarme des marteaux. On aimerait dire avec vigueur : l'un des plus grands romans du XIXe siècle français commence par une citation implicite de l'ouvrage fondateur de l'économie politique classique, et même par les premières pages de cet ouvrage, le seuil du seuil, moyennant quoi ce roman s'ouvre, comme l'économie politique, sur la division du travail, et s'érige en concurrent direct de la science nouvelle. Mais le roman stendhalien ne se prête pas à ce coup de clairon : le romanesque rend le savoir subsidiaire, les économistes se reconnaîtront.

C'est Louis Crozet qui a annoté l'exemplaire de *La Richesse des nations* qu'Henri Beyle et lui ont lu en commun[20]. Beyle est l'auteur des fragments sur Smith recueillis dans le projet de traité d'économie politique de 1810[21]. Tous deux ont parcouru au moins le premier livre de *La Richesse des nations* : Crozet jusqu'au chapitre XI, Beyle au moins jusqu'au chapitre VIII. L'un et l'autre ont semble-t-il lu la

---

19 Aussi la fabrique de M. de Rênal représente-t-elle un progrès, dans l'ordre de la division du travail, par rapport à l'atelier du forgeron évoqué par Smith.
20 Voir les nouvelles notations marginales relevées par Victor del Litto sur l'exemplaire de *La Richesse des nations* de Beyle et Crozet. Il ne faut pas s'arrêter au fait que Crozet tienne le crayon : « À l'époque, Stendhal et Crozet ne faisaient qu'un », affirme Victor del Litto : « mêmes préoccupations intellectuelles, mêmes curiosités, le 'je' de l'un est le 'je' de l'autre. (...) Aussi la connaissance intégrale de ce commentaire [de Crozet sur Smith] permet-elle de faire le point sur les connaissances du couple Stendhal-Crozet en matière d'économie politique sous l'Empire ». Victor del Litto, *Une somme stendhalienne, Études et documents 1925-2000*, t. II, Paris, Champion, 2002, p. 1165.
21 Stendhal, « Traité d'économie politique », dans *Œuvres complètes*, vol. 45, *Mélanges I – Politique, Histoire, Économie politique*, éd. Victor Del Litto et Ernest Abravanel, Genève, Édito-service, « Cercle du bibliophile », 1971, p. 111-138. Les notes consacrées à Smith paraissent rassemblées au milieu de ces fragments, depuis « *On Population* » p. 115 jusqu'au titre « Études d'économie politique » p. 119. Ces notes se trouveraient donc classées entre les notes sur Malthus et les notes sur Say. Il faut prendre garde au fait que le titre ou l'intertitre « *On population* » ou bien « population », dû à Stendhal, ne semble donc pas renvoyer au titre de l'essai de Malthus, mais en fait à la lecture de *Richesse des nations*.

préface critique du traducteur Germain Garnier, et Henri a aussi fait une incursion dans les trois premiers chapitres du Livre IV (rencontrant donc la métaphore de la main invisible). Des vingt-cinq marginalia de Crozet et de la dizaine de fragments d'Henri consacrés au livre de Smith, il faut retenir d'abord l'enthousiasme avec lequel Crozet ponctue sa lecture du chapitre inaugural sur la division du travail :

> (...) ce chapitre est excellent, non point seulement sous le rapport de la science, il est encore très intéressant, et il peint. Je vois l'homme et la société agissants[22].

Henri ne partage pas cette appréciation stylistique, mais il résume parfaitement dans ses fragments l'enjeu du chapitre et la définition de la division du travail[23]. Plus avant, il note bien la relation entre l'étendue du marché (intérieur et extérieur) et l'intensité de la division du travail, témoignant ainsi de sa lecture des chapitres II et III de Smith[24]. Enfin, Beyle et Crozet sont parfaitement conscients de l'aspect polémique de la question du travail divisé, dès lors que Crozet griffonne sur la dernière page du chapitre :

> *To see the* observations *of Say who pretends justly that the work's division has the* inconvénient *of mind* rétrécir[25].

Cette notule atteste que les deux amis font d'emblée une lecture lucide et critique des pages de Smith, même si la page de Say sur la « dégénération » causée par la division du travail[26] est moins vigoureuse

---

22 Victor del Litto, *Une somme stendhalienne*, t. II, *op. cit.*, p. 1167.
23 Voir le fragment commençant par « Page 15... », Stendhal, « Traité d'économie politique », dans *Œuvres complètes*, vol. XLV, *op. cit.*, p. 116. Michael Nerlich confirme que Beyle a compris la question de la division du travail : voir son article « Économie », dans Yves Ansel, Philippe Berthier et Michael Nerlich (dir.), *Dictionnaire de Stendhal*, Honoré Champion, 2003, p. 239-240.
24 Voir le fragment commençant par « 36. La faculté d'échanger... », « Traité d'économie politique », dans *Œuvres complètes*, vol. XLV, *op. cit.*, p. 117.
25 Victor del Litto, *Une somme stendhalienne*, t. II, *op. cit.*, p. 1167.
26 Jean-Baptiste Say, *Traité d'économie politique*, Livre Ier chap. XIII, *op. cit.*, vol. 1, p. 79-80. Lemontey, dans son texte, signale l'emprunt que lui a fait Say : « M. Jean-Baptiste Say m'a fait l'honneur d'adopter, dans son excellent *Traité d'économie politique*, le principe que j'ai mis au jour dans ce fragment. Le titre un peu frivole de mon livre ne lui a sans doute pas permis de me citer. » Voir Pierre-Édouard Lemontey, « Influence morale de la division du travail », dans *Œuvres*, *op. cit.*, p. 194.

que l'opuscule de Lemontey dont elle s'inspire[27], ou même que les pages de *La Richesse des nations* dans lesquelles Smith reconnaît que la division du travail rend l'homme « aussi bête et ignorant qu'une créature humaine peut le devenir » et que « sa dextérité dans le métier particulier qui lui est propre semble (...) acquise aux dépens de ses vertus intellectuelles, sociales et martiales[28] ». Quand bien même Stendhal n'aurait lu que le *Traité* de Say et qu'il n'aurait lu ni Lemontey[29] ni la concession de Smith, il pouvait déjà saisir le problème économique et moral que déploieront les notes de l'édition de *La Richesse des nations* chez Guillaumin en 1843, ou bien la glaçante démonstration de Marx sur la réduction de l'ouvrier à une quantité algébrique dans la division manufacturière du travail[30]. Il est entendu que la division du travail, c'est l'horreur économique, et c'est plus généralement l'horreur de la spécialité. Jean-Baptiste Say le dit à sa manière, lorsqu'il mêle incidemment division manufacturière du travail et division sociale du travail, en donnant l'exemple du procureur qui serait incapable de raccommoder un meuble, sauver un noyé ou défendre sa ville[31]. C'est bien élargir le problème au-delà de l'ouvrier-machine : la fabrique de clous est l'expression bruyante d'un fait universel.

La description de la fabrique Rênal indique, avant même le portrait de Julien à califourchon sur la poutre de la scierie de son père, les lois économiques qui menacent le héros et la jeunesse populaire de Verrières. Ces jeunes filles qui, par la merveille de la division du travail et du machinisme, fabriquent pour Rênal des clous mieux qu'un vieux

---

27 Précisons que c'est en repartant de l'exemple de deux forgerons se répartissant le travail du clou que Lemontey finit par opposer l'ouvrier qui « porte dans ses bras tout un métier, sent sa force et son indépendance » à celui qui « tient de la nature des machines au milieu desquelles il vit » et qu'il introduit la conclusion célèbre et plagiée : « C'est un triste témoignage à se rendre que (...) de n'avoir jamais fait que la dix-huitième partie d'une épingle ». *Ibid.*, p. 202.

28 Ce qui laisse donc un rôle à l'État (éducation, organisation de la défense nationale...). Voir Adam Smith, *La Richesse des nations, op. cit.*, vol. 2, p. 406.

29 Fernand Rude suggère tout de même que Stendhal a lu le livre de Lemontey. Voir les mentions de Lemontey en particulier dans les *Mémoires d'un touriste* : « Lyon, ville de cent soixante-dix mille habitants, n'a produit que deux hommes : Ampère et Lemontey ». Stendhal, *Mémoires d'un touriste, op. cit.*, p. 64.

30 « Dans la manufacture, c'est la loi d'airain du nombre proportionnel ou de la proportionnalité qui subsume des masses déterminées de travailleurs sous des fonctions déterminées... » Karl Marx, « Division du travail et Manufacture » (4ᵉ section, chap. XII), *Le Capital, op. cit.*, p. 400.

31 Jean-Baptiste Say, *Traité d'économie politique*, Livre Iᵉʳ chap. XIII, *op. cit.*, vol. 1, p. 79-80.

forgeron – même – expérimenté, ne saurait le faire, sont du même monde et du même âge que le héros. Elles sont de celles qui lui apportent des « voix amies » dans la petite ville[32]. Elles figurent un peu le sort qui l'attendrait si, chassé de la scierie de son père où il peut encore lire Las Cases, il échouait chez son parrain. Qui est ce parrain ? Il est évoqué furtivement dans le roman. Le texte ne dit rien de lui sinon qu'il est de ces libéraux auquel le juge de paix inflige de petites amendes vexatoires et qu'il est...« cloutier[33] ». Le raccroc phrastique signalant que cet anonyme est le parrain de Julien semble immotivé[34]. Il est en vérité motivé parce que son industrie fait de lui le concurrent mimétique de Rênal et qu'elle achève de rapprocher le « joli petit jeune homme » des « jeunes filles fraîches et jolies » de la fabrique de clous, qui touchent exactement le même salaire que le salaire initial du petit précepteur, comme l'a noté Yves Ansel[35]. La fabrique de clous du troisième paragraphe figure donc déjà le piège de la division du travail pour le héros *in absentia*. Elle le figure de manière d'autant plus frappante que cette description est lacunaire et qu'elle ne montre, justement, *qu'une partie* du travail : où étire-t-on le fer ? où le coupe-ton ? Elle le figure d'une manière d'autant plus frappante que les jeunes ouvrières sont à l'extrémité frêle de la chaîne de transmission des forces décomposée par la voix passive et par la deuxième proposition relative dans la phrase : « Vingt marteaux pesants, et retombant avec un bruit qui fait trembler le pavé, sont élevés par une roue que l'eau du torrent fait mouvoir ». Et il est important que ce ne soit pas la fabrique de toiles teintes de Mulhouse qui soit ici prétexte à cette expression au carré d'une-partie-du-travail-divisé selon Smith : cela serait encore trop idyllique, figuratif et coloré. Non, il faut la bêtise et la simplicité du clou nu, déjà flaubertien. Il faut que l'industrie de M. de Rênal soit des plus sommaires, pour que le tableau industriel acquière, derrière la feinte indifférence du narrateur, toute son âpreté. Bien sûr, ce tableautin dit la même chose que bien des pages des premiers chapitres, qui montrent la manie des murs, le cloisonnement de la société, soulignent la distinction des classes, la trahison politique des amitiés de jeunesse (Rênal), les rivalités entre libéraux et ultra, enfin le choix du

---

32 Stendhal, *Le Rouge et le Noir, op. cit.*, I, chap. IV, p. 27.
33 *Ibid.*, I, chap. V, p. 32.
34 « Il ne s'agissait, il est vrai, que de sommes de trois ou de cinq francs ; mais une de ces petites amendes dut être payée par un cloutier, parrain de Julien. » *Ibid.*
35 Yves Ansel, *Stendhal littéral, op. cit.*, p. 110.

séminaire contre tout espoir de devenir lieutenant de hussards (Julien). Mais il le dit de manière bien plus impitoyable, pour qui connaît le texte de *La Richesse des nations* et la controverse associée : la tyrannie de l'organisation économique s'ajoute au poids de l'ordre politique.

Donc il ne faut pas être de cette jeunesse qui fabrique des clous. Il ne faut pas cesser de lire Las Cases, tout en surveillant la scie. Il ne faut pas être non plus « domestique[36] ». Il faut même refuser la proposition de l'ami Fouqué (cet espèce de Crozet de la fiction, industrieux, solitaire, ombrageux), qui tout en offrant trois mille ou quatre mille francs par an pour une place d'associé, éloigne Julien des « grandes choses », risque de tuer son « feu sacré[37] », et le fait balancer « entre la médiocrité suivie d'un bien être assuré et tous les rêves héroïques de sa jeunesse[38] » : toute la réflexion de Michel Crouzet sur la division du travail selon Stendhal et sur l'antithèse entre romantisme et *spécialité* est centrée sur ce risque de déperdition d'énergie[39]. D'ailleurs, que ferait Julien s'il devenait associé de la société d'abattage de Fouqué ? Ironie : il fournirait du bois à son propre père, redoublant la filiation haïe d'une relation commerciale ! Les planches Sorel et les clous Rênal, c'est déjà le cercueil du héros : le tableau liminaire de ces deux industries n'est peut-être pas moins prémonitoire que l'article sur l'exécution de Jenrel, mais il figure une destinée que le héros peut déjouer.

L'un des signes de l'arrachement salutaire du héros à la division du travail est dans *Le Rouge et le Noir* l'évolution de son salaire. L'étude détaillée de cette envolée a déjà été faite[40]. Ce qui importe est qu'elle atteste l'unicité du sujet, son irremplaçable et précieuse singularité pour l'employeur. François Vatin souligne que l'objection de Pierre-Édouard Lemontey considérée comme la plus préoccupante par Jean-Baptiste Say n'est pas celle de l'abrutissement du travail divisé, auquel on pourrait remédier par l'éducation hors de l'usine, mais l'idée que la spécialisation trop poussée de l'ouvrier, en contexte de division manufacturière du travail, le rend dépendant du patron[41]. La critique de la division du travail

---

36 Stendhal, *Le Rouge et le Noir, op. cit.*, I, chap. v, p. 28.
37 *Ibid.*, I, chap. XII, p. 79.
38 *Ibid.*, p. 80.
39 Michel Crouzet, *Stendhal et le désenchantement du monde, op. cit.*, p. 413.
40 Yves Ansel, *Stendhal littéral, op. cit.*, p. 111-113 et p. 116.
41 Say donne l'exemple du spécialiste en fabrication de cadrans de montre, qui peinerait à retrouver du travail s'il quittait le régime de travail très divisé de sa fabrique

par Lemontey poserait donc surtout la question de l'employabilité du travailleur qualifié ; elle pose la question du salariat. C'est évidemment tout le contraire qui se joue dans la destinée du héros Julien, outre qu'il quitte bien vite la fabrique familiale : précepteur chez les Rênal, secrétaire particulier de La Mole, c'est dans l'autre sens qu'il fait jouer la *particularité*, et le montant du salaire est le signe tangible de cette inversion ironique des conséquences de la division du travail. Rappelons brièvement que Beyle et Crozet ont lu de près tout ce qui concerne la fixation des salaires dans le premier livre de *La Richesse des nations*. Ils ont lu dans le chapitre VI comment s'est fixé le prix du travail, depuis l'apparition du propriétaire foncier et la distinction entre fermier et ouvrier, dès lors qu'il y a eu distinction du capital et du travail[42]. Beyle et Crozet ont surtout lu l'important chapitre VIII, auquel Crozet consacre une douzaine de marginalia[43] et Beyle deux autres fragments notables ; Smith y revient sur le processus d'accumulation du capital, pèse la force respective des « coalitions » d'ouvriers et des « ligues » tacites de propriétaires pour définir le niveau des salaires, enfin médite sur le salaire de « subsistance » de l'ouvrier[44] en termes réels, c'est-à-dire relativement aux coûts de la vie domestique[45]. Retenons ces deux derniers aspects. Sur la question du salaire de subsistance, nous voyons Beyle en 1810, s'appuyant sur l'expérience d'administrateur de Crozet, se livrer au compte précis de ce que coûtent en nourriture les « condamnés » des dépôts de mendicité

---

d'horlogerie, contrairement par exemple à un fabricant de sabots. Voir François Vatin, « Pierre-Édouard Lemontey... », art. cité, p. 415 et p. 419 (mais cette dépendance ne s'inverse-t-elle pas aussi en dépendance du patron envers la spécialisation de son ouvrier ?).

42 C'est le chapitre dans lequel Smith explique que le prix des marchandises (il donne l'exemple du blé) se décompose en travail (paiement des ouvriers, entretien des machines, nourriture des bêtes), rente (rémunération du propriétaire) et profit (rémunération du travail d'inspection et de direction du fermier). Voir *La Richesse des nations*, livre Ier, chap. VI, vol. 1, p. 120. Beyle résume cette explication en avril 1810 dans deux fragments, l'un commençant par « I. 93 Tout prix se décompose etc. » et l'autre, daté du 9 avril, par « I. 96. Ainsi le prix total des marchandises etc. ». Stendhal, « Traité d'économie politique », dans *Œuvres complètes*, vol. XLV, *op. cit.*, p. 118.

43 Victor del Litto, *Une somme stendhalienne*, t. II, *op. cit.*, de la p. 1167 « Distinguer l'accroissement de la richesse... » à la p. 1170 « Second truth ».

44 Adam Smith, *La Richesse des nations*, Livre Ier, chap. VIII, *op. cit.*, vol. 1, respectivement p. 136, p. 137-138 et p. 139.

45 Il prend aussi en compte le nombre de bouches à nourrir, moyennant quoi les développements de Smith sont ici proches de ceux de Malthus dans son *Essai sur le principe de population*. Voir notre quatrième partie.

selon qu'ils travaillent ou non[1]. La grivèlerie de Valenod sur la portion de viande des pauvres à Verrières[2] et l'épigraphe du chapitre sur le séminaire[3] sortent peut-être de là. Quant à la question de la facilité pour une poignée de maîtres de s'entendre sur les salaires, tandis que les coalitions d'ouvriers sont promises à l'échec et à la division, nous voyons bien que Stendhal en retournera tous les termes dans *Le Rouge et le Noir* : l'offre de travail se résume au héros lui-même, et les maîtres se font concurrence. Le monopole du précepteur se joue des monopoles industriels et des places des riches. Le salaire n'est plus gagé sur la subsistance mais devient totalement volatile, et M. de Rênal, comme l'aurait voulu Ricardo préoccupé d'élargir la définition du salaire, paie le séminaire de Julien... Stendhal connaissait trop bien la question du salariat pour ne pas penser cette ironie.

La prison qui s'offre d'abord au héros, dans *Le Rouge et le Noir*, est donc la division du travail. La fabrique de clous, c'est déjà Birmingham ou Manchester ; c'est déjà même le taylorisme américain ; c'est l'avenir, et pour Julien, un avenir proche et menaçant. Mais faut-il y insister ? Stendhal ne fait pas dans l'anti-industrialisme grandiloquent. Étudiant la description de Verrières, Philippe Berthier remarque avec justesse à propos de cette fabrique de clous que « pas plus qu'il ne verse dans la manie descriptive, Stendhal ne s'abandonne au misérabilisme ou à l'agressivité sociologique[4] ». Du coup, faut-il se livrer à une amplification zolienne du tableau en prétendant que les « jeunes filles fraîches et jolies » de la fabrique de clous sont des « prisonnières condamnées, dans un fracas infernal, aux mêmes gestes absurdes pour engraisser de leur chair tendre le métallique Minotaure, le glouton Baal moderne[5] » ? Oui et non. Philippe Berthier conclut à propos de la fabrique et de la division du

---

1   Voir le fragment composé d'additions dans Stendhal, « Traité d'économie politique », dans *Œuvres complètes*, vol. XLV, *op. cit.*, p. 115-116. C'est le premier des fragments sur Smith. Les fragments composant le projet de traité d'économie politique de Stendhal sont donc en désordre, ce qui suggère ou bien que Beyle n'a pas lu *La Richesse des nations* dans l'ordre, ou bien que l'ordre de ces manuscrits devrait être revu.
2   Stendhal, *Le Rouge et le Noir*, *op. cit.*, I, chap. XXII, p. 144.
3   « Trois cent trente-six dîners à 83 centimes, trois cent trente-six soupers à 38 centimes, du chocolat à qui de droit ; combien y a-t-il à gagner sur la soumission ? – [signé] Le VALENOD de Besançon ». *Ibid.*, I, chap. XXV, p. 171.
4   Philippe Berthier, « Verrières, mode d'emploi », dans *Espaces stendhaliens*, Presses universitaires de France, 1997, p. 210.
5   *Ibid.*, p. 210-211.

travail (quoiqu'il n'invoque pas explicitement cette notion) : « une malédiction typique du XIXᵉ siècle, et dont Stendhal a d'ailleurs parfaitement diagnostiqué la vocation totalitaire, s'est ici mise en place et a commencé ses ravages[6] ». Certes, mais faut-il que l'ordre du commentaire inverse la démarche stendhalienne qui va de la compréhension des mécanismes à leur euphémisation romanesque ? Nous avons le choix ici entre deux discours critiques. Le premier insisterait sur la dimension informée et visionnaire de la description stendhalienne : le narrateur serait comme le guetteur gracquien décelant dans le paysage les signes de la guerre (économique) à venir. Le deuxième prendrait acte de la neutralisation idéologique du tableau et refuserait tout déterminisme historique, de manière peut-être plus conforme à l'existentialisme stendhalien. Pierre Barbéris a pointé, sans y insister, tous les éléments dysphoriques, biffés ou non, qui dans le passage du *Journal* sur la visite de la fabrique de clous de Morez (3 septembre 1811) ne se retrouveront pas dans le roman :

> M. Lechi et moi nous voyons une fabrique de clous de souliers ; il y avait déjà huit ou dix ouvrières, la plupart jeunes. L'une, qui ressemblait à Mme Héliotte, m'a montré le procédé fort simple, qui exige cependant pour les clous à tête ronde deux coups de leur lourd marteau. On leur donne deux sous par millier, elles en font dix ou au plus douze milliers[7]. ~~Le marteau passe diablement près du nez~~[8].

C'est mettre l'accent sur le travail d'euphémisation et de neutralisation idéologique du savoir qui caractérise le roman stendhalien. Mais nous pouvons nous demander si Stendhal ne pousse pas plus loin encore la destruction du sens convenu. Reprenant le dossier de la description de Verrières, Xavier Bourdenet s'est demandé comment penser la joliesse de la « petite ville » : peut-il y avoir d'un côté les « laideurs de la civilisation » qui caractérisent la Nancy de *Lucien Leuwen* et de l'autre une beauté de la civilisation[9] ? On voit bien l'enjeu : devons-nous voir dans Verrières un peu de cette « grâce industrielle » que voit le poète

---
6   *Ibid.*, p. 211.
7   Ce qui nous fait donc 20 sous ou 1 franc par jour. Cela est très faible et comparable avec le salaire d'un domestique de province ou avec le premier traitement de Julien (30 F. par mois). Cela représente le tiers du salaire journalier moyen de l'ouvrier en France durant la première moitié du siècle.
8   Pierre Barbéris, art. cité, p. 17. Voir Stendhal, *Journal*, éd. Xavier Bourdenet, Gallimard, « folio », 2010, p. 801-802.
9   Xavier Bourdenet, art. cité, p. 31.

de « Zone » dans le voisinage de la rue Aumont-Thiéville ? Ou devons-nous repérer dans cette description une ample antiphrase, attestée *in fine* par le mouvement de dévoilement de la vérité, inspiré de La Bruyère (la ville s'avère « empestée de petits intérêts d'argent ») ? Voire une ironie citationnelle moquant le lyrisme incident du texte de Smith sur la division du travail ? Or il ne faut pas se masquer que ces pages du *Rouge* n'entrent dans aucun de ces dispositifs rhétoriques. On reste gêné par une répétition qui crible le troisième paragraphe du roman :

> À peine entre-t-on dans la ville que l'on est étourdi par le fracas d'une machine bruyante et terrible *en apparence*.
>
> (...)
>
> Ce travail, si rude *en apparence*, est de ceux qui étonnent le plus le voyageur qui pénètre pour la première fois dans les montagnes qui séparent la France de l'Helvétie.

Que veut dire « en apparence » sous la plume de Stendhal ? L'expression pourrait signifier « apparemment » ou bien « d'aspect » (« d'aspect terrible » pour la machine, de même qu'on nous dit deux fois, aux chapitres IV et V que Julien est faible « en apparence »). Dans le premier cas elle appelle une antithèse ; dans le second elle affirme une évidence, ce qui s'inscrirait bien dans le caractère transparent de la fabrique. Or cette expression, dans *De l'Amour* comme dans le corpus fictionnel stendhalien, introduit toujours une antithèse[10]. La machine à clous paraît terrible *mais* ne l'est peut-être pas tant que cela. Ce travail est rude *mais* il ne s'agit après tout que de glisser des bouts de fer sous un marteau mécanique. Ce gai tapage artisanal conserverait les traits d'une pastorale. Cela est gênant. Le texte même de Smith pourrait bien contenir une expression comme « en apparence ». L'ironie citationnelle stendhalienne irait-elle donc jusqu'à reproduire des atténuations spécieuses qu'on pourrait trouver chez les économistes ? Ou bien Stendhal pousse-t-il jusqu'à l'extrême la neutralisation de l'idéologie pour restaurer une liberté dans la lecture du réel ? Le texte du roman irait plus loin encore, dans l'ambivalence, que le pamphlet manqué *D'un nouveau complot contre les industriels*[11]. Au début du *Rouge*, l'ironie ne résiderait pas

---

10 Après examen des 48 occurrences de cette expression dans le corpus Frantext.
11 Pour une analyse de cette ambivalence, voir Geneviève Mouillaud, « Le pamphlet impossible », dans Stendhal, *D'un nouveau complot contre les industriels*, Flammarion, « nouvelle bibliothèque romantique », 1972, p. 69-90.

tant dans la citation d'un exemple canonique de la division du travail, ni dans l'antiphrase qu'attestent les notations clairement péjoratives de ce début de roman (antiphrase malmenée par les « en apparence », dont on ne sait si elles la servent ou l'atténuent), mais dans le dialogisme même du paragraphe. Cette description de la fabrique de clous rend compte d'une notion économique bien connue, saisie par la controverse, et elle en rend compte comme une double idée reçue : idée reçue des bienfaits de la division du travail, idée reçue de la critique de la division du travail. Voilà en quoi le descripteur de Verrières est « libéral » : il est libéral par cette libre expression des contraires que permet l'ironie dialogique ; d'un côté l'économie politique, de l'autre sa critique. Mais ce descripteur est surtout voyageur, touriste, désinvolte, et cette description de la fabrique de clous en forme de *travelling* dit ceci : voici un *bel* exemple de la division du travail / vous connaissez le problème / il est oiseux et d'ailleurs quel vacarme ! / passons.

Dans son article de 1936 intitulé « Raconter ou décrire ? », qui constitue le quatrième chapitre du recueil *Problèmes du réalisme*, Georg Lukács part du double exemple de la course de chevaux dans *Nana* et dans *Anna Karenine* pour indiquer que la première se réduit à un « tableau » revêtu d'un sens symbolique, tandis que la deuxième est le « nœud d'un grand drame[12] ». L'idée est que « l'exhaustivité de la description objective » ne fonderait pas une « nécessité au sens artistique », tandis que cette dernière est suscitée par « le rapport nécessaire existant entre les hommes figurés et les objets et événements au travers desquels ils agissent et souffrent[13] ». Cette opposition entre l'exhaustivité et la contingence zoliennes et la dramatisation et la nécessité chez Tolstoï se retrouve bien sûr aussi, selon Lukács, entre Zola et Balzac ou bien entre Flaubert et Scott – Flaubert étant du moins sauvé par l'ironie qu'il imprime à la contingence du tableau[14]. Elle amène aussi à situer Stendhal parmi Balzac, Dickens et Tolstoï, soit ces romanciers qui « figurent la société bourgeoise en train de se constituer définitivement dans de graves crises », qui « figurent les lois compliquées de sa naissance, les transitions multiples et embrouillées qui mènent de la vieille société

---

12 Georg Lukács, « Raconter ou décrire ? – Contribution à la discussion sur le naturalisme et le formalisme » [« Erzählen oder beschreiben ? », *Internationale Literatur*, n° 11, 1936], *Problèmes du réalisme*, Paris, L'Arche éditeur, 1975, p. 131.
13 *Ibid.*, p. 132.
14 C'est l'exemple de la scène des comices dans *Madame Bovary*. *Ibid.*, p. 135.

tombant en ruine à la nouvelle société en train de naître[15] ». Lukács vient de citer la description de la pension Vauquer, mais nous pensons naturellement quant à nous à celle de la fabrique de clous Rênal. Cette opposition lukacsienne ne passe pas entre description et récit ; elle passe entre dramatisation balzacienne de la description et figement zolien du tableau exhaustif.

L'essentiel de la démonstration de Lukács est le moment où il formule la distinction sociologique entre les romanciers d'avant 1848, qui ont « participé activement aux transitions à caractère de crise » (Stendhal au titre de sa participation à la guerre et à l'administration, comme Tolstoï ou Goethe), et des romanciers comme Flaubert ou Zola, venus dans une société bourgeoise « déjà instituée », mais qui par grandeur ou honnêteté « n'ont plus participé activement à la vie de cette société ». C'est ici que Lukács déclare que les premiers « ne sont pas des 'spécialistes' au sens de la division capitaliste du travail », parce qu'ils « sont devenus écrivains à partir de l'expérience tirée d'une vie riche et sans œillères » (Sartre évoquera en termes similaires les romanciers américains au tout début de « Situation de l'écrivain en 1947 »). Symétriquement, Flaubert ou Zola, en faisant de l'écriture leur métier, « ne sont déjà plus que des écrivains au sens de la division capitaliste du travail[16] ». Tel est le déterminant sociologique de la différence entre les régimes descriptifs chez Stendhal et Zola, en vertu de l'idée qu'il n'y a pas de « dialectique immanente des formes artistiques », mais que « tout style nouveau naît de la vie, sur la base d'une nécessité socio-historique[17] ».

Mais il ne s'agit pas de tomber dans le « sociologisme vulgaire[18] » en s'arrêtant à cette correspondance entre situation et mode de représentation : pour Lukács il faut bel et bien juger du résultat esthétique. Or si « l'art du poète épique consiste précisément à répartir correctement les valeurs », la description qui s'émancipe au XIXe siècle « est un succédané littéraire de la signification épique perdue[19] ». « Le récit structure, la description nivelle », annonce Lukács[20]. Et si nous insistons tant sur cette critique marxiste de la description en termes de division

---

15 *Ibid.*, p. 137.
16 *Ibid.*, p. 138, pour l'ensemble des citations depuis le début de ce paragraphe.
17 *Ibid.*, p. 138-139.
18 *Ibid.*, p. 140.
19 *Ibid.*, p. 146.
20 *Ibid.*, p. 147. C'est l'amorce de la section 4 de l'article.

du travail, ce n'est pas pour déployer la mise en abyme astucieuse que permet le discours de la critique sociologique, lorsqu'on le rapproche du paragraphe de Stendhal sur la fabrique de clous, c'est parce que l'objectif de l'article de Lukács (qui s'achève sur les romanciers russes de l'entre deux-guerres) est bel et bien d'interroger la possibilité de représenter « l'aliénation de l'homme dans le capitalisme[21] », aliénation aussi bien bourgeoise qu'ouvrière, et touchant aussi bien le sujet représenté que l'énonciation. Or décrire l'aliénation par une description exhaustive, qui anéantit le récit dans le tableau de genre, qui « met tout au présent[22] », qui « rabaisse les hommes au niveau des objets morts[23] », ce serait donner autant de preuves de l'aliénation de sa propre représentation.

Là réside la force du troisième paragraphe du *Rouge*. Lu à cette aune, il refuse l'exhaustivité pour ne dire que la partie, mais la partie même fait sens puisqu'il y va de la division du travail. Il fait glisser le présent du figement descriptif vers celui du savoir, mais d'un savoir tu, qui refuse la division du travail où s'enferme l'intellectuel[24]. Il évite l'enlisement descriptif pour se presser de raconter, comme le disait Gracq, c'est-à-dire qu'il ressuscite l'aventure en ce siècle où Lukács diagnostique la séparation préoccupante et révélatrice de la description sérieuse et du romanesque divertissant. Ce narrateur ni son auteur ne sauraient donc tomber dans la division du travail esthétique. Et à toutes ces preuves énonciatives, ce passage ajoute l'élégance de déjouer le cliché : écrire que ce sont des « jeunes filles fraîches et jolies » qui travaillent dans cette fabrique de clous et non pas de « mornes travailleurs », des damnés de la terre à la Zola, de pauvres ouvriers à la Legouvé, écrire cela, c'est, plutôt que d'annoncer le flétrissement de la belle jeunesse, justement refuser énergiquement la division du travail au moment où on la représente. Le sens est dans la façon, ici comme dans toute description stendhalienne. Mais ici surtout, car la description de la fabrique de clous fait tout coïncider, thème et figuration, *situation* et discours, pour imposer un romanesque qui n'obéit à aucune loi.

---

21 *Ibid.*, p. 164.
22 *Ibid.*, p. 149.
23 *Ibid.*, p. 153.
24 Voir Michel Crouzet, *Stendhal et le désenchantement du monde, op. cit.*, p. 423.

LA GOUTTE D'OR

Le roman zolien aussi aura sa fabrique de clous : au centre de *L'Assommoir* se déploie un diptyque dont le premier volet figure la joute des forgerons Goujet et Bec-Salé, qui font assaut de force et de dextérité pour séduire Gervaise en forgeant en trente coups des rivets de quarante millimètres, et dont le deuxième volet décrit « un autre hangar » où le patron de Goujet « install[e] toute une fabrication mécanique » et où le forgeron et Gervaise observent les machines débiter des rivets de même calibre[25]. Ce diptyque s'esquissait dès le dossier préparatoire du roman : après la visite d'une fabrique qu'il nous resterait à situer précisément dans la rue Marcadet de 1876, Zola consacrait deux feuillets de son carnet d'enquête aux « boulonniers » ; l'un au travail « à la main », l'autre aux « machines à rivets[26] ». Voisinent donc au cœur du roman deux expressions de la division du travail selon le texte de Smith : d'un côté le forgeron *accoutumé* à la forge des clous, de l'autre des machines récemment établies qui font exactement le même travail. En effet, dans la hiérarchie smithienne des degrés de spécialisation du travailleur manuel, Goujet et Bec-Salé sont des cloutiers expérimentés et non des forgerons qui feraient des rivets occasionnellement : lorsque Gervaise arrive dans le premier hangar, Goujet est en train de forger « des rivets à six pans », « du vingt millimètres », et le texte, tout en décomposant les opérations nécessaires (la chauffe, la coupe, la frappe, comme dans le paragraphe de Smith), souligne l'« adresse » du forgeron qui déclare qu'« il faut de l'habitude, parce que le bras se rouille vite[27]... ». Quant aux machines qui se trouvent dans le deuxième hangar, elles sont mues par la vapeur – c'était l'avenir promis à la fabrique de M. de Rênal – et la description détaille les actions successives des « cisailles », des « machines à boulons », des « ébarbeuses » et des « taraudeuses » : « [Gervaise] pouvait suivre ainsi tout le travail, depuis le fer en barre,

---

25 Émile Zola, *L'Assommoir*, dans *Les Rougon-Macquart*, t. II, Paris, Gallimard, « Bibliothèque de la Pléiade », 1967, p. 535. C'est à cette édition que nous renverrons désormais.
26 Ms N.a.f. 10271, f° 189 et 190. Voir *La fabrique des* Rougon-Macquart, édition des dossiers préparatoires par Colette Becker avec la collaboration de Véronique Lavielle, vol. II, Paris, Honoré Champion, 2005, p. 970.
27 Émile Zola, *L'Assommoir*, *op. cit.*, chap. VII, p. 529 pour l'ensemble des citations.

dressé contre les murs, jusqu'aux boulons et aux rivets fabriqués, dont les caisses pleines encombraient les coins[28] ». C'est bien la division du travail que décrivent ces pages de Zola, mais celles-ci semblent moins restituer un savoir que rendre compte d'une chose vue. C'est pourquoi l'expansion zolienne de l'explication ou de la description, décriées par Lukács, n'en posent pas moins un problème d'interprétation : en réincarnant l'idée économique dans la complexité d'un spectacle singulier, elles en interrogent le sens avec autant d'acuité que l'ellipse, l'allégorie et l'ironie stendhaliennes.

Le diptyque manufacturier central de *L'Assommoir* pose un problème de motivation que Lukács ne manquerait pas de souligner. Nous savons bien pourquoi Gervaise se rend à la forge de la rue Marcadet, en ce moment suspendu du roman où Coupeau commence à sombrer et où Lantier n'a pas encore reparu. Les premières lignes du chapitre précisent que rendre visite à son fils Étienne, qui tient le soufflet de la forge de Goujet, n'est qu'un prétexte. Ce qui meut Gervaise est « la vague préoccupation d'un désir sensuel ». Se rendre à « la fabrique de boulons et de rivets » est une alternative à manger « quelque chose de bon[29] ». On le sait, Gervaise trouvera son compte dans la contemplation de Goujet au travail, « prenant une jouissance à être secouée des pieds à la tête[30] » par les coups du forgeron sur son enclume. Les chapitres suivants substitueront définitivement le registre sexuel à celui de l'appétit. Si la motivation de la visite à Goujet est érotique, celle de la visite du hangar de la « fabrication mécanique » est circonstancielle. « Venez donc, vous n'avez pas tout vu... », dit Goujet à Gervaise : « Non, vrai, c'est très curieux[31] ». Ficelle zolienne que cette curiosité, qui semble annoncer un développement de second ordre, par contiguïté, comme si le romancier devait maintenant exploiter le deuxième feuillet de son carnet d'enquête. Il ne s'agit pas pour les deux amants de se ménager quelques minutes d'intimité supplémentaires, comme ils viennent d'en trouver dans la « grande nuit » de l'atelier ou dans la cour de la forge, mais il s'agit pour Goujet de « donner des explications[32] » à Gervaise, dans une séquence naturaliste classique de transmission du savoir dont

---

28 *Ibid.*, p. 536 pour ces citations.
29 *Ibid.*, p. 526.
30 *Ibid.*, p. 534.
31 *Ibid.*, p. 535.
32 *Ibid.*, p. 536.

le véritable destinataire est le narrataire[33]. Ces deux ou trois pages de description des machines se bouclent toutefois sur un retour à la motivation amoureuse. Goujet craignait que les machines apparussent à Gervaise « plus fortes que lui », mais elle lui donne finalement « un bien grand contentement » et une « grosse joie » en préférant ses rivets à la main[34]. Mais cette remotivation explicite est-elle suffisante et ne laisse-t-elle pas informulée une partie du sens de ce tableau industriel ? L'Assommoir entre dans la fabrique de clous, comme Le Rouge et le Noir passait devant, comme Madame Bovary faisait le tour de la filature de lin en construction, comme L'Éducation sentimentale visitait la faïencerie. De cette contamination des structures de la description par l'organisation industrielle naît un sens que n'épuise pas la question de la motivation.

Morceau de choix pour l'explication de texte, la page qui décrit Goujet forgeant son rivet (« C'était le tour de Gueule d'or[35]... ») appelle communément un commentaire sur l'amplification épique de la description – laquelle n'était qu'embryonnaire dans le bref texte intitulé « Le Forgeron » des Nouveaux contes à Ninon[36]. Le défi que Gueule d'Or lance à Bec-Salé, dit Boit-sans-Soif, pour couper court aux galanteries déplacées de ce camarade envers Gervaise, ouvre une scène de joute médiévale : rassemblement des camarades autour de champions désignés par des épithètes homériques, difficulté de l'épreuve (forger seul un boulon de gros calibre à tête ronde), choix des armes (le héros hérite de Fifine, la masse la plus difficile à manier), offrande à la Dame. La scène s'alimente aussi à la mythologie : le forgeron, qui a « des épaules et des bras sculptés qui paraiss[ent] copiés sur ceux d'un géant, dans un musée » et que Gervaise a rejoint dans « l'enfoncement des ténèbres » après tout un « voyage[37] », est évidemment Vulcain recevant Vénus (un Vulcain dont la claudication se trouverait reportée sur la « Banban »). Mais comme ce substrat mythologique pourrait déparer dans le régime de focalisation interne qu'appelle l'admiration amoureuse de Gervaise, il est retraduit dans le langage de la dévotion

---

33 Philippe Hamon, « Un discours contraint » [1973], dans Littérature et réalité, Paris, Seuil, « Points essais », 1982, p. 144.
34 Émile Zola, L'Assommoir, op. cit., chap. VII, p. 537.
35 Ibid., p. 533-534.
36 Émile Zola, « Le Forgeron », dans Nouveaux Contes à Ninon, Contes et nouvelles, éd. Roger Ripoll, Paris, Gallimard, « Bibliothèque de la Pléiade », 1976, p. 454-458.
37 Émile Zola, L'Assommoir, op. cit., chap. VII, p. 528 pour ces deux occurrences.

populaire, celle de la jeune femme pour ce travailleur « beau, tout-puissant, comme un bon Dieu ». Et comme lui-même l'adore en sa blanchisserie comme « une sainte vierge[38] », le couple Goujet et Gervaise pourrait figurer parmi les images naïves que le forgeron aime à contempler chez lui. Amplification épique donc, quoique relevant d'un épique un peu différent de la définition de Lukács, pour qui le morceau de bravoure descriptif sur le forgeron au travail serait peut-être encore un « succédané littéraire de la signification épique perdue[39] », un bout d'annuaire des métiers débité par un professionnel du portrait. Amplification épique donc, mais d'emblée soumise à la division du travail, puisque le spécialiste naturaliste y figure la visite de la « blanchisseuse » au « forgeron » qui fabrique pour elle le parfait rivet de quarante millimètres à tête ronde... Si le roman zolien est épopée, il est l'épopée du travail divisé.

Les commentaires de ces pages se concentrent volontiers sur l'opposition entre Goujet et Bec-Salé : opposition physique (entre le blond et le brun, le beau et le simiesque) qui est aussi une opposition de fluide vital (entre le sang et l'alcool) ; opposition esthétique des manières (entre « le jeu classique, correct, balancé et souple » de Gueule d'Or et le « chahut de bastringue » de Bec-Salé[40]) qui se double d'une opposition morale des figures (entre le divin et le diabolique). Mais ce n'est évidemment pas ce duel qui importe en ces pages : la véritable opposition réside dans la contiguïté antagonique du premier hangar, où la rivalité mimétique de Gueule d'Or et Bec-Salé fait spectacle, et du deuxième hangar, où les machines débitent sans s'arrêter « des rivets et des boulons comme elles auraient fait de la saucisse[41] ». Goujet ne s'y trompe pas, en s'inquiétant *in fine* de l'impression créée sur Gervaise par cette machine : « ça nous dégotte joliment[42] » [*ça nous surpasse*]. Et comme cette opposition interroge l'obsolescence même de l'épique dont le premier hangar montrait la beauté, elle relève de l'esthétique.

Cependant le duel entre l'homme et la machine reste à l'état de virtualité. Il y a une tentation luddiste chez Goujet : « à certains moments, il aurait volontiers pris Fifine pour taper dans toute cette ferraille, par

---

38 *Ibid.*, chap. v, p. 518.
39 Georg Lukács, « Raconter ou décrire », art. cité, p. 146.
40 Émile Zola, *L'Assommoir, op. cit.*, chap. VII, p. 533.
41 *Ibid.*, p. 537.
42 *Ibid.*

colère de lui voir des bras plus solides que les siens[1] ». Suivre cette tentation représenterait une invasion du registre épique dans la modernité machiniste et paraît pour l'instant inenvisageable. Nous ne sommes pas dans *Germinal*, où des David décharnés cassent les installations de Jean-Bart et détruisent le cuvelage du Voreux. Dans le premier roman ouvrier zolien, c'est Goliath qui regarde la machine avec « résignation » : « il se raisonnait en se disant que la chair ne pouvait pas lutter contre le fer ». Et le personnage a deux visions de la fatalité du machinisme, l'une pessimiste (« un jour, bien sûr, la machine tuerait l'ouvrier »), l'autre optimiste (« peut-être que plus tard ça servira au bonheur de tous »)[2]. Le texte fait du calme Goujet un être ouvert à tous les scénarios ; mais il lui confère aussi une sorte d'incapacité idéologique, même s'il est une figure éminemment sympathique. On sait que dans son adaptation des types ouvriers du *Sublime* de Denis Poulot, Zola a conféré à Goujet les caractéristiques de « l'ouvrier vrai », hormis justement la culture livresque et socialiste. Goujet, collectionneur de « gravures coloriées », est un grand enfant, moins idéologue encore que le Silvère de *La Fortune des Rougon* : « la lecture le fatiguait ; alors, il s'amusait à regarder ses images[3] ». Face aux machines, ce titan médite « trois bonnes minutes sans rien dire[4] » ; le petit Étienne, qui pour l'instant tire le soufflet, trouvera plus tard les mots. C'est donc en ajournant le discours idéologique que le diptyque manufacturier central de *L'Assommoir* figure la substitution du travail des machines au travail manuel. Cette substitution est en cours : « le patron installait toute une fabrication mécanique », dit le texte sur le mode duratif. Comme dans *Le Rouge et le Noir*, c'est un processus, une aube, une transition que montre le roman : l'économique est un Protée et doit d'abord se dire en son progrès (la fabrique de lin de *Madame Bovary* est en construction ; Arnoux ne cesse dans sa faïencerie de faire des essais de couleur).

Évidemment, l'opposition entre l'humain et la machine apparaît d'abord grossie dans le roman de Zola. Le hangar du duel est celui de l'amour ; le hangar de la fabrication des machines est celui de l'effroi : Gervaise manifeste d'emblée « une peur instinctive » et pendant la visite

---

1   *Ibid.*
2   *Ibid.* pour toutes ces citations.
3   *Ibid.*, chap. IV, p. 474 pour ces citations.
4   *Ibid.*, chap. VII, p. 537.

restera « inquiète d'être si petite et si tendre parmi ces rudes travailleurs de métal[5] ». La violence du travail à la main, au milieu des étincelles, s'avère inoffensive (« vous ne gênez personne[6] », dit Goujet à Gervaise), tandis que la fabrique mécanique est un happe-chair (« elle devait seulement avoir bien soin de ne pas laisser traîner ses jupes trop près des engrenages[7] »). Mais surtout, la description de Goujet à la forge pourrait se résumer à celle d'« une poitrine vaste, large à y coucher une femme en travers[8] », celle d'un centre battant de sang et d'amour, celle d'un foyer, celle d'un cœur, en même temps que d'un savoir-faire en gloire. Pour marquer la différence d'ailleurs, la description de Bec-Salé était celle d'un écartèlement dans l'effort (le personnage « se cassait à chaque volée du marteau », de même que la masse faisait « le grand entrechat[9] »). La description des machines, quant à elle, montrera un étrange décentrement de la force, qui a intéressé Zola dès sa visite de la fabrique et qui fascine Gervaise elle-même : « le moteur à vapeur se cachait dans le coin, derrière un petit mur de briques[10] ». Pareil au capital de *Germinal*, le moteur de la fabrique mécanique de clous est reculé dans une sorte de tabernacle. Le cœur est ailleurs, tandis que le travail humain est déqualifié. Le cœur n'est plus là où se travaille la matière. Il y a transmission de force, comme entre le ruisseau de Verrières et les doigts jolis des ouvrières. Le texte insiste alors sur la « gigantesque toile d'araignée » que forment au plafond les courroies qui transmettent à toutes les machines la puissance du moteur :

> Et malgré elle, c'était toujours au plafond qu'elle revenait, à la vie, au sang même des machines, au vol souple des courroies, dont elle regardait, les yeux levés, la force énorme et muette passer dans la nuit vague des charpentes[11].

Zola est familier de ces clausules de paragraphe. Cette « force énorme et muette » qui file en l'air est jumelle de la Vérité qui passe au procès de Jacques Lantier[12] ou de la Fortune que manque le pauvre Dejoie[13].

---

5 *Ibid.*, p. 536.
6 *Ibid.*, p. 529.
7 *Ibid.*, p. 535.
8 *Ibid.*, p. 533.
9 *Ibid.*, p. 532.
10 *Ibid.*, p. 535.
11 *Ibid.*, p. 536.
12 Émile Zola, *La Bête humaine*, dans *Les Rougon-Macquart*, t. IV, *op. cit.*, chap. XII, p. 1322.
13 Émile Zola, *L'Argent*, dans *Les Rougon-Macquart*, t. V, *op. cit.*, chap. VI, p. 199.

Or ces anges qui passent dans le roman zolien, et tiennent à la fois des dieux de l'épopée homérique et des allégories bleuâtres chevauchant au-dessus des soldats dans les tableaux de bataille, recouvrent aussi des enjeux de valeur. Lorsque le texte dit que les courroies apportent « le branle du fond de l'ombre, avec leur glissement continu, régulier, doux comme le vol d'un oiseau de nuit[14] », il ne décrit pas seulement une puissance infinie, mais aussi une prédation, rapace ou arachnéenne, une confiscation de la richesse, un vol qui est aussi un *vol*. Goujet précise que la machine a fait chuter le coût du travail en même temps qu'elle permettait des gains de productivité : « leurs journées étaient tombées de douze francs à neuf francs, et on parlait de les diminuer encore[15] ». « Six francs aujourd'hui », dit le carnet d'enquête de Zola en franchissant l'écart séparant les années 1850 de 1876[16]. Aussi le moteur caché de la fabrique ressemble-t-il à l'actionnariat parisien de *Germinal* : il figure l'inégal partage du profit entre le capital et le travail ; la machine mange le pain et donc la chair de l'ouvrier ; la plus-value augmente tandis que s'avilissent le coût du travail et probablement – comme le précise Marx dans les pages du *Capital* sur la division du travail – les frais d'apprentissage. Et encore, le forgeron n'est pas encore payé aux pièces, n'est pas encore tombé dans l'enfer du retard et du « bon coulé » que décrira le journal d'usine de Simone Weil[17].

A priori l'opposition est bien claire entre les deux hangars. D'un côté l'ouvrier magnifique, qui capte la lumière en sa blondeur et « porte dans ses bras tout un métier », comme l'écrivait Lemontey[18] (même si Goujet, ouvrier spécialisé, est déjà un ouvrier dégradé) ; de l'autre côté des ouvriers anonymes, des « hommes noirs[19] » et quelques femmes aussi. D'un côté, le forgeron qui exécute toutes les opérations assisté de son seul chauffeur. De l'autre, des hommes qui n'ont plus que le nom des opérations qu'exécutent leurs machines (« frappeur », « chauffeur »), noms qui se mêlent d'ailleurs à ceux – féminins – des machines elles-mêmes

---

14 Émile Zola, *L'Assommoir*, *op. cit.*, chap. VII, p. 535.
15 *Ibid.*, p. 537.
16 Voir le dossier préparatoire de *L'Assommoir* (Ms N.a.f. 10271, f° 189), dans *La fabrique des Rougon-Macquart*, *op. cit.*, vol II, p. 970.
17 Simone Weil, « Journal d'usine » [1934-1935], dans *La condition ouvrière*, Gallimard, « folio essais », 2002, p. 81. Voir le glossaire p. 479 (le bon de commande passé par le contremaître à l'ouvrier est *coulé* quand le temps alloué à la tâche a été dépassé).
18 Pierre-Édouard Lemontey, « Influence morale de la division du travail », *op. cit.*, p. 202.
19 Émile Zola, *L'Assommoir*, *op. cit.*, chap. VII, p. 535.

(« ébarbeuses », « taraudeuses »)[20]. D'un côté des titans qui font aller leurs masses, de l'autre des « hommes immobiles » qui « règl[ent] la danse haletante des volants[21] ». D'un côté la « sonnerie argentine[22] » ou la « musique claire[23] » des coups de marteaux sur l'enclume, de l'autre un « vacarme assourdissant » qui rappelle la fabrique de M. de Rênal. Et surtout, puisqu'« on ne s'enten[d] pas parler[24] » dans le hangar de la fabrication mécanique, un soudain amuïssement de la parole ouvrière : une disparition totale de la langue verte, de l'idiome populaire, du style indirect libre qui saturaient la narration du duel des deux forgerons et constituent *L'Assommoir*. Sandy Petrey s'intéressait en 1978 à cette transition en faisant remarquer que « le discours indirect libre d'un narrateur anonyme doué de toute la vigueur linguistique des faubourgs » laisse la place à « la description 'objective', 'naturaliste' d'un monde rempli par des objets[25] ». S'étendent maintenant des « explications » qui ne sont même pas celles que Goujet donne à Gervaise, mais celles qu'endosse le narrateur. Alfred Delvau et Denis Poulot ont cédé la place à la fiche de poste naturaliste. La notice technique des machines s'accompagne bien de métaphores (les cisailles « mangeaient des barres de fer, croquant un bout à chaque coup de dents, crachant les bouts par derrière[26] »), mais elles n'appartiennent pas au personnage focalisateur, dont la peur ne s'exprime qu'à travers un psycho-récit décoloré. Ce n'est qu'à la fin de ce passage de sidération devant les machines que le texte renoue avec un style indirect libre évoquant la parole de Goujet : « elles n'avaient rien de gai, ces grosses bêtes, qui faisaient des rivets et des boulons comme elles auraient fait de la saucisse[27] ».

Telle est bien la flexion phonique, stylistique et esthétique qui se joue dans le passage entre ces deux hangars : fini le forgeron décrit comme l'oncle menuisier du roman contemporain qu'est *L'Enfant* de Vallès[28], finis le compagnonnage et le « chef d'œuvre » (puisque tel était le terme

---

20 *Ibid.*, p. 536 pour ces citations.
21 *Ibid.*
22 *Ibid.*, p. 529.
23 *Ibid.*, p. 534.
24 *Ibid.*, p. 535.
25 Sandy Petrey, « Le discours du travail dans *L'Assommoir* », *Cahiers naturalistes* n° 52, 1978, p. 59.
26 Émile Zola, *L'Assommoir, op. cit.*, chap. VII, p. 536.
27 *Ibid.*, p. 537.
28 Jules Vallès, *L'Enfant* [1876/1879], chap. II, Gallimard, « folio classique », 2000, p. 51-52.

qui désignait le boulon de quarante millimètres à tête ronde[29]), finie la pastorale à laquelle empruntent Vallès et Zola, tout comme Lemontey lui-même[30], lorsqu'ils veulent chanter l'âge héroïque où l'industrie était un artisanat et même un art (Gervaise rassurait Goujet en voyant les rivets de la fabrique mécanique : « J'aime mieux les vôtres. On sent la main d'un artiste, au moins[31] »). La transition, dénoncée par Lukács, qui nous fait passer de la description motivée caractérisant le vrai récit épique à la description qui fige les hommes dans des décors devenus les principaux sujets du roman, correspondrait exactement à la transition qui s'opère d'un hangar à l'autre de la fabrique de clous de la Goutte d'or[32]. C'est sa propre opération esthétique que Zola interrogerait à son insu en passant d'un Goujet en gloire à un Goujet spectateur.

Ce qui se joue dans cette translation du descripteur d'un hangar à l'autre, c'est bien la fin du faire, du savoir-faire, de la *pratique*, pour se rapprocher d'un mot de Lukács. Certes, lorsque Lukács écrit que « seule la pratique humaine peut témoigner concrètement de l'essence des hommes » et qu'il définit par là le vrai récit épique, c'est aux « actions » et aux « actes » humains en général qu'il pense, en tant que manifestations exclusives de « la vérité de la vie[33] », et non à la maîtrise d'une *techné*. Mais cela revient au même : le diptyque de Zola dit le passage du geste large qui travaille le réel (« le fer est si canaille, qu'il se refroidit tout de suite, à la seule fin de se ficher du marteau[34] ») à la surveillance étriquée des machines. La « prédominance littéraire de la description », écrit Lukács, est une manifestation de « la domination de la prose capitaliste sur la poésie intérieure de la pratique humaine », qui se développe de concert avec « l'inhumanité croissante de la vie sociale, la baisse de niveau des sentiments humains[35] ». Certes, il y avait bien description de Goujet au travail, mais justement description d'une action éclairée par la

---

29 Émile Zola, *L'Assommoir*, op. cit., chap. VII, p. 531.
30 Voir sa référence au « laboureur », célébré entre le « sauvage » et les ouvriers savants qu'on voit encore à Genève. Pierre-Édouard Lemontey, « Influence morale de la division du travail », *op. cit.*, p. 202.
31 Émile Zola, *L'Assommoir*, op. cit., chap. VII, p. 537.
32 Sandy Petrey n'a pas manqué de voir dans la description de la fabrique mécanique « un développement typique au sens que Lukács donne à ce terme ». Sandy Petrey, art. cité, p. 59.
33 Georg Lukács, « Raconter ou décrire », art. cité, p. 143 pour ces citations.
34 Émile Zola, *L'Assommoir*, op. cit., chap. VII, p. 532. Ce passage est focalisé sur Bec Salé.
35 Georg Lukács, « Raconter ou décrire », art. cité, p. 146.

lutte et par l'amour, d'une action épique. La description du hangar aux machines multiplie au contraire les noms d'opérations industrielles sans pouvoir dissimuler la disparition de l'action humaine. Et cette disparition de la pratique serait à replacer dans un cadre plus général. Celui d'un roman où le travail n'apparaît pas récompensé, à l'inverse des discours de Denis Poulot, Eugène Manuel ou Paul Leroy-Beaulieu[36]. Celui d'un roman qui dit la disparition des savoir-faire (les talents de sculpteur de zinc de Coupeau se dissolvent dans l'alcool ; Gervaise « per[d] joliment la main[37] » ; Madame Goujet mère meurt en laissant son tambour de dentellière). Enfin celui d'un roman où Zola supprime par autocensure les développements les plus romanesques prévus dans son dossier préparatoire (Lukács considérant comme un symptôme de la dégradation de l'épique ce retour du refoulé qui dans le second XIXe siècle suscite un roman romanesque à côté du roman sérieux de type naturaliste).

Lukács traduit le mieux ce qui se joue dans la transition entre les deux hangars de la rue Marcadet lorsqu'il explique que la description « nivelle », qu'elle bouleverse la hiérarchisation épique des hommes et des objets. L'entrée du romancier dans le « pittoresque », dans le « détail », dans le projet d'une « perfection objective des choses », débouche sur un « travail de Sisyphe consistant à exprimer par les mots [une] infinité de particularités » et cette soumission de l'écriture au *particulier* a une conséquence terrible : « la disparition du lien narratif entre les choses et leur fonction dans les destinées humaines concrètes entraîne également la disparition de leur signification poétique[38] ». Qu'est-ce qui remplace, dans le deuxième hangar de la fabrique de *L'Assommoir*, le « lien narratif » qu'était la forge d'un rivet pour une Dame dans le premier hangar ? C'est justement la *chaîne* industrielle, fil non narratif, pauvre fil descriptif, que suit le texte zolien en affichant d'ailleurs sa formule d'engendrement : Gervaise « pouvait suivre ainsi tout le travail[39]... ». Tout ce qu'on peut écrire sur la description explicative zolienne de la mine, de la Bourse ou de la locomotive pourrait donc s'alimenter à la condamnation lukáscienne de la soumission du romancier à la division

---

36 Point sur lequel se rejoignent la démonstration vigoureuse de Sandy Petrey et les articles de Colette Becker ou Jeanne Gaillard dans le numéro des *Cahiers naturalistes* sur le centenaire de *L'Assommoir*. *Les Cahiers naturalistes*, n° 52, 1978.
37 Émile Zola, *L'Assommoir, op. cit.*, chap. IX, p. 640.
38 Georg Lukács, « Raconter ou décrire », art. cité, p. 150 pour l'ensemble de ces citations.
39 Émile Zola, *L'Assommoir, op. cit.*, chap. VII, p. 536.

capitaliste du travail, qui en cette occurrence prend tout son sens. Car quelle est la manière de Zola ? Il se saisit d'« un complexe de faits » qui « constitue le centre proprement dit de ses romans : l'argent, la mine, etc.[40] ». Or faisant cela, il entre esthétiquement dans la division du travail : « ce mode de composition a pour conséquence que les divers phénomènes objectifs du complexe matériel constituent les différentes divisions du roman[41] ». Et Lukács résume sa critique dans un passage vigoureux :

> Dans le faux objectivisme du type Zola, c'est l'unité des objets d'un secteur de la matière qui sert de principe de composition. La composition est ainsi conçue : tous les éléments objectifs importants du secteur matériel choisi sont présentés sous différents angles. Nous recueillons une série d'images statiques, de natures mortes qui n'ont de rapports entre elles qu'en tant qu'objets matériels, dont la logique interne repose sur la juxtaposition, pas même sur une succession, à plus forte raison sur une cohérence déductive. Ce qu'on appelle l'action n'est qu'un fil ténu, auquel sont accrochées à la queue leu leu les images statiques ; elle crée une succession chronologique, superficielle, sans effet dans la vie, littérairement contingente, d'images statiques isolées[42].

Voilà en quelque sorte ce qui se joue au moment où Goujet emmène Gervaise d'un hangar à l'autre sous prétexte que ce qu'il y a à côté est « très curieux ». Ce désir dégradé (tandis que Gervaise était venue rue Marcadet mue par un désir plein) prépare un récit lui-même dégradé, puisque description inféodée à l'ordre industriel, l'action se réduisant au « fil ténu » de la visite le long du fil inhumain de la raison industrielle. Et lorsque Lukács parle au centre de cet extrait de « rapports », c'est-à-dire de la motivation réciproque des parties de ce récit non épique, nous pensons au passage du *Capital* où Marx insiste sur une caractéristique déshumanisante de la division du travail dans les manufactures « organiques » ou « sérielles » : les hommes s'y trouvent groupés en effectifs qui sont fonctions de la durée nécessaire pour forger une pièce, du nombre de pièces nécessaires pour l'opération suivante, etc., bref il existe « un rapport mathématique fixe[43] » qui règle leur quantité, et l'homme est réduit à un coefficient. Cette interdépendance algébrique des ouvriers

---

40 Georg Lukács, « Raconter ou décrire », art. cité, p. 153.
41 *Ibid.*
42 *Ibid.*, p. 162-163.
43 Karl Marx, « Division du travail et Manufacture » (4ᵉ section, chap. XII), *Le Capital*, *op. cit.*, p. 389.

n'apparaît pas dans l'atelier des boulonniers à la main dépeint par Zola, où tous s'arrêtent pour regarder les champions forger leurs deux rivets et où Goujet fait même une pause pour continuer la visite. La seule quantité évoquée est celle des coups donnés pas les forgerons : vingt-huit pour Goujet, trente-deux pour Bec-Salé. Cette disparité est intéressante, de même qu'est intéressante la légère différence de poids des deux grosses masses Dédèle et Fifine : l'artisanat est encore pays de l'hétérogénéité. En outre, la quantité de coups que fixent les deux forgerons pour fabriquer leur rivet est une contrainte technique endogène qu'ils se donnent, et non une contrainte productiviste exogène. En revanche, le hangar d'à côté, où l'on fabrique, comme « de la saucisse », « des centaines de kilogrammes » de boulons de quarante millimètres dans le « tic-tac » des taraudeuses, c'est bien *Les Temps modernes* : « Le chauffeur prenait le bout de fer dans le fourneau ; le frappeur le plaçait dans la clouière, qu'un filet d'eau continu arrosait pour éviter d'en détremper l'acier ; et c'était fait, la vis s'abaissait, le boulon sautait à terre, avec sa tête ronde comme coulée au moule ». Alors la visite de la fabrique mécanique peut décidément apparaître aux yeux du lecteur lukácsien comme une mise en abyme implicite, développée par le roman zolien, de sa possible radicalisation esthétique : le roman de l'« autonomie du détail » (la vis s'abaisse, le boulon saute), le roman du « nivellement » des hommes et des décors, le roman de l'homme-machine est voué à devenir un roman lui-même spécialisé, observateur, technicien – et surtout bourgeois puisqu'incapable d'accéder, ces pages le montrent bien, à l'intériorité de l'ouvrier du hangar aux machines (il faudra attendre Simone Weil ou la littérature d'établis pour accéder à ce point de vue-là, inimaginable même pour le romancier-enquêteur[44]).

Cependant, ce passage de *L'Assommoir* ne se laisse pas tout à fait réduire à une lecture qui premièrement verrait dans cette séquence le drame de la mécanisation et de la déqualification, deuxièmement lirait, dans la transition entre les deux hangars de la rue Marcadet, la destruction de l'épique par une écriture soumise à la division capitaliste du travail. Ce qui gêne en effet, c'est la gémellité ponctuellement ménagée par le texte entre la fabrique à la main et la fabrication mécanique. Oui, le geste de Bec-Salé comme de Goujet est une danse, Dédèle dansant un

---

44 Et même le chap. III du tome IX des *Hommes de bonne volonté*, selon Simone Weil, « ne va pas très loin ». Voir *La Condition ouvrière, op. cit.*, p. 329.

« chahut de bastringue » dans la main du premier, Fifine « conduisant quelque menuet ancien[45] » dans la main du second. Mais dans le hangar aux machines aussi, « tout dansait[46] », et l'on règle « la danse haletante des volants[47] ». Oui, le forgeron à la main fait descendre le fluide de l'homme en l'outil : « ce n'était pas de l'eau-de-vie que la Gueule d'or avait dans les veines, c'était du sang, du sang pur, qui battait puissamment jusque dans son marteau, et qui réglait la besogne[48] ». Mais la métaphore de l'outil en organe est réversible chez Zola[49] : le regard de Gervaise dans la fabrique mécanique revient aux courroies du plafond comme « à la vie, au sang même des machines[50] », ce qui prépare tout un épique mécanique dont d'autres romans zoliens feront la preuve. Et que faut-il penser de la phrase : « son poignet en avait vu de grises depuis quinze ans ; il était devenu en fer, tant il s'était frotté aux outils[51] » ? L'idée de la qualification technique irriguée par le sang se retrouve métaphorisée à rebours. Il n'est pas jusqu'au rivet de quarante millimètres forgé par la machine qui ne pose problème : certes Gervaise n'y voit pas « la main d'un artiste », mais le texte déclare la tête ronde de ce rivet « comme coulée au moule[52] », de même que la tête de celui de Goujet avait « une rondeur de bille faite au moule[53] ». L'identité des expressions atteste l'identité de résultat : l'opposition n'est pas dans le produit mais dans la manière. Certes cela dit bien le monstrueux enjeu de la substitution de la machine à l'homme et le péril d'une civilisation où il ne sera justement plus question de la manière[54] ; mais cela interroge le sens même de la qualification. Aussi ce diptyque central de *L'Assommoir* n'est-il pas aussi clair qu'on pourrait le souhaiter : d'un

---

45 Émile Zola, *L'Assommoir, op. cit.*, chap. VII, p. 533.
46 *Ibid.*, p. 535.
47 *Ibid.*, p. 536.
48 *Ibid.*, p. 533.
49 Voir le développement de Jacques Noiray sur la métaphore mécanique chez Zola. Jacques Noiray, *Le romancier et la machine*, chap. III, vol. 1, José Corti, 1981.
50 Émile Zola, *L'Assommoir, op. cit.*, chap. VII, p. 536.
51 *Ibid.*, p. 530.
52 *Ibid.*, p. 537.
53 *Ibid.*, p. 534.
54 Sur la solitude de l'ouvrier dont la réussite n'est pas aperçue en usine : « Même l'homme le moins désireux de satisfactions d'amour-propre se sent trop seul dans un endroit où il est entendu qu'on s'intéresse exclusivement à ce qu'il a fait, jamais à la manière dont il s'y est pris pour le faire (...). » Simone Weil, « Expérience de la vie d'usine », dans *La Condition ouvrière, op. cit.*, p. 335.

côté, on ne peut exclure une épopée mécanique qui réintroduirait la dimension de la lutte – ce sera bien sûr *Germinal*, qui fera la preuve que Zola sait remettre de la bataille dans ses décors[55] –, d'un autre côté la radicalisation mécanique de la division du travail désigne ce qu'il y a avait déjà de machinal dans le travail subdivisé fait à la main. D'où le retour à la question morale : qu'est-ce qu'un homme qui ne sait faire, même parfaitement, que des rivets de quarante millimètres à tête ronde ? Et cela en vaut-il vraiment la peine, quand il n'y a pas une femme dans l'atelier pour vous regarder faire ?

Dans le hangar de la rue Marcadet où Gervaise retrouve Goujet, les boulonniers à la main doivent-ils assumer des travaux plus complexes que les machines d'à côté ? Non, on ne le dirait pas : Zola a mis en scène une redondance. Goujet rappelle à Bec-Salé qu'il y a « une commande de gros boulons[56] » à honorer. Ce sont exactement ceux que la machine forge à côté par kilos, tandis que ces forgerons bravaches ont besoin de boire ou de *poser* devant les dames pour mettre trente coups à produire la même chose. Certes, ces deux tableaux décrivent le moment ironique et scandaleux où l'homme, arrivé au plus haut de l'expérience et de la dextérité, constate la perfection concurrente de l'automate : l'homme touche à sa propre négation en même temps qu'à sa perfection ; la fin de la division du travail, dont le perfectionnement de l'ouvrier était l'illustration, est la machine ; et cette révélation désastreuse de la vanité de sa qualification, c'est la première des négations de la valeur du travail, en attendant les pages de *Germinal* sur les enchères négatives des mineurs, leur course à l'avilissement de la rémunération de leur effort, ce tragique sabotage du travail sur lequel Péguy ouvre *L'Argent*[57], duquel finalement Zola repartira dans *Travail*. Mais dans le chapitre précédent du roman, la présentation du métier de Goujet, au moment de l'embauche d'Étienne, était la suivante : « L'état de cloutier, s'il n'avait rien de flatteur en lui-même, à cause de la saleté de la forge et de

---

55 Lukács continue de contester l'idée d'une « poésie des choses » en soi. Georg Lukács, « Raconter ou décrire », art. cité, p. 154-155.
56 Émile Zola, *L'Assommoir*, *op. cit.*, chap. VII, p. 531.
57 « C'est parce que la bourgeoisie s'est mise à traiter comme une valeur de bourse le travail de l'homme que le travailleur s'est mis, lui aussi, à traiter comme une valeur de bourse son propre travail. » Charles Péguy, *L'Argent, Cahiers de la quinzaine*, VIe cahier de la XIVe série, 16 février 1913, dans *Œuvres en prose complètes*, vol. III, éd. Robert Burac, Gallimard, « Bibliothèque de la Pléiade », 1992, p. 795.

l'embêtement de toujours taper sur les mêmes morceaux de fer, était un riche état, où l'on gagnait des dix et des douze francs par jour[58]. » Dès lors que le salaire s'avilit, la proposition concessive qui est au cœur de la phrase prend plus de poids. La machine remplace un « embêtement » qui ne paie plus – dans un roman où le lexique de l'embêtement et de l'abêtissement se développe à partir de l'idée d'« assommoir[59] ». Si tel est le cas, cette substitution est-elle une mauvaise chose ?

Dans le texte de *La Richesse des Nations*, lorsque Smith parle successivement de la dextérité de l'ouvrier spécialisé, des économies de temps lorsqu'on ne change pas de tâche, puis des machines, nous voyons un flottement entre le deuxième et le troisième point. Smith détaille le processus naturel qui a amené les ouvriers, selon la loi d'économie des forces, à concevoir des machines (il parle plus tard des ingénieurs et ne parle jamais des patrons dans ce chapitre : c'est l'ouvrier qui sans cesse optimise les conditions de sa propre production) :

> Une grande partie des machines employées dans ces manufactures où le travail est le plus subdivisé, ont été originairement inventées par de simples ouvriers qui, naturellement, appliquaient toutes leurs pensées à trouver les moyens les plus courts et les plus aisés de remplir la tâche particulière qui faisait leur seule occupation[60].

Et Smith de donner l'exemple du petit garçon dont la tâche était d'ouvrir et fermer sans cesse une soupape de machine à feu et qui, ayant eu « envie de jouer avec ses camarades[61] », eut l'idée de relier cette soupape par un cordon à une partie mobile de la machine, pour que cette opération répétitive se fasse toute seule. C'est un peu Étienne au soufflet, ce petit garçon. Mais c'est un exemple déconcertant, car cet enfant qui part jouer, libéré par le mécanisme (alors même que la machine assujettira les enfants au XIXe siècle), doit-il être encore considéré comme employé de la fabrique ? est-il même payé ? et cet exemple dit-il quelque chose de l'adulte ? Si Goujet inventait le marteau mécanique capable de le

---

58 Émile Zola, *L'Assommoir*, op. cit., chap. VI, p. 518.
59 Voire de « l'emmerdement » (Gervaise à la mort de la petite Lalie). Voir Colette Becker, « La condition ouvrière dans *L'Assommoir* : un inéluctable enlisement », *Cahiers naturalistes*, n° 52, 1978, p. 53 *et sq*. Voir aussi Étienne Brunet, *Le vocabulaire de Zola*, vol. I, Genève, Slatkine/Paris, Champion, 1985, p. 452-453.
60 Adam Smith, *La Richesse des nations*, op. cit., vol. 1, p. 76.
61 *Ibid.*, p. 77.

libérer de son « embêtement », que ferait-il de sa liberté et comment gagnerait-il sa vie ?

C'est donc en prenant l'exemple d'une tâche peu qualifiée que Smith justifie la machine, mais la transition logique avec l'exemple du forgeron expérimenté paraît du coup assez lâche. Peut-être cette transition problématique entre ouvrier qualifié et ouvrier spécialisé traduit-elle l'ambivalence de la notion de division du travail pour le libéralisme. Considérée comme parcellisation et implicitement appauvrissement des tâches, la division du travail appelle la machine. Considérée comme accroissement de la dextérité et donc comme qualification... elle appelle aussi la machine, ce qui donne un tour tragiquement ironique au perfectionnement dans le métier : c'est au moment où l'ouvrier atteint son maximum d'expérience et d'habileté qu'il se voit opposer la machine, qui l'insulte par son extraordinaire productivité et par la faible qualification de ses desservants (les jeunes filles de la fabrique de clous Rênal). Aussi le développement de la productivité prend-il l'allure d'une destruction de l'expérience à laquelle pourtant il encourage. La compétence ouvrière serait éphémère et se développerait par cycles. L'industrie du XIXe siècle organise la transition des métiers immémoriaux vers les machines, des ouvriers qualifiés vers les ouvriers spécialisés. Le génie de Stendhal était de taire le passé auquel succédait la fabrique de M. de Rênal, ellipse supplémentaire du troisième paragraphe du *Rouge*. Zola, à l'inverse, dévoile par son diptyque un pan d'histoire des techniques, ce qui rend sa problématisation du progrès et de la représentation plus aiguë que ne veut bien l'admettre la critique délibérée de Lukács.

Cette question centrale du capitalisme – la machine, le redéploiement de l'ouvrier qualifié vers un autre métier – est cependant une question que Zola aborde ici à travers un personnage déficitaire. En parlant des ouvriers qu'on voit encore à Genève, Lemontey évoquait « ces classes d'ouvriers, en qui l'emploi des forces musculaires se réunit à quelques notions de dessin, de calcul ou de chimie » pour former « une espèce d'hommes très remarquables », itinérants, dotés d'« une sorte de philosophie expérimentale, de fierté de sentiments et d'instruction sans lectures, qui rendaient leur conversation aussi piquante qu'originale[62] », et cette espèce disparue ressemble beaucoup à l'ouvrier *enraciné* dont

---

62 Pierre-Édouard Lemontey, « Influence morale de la division du travail », *op. cit.*, p. 201-202.

Simone Weil souhaite le nouvel avènement[63]. Goujet non plus n'a pas de lectures ; mais sédentaire, vivant chez sa mère, taiseux, il n'est pas vraiment de ceux-là. Certes Goujet n'est pas non plus l'un de ces « ouvriers-machines » que décrit Lemontey : il n'est pas, comme les anonymes du hangar d'à côté, un homme « destiné à ne représenter toute sa vie qu'un levier » ou « une manivelle[64] ». Cependant, Zola lui donne quelques traits de l'ouvrier du travail divisé selon Lemontey : une intelligence étroite, un langage raréfié. Il serait exagéré de le voir aussi « prodigieusement, ignorant, crédule et superstitieux[65] » que l'ouvrier-machine mais, préférant les images aux journaux, inhibé devant Gervaise, indécis devant les machines, il apparaît aussi inapte à la lutte devant l'écrasement de son salaire, qu'à la reconversion ou l'apprentissage, même si le début du roman lui confère une conscience politique[66]. Bref il y a du souci à se faire pour cet homme dès lors qu'il aura été remplacé par un marteau métallique. « Un homme magnifique au travail, ce gaillard-là[67] ! » : mais que va-t-il devenir ? Zola a représenté un ouvrier titanesque, héroïque, archaïque, juste assez engagé dans sa tâche pour ne pas pouvoir penser la liberté que prétend lui octroyer le machinisme.

---

63 Voir Simone Weil, « Déracinement ouvrier », dans *L'Enracinement*, Gallimard, « folio essais », 2011, p. 72.
64 Pierre-Édouard Lemontey, « Influence morale de la division du travail », *op. cit.*, p. 200.
65 *Ibid.*, p. 203.
66 Émile Zola, *L'Assommoir*, *op. cit.*, chap. IV, p. 475.
67 *Ibid.*, chap. VI, p. 533.

COMMENT RÉGÉNÉRER LE TRAVAIL ?

L'ÉVANGILE DES FORGERONS
(DE *L'ASSOMMOIR* À *TRAVAIL*)

La question de l'avenir de Goujet ne sera pas réglée dans *Germinal*. En effet, eu égard à la question de la division du travail, le deuxième roman ouvrier de Zola n'est pas en progrès sur celui de 1877. *Germinal* montre comme *L'Assommoir* l'écrasement du coût du travail, qui interroge le sens même du travail ; *Germinal* dit aussi la prise de conscience de l'aliénation – aussi bien d'ailleurs celle des Maheu que du romancier bourgeois – ; *Germinal* en outre montre les patrons que ne montre pas *L'Assommoir* ; *Germinal* évoque enfin la casse de l'outil de production, à défaut de sa réappropriation. Mais ce que ne peut décrire le roman de la mine, tout en classant ses ouvriers dans les diverses branches de leur industrie, c'est la substitution du capital technique au travail à la main et le devenir de l'homme dont la machine anéantit l'expérience. *Germinal* n'interroge pas vraiment le sens du savoir-faire ni l'accomplissement de l'homme dans une *techné*. Rien dans *Germinal*, pas même la fière mémoire de la mine qu'est le vieux Bonnemort, ne permet de problématiser l'identification de l'homme à son métier. Sur ce point, c'est le roman *Travail* qui s'aboute avec *L'Assommoir*, tout en paraissant d'abord ne prendre sa source que dans *Germinal*. Dans le chapitre de *La Conquête du pain* (1892) intitulé « le travail agréable », Pierre Kropotkine, qui a lu Zola et qui est lu par Zola, a déjà imaginé une mine-modèle qui inverse celle de *Germinal*[1]. Avec *Travail*, Zola veut plutôt un roman du fer, un roman inspiré du Creusot ou des forges d'Unieux : « Il faut des hauts fourneaux, une grande usine industrielle travaillant une matière

---

1   Fabian Scharf, *Émile Zola : de l'utopisme à l'utopie (1898-1903)*, Paris, Honoré Champion, « Romantisme et modernités », 2011, p. 399.

première[2] ». Cela s'aboute bien au diptyque de la rue Marcadet, car la grande question de *Travail* est celle du « bonheur de tous », qu'évoquait Goujet en contemplant les machines.

On ne songerait pas d'emblée à présenter *Travail* comme un roman sur la division du travail. Zola n'est pas familier de cette formulation et son ambition y apparaît plus large. Son deuxième Évangile pose plus généralement la question du travail « mal organisé, déshonoré, maudit[3] », dont le héros Luc recense les misères dans la première partie. C'est contre le « salariat », c'est contre le « travail inique », termes récurrents, que va s'élever cet apôtre[4]. Nous discernons cependant deux plans temporels dans l'entreprise de Luc : le temps moyen de la réorganisation du travail et le temps long de l'abolition du salariat et du capital. Or tous les problèmes posés sur le premier plan – abêtissement de l'ouvrier-machine, héroïsme de l'ouvrier qualifié, machinisme et bonheur de tous – sont évidemment en prise avec la notion de division du travail et étaient ceux que posait déjà le personnage de Goujet. L'enjeu de *Travail* est de répondre théoriquement et esthétiquement aux interrogations de Goujet dans le deuxième hangar de la rue Marcadet. Et l'intérêt est que Zola y répond par des moyens romanesques : de même que l'entrepreneur Luc se propose de faire une « expérience[5] » avec les capitaux avancés par l'ingénieur Jordan, l'utopie zolienne apparaît comme un autre roman expérimental, qui éprouve dans ses structures mêmes la validité de ce qu'il propose.

Le problème principal de *Travail* est de déclarer caduques un certain nombre d'incarnations du travail. Nous passons de l'obscure et tonitruante fabrique de canons et d'obus qu'est l'Abîme, présentée lors d'une longue visite liminaire du héros Luc[6], à la claire et calme fabrique de rails qu'est la Crêcherie, présentée après trois ans au début du livre deuxième[7], puis après plusieurs décennies à la fin du roman[8],

---

2   Dans le dossier préparatoire de *Travail* (Ms N.a.f. 10334), il y a un dossier « Hauts fourneaux. Métallurgie. – Fonte. Forges. Fers en barre et fers ouvrés » (f°s 375-385), des notes sur « Le Creusot » (f°s 396-404) et un dossier sur les « Aciéries et forges d'Unieux » (f°s 406-481).
3   Émile Zola, *Travail* [1901], dans *Œuvres complètes* t. 19, Paris, Nouveau Monde éditions, p. 37. Sauf indication contraire, nous nous référerons désormais à cette édition en donnant successivement le numéro du livre, le chapitre et la page.
4   *Ibid.*, Livre Ier, chap. Ier, p. 22-23 et I, chap. v, p. 117.
5   Le mot est récurrent ; voir notamment I, chap. v, p. 118 et II, chap. v, p. 209.
6   *Ibid.*, I, chap. Ier, p. 41-46.
7   *Ibid.*, II, chap. Ier, p. 123-129.
8   *Ibid.*, III, chap. III, p. 293-297.

avec un intéressant appendice sur la célébration des machines[9]. Dans ces deux espaces antinomiques, auquel il faut ajouter le haut-fourneau qui alimente la Crêcherie, évoluent un certain nombre d'ouvriers du fer, dont trois nous semblent concentrer des caractères idéologiques (au regard de la question de la division du travail) autant que généalogiques (au regard de l'œuvre antérieure de Zola et de *L'Assommoir* en particulier). Il s'agit de l'arracheur Fauchard, dont la fonction est de retirer du four les lourds creusets de fer en fusion ; du maître-puddleur Bonnaire, qui brasse les boules de fonte sorties précédemment du four ; enfin du maître-fondeur Morfain, qui s'est toujours occupé du haut-fourneau de la Crêcherie. Ces trois personnages incarnent trois métiers qui seront successivement évoqués, des générations plus tard et conformément à l'esthétique zolienne de la symétrie, par leurs descendants travaillant dans l'usine nouvelle de la Crêcherie[10]. Parmi ce trio, Fauchard, qui ne peut supporter son métier que moyennant l'absorption de quatre litres de vin par service, est un peu le Bec-Salé de *L'Assommoir*, en même temps qu'il figure assez explicitement l'ouvrier-machine de Lemontey, l'abêtissement du travail divisé et répété :

> Déformé physiquement par la terrible besogne, toujours pareille, qu'il faisait depuis quatorze ans déjà, il avait plus souffert encore dans son intelligence de ce rôle de machine, aux gestes éternellement semblables, sans pensée, sans action individuelle, devenu lui-même un élément de lutte avec le feu. Ce n'était pas assez de ses tares physiques, les épaules remontées, les membres hypertrophiés, les yeux brûlés, pâlis à la flamme, il avait la conscience de sa déchéance intellectuelle ; car, pris à seize ans par le monstre, après une instruction rudimentaire, brusquement arrêtée, il se souvenait avoir été intelligent, d'une intelligence qui vacillait et s'éteignait à cette heure, sous la meule implacable qu'il tournait en bête aveuglée, sous l'écrasement du métier empoisonneur et destructeur[11].

Cet homme, qui a « plus d'adresse encore que de force[12] », va s'avérer trop abruti par la division du travail pour envisager de migrer, avec certains de ses camarades, de l'Abîme à la Crêcherie : « On avait à ce point tué en lui l'initiative, qu'en dehors du geste accoutumé, il ne

---
9 *Ibid.*, III, chap. IV, p. 320.
10 Il s'agit de la scène de visite de l'usine nouvelle du chapitre III du Livre III, sur laquelle nous reviendrons.
11 Émile Zola, *Travail*, *op. cit.*, I, chap. II, p. 43.
12 *Ibid.*, p. 44.

savait plus agir, envahi d'une terreur d'enfant[13] ». Plus intéressants sont les personnages de Bonnaire et Morfain, que rien ne rapproche a priori (Bonnaire commence aux aciéries de l'Abîme, Morfain a toujours été à la Crêcherie), mais qui descendent tous deux du Goujet de *L'Assommoir*. En Bonnaire se concentrent en effet les traits de « l'ouvrier vrai » de Denis Poulot, y compris cette fois ce qui manquait à Goujet : la conscience et la réflexion idéologiques (le « collectivisme » de Bonnaire s'opposant pendant une grande partie du roman au « communisme » de Luc Froment[14]). C'est ainsi que le premier portrait de Bonnaire au puddlage rappelle la description physique de Goujet dans le hangar de la rue Marcadet, sauf que le portrait est ici éclaté en trois moments distincts ; une brève évocation de la « dure besogne » du brassage[15], ensuite une brève description de ce « colosse » au travail (« il était superbe, le cou blanc, la face rose, dans l'effort vainqueur et dans l'ensoleillement de la besogne »)[16], enfin une évocation de sa dernière tâche avant de démissionner de l'Abîme :

> Depuis vingt minutes, il était ainsi devant cette gueule vorace, la poitrine craquant dans la fournaise, les bras manœuvrant le lourd crochet, les yeux voyant clair à bien mener le travail, parmi l'éblouissante flamme. Il regardait fixement, au milieu du brasier, la boule d'acier en feu qu'il roulait, d'un mouvement continu, il apparaissait grandi, tel un fabricateur d'astres, créant des mondes, dans l'ardente réverbération qui dorait son grand corps rose, sur le fond noir des ténèbres[17].

Pour finir, c'est en Morfain que se retrouvent deux autres traits du Goujet de *L'Assommoir* : le caractère taciturne et l'envergure mythologique. Cependant, Morfain n'est pas seulement désigné avec insistance comme « un des Vulcains d'autrefois[18] » ou un Cyclope[19], mais aussi comme un « Prométhée enchaîné[20] » au haut-fourneau dont il surveille le fonctionnement depuis des années. Son rapport au travail ne peut s'énoncer que sous une forme oxymorique : Morfain symbolise « l'orgueil

---

13 *Ibid.*, II, chap. Ier, p. 128.
14 Voir notamment Livre II, chap. III, p. 165-166.
15 *Ibid.*, I, chap. II, p. 41-42.
16 *Ibid.*, p. 42.
17 *Ibid.*, p. 46.
18 *Ibid.*, I, chap. IV, p. 93.
19 *Ibid.*, p. 100.
20 *Ibid.*

de l'effort douloureux et sans cesse repris, l'antique noblesse du travail meurtrier[21] » ; il incarne « toute la noblesse du long travail écrasant de l'humanité, pour arriver au repos, au bonheur[22] » ; il figure un « holocauste social d'une obscure grandeur[23] ».

Or tout le problème du roman *Travail* est bien là : il faudrait prononcer l'obsolescence de ces savoir-faire dans la marche vers le « bonheur pour tous », dans le double bouleversement provoqué d'abord par la rotation des tâches à la Crêcherie, ensuite par l'invention du four électrique de Jordan et de toutes les machines qui vont donner sa forme à l'usine nouvelle de la fin du roman. À quelles conditions cette extinction des qualifications premières est-elle possible ? Comment fait-on passer Goujet de la fabrique à la main au hangar aux machines ? Pour le romancier, c'est une gageure esthétique aussi délicate que, pour l'industriel, la justification de la mécanisation d'une ligne de production : le roman se retrouve pris dans l'antinomie de la loi de la division du travail, entre reconnaissance de la dextérité et écueil de la déqualification. Et plus on aura montré l'incarnation du métier, plus cette transition sera difficile à décrire. Or Fauchard, Bonnaire et Morfain sont des hommes qui se sont cuits au feu, rôtis « comme des canards[24] », dira curieusement la fin du roman, avec une irrévérence qui n'aurait peut-être pas été possible dans les premières pages (le mot est ici d'un enfant visitant l'usine nouvelle). Correctif : Bonnaire n'est pas concerné par l'expression car – symptôme comme un autre que cette écriture du changement ne va pas de soi – la pénibilité du puddlage sera représentée rétrospectivement, à la fin du roman, à travers la figure de Bourron, qui travaillait dans le même hangar de l'Abîme que lui. Il n'en reste pas moins que le portrait de Bonnaire en blond pétrisseur de fonte, aussi rose que sa boule de matière, dit assez de quelle incarnation du métier il faut maintenant faire son deuil romanesque. Fauchard aussi est cuit dans son métier : on le voit trempé d'eau, enjambant le four avant d'*accrocher*, et semblant exsuder ce qu'il a bu (« Ses sabots fumaient, son tablier ses gants fumaient, toute sa chair semblait fondre[25] »), comme le Bec-Salé de *L'Assommoir*. Enfin

---

21 *Ibid.*, p. 93.
22 *Ibid.*, p. 98.
23 *Ibid.*, p. 99.
24 *Ibid.*, III, chap. III, p. 297.
25 *Ibid.*, I, chap. II, p. 43.

la description de l'antique haut-fourneau de la Crêcherie dont s'occupe Morfain est saturée d'une métaphore organique suffisamment éloquente : le maître-fondeur est un esclave préposé à la bonne « digestion » d'un « colosse accroupi[26] » dont les tuyères semblent un prolongement de lui-même. Colosses déformés ou non, ces trois ouvriers sont le corps d'une tâche. Le travail est atroce par cette incorporation, mais il apparaît par là-même essentiel, dans ces premières pages du roman.

Que deviennent ces trois figures dans le laminoir romanesque que sont les quatre cents pages de cette utopie ? Pour Fauchard, tout est simple : « dans sa déchéance d'homme écrasé sous la meule, devenu un simple outil[27] », il est irrécupérable pour la réorganisation du travail et le récit utopique. L'exemple de Morfain représente de manière plus grave et plus haute un cas romanesque de suicide au travail : dans la scène triomphale de mise en marche des fours électriques de Jordan dans la grande halle de la Crêcherie, après la dernière coulée du haut-fourneau, ce cyclope s'électrocute volontairement devant Jordan, Luc et Petit-Da, son propre fils. Acte que le texte désigne comme une transition nécessaire entre l'âge héroïque du travail asservi et l'âge moderne du « repos », de la « joie libre », de la « douceur » de la « jouissance heureuse » :

> Et il tombait en héros farouche et têtu de l'ancienne et terrible corvée, en Vulcain enchaîné à sa forge, ennemi aveugle de tout ce qui le libérait, mettant sa gloire dans son asservissement, refusant comme une déchéance que la souffrance et l'effort pussent être un jour diminués. La force du nouvel âge, la foudre qu'il était venu nier, insulter, l'avait anéanti, et il dormait[28].

Le roman semble avoir hésité avec un autre scénario que le texte présente : Morfain a d'abord été « surpris, penché sur le gueulard du haut fourneau, encore plein de braise, de l'air d'un homme prêt à faire le saut dans cet enfer effroyable[29] ». Mais Zola a préféré un suicide qui dise que c'est la modernité qui tue, plutôt que l'asservissement antérieur, lequel justement ne tue pas tout en diminuant l'homme. Pour le romancier, c'est un moyen paradoxal peut-être, mais énergique, de défendre son évolutionnisme industriel. Dans les deux cas, on clôt l'âge héroïque,

---

26 *Ibid.*, I, chap. IV, p. 95-96.
27 *Ibid.*, II, chap. Ier, p. 124.
28 *Ibid.*, III, chap. II, p. 281.
29 *Ibid.*, p. 279.

qui est aussi celui du travail incarné. Mais dans le scénario où le titan saisit le câble et le brise, se laissant traverser par la foudre, il y a du moins reconnaissance de la modernité (« C'est bien (...) d'être curieux à votre âge » dit Luc[30]) et transition (« les fils s'étaient touchés », dit le texte, bizarrement d'ailleurs[31]). Comme si Goujet s'était laissé happer par un engrenage du hangar mécanique de la rue Marcadet. Ce qui ne peut manquer de gêner le lecteur est que Morfain, en quelque sorte, a été poussé au suicide. On s'étonnera de la hâte avec laquelle Luc, dès que les fours électriques de Jordan sont installés, ordonne la destruction du haut-fourneau de la Crêcherie, tout juste refroidi. On peut s'étonner que Morfain n'ait jamais été associé aux réflexions de Jordan sur les fours. Si l'Évangile de Zola ressemble aux propositions de Simone Weil par sa tension utopique, par son refus de l'expropriation marxiste, par sa promotion de l'apprentissage, par son credo machiniste même, il ne joue pas sur un élément que la philosophe estimera essentiel pour l'*enracinement* ouvrier : la participation de l'ouvrier à la conception et à la modernisation de la machine, qui ne doit pas rester le fait de bureaux d'étude enfermés sur leurs ingénieurs et, pis, inféodés aux intérêts productivistes[32]. Il fait même le contraire : le personnage de Jordan se retire dans son atelier pour réfléchir toute sa vie aux machines qui vont bouleverser l'usine de Luc, et l'assassinat de Morfain par la machine merveilleuse, brutalement installée, s'assimile bien à une préférence pour l'innovation techniciste *versus* la prise en compte de l'expérience ouvrière, en même temps qu'elle permet de ménager un peu de romanesque à l'intérieur de l'utopie.

Morfain foudroyé, Fauchard incapable, c'est donc sur le personnage de Bonnaire que repose l'exposé de la révolution positive du travail dans le roman. Bonnaire libéré du puddlage doit être un Goujet libéré de l'« embêtement » de taper sur des clous. Nous voyons bien l'intérêt de l'intertexte fouriériste pour montrer cette libération : *Le Nouveau Monde industriel et sociétaire* et *La Théorie de l'unité universelle* permettent en effet à Zola d'affirmer l'importance de la division du travail tout en déjouant ses écueils, ce qui répond à l'ambivalence de *L'Assommoir* sur ce point et illustre assez bien le biais conciliateur que déplore Lukács

---

30 *Ibid.*
31 Puisque c'est commettre une erreur sur la définition du court-circuit... *Ibid.*, p. 281.
32 Simone Weil, « Déracinement ouvrier », dans *L'enracinement, op. cit.*, p. 79-81.

dans l'esthétique zolienne. Évidemment, Zola s'est sagement gardé d'entrer dans les écrits de Fourier et s'est référé, selon son usage, à des interlocuteurs pertinents, en l'occurrence fouriéristes, ainsi qu'à des *digests* comme celui d'Hippolyte Renaud intitulé *Solidarité : vue synthétique sur la doctrine de Charles Fourier*[33], opus que lit le personnage de Luc dans la nuit d'insomnie qui ouvre la conclusion lyrique de la première partie[34]. Si le texte final de *Travail* n'est pas alourdi par le vocabulaire de Fourier, que Renaud s'employait déjà à traduire et épousseter, le romancier n'en est pas moins familiarisé avec cette notion essentielle de l'utopie fouriériste qu'est la « papillonne ». Zola a bien lu les pages de *Solidarité* qui définissent les passions de rivalité, d'accord, de diversité, c'est-à-dire en langue fouriériste les passions « cabaliste », « composite » et « papillonne » sur lesquelles devrait s'appuyer toute réorganisation du travail et de la société[35]. Il a aussi lu l'article d'Émile Faguet sur Charles Fourier qui définit la notion[36]. Ainsi, sans avoir parcouru directement la *Théorie de l'unité universelle*, Zola connaît l'esprit du passage qui propose d'une part

> 3° Que les séances industrielles soient variées environ huit fois par jour, l'enthousiasme ne pouvant se soutenir plus d'une heure et demie ou deux heures dans l'exercice d'une fonction agricole ou manufacturière (...)[37]

et qui prescrit d'autre part

> 6° Que la division du travail soit portée au suprême degré, afin d'affecter chaque sexe et chaque âge aux fonctions qui lui sont convenables ;
> 7° Que dans cette distribution, chacun, homme, femme ou enfant, jouisse pleinement du droit au travail ou droit d'intervenir dans tous les temps à telle branche de travail qu'il lui conviendra de choisir, sauf à justifier de probité et d'aptitude[38].

---

33 Hippolyte Renaud, *Solidarité : vue synthétique sur la doctrine de Charles Fourier*, 7ᵉ éd, Paris, Bibliothèque phalanstérienne, 1898, 364 p. Cette édition est celle que lit Zola pour *Travail*.
34 Émile Zola, *Travail*, op. cit., I, chap. v, p. 103-105.
35 Sur ce point, voir Fabian Scharf, *Zola, de l'utopisme à l'utopie*, op. cit., annexe p. 555 et développement p. 359-368.
36 Émile Faguet, « Charles Fourier », *Revue des deux mondes*, juillet-août 1896, p. 570-594. Fabian Scharf indique l'essentiel sur la prise de notes de Zola. Fabian Scharf, op. cit., p. 547.
37 Charles Fourier, *Théorie de l'unité universelle*, vol. II, « Théorie en abstrait / Introduction / Notions préliminaires », dans *Œuvres complètes de Ch. Fourier*, tome III [1841-1842], Paris, éd. Anthropos (reprint), 1966, p. 15.
38 *Ibid.*

Chez Fourier, c'est parce que la division du travail est compensée par sa diversification que peut s'ouvrir l'ère du « travail attrayant », expression présente dans *Travail*. Cela est tout à fait compatible avec la critique de l'acception smithienne de la division du travail que développe Pierre Kropotkine dans *La Conquête du pain*. Cette critique avance que « la division du travail, c'est l'homme étiqueté, estampillé pour toute sa vie comme noueur de nœuds dans une manufacture, comme surveillant dans une industrie, comme pousseur de benne à tel endroit de la mine, mais n'ayant aucune idée d'ensemble de machine, ni n'industrie, ni de mine[39] ». Kropotkine diagnostique la destruction des compétences globales et diversifiées causée par la révolution industrielle, laquelle s'emploie à anéantir le génie de « l'outillage » qui l'a fait naître. En conséquence, Kropotkine déclare qu'« après avoir 'divisé' le travail, il faut 'intégrer' : c'est la marche suivie dans toute la Nature[40] ». Or Zola ne peut qu'être sensible à cet évolutionnisme correcteur, différent du naturalisme des économistes. S'appuyant ainsi sur une littérature utopique tant anarchiste que fouriériste – important intertexte des *Trois villes* et des *Quatre Évangiles*, dont Fabian Scharf détaille les convergences[41] –, Zola se donne à la fois du champ pour célébrer encore le savoir-faire, façon Gouget à l'enclume, et pour chanter la libération de « l'embêtement » (ou du noble servage de Morfain).

C'est donc dans une certaine fidélité à Fourier autant qu'à Kropotkine que le texte de *Travail* présente le premier principe de réorganisation de la Crêcherie qu'est la libre division/diversification des tâches :

> (...) il s'agissait d'un travail librement accepté par tous, réparti selon les goûts et les natures, exercé pendant le très petit nombre d'heures indispensable, sans cesse varié au choix des ouvriers volontaires. (...) Et tout le mécanisme était là, le travail divisé à l'infini, l'ouvrier choisissant la tâche qu'il ferait le plus gaiement, cessant d'ailleurs d'être cloué au même métier, passant à son gré d'un groupe, d'un labeur à l'autre[42].

Ainsi, lorsque Bonnaire rejoint la Crêcherie, il expérimente la rotation des tâches. « Tiens ! tu as lâché le puddlage[43] ? », lui demandent

---

39 Pierre Kropotkine, « Division du travail », dans *La Conquête du pain*, 2ᵉ éd., Tresse et Stock, 1892, cité dans Fabian Scharf, *Zola, de l'utopisme à l'utopie, op. cit.*, p. 405.
40 *Ibid.*
41 *Ibid.*, voir p. 354-385 et p. 392 *et sq.*
42 Émile Zola, *Travail, op. cit.*, I, chap. v, p. 104.
43 *Ibid.*, II, chap. Iᵉʳ, p. 124.

les collègues de l'Abîme venus le voir et étonnés de le trouver au laminoir :

> – Non, mais nous faisons un peu de tout ici. C'est la règle de la maison : deux heures de ceci, deux heures de cela ; et, ma foi ! c'est bien vrai que cela repose[44].

Aussi la fin du roman multiplie-t-elle les exemples heureux que la passion *papillonne* a libre cours. Lors de la visite guidée de l'usine parachevée, nous voyons que le jeune Adolphe Laboque quitte le puddlage pour aller aux ateliers de menuiserie « terminer un modèle de table qui [l]e passionne[45] » ; et le texte d'opposer cette joie aux peines antiques de l'aïeul Bourron. Nous voyons aussi Alexandre Feuillat passer au laminoir, entre deux heures aux semences et une séance de dessin d'ornement pour le potier Lange ; et le texte d'opposer cette diversité à l'abrutissement de l'aïeul Fauchard[46]. On voit que le refus de « s'abêtir dans une spécialité étroite » permet de réinvestir, à l'intérieur du cadre industriel, le cadre agricole et les valeurs artisanales, conformément à la théorie fouriériste. Avec cette théorie, l'imagerie de Vallès n'est pas obsolète et c'est l'idée même de prolétariat qui s'abolit, de manière très consensuelle, dans la revitalisation des métiers traditionnels.

Mais force est de constater que la rotation des tâches n'est pas suffisante pour réformer la société selon *Travail*. Zola prend assez rarement ses distances avec ses sources documentaires, dans ses notes préparatoires, pour que nous relevions ses réserves envers cet aspect de la théorie fouriériste :

> Pour ne pas s'abrutir, la diversité du travail, faisant l'amusement (bien peu pratique). Façon d'employer toutes les facultés physiques et individuelles [sic]. Avantage de la subdivision du travail, sans que l'individu ait à souffrir[47].

Que la rotation des tâches soit estimée « bien peu pratique » (elle s'oppose en effet à la rationalisation économiste des temps de transfert entre besogne) détermine une réserve dans le texte même du roman, dans la présentation de la Crêcherie réorganisée qui est au début de la deuxième partie :

---

44 *Ibid.*
45 *Ibid.*, III, chap. III, p. 294.
46 *Ibid.*, p. 295.
47 Émile Zola, notes « Fourier », dossier préparatoire de *Travail*, Ms N.a.f 10334, f° 270. Ce passage est repéré par Fabian Scharf dans *Zola, de l'utopisme à l'utopie, op. cit.*, p. 365. Voir aussi l'annexe p. 556.

> La vérité était que Luc ne décidait pas facilement les ouvriers qu'il embauchait à sortir de leur spécialité. Plus tard, la réforme s'accomplirait, les enfants passeraient par plusieurs apprentissages, car le travail attrayant ne pouvait être que dans la variété des diverses tâches et dans le peu d'heures consacrées à chacune d'elles[48].

Or c'est précisément cette question de la diversification et de la rotation des tâches qu'ont soulevée les ouvriers de LIP en lisant *Travail*. En 1979, les éditions Verdier à Lagrasse ont réédité le roman de Zola en le faisant précéder d'une préface d'une vingtaine de pages, constituée de la retranscription d'un dialogue poursuivi au mois de mai, à Palente, autour du roman. « Commentaire du roman de Zola » en forme de « parole multiple[49] », cet échange se déroule comme une sorte de *dit* parallèle à *Travail*, auquel il se réfère assez rarement tout en ne cessant d'en agiter les enjeux, mettant face à l'« expérience » menée par Luc Froment celle que vivent Vincent, Thierry, Sophie, Anne, Clément, Louis, Serge et tous les LIP depuis six ans. Il est symptomatique que cette préface à *Travail* se concentre si volontiers sur le personnage de Ragu, le mauvais ouvrier, l'anti-Bonnaire, l'ennemi mortel de Luc Froment, ouvrier à la fois revendicatif et égoïste et somme toute réfractaire à la réforme, colonne vertébrale sceptique dont le romancier avait besoin pour travailler les contrastes dans son utopie. Après six ans de mouvement, trois ans après les dernières « fêtes » dont ils se souviennent, les LIP reconnaissent en Ragu toutes les résistances qu'ils peuvent détecter, parfois, dans leur voisin d'atelier, cet inconnu aux intérêts prosaïques dont l'engagement communautaire fait problème et qui empêche l'harmonie. Il est surtout intéressant pour nous que Vincent se pose cette question :

> Je me demande bien comment Luc dans le récit de Zola parvient à instaurer une rotation des tâches aussi harmonieusement[50].

Car les LIP le savent bien : premièrement, la rotation des tâches achoppe sur une sorte d'effet de cliquet : « Quand ils ont un poste quelque peu amélioré, ils n'ont plus envie de faire le sale boulot[51] », remarque Vincent. Comment convaincre Alexandre Feuillat de venir faire deux

---
48 Émile Zola, *Travail*, *op. cit.*, II, chap. 1er, p. 124.
49 Émile Zola, *Travail*, Lagrasse, Verdier, 1979, p. 11-12.
50 *Ibid.*, p. 16.
51 *Ibid.*, p. 15.

heures au laminoir s'il adore avant tout dessiner des ornements pour le potier Lange ? Zola se garde de l'indiquer, pour éviter que sa Crêcherie ne prenne l'allure d'une « caserne » régie par un emploi du temps implacable. C'est une vraie lacune de son texte. Une petite phrase du début de la deuxième partie précise que Luc a dû garder les contremaîtres et les chefs d'atelier pour faire fonctionner la Crêcherie. Mais nous ne les verrons jamais. Et pour cause : le journal d'usine horodaté de Simone Weil ou son texte « Expérience de la vie d'usine » montrent très bien l'humiliation renouvelée que représente pour les ouvriers le moment où le chef d'atelier « vient en quelque sorte les prendre comme des objets pour les mettre devant une autre machine[52] », manifestant par cet ajustement ce que Marx écrivait du règne des proportions algébriques dans la manufacture organique. Zola n'a guère approfondi la question du déroulé de la journée qui ne déboucherait, peut-on soupçonner, que sur de mornes histoires de comptage et de pointage. Quant à la rotation des tâches commentée par les LIP, il apparaît deuxièmement – et c'est plus préoccupant – que l'homme aime sa spécialité, en vertu d'un mélange d'habitude rassurante et d'économie d'effort. En effet, la dextérité réduit la pénibilité du travail (Adam Smith ne le dit pas tout à fait), ainsi que le constate Louis :

> Même ceux qui ont un poste ingrat ne veulent pas changer. Ils ont de terribles difficultés à quitter un lieu, une tâche, qu'ils connaissent bien. Une fois qu'ils y sont installés, ils parviennent à une certaine habileté. Cela leur est moins pénible. Par contre lorsqu'ils changent constamment de travail, ils sont tout le temps obligés de s'adapter. Ça nécessite un effort supplémentaire, un apprentissage[53].

Ainsi, Anne constate que « la variété du travail » préconisée par Fourier n'est pas suffisante pour motiver la rotation des tâches. Troisièmement et surtout, la diversification des tâches, même dans un régime coopératif, par exemple l'invitation faite à tel ou tel homme attaché à son établi de rejoindre l'une des « commissions artisanales de Palente[54] », peut apparaître comme la prise de pouvoir de l'utopiste sur les autres, une rupture de l'harmonie et de l'égalité au nom de l'harmonie et de l'égalité, comme Sophie le remarque face à Vincent avec beaucoup de vigueur :

---

52 Simone Weil, *La condition ouvrière*, op. cit., p. 337.
53 Émile Zola, *Travail*, Lagrasse, Verdier, 1979, p. 15.
54 *Ibid.*, p. 24.

> Vous ne voulez pas comprendre ce que vous appelez l'inertie des gens. Vous voudriez que tout le monde crée, prenne des initiatives. Vous ne savez pas que beaucoup n'ont pas l'âme d'un créateur. En les bousculant, les forçant en vain, vous les pliez sans respect, les mettez à genoux devant le mur épais de leurs limites, sur lequel ils se cassent la tête. Vous voudriez que tout le monde soit fait à votre image. Vous vous regardez dans la glace avec vos beaux projets[55].

Ce qu'objecte Sophie aux « vainqueurs » de LIP vaut comme critique non seulement du héros de *Travail*, mais aussi du roman utopique lui-même et de son auteur, voire de toute contestation de la division du travail. On se rappelle la séquence du roman où Luc sort du palais de Justice de Beauclair – transposition romanesque du procès Zola – et se trouve agressé dans la grand'rue par les habitants coalisés, commerçants menacés par sa coopérative autant qu'ouvriers de l'Abîme menacés par la concurrence de la Crêcherie : séquence du roman où Zola exprime implicitement ce qu'il y a de toute-puissance négatrice dans les projets du bon Luc. Car l'œuvre de Luc – les LIP le voient bien – est l'œuvre d'un seul. Ou tout au plus l'œuvre de trois hommes rassemblés, le *capital*, le *travail* et le *talent* de Fourier, que Zola a voulu incarner en Jordan, Bonnaire et Luc, ces vieillards héroïques qui communient à la fin du roman dans l'accomplissement de leur projet et dans les félicitations mutuelles. Or l'harmonie est la communauté, et c'est toute la communauté qui devrait faire œuvre. Mais cette problématique qui préoccupe les LIP est largement étrangère à celle du romancier encore comtien qui se projette dans la perfection de ses personnages d'ingénieurs messianiques. « L'œuvre est faite, et nous en aurons la divine joie ! », proclame Luc alors qu'il n'en est qu'à l'ébauche, comme si c'était avant tout l'*inventio* de l'intellectuel et du romancier qui importait[56]. La diversification et la rotation des tâches n'achoppent pas seulement sur l'aliénation ou l'habitude des ouvriers, que le roman montre complaisamment : elle désigne aussi l'*hybris* des réformateurs. De cela, le texte de Zola trahit d'ailleurs la conscience, la séquence sur Luc aux outrages (le moment où il est pris à partie dans la rue) étant aussi un moment d'auto-examen du roman utopique. En effet, l'ouvrier « petit et maigre, aux cheveux roux, aux gros yeux troubles », cet avorton qui dans la rue de Brias vient au plus près de Luc pour lui cracher au visage, « de toute sa violence, sans

---

55 *Ibid.*, p. 25.
56 Émile Zola, *Travail*, Nouveau Monde éditions, *op. cit.*, I, chap. v, p. 121.

qu'on pût savoir d'où venait cette frénésie de haine », s'avère « un forgeron de l'Abîme[57] ». Pourquoi un forgeron ? Comme si le roman retournait contre Luc le forgeron des *Nouveaux contes à Ninon* ou le beau Goujet de *L'Assommoir*, mais en transfigurant l'incarnation superbe du métier menacé en incarnation débile du métier dépassé. Comme si le roman utopique du travail sentait bien devoir lutter contre la mythification du métier, mensongère peut-être, idéologique bien sûr, bourgeoise probablement[58].

Si la diversification et la rotation fouriéristes des tâches ne suffisent pas à fonder la cité heureuse, comme l'a senti Zola et comme l'ont éprouvé les LIP, alors c'est autre chose qui doit changer le travail. Ici s'achève la réforme de Luc et commence celle de Jordan, par un nouvel effet de tuilage qui caractérise ce roman : ce sont la machine, le four électrique, le merveilleux réservoir à énergie solaire inventés par Jordan qui vont libérer le travailleur et asseoir la rotation des tâches. Ici s'affirme le déterminisme technologique zolien décrit par Jacques Noiray. Ici s'opère sous la plume de Zola la jonction entre le fouriérisme et le mécanicisme anarchiste[59]. La rotation des tâches n'est concevable que si le travail, que ce soit au four, au puddlage ou au laminoir, a perdu tout aspect pénible ; elle n'est possible que si l'effort d'adaptation des ouvriers est rendu imperceptible par la simplicité des machines[60]. Or la visite finale de l'usine nouvelle le souligne : le travail ne fatigue plus. « Non, monsieur Luc, ça m'amuse », s'exclame Laure Fauchard, petite-fille de l'ouvrier-machine du même nom, dans la halle des fours à creusets : « Comment voulez-vous que je me fatigue, à tourner ce petit volant[61] ? ». Le travail n'est pas seulement *attrayant*, mais dans tous les ateliers de l'usine c'est désormais « la même propreté saine, la même gaieté chantante, le même travail aisé et *amusant*, grâce à la diversité des tâches et à l'aide souveraine des machines[62] ».

57 *Ibid.*, II, chap. II, p. 160.
58 « Le Forgeron », dans *Nouveaux Contes à Ninon, op. cit.*, p. 458. Tel est le mot de la fin de ce récit de régénération de l'intellectuel : « C'est là, dans la forge, au milieu des charrues, que j'ai guéri à jamais mon mal de paresse et de doute. »
59 Voir Fabian Scharf, *Zola, de l'utopisme à l'utopie, op. cit.*, p. 398-422.
60 Parmi les LIP, Louis remarque : « même à la mécanique les ouvriers professionnels avaient tendance à se spécialiser afin d'arriver à un travail plus simple, équivalent à celui d'un O.S., et répugnaient à passer de la machine du tournage à celle du fraisage alors que l'adaptation semblait minime. » Émile Zola, *Travail*, Lagrasse, Verdier, *op. cit.*, p. 15.
61 Émile Zola, *Travail*, Nouveau Monde éditions, *op. cit.*, III, chap. III, p. 294.
62 *Ibid.*, p. 295.

Mais le problème que posent ces pages, au terme du parcours idéologique et esthétique qui fait passer Zola des interrogations de Gouget à l'inspection finale de la Crêcherie par Luc Froment, demeure celui de l'évanouissement du faire et surtout de la force. Les machines sont si merveilleuses, « si douces et si fortes en leur silence », qu'elles appellent une intervention humaine minimale : « Il n'y avait plus, autour de ces solides travailleuses, que des conducteurs, des surveillants, dont l'unique besogne consistait à manœuvrer des leviers de mise en marche, à s'assurer du bon fonctionnement des mécanismes[63]. » Au puddlage, Bonnaire était autrefois un « fabricateur d'astres », mais Adolphe Laboque n'a plus qu'à surveiller une boule qui se brasse toute seule et file en chariot vers le marteau-cingleur. « Et lui souriait toujours, le teint frais, sans une goutte de sueur, les membres souples et fins, en homme que trop de fatigue ne déformait pas[64] » : le roman utopique ne s'écrit plus que par négation, pour dire que le travail est fort heureusement désincarné. La sueur : signe discret qui permet de suivre l'évolution de Zola. Le forgeron des *Nouveaux contes à Ninon* était couvert d'une sueur « qu'il n'essuyait même pas » ; Goujet est si fort qu'il ne sue presque pas ; à la Crêcherie, on ne sue plus du tout – et on ne sue pas du tout dans ce roman, où Zola a oublié de compenser par la gymnastique la physique perdue du travail. Car que voyons-nous maintenant du côté de la batterie des fours ? Claudine et Céline, « deux jeunes filles veillant aux appareils électriques, toutes deux d'une vingtaine d'années », qui apparaissent « attentives à donner et à supprimer le courant ». Luc montre aux enfants qui visitent l'usine comment il suffit de « tourn[er] un petit levier, pour mettre le métal en fusion[65] ». La physique du travail se réduit à la manipulation d'un interrupteur. Très bien. Mais quelle est la différence entre cette manœuvre et le travail du petit Fortuné au marteau-cingleur de l'Abîme, qui nous a été montré sous les couleurs les plus noires deux cent cinquante pages auparavant ?

> Luc (…) reconnut le petit Fortuné, le beau-frère de Fauchard, dans le pilonnier, ainsi perché, immobilisé durant des heures, ne vivant plus que par le petit geste machinal de sa main, au milieu de l'assourdissant vacarme qu'il déchaînait. Le levier à droite pour que le marteau retombât, le levier à gauche

---
63 *Ibid.*, p. 293.
64 *Ibid.*, p. 294.
65 *Ibid.*, p. 296 pour ces citations.

pour qu'il se relevât, et c'était tout, et la pensée de l'enfant tenait là, dans ce court espace[66].

N'y avait-il pas même une interaction, entre Fortuné et l'ouvrier-forgeron qui retourne le pain d'acier sous le marteau mécanique, plus étroite et plus profonde qu'entre Céline et Claudine ? Et quelle est au juste la différence entre ces jeunes filles de la Crêcherie et les jolies ouvrières de la fabrique de clous Rênal qui se contentent de glisser un bout de fer sous le marteau mécanique ?

La différence est dans l'environnement : à la Crêcherie, c'en est fini du vacarme des marteaux dont retentissent la vie et la littérature industrielles depuis *Le Rouge et le Noir*. Tout est silencieux, clair, propre et inoffensif. En outre, on ne reste pas plus de deux heures à son poste. Enfin, le texte de Zola déclare que ces ouvriers sont mieux payés qu'ailleurs. L'avilissement du travail a été enrayé. La pénibilité du travail a été corrigée. Certes c'est énorme : c'est l'enfer social du XIXᵉ siècle rayé d'un trait de plume, et on ne voit pas tout de suite ce qui dans la peinture de cette joie, autour de la machine et de l'atelier repensés, ne correspond aux espoirs les plus vibrants de Simone Weil. Mais cela ne répond en rien à la question du sens du travail pour le travailleur. Cela comble-t-il l'espace laissé dans le dénouement du roman par la désincarnation du travail ? Cela peut-il contenter Goujet privé de Fifine ? On ne voit plus Bonnaire travailler à la Crêcherie : il n'est plus qu'un retraité bonhomme assurant la visite guidée de Ragu à Beauclair en fumant la pipe. On ne voit même pas le travail des ouvriers aux semences (alors que l'activité horticole et agricole est primordiale chez Fourier). On ne voit pas la table que dessine Adolphe Laboque. Là est la gageure de l'Évangile zolien : le roman veut montrer le travail heureux (« Bon travail, bon plaisir ! » souhaite Luc à Adolphe[67]) et il ne montre que la surveillance, sans que nous soyons certains, d'ailleurs, qu'il y a intellectualisation de la *techné* ou connaissance des matériaux (Adolphe ou Claudine évaluent-ils la qualité de fusion de l'acier ?). Lorsque Simone Weil imaginera de merveilleuses « machines automatique et souples », machines que certains de ses contemporains appellent « machines-réflexes », elle les imaginera premièrement polyvalentes, deuxièmement desservies par des ouvriers

---

66 *Ibid.*, I, chap. Iᵉʳ, p. 46.
67 *Ibid.*, III, chap. III, p. 294.

hautement qualifiés et jamais des « manœuvres » (les deux vont de pair)[68]. Est-ce le cas dans *Travail* ?

En voulant dire prioritairement la libération du travail atroce qui assombrit les manufactures du siècle, le roman utopique a dû sacrifier quelque chose de l'identité au travail et de l'épreuve du réel. Nous sommes passés du récit bourgeois qui niait la pénibilité du travail[69] ou du tableau d'usine qui disait le vacarme des happe-chair, au dénombrement d'une jeune population ouvrière que nous ne parvenons plus à identifier, comme si la généalogie des descendants de Beauclair était rendue illisible par l'absence de division du travail sociale ou manufacturière (le texte dit plusieurs fois que Ragu s'embrouille à la fin dans les noms et les mariages). D'où le fait que ces ouvriers, qui ne s'expriment visiblement ni dans l'heureux puddlage, ni dans le facile brassage, ni dans l'aisé laminage, se reportent sur une activité artisanale plus personnelle : la décoration de poterie, la menuiserie, et même pour le petit-fils de Bonnaire, « tourneur sur métaux par goût[70] », l'installation d'un atelier à la maison, comme l'aurait voulu Weil. Ce n'est pas rien, la disparition du forgeron chez Zola (qu'il soit forgeron dans son atelier, fondeur ou puddleur, etc.)... En témoignerait la dernière page de *L'Enracinement*, dans laquelle Simone Weil évoque Héphaïstos dans le *Prométhée* d'Eschyle et fait l'hypothèse que dans les premiers temps de l'homme, « l'exercice des métiers était une activité sacrée » : « On imagine une religion de forgerons voyant dans le feu qui rend le fer docile l'image de l'opération du Saint-Esprit sur la nature humaine », écrivait la philosophe[71]. Elle voulait dire par là le caractère sacré du métier, mais semblait du même coup décrire l'ambition de la littérature. Nous voyons donc bien l'aporie sur laquelle bute le roman utopique qui prétendait avoir raison de la division du travail théorisée par les économistes : ôtant toute chair au travail, confirmant la confiscation mécanique de la force qui apparaissait déjà dans le deuxième hangar de la rue Marcadet, reportant la vigueur

---

68 Simone Weil, lettre de fin mars / début avril 1936 à Jacques Lafitte et « Expérience de la vie d'usine », dans *La Condition ouvrière*, *op. cit.*, respectivement p. 259 et p. 347.
69 Dans « Le Forgeron » le jeune narrateur avance : « Jamais le Forgeron ne se plaignait. Je l'ai vu, après avoir battu le fer pendant des journées de quatorze heures, rire le soir de son bon rire, en se frottant les bras d'un air satisfait. Il n'était jamais triste, jamais las. » Émile Zola, *Les Nouveaux Contes à Ninon*, *op. cit.*, p. 456.
70 Émile Zola, *Travail*, *op. cit.*, III, chap. IV, p. 319.
71 Simone Weil, *L'Enracinement*, dernier chapitre, *op. cit.*, p. 373.

des hommes et des femmes sur le chant, la fête ou la procréation, le roman peut nous donner l'impression de faire diversion. Il n'a réhabilité le travail qu'en le rendant varié et silencieux. Il n'est pas sûr qu'il l'ait rendu compréhensible et *intégré* en le rendant varié. Et l'hosanna romanesque du travail ne s'applique véritablement qu'à l'activité intellectuelle de l'ingénieur ou, peut-être, à la réalisation artisanale de l'ouvrier. Mais si l'on se mettait maintenant à industrialiser la menuiserie ou l'atelier du potier Lange, qu'est-ce que cela donnerait sur le papier ?

C'est donc une œuvre d'équilibre qu'a dû composer Zola lorsqu'il a répondu dans *Travail* aux interrogations du Goujet de *L'Assommoir*. Comment dire par des moyens romanesques la régénération du travail ? On peut continuer de montrer le travail divisé, à condition de ne pas montrer l'ouvrier abêti par la tâche, d'où la *papillonne*. On peut défendre ce *zapping* industriel, à condition de ne pas nier l'identification de l'individu à un travail « par goût », d'où l'aménagement d'un espace de refondation artisanale, voire le rapatriement du travail chez soi. On peut montrer l'émancipation de l'ouvrier grâce à la machine, à condition de laver la machine et l'usine de leur vacarme, de leur saleté, de leur obscurité. Enfin on peut proclamer la régénération du travail à condition d'entretenir la mémoire des héros du travail primitif, comme le montre bien le passage de la visite de l'usine nouvelle par les écoliers[72]. De ce point de vue, *Travail* pourrait aussi porter le titre du roman de Bellamy, *Looking backward* : l'usine nouvelle ne vaut que par son incessante comparaison avec l'usine ancienne, et il ne faut surtout pas que cette mémoire se perde. Ce n'est donc pas un chant plein et monophonique que développe le roman utopique, mais bel et bien une négociation autour de la loi de division du travail, laquelle n'est ni acceptée, ni abolie. La question de la machine, si importante chez Zola, demeure ici marginale par rapport à l'enjeu principal, qui demeure celui de l'identité au travail. Le roman constate qu'en interrogeant la spécialisation, il bute toujours sur la question de la déqualification.

---

72 Émile Zola, *Travail, op. cit.*, III, chap. III, p. 297.

L'ŒUVRE DOMESTIQUE
(LES PETITES BOITES DE ZOLA ET LES RONDS
DE SERVIETTE DE FLAUBERT)

L'inclination du travailleur à s'extraire de la division du travail sociale ou manufacturière pour refonder son être dans une occupation qui lui serait propre – quitte à faire chez lui exactement la même chose que ce qu'il fait pour gagner sa vie, mais libéré cette fois des contraintes de l'échange marchand et destinataire heureux de son propre perfectionnisme – est une loi de l'individu qui apparaît assez peu dans les textes que nous avons évoqués jusqu'à présent. Nous ne voyons pas cette contestation individuelle de la division du travail chez les forgerons des *Nouveaux Contes à Ninon* ou de *L'Assommoir*, comme si Zola avait perçu ce métier comme une pleine expression de l'énergie qui ne laisse à l'homme d'autre disposition que la joie, dans les *Contes à Ninon*, ou l'amour, chez Goujet. Nous ne voyons pas non plus cela chez les menuisiers de Vallès, chez qui il n'existe pas de clivage entre le métier et la maison : le compagnonnage est vu comme perfectionnement pratique, physique et idéologique du travailleur, par opposition aux métiers de la « bachellerie ». Enfin dans *Travail*, nous voyons bien comment la jeunesse de la Crêcherie se cherche un travail « par goût » dans la poterie, la menuiserie ou le tournage du fer, mais la logique de l'utopie ordonne d'intégrer cette expression personnelle dans le produit et l'échange de la collectivité (comme si le repli de l'individu sur son atelier pouvait déceler une faiblesse de la nouvelle société) : c'est pour tous et non pour lui que le jeune Feuillat dessine les ornements des poteries de Lange, et Zola n'a pas pris garde que cette remise en circulation systématique de l'intime du travail pouvait revêtir une dimension totalitaire, même si cela s'assimile aussi à la publication d'une œuvre d'art.

Cette problématique n'est pas absente de l'échange des LIP à propos de *Travail*, car dans la fatigue de leurs six années de lutte puis de construction communautaire, nous percevons bien que les LIP interrogent la propension de leur projet coopératif à garantir le « sens de [leur] existence[73] ». À un moment de la discussion, Serge conteste l'utopie

---

73   C'est le mot de la fin (Thierry) de la préface des LIP. Émile Zola, *Travail*, Lagrasse, *op. cit.*, p. 32.

de la rotation des postes en avançant que « les gens veulent être reconnus, pas seulement au moyen de la diversification des tâches, de la polyvalence, du salaire », mais qu'« ils ont besoin d'être reconnus dans leur participation à la construction d'une œuvre[74] ». Ou bien le projet communautaire parvient à s'imposer comme « œuvre » de tous pour tous, comme l'entend Luc Froment, ou bien l'homme se cherche une œuvre à sa mesure, dérogatoire par rapport à la division du travail régnante. Le projet des LIP a bien d'abord été celui d'une réconciliation du sujet divisé par le métier : « Tu réalises que tes occupations chez toi et le travail à l'usine font partie d'un même tout, celui de ton existence », comme dit Louis. La position de départ était donc : « tu ne veux plus qu'une parenthèse soit mise dans ta vie durant les 8 heures de boulot[75] ». Mais nous voyons bien que l'usure de la communauté utopique elle-même, la vie dans la « seconde famille[76] » qu'a été LIP, ne peut empêcher que « l'extérieur[77] » se rappelle à la mémoire des hommes. Si le voisin d'atelier travaille, c'est aussi « parce qu'il a sa maison à construire[78] » (ces maisons que *Travail* montre dans leur ressemblance et leur expansion pour éviter de les montrer dans leur singularité). Et c'est toute la flexion entre emploi professionnel et jardin individuel qui réapparaît, dans l'amertume croissante de l'incomplétude communautaire. Même dans la communauté utopique se dessine ce mouvement de retrait par lequel l'individu cherche, dans une activité libérée des accords et attentes collectifs, la vraie récompense de sa propension au travail. Zola a évité de le montrer dans *Travail* tout en prônant la revitalisation du travail par la *papillonne*. Il l'avait pourtant fait ailleurs, tout comme Flaubert. Mais en jugeant du même coup l'œuvre simple née du délassement.

La modernité présente à Zola comme à Flaubert l'évidence de la division sociale du travail, et cela ne détermine pas seulement une thématique mais ordonne la fiction. Depuis les notes préparatoires aux *Rougon-Macquart*, où nous voyons Zola raisonner par « mondes » à représenter, jusqu'au constat de Huysmans en 1903 selon lequel l'école naturaliste, consistant à « situer des personnages réels dans des

---

74 *Ibid.*, p. 16.
75 *Ibid.*, p. 13 (c'est Louis qui parle).
76 *Ibid.*, p. 27 (Vincent).
77 *Ibid.* (Serge).
78 *Ibid.*, p. 14. (Louis).

milieux exacts, était condamnée à se rabâcher[79] », le roman de Zola se déploie comme taxinomie des métiers. La division sociale du travail, qu'approfondissent les listes de marchands des Halles ou des commerçants voisins de Gervaise, se développe ultimement en division manufacturière du travail, lorsque Zola inventorie les métiers de la mine, du chemin de fer ou de la Bourse dans ses monographies de milieu. C'est là qu'il y a ligne productive, piqueurs fournissant aux herscheurs, chauffeurs assistant les mécaniciens, commis informant les agents de change. Ce *référentiel des métiers* détermine la moitié des opus de la série, superposant aux Espèces Sociales et aux oppositions balzaciennes une logique de « cadre » professionnel, en même temps que le paradigme familial se trouve contredit par les cloisons établies entre chaque volume ; nous passons d'une étude balzacienne de la « transfusion sociale » des espèces à une étude zolienne de la fossilisation des métiers et de leur incarnation, dans laquelle les forgerons cuisent au feu, les mineurs crachent du charbon et les banquiers souffrent d'ulcère à l'estomac.

Quant à Flaubert, il est impossible de parcourir le chapitre XII du *Traité d'économie politique* de Say, à propos « Des bornes que la nature met à la division du travail », sans buter sur une phrase qui fera immanquablement songer à Yonville : « Dans une petite ville, dans un village », explique Jean-Baptiste Say, « c'est souvent le même homme qui fait office de barbier, de chirurgien, de médecin et d'apothicaire ; tandis que dans une grande ville, non seulement ces occupations sont exercées par des hommes différents, mais l'une d'entre elles, celle de chirurgien par exemple, se subdivise en plusieurs autres (...)[80] ». Cela n'est justement pas le cas à Yonville, où il y a d'une part un pharmacien, d'autre part un « officier de santé », dont les compétences respectives sont en outre perpétuellement discutées, comme si c'était le processus même de division du travail qui se trouvait mis en scène (processus ici complexe et spéculaire, puisque Homais n'appelle Charles « Docteur » que pour sentir rejaillir sur lui le nom noble du métier). Cette singularité de la bourgade inventée ne tient guère au demi-siècle écoulé depuis le *Traité* de Say, mais à une volonté d'auteur de montrer, dans la médiocrité

---

79 Joris-Karl Huysmans, « Préface écrite vingt ans après le roman », *À Rebours*, éd. Marc Fumaroli [1977], Paris, Gallimard, « folio », 1991, p. 55.
80 Jean-Baptiste Say, *Traité d'économie politique, op. cit.*, chap. XII, « Des bornes que la nature met à la division du travail », p. 68.

même de la petite ville, tout à la fois la division du travail et ses frictions – étant entendu que la contestation de la division du travail (médecine illégale de Homais, chirurgie sauvage de Charles, sanctionnées par les apparitions gigognes de Canivet et Larivière) vaut ici prolongement de sa mesquinerie. Cependant, même si l'universel Homais outrepasse son rôle, trouverait-on encore dans les romans de Flaubert ou Zola des « cumulards » comme l'infatigable mercier – crieur de journaux – employé de mairie – chantre du prologue de *La Fille aux yeux d'or* ? Il semble bien que ce soit désormais impossible : le « cumulard », qui par son entreprise de totalisation nie un peu de la division des métiers et des savoirs, a plutôt cédé ses ambitions au romancier lui-même.

Le cumulard balzacien est déjà un peu ridicule dans sa frénésie parce qu'il ne cumule que le petit. Peut-être le cumulard se dégrade-t-il chez Flaubert et Zola en une espèce nouvelle et singulière qui est celle de l'homme à passe-temps, dont la deuxième activité n'est cette fois pas lucrative et dont l'énergie est bien moindre. Ne tenons-nous pas là un exemple romanesque de cette inclination des hommes à se soustraire à la division sociale du travail, afin de déjouer la dévitalisation de la tâche professionnelle et de renouer avec le plaisir et la récompense ? Il n'en est rien. Les hommes à passe-temps esquissés par Zola comme Flaubert sont des figures dysphoriques qui, plutôt que de s'extraire de la division du travail en réintroduisant du jeu dans leur identité sociale et en produisant pour eux-mêmes, incarnent tous les travers de la division du travail. C'est le percepteur Binet de *Madame Bovary*, qui chasse, dirige le corps des pompiers aux comices, mais surtout possède un tour avec lequel il fabrique « les ronds de serviette, les chandeliers, les pommes de rampe[81] » qu'Emma observe complaisamment lorsqu'elle lui rend visite à la fin du roman pour lui demander de l'argent – car le tour, précise le *Dictionnaire des idées reçues*, est « indispensable à avoir dans son grenier, à la campagne, pour les jours de pluie ». C'est aussi le sergent Poisson de *L'Assommoir*, ancien ébéniste, qui fabrique « des petites boîtes » avec « pour seuls outils un canif, une scie grande comme une lime à ongles, un pot à colle » et du bois provenant de « vieilles boîtes à cigares » ; lorsqu'il est présenté, dans le chap. VI du roman, il est précisé qu'il s'adonne à cette activité « pour s'amuser, une façon de tuer le temps, en

---

81 Gustave Flaubert, *Madame Bovary*, éd. Jacques Neefs, Livre de Poche, « Classiques de Poche », 1999, partie III, chap. VII, p. 448.

attendant sa nomination de sergent de ville[82] ». Ces personnages sont à maints égards jumeaux. Tous deux employés de la fonction publique, tous deux s'adonnant à un passe-temps d'ordre artisanal, mais non lucratif[83], ils pourraient nous paraître par essence étrangers au secteur marchand, au salariat ou à la division industrielle du travail, et pourtant ils en figurent l'horreur avec une certaine pertinence.

D'abord, ces petits ébénistes graves et puérils s'adonnent à des travaux minutieux, qui paraissent pousser à son comble le pointillisme de la production industrielle, comme si le raffinement de la civilisation aboutissait ici au pur et simple modélisme. Poisson utilise « de minces planchettes d'acajou brut sur lesquelles il se livr[e] à des découpages et des enjolivements d'une délicatesse extraordinaire ». Il fabrique de petites boîtes de « huit centimètres sur six », dans lesquelles il introduit en outre des « compartiments[84] » et qui peuvent évoquer l'espace même du roman (cloisonnement du quartier de la Goutte d'Or, de la rue du même nom, mais aussi de l'arrière-boutique de Gervaise). À la délicatesse vaine de ces boîtes minuscules répond la rotondité stérile des ronds de serviette de Binet, autre figure de la séparation (ne pas mélanger les serviettes) et de l'inutilité (Binet vit seul). La morphologie même de l'objet semble reproduire non seulement les conditions spatiales, mais aussi morales de sa fabrication, voire les traits physiques de son producteur, si bien que la liberté du passe-temps se lit paradoxalement comme aliénation. Celui qui fabrique des ronds de serviette porte une barbe en forme de « collier blond » qui délimite précisément sa figure « comme la bordure d'une plate-bande[85] ». Lorsqu'il n'est pas visible à travers la « lucarne[86] » de son grenier, c'est qu'il est à l'affût dans le « tonneau » d'où il surgit un matin qu'Emma se rend chez Rodolphe. Enfin, cet homme toujours cerclé est considéré (certes par Homais) comme le contraire de « l'homme de société[87] ». Quant à celui qui fait des boîtes à compartiments, il

---

82 Émile Zola, *L'Assommoir*, op. cit., chap. VI, p. 542.
83 « Il ne vendait pas son travail, il le donnait en cadeau aux personnes de sa connaissance ». « Mais il ne vend rien ! », objecte Mme Caron à Mme Tuvache, qui croit un moment qu'Emma endettée vient voir le percepteur pour lui acheter quelque chose. Gustave Flaubert, *Madame Bovary*, op. cit., p. 448.
84 Émile Zola, *L'Assommoir*, op. cit., chap. VI, p. 542 pour ces trois citations.
85 Gustave Flaubert, *Madame Bovary*, op. cit., II, chap. Ier, p. 153.
86 *Ibid.*, II, chap. IV, p. 186.
87 *Ibid.*, II, chap. Ier, p. 154.

tourne le dos à ses visiteurs, n'est pas « causeur[88] », a des œillères qui l'empêchent de voir l'adultère de sa femme Virginie avec Lantier[89], enfin ne sort de sa réserve que pour offrir à contretemps une boîte à celui qui le fait cocu[90]. Ainsi, il y a bien identification de l'homme à l'ouvrage, mais elle est intégralement négative. Le passe-temps produit un objet qui vaut métonymie du cloisonnement. Il est en outre totalement intransitif et ne construit pas l'espace domestique, contrairement au bricolage. Il y a bien dissolution du sens dans le mesquin.

Cette dissolution du sens se dit naturellement aussi par la répétition. « Tout le long de la journée, d'un bout de l'année à l'autre, il refaisait la même boîte[91] », précise-t-on du Poisson de *L'Assommoir*, qui se contente de varier les cloisons, le couvercle et la marqueterie (mais il s'agit toujours d'une variation dans la découpe, la division, la fermeture). Quant au Binet de *Madame Bovary*, il est, par son outil, limité à tout ce qui se tourne, d'où sa production de ronds de serviette : retournement de la perfection du cercle en figure du même, ironie d'un travail de la matière qui consiste à fabriquer un trou. Cela se termine par un perfectionnement pathétique consistant, pour faire écho à la casquette de Charles comme au gâteau de mariage, à empiler des « sphères creusées les unes dans les autres », ce qui combine les trois expressions géométriques de la bêtise que sont le creux, la pile et le bouchage. Et tout cela s'accomplit dans un « ronflement monotone » qui, « le dimanche, depuis le matin jusqu'à la nuit, et chaque après-midi[92] », est la musique même de tout Yonville (le roman y insiste), l'expression sonore de son immuable médiocrité, et qui tout au plus deviendra « ronflement à modulations stridentes[93] » pour mieux accompagner la lecture par Emma de la lettre de rupture de Rodolphe. Mais le tour de Binet ne suffit pas à dire le caractère paradoxalement routinier du passe-temps : ce qui l'exprime le mieux est aussi la profession première de ces hommes, qu'il s'agisse du sergent de ville qui fait de dérisoires « rondes » dans le quartier de la Goutte d'Or ou du percepteur de Yonville qui se comporte en homme-machine à la tête de ses pompiers (« toute la partie vitale de sa personne semblait

---

88 *Ibid.*
89 Émile Zola, *L'Assommoir, op. cit.*, chap. X, p. 676.
90 *Ibid.*, chap. XI, p. 732.
91 *Ibid.*, chap. VI, p. 542.
92 Gustave Flaubert, *Madame Bovary, op. cit.*, II, chap. IV, p. 186.
93 *Ibid.*, II, chap. XIII, p. 318.

être descendue dans ses deux jambes, qui se levaient en cadence, à pas marqués, d'un seul mouvement[94] ». La répétition est qualification, mais cette qualification confine à la monotonie, la petitesse et la plus atterrante spécialisation.

Que ces modélistes soient dépositaires d'une autorité publique et même d'une fonction martiale permet justement d'associer leur passe-temps minutieux avec une disparition d'énergie. Voilà deux traîneurs de sabre absolument déficitaires : un ancien de Bautzen et de Lutzen qui, fort différent de Genestas, n'a rien à raconter et ne prend plus son fusil que pour chasser, caché dans un tonneau ; un sergent de ville du second Empire que Lantier surnomme « Badingue » sans le fâcher[95] et dont le plus haut fait d'arme, faute de Cosaques, est de découper l'oie lors de la fête de Gervaise[96]. Il n'est pas inintéressant pour nous que cet ancien militaire ait été un moment promis, notamment dans le dernier feuillet de l'Ébauche de *L'Assommoir*[97], à un emploi terrible : « Poisson représentera l'autorité dans le livre », méditait Zola, qui a un moment voulu en faire « un mannequin, sévère, sérieux », insondable, devant « finir par un coup d'horreur[98] ». Ce scénario n'empêchait pas de concevoir Poisson « avec une occupation quand il rentre chez lui : il est ancien ébéniste, il fait des petites boîtes ». Dans cette perspective, le passe-temps aurait été une sorte d'alibi, l'équivalent de la ronde dans le quartier, le masque impassible d'un bonapartiste farouche et aux aguets. Cet emploi mélodramatique étant totalement aboli dans le roman, Poisson ne se battant même pas avec Lantier lorsqu'il le surprend avec son épouse Virginie, le personnage, avec son « impériale » rouge et son teint terreux, tourne au gendarme de guignol et c'est finalement son passe-temps qui l'exprime tout entier, comme il en va de Binet.

Aussi ces portraits peuvent-ils apparaître doublement satiriques. D'un côté, la nudité géométrique de l'objet fabriqué, la minutie de cette ébénisterie, la répétition mécanique, la négation de la force qui

---

94 *Ibid.*, II, chap. VIII, p. 228.
95 Émile Zola, *L'Assommoir, op. cit.*, chap. VIII, p. 604.
96 *Ibid.*, chap. VII, p. 577.
97 Émile Zola, Ébauche, dossier préparatoire de *L'Assommoir*, Ms N.a.f. 10271, f° 173. Voir *La fabrique des Rougon-Macquart*, publié par Colette Becker avec la collaboration de Véronique Lavielle, vol. II, Honoré Champion, 2005, p. 950.
98 « Il peut soit faire usage de son épée, soit dénoncer quelqu'un, soit prêter un faux témoignage – À creuser. » Telles sont les dernières phrases de l'Ébauche. *Ibid.*

caractérisent les passe-temps de Binet et Poisson pourraient bien faire de ces personnages des représentations de l'abrutissement du travail subdivisé. Le passe-temps ébéniste paraît une caricature miniature de la société des métiers. Il tue le temps et bouche les vacances de la semaine avec quelque chose qui a encore l'allure d'un métier, mais d'un métier déserté par la force : on a son atelier, son établi, ses outils, et dans *L'Assommoir*, la manière de Poisson d'opposer son dos aux visiteurs n'est pas différente de celle des Lorilleux, l'odieuse belle-famille de Gervaise, ces chaînistes mesquins du dernier étage plusieurs fois montrés à leurs casseroles, leur étirage et leur soudure. D'un autre côté, l'existence d'une activité principale et l'inutilité domestique de leur petit travail font de Binet et Poisson des figures ridicules de la réaction individuelle contre la loi du travail divisé. Faire une place à la représentation de leur passe-temps dans le roman n'est pas seulement une manière de poser des personnages médiocres, c'est une manière de suggérer que le produit de la liberté des hommes peut être encore une imitation de l'ordre socio-économique : on se distrait en reproduisant son aliénation.

Mais c'est surtout par négation que pense le roman. Le passe-temps de Binet ou Poisson ne relève pas du compagnonnage, parce que les chefs-d'œuvre sont dérisoires et que leur travail solitaire les enferme dans une spécialité consentie et un silence recherchés, figurant un équivalent encore dégradé du travail subdivisé. Chez Binet ou Poisson, l'oisiveté n'engendre pas non plus un *otium* qui consisterait à s'arracher à son emploi (il s'agit en outre de métiers où il est malaisé de se singulariser : percepteur, sergent de ville), à justement dépasser le *passage* du temps, pour retrouver une vacance, une polyvalence, un rapport avec l'universel à travers l'étude. Aussi peut-on dire que Binet et Poisson incarnent à la fois le travail subdivisé et la négation même de l'étude et de l'art.

L'amusement de Binet n'est pas seulement figuration de l'artisanat : le texte lui confère aussi « la jalousie d'un artiste et l'égoïsme d'un bourgeois[99] ». *Bourgeois* parce qu'avoir son tour aurait été un *hobby* à la mode, comme le suggère Jacques Neefs[100], et parce que Binet, contrairement à Poisson, ne donne pas ce qu'il fabrique : sa pratique artisanale joue sur les deux tableaux, gloriole de la fabrication manuelle et satisfaction de l'accumulation bourgeoise. *Artiste* parce que ce *hobby* pose le problème

---

99 Gustave Flaubert, *Madame Bovary*, op. cit., I, chap. 1er, p. 153.
100 *Ibid.*, p. 153, note 2.

du comparant artisanal dans la définition de l'art. Dans sa réflexion sur « La création de la forme chez Flaubert », Jean-Pierre Richard s'arrête sur ce personnage et cite des bribes du passage final du roman où Mme Tuvache et Mme Caron voient le percepteur dans son grenier, juste avant l'arrivée d'Emma :

> Binet souriait, le menton baissé, les narines ouvertes, et semblait enfin perdu dans un de ces bonheurs complets, n'appartenant sans doute qu'aux occupations médiocres, qui amusent l'intelligence par des difficultés faciles, et l'assouvissent en une réalisation au-delà de laquelle il n'y a pas à rêver[101].

Jean-Pierre Richard prend plutôt en bonne part la figure du rond de serviette : selon lui, la distinction entre l'artisanat de Binet et l'art de Flaubert réside dans le fait que la phrase flaubertienne, hermétiquement close aussi, comme un cercle, doit quant à elle pouvoir « s'ouvrir de tous côtés », manifester la « dimension transcendante » de l'art[102]. De fait, Flaubert lui-même ne regarde pas la comparaison comme complètement incongrue, puisqu'il écrit dans une lettre du 6 septembre 1871[103], après avoir déploré avec George Sand l'année terrible et déclaré se jeter dans l'Antiquité :

> Pourquoi publier ? qui donc s'inquiète de l'art maintenant ? Je fais de la littérature pour moi, comme un bourgeois tourne des ronds de serviette, dans son grenier. Vous me direz qu'il vaudrait mieux être utile ! Mais comment l'être ? comment se faire écouter[104] ?

Une fois repérée l'auto-caricature, c'est l'intransitivité de l'œuvre qui pose problème dans ce propos, plus que la figure même du cercle. L'art pourrait avoir une utilité que n'a pas le passe-temps. Mais l'art a le même caractère d'opiniâtreté répétitive : combien de phrases de la correspondance désignent-elles le « travail » de l'écrivain comme une besogne farouche qu'il faut poursuivre « mécaniquement », comparant non plus l'artiste à l'artisan, mais rabattant même la figure du créateur

---

101 *Ibid.*, III, chap. VII, p. 447.
102 Jean-Pierre Richard, *Littérature et sensation*, [1954] Paris, Seuil, « Points Essais », p. 245.
103 Signalée par Jacques Neefs. Voir Gustave Flaubert, *Madame Bovary, op. cit.*, p. 153, note 3.
104 Gustave Flaubert, lettre du 6 septembre 1871 à George Sand, *Correspondance*, vol. IV, Paris, Gallimard, « Bibliothèque de la Pléiade », 1998, p. 372-373.

sur celle de l'homme-machine[105] ? L'homme à passe-temps n'est pas un artisan, n'est pas un compagnon, n'est pas un évadé du travail divisé qui retrouverait dans le bricolage une forme de puissance et d'autonomie productive. Au contraire, caricature du travail subdivisé, imitateur dégradé de l'artisan (pourquoi Poisson a-t-il quitté l'emploi d'ébéniste ?), faux bricoleur incapable de donner sens à sa production domestique, il est le repoussoir de l'artiste.

Le problème est la facilité, et c'est par là que Binet ou Poisson posent encore la question de la division du travail. Spécialisés, ils ne produisent et réussissent que parce qu'ils ont réduit le périmètre de leur tâche, alors que l'artiste ne se donne aucun périmètre. Pour Flaubert ou Zola, qui éprouvent pleinement la division du travail, dans ce mélange d'aliénation et de conscience que décrit Lukács à chaque fois qu'il cite la correspondance de Flaubert, Binet ou Poisson sont de parfaits contre-exemples. Certes la division du travail règne partout dans *Les Rougon-Macquart* de Zola ou dans l'œuvre de Flaubert. Elle règne sur le monde représenté dans leurs romans, mais aussi sur leur poétique romanesque, ainsi que sur la construction de la figure auctoriale. Nous avons là un système gigogne thématique, esthétique, sociologique : à une extrémité, l'objet romanesque que constitue une société désormais profondément informée par la division du travail ; à l'autre extrémité, la condition nouvelle d'un écrivain oscillant entre retraite et enquête, ce qui atteste dans les deux cas l'extériorité de sa fonction et définit sa propre spécialisation, refusée en même temps que ressentie. Et entre les deux, la question poétique est loin de se réduire, comme le prétend Lukács, à une émancipation de la description, laquelle serait contingente parce qu'exhaustive, face à la profusion de détails plastiques offerte par la division sociale du travail. Sauf à inclure aussi dans cette question de la description celle du divorce des savoirs, celle du plurilinguisme de la société nouvelle, celle de la pluralité des opinions, etc. Bref, toute l'entreprise flaubertienne et zolienne est lisible comme confrontation à la division du travail. Dans cette mesure, les personnages à passe-temps

---

105 Voir la lettre du 16 septembre 1855 à Louis Bouilhet : « Il faut entasser œuvres sur œuvres, travailler comme des machines et ne pas sortir de la ligne droite. Tout cède à l'entêtement. » (*Correspondance*, éd. citée, vol. II, p. 594). Ou encore la lettre du 22 septembre 1853 à Louise Colet : « *Il faut se renfermer* et continuer tête baissée dans son œuvre, comme une taupe. » (*Ibid.*, p. 437). Puis toutes les lettres à Mademoiselle Leroyer de Chantepie sur le travail.

ne peuvent qu'y apparaître comme les figures honnies de la spécialité simplificatrice, de l'artisanat insulté, du faux parachèvement, de la réussite dans le petit. La fabrication de ronds de serviette serait une caricature du travail subdivisé tel qu'il est répandu parmi les hommes, travail dont la division même garantit le parachèvement, tandis que l'artiste meurt sans finir. Avec ce que cette idée comporte, du reste, de condescendance. Car il s'agit aussi d'une vision d'écrivain, fantasmant la finitude cyclique et satisfaite du travail des autres hommes, comme si leurs métiers aussi ne comportaient pas l'angoisse de l'incomplétude.

ŒILLÈRES OU SURPLOMB DU NARRATEUR ET DU ROMANCIER

LE « FONDS COMMUN À L'HOMME ET AU POÈTE »
Flaubert et la spécialité

Sauf erreur de notre part, il n'existe dans la correspondance de Flaubert qu'une lettre qui fasse explicitement allusion à la notion économique de division du travail. Il s'agit de l'importante lettre à Louise Colet du 14 août 1853, dans laquelle Gustave donne des nouvelles de Trouville. Il y passe des vacances avec sa mère, après avoir séjourné à Paris entre le 25 juillet et le 6 ou le 7 août auprès de Louise Colet, chez qui il a rencontré Leconte de Lisle le 31 juillet. La lettre du 14 août est l'une des lettres-océans de Flaubert, une lettre-monde en forme de résumé du moi : complète et close, elle porte sur l'absence, le vieillissement, la nature, le progrès et l'art. Close, parce que le paragraphe initial et le paragraphe final semblent se répondre et permettent d'associer le « gouffre d'amertume » du mélancolique à l'encre, son « élément naturel » ; la vraie mer n'est pas ici celle que le scripteur contemple en Normandie, mais l'ennui qui l'envahit intérieurement « comme une marée ». Complète, parce que cette lettre, souvent citée à divers titres, mesure le temps écoulé depuis le Trouville d'Élisa Schlesinger ; elle se fonde sur l'anecdote du bois de Touques pour avancer l'idée que la littérature est induction du réel[1] ; elle contient une diatribe sur la laideur des baigneurs qui annonce, à travers l'idéal du beau pied nu (il y a du Gauguin chez Flaubert), la lettre plaisante du 26 août à Louise sur les

---

1 « Ma pauvre *Bovary*, sans doute, souffre et pleure dans vingt villages de France à la fois, à cette heure même ». Gustave Flaubert, Lettre du 14 août 1853 à Louise Colet, *Correspondance, op. cit.*, vol. II, p. 392.

formes comparées des souliers et de la poésie à travers les âges. Enfin, après la description du « sommeil perpétuel de la vieillesse » dans lequel il a vu plongé un grognard infirme aperçu au château de Lassay, elle fait brièvement écho au thème de l'impassibilité de la nature (« Comme ça se fout de nous, la nature ! ») qui était central dans la lettre du 12 juillet sur l'averse de grêle à Croisset (et informera le chapitre de *Bouvard et Pécuchet* sur la tempête à Chavignolles). C'est juste après cette évocation de l'insensible nature que viennent ces lignes :

> La cloche du paquebot du Havre sonne avec tant d'acharnement que je m'interromps. Quel boucan l'industrie cause dans le monde ! Comme la <u>machine</u> est chose tapageuse ! À propos de l'industrie, as-tu réfléchi qqfois à la quantité de professions bêtes qu'elle engendre & à la masse de stupidité qui, à la longue, doit en provenir ? Ce serait une effrayante statistique à faire ! Qu'attendre d'une population comme celle de Manchester, qui passe sa vie à faire des épingles ? Et la confection d'une épingle exige cinq à six spécialités différentes ! Le travail se subdivisant, il se fait donc, à côté des machines, quantité d'hommes-machines. Quelle fonction que celle de placeur à un chemin de fer ! de metteur en bande dans une imprimerie ! etc., etc. Oui, l'humanité tourne au bête. Leconte a raison ; il nous a formulé cela d'une façon que je n'oublierai jamais. Les <u>rêveurs</u> du moyen âge étaient autre chose que les <u>actifs</u> des temps modernes[2].

La diatribe est intéressante pour plusieurs raisons. C'est évidemment toute la critique formulée depuis Lemontey, Garnier, Blanqui, Tocqueville, Proudhon qui se trouve résumée ici, si bien que Flaubert endosse une idée reçue, mais celle-ci est à la fois reconnue comme idée reçue (voir le soulignement de *machine*, le cas d'école Manchester) et pédagogiquement énoncée comme découverte (« as-tu réfléchi quelquefois… ? »). Flaubert ne reprend pas l'antienne désormais cinquantenaire de la « dix-huitième partie » de l'épingle (avec ses « cinq ou six spécialités », il est en-dessous de la vérité[3]), mais le caractère réflexe et convenu de cette diatribe se décèle par les amalgames qui permettent les transitions : la cloche appelle le paquebot, le paquebot la machine, la machine l'industrie, l'industrie

---

2   Gustave Flaubert, Lettre du 14 août 1853 à Louise Colet, texte de l'éd. Conard (t. III, p. 293), reproduit dans la publication en ligne de la correspondance, éd. Yvan Leclerc et Danielle Girard, flaubert.univ-rouen.fr. Pour le texte retenu par l'édition Gallimard, voir *Correspondance*, *op. cit.*, vol. II., p. 393.

3   Smith précise toutefois que dans les petites fabriques d'épingles, un ouvrier peut être chargé de deux ou trois opérations…

la division du travail. Il y a là une logique métonymique qui traduit un certain empressement idéologique. Car, après tout, la machine du paquebot est plutôt un mauvais exemple : elle est celle qui ne produit rien, elle met l'homme en mouvement au lieu de débiter statiquement de la matière (c'est même la spécifique beauté des machines verniennes soulignée par Jacques Noiray[4]), elle promet justement les îles Sandwich et le Brésil qu'évoque le début de la lettre. En outre, passer de la confection de l'épingle à la fonction de placeur de chemin de fer fait subrepticement passer de la division manufacturière du travail à la division sociale du travail – quoique cet amalgame nous persuade en retour que Flaubert connaît par essence la notion et son nom consacré (sans quoi forger la participiale « le travail se subdivisant » nous paraît improbable). Il y a ici sans doute un savoir, mais travesti sous l'échauffement comique du bonhomme[5]. Flaubert endosse un discours, et ce d'autant plus facilement que cette *doxa* critique répond à ses hantises. Ce passage a donc essentiellement pour intérêt d'associer la critique de la division du travail à la haine flaubertienne de la bêtise, ainsi qu'à la révérence envers Leconte de Lisle qui constitue le long paragraphe suivant, destiné à être lu au poète par Louise Colet[6].

Dans l'enchaînement hâtif de son anti-industrialisme, ce paragraphe est même fait pour mener à Leconte de Lisle, déjà présent peut-être sous la mention des îles Sandwich[7]. Que se sont dit le romancier de 32 ans et le poète de 35 ans le 31 juillet 1853 ? On imagine assez bien que le discours de Leconte de Lisle, a pu constituer un mélange

---

4   « Les véritables machines verniennes (...) échapp[ent] à cette fonction purement utilitaire qui semblait être le statut logique de la machine, elles ne sont destinées à fournir aucun travail déterminé ; elles n'ont pas non plus, comme c'est le cas chez Zola, de fonction économique, et, fait capital, elles ne sont productrices d'aucune plus-value. » Jacques Noiray, *Le romancier et la machine*, vol. II, Paris, José Corti, 1982, p. 38.

5   Nous pouvons même nous demander si la suite immédiate de la lettre, qui évoque l'Art (« que toutes les autres chandelles de la vie (qui toutes puent) disparaissent devant ce grand soleil ») n'est pas un écho de la « Pétition des marchands de chandelles de Bastiat », lue peu de temps auparavant.

6   Jean Bruneau en veut pour preuve le passage de la lettre au vouvoiement de Louise. Gustave Flaubert, *Correspondance*, vol. II, éd. Jean Bruneau, Paris, Gallimard, « Bibliothèque de la Pléiade », 1980. Voir p. 1191 la note 3 relative à la p. 394.

7   Thalès Bernard explique en 1853 que le projet du poète à l'époque est de « mettre toutes les cosmogonies en vers » : « il a commencé par la Laponie et doit finir par les îles Sandwich ». Thalès Bernard, cité dans Leconte de Lisle, *Œuvres complètes*, t. I, *Poèmes antiques*, éd. Vincent Vivès, Paris, Classiques Garnier, 2011, p. 61.

entre la retentissante préface des *Poèmes antiques* (Flaubert évoque ce texte paru l'année précédente dans une autre lettre à Louise Colet[8]) et l'anti-modernisme de la future préface polémique des *Poèmes et poésies* (1855), en même temps que lecture était donnée du « Runoia », future pièce des *Poèmes barbares* qu'Edgard Pich regarde comme la réécriture d'anciens textes publiés et « tout particulièrement de la préface des *Poèmes antiques*[9] ». « Le Runoia » est un grand poème sur l'introduction du christianisme en Finlande, qu'on peut rapprocher par son thème et sa dramaturgie des cinq cents vers du « Massacre de Mona », « grand poème celtique[10] » dont Leconte a parlé à cette soirée puisque Flaubert l'évoque ici et en demandera des nouvelles à Louise Colet dans sa lettre du 7 septembre 1853[11]. C'est donc un Leconte de Lisle en majesté que Flaubert aurait rencontré le 31 juillet 1853 chez Louise Colet : « j'aime beaucoup ce gars-là, il a un grand souffle, *c'est un pur*[12] ». Il ne s'agit pas ici de redémontrer la gémellité du poète et du romancier dans leur anti-romantisme, leur misanthropie ou leur anti-industrialisme, lequel n'attend pas la préface des *Chants modernes* de Du Camp pour se dire. Il nous faudrait simplement comprendre l'articulation du diptyque formé, au centre de cette lettre du 14 août à Louise Colet, par la critique de la division du travail et l'hommage à Leconte de Lisle.

Flaubert introduit Leconte de Lisle via une opposition entre le *rêve* des anciens et *l'action* des modernes. Il écrira plus tard : « Ce qui me semble, à moi, le plus haut dans l'Art (et le plus difficile), ce n'est ni de faire rire, ni de faire pleurer, ni de vous mettre en rut ou en fureur, mais d'agir à la façon de la nature, c'est-à-dire de faire rêver », et il invoquera à ce propos Leconte de Lisle[13]. Le rêve serait l'autre nom de

---

8   Il y prend d'ailleurs ses distances : « Sa préface aurait demandé cent pages de développement, et je la crois fausse d'intention ; il ne faut pas revenir à l'antiquité, mais prendre ses procédés… » (lettre du 6 avril 1853 à Louise Colet, *Correspondance*, vol. II, *op. cit.*, p. 298). Voir aussi le commentaire de Vincent Vivès dans Leconte de Lisle, *Œuvres complètes*, t. I, *Poèmes antiques, op. cit.* p. 62.
9   Leconte de Lisle, *Œuvres complètes*, t. III, *Poèmes barbares*, éd. Edgard Pich, Paris, Honoré Champion, 2012, p. 409.
10 Gustave Flaubert, lettre du 14 août 1853 à Louise Colet, *Correspondance*, vol. II, *op. cit.*, p. 394.
11 Gustave Flaubert, lettre du 7 septembre 1853 à Louise Colet, *Correspondance*, *ibid.*, p. 427.
12 Gustave Flaubert, lettre du 6 avril 1853 à Louise Colet, *ibid.*, p. 298.
13 Gustave Flaubert, lettre du 26 août 1853 à Louise Colet, *ibid.*, p. 417. Après avoir cité le génie de Rabelais, Homère, Michel-Ange, Shakespeare et Goethe, Flaubert conclut : « ça a des fanons comme *le bœuf* de Leconte ». Cela renvoie au poème « *Fultus hyacinto* »

l'abolition de la division du travail des genres ou des tons. Et ce serait dans l'immobilité rêveuse du poète que résiderait le vrai mouvement, la gesticulation des contemporains demeurant vaine, les paquebots en partance et la manie du déplacement n'exprimant que le caractère borné du monde. On sait que la critique de l'action moderne est omniprésente dans la correspondance de Flaubert. Elle enfle à tout propos, y compris en des contextes très prosaïques, par exemple quelques jours après, lorsque Gustave doit honorer un rendez-vous avec le vendeur d'une maison de Trouville que son frère Achille est incapable de se décider à acheter : « Ô hommes pratiques, hommes d'action, hommes sensés, que je vous trouve malhabiles, endormis, bornés[14] ! ». Mais surtout, cette opposition entre *rêve* et *action* ouvre la préface des *Poèmes antiques* : « quelques vivantes que soient les passions politiques de ce temps, elles appartiennent au monde de l'action ; le travail spéculatif leur est étranger[15] ». Et nous voyons bien que chez Flaubert, cela motive le retrait du poète. « L'humanité nous hait, nous ne la servons pas et nous la haïssons, car elle nous blesse », écrit Flaubert à Louise Colet, en ayant bien conscience de s'exprimer ici selon les termes de Leconte de Lisle, que nous retrouverons dans la préface des *Poèmes et poésies*. D'où, dans le paragraphe probablement destiné à être lu par Louise à Leconte, une isotopie de l'écart, de l'« écartement » dit Flaubert :

> Aux époques où tout lien commun est brisé, et où la Société n'est qu'un vaste banditisme (mot gouvernemental) plus ou moins bien organisé, quand les intérêts de la chair et de l'esprit, comme des loups, se retirent les uns des autres et hurlent à l'écart, il faut donc comme tout le monde se faire un égoïsme (plus beau seulement) et vivre dans sa tanière[16].

Dans cette acception, le retrait du poète dans sa tour d'ivoire peut apparaître comme une forme de réplique pour soi, à des fins de revanche, de la fragmentation sociale dont la division du travail, évoquée dans le paragraphe précédent, n'est qu'une expression parmi d'autres.

(les fanons du bœuf assoupi y bavent en rideau…), qui ne paraîtra dans la *Revue des deux mondes* que le 15 février 1855, et vaut ici comme image de la force et du calme que dégagent « les très belles œuvres ».
14 Gustave Flaubert, lettre du 16 août 1853 à Louise Colet, *ibid.*, p. 398.
15 Leconte de Lisle, *Poèmes antiques*, dans *Œuvres complètes*, t. I,, *op. cit.*, p. 91.
16 Gustave Flaubert, lettre du 14 août 1853 à Louise Colet, *Correspondance*, vol. II, *op. cit.*, p. 393-394.

Mais dans la préface des *Poèmes antiques*, l'opposition entre *rêve* et *action* recouvre chez Leconte l'opposition entre impersonnalité et « autolâtrie ». En effet, tout de suite après avoir posé cette opposition première, Leconte amène la transition : « Ceci explique l'impersonnalité et la neutralité de ces études[17] ». Seule la poésie antique pouvait enfanter des « actions héroïques ». Si la poésie moderne ne peut plus le faire, c'est parce qu'elle est « réduite (…) à ne plus exprimer que de mesquines expressions personnelles ». Or le régime personnel s'exprime chez Leconte en termes de division : la langue est « morcelée et profanée, esclave des caprices et des goûts individuels ». L'histoire des hommes et de leur langue poétique est celle d'une unité perdue : « Depuis Homère, Eschyle et Sophocle, qui représentent la poésie dans sa vitalité, dans sa plénitude et dans son unité harmonique, la décadence et la barbarie ont envahi l'esprit humain[18]. » Et comme depuis la Grèce, le grand art même n'a produit que des « individualités », comme en outre le « thème personnel » entraine nécessairement « l'indifférence[19] », il s'agit désormais selon Leconte de Lisle de promouvoir une poésie impersonnelle qui restaure l'unité de la langue et de l'humanité. Leconte en appelle à un mouvement « unanime » de retour de la science et des arts vers « les origines communes[20] ». Il insiste sur la « nécessité de retremper aux sources éternellement pures l'expression usée et affaiblie des sentiments généraux[21] » ; il dit vouloir « retrouver la sève et la vigueur, l'harmonie et l'unité perdue[22] ». De ce point de vue, il n'y aurait pas grande différence entre la réflexion historique et esthétique de Leconte de Lisle dans sa célèbre préface et ce que se prescrit Flaubert au terme de son séjour à Trouville :

> conclusion de ces quatre semaines fainéantes : adieu, c'est-à-dire adieu et pour toujours au personnel, à l'intime, au relatif[23].

Nous comprenons donc mieux le lien qui peut s'opérer entre le paragraphe sur la division du travail et le paragraphe suivant de

---

17 Leconte de Lisle, *Poèmes antiques*, *op. cit.*, préface, p. 94.
18 *Ibid.*
19 *Ibid.*, p. 95.
20 *Ibid.* p. 94.
21 *Ibid.* p. 95.
22 *Ibid.* p. 96.
23 Gustave Flaubert, lettre du 26 août 1853 à Louise Colet, *Correspondance*, vol. II, *op. cit.*, p. 415.

célébration voire d'imitation de Leconte dans la lettre du 14 août 1853 : il ne s'agit pas seulement d'un balancement entre haine de la modernité tapageuse et aspiration à la retraite dans une tour d'ivoire, en fonction d'un superficiel anti-industrialisme ni d'une caricaturale misanthropie. Si nous suivons la pensée de Leconte de Lisle, c'est bel et bien la question de la *division* qui importe dans le paragraphe de la lettre de Flaubert que nous avons cité, et c'est celle de la nécessaire *impersonnalité* de l'art qui est supposée dans le développement qui suit, voire dans tout le passage. Entre-temps, un certain romantisme pouvant être conçu, dans son hégémonie du régime personnel, comme l'équivalent de la division du travail dans la société et l'économie (contrairement à ce que suggère l'opposition commune entre singularité ou nature romantiques et civilisation industrielle), il peut faire l'objet de la même détestation que la modernité économique. Ainsi, l'impersonnalité flaubertienne, loin de se limiter dans le roman à un effet de discordance ironique qui consacrerait formellement le retrait de l'artiste, ferait signe vers une essence de l'humanité recréatrice d'unité parce qu'elle entretiendrait une profonde connivence. « Il est du reste un fonds commun à l'homme et au poète, une somme de vérités morales et d'idées dont nul ne peut s'abstraire ; l'expression seule en est multiple et diverse », avance Leconte de Lisle dans le premier paragraphe de la préface des *Poèmes antiques*. C'est sur ce « fonds commun » que s'établirait aussi l'impersonnalité du roman flaubertien. Et c'est peut-être encore cette unicité que proclameraient toutes les déclarations de Flaubert qui visent à établir qu'« il n'y a qu'un Beau » : « C'est le même partout, mais il a des aspects différents... », écrit-il à Louise Colet[24], de même que Guy de Maupassant dira à son propos qu'« il croyait au *style*, c'est-à-dire à une manière unique, absolue, d'exprimer une chose dans toute sa couleur et son intensité[25] ».

Le roman flaubertien participe de ce que Sylvie Triaire nomme une esthétique de la « déliaison », caractéristique d'une œuvre qui à la fois traduit, par son caractère notoirement discontinu, le morcellement de la société, ironise même sur l'ambition de totalité, mais n'en promeut pas moins une unité qui « naît du rassemblement que pratique

---

24 Gustave Flaubert, lettre du 7 septembre 1853 à Louise Colet, *ibid.*, p. 427.
25 Guy de Maupassant, « Gustave Flaubert » (1884), in *Pour Gustave Flaubert*, Éditions complexes, « Le regard littéraire », 1986, p. 90-91.

l'œuvre, devenue à elle-même son propre principe[26] ». C'est peut-être pour cela que l'œuvre, même quand elle moque l'encyclopédisme, participe encore du programme que fixe Leconte de Lisle : « Le génie et la tâche de ce siècle sont de retrouver et de réunir les titres de famille de l'intelligence humaine[27]. » Peut-être la simple mention de la division du travail par Flaubert, dans sa lettre du 14 août 1853 qui suit la rencontre de Leconte de Lisle, éclaire-t-elle l'équivalence qui règne parmi tout ce qui est haïssable (division sociale et manufacturière du travail, division en sociolectes, morcellement de la langue, régime romantique de la personne) et parmi tout ce qui peut rassembler (impersonnalité, décentrement antique de l'œuvre – étant entendu que le cliché ou l'idée reçue ne sont quant à eux que de faux remèdes au fractionnement du social, un corollaire de la bêtise de la division du travail). Aussi n'est-il pas étonnant que Flaubert, dans la lettre de 1871 à Sand où il prétend que son écriture est ravalée à un tournage de ronds de serviette, soit préoccupé de la baisse d'utilité de son art : cette préoccupation est parfaitement compatible avec une ambition unanimiste à la Leconte de Lisle, dans laquelle le principe d'impersonnalité serait le remède au fractionnement de la société – ce fractionnement étant aussi bien à l'œuvre dans la morne spécialité de l'ouvrier en épingles que dans la flamboyante autolâtrie romantique. L'impersonnalité dans l'art et le narrateur considéré comme un dieu caché seraient donc des réponses à la division du travail : c'est ce que suggèrent aussi bien la lettre à Louise Colet du 14 août 1853, en écho à la pensée de Leconte de Lisle, que tout le régime énonciatif du roman flaubertien ou bien sa contestation des distinctions génériques. Et c'est bien ce qu'ignore la critique par Lukács de la division du travail où tomberait Flaubert en son régime descriptif : c'est bien plutôt Lukács lui-même qui pèche par division du travail, en concentrant sur la description une critique qui ne prend en compte ni l'unanimisme constitutif de l'impersonnalité du narrateur, ni la problématique des genres.

Cependant, la contestation flaubertienne de la division du travail nous semble plus profonde encore lorsque, sans s'en tenir à la conception d'un surplomb du narrateur au-dessus de la pitoyable foule des esprits

---

26 Sylvie Triaire, *Une esthétique de la déliaison – Flaubert (1870-1880)*, Paris, Honoré Champion, 2002, p. 450.
27 Leconte de Lisle, *Poèmes antiques, op. cit.*, préface, p. 94.

étroits, le romancier conteste les avantages les plus sommaires qu'on accorde à la spécialité. Il y a dans une autre lettre de Gustave Flaubert à Louise Colet – la fameuse lettre du 29 janvier 1854 qui vitupère les « mackintosh » ou les « caléfacteurs économiques[28] » et commente le bulletin des modes dans le journal – une nouvelle allusion à la division du travail social :

> Qui s'est à présent mêlé des articles modes ? des couturières ! De même que les tapissiers n'entendent rien à l'ameublement, les cuisiniers peu de chose à la cuisine, et les tailleurs rien à l'atour. La raison est la même, qui fait : que les peintres de portraits font de mauvais portraits (les bons sont peints par des penseurs, par des créateurs, les seuls qui sachent *reproduire*). L'étroite spécialité dans laquelle ils vivent, leur enlève *le sens même* de cette spécialité, et ils confondent toujours l'accessoire et le principal, le galon avec la coupe. Un grand tailleur serait un artiste, comme au XVIe siècle les orfèvres étaient artistes. Mais la médiocrité s'infiltre partout, les pierres mêmes deviennent bêtes, et les grandes routes sont stupides[29].

Ce discours est évidemment paradoxal et semble inverser l'exemple de Say selon lequel un magistrat est incapable de retapisser ses meubles. L'idée de départ de ce passage sur la mode, dans la lettre, est qu'« *à propos de tout*, on peut faire de l'art », mais que la division du travail a fait advenir la bêtise dans la mode comme ailleurs, en rompant l'articulation entre le tout de l'intelligence artiste et la partie de l'exécution. La spécialité, décrite comme une branche disjointe du tronc, n'a donc en réalité aucune des qualités que lui assigne l'économie politique. Et même si c'était le cas, l'effet d'expérience, la dextérité, l'économie des coûts de transfert, se paient d'une monstrueuse myopie dans laquelle s'abolit le concept. La critique de Flaubert est plus vaste que celle de Lemontey. Elle débouche surtout sur la définition de l'art comme dialectique de l'idéal et du singulier. Ici, le paradigme de la mode – qui souvent chez Flaubert sert à esquisser l'histoire des formes qu'il appelle de ses vœux[30] – permet d'articuler le particulier et le collectif, l'éphémère et le permanent. Cette lettre dit en effet que l'essence de la mode, bien

---
28 Gustave Flaubert, lettre du 29 janvier 1854 à Louise Colet, *Correspondance*, vol. II, *op. cit.*, p. 517. Nous y reviendrons dans notre propos sur les objets manufacturés.
29 *Ibid.*, 517. C'est Flaubert qui souligne.
30 Voir Marie-Ève Thérenty, « Flaubert et l'histoire littéraire », dans Anne Herschberg-Pierrot (dir.), *Savoirs en récits I – Flaubert : la politique, l'art, l'histoire*, Saint-Denis, Presses universitaires de Vincennes, « Manuscrits modernes », 2010, p. 123, 134 et 138.

loin d'être obéissance à la règle obtuse que formulent les bulletins dérisoires des journaux, est dans l'anarchie moderne : le beau auquel aspire la mode a son siège dans la singularité du sujet. Être toujours artiste, dans son vêtement même, c'est avoir le savoir supérieur et idéal de la « *circonstance donnée* » et d'un « *rapport exact* » (c'est Flaubert qui souligne)[31] entre visage et vêtement, couleur et personne, métier et tenue, bref une forme d'à propos qui emprunte à la synesthésie. L'idée à laquelle aboutit ce passage épistolaire est que « chacun, pour être bien habillé, doit s'habiller *quant à lui* ! ». Et cette conclusion trouve immédiatement son acception esthétique : « C'est toujours la même question, celle des Poétiques. Chaque œuvre à faire a sa poétique en soi, *qu'il faut trouver*[32]. » Il ne faudrait donc pas caricaturer la critique flaubertienne de la division du travail en confondant l'impersonnalité avec une règle plaçant l'artiste dans un surplomb assuré au-dessus des bêtises particulières : l'esthétique romanesque consiste à savoir descendre en artiste dans la spécialité – genre, ouvrage, personnage – tout en la reliant au tout, c'est-à-dire à penser par métonymie.

Lorsqu'il nourrit sa réflexion sur le détail dans le roman réaliste par une réflexion sur la métonymie – d'après le développement de Roman Jakobson sur l'essence métonymique du récit réaliste et l'essence métaphorique de la poésie –, Jacques Dubois s'attarde sur l'art de Flaubert (et de Proust)[33]. Glissé dans la chaîne causale du récit, le détail contingent déploie un éventail de causalités qui viennent complexifier la logique du récit et construit un monde fictionnel « unifié par une seule et même culture[34] ». Le détail acquiert une fonction métonymique : la scène énonce les thématiques et causalités de tout le roman (Georges Duroy au miroir dans *Bel Ami*, Gervaise au milieu de son tas de linge sale) ; mais chez Flaubert surtout, « la chose est figure de celui qui la détient et image de tout son être social[35] » : casquette de Charles, gâteau de mariage ou produits de Binet[36]. Le lorgnon d'homme sera métonymie d'Emma

---

31 Gustave Flaubert, lettre du 29 janvier 1854 à Louise Colet, *Correspondance*, vol. II, *op. cit.*, p. 519.
32 *Ibid.*
33 Jacques Dubois, « Métonymies », dans *Les romanciers du réel*, Paris, Seuil, « Points Essais », 2000, p. 99-105.
34 *Ibid.*, p. 100.
35 *Ibid.*, p. 103.
36 Jacques Dubois repart ici de l'article de Claude Duchet sur les objets dans *Madame Bovary*.

en même temps qu'Emma, malgré l'unicité que lui reconnaît Gracq, est métonymie de son époque. Le propos de Jacques Dubois indique combien est réversible le développement de Lukács sur l'ossification de la description chez Flaubert, prétendument inféodé à la division du travail : l'objet de la description est évidemment travaillé non comme clôture mais comme désignation d'un tout par sa partie, voire abusivement travaillé, comme l'estime Jacques Dubois lorsqu'il différencie le « tout est dans tout » flaubertien, « trop systématique », de celui de Proust ou bien du jeu des perceptions croisées des personnages de Maupassant[37].

Descendre dans la spécialité, chez Flaubert, ce serait donc cela : signifier, dans le moindre objet, son époque ; désigner, dans un simple baromètre, quelque chose de la pression domestique et de l'imbécilité d'une ère positive et mesureuse qui produit aussi des « caléfacteurs économiques » (on voit que la métonymie entre en tension avec « l'effet de réel »), de même que le personnage zolien vaut pour la famille qui vaut pour le second Empire, ou que « toute [l]a personne » de Madame Vauquer « explique la pension, comme la pension implique sa personne ». La poétique romanesque de Flaubert, même et surtout dans la description d'objets, serait tout à fait contraire à la division du travail esthétique que dénonce Lukács ou à l'idée même d'effet de réel, qui va de pair : elle ferait justement sentir la manœuvre optique de grossissement du détail. Ainsi, la lourdeur démonstrative que Dubois diagnostique dans la métonymie flaubertienne attesterait l'intention du romancier de toujours descendre en artiste dans la spécialité, c'est-à-dire avec la conscience du tout. S'appuyant sur Carlo Ginzburg, Jacques Dubois recense les expressions de la mutation épistémologique du XIXe siècle qui, s'appuyant sur la relation métonymique, promeut la notion d'indice et motive les méthodologies de l'enquête : histoire de l'art, psychanalyse, roman policier, reconstitution anatomique de Cuvier... Il faudrait ajouter l'économie politique à cette liste, et pas n'importe laquelle : celle de Bastiat, qui relie justement « Ce qu'on voit et ce qu'on ne voit pas », et qui ravit peut-être Flaubert par l'ironie métonymique qu'elle recèle[38].

---

37 *Ibid.*, p. 108.
38 Voir la quatrième partie du présent ouvrage.

LE HÉROS ET SON POINT DE VUE

La division du travail pose le problème de la vision du travail. Pourquoi Smith choisit-il l'exemple tant décrié de la manufacture d'épingles pour illustrer la notion ? Parce que dans ce genre de manufactures, « qui sont destinées à de petits objets », écrit-il, « la totalité des ouvriers qui y sont employés est nécessairement peu nombreuse » et que tous « peuvent souvent être réunis dans un même atelier et *placés à la fois sous les yeux de l'observateur* ». Cela par opposition aux grandes manufactures d'objets de consommation de masse, où l'« *on ne peut guère voir à la fois* que les ouvriers employés à une seule branche de l'ouvrage[39] ». L'exemple de la fabrique d'épingles permet donc à Smith d'éviter de présenter la division du travail via une restriction de champ anti-pédagogique. Faire sentir le tout dans la partie, l'épingle dans le dix-huitième d'épingle, la manufacture d'épingles dans l'industrie anglaise, tel est l'objectif de cette ouverture.

Si nous devions chercher dans la littérature romanesque un exemple contraire de vision tronquée du travail et d'escamotage de l'industrie, il n'est pas sûr que nous trouvions meilleur exemple que le passage du chapitre XIII de *Vingt mille lieues sous les mers* où Nemo raconte à Aronnax comment il a fait construire clandestinement le Nautilus :

> Chacun de ses morceaux (...) m'est arrivé d'un point différent du globe, et sous une destination déguisée. Sa quille a été forgée au Creusot, son arbre d'hélice chez Pen et Cⁱᵉ, de Londres, les plaques de tôle de sa coque chez Leard, de Liverpool, son hélice chez Scott, de Glasgow. Ses réservoirs ont été fabriqués par Cail et Cie, de Paris, sa machine par Krupp, en Prusse, son éperon dans les ateliers de Motala, en Suède, ses instruments de précision chez Hart frères, de New York, etc., et chacun de ces fournisseurs a reçu mes plans sous des noms divers[40].

Certes ce texte n'utilise pas le terme « division du travail » et il est à craindre que les économistes n'accepteraient pas de l'appliquer à ce schéma

---

39 Adam Smith, *La Richesse des nations*, *op. cit.*, I, 1, vol. 1, p. 71. Nous soulignons.
40 Jules Verne, *Vingt mille lieues sous les mers* [1869-1870], I, chap. XIII, éd. Henri Scepi, Paris, Gallimard, « Bibliothèque de la Pléiade », 2012, p. 840. Nous renverrons désormais à cette édition.

de sous-traitance et d'assemblage. En effet, la construction du Nautilus déroge à l'association que nous faisons communément entre division du travail et production à la chaîne, et le chapitre du *Capital* sur la division du travail, notamment, fait une nette différence entre l'atelier où se compose un produit plein qui est le fruit du concours expert de plusieurs corps de métier (Marx donne l'exemple de la fabrication de calèches[41]) et la manufacture où les ouvriers sont intégrés dans une fabrication non centripète mais linéaire où ils n'ont affaire qu'à des parties incomplètes (dont aucune n'est finie, ni dotée d'un prix, ni susceptible d'éveiller la fierté de l'ouvrier, alors que notre exemple vernien glorifie évidemment la marque de fabrique)[42].

Il n'en reste pas moins que ce passage de *Vingt mille lieues sous les mers*, exemple éminent de rupture calculée du lien métonymique et de mise en échec de toute enquête des hommes de la surface, reproduit bien le caractère furtif de la division du travail : Nemo semble avoir joué de la problématique restriction de champ que voulait éviter Adam Smith. Remarquons en outre que le sous-marin figure à son tour, comme par métonymie, le cloisonnement de la production industrielle. En effet, le Nautilus défie durant tout le roman l'exploration d'Aronnax et ses compagnons : dans ce *monitor* cloisonné, on ne rencontre jamais l'équipage tout entier, et le narrateur se perd en conjectures sur l'espace dévolu à ces hommes, dont l'effectif demeure incertain, si bien que l'objet figure la réplique du caractère secret et divisé de sa propre genèse industrielle. Si la division d'un roman en chapitres ou la division d'une iconographie en planches devaient être elles-mêmes considérées comme une division du travail romanesque, force est de constater que cette partition-là est mise au service, dans cette première partie de *Vingt mille lieues sous les mers*, d'un effet de mystère industriel. La succession des chapitres explore des compartiments sans proposer à l'esprit du lecteur de totalité – contrairement à ce que suggèrent moult produits dérivés présentant des vues en coupe du Nautilus. Pensons aux planches qui représentent dans toute leur nudité les murs d'acier de la cellule où sont d'abord cantonnés Aronnax, Conseil et Ned Land[43] : il y a là un étrange effet d'intransitivité de la représentation, car nous ne voyons plus ici que le

---

41 Karl Marx, « Division du travail et Manufacture », *Le Capital, op. cit.*, p. 378.
42 Marx parle de « manufacture hétérogène » par opposition à la « manufacture organique » (ou « sérielle », selon les traductions anciennes). *Ibid.*, p. 384.
43 Voir les première et troisième planches de Riou pour le chapitre VIII. Jules Verne, *Vingt mille lieues sous les mers, op. cit.*, p. 789 et 796.

trait du graveur, dans sa pure matérialité. C'est bien alors la division qui semble mise en scène(s).

Permettons-nous une parenthèse appelée par la ductilité, décidément, de la notion de division du travail : le problème posé par la représentation du Nautilus devient vertigineux si l'on s'avise que l'assemblage du sous-marin est aussi parfaitement pensable comme un *analogon* de la création romanesque vernienne. Le développement de Pierre Macherey sur les « thèmes généraux » et les « figures particulières » des romans de Jules Verne nous y fait songer : « On pourrait se demander dans quelle mesure ces figures ont été produites par Verne lui-même, – mais s'il ne les a pas faites, au moins il les a réunies, collectionnées, et montées sur une forme systématique –, dans quelle mesure il les a prises dans la réserve d'images que mettait à sa disposition toute l'histoire de l'imaginaire récité, où s'est progressivement élaboré un langage de la fiction[44] ». Ne serait-ce pas la même logique d'assemblage d'un préconstruit qui présiderait à la fabrique romanesque vernienne ? Le Nautilus, produit des meilleures fabriques, dirait aussi quelque chose du roman inspiré de Michelet, Hugo ou Alfred Frédol.

La division du travail pose donc un problème de vision[45]. Or c'est symétriquement en termes de division du travail que peut s'analyser le problème romanesque du point de vue, comme cela apparaît nettement dans les justifications existentialistes de la « vision avec » ou de la « vision par derrière ». Lorsque Georges Blin étudie en 1954 les effets de restriction de champ qui caractérisent le réalisme subjectif de Stendhal, il les explique par son sensualisme : Stendhal s'interdit de représenter ce qui ne relève pas d'abord de l'impression du sujet, ce qui n'est pas en cohérence avec son angle de vue[46], et Blin relie ce procédé à l'utilitarisme de Stendhal, lequel a retenu d'Helvétius que « l'intérêt ne nous présente des objets que les faces sous lesquelles il nous est utile de les apercevoir[47] ». Plus avant, Georges Blin fera explicitement le rapprochement entre

---

44 Pierre Macherey, *Pour une théorie de la production littéraire* [1966], Paris, Maspero, 1974, p. 211.
45 Une version antérieure du développement à suivre est parue sous le titre : « Division du travail et restriction de champ : *Les Cinq cents millions de la Bégum* (1879) de Jules Verne », *Revue d'histoire de la pensée économique*, vol. 2, n° 2, Paris, Classiques Garnier, 2016, p. 189-204.
46 Georges Blin, « Les restrictions de champ », *Stendhal et les problèmes du roman* [1954], Paris, José Corti, 1990, p. 115-176.
47 Helvétius, *De l'Esprit*, II, chap. VII, cité dans Georges Blin, *op. cit.*, p. 133.

cette technique et le goût de Stendhal pour l'algèbre, qui est bien pour lui une « division du travail » permettant « à l'esprit de réunir toutes ses forces sur un seul côté des objets, sur une seule de leurs qualités[48] ». De même, lorsque Sartre critique en 1939 l'omniscience narrative de Mauriac, c'est pour refuser tout surplomb, tout providentialisme[49], et nous savons comment, dans « Situation de l'écrivain en 1947 », il préconisera de « peupler nos livres de consciences à demi lucides et à demi obscures (...) dont aucune n'aurait sur l'événement ni sur soi de point de vue privilégié[50] ». Division du travail ici encore, comme le dit nettement Serge Doubrovsky dans son roman *Le Livre brisé*, lorsqu'il explique que Sartre, dans *Les Mots*, radicalise « la division du travail » établie par Proust : « au 'héros' les hésitations obscures, les incertitudes de l'existence, au 'narrateur' la sagesse des maximes durement acquises, l'amère vérité des grandes lois psychologiques[51] ». L'autobiographie sartrienne radicaliserait la restriction de champ appliquée au *je* narré, à celui qui agit dans la contingence. Et dans le roman, la restriction de champ sur une « conscience à demi lucide » serait selon Sartre une division du travail qui permet de rendre compte de l'aliénation, en montrant le sujet dépassé par l'Histoire, dépassé aussi par l'économie, de même que l'Américain est dépassé par l'immensité de son territoire.

Ce détour par Sartre peut nous ramener à Jules Verne. Cela paraît curieux à bien des titres. D'abord, *Les Voyages extraordinaires* appartiennent à cette « littérature de consommation » à laquelle Sartre oppose la « littérature de la production » qu'il appelle de ses vœux[52]. Ensuite, les *Voyages* tombent sous le coup de la critique sartrienne des romans de Paul Morand, accusés de diluer la « situation » du sujet, d'« opérer une libération fictive par un internationalisme abstrait » et « d'anéantir la couleur locale » en montrant notamment l'universalité

---

48 Stendhal, *Vie de Henry Brulard*, Paris, éd. Major, 1949, vol. 1, p. 376-377, cité dans Georges Blin, *op. cit.*, p. 127.
49 Jean-Paul Sartre, « Monsieur François Mauriac et la liberté », *Nouvelle Revue française*, 1er février 1939.
50 Jean-Paul Sartre, « Situation de l'écrivain en 1947 », *Qu'est-ce que la littérature ?*, Paris, Gallimard, « folio essais », p. 224.
51 Serge Doubrovsky, *Le Livre brisé*, chap. 8, Paris, Grasset, 1989, p. 157, cité dans Jérôme Peras, *Une conquête existentielle et une autofiction perturbées : les effets d'un miroir brisé dans le* Livre brisé *de Serge Doubrovsky*, maîtrise soutenue à l'Université François Rabelais de Tours en 1998.
52 Jean-Paul Sartre, « Situation de l'écrivain en 1947 », *op. cit.*, p. 196.

du machinisme[53]. Enfin, le roman vernien semble avoir peu de rapport avec le réalisme subjectif. Mais comme ce roman d'aventures fait aussi partie des genres qui pratiquent l'incipit énigmatique en focalisation externe[54] et qu'il s'insère dans le paradigme indiciaire du siècle ; comme il apparaît clivé entre le fantasme de clôture protégée que montrait Barthes dans son article de *Mythologies*[55] et la mise en scène de la pulsion scopique des personnages dans leur exploration des « mondes inconnus », il invite aussi à analyser les entorses au voir chez Verne.

Or il existe un opus des *Voyages extraordinaires* qui met explicitement en rapport, à l'intérieur d'une structure narrative d'enquête, la restriction de champ et la notion de division du travail. Il s'agit du roman de 1879 *Les Cinq cents millions de la Bégum*, qui a plusieurs fois intéressé la critique, en particulier Yves Chevrel, qui l'a examiné par rapport à *Travail* de Zola[56]. Ce court roman raconte comment le savant français Sarrasin et le savant allemand Schultze s'opposent autour de l'héritage fabuleux issu d'une princesse indienne autrefois épouse d'un aïeul qui leur est commun. Chacun d'entre eux hérite finalement de 250 millions de dollars et leur rivalité mimétique va s'exprimer aux États-Unis, dans l'Oregon, où chacun obtient une concession pour fonder une ville nouvelle. Sarrasin fonde France-Ville, que le roman présente comme un chef d'œuvre pacifique d'urbanisme hygiéniste, qui n'est pas sans receler quelques aspects totalitaires et racistes[57]. Schultze fonde de son côté Stahlstadt, la Cité de l'acier, ville-usine qui ressemble à un petit bassin de la Ruhr, où l'on extrait conjointement de la houille et du minerai de fer, où l'on fabrique de l'acier, enfin et surtout où l'on forge des canons. Schultze est une caricature de Krupp et un théoricien de la supériorité de la race germanique qui a juré la perte de France-Ville. Et dans ce roman des lendemains de la guerre franco-prussienne, où tout parle de revanche et où l'on n'obéit guère au mot de Gambetta, le héros Marcel

---

53 *Ibid.*
54 Gérard Genette, *Figures III*, Seuil, « Poétique », 1972, p. 207.
55 Roland Barthes, « Nautilus et bateau ivre », *Mythologies* [1957], Paris, Seuil, « Points Essais », 2001, p. 75-77.
56 Yves Chevrel, « Questions de méthode et d'idéologie chez Verne et Zola. *Les Cinq cents millions de la Bégum* et *Travail* », *Revue des Lettres modernes*, série Jules Verne n° 2, Minard, 1978, p. 69-96.
57 En sus de l'article d'Yves Chevrel déjà cité, voir Jean Chesneaux, *Une lecture politique de Jules Verne*, Paris, Maspero, 1971.

Bruckmann est comme de juste un ingénieur alsacien, dont l'objectif est de s'introduire dans Stahlstadt pour identifier le danger qui pèse sur les siens. Toute la partie centrale du roman[58] adopte donc la perspective de ce personnage et exclut tout point de vue omniscient.

Or cette ville-usine est décrite comme « une circonférence dont les secteurs, limités en guise de rayons par une ligne fortifiée » sont donnés comme « parfaitement indépendants les uns des autres, quoique enveloppés d'un mur et d'un fossé commun[59] ». Le héros passe une première demi-journée au secteur du puddlage, secteur K, longuement décrit, ce qui lui permet d'enquêter sur les procédés utilisés. On l'affecte ensuite au secteur O, secteur de la coulée, laquelle apparaît « plutôt le résultat d'un mécanisme aveugle que celui du concours de cent volontés humaines[60] » (division du travail et avènement de l'homme-machine). Enfin, un acte de bravoure puis le passage d'un examen valent à Marcel d'être nommé dans le secteur A, à la « division des modèles », dans l'« un des ateliers de dessin[61] ». C'est à ce moment que le texte insiste sur le désappointement du héros qui se croyait près du but :

> Sa vie était enfermée dans une grille de fer de trois cents mètres de diamètre, qui entourait le segment du Bloc central auquel il était attaché. Intellectuellement, son activité pouvait et devait s'étendre aux branches les plus lointaines de l'industrie métallurgique. En pratique, elle était limitée à des dessins de machines à vapeur. Il en construisait de toutes dimensions et de toutes forces, pour toutes sortes d'industries et d'usages, pour des navires de guerre et pour des presses à imprimer ; mais il ne sortait pas de cette spécialité. La division du travail poussée à son extrême limite l'enserrait dans son étau[62].

Ainsi, *Les Cinq cents millions de la Bégum* décrit une ville-usine en forme de panoptique inversé, où il ne s'agit pas comme chez Bentham d'insister sur la transparence centrifuge de la cité mais sur son opacité centripète. Et ce récit de pénétration de la ville-usine, qui commence par le secteur K (rue IX, atelier 743, bureau du contremaître Seligmann), nous apparaît comme un mélange entre *Le Château* de Kafka (Kafka que Sartre invoque justement dans sa réflexion sur l'opacité de l'Histoire

---

58 Jules Verne, *Les Cinq cents millions de la Bégum* [1879], Paris, Le livre de poche, 2002, Chap V à IX, p. 63-145. Nous renverrons désormais à cette édition.
59 *Ibid.*, chap. V, p. 70.
60 *Ibid.*, p. 81.
61 *Ibid.*, chap. VII, p. 103.
62 *Ibid.*, p. 105.

pour le sujet), la narration d'une vie de collège[63] et celle d'une sorte de jeu de l'oie géant comme les appréciait Verne[64], mélange qui décrit une remontée de la matière première vers le « modèle », la recherche d'un souverain maléfique dont la défense principale est bel et bien la division du travail, ici matérialisée par des fortifications. La division du travail est le concept organisateur, l'expression consacrée, vers laquelle convergent les lignes citées et plus généralement tout le chapitre. Elle est sujet agissant.

Au moment où il rejoint la « division des modèles », Marcel comprend quelle est la structure de cette « organisation » dont il n'est « malgré ses mérites, qu'un rouage presque infime », dit le texte : « Il savait que le centre de la toile d'araignée, figurée par Stahlstadt, était la Tour du Taureau, sorte de construction cyclopéenne, qui dominait tous les bâtiments voisins[65] » – ce qui dit bien que c'est le regard et le surplomb qu'il s'agit de reconquérir. Mais il lui faudra encore des mois pour être admis dans l'intimité de Schultze, pour se mettre à faire des plans de canon, plusieurs mois encore pour accéder au sommet de la Tour du Taureau et y découvrir enfin un canon gigantesque pointé sur France-Ville, dont le tir est imminent. Le Minotaure des *Cinq cents millions de la Bégum*, ce n'est donc pas comme dans *Germinal* l'actionnariat parisien de la société minière, mais une grosse Bertha qui représente le racisme génocidaire de Schultze. La datation approximative de l'action permet d'ailleurs de comprendre que le temps de ce roman d'enquête se distend au fur et à mesure qu'on approche du « secret », comme si remonter la division du travail était atteindre le temps long des concepteurs. Une fois ce secret découvert, le héros doit mourir, comme si cette dilatation du temps de la quête se parachevait dans la mort.

Cette espèce d'anabase industrielle qui mène Bruckmann de la mine aux appartements de Schultze mobilise deux conceptions symétriques

---

63 « Des cours spéciaux, faits par des professeurs de premier mérite, étaient obligatoires pour tous les employés, soumis en outre à des examens et à des concours fréquents. Mais la liberté, l'air manquaient dans cet étroit milieu. C'était le collège avec beaucoup de sévérités en plus et à l'usage d'hommes faits. » *Ibid.*, p. 104.
64 Voir évidemment *Le Testament d'un excentrique*, lu par Alain Schaffner, et d'après Pierre Bayard, comme un plagiat de Perec. Alain Schaffner, « *Le Testament d'un excentrique*, plagiat par anticipation ? », dans Marie-Françoise Melmoux-Montaubin et Christophe Reffait (dir.), *Les Voyages extraordinaires de Jules Verne : de la création à la réception*, Amiens, CERR / Encrage Université, « Romanesques », 2012, p. 271-286.
65 Jules Verne, *Les Cinq cents millions de la Bégum*, *op. cit.*, p. 105.

de la division du travail et du héros. Elle traduit en premier lieu un imaginaire centralisé de la division du travail. Qu'il s'agisse de Nemo ordonnant en secret la construction des parties du Nautilus ou de la ville-usine arachnéenne de Schultze, la division du travail n'apparaît pas chez Verne comme un processus diffus mais possède un agent central auquel tout se réfère et qui est maître du sens de l'activité des hommes : il existe un principe caché qui préside au sens de l'économie, et ce n'est que par docilité qu'on renonce à l'explorer (Stahlstadt, cité de soldats, d'ouvriers aliénés et de bons élèves, est décrite comme un monde de servitude volontaire).

En deuxième lieu, cette organisation radiale, pour être démasquée, exige un héros qui soit au contraire polyvalent, au génie englobant : un homme providentiel justement placé hors de la division du travail, capable tout aussi bien de puddler des masses de fonte, d'assurer la régularité d'une coulée d'acier en fusion, de concevoir des machines à vapeur, de dessiner des canons ou même de reconnaître, dans le jardin tropical où il est enfermé, la belladone qui lui permettra *in fine* d'endormir ses geôliers. Bref, un personnage fort différent du héros parcellaire qui figure forcément dans tous les romans réalistes-naturalistes. Il n'y a guère de différence entre l'ingénieur Marcel Bruckmann et le capitaine Nemo ou bien le Cyrus Smith de *L'Île mystérieuse*, lequel connaît le rendement d'un grain de blé, sait calculer la latitude et la longitude de l'île Lincoln, construit un four à briques, sait produire du fer à la mode catalane à partir du minerai et finit par installer le télégraphe... Les ingénieurs de Verne, comme le notait Pierre Macherey, sont parfaitement polyvalents[66]. Nous pouvons même nous demander si Marcel n'est pas plus complet encore que ses aînés plus célèbres, puisqu'il transcende la distinction comtienne entre « entrepreneurs » et « opérateurs » que Macherey estime encore prégnante dans *L'Île mystérieuse*[67]. Lorsque Verne met en scène des trios ou des groupes aux compétences complémentaires, comme Aronnax, Conseil et Ned Land dans *Vingt mille lieues sous les mers*, et dans une moindre mesure comme le quintette de *L'Île mystérieuse*, c'est encore une forme de division du travail héroïque qu'il esquisse. Mais lorsqu'il

---

[66] Pierre Macherey rappelle que le héros vernien est souvent un « original », manière de dire que ce « voyageur-savant-colonisateur » échappe à toute division du travail. Pierre Macherey, *Pour une théorie de la production littéraire, op. cit.*, p. 198-199.
[67] *Ibid.*, note 42, p. 238.

élabore des personnages comme les ingénieurs Nemo, Cyrus Smith et Marcel Bruckmann, il abolit idéalement cette division du travail – et ce refus est aussi celui qu'entretient le *Magasin d'Éducation et de Récréation*, par son ambition encyclopédique, par sa ligne éditoriale même.

Or l'une des compétences fréquemment ajoutées à celle de l'ingénieur ou du héros en général est celle du *voir* : cela est vrai pour Nemo, et le regard est associé à une compétence esthétique chez Aronnax[68] ou dans le roman *Le Rayon vert*[69]. Ainsi, l'intérêt des *Cinq cents millions de la Bégum*, roman de « la division du travail poussée à son extrême limite[70] », est d'infliger au héros une borne à son regard. Marcel Bruckmann est plongé dans le désarroi d'un homme complet condamné à ne percevoir toujours, comme le dit le texte, que « des détails, toujours des détails ; jamais un ensemble[71] ! ». Bien loin d'être une condition définitoire du personnage comme chez Sartre, la restriction de champ est ici la négation de son héroïsme. Parmi les romans de la pulsion scopique dus à Verne, avec leur fantasme de « survol aristocratique », pour reprendre les mots de Sartre sur Morand, avec leur goût pour la perspective cavalière que refusait justement Stendhal, avec leur refus de la division du travail descriptif et du détaillisme zolien, *Les Cinq cents millions de la Bégum* serait le roman qui opposerait le plus radicalement négativité du travail divisé et liberté du regard.

Le dénouement de ce roman autorise une remarque d'ordre idéologique sur le rapport ici entre restriction de champ et division du travail. Ce dénouement est double. D'une part, Marcel Bruckmann s'échappe du centre géométrique de Stahlstadt en se coulant dans le torrent qui baigne l'étonnant jardin tropical occupant le centre de la cité : il rejoint ainsi la libre plaine en passant sous les secteurs fortifiés de l'usine et parvient à prévenir France-Ville du danger imminent. D'autre part, le savant Schultze, retranché dans sa tour centrale, meurt congelé et asphyxié par l'explosion accidentelle de l'un de ses obus au gaz carbonique comprimé ; cet accident ne sera connu du

---

68 Voir la description focalisée des fonds marins lors de la chasse sous-marine à l'île Crespo. Jules Verne, *Vingt mille lieues sous les mers, op. cit.*, I, chap. XVI, p. 868-871.
69 Voir Yvon Le Scanff, « *Le Rayon vert* et le problème de la représentation romanesque », dans Christophe Reffait et Alain Schaffner (dir.), *Jules Verne ou les inventions romanesques*, Amiens, CERR / Encrage Université, « Romanesques », 2007, p. 249.
70 Jules Verne, *Les Cinq cents millions de la Bégum*, p. 105.
71 *Ibid.*, p. 106.

monde extérieur que lorsque ses banquiers américains puis la Bourse de San Francisco constateront l'insuffisance de crédit sur ses comptes – le savoir et la parole des opérateurs financiers se répandant alors comme une onde. Ici s'exprime ce que nous avons déjà évoqué[72] : une dramaturgie symbolique des états de la matière où la liquidité vitale, exaltée, a pour équivalent la circulation financière et pour opposé le cloisonnement industriel. Nous touchons là, à travers ce petit roman de Verne, à un clivage fondamental dans la représentation du libéralisme économique chez beaucoup de romanciers français du siècle. Stendhal peut montrer la division du travail à laquelle échappe Julien Sorel, tout en éclairant positivement le ludisme financier du père Leuwen. Flaubert dit la bêtise de la division du travail, tout en aimant Bastiat et en prônant le libre-échange. Zola isole les porions, piqueurs et herscheuses de *Germinal* chacun dans sa veine, tout en exaltant dans *L'Argent* la circulation du capital. Au roman, le libéralisme offre un double visage : il présente une tension insoluble entre libéralisation financière et incarcération de la production, entre idéale fluidité du capital et dysphorique division du travail. De ce point de vue, c'est toute la systématique vernienne des états solide/liquide/gazeux qu'il faudrait convoquer pour penser le figement, le fractionnement ou la fluidité de l'économique[73].

Le dernier rapport du roman *Les Cinq cents millions de la Bégum* avec la division du travail désigne cette fois les conditions de production de l'œuvre et n'est pas tout à fait anecdotique. Certains lecteurs ont bien noté qu'il y a une savoureuse insolence de la part de Jules Verne à mettre en scène un patron ignoble à la tête d'une « Cité de l'acier », Stahlstadt, dont le nom contient le nom de plume de Pierre-Jules Hetzel (P. J. Stahl), de même que la séquence consonantique de « Schultze » évoque le nom de l'éditeur. Le passage du roman où le héros flatte la vanité de l'Allemand en lui laissant « empoch[er] consciencieusement la paternité de [telle ou telle] invention » – pourrait peut-être même trouver un écho dans la correspondance Verne-Hetzel. C'est remarquer que le roman de Bruckmann et Schultze pourrait aussi se lire comme la curieuse mise en abyme des relations entre Verne et son relecteur, annotateur

---

72 Voir notre première partie.
73 Voir « L'argent et sa liquidité chez Jules Verne », art. cité.

et censeur, dans le cadre d'une production industrielle de romans pour enfants où l'interventionnisme de Hetzel, notamment quelque temps auparavant lors de l'écriture de *L'Île mystérieuse*[74], contrevient à l'ordinaire division du travail entre auteur et éditeur. Mettre en scène un héros aux prises avec la division du travail, ce serait alors, tout simplement, interroger l'intégrité de la création à l'intérieur d'un roman de l'ingénieur et de la polyvalence.

---

74 Jules Verne, *Les Cinq cents millions de la Bégum, op. cit.*, chap. VIII, p. 114. Voir les travaux de William Butcher, en particulier « Chirurgie et hypnose : pour une 'dé-hetzelisation' de *L'Île mystérieuse* », dans *Les* Voyages extraordinaires *de Jules Verne : de la création à la réception, op. cit.*, p. 137-153.

CONCLUSION DE LA DEUXIÈME PARTIE

Pour le moraliste, le principe de la division du travail prépare l'avènement de l'homme-machine et l'économie ne se préoccupe que de la productivité, sans prendre garde à l'« influence morale » que déplore Lemontey. Pour l'économiste, la division du travail est une loi de la nature qui est au fondement de la civilisation et qui, en supposant l'échange en même temps que la spécialité, constitue néanmoins une *morale économique* (Molinari). Pour le sociologue qui comme Durkheim se réfère à la biologie, la division du travail trouve bel et bien ses origines « dans un passé infiniment lointain, puisqu'elle devient presque contemporaine de l'avènement de la vie dans le monde[1] », mais cela ne signifie pas qu'elle soit au fondement de la société (c'est l'inverse qui est vrai), ni qu'elle doive être acceptée sans examen. La faiblesse des économistes selon Durkheim est en outre que leur *échangisme* (dit-il en renvoyant à Molinari) ne suffit pas à définir la morale qui, en effet, naît de la division du travail, du fait que par elle « l'individu reprend conscience de son état de dépendance vis-à-vis de la société[2] ».

Or le roman du XIXe siècle n'est-il pas un peu semblable à cette sociologie durkheimienne optimiste qui voit une *solidarité organique* naître de la *société subdivisée et différenciée* ? Car le roman, par nature, se coule dans le divers en même temps qu'il le transcende. D'un côté bien sûr, la division du travail devient une forme a priori de la création en prose, engageant tout, situation et représentation. Pour Lukács qui pense que Stendhal échappe à la division du travail intellectuel (parce qu'il a travaillé dans l'administration), comme pour Sartre qui vitupèrera la « cléricature » des Lettres en France (parce que la littérature y devient un métier bourgeois alors qu'au pays d'Hemingway ou de Dos Passos, on passerait des « métiers manuels » à l'écriture par une sorte d'urgence

---

1 Émile Durkheim, *De la division du travail social*, op. cit., introduction, p. 3.
2 *Ibid.*, conclusion, p. 396.

intérieure de raconter[3]), la situation de l'écrivain se dit en termes de division du travail. Cette situation est elle-même indissociable d'un régime d'enquête, du choix d'une voix narrative ou d'une poétique de la description[4]. La division et diversification du *contenu* et du *matériau* du roman, pour reprendre les termes de Bakhtine, se manifeste dès lors : plurilinguisme introduit par la singularité de la voix narrative devant le « fond du langage littéraire normal[5] », plurilinguisme introduit par la pluralité des personnages, plurilinguisme introduit surtout par les « genres intercalaires » qu'ingère le roman[6] et qu'énumère Blondet. Le roman est par essence un genre subdivisé, polygénérique, polylinguistique : « pour lui, il n'existe pas de monde en dehors de sa prise de conscience sociale plurivoque, et il n'existe pas de langage hors des intentions plurivoques qui le stratifient[7] ». De surcroît, le XIXe siècle radicalise cette division du roman, surtout quand on l'envisage à l'instar d'Albérès comme une parenthèse documentaire dans l'histoire d'un genre fondamentalement intimiste[8] : un moment où le roman se trouverait écartelé par le spectacle de la société se spécialisant, tiraillé par l'actualité à laquelle l'expose la fragmentation feuilletonesque, voué épisode après épisode à jouer le *nomenclateur des professions*, l'explorateur des milieux et le compilateur des langages.

D'un autre côté, le roman est tenu par une *solidarité organique* d'une force proportionnelle à son éclatement : il n'investit les milieux que pour exprimer sa « tentation de la Totalité[9] » ; il ne multiplie son personnel que pour mettre en valeur son omniscience ; le romancier « a tout reconstitué, tout compris[10] », écrit Albérès, et la peinture de la société subdivisée devient manifestation de son pouvoir d'*intégrer*, pour

---

3   Jean-Paul Sartre, *Qu'est-ce que la littérature ?*, op. cit., p. 169.
4   Précisons que Sartre, dans « Situation de l'écrivain en 1947 », développe exactement les arguments de Lukács lorsqu'il écrit que les « fastidieuses descriptions » du XIXe siècle obéissent à l'idée qu'« on ne touche pas à l'univers, on le gobe tout cru, par les yeux », au contraire du vrai roman qui doit montrer que « le *faire* est révélateur de l'*être* ». Ibid., p. 235-236.
5   Mikhaïl Bakhtine, *Esthétique et théorie du roman* [1924-1941 ; trad. fra. 1978], Gallimard, « Tel », 1993, p. 135.
6   *Ibid.*, p. 141.
7   *Ibid.*, p. 150.
8   René Marill Albérès, *Histoire du roman moderne*, 4e éd. revue et augmentée, Albin Michel, 1962, p. 36.
9   *Ibid.*, p. 39.
10 *Ibid.*, p. 38.

reprendre le mot des fouriéristes ou des anarchistes. Finalement, comme l'écrit Bakhtine avec quelque redondance, « les images romanesques semblent *organiquement* soudées à leur langage plurivocal, préformé, en quelque sorte, en lui, dans les profondeurs de son propre plurilinguisme *organique*[11] ». Comme si le genre-roi du siècle de la division du travail n'avait cessé d'expérimenter en sa chair l'impérieuse nécessité de rassembler. Le roman semble alors inséparable de « l'évolution » du XIXe siècle que décrit Durkheim lorsqu'il explique comment la société de type *segmentaire* est remplacée par la nouvelle cohésion issue de la division du travail. Nous avons même l'impression que Durkheim, lorsqu'il décrit l'avènement de la société du travail subdivisé, effectue à son insu une sorte de description du roman d'apprentissage :

> À mesure qu'on avance dans l'évolution, les liens qui attachent l'individu à sa famille, au sol natal, aux traditions que lui a léguées le passé, aux usages collectifs du groupe se détendent. Plus mobile, il change plus aisément de milieu, quitte les siens pour aller ailleurs vivre d'une vie plus autonome, se fait davantage lui-même ses idées et ses sentiments. Sans doute, toute conscience commune ne disparaît pas pour cela ; il restera toujours, tout au moins, ce culte de la personne, de la dignité individuelle (…). Mais combien c'est peu de chose surtout quand on songe à l'étendue toujours croissante de la vie sociale, et, par répercussion, des consciences individuelles[12] !

Le roman du XIXe siècle dirait cela : le trajet de cet individu vers des liens peut-être « plus forts et plus nombreux », du moins Durkheim le pense-t-il, qui se tissent dans cette société et prouvent « la valeur morale de la division du travail ». Et ce trajet bien sûr, le roman le décrit selon une logique linéaire qui n'est pas la logique tabulaire du traité d'économie, il le dit par un récit qui relie le divers, qui introduit des motivations, qui complexifie ces causalités dans le déploiement du détail[13].

Nous pouvons donc avoir l'impression que l'évolution retracée par Durkheim décrit la transition entre *Bildungsroman* romantique et roman naturaliste des milieux ou bientôt littérature unanime. Mais ce qui intéresse le romancier est autant la loi que l'exception. Si la loi du siècle est la division du travail, c'est de manière problématique qu'est formulé le rapport du métier d'écrivain ou de la trajectoire du héros à cette loi.

---

11 Mikhaïl Bakhtine, *Esthétique et théorie du roman*, *op. cit.*, p. 141.
12 Émile Durkheim, *De la division du travail social*, *op. cit.*, p. 396.
13 Jacques Dubois, *Les romanciers du réel*, *op. cit.*, p. 100.

Stendhal sait très bien le visage que prend la division du travail en économie, et il se trouve plutôt du côté de « l'honnête homme » ou du « dilettantisme[14] » dont Durkheim prononce l'extinction en prétendant que « dans les sociétés supérieures, le devoir n'est pas d'étendre notre activité en surface, mais de la concentrer et de la spécialiser[15] ». Julien aussi déroge à toute division du travail, et le héros hypocrite pourrait très bien dire : « *faccio il precettore* », « *faccio il segretario* », en utilisant la tournure verbale par laquelle l'italien sait éviter d'identifier le métier à l'être. Flaubert voudrait aussi y déroger, tout en constituant tous les jours l'écriture en métier abstrait du monde. Chez lui l'ambivalence est la plus grande – d'un côté exécration de la division du travail universelle, de l'autre autoportrait en Binet –, parce qu'il est conscient que la division du travail fonde une dialectique exigeante qui sera bien exposée par Durkheim et qui définit la modernité : il faut savoir descendre dans la spécialité avec la conscience de la globalité, et cette flexion qui constitue la métonymie est peut-être la nouvelle définition de l'artiste. Zola aussi pousse à l'extrême l'ambivalence de l'écrivain devant la division du travail, car il y a chez lui rotation des tâches et même *papillonne*, puisqu'il s'ensevelit successivement dans différents dossiers, mais il y a tout autant constitution de la figure d'intellectuel, entre journalisme, politique et littérature. Quant au mouvement intime des *Rougon-Macquart*, on notera qu'il reproduit assez fidèlement la transition durkheimienne entre société segmentaire (la famille, la province) et division du travail (vaste construction des interactions sociales). Chez tous ceux-là, comme évidemment chez le travailleur à la chaîne qu'est Jules Verne, l'œuvre est nécessairement exposée à la grande loi de la division du travail, qui n'est parfois exécrée que parce qu'elle s'est déjà imposée comme évidence.

À l'intérieur de cette pensée romanesque de la division du travail, la division du travail manufacturier prend le même caractère pathologique que pour la sociologie. Esquisser la fabrique (Stendhal), entrer dans la fabrique (*L'Assommoir*), réformer la fabrique (*Travail*), c'est fonder une esthétique en relation avec le fait majeur du siècle qu'est la division du travail (Stendhal l'écarte du revers de la main, Flaubert cherche un surplomb, Zola développe un art de la transition) et c'est aussi interroger le

---

14 Émile Durkheim, *De la division du travail social, op. cit.*, introduction, p. 5.
15 *Ibid.*, conclusion, p. 396.

caractère métonymique de l'économie par rapport au social. La division du travail dans les usines du siècle dit-elle quelque chose de l'évolution sociale ou est-elle une anomalie ? La spécialité promeut-elle la personne, la singularité et la conscience collective ou provoque-t-elle au contraire son naufrage ? Si Durkheim répond avec optimisme à ces questions et repousse l'enjeu économique dans les marges de son propos, il nous semble que nos romanciers paraissent au contraire convaincus que l'économie et en particulier l'industrie risquent bien de figurer l'avenir. Ce que l'industrie fait au métier interroge en retour l'écrivain : il est nécessairement sensible à tout ce qui, dans l'organisation industrielle, tend de jour en jour à dégrader le travail et à le vider de ce qu'il peut comporter d'œuvre.

TROISIÈME PARTIE

LA LOI DES DÉBOUCHÉS

Le corpus de l'économie politique est comme le grand livre d'une Genèse seconde, écrit pour un monde d'après la Chute : l'homme étant désormais condamné au travail, voici comment il doit user de son « habileté », de sa « dextérité » et de son « intelligence » (pour reprendre les termes répétés dans les premières pages de *La Richesse des nations*[1]) afin d'améliorer son sort, d'accroître son produit, de créer de la richesse. Dans le moment fondateur de l'école classique, c'est peut-être sous la plume de Jean-Baptiste Say que le discours de l'économie politique ressemble le plus à un créationnisme. Bien sûr, c'est un créationnisme secondaire : l'économiste ne s'intéresse pas à « l'eau, l'air, la lumière », dit le tout premier chapitre du *Traité d'économie politique*, dans l'édition de 1803 lue par Stendhal, car « ce qu'on peut se procurer sans frais, n'a point de valeur » et « ce qui n'a point de valeur ne saurait être une richesse », donc « ces choses ne sont pas du domaine de l'Économie politique[2] ». Il s'intéresse au contraire à des objets « qui n'existent pour nous qu'autant que l'industrie humaine a provoqué, secondé, achevé les opérations de la nature[3] ». Say souligne bien que « *Production* n'est point *création* ; c'est production d'utilité » (l'utilité étant « la *qualité de pouvoir servir* »)[4]. Mais comme « la nature abandonnée à elle-même ne pourvoirait qu'imparfaitement à l'existence d'un petit nombre d'hommes[5] », l'homme ne peut se contenter de cueillir ou de chasser (programme pour une robinsonnade). Il y a certes des choses qu'il « recueille des mains de la nature » et qui ont été « formées par la nature abandonnée à elle-même » (les animaux comestibles, les gisements métallifères)[6], mais l'*industrie agricole*, l'*industrie manufacturière*, l'*industrie commerçante* vont plus loin, et la gradation des verbes dans le premier chapitre du *Traité* fait sentir l'emprise du genre humain sur la création à travers le

---

1   Voir Adam Smith, *La Richesse des nations*, trad. Germain Garnier, éd. Daniel Diatkine, Paris, Flammarion GF, 1991, vol. 1, introduction p. 65-66 et chap. Ier p. 71.
2   Jean-Baptiste Say, *Traité d'économie politique*, Paris, Deterville/Crapelet, 1803, livre Ier, chap. Ier, vol. 1, p. 1-2.
3   *Ibid.*, p. 2.
4   *Ibid.*, livre Ier, chap. VI, p. 24.
5   *Ibid.*, livre I, chap. II, p. 10.
6   *Ibid.*, livre I, chap. Ier, p. 3.

lexique de la préhension : l'homme *mélange* et *façonne*, il *s'empare* des produits de la pêche, de la cueillette, de la chasse ou de la mine, il *presse* le raisin, il *manipule* le vin, il *exprime* l'huile des baleines[7]...

Si bien que Jean-Baptiste Say, tout en concédant que ce n'est pas créer que produire, fait tout de même de la production humaine un geste démiurgique qui prolonge la création du monde. Dans le chapitre VI, qui fonctionne comme une pause définitoire dans le mouvement du Livre Ier du *Traité* consacré à la production, Say a cette phrase frappante, dans une observation qu'il désigne lui-même comme jetant « un jour étonnant » sur son propos : « La masse des matières dont se compose le monde n'augmente ni ne diminue jamais ». « Il ne se perd pas un atome : il ne s'en crée pas un seul », révèle l'économiste imitant Lavoisier. L'économie politique est une chimie ou une physique, mais une physique qui doit nous expliquer comment « les choses ne sont pas *produites*, mais seulement reproduites sous d'autres formes, et que ce que nous appelons *production*, n'est, dans le fait, qu'une *reproduction*[8] ». C'est l'exemple du grain de blé : le grain semé savamment en a donné vingt, mais « il ne les tire pas du néant ». En semant et en arrosant, on a déterminé « une opération de la nature par laquelle différentes substances, auparavant répandues dans la terre, dans l'eau, dans l'air, se changent en grains de blé[9] ». C'est donc sur une double ligne que se déploie le discours de Say au début du *Traité* : d'un côté l'idée que le producteur ne crée rien et ne fait que reproduire, d'un autre côté le portrait du producteur humain en démiurge recomposant la glaise du monde pour créer – cela est sûr cette fois – de la valeur. Michel Foucault écrivait que se déploie derrière l'enthousiasme progressiste des héros de Jules Verne une « arrière-fable » désignant l'inanité du progrès technique et du développement[10]. Il y aurait plutôt chez Jean-Baptiste Say une arrière-fable proclamant, derrière la distinction entre production et création, la puissance démiurgique du producteur, créateur de valeur parmi l'eau, l'air et la lumière : le *Traité* peut se lire comme une vaste prétérition (« Sans prétendre que l'industriel est l'égal des dieux, etc. »). Dès lors, nous abordons un Nouveau-Monde, non pas géographique

---

7 *Ibid.*, p. 2-4.
8 *Ibid.*, livre I, chap. VI, p. 23 pour l'ensemble de ces citations.
9 *Ibid.* p. 24.
10 Michel Foucault, « L'Arrière-fable », *L'Arc* n° 29 « Jules Verne », Aix-en-Provence, 1965, p. 5-12.

mais économique. Le volume II de l'édition du *Traité* en 1803 chez Déterville comporte un volet dépliant faisant de la publicité pour le *Cours complet d'histoire naturelle* de Buffon, Lamarck, Mirbel *et alia*, chez le même éditeur. Voilà bien à quoi vient s'abouter l'économie politique : elle accompagne l'entrée dans une nouvelle ère de l'histoire naturelle où, contrairement à ce que croyaient les physiocrates, la matière seule ne constitue pas une richesse[11] ; où tout va se transformer, sans que rien ne se perde ; où la nature elle-même (l'écoulement du torrent) assistera l'industriel dans l'installation de ses moulins (Verrières toujours) et se prolongera en création de valeur[12].

Dans ce créationnisme de second ordre, la théorie des débouchés illustre la puissance du producteur. On le sait, c'est d'une manière très elliptique que le chapitre « Des Débouchés[13] », dans l'édition de 1803 du *Traité d'économie politique*, lue par Stendhal[14], énonce cette loi fameuse : lorsqu'on a donné de l'argent pour acquérir des objets, cela revient à dire qu'« on a payé des produits avec des produits[15] ». La formule est peut-être plus claire dans le chapitre V du Livre IV[16] : « Pour consommer il faut acheter ; or on n'achète qu'avec ce qu'on a produit[17]. » Jean-Baptiste Say sera plus explicite dans le *Cours à l'Athénée*, développant d'abord son raisonnement, pour revenir ensuite à l'énoncé clos et circulaire de la loi, car ramasser l'expression en affirmant « qu'on n'achète les produits qu'avec les produits[18] » a une vertu pédagogique. Cela permet de dire qu'on ne peut acheter des biens qu'autant qu'on a participé à la production d'autres biens qui, vendus, procurent au producteur son pouvoir d'achat, la monnaie étant considérée comme un simple « voile »

---

11 Say dénonce le simplisme des *Économistes*, selon l'expression en vigueur pour désigner Quesnay et consorts.
12 Jean-Baptiste Say, *Traité d'économie politique*, *op. cit.*, livre Ier, chap. VIII, « Du travail de l'homme et du travail de la nature », vol. 1, en particulier p. 39.
13 *Ibid.*, livre Ier, chap. XXII.
14 Crozet a annoté le chapitre immédiatement précédent et Stendhal a réagi dans ses fragments au chapitre suivant.
15 Jean-Baptiste Say, *Traité d'économie politique*, *op. cit.*, livre Ier, chap. XXII « Des débouchés », vol. 1, p. 154.
16 Le titre de ce chapitre est « Suivant quelles proportions la valeur des produits se distribue entre les trois sources de production ». Les trois sources en question étant l'industrie, les capitaux et les terres (voir les premières lignes de ce chapitre ou du chap. II de ce Livre).
17 *Ibid.*, livre IV, chap. V, vol. 2, p. 175.
18 Jean-Baptiste Say, *Cours à l'Athénée*, 2e séance, dans *Cours d'économie politique et autres essais*, éd. Philippe Steiner, G-Flammarion, 1996, p. 131.

entre les marchandises échangées, un facilitateur de troc. Et le raisonnement vaut aussi bien pour le particulier producteur de sabots que pour l'entreprise qui distribue des salaires. *L'offre crée la demande*, a-t-on pu dire, bien que ces termes ne soient ni ceux de Say, ni ceux de James Mill, ni ceux de Ricardo, tous tenants de cette théorie de l'offre[19]. Si l'énoncé de la loi des débouchés est si elliptique dans le *Traité* de 1803, c'est que son esprit baigne en vérité tout le livre : tout y proclame que la richesse comme l'entend Adam Smith, le développement des nations, l'inflation du mobilier des hommes, la diversification du monde des choses, tient au geste du producteur et non à la satisfaction du désir *ex ante* d'un quelconque et abstrait consommateur. Il est bon de revenir aux formules un peu vibrantes de Jacques Garello pour comprendre l'enjeu de la loi de Say : « les individus 'entrent en économie' seulement par l'acte productif ». Ou bien : « l'économie commence quand l'individu songe à satisfaire son besoin de consommateur en utilisant un moyen infaillible : créer[20]. »

Car ces formules nous amènent, en différant de quelques pages le rappel des objections qu'a suscitées la loi des débouchés, à souligner combien la figure du producteur prend d'envergure sous la plume de Say. La profession de foi de l'industriel textile d'Auchy a de ce fait une ressemblance avec la pensée de Saint-Simon ; les deux catéchismes se chevauchent ; et si l'exaltation du Producteur par le journal du même nom a pu amener Stendhal à écrire un pamphlet contre l'usurpation de toute création et de toute utilité par un certain parti industriel, l'assomption du producteur éclate en vérité dès la première édition du livre de Say. Circonstance peut-être aggravante, le *Traité d'économie politique* se distingue de la *Richesse des nations* par le cas fait ici des « produits immatériels », c'est-à-dire des produits qui sont « consommés au moment de leur production[21] ». Les exemples que privilégie Say sont le médecin et le musicien,

---

19 Voir Thomas Sowell, *La loi de Say – Une analyse historique* [1972], trad. Claude Budin et Guy Millière, Paris, Litec « Liberalia », 1991 p. 7. Voir aussi Alain Béraud, « Ricardo, Malthus, Say et les controverses de la 'seconde génération' », dans Alain Béraud et Gilbert Faccarello (dir.), *Nouvelle histoire de la pensée économique*, vol. 1, La Découverte, 1992, p. 475. Say dit plutôt dans le *Traité*, livre IV, chap. v, vol. 2, p. 175-176 : « la demande des produits en général est donc toujours égale à la somme des produits ».
20 Jacques Garello, préface à Thomas Sowell, *op. cit.*, p. XIII.
21 Voir Jean-Baptiste Say, *Traité d'économie politique, op. cit.*, livre I, chap. XLII « Des produits immatériels, ou qui sont consommés au moment de leur production » : Say y justifie le choix de l'adjectif « immatériel ».

dont les *industries* étaient classées par Smith parmi le travail *improductif* et hors des *richesses*, sous prétexte que leur valeur échangeable n'est pas susceptible de se conserver. Or dans la théorie de l'utilité qui est celle de Say, la production de l'ordonnance médicale ou du beau concert sont ramenées dans le champ de la valeur : elles sont le fruit d'un « talent » et d'un investissement de « capital[22] », et « l'industrie d'un musicien, d'un acteur (...) a bien son prix », même si « elle ne subsiste plus, si ce n'est dans le souvenir, au-delà du moment de sa production[23] ». En outre, dans la théorie des échanges qui est celle de Say, « l'industrie d'un médecin, si l'on veut multiplier les exemples, d'un administrateur de la chose publique, d'un avocat, d'un juge » (cette fois le musicien a disparu), correspondent à des besoins « nécessaires » et produisent des biens immatériels qu'on se procure « au prix d'un autre produit matériel auquel Smith accorde le nom de richesse[24] ». L'art revient par le détour d'une formulation un peu curieuse : « Si l'on descend aux choses de pur agrément [si l'on *descend*!], on ne peut nier que la représentation d'une bonne comédie, ne procure un plaisir aussi réel qu'une livre de bonbons, ou une fusée d'artifice, qui dans la doctrine de Smith portent le nom de produits[25]. » C'est dire que les biens immatériels que sont la représentation théâtrale et l'interprétation musicale rentrent dans le cycle des produits. Une valeur peut n'être fixée sur aucune matière[26]. Nous comprenons bien que l'inclusion dans le raisonnement de certains arts jusqu'alors écartés n'a qu'une importance périphérique (il s'agit surtout ici pour Say d'élargir les notions de productivité et d'improductivité qui étaient celles de Smith ou des physiocrates). Mais la production et la consommation d'art obtiennent à cette occasion leur reconnaissance économique. Faut-il s'en réjouir ?

Car le traité d'économie s'autorise du même coup à classer l'immatériel artistique à l'aune du nécessaire, de l'utile et de l'accroissement de la richesse – comment le lui reprocher ? « Une nation où il se trouverait

---

22 *Ibid.*, livre I, chap. XLIII « Que les produits immatériels sont le fruit d'une industrie ou d'un capital », vol. 1, p. 367.
23 *Ibid.*, livre I, chap. XLII, vol. 1, p. 361. Say ne s'intéresse ici ni à la littérature ni aux beaux-arts, qui ne sont pas des cas limites d'immatérialité ; il déplore justement que Smith distingue l'improductivité du musicien de la productivité du peintre.
24 *Ibid.*, livre I, chap. XLII, vol. 1, p. 362 pour l'ensemble de ce passage.
25 *Ibid.*
26 *Ibid.* p. 363.

un foule de musiciens, de prêtres, d'employés, pourrait être une nation fort divertie, bien endoctrinée, et admirablement bien administrée », écrit donc Say, « mais voilà tout[27] ». Il n'y aurait pas d'accroissement du capital national (du moins pas d'accroissement « direct »). Attention donc à ne pas « rendre plus nécessaire le travail d'une de ces professions », prévient Say en donnant l'exemple des chicanes judiciaires et de la multiplication de la gent plaidante, car alors « on ne fait rien pour la prospérité publique ». Il ne donne pas d'exemple touchant à l'art : c'est Bastiat qui condamnera plus tard les subventions aux théâtres, dans son éducation économique des parlementaires. Lorsqu'on augmente « ce genre de travail productif », dit Say en parlant aussi bien des gens de loi que des musiciens, « on en augmente dans le même temps la consommation ». Il ajoute : « Quand cette consommation est une jouissance on peut s'en consoler [je me *console*, en écoutant Mozart, que cela n'accroisse pas la prospérité publique !] ; mais quand elle est un mal, il faut convenir qu'un semblable système est déplorable[28]. » Et d'expliquer que « le travail productif de produits immatériels n'est productif que jusqu'au point où le produit est utile » ; mais le point de bascule vers l'improductivité semble plus difficile à établir en musique que dans la gestion du personnel judiciaire...

C'est le dernier paragraphe du chapitre qui est le plus clair, à partir du moment où il envisage enfin la question du point de vue de l'entrepreneur : « le temps et les soins que chaque individu consacre à la poursuite des produits immatériels quelconques, sont perdus pour la production très réelle à laquelle lui-même aurait pu se livrer. » Il y a des productions *très* réelles et d'autres qui le sont moins. Traduction plus claire, qui campe déjà le type littéraire du bourgeois : « Un négociant enlève à ses affaires le temps qu'il donne à ses procès ou à ses plaisirs, sans parler des regrets, des lassitudes, des maladies qui peuvent suivre l'usage immodéré de quelques-uns de ces produits[29]. » Cette hygiène à la Franklin est inséparable de la critique du luxe de Louis XIV tout au long du *Traité*, de la condamnation de la fête aristocratique comme appauvrissement national, de la définition même de la consommation comme destruction de valeur. Non seulement le *Traité d'économie politique*

---
27 *Ibid.*
28 *Ibid.*, p. 364.
29 *Ibid.*, p. 365.

transfigure le producteur en créateur, mais il ne fait entrer l'art dans l'échange produit contre produit que pour pointer le risque de déperdition du capital productif. Plus de vingt ans avant *D'un nouveau complot contre les industriels* et trente ans avant la préface de *Mademoiselle de Maupin*, bien des éléments du texte fondateur de l'école française d'économie politique paraissent de nature à indisposer l'âme artiste.

CONSOMMER, PRODUIRE, CRÉER
Stendhal lecteur de Say

La synthèse de son étude de l'économie politique durant l'été 1810 aux côté de son ami Louis Crozet a été formulée avec force et netteté par Stendhal lui-même. En effet, les fragments édités par Victor Del Litto, quelles que soient les incertitudes qui pourraient demeurer sur leur ordre de classement[1], laissent percevoir, entre le 2 et le 4 septembre 1810 inclus, un moment d'enthousiasme programmatique où le jeune homme ne prend plus seulement des notes sur les ouvrages d'économie politique (comme il le fait depuis mars) mais envisage d'écrire un « *book* » ; où donc il se prescrit un style (montrer « qu'on est disposé à voir froidement quelque grande mesure politique que ce soit[2] » ou prendre « le style historique pour faire sentir les choses de fait[3] »), se choisit un titre (parmi d'autres : *Influence de la richesse sur la population et le bonheur*), avant de rédiger une « épître à M. Félix Faure » qui est l'énoncé de la thèse et de continuer par une « liste des sujets à traiter » qui est en réalité le constat initial de l'étude. Beyle parvient enfin dans un long fragment

---

1 Les fragments sur Smith et Malthus datés d'avril 1810 sont reliés dans le tome V du manuscrit de Grenoble Ms 5896 (fol. 2 à 4). Les fragments datés (pour la plupart) de septembre-octobre 1810 sont reliés dans le tome XVII (fol 94 à 118). Un fragment sur Smith se trouve dans le tome XVI. Victor Del Litto indique que lors du dépôt des manuscrits à la bibliothèque de Grenoble, on a relié « d'après leur format et dans le plus grand désordre, la plupart des papiers de Stendhal qui ne se rapportent pas à une œuvre déterminée ». Victor Del Litto, *En marge des manuscrits de Stendhal, Compléments et fragments inédits (1803-1820)*, PUF, 1955, 435 p. (voir la note liminaire sur les « sources » de l'ouvrage). Nous lisons ces fragments dans l'édition des œuvres complètes au Cercle du bibliophile, qui les fusionne avec les marginalia (inexactes ou incomplètes) portées par Beyle et Crozet sur leurs exemplaires de Malthus, Say et Smith : Stendhal, « Traité d'économie politique », dans *Œuvres complètes*, vol. 45, *Mélanges I – Politique, Histoire, Économie politique*, éd. Victor Del Litto et Ernest Abravanel, Genève, Édito-service, « Cercle du bibliophile », 1971, p. 111-138.
2 Stendhal, fragment intitulé « Études d'économie politique », « Traité d'économie politique », *op. cit.*, p. 119.
3 Stendhal, fragment suivant, *ibid.*

daté du 4 septembre 1810 à une reformulation polémique de sa thèse, que nous avons déjà évoquée et dont les lecteurs de Stendhal économiste n'ont jamais manqué de citer l'amorce triomphale[4] :

> Tous les écrivains d'économie politique ne tendent qu'à faire produire, économiser les produits et jamais consommer. Ils ne font pas entrer en considération le bonheur. Ils oublient que le meilleur encouragement à la production est la réjouissance résultant de la consommation. Say tombe dans ce vice, II, 176. Battre ferme ces messieurs.
>
> J'ai trouvé ainsi une manière neuve et d'ailleurs parfaitement raisonnable de considérer mon sujet[5].

Au fur et à mesure des notes de Beyle, cette apologie de la consommation contre la production prend de plus en plus de corps, et tout indique que le projet de traité d'économie politique du jeune Stendhal est moins né de la lecture de Malthus qu'il aime, de Smith qu'il trouve froid, que de Say qu'il réprouve. Stendhal économiste naît avant toute chose de la volonté de réfuter la loi des débouchés et l'esprit qui l'inspire.

UNE LECTURE DE PARTI PRIS

Lorsque nous confrontons les 21 fragments environ qui mentionnent Jean-Baptiste Say[6] à la séquence des 28 marginalia encore lisibles portées par Beyle et Crozet dans les deux tomes de l'édition de 1803 du *Traité d'économie politique*[7], nous constatons d'emblée que l'ordre de (re)

---

4   Voir notamment Christian Boussuges, « Stendhal, un écrivain passionné d'économie », dans François Vatin et Nicole Édelman (dir.), *Économie et littérature, France et Grande-Bretagne 1815-1848*, éd. Le Manuscrit, 2007, p. 27-50 ; Alfred H Bornemann, *Stendhal as economist*, New York, Peter Lang, 1994 ; Michel Crouzet, *Stendhal et le désenchantement du monde. Stendhal et l'Amérique II*, Classiques Garnier, 2011 ; Fernand Rude, *Stendhal et la pensée sociale de son temps* [1967], nouvelle éd. augmentée, Paris, Gérard Monfort « Imago mundi », 1983.
5   Stendhal, « Traité d'économie politique », *op. cit.*, p. 123.
6   *Ibid.*, de la p. 120 à fin, mais en retranchant six fragments qui portent sur le *Tableau de la Grande Bretagne* de Baert.
7   Sur la révision des marginalia de Beyle et Crozet originellement transcrites par Louis Royer et sur la disparition de certaines annotations lors de la reliure des ouvrages, voir Victor Del Litto, *Une somme stendhalienne*, vol. 2, Honoré Champion, 2002, p. 1008-1013.

lecture du *Traité* par Beyle est inversé : il écrit des fragments inspirés par le tome II à partir du 3 septembre, puis des fragments inspirés par le tome I à partir du 11 septembre, avant de revenir sur le tome II dans des fragments datés d'octobre à Paris. Cela suggère que les deux amis se sont peut-être réparti puis échangé les deux tomes du *Traité* pour pousser parallèlement leurs lectures puis les croiser. Que Beyle ait commencé par le tome II et Crozet par le tome I n'est toutefois pas entièrement certain, car lorsque Henri se prescrit dans un fragment daté du 13 septembre de faire un « abrégé du prolixe ouvrage de Say pour [s]on usage », une note qui serait de la main de Crozet indique : « Je commence seulement tome I, page 290, ce qui intervertit la marche naturelle[8] ». Dans quelle mesure y a-t-il interversion ? Parce que Crozet commence par la fin du tome I, ou bien parce qu'il aurait lui aussi commencé par le tome II ? Peu importe, l'essentiel est de retenir qu'au cours de cette session de travail de l'été 1810 dans l'Aube, Stendhal quant à lui a lu ou relu Jean-Baptiste Say en partant du tome qui se trouve consacré aux revenus et à la consommation, tandis qu'il finissait par le tome en particulier consacré à la production[9]. Or il a précisément commencé par les passages que l'histoire de la pensée économique cite parmi les formulations les plus nettes de la loi des débouchés. Les pages 176-178 du tome II, auxquelles Stendhal se réfère parfois textuellement dans son fragment du 4 septembre 1810, sont celles dans lesquelles Say reconsidère la notion de consommation à l'aune de sa théorie des débouchés en expliquant que « la consommation n'est pas une cause : elle est un effet » ou bien que « le meilleur moyen d'ouvrir des débouchés aux produits est de les multiplier et non de les détruire », ce qui invalide les « systèmes où l'on encourage les consommations pour favoriser la production[10] ». En outre, lorsque Beyle évoque dans deux fragments datés du 11 septembre 1810 le tome Ier du *Traité d'économie politique*, il se réfère au chapitre « Des

---

8 Stendhal, « Traité d'économie politique », *op. cit.*, p. 136. On s'explique mal la présence d'une note au crayon attribuable à Crozet dans les fragments de Beyle.
9 Le tome I de l'édition Deterville/Crapelet comprend tout le Livre premier « De la production » ainsi que les douze premiers chapitres du Livre second « Des monnaies » ; le tome II comprend les cinq derniers chapitres de ce livre (qui portent sur les banques et les effets de paiement en papier), le Livre troisième « De la valeur des choses », le Livre quatrième « Des Revenus » ainsi que le Livre cinquième « De la consommation ». Dans nos notes, nous précisons « vol. 1 » ou « vol. 2 » avant le numéro de page.
10 Jean-Baptiste Say, *Traité d'économie politique*, *op. cit.*, livre IV, chap. v, vol. 2, respectivement p. 175 et 176.

débouchés[11] » et, plus largement, au chapitre du livre sur la production où Say convoque justement la notion de consommation : il s'agit du passage où Say donne l'exemple d'un voyageur qui mangerait dans son pays ou bien à l'étranger (où sa dépense est-elle la plus utile ?), afin d'introduire un nouvel énoncé de la loi des débouchés – que Stendhal estime absurde – selon lequel « ce n'est pas la circonstance de vendre ce qu'on a produit, mais de le produire, qui augmente la masse des richesses[12] ». Il y a deux ou trois autres renvois paginés au *Traité* de Say dans les fragments de Beyle et il ne fait pas de doute que la lecture du jeune homme a essaimé. Mais il faut retenir que la lecture qu'il a faite du *Traité* est une lecture assez sûre, intelligemment sélective, peut-être orientée par des articles de revue.

Orientée, la lecture stendhalienne l'est aussi par son animosité. L'interversion de l'ordre de (re)lecture que prouve la datation les fragments pourrait expliquer la différence de volume des marginalia sur l'un et l'autre tomes du *Traité d'économie politique* possédé par Beyle et Crozet. Les annotations portées sur le tome II sont peu nombreuses : quatre, dont deux semble-t-il de la main de Beyle, comme s'il avait directement consigné ses idées dans les fragments écrits entre le 3 et le 11 septembre 1810. Les annotations sur le tome I seront expéditives et déjà définitives, par exemple ce « F » dans lequel on s'accorde à reconnaître l'appréciation « Foutaises », accolée en marge de l'exemple du voyageur-consommateur[13]. Quant aux fragments d'économie politique, ils prouvent la sévérité croissante de l'apprenti économiste à l'égard du fondateur de l'école française. La réfutation de l'auteur du *Traité* apparaît d'abord de manière implicite. Dans l'« Épître à M. Félix Faure » datée du 2 septembre, après la phrase liminaire qui dit que « Le livre de Say a eu un grand succès en France », Beyle propose un scénario d'épargne et d'investissement pour les années 1808 à 1810 qui est un scénario de sous-consommation et de surproduction constituant implicitement une antithèse au *Traité*. Dans le long et décisif fragment du 4 septembre, l'opposition à Say devient explicite. Par la suite, elle sera systématique et prétendra identifier les travers coutumiers de la pensée de Say : « Le peu

---

11 *Ibid.*, livre Ier, chap. XXII, vol. 1, p. 152 *sq*.
12 *Ibid.*, livre Ier, chap. XXVI « Des voyages et de l'expatriation par rapport à la richesse nationale », vol. 1, p. 183. Voir en regard Stendhal, « Traité d'économie politique », *op. cit.*, p. 132-133.
13 Voir Michel Crouzet, *Stendhal et le désenchantement du monde*, *op. cit.*, p. 323.

que nous comprenons de Say et de Smith nous semble absurde », écrit Beyle le 6 à propos de l'intérêt et de la valeur. « Say, I., 182, se trompe, toujours par son horreur pour les consommations » ajoute-t-il dans le fragment du 11 septembre à propos du voyageur-consommateur et des fêtes de Louis XIV[14]. Say « évite de dire toute la vérité » ou « oublie » certains éléments, écrit-il au même moment[15]. Et le jeune homme de se lancer à la fin des fragments dans tel calcul de la croissance ou telle équation d'intérêts de placement, au nom du fait que « Say ne fait jamais ce calcul[16] ». Beyle nous semble parfois un lecteur et un contradicteur impatient : en marge de l'exemple que donne incidemment Say sur l'entretien d'un capital immobilier – c'est l'exemple de la jouissance de la maison que nous retrouverons dans le *Catéchisme* (comment on en use, comment elle s'use)[17] –, le jeune homme conteste le calcul des intérêts fait par l'économiste... lequel convient précisément au verso de la page qu'il a « pris des nombres ronds pour rendre [s]on raisonnement plus sensible » et n'a pas tenu compte des intérêts composés[18]. On comprend mieux le simple « F » par lequel le jeune homme finit par dire son désaccord : la défiance de Beyle confine parfois au réflexe, il est pris d'une véritable impatience réfutante, mais du moins ce lecteur oppose-t-il à l'ouvrage une intéressante fermeté d'idée.

Michel Crouzet a livré une analyse magistrale des fragments de Stendhal consacrés à Jean-Baptiste Say, en démontrant combien l'énoncé quasiment tautologique de la loi des débouchés dans le *Traité* de 1803 a pu paraître insensé à un jeune homme pénétré de la pensée d'Helvétius, enclin à voir dans le désir le principe d'animation de la société des hommes, méfiant envers ce prosaïsme triomphant qu'est le productivisme de l'industriel[19]. Avec Say éclate en effet ce qui se joue déjà dans la dangereuse réversibilité de l'utilitarisme, à savoir l'ajournement

---

14 Stendhal, « Traité d'économie politique », *op. cit.*, p. 132.
15 *Ibid.*, p. 133.
16 *Ibid.*, p. 134.
17 Jean-Baptiste Say, *Catéchisme d'économie politique*, dans *Cours d'économie politique et autres essais*, *op. cit.*, p. 344.
18 Voir Victor Del Litto, *Une somme stendhalienne*, *op. cit.*, vol. 2, p. 1110. La notation marginale de Stendhal (« Non pas mille fr. à cause du produit des intérêts. ») est en regard d'un passage du *Traité* de Say, livre I, chap. XLIV, « Des capitaux productifs d'utilité ou d'agrément », vol. 1, p. 375.
19 Michel Crouzet, *Stendhal et le désenchantement du monde*, *op. cit.* Il faut d'ailleurs mettre en rapport le commentaire par Michel Crouzet des fragments et marginalia de Stendhal

de la satisfaction présente, la condamnation du désir, du plaisir, de la sensibilité, du bonheur dont l'économie politique aurait dû penser l'avènement ; avec Say s'accuse la contradiction interne d'une théorie des débouchés qui est aussi une pensée de la frugalité (comme celle de Smith) et de l'épargne (puisque c'est par l'épargne que se constitue le capital productif) ; avec Say, on continue de patienter dans le cancer des produits tout en ajournant le bonheur. S'il convient ici d'y revenir, ce serait pour souligner la perspicacité de la lecture stendhalienne de Say au regard de l'histoire de la pensée économique, mais aussi pour signaler l'impasse où risque de conduire l'idée d'un Stendhal fondamentalement opposé à la loi des débouchés.

LES THÉORIES STENDHALIENNE ET MALTHUSIENNE DE LA DEMANDE

Il conviendrait d'abord de se demander pourquoi le jeune Beyle, thuriféraire de la consommation contre le « faire produire » prôné par les économistes, claironne avoir « trouvé une manière neuve et d'ailleurs parfaitement raisonnable de traiter [s]on sujet[20] ». Il ne semble guère tenir compte de la dimension déjà polémique du propos de Say. Lorsque, dans le passage dont repartent les fragments de Beyle économiste, Say demande ce qu'il faut « penser des systèmes où l'on encourage les consommations pour favoriser la production », cela renvoie notamment aux physiocrates[21]. Lorsque dans d'innombrables pages du *Traité*, Say dénonce l'improductivité des fêtes du Roi Soleil, il s'oppose à Montesquieu ou Voltaire qui, comme le résume Alain Béraud, « voyaient dans les

---

consacrés au *Traité* de Say (p. 297-308 et p. 320-337) avec l'étude de la question de la consommation (p. 548-572).
20 Stendhal, « Traité d'économie politique », *op. cit.*, p. 123.
21 En particulier à Mercier de la Rivière (*L'ordre naturel et essentiel des sociétés politiques*, 1767), dont Alain Béraud comme Thomas Sowell citent ce mot : « la consommation est la mesure proportionnelle de la production ». Voir Jean-Baptiste Say, *Traité d'économie politique, op. cit.*, livre IV, chap. v, vol. 2, p. 176 ; Alain Béraud, « Ricardo, Malthus, Say et les controverses de la 'seconde génération' », art. cité, p. 479 ; Thomas Sowell, *La loi de Say, op. cit.*, p. 16-17.

dépenses des riches la source des subsistances des pauvres[22] ». Peu soucieux de cet avant-texte, même si nous savons qu'il lisait deux ans auparavant *L'Esprit des lois* sur la question du luxe[23], Stendhal a quelque raison de penser que sa démarche est novatrice. En outre, en attendant que Malthus fasse paraître ses *Principes d'économie politique* (1820), traduits en France l'année même, il est difficile de discerner la moindre tension entre le propos de Say sur la production et la thèse centrale de l'*Essai sur la population*, dont Beyle a pris connaissance dans les mois précédents. Malthus, en avançant que c'est l'approvisionnement qui détermine la population et non l'inverse, en expliquant dans l'*Essai* que la population d'un pays s'ajuste à la quantité d'emploi, « apparaît non comme anti-populationniste » comme on le résume souvent, mais bel et bien « comme productiviste[24] ». Ce n'est que dans les *Principes*, de dix ans postérieurs aux méditations économiques de Beyle et Crozet, qu'il examinera la question du développement en lien avec la consommation, en particulier dans le chapitre unique du livre II qui s'intitule « Des progrès de la richesse[25] ». Et ce sont les lettres de Say à Malthus qui manifesteront leur différend à l'égard de la loi des débouchés, toujours en termes de consommation et d'accumulation du capital[26]. Enfin, Stendhal lecteur des *Éléments d'idéologie* (1805) de Tracy, en particulier de la troisième partie sur l'économie politique, est fondé à voir en Tracy un théoricien de la production d'utilité : ce sont le *Commentaire sur* L'Esprit des lois paru à Liège en 1817 et le *Traité de la volonté* qui en découle qui contiendront des éléments de nature à infléchir cette idée (même si Tracy y place sa conception de la consommation dans la lignée de Say[27]). Aussi le jeune Beyle peut-il en 1810 se croire pionnier dans l'analyse et la théorie de la consommation.

---

22 Voir respectivement Jean-Baptiste Say, *ibid.*, livre Ier, chap. XXVI, vol. 1, p. 185 et Alain Béraud, *ibid.*

23 Voir le début de notre partie I.2.

24 Jean-François Faure-Soulet, préface à Thomas Robert Malthus, *Principes d'économie politique*, Calmann Lévy « perspectives économiques », 1969, p. VIII.

25 Thomas Robert Malthus, *Principes d'économie politique*, Calmann Lévy « perspectives économiques », 1969, p. 251 *sq*.

26 Voir en particulier la lettre première (« Que les produits ne s'achètent que par le moyen d'autres produits ») et la lettre deuxième (« Que les hommes ne sauraient produire par-delà leurs moyens de consommer »), dans Jean-Baptiste Say, *Cours d'économie politique et autres essais, op. cit.*, p. 223 *sq*.

27 Selon Fernand Rude, *Stendhal et la pensée sociale de son temps, op. cit.*, p. 80.

Où se situe donc l'antithèse stendhalienne, par rapport aux contestations de la loi de Say qui se sont déployées autour de 1820 chez Malthus ou Sismondi et, beaucoup plus tard, après la parution de la *Théorie générale* de Keynes ? Synthétisée et expliquée par l'historien Thomas Sowell, la question demeure immense, et il serait sage de s'en remettre au diagnostic d'Alain Béraud, selon lequel les termes du débat initié par Keynes autour de la loi des débouchés apportent peu à la compréhension du débat entre les économistes classiques[28], afin de nous concentrer sur les années immédiatement postérieures aux études d'économie politique de Beyle et Crozet. Non sans garder à l'esprit que la relance du débat au XXe siècle fait aussi l'intérêt de la lecture stendhalienne.

L'interrogation principale que suscite la théorie des débouchés auprès de Malthus, de Ricardo (qui accepte cette loi) ou de Sismondi (qui pense plutôt le contexte de l'acte productif) est celle des crises auxquelles peut mener la production selon Say. C'est justement dans le chapitre du *Traité* dont repartent les fragments de Beyle que Say réfute la position de ceux qui lui objectent que « *s'il y a des marchandises qui ne trouvent pas d'écoulement, il y a nécessairement plus de moyens de produire employés, qu'il n'y a de facultés pour consommer leurs produits* ». Il réplique que « le défaut d'écoulement vient non de la surabondance, mais d'un emploi défectueux des moyens de production » : il peut y avoir « engorgement » parce qu'il y a « trop de moyens de production appliqués à un genre de production et pas assez à un autre ». Il faut réallouer les moyens de production, et en vertu de la loi des débouchés, il suffira de produire autre chose pour que le premier produit s'écoule : si dans « un canton de l'intérieur des terres », on produit trop de blé, implanter une manufacture permettra d'attirer une partie des capitaux et de la main d'œuvre, et de rééquilibrer les productions[29]. Imaginons de même une aimable enclave de Franche-Comté : selon cette théorie, c'est peut-être parce qu'un homme produit des planches qu'un autre peut écouler ses clous, et vice-versa…

Ricardo, tout en acceptant la loi des débouchés, s'inquiète, comme plus tard Sismondi, de ce que les capitaux fixes, les machines spécialisées, les hommes, ne se reconvertissent pas d'un simple claquement des

---

28   Alain Béraud, « Ricardo, Malthus, Say et les controverses de la 'seconde génération' », art. cité, p. 477.

29   Jean-Baptiste Say, *Traité d'économie politique*, livre IV, chap. v, vol. 2, p. 178 pour l'ensemble de ces citations et idées.

doigts : la théorie de Say oublie quelque peu ces frictions, et l'ajustement, comme y insistera Sismondi, ne peut se faire qu'à long terme (n'est-ce pas une critique opposable à beaucoup d'économistes que cette ignorance des frottements ?). Sismondi ajoutera que l'offre de travail non satisfaite, c'est-à-dire les travailleurs auxquels on ne peut pas donner d'emploi en cette situation, n'ont pas d'argent à dépenser pour acheter ces produits, ne sont pas la source d'une *demande effective*, et prorogent donc la situation de surabondance des biens[30]. Malthus enfin s'inquiète de l'enchaînement suivant : s'il y a engorgement quelque part, le prix des biens offerts va baisser, ce qui va faire baisser le taux de profit du fabricant (car les salaires de ses employés sont rigides à la baisse) et conduire à une baisse de la croissance qui risque d'être globale[31]. Bref, la principale réserve ou objection des commentateurs de la loi des débouchés à la fin de la décennie 1810-1820, bien soulignée par les historiens de la pensée économique, est que le risque de surabondance partielle (d'un ou de quelques produits), admis par Jean-Baptiste Say, débouche en réalité sur un risque de surabondance générale et de crise, ce que nie l'auteur du *Traité d'économie politique*. Certes, des penseurs comme Ricardo, Malthus et Sismondi sont aussi acquis à l'idée que rien ne limite a priori la croissance et que les crises sont transitoires, précise toutefois Sowell[32]. Mais Say verse à leurs yeux dans l'impéritie dès lors qu'il ajoute à la théorie des débouchés, qui d'ailleurs n'est pas inédite, l'idée que les marchés s'accroissent au fur et à mesure que la production s'accroît, et l'idée que la meilleure manière de résoudre les problèmes d'une contrée où un produit est en surplus est d'y créer une autre sorte de produit[33].

Ce n'est pas le péril de la crise et de la « surabondance générale » qu'entrevoit explicitement Stendhal en lisant le chapitre de Say considéré. Nous ne discernons pas d'ailleurs dans les fragments, ni dans les marges de son exemplaire du *Traité*, de critique explicite de la richesse, de la croissance ou du productivisme qui pourrait nous faire songer à nos méditations contemporaines sur la décroissance, ce qui le met somme

---

30 Alain Béraud, « Ricardo, Malthus, Say et les controverses de la 'seconde génération' », art. cité, p. 483.
31 *Ibid.*, p. 482.
32 Thomas Sowell, *La loi de Say, op. cit.*, p. 3-4.
33 Sur la spécificité de la pensée de Say par rapport aux autres, comme celle de James Mill, voir Tomas Sowell, *La loi de Say, ibid.*, p. 13.

toute d'accord avec les fondements de l'économie classique. Pas de vitupération en 1810 contre la manie industrielle ou le cancer des produits ajoutés aux produits pour mieux vendre les produits... Le fragment inspiré du 4 septembre 1810 est cependant sévère contre Say, mais à quel titre ? Stendhal semble ironiser sur le passage du *Traité d'économie politique* que nous avons évoqué. Pour paraphraser l'invitation de Say à remédier aux engorgements partiels en réallouant les moyens de production, Beyle la résume par la formule expéditive : « produisez autre chose[34]. » Quelques paragraphes auparavant, il écrit que « Say, ne faisant attention qu'à l'accumulation de la richesse et non au bonheur, n'a pas tort dans ce qu'il dit, II, 176[35] » (il s'agit toujours du même chapitre). Et dans ces deux occurrences, le jeune homme esquisse des cas de surproduction (Henri qui ne peut écouler son vin de Claix à Grenoble, Thomas qui ne parvient à vendre ses bas de soie) : scénarii qui consistent à retourner, contre la loi des débouchés, la dépréciation maniaque de la consommation que Stendhal décèle chez Say. La loi des débouchés n'est pas critiquée comme productivisme débridé mais elle est mise devant une contradiction interne qui est le discrédit jeté sur l'acte de consommer. Or c'est ici que la lecture du jeune Beyle peut recouper celle des économistes de son temps, en particulier celle de Malthus.

Comme Smith, Say est un frugal. Passons sur tout ce que le *Traité* contient de dénonciation bourgeoise du faste aristocratique et, par suite, de la dépense impériale, même si c'est bien la basse continue de l'ouvrage et son moiré : dans un composé de pragmatisme modeste et de vigueur industrialiste, le *Traité* est bien la revanche des Monsieur Dimanche et le catéchisme de tous les Taboureau à venir. Mais c'est le fondement technique et micro-économique du progrès qu'il faut plutôt étudier ici : à la suite d'Adam Smith et tout comme James Mill ou Malthus, Jean-Baptiste Say distingue la consommation improductive, c'est-à-dire la consommation finale, de la consommation productive ou reproductive qu'est l'investissement (permis par l'épargne). Épargner permet l'accumulation du capital et cela *seul* est promoteur de progrès selon Say, tandis que Malthus s'inquiètera de la distribution adéquate du produit. Il s'agit bien, explique Alain Béraud, du problème central posé par la loi des débouchés : le progrès ne dépend-il *que* de l'accumulation

---

34 Stendhal, « Traité d'économie politique », *op. cit.*, p. 125.
35 *Ibid.*, p. 124.

du capital[36] ? Or c'est précisément ce dont il est question dans le passage du *Traité* qui a inspiré les fragments d'économie politique de Stendhal, lorsque Say souligne que « *l'étendue de la demande des moyens de production en général*, ne dépend pas, ainsi que trop de personnes l'ont imaginé, de *l'étendue de la consommation*[37] » ; lorsqu'il en déduit que « ce n'est pas fermer des débouchés que borner les consommations ; mais c'est en ouvrir de nouveaux que de favoriser la production[38] » ; lorsqu'il en conclut que les « bornes de la production » sont « dans les moyens de produire[39] ». Pour Say, épargner afin d'investir n'est que la promesse d'une production plus forte encore dans l'année ou les années à venir. Il accepte même la thésaurisation, ne doutant pas qu'on ne laisse dormir son argent que pour le réinjecter tôt ou tard dans l'économie. Or c'est cette accumulation de capital qui apparaît le 4 septembre 1810 au jeune Henri comme une contradiction interne à la loi des débouchés :

> Que ferai-je de mon vin de Claix, si les ouvriers de Grenoble prennent l'habitude de boire moitié moins ?
> (...)
> Nous pensons que Say a fait ce raisonnement : soit un manufacturier Thomas qui produise 1000 paires de bas. Il les vend et ne dépense que le gain qu'il fait sur 600. À la fin de la première année, il monte un métier de plus, produit, épargne et augmente toujours sa manufacture. Say et Tracy disent : Voilà un hom[me] qui s'enrichit en se refusant des consommations ; la nation est un composé d'hom[mes], donc toute la nation pour s'enrichir n'a qu'à se refuser des consommations.
> Ils oublient l'action réciproque des particuliers les uns sur les autres, c'est-à-dire que pour que Thomas puisse établir un nouveau métier à la fin de la première année, il faut qu'il ait pu vendre ses bas, c'est-à-dire que ses concitoyens se soient permis des consommations de bas.
> Pour ne pas gâter la belle théorie fondée sur cet oubli, ils n'ont pas parlé du bonheur[40].

L'objection est profonde et toute la page est savoureuse :

> Les bas de Thomas peuvent lui rester pour deux raisons :

---

36 Alain Béraud, « Ricardo, Malthus, Say et les controverses de la 'seconde génération' », art. cité, p. 478 et 482.
37 Jean-Baptiste Say, *Traité d'économie politique*, livre IV, chap. v, vol. 2, p. 175.
38 *Ibid.*, p. 177.
39 *Ibid.*
40 Stendhal, « Traité d'économie politique », *op. cit.*, p. 124-125.

1° parce que ses compatriotes aiment les bas de fil,
2° parce que, d'après les principes de Say, désirant accumuler, ils vont les jambes nues.

Dans le premier cas, Thomas (comme le conseille Say) a la ressource de faire des bas de fil, mais dans le second quel produit offrir à des gens devenus avares ? Le principe de Say chasse donc le bonheur sans produire la richesse[41].

L'objection est profonde... et ce sera en partie celle de Malthus dix ans plus tard, dans les *Principes d'économie politique*. Pour Say, une crise ne peut avoir pour origine un excès d'épargne ou de thésaurisation, mais uniquement un défaut de production[42]. Pour Malthus, il faut se garder de toute épargne excessive et de toute accumulation trop rapide du capital[43] : « aucune nation, avertit-il, ne peut *jamais* devenir riche par l'accumulation d'un capital provenant d'une diminution permanente de consommation, parce qu'une telle accumulation, dépassant de beaucoup ce qui est nécessaire pour satisfaire à la demande effective des produits, perdrait bientôt son utilité et sa valeur, et, par suite, le caractère de richesse[44] ». L'investissement de l'exercice N doit rester proportionné à l'augmentation de revenu qu'a permis l'investissement de l'exercice N-1 (Malthus est plus précis que Stendhal dans son analyse quantitative). S'il le dépasse, on entre dans un cycle de ralentissement (de l'accumulation du capital), tandis que, pour reprendre les termes de Malthus, « l'économie ou la transformation du revenu en capital peut s'effectuer sans qu'il y ait la moindre diminution de la consommation, si c'est le revenu qui s'accroît le premier[45] ». Pas plus que Say, Malthus ne se préoccupe des dangers d'une éventuelle thésaurisation, remarque Sowell[46] (alors que la thésaurisation comme l'épargne agacent le flamboyant Beyle, thuriféraire d'Helvétius), mais son souci principal est le maintien d'une « demande effective de produits », c'est-à-dire, « avant même tout accroissement de capital et de population », d'une « demande faite par ceux qui ont les moyens et la volonté d'en donner un prix

---

41 *Ibid.*, p. 125.
42 Alain Béraud, « Ricardo, Malthus, Say et les controverses de la 'seconde génération' », art. cité, p. 486.
43 *Ibid.*, p. 478.
44 Malthus, *Principes d'économie politique, op. cit.*, p. 265. Voir le commentaire d'Alain Béraud sur ce passage (« Ricardo, Malthus, Say et les controverses de la 'seconde génération' », art. cité, p. 490-491).
45 Malthus, *Principes d'économie politique, ibid.*, note de la p. 265.
46 Thomas Sowell, *La loi de Say, op. cit.*, p. 70-71.

suffisant[47] » : une demande qui encourage la production, qui permette de rémunérer suffisamment le travail, une demande dans laquelle les consommateurs soient prêts à mettre un prix qui garantisse le profit. Or une situation de surabondance, d'abord partielle, est une situation dans laquelle on ne met plus ce prix. Sowell explique bien comment Sismondi ou Malthus, face à Jean-Baptiste Say, réfléchissent en termes dérivés : le problème n'est pas l'augmentation pure et simple de la demande, mais celui de « l'accroissement de la volonté de faire un sacrifice pour obtenir un produit désiré[48] » ; le problème est celui de « l'intensité » de la demande, plus que de son étendue.

Ce problème de l'intensité du désir est celui dans lequel s'engouffre Stendhal, dans sa critique de Say, dix ans avant Malthus. Et il s'y engage avec d'autant plus d'ardeur que la frugalité smithienne de Say a quelque chose de sombrement comique et conduit à des formules bien glaçantes. Fort intéressante est la table des matières du *Traité* en 1803, qui dit notamment à l'article *Consommation* : « N'est point destruction de matières, mais destruction d'utilité (...) Est toujours un mal, quelquefois balancé par un avantage (...) Ne doit jamais se faire dans le seul but de consommer (...) Est sous l'influence de la plupart des passions » ; ou bien à l'article *Consommations publiques* : « Entraînent, comme toute autre consommation, une destruction de richesse ». On glisse de la définition objective à la tournure péjorative. Nous sélectionnons bien sûr avec partialité, mais nous le faisons comme l'auraient fait Beyle et Crozet. « *Goddam* ! Il faut avoir perdu la tête pour dire que toute consommation est un mal ! », fulmine Crozet[49] en marge de la page où Say explique que consommer est détruire les utilités que le producteur a produites, que « les consommations peuvent être considérées comme une perte balancée par un avantage » ou qu'« elles sont toutes un mal qui doit être balancé par un bien[50] ». Le chapitre « Des capitaux productifs d'utilité et d'agrément » a été lu attentivement par les deux compères, comme on peut s'en douter. Crozet annote la réflexion de

---

47 Malthus, *Principes d'économie politique, op. cit.*, p. 267 pour ces trois citations.
48 Thomas Sowell, *La loi de Say, op. cit.*, p. 65.
49 Voir Victor Del Litto, *Une somme stendhalienne, op. cit.*, vol 2, p. 1113. Il n'est pas sûr que l'annotation au crayon ne soit pas de la main de Stendhal, puisque Victor Del Litto ici ne précise pas.
50 Jean-Baptiste Say, *Traité d'économie politique, op. cit.*, livre V, chap. II « Des consommations bien ou mal entendues », vol. 2, p. 342.

l'économiste sur l'exemple donné d'une nation « où les besoins factices sont excités ». Say écrit : « Je ne sais pas si elle a plus de plaisir, mais à coup sûr, elle finit par avoir moins de richesse[51] ». Crozet juge que « c'est le raisonnement d'Harpagon ; une nation d'Harpagons seraient sans doute bien heureuses [sic][52] ». Contre Say, Malthus écrira en effet que « les habitudes de parcimonie poussées trop loin peuvent être suivies, tout d'abord, des effets les plus désastreux et causer ensuite un déclin sensible et permanent dans la richesse et la population[53] ». Combien Beyle et Crozet auraient été d'accord avec cela, si ce n'avait été écrit dix ans après leur été d'économie politique !... et si Malthus avait pensé à rajouter le mot *bonheur*.

Cependant, il demeure une différence entre la pensée économique du jeune Stendhal réagissant à Say et celle de Malthus réfutant le *Traité* de son confrère. Cela ne tient pas au fait que pour Malthus, l'augmentation du capital productif reste une priorité du développement[54]. En effet, Stendhal le pense aussi, comme le prouvent les *toy models*, robinsonnades et divers micro-récits de développement qui figurent dans ses fragments d'économie politique (s'il y a tension, ce serait parce que Stendhal fonde le développement sur l'emprunt tandis que Malthus semble continuer de le penser, comme Say, en termes de réinvestissement). La différence tient plutôt au fait que Stendhal à vingt-sept ans propose une version amplifiée ou extrémiste des principes d'économie politique que formulera Malthus dix ans plus tard ! Il s'agit donc d'une différence de degré. Oui, il est possible de classer Malthus parmi les économistes de la demande[55], parce qu'il se montre extrêmement soucieux du maintien d'une *demande effective* ; il s'inquiète de ce que la consommation et la demande des ouvriers constituent bien « un encouragement suffisant à l'accumulation et à l'emploi du capital » ; il s'inquiète tout autant du risque que les capitalistes et les propriétaires choisissent d'être économes « en se privant de leurs jouissances, de leur luxe ordinaire[56] ». Mais le

---

51 *Ibid.*, livre Ier, chap. XLIV, vol. 1, p. 378-379.
52 Victor Del Litto, *Une somme stendhalienne*, vol. 2, *op. cit.*, p. 1111.
53 Malthus, *Principes d'économie politique*, *op. cit.*, p. 265.
54 Alain Béraud, « Ricardo, Malthus, Say et les controverses de la 'seconde génération' », art. cité, p. 491.
55 Ainsi l'affirme Jacques Garello dans sa préface à l'ouvrage de Thomas Sowell, *La loi de Say*, *op. cit.*, p. XI.
56 Malthus, *Principes d'économie politique*, *op. cit.*, p. 256.

jeune Beyle doit alors passer pour le plus vigoureux des économistes de la relance par la demande, lui qui, toujours au début du fragment du 4 septembre 1810, transforme sa théorie inédite de la consommation en prescription de luxe à l'intention des ouvriers :

> Cette nouvelle vue est fondée sur le fait que l'homme qui consomme beaucoup est obligé de produire beaucoup pour pouvoir payer.
> L'ouvrier n'est pas susceptible de considérations morales assez élevées pour produire beaucoup par des motifs moraux, par prudence, etc. Il lui faut l'aiguillon d'un plaisir, *at hand*, pour le pousser à la peine de travailler. Il faut donc lui faire connaître le plaisir de consommer[57].

Il ne s'agit plus de se contenter de la définition *ex post* de la demande qu'utilise Say, la demande *in esse* dans laquelle il voit l'absorption équilibrée d'une offre. Il ne s'agit pas seulement d'envisager la demande *in posse*, le « vouloir consommer » dont parle Malthus, « la disposition de la part des demandeurs à faire un plus grand sacrifice pour satisfaire leurs besoins[58] », cette propension à consommer qui existe déjà dans le monde. Plus avant, il s'agit pour l'apprenti économiste de stimuler cette demande, et c'est ici que la proposition de Stendhal se démarque de Malthus : d'une part parce qu'elle fonde sur l'attrait d'un plaisir *à portée de main* la demande effective que Malthus qualifiera plutôt comme l'expression d'un besoin et qu'il quantifiera d'après les plaisirs qu'on lui sacrifie[59] ; d'autre part parce que le propos du jeune Beyle prend une coloration plus normative que le futur texte des *Principes*, où Malthus rappellera avec Smith que les agents demeurent les meilleurs juges de leur intérêt. Il reste que Stendhal semble bel et bien devancer Malthus, pour qui augmenter la production dépend aussi bien de « facultés distributives » que de « facultés productives[60] ». Car Stendhal pense de même que pour investir et produire, il faut encore

---

57 Stendhal, « Traité d'économie politique », *op. cit.*, p. 123.
58 Malthus, *Principes d'économie politique*, livre Ier, chap. II ; commenté dans la préface de Jean-François Faure-Soulet, *op. cit.*, p. X.
59 Nous ne commentons pas ici la manière dont Stendhal à la fois prolonge et déjoue la thèse de l'*Essai sur le principe de population*, puisqu'il substitue à l'aiguillon du désir érotique l'aiguillon d'un désir de consommer qui doit permettre la richesse, donc autoriser l'amour et la procréation. Voir sur ce point notre quatrième partie.
60 Malthus, *Principes d'économie politique*, livre II, chap. unique, section VII « De la distribution qui résulte de la division de la propriété foncière, considérée comme moyen d'augmenter la valeur échangeable de la totalité des produits », commenté dans la préface de Jean-François Faure-Soulet, *op. cit.*, p. XV.

être assuré des débouchés, se déprendre d'une conception harmonieuse de l'équilibre et tenir compte des risques de déséquilibre, enfin se concentrer sur les moyens de contribuer au développement en agissant sur les désirs. Le jeune Beyle, refusant de regarder du côté de l'offre comme Say, décide de regarder du côté de la demande comme Malthus : il serait l'ancêtre méconnu de la lignée d'économistes qui aboutira à Keynes dans le débat biséculaire sur la loi des débouchés. Si Beyle est un économiste, il est un économiste du vouloir.

De ce point de vue, Stendhal serait plus proche des réflexions que formulera Sismondi en 1819 dans des termes frappants pour montrer le caractère extrêmement incertain du contexte de l'acte productif : l'entrepreneur, le producteur de Say, est un homme qui « dépend d'un public métaphysique, d'une puissance invisible, inconnue, dont il doit satisfaire les besoins, prévenir les goûts, consulter les volontés ou les forces ; qu'il doit deviner sans qu'elle parle, et qu'il ne peut s'exposer à mal entendre, sans risquer sa subsistance et sa vie sur chaque mauvais calcul[61] ». Cette opacité du marché, cette incertitude de la demande de l'autre, c'est une véritable métaphore de l'existence. Mais le jeune Stendhal, dans ses études d'économie, choisit d'abord d'y remédier de manière normative. Puisque les goûts des consommateurs sont indistincts, il faut les orienter. Il nous faut ici aller jusqu'au bout de la position du jeune homme de 1810, jusqu'au moment où elle devient intenable, où elle contredit sa haine du prosaïsme, ainsi lorsque tout à son rôle d'économiste il médite, toujours dans le fragment du 4 septembre 1810 et à la suite du passage précédemment cité, sur les ressorts et sur la réforme de la demande ouvrière :

> Je ne remarque que deux aiguillons pour faire travailler l'ouvrier français :
> Le premier, l'existence d'enfants, qui fait que ça se prive d'aller au cabaret ;
> Le deuxième, le plaisir ; mais leur intelligence ne leur permettant pas des plaisirs fins, leur plaisir consiste à changer leur manière d'être, soit par l'ivresse, soit par la paresse.
> Quand Louis [Crozet] voyait ses charpentiers se promener trois jours dans l'oisiveté pour faire la fête de Sainte-Anne, leur patronne, ne valait-il pas mieux que ces charpentiers le premier jour consommassent des huîtres ou tout autre produit cher, et travaillassent les deux seconds jours pour payer ces huîtres ?

---

61 Jean-Charles Simonde de Sismondi, *Nouveaux principes d'économie politique, ou la richesse dans ses rapports avec la population*, Livre IV, chap. II, « De la connaissance du marché », Delaunay, Paris, 1819, p. 301, cité in Alain Béraud, « Ricardo, Malthus, Say et les controverses de la 'seconde génération' », art. cité, p. 482-483.

Je crois que telle eût été la conduite d'ouvriers anglais. Il m'est arrivé d'offrir des gratifications énormes (1/3 en plus) à de simples maneuvriers qui n'avaient pas le sou, pour les faire travailler le dimanche ou au moins la matinée du dimanche. Ils n'avaient aucun motif religieux, et ils refusaient. Il est évident qu'il eût été avantageux que ces gens-là eussent l'habitude de la consommation[62].

Il y a du petit maître dans la manière dont le jeune Beyle théorise le développement national par la consommation populaire, et une telle formulation suscite trois remarques.

D'abord, comme nous l'avons dit, le propos stendhalien est d'ordre normatif, le jeune bourgeois de 1810 prétendant donner à l'ouvrier, pour son bien, une éducation au luxe. Pas de politique industrielle chez l'apprenti économiste, mais on veut agir sur les esprits. Cela suppose que la classe raffinée soit exemplaire, et Stendhal pense déjà ici en termes de consommation d'imitation, laquelle constituera un objet d'étude pour des économistes du milieu du XXe siècle intéressés par la propension à consommer des classes pauvres au contact des classes aisées[63]. Pour Beyle, cela implique une éducation du « ça » ouvrier aux plaisirs raffinés, à la jouissance matérielle bien entendue, éducation que se chargeront d'assumer, dans un monde à venir, la publicité, le marketing et le crédit à la consommation. Car l'outrance du jeune Stendhal le place bel et bien de ce côté. Tout au développement intellectuel de son système, allant plus loin que Montesquieu ou Voltaire dans leur légitimation de la fête royale, il annonce ici les gourous d'une future société d'abondance où se concevrait le paradoxe du luxe pour tous, illusion commercialement fructueuse. D'ailleurs, ce modèle de développement tiré par la consommation réconcilie la dépense aristocratique avec l'égalité démocratique, comme Beyle le suggère le 8 septembre dans un fragment qui semble se référer à l'*Essai sur le principe de population* de Malthus :

> Le seul moyen que je vois est d'inspirer à tout Français le goût des consommations ou du bien-être au point qu'il ne se marie pas tant qu'il ne pourra construire qu'une chaumière.
> La Révolution a produit en partie cet effet[64].

---

62 Stendhal, « Traité d'économie politique », *op. cit.*, p. 124.
63 Voir les travaux de James S. Duesenberry en 1949, qui souligne alors que les pauvres éprouvent cruellement la tension entre envie de consommer et manque d'élasticité de l'emploi ou de l'accroissement de l'activité.
64 Stendhal, « Traité d'économie politique », *op. cit.*, p. 130.

Deuxième remarque : face à son portrait de l'ouvrier français, le jeune Beyle brandit en 1810 une image de l'ouvrier anglais flexible, festif et productiviste, amené au travail par son sens de la fête, qui nous semble bien moins empruntée à la réalité industrielle du temps qu'à des sources livresques. C'est Adam Smith qui remarquait la propension de l'ouvrier anglais à travailler jusqu'à l'exténuation, dans un contexte de hausse du niveau de vie : « Si les maîtres écoutaient toujours ce que leur dictent à la fois la raison et l'humanité, affirmait le texte de *Richesse des nations*, ils auraient lieu bien souvent de modérer plutôt que d'exciter l'application au travail dans une grande partie de leurs ouvriers[65] ». Les deux compères connaissent ce passage de *La Richesse des nations* selon lequel l'ouvrier se démène pour gagner plus. Crozet l'a annoté. Pour les deux apprentis économistes apôtres du développement par la consommation, ce contre-exemple de l'ouvrier anglais est précieux. Beyle en mesurera les limites lors de la révolte des ouvriers de Manchester de 1818[66] ; lors de son voyage à Londres de l'automne 1821, il prévoit déjà que « le ridicule des dix-huit heures de travail de l'ouvrier anglais » deviendra « lieu commun en 1840[67] ». Quant à Crozet, il note tout de même au bas de la page de Smith : « Bon pour celui qui a l'ouvrier toute l'année, mais moi qui ne l'ai que 8 jours que deviendrai-je si je tombe sur ses mauvais jours[68] ? »

L'ÉCONOMIE POLITIQUE ET LE *LAZZARONE*

D'où une troisième remarque, plus importante, que suscitent ces feuillets de Stendhal sur le développement par la consommation : ils posent la question de la « paresse » et de l'« oisiveté », pour reprendre ses propres termes. C'est à la fin du fragment daté du 2 septembre 1810 que Stendhal écrit (et signe glorieusement) :

---

65 Adam Smith, *La Richesse des nations*, livre Ier, chap. VIII « Des salaires du travail », vol. 1, *op. cit.*, p. 154.
66 Voir notamment *Racine et Shakespeare*, éd. Martineau, Le Divan, 1928, p. 268.
67 Stendhal, *Souvenirs d'égotisme*, chap. VI, dans *Œuvres intimes* t. II, Gallimard, « Bibliothèque de la Pléiade », 1982, p. 482.
68 Voir Victor Del Litto, *Une Somme stendhalienne*, *op. cit.*, vol. 2, p 1169.

> Il faut donner au peuple le goût des jouissances chères, pour se les procurer il créera des produits considérables ; est-il frugal comme le lazzarone, quel motif aura-t-il pour se donner la peine nommée travail ?
> L[ouis] Crozet, H[enri] Beyle et Cie[69].

Michel Crouzet a consacré de belles pages à l'obsession stendhalienne du *lazzarone*, figure qui fixera la grande opposition entre d'une part un Nord industrialiste mais gris, acquis aux sains mais secs principes de l'économie politique ; d'autre part un Sud oisif où pullulent des conduites aussi irrationnelles que celle du cocher béarnais mais où l'on vit pour le bonheur[70]. Cependant, cette figure du *lazzarone* appartient aussi et surtout à la littérature économique du premier XIXe siècle. Elle apparaît justement dans une objection majeure que fera Malthus, dans ses *Principes d'économie politique*, aux tenants de la loi des débouchés qui oublient un peu vite la notion de demande effective. Si bien qu'elle constitue, aux côtés de la réflexion sur la proportion de revenu épargnée et réinvestie, la deuxième convergence frappante entre la contestation malthusienne de la loi des débouchés de Say en 1820 et la critique qu'en dresse le jeune Stendhal en 1810 : oui, Malthus, comme Stendhal, sera contraint d'affronter la question de « l'indolence[71] ».

Imaginons un processus de développement dans lequel fermiers et manufacturiers échangeraient et verraient leur productivité se développer dans une proportion telle qu'ils pourraient commencer les uns et les autres à fabriquer des produits de confort, de luxe, et à se les acheter mutuellement. Tel est le modèle, fidèle à la loi des débouchés, que Malthus conteste dans ses *Principes d'économie politique*. Dans un tel scénario, « on suppose que les jouissances du luxe sont toujours préférées à l'indolence, et que chacune des deux classes de contractants consomme ses profits comme ses revenus », explique Malthus, or cela lui paraît faux. Et si ces fermiers et ces manufacturiers préféraient épargner ? Et s'ils préféraient surtout l'indolence aux produits de luxe ? Malthus signale qu'il ne faut pas oublier « l'influence d'un principe aussi général et aussi important dans l'organisation humaine que celui de l'indolence et de l'amour du repos[72] », formulation qui touche aux fondements de l'utilitarisme et

---

69 Stendhal, « Traité d'économie politique », *op. cit.*, p. 120.
70 Michel Crouzet, *Stendhal et le désenchantement du monde*, op. cit., p. 269-274.
71 *Ibid.*, p. 260 et *sq*.
72 Malthus, *Principes d'économie politique*, op. cit., p. 260.

nous apparaît fort cohérente avec la formation intellectuelle de Stendhal. L'indolence aboutirait au même résultat que la parcimonie, laquelle peut amener le fermier à cesser de demander au manufacturier « des rubans, de la dentelle et du velours », tandis que le manufacturier cesse de demander au fermier « le tabac, le sucre et le raisin », et que toute l'économie se rétracte[73]. Dans ses *Principes*, Malthus commence par l'analyse de la parcimonie et il renvoie l'analyse de l'indolence à la vaste section IV de son ouvrage[74], non sans avoir formulé cet avertissement, qui signale l'obstacle que discernait le jeune Stendhal dans son consumérisme échevelé :

> Il suffit de jeter un simple coup d'œil sur quelques-unes des nations connues pour se convaincre que c'est une très grave erreur de croire que les hommes produisent et consomment tout ce qui est en leur pouvoir de produire et de consommer, et qu'ils ne préfèrent jamais l'indolence aux fruits de l'industrie[75].

Malthus ne réfute pas directement Say dans la partie de son ouvrage consacrée à l'indolence, mais il contredit les *Principes de l'économie politique* de Ricardo, dans lesquels ce dernier endosse la loi des débouchés. « Si, après avoir obtenu les choses nécessaires à la vie, l'ouvrier regarde l'oisiveté comme une plus grande jouissance que toutes celles qu'il pourrait se procurer par un surcroît de travail », objecte Malthus, alors la proposition selon laquelle la satiété de produits de première nécessité aboutit nécessairement à la production d'objets de luxe devient fausse. Or « cette préférence donnée à l'oisiveté est très générale dans l'enfance des sociétés, et [elle] n'est pas du tout rare dans les pays les plus avancés en civilisation », remarque Malthus[76]. Les *Principes* de Malthus approfondissent donc l'antithèse qu'entrevoyait le jeune Stendhal, et à laquelle il était amené par la considération même de la notion de demande. Sauf que Malthus est bien plus libéral que le jeune Henri, bien moins directif que lui, qu'il se borne à constater, et qu'au lieu de disserter sur la propension de l'ouvrier anglais à travailler plus pour gagner plus, il fait cette analyse cruelle :

---

73 *Ibid.*, p. 263.
74 *Ibid.* Il s'agit de la section IV du chapitre unique « Des progrès de la richesse », section intitulée « De la fertilité du sol, considérée comme stimulant à l'accroissement continu de la richesse ».
75 *Ibid.*, p. 261.
76 *Ibid.*, p. 271 pour ces deux citations.

> Il y aurait, en effet, fort peu d'objets utiles et d'agrément dans la société, et ils seraient en bien petite quantité, si les individus qui sont les principaux agents de leur production n'avaient pour y travailler d'autre motif que celui d'en jouir. C'est le besoin des *choses nécessaires* qui excite principalement les classes ouvrières à produire des objets de luxe ; et si ce besoin qui les stimule cessait de se faire sentir, ou devenait beaucoup plus faible, de manière qu'on pût obtenir les choses nécessaires à la vie avec très peu de travail, il y aurait lieu de croire que, au lieu de consacrer plus de temps à la production des choses utiles, on restreindrait le travail qu'elles provoquent[77].

Stendhal a-t-il lu les *Principes d'économie politique* de Malthus en 1820 ? En a-t-il eu connaissance à travers l'*Edinburgh Review* ? Est-ce à cette controverse précise entre Malthus et Ricardo ou Say qu'il fait allusion lorsqu'il déclare dans *D'un nouveau complot contre les industriels* : « Moi aussi, j'ai lu Mill, Mc Culloch, Malthus et Ricardo, qui viennent de reculer les bornes de l'économie politique[78] » ? Quoi qu'il en soit, il est certain que le propos de Malthus en 1820 peut apparaître comme une leçon donnée rétrospectivement au jeune Henri. C'est à la fois une démarche analogue à la sienne (elle part de l'analyse de la demande) et une contestation lucide du mélange d'éthos aristocratique de la dépense et de promotion du crédit à la consommation qui caractérise les fragments stendhaliens de 1810 : ce n'est pas pour rembourser leur champagne et leurs huîtres que les ouvriers travaillent, c'est pour payer leur pain et leurs vêtements.

Or c'est à cela que tiendrait le développement économique de l'Angleterre : malgré la faible fertilité du sol, la part relative des agriculteurs dans la population active est faible ; on y trouve donc une « plus forte quantité de personnes occupées à la production des objets utiles et de luxe, ou vivant de l'intérêt de leur argent, que dans tout autre pays du monde[79] ». Nous pourrions exprimer ce paradoxe par un raccourci : la production industrielle des Anglais s'est raffinée alors que leur agriculture était insuffisamment productive, comme s'il existait un effet stimulant des facteurs naturels défavorables. Ce serait une manière

---

77 *Ibid.*
78 Stendhal, *D'un nouveau complot contre les industriels*, Flammarion, « Nouvelle bibliothèque romantique », 1972, p. 14.
79 Malthus, *Principes d'économie politique, op. cit.*, livre II, chap. unique, section IV « De la fertilité du sol, considérée comme stimulant à l'accroissement continu de la richesse », p. 272.

d'introduire un autre paradoxe touchant à l'effet réversif que produisent des facteurs économiques favorables, effet que Malthus formule et que Stendhal pouvait contempler dans l'Italie de son cœur, effet dont l'étude commande une psychologie micro-économique qui est peut-être le pli commun de ces deux auteurs : « l'homme qui peut obtenir la subsistance nécessaire pour sa famille, moyennant le travail de deux jours par semaine » au lieu de quatre, risque de prendre « des habitudes d'oisiveté » qui vont « lui faire préférer le luxe de l'oisiveté à celui des objets qui embellissent la vie[80] ». Alors un pays béni des dieux pourrait paradoxalement demeurer sous développé. Et c'est ici que Malthus cite deux exemples qu'il emprunte à Humboldt, celui des colonies espagnoles en Amérique, où la grande productivité des bananeraies s'est soldée par l'apathie des indigènes, et celui des indolents de Mexico, qui conduit tout naturellement à évoquer la figure du *lazzarone* :

> Les rues de Mexico fourmillent de vingt à trente mille malheureux (*Saragates*, *Guachinangos*), dont la plupart passent la nuit à la belle étoile, et s'étendent le jour au soleil, le corps tout nu enveloppé dans une couverture de flanelle. Cette lie du peuple, Indiens et métis, présente beaucoup d'analogie avec les Lazzaronis de Naples. Paresseux, insouciants, sobres comme eux, les guachinangos n'ont cependant aucune férocité dans le caractère ; ils ne demandent jamais d'aumône ; s'ils travaillent un ou deux jours par semaine, ils gagnent ce qu'il leur faut pour acheter du pulque ou de ces canards qui couvrent les lagunes mexicaines, et que l'on rôtit dans leur propre graisse[81].

Malthus tout comme Stendhal, en méditant sur la demande effective, est amené à prendre en considération cette immense objection à l'éthique industrielle, au productivisme, partant à l'économie politique, que représente la préférence pour l'indolence, la reconnaissance en l'indolence du luxe suprême.

La doctrine Beyle de la consommation de luxe se retourne comme un gant en préférence luxueuse pour la sous-consommation. Ce n'est plus seulement la fable du « Savetier et du Financier », car il n'est plus question de la problématique du bonheur dans le travail et du refus de l'accumulation de capital. C'est encore un autre équilibre, tout aussi épicurien, parfaitement passible d'une analyse utilitariste, mais qui

---

80 *Ibid.*, p. 273.
81 Alexandre de Humboldt, *Essai politique sur le royaume de la Nouvelle Espagne*, t. I, livre II, chap. VII, cité dans Malthus, *ibid.*, p. 274.

représente une fondamentale contestation du développement économique : la préférence pour rien plutôt que quelque chose. « Le pauvre Italien tout déguenillé est bien plus près du bonheur » songe dès 1821 Stendhal, pour qui « le travail exorbitant et accablant de l'ouvrier anglais nous venge de Waterloo[82] ». Ce qui est encore pronostic à l'époque des *Principes* de Malthus et du séjour de Stendhal à Londres, s'imposera bientôt comme vérité à l'époque de *Racine et Shakespeare*, et lieu commun en 1831 selon la *Vie de Henry Brulard*. Un pays comme l'Angleterre est bien moins heureux que la France et « bien moins heureux que l'Italie, où l'on a le temps de rire et d'aller applaudir Rossini[83] ». Avec le problème toutefois que les *Guachinangos* (et le *lazzarone*?) ne chantent pas comme le savetier, qu'ils n'offrent pas ce signe de l'art et du bonheur, et qu'il y a une différence entre paresse et *otium*[84].

Autre lieu commun de l'économie politique, autre incarnation de l'incompréhensible indolence : le pauvre paysan irlandais, qui préférerait ses guenilles et la faim à la peine de devoir travailler. Il y a un long passage du livre II des *Principes d'économie politique* consacré à l'exemple limite de l'Irlande et de l'extrême pauvreté de ses habitants. Le paysan irlandais n'est apparu que très brièvement dans l'*Essai sur le principe de population*, où Malthus a préféré s'attarder sur le paysan écossais, mais il lui accorde plus de place dans les *Principes* de 1820[85], parce qu'il y a là une énigme posée à l'économiste, un cas problématique d'inexistence de la demande effective, une enclave culturelle qui nie le développement. Malthus envisage le problème dans des termes stendhaliens : il n'utilise pas le terme « aiguillon » mais s'interroge sur « l'action graduelle et lente de stimulants puissants et efficaces[86] » qui pourrait amener le paysan irlandais à sortir du dénuement où il se complaît. Quatre ou cinq pages durant, Malthus médite sur les limites d'un afflux de capital, qui serait prématuré tant que la demande est faible. Il faudrait plutôt « un changement dans les goûts et les habitudes des classes inférieures de la nation, dans le mode de rémunération pour le

---
82 Stendhal, *Souvenirs d'égotisme*, *op. cit.*, p. 482-483.
83 Stendhal, « Du romanticisme dans les Beaux-Arts », préface du 21 février 1819, dans *Racine et Shakespeare (1818-1825) et autres textes de théorie romantique*, éd. Michel Crouzet, Paris, Champion, 2006, p. 234.
84 Voir Michel Crouzet, *Stendhal et le désenchantement du monde, op. cit.*, p. 402-403 et p. 406.
85 Malthus, *Principes d'économie politique*, *op. cit.*, en particulier p. 281-285.
86 *Ibid.*, p. 276.

travail, dans l'organisation générale de la société[87] ». C'est bien cette sorte de réforme des mœurs puis des structures que le jeune Henri se proposait en 1810 en pensant aux ouvriers de Crozet, mais Malthus ou Stendhal la croient-ils possible en 1820 ? Quel plaisir, « *at hand* », pourrait faire sortir l'homme de l'atonie ? Comment l'économiste et le romancier peuvent-ils répondre à la question « pourquoi quelque chose plutôt que rien » ?

L'INTENSITÉ DE LA DEMANDE COMME PRINCIPE ROMANESQUE ?

De l'accord entre Beyle apprenti économiste et Malthus auteur des *Principes d'économie politique*, de la consonance entre leurs deux études de la demande effective et leurs deux réfutations de la loi des débouchés de Say, nous voyons bien ce que le démon de l'analogie nous pousserait à conclure. Ce Stendhal proto-keynésien, ce théoricien de la consommation et de la relance de la demande, n'est-il pas déjà le romancier du désir et de la volonté ? Lorsque Claude Liprandi cherche à définir l'énergie stendhalienne dans son étude sur l'affaire Lafargue dans *Le Rouge et le Noir*[88], il commence par réfuter le fameux article d'Émile Faguet sur Stendhal dans la *Revue des deux mondes* en 1892[89] : non, l'énergie de Julien ne se confond pas avec la violence, et le coup de pistolet contre Mme de Rênal n'est pas l'accès de fureur d'un arriviste démasqué. Car l'énergie stendhalienne ne se confond ni avec la violence, ni avec l'état de nature, ni avec l'éclat de passion : « elle est à la fois force et volonté de vouloir, et constance dans la volonté[90]. » Ce n'est pas une énergie de l'« impulsion[91] », mais une énergie du *vouloir*, mot dont Michel Crouzet a souligné le caractère intransitif chez Stendhal : « le verbe est *absolu*,

---

87 *Ibid.*, p. 285.
88 Claude Liprandi, *Au cœur du* Rouge. *L'affaire Lafargue et* Le Rouge et le Noir, Lausanne, éd. du Grand Chêne, 1961, 368 p. Voir Michel Crouzet, « Stendhal et l'énergie : du Moi à la Poétique », *Romantisme* n° 46, 1984, p. 61-78.
89 Émile Faguet, « Stendhal », *Revue des deux mondes*, 1er février 1892, p. 594-633.
90 Claude Liprandi, *Au cœur du* Rouge..., *op. cit.*, p. 178.
91 *Ibid.*, p. 186.

et pur » chez lui[92]. Stendhal a insisté, dans sa correspondance, dans sa *Vie de Napoléon*, dans le roman, sur cette définition de l'énergie comme « force de vouloir », « faculté de vouloir », « force de volonté[93] ». Il faut de la « constance » à côté de la « *mâle énergie*[94] », écrit Stendhal qui évoque la force des fourmis[95] : Julien, faible « en apparence », présente comme Napoléon toute la force des chétifs ; il a la « trempe » et le « ressort » dont parle Liprandi. Michel Crouzet dans sa préface au *Rouge* ne parle pas seulement de « *cœur* », de « courage absolu » ou de haine de la lâcheté ; il parle aussi de « puissance de vouloir[96] » et de « valeur d'intensité » de la « force[97] ». On se rapproche du raisonnement par dérivée du Malthus des *Principes d'économie politique* : Stendhal, romancier du vouloir, est romancier de la demande *in esse*, de *l'intensité* de la demande. Aussi l'étude stendhalienne de l'économie politique de 1810 est-elle en adéquation avec la pensée stendhalienne du vouloir qui se développe depuis la lecture du *Traité de la volonté* de Destutt de Tracy ou bien de la démonstration par Helvétius que le désir est le levier du monde et de toute création. Dès lors qu'on s'éloigne de l'argument selon lequel l'énergie héroïque est fondamentalement opposée à la démocratie moderne régie par la fausse douceur des intérêts[98], se profile une analogie possible entre l'interrogation de Stendhal sur la notion de volonté et le propos de Malthus sur la demande.

Or cette conception de l'énergie est socialement fixée ; elle désigne celle du plébéien. À la fin des *Promenades dans Rome*, dans le long passage sur l'affaire Lafargue, Stendhal songe que « les passions déploient une énergie effrayante dans la petite bourgeoisie, parmi ces jeunes gens qui, comme M. Lafargue, ont reçu une bonne éducation, mais que l'absence

---

92 Michel Crouzet, « Stendhal et l'énergie : du Moi à la Poétique », art. cité, p. 74.
93 Claude Liprandi renvoie notamment aux lettres de Stendhal à Sophie Duvaucel du 20 janvier 1831 ou à Mme Gauthier du 14 mars 1836. *Op. cit.*, p. 181-182.
94 Stendhal, *Souvenirs d'égotisme*, p. 451.
95 « J'aime la force, et de la force que j'aime, une fourmi peut en montrer autant qu'un éléphant. » C'est le passage de *Rome, Naples, Florence* qu'allègue en particulier Claude Liprandi pour réfuter la réduction par Émile Faguet de l'énergie stendhalienne à la violence physique. Stendhal, *Rome, Naples, Florence* (19 novembre 1816), dans *Voyages en Italie*, Gallimard, « Bibliothèque de la Pléiade », 1973, p. 338.
96 Michel Crouzet, préface à Stendhal, *Le Rouge et le Noir*, « Le Livre de poche classique », *op. cit.*, p. XXVII.
97 *Ibid.*, p. VI.
98 *Ibid.*, p. XXIV-XXV.

de fortune oblige au travail et met en lutte avec les vrais besoins[99] ». Le commentaire du cas Lafargue se trouve d'ailleurs singulièrement décentré vers la question d'argent : « L'homme dont les passions offrent ce caractère d'énergie et de délicatesse, n'avait pas trois francs à offrir à sa maîtresse », remarque d'emblée Stendhal, qui relève là une circonstance somme toute mineure du long compte rendu du procès aux assises de Tarbes[100]. L'économique et le social sont toujours le filtre significatif de l'enjeu passionnel ; l'évocation de l'affaire Lafargue est suivie dans les *Promenades* d'anecdotes sur de jeunes maris italiens bafoués qui n'hésitent pas à tuer les amants même s'ils sont riches. L'expression « vrai besoin » revient dans *Vie de Henry Brulard*, dans le chapitre où l'autobiographe caractérise l'espèce d'amis qu'il s'est donnée ainsi que le paysage social de sa jeunesse : « suivant moi, *l'énergie* ne se trouvait même à mes yeux (en 1811) que dans la classe qui est en lutte avec les vrais besoins[101] ». C'est « parmi les bourgeois seulement », dans cette partie de la classe laborieuse, que « se trouvaient les hommes énergiques », tandis que les « amis nobles » apparaissent rétrospectivement à Henry rapetissés par leur « respect effroyable pour les convenances », par le « *bon ton* » et par le « *comme il faut*[102] » (l'ennui du riche selon Helvétius s'aggrave ici de la douceur artificielle de la politesse).

Malthus, en s'opposant dans les *Principes d'économie politique* aux théories du développement par la production de luxe, réintroduisait lui aussi la question des *vrais besoins*. Peu importe que Stendhal ait eu connaissance ou non du discours des *Principes* parmi les réfutations de Say : il est toutefois patent qu'en passant de l'idée d'éduquer et d'endetter les ouvriers de Crozet dans la consommation d'huîtres et de champagne, à l'idée que l'intensité de la volonté ne se trouve plus que chez le plébéien cultivé exposé au « besoin des *choses nécessaires* » dont parlait Malthus, Stendhal a amendé ce que nous appelons sa théorie de la demande. Il l'a amendée dans le sens du réalisme et l'a reformulée du point de vue plébéien. Tandis que Malthus souligne que la satisfaction des besoins nécessaires peut aussi mener au point d'inflexion qu'est la préférence pour l'indolence, Stendhal, tout en prenant en considération

---
99 Stendhal, *Promenades dans Rome*, dans *Voyages en Italie, op. cit.*, p. 1079.
100 *Ibid.*, p. 1069-1079 et en particulier p. 1072.
101 Stendhal, *Vie de Henry Brulard*, chap. II, dans *Œuvres intimes*, vol. 2, *op. cit.*, p. 547.
102 *Ibid.*

le problème du *lazzarone*, fonde le romanesque du *Rouge* sur la demande *in esse* caractérisant le héros qui, comme Lafargue et Napoléon, réunit ces trois « circonstances » : « bonne éducation, imagination ardente et pauvreté extrême[103]. » Le plébéien énergique stendhalien a formé son « savoir vouloir » à force de répondre à ses « vrais besoins ». Ce « jeune homme pauvre » n'est « qu'ambitieux parce que la délicatesse de son cœur lui fait un besoin de quelques unes des jouissances que donne l'argent[104] ». Mais au contraire de l'indolent que craignent les économistes, il persévère dans son désir et l'étend. L'opposé, ce sont les séminaristes de Besançon dont le seul objectif est l'ordinaire, leur dîner, leur vêtement[105]. Or il ne suffit pas de manger, il faut encore ne pas manger avec les domestiques.

Le roman stendhalien partagerait donc bien avec les *Principes d'économie politique* de Malthus le souci de la demande : la capacité de donner, à ce qui s'offre, son prix. Mais on voit bien la difficulté : l'intensité, en soi, de la demande suffit-elle pour se connaître ? Suffit-elle pour se singulariser ? D'abord, elle expose paradoxalement à multiplier les modèles, les rôles à tenir ; si, dans l'expression de l'intensité de sa demande, de sa volonté, le héros est Napoléon ou Dom Juan, cela l'expose à un processus d'imitation héroïque qui demeure cousin du mimétisme civilisé dénoncé dans le passage des *Promenades dans Rome* sur Lafargue. « À Paris, la vie est fatiguée, il n'y a plus de naturel ni de laisser aller », méditait ici Stendhal : « À chaque instant il faut regarder le modèle à imiter, qui, tel que l'épée de Damoclès, apparaît menaçant sur votre tête[106]. » Il y a des modèles prosaïques et d'autres héroïques, mais c'est l'imitation même qu'il faudrait dépasser. Ensuite, l'intensité de la volonté, c'est le déploiement de l'imagination, certes non sans direction a priori, non sans pertinence prophétique (« Dès sa première enfance, il avait eu des moments d'exaltation », dit-on de Julien ; « Alors il songeait avec délices qu'un jour il serait présenté aux jolies femmes de Paris, il saurait attirer leur attention par quelque action d'éclat » etc.[107]), mais insuffisante aussi.

---

103 Stendhal, *Promenades dans Rome, op. cit.*, p. 1080.
104 Stendhal, *Le Rouge et le Noir, op. cit.*, partie I, chap. VII, p. 47.
105 *Ibid.*, partie I, chap. XXVI, p. 186.
106 Stendhal, *Promenades dans Rome, op. cit.*, p. 1079.
107 Stendhal, *Le Rouge et le Noir, op. cit.*, partie I, chap. V, p. 32. On retrouve semblable rêve au début de *Lucien Leuwen* lorsque Lucien s'imagine blessé, recueilli dans une chaumière souabe ou italienne. Stendhal, *Lucien Leuwen, op. cit.*, partie I, chap. II, p. 70.

L'imagination ne fait pas tout, il faut justement l'« action d'éclat ». Le vouloir ne fait pas tout, il faut aussi qu'il se fixe sur quelque objet « *at hand* ». Et même quand c'est le cas, la cristallisation risque d'enfermer le sujet dans l'idéal. Transposé dans le morne mais fidèle enclos de l'économique (nous persistons dans l'analogie), cela veut dire que la demande, ou l'intensité de la demande, ne suffit peut-être pas, et qu'il faut que son indétermination et son impersonnalité soient réduits par les faits.

Ce serait le lieu de reprendre la phrase de Sismondi qui ouvre son chapitre « De la connaissance du marché », sur l'idée que le producteur « dépend d'un public métaphysique, d'une puissance invisible, inconnue dont il doit satisfaire les besoins[108] ». Ce serait surtout le lieu de remarquer que ce souci de l'incertitude est parfaitement présent chez Say, comme le souligne Philippe Steiner : l'entrepreneur a affaire à des coûts certains alors que ses revenus sont incertains, et ce risque doit être pris en compte dans la répartition des revenus[109]. Ainsi, le producteur est exposé à « l'obscurité » de la demande. Mais il n'est pas bien sûr que la demande se connaisse mieux elle-même. En outre, la phrase de Sismondi et la réflexion de Say sur l'incertitude suggèrent que le producteur ne sort de l'obscurité qu'en s'exposant à vendre. Alors, lui comme le demandeur feront ensemble l'expérience de la vérité du prix du marché. Cette rencontre de l'offre et de la demande ressemble à la complémentarité de l'« imagination » et de l'« action d'éclat ». Une lecture économique de Stendhal qui l'érigerait en thuriféraire de l'intensité de la demande à la manière du Malthus des *Principes*, en poussant l'idée, certes juste, qu'il est un insolent critique de la loi des débouchés de Say, risquerait dès lors d'oublier l'un des termes du système : le rapport tout aussi profond de l'existentialisme stendhalien à la notion d'offre.

---

108 Sismondi, *Nouveaux principes d'économie politique...*, *op. cit.*, p. 301.
109 Philippe Steiner, introduction à Jean-Baptiste Say, *Cours d'économie politique et autres essais*, *op. cit.*, p. 32.

DÉPENSER N'EST PAS CONSOMMER

D'abord, toute théorie de la relance par la demande achoppe chez Stendhal sur la reconnaissance de la complexité de la consommation. Il est entendu que tout ce qui vient d'être dit de l'homologie entre considération malthusienne de la demande et *savoir vouloir* stendhalien ne peut mener à l'affirmation que Stendhal prônerait béatement la consommation de biens en vue du bonheur. Même quand il invente en 1810 une formule de développement par la consommation, il déjoue le prosaïsme ridicule où risquerait de le faire tomber son rôle d'économiste en considérant une consommation de luxe, en outre éphémère, alimentaire, festive (le champagne, les huîtres) : le raisonnement est ainsi à la limite du contre-exemple ; c'est un peu le *Traité de la vie élégante* érigé en politique économique. En outre, comme le montre bien Michel Crouzet[110], il n'est d'exemple de consommation, dans le roman ou dans les *Mémoires d'un touriste*[111], qui n'ait partie liée avec la vanité, qu'il s'agisse du mobilier du marchand de fers, des beaux verres pour lesquels Mme Valenod fait la guerre à ses domestiques[112] ou de la consommation hétéronome de Mme Grandet[113] : il n'est de consommation qu'ostentatoire, et le plaisir migre de l'usage vers l'affichage. Cependant, Stendhal économiste et romancier ne dédaigne pas de chiffrer cette satisfaction de vanité, comme nous l'avions vu à propos du coût comparé d'une course en voiture à Genève ou à Londres[114]. En outre, plutôt que de voir dans toute consommation le lieu d'une dilution de la singularité du sujet, d'une subordination du plaisir à l'assentiment des autres, bref d'une assomption de la vanité, il faudrait souligner que Stendhal examine cette « crise du plaisir[115] » de consommer de manière particulière ; il distingue la dépense de la consommation, comme le fait Jean-Baptiste Say dans les deux chapitres liminaires de la partie du *Traité d'économie politique* consacrée à la consommation, chapitres lus par lui et Crozet. Say y remarque nettement :

---
110 Michel Crouzet, *Stendhal et le désenchantement du monde, op. cit.*, p. 548-572.
111 *Ibid.*, p. 556.
112 *Ibid.*, p. 554, et voir Stendhal, *Le Rouge et le Noir, op. cit.*, partie I, chap. XXII, p. 145.
113 *Ibid.*, p. 557.
114 Voir notre première partie.
115 Michel Crouzet, *Stendhal et le désenchantement du monde, op. cit.*, p. 552.

> Ce n'est pas en achetant qu'on dissipe sa fortune : c'est en consommant ce qu'on a acheté. Acheter c'est faire un marché où l'on reçoit, en général, une valeur égale à celle qu'on donne ; ce n'est donc pas l'achat qui appauvrit : c'est la consommation.
> Il est vrai que les particuliers n'ayant pas les facilités nécessaires pour revendre un produit après l'avoir acheté, regardent sa valeur comme dissipée, du moment qu'il est payé. Les mots dépense et consommation sont pour eux synonymes, et il est aussi permis de les confondre quelquefois dans l'usage qu'on en fait ; mais il n'est personne qui ne s'aperçoive de la différence de leurs significations[116].

Je peux acheter un pain et le laisser rassir, je peux m'acheter des bottes que je ne porterai jamais. La consommation est la destruction de la valeur échangeable, explique auparavant Say ; on peut très bien acheter sans pour autant détruire cette valeur. Tel est le trait intéressant du personnage de Lucien Leuwen au début du roman éponyme : la question n'est alors pas simplement celle du « rôle » à tenir dans le monde (voir la conversation liminaire avec son cousin Develroy) ni la délibération idéologique (voir le petit tour de Lucien autour de son nouvel uniforme, ou plus tard ses réflexions à la réception de la lettre de *Vindex*)[117]. La question est aussi – ce serait la conséquence première du passage du roman du plébéien à celui du fils de banquier – de parvenir à ce que la dépense soit vraiment une consommation. La question, posée dans *Armance*, de l'extinction du désir par l'héritage[118], est reposée ici à travers, certes, la mort et la banqueroute libératrices du père Leuwen[119], mais aussi et surtout, au début du roman, à travers la démonstration de l'incomplétude de la dépense. « Je vous jure de dépenser fort bien vos deux cents francs », répond Lucien à M. Leuwen qui l'envoie à l'Opéra et au *Rocher de Cancale* soigner avec des danseuses la douleur filiale de tout *devoir* au père. Mais si Lucien « [est] aimable avec les dames » et « leur ser[t] du vin de champagne », il rentre seul aussi[120], prisonnier

---

116 Jean-Baptiste Say, *Traité d'économie politique*, op. cit., livre V, chap. Ier « Ce qu'il faut entendre par le mot consommation », vol. 2, p. 341.
117 Stendhal, *Lucien Leuwen*, op. cit., voir respectivement les chapitres I, II et VI de la partie I.
118 Voir Xavier Bourdenet, « Économie de la dépense dans *Armance* de Stendhal », intervention du 30 mars 2012 au séminaire « Roman et argent » organisé par Francesco Spandri, Universités Paris 3 et Paris IV.
119 Sur l'argent dirimant, voir les analyses de Jean Bellemin-Noël dans : *L'auteur encombrant, Stendhal*/Armance, Presses universitaires de Lille, « Objet », Villeneuve d'Ascq, 1985, p. 17.
120 Stendhal, *Lucien Leuwen*, op. cit., partie I, chap. II, p. 74-75.

de cette paradoxale injonction à désirer. « N'allez pas lui donner votre argent, et puis vous sauver à cheval dans les bois de Meudon ou au diable, comme c'est votre noble habitude », intimera M. Leuwen à Lucien en lui donnant 12 000 francs avec l'ordre de « [prendre] une grande passion pour mademoiselle Gosselin », dans la scène similaire qui inaugure la deuxième partie[121] : dépenser n'est rien, il faut encore consommer. À l'ouverture du roman, le mot étrange du père Leuwen, qui en payant les dettes de Lucien constate qu'« un fils est un créancier envoyé par la nature[122] », ne consiste pas simplement à déjouer le « petit esprit » consistant à dire que « les rôles sont renversés » (comme le dira plus loin son fils[123]). La substitution du mot *créancier* au mot *débiteur* (point de lexique à éclairer[124] ? lapsus de Stendhal[125] ? prolepse de la fin du roman[126] ?) consiste encore, au moment où l'on considère pourtant l'effective consommation de bottes et de cigares de Lucien, à enfermer le fils dans le rôle de celui qui, justement, dans la relation de crédit, ne jouit pas. Dans son examen du discours du crédit à l'époque de Balzac, Alexandre Péraud a noté la floraison de physiologies du débiteur hédoniste qui enseignent *l'art de ne pas payer ses dettes*[127]. Lucien est enfermé dans la situation opposée. À Lucien qui risque à Nancy de s'attirer des vengeances dues à la vanité blessée des autres lanciers, Filloteau déclare : « Vous faites de la dépense » ; mais Filloteau sait que Lucien n'est « pas gai », comme vient de le lui confier l'ordonnance[128]. Et la visite de Filloteau à Lucien ne fait d'ailleurs que permettre et reconduire l'esquive de toute consommation par le jeune homme : les liqueurs que vient d'acheter Lucien, c'est Filloteau qui les boira ; ces repas de « luxe » que lui reproche le colonel, on ne voit pas les consommer ; il n'est pas jusqu'à l'achat du grand portrait de Louis-Philippe qui, dans son

---

121 *Ibid.*, partie II, chap. XLVI, p. 521.
122 *Ibid.*, partie I, chap. 1ᵉʳ, p. 63.
123 *Ibid.*, partie II, chap. XLVI, p. 521.
124 Chez Zola aussi, dans un propos final de Lazare dans *La Joie de vivre*, nous trouvons le terme « créancier » utilisé dans le sens de « débiteur ».
125 À la mort de Chérubin Beyle, c'est son fils qui paie ses dettes.
126 Lucien paie intégralement les dettes de la maison Leuwen au lieu de « faire banqueroute avec soixante pour cent aux créanciers ». Stendhal, *Lucien Leuwen, op. cit.*, partie II, chap. LXVI, p. 794.
127 Alexandre Péraud, *Le crédit dans la poétique balzacienne*, Paris, Classiques Garnier, 2012, p. 31-33.
128 Stendhal, *Lucien Leuwen, op. cit.*, partie I, chap. VI, p. 124.

cynisme, ne signifie la disjonction entre dépense et engagement de soi dans la chose acquise. Quant au beau cheval Lara, racheté mille écus au préfet de Nancy et qui disparaîtra du roman au moment nécessaire[129], n'est-il pas de ces produits que l'homme (comme le roman) ne consomme « qu'en partie », comme disait Say ? « Un cheval, un meuble, une maison qu'on revend, ne sont pas consommés en totalité... », écrit l'économiste expert en amortissement et autres « débris de valeur[130] ». Le risque qu'esquissent ces premiers chapitres de *Lucien Leuwen*, ce n'est pas celui de la « vengeance de la dépense que [Lucien] se perme[t] », de la part de ses camarades de régiment[131]. Ce serait plutôt la dérobade du plaisir dans la dépense, la négation de la consommation au cœur même de la dépense.

UN ROMANESQUE DE L'OFFRE

Il y aurait donc d'abord cela, dans *Lucien Leuwen*, d'assez propre à atténuer la thèse d'un Stendhal économiste féru de relance par la consommation : l'idée que la consommation ne s'embrasse pas tout uniment, qu'elle n'est pas une évidence, une action dénuée d'inhibition, une destruction pleine et triomphale, un processus transitif menant droit au bonheur. Parfois, cela n'embraie pas ; cela ne prend pas. Et ce qui intéresse le romancier, c'est précisément ce qui dans le système économique vient à fuir, ce qui est déperdition. Pendant que Say, dans la démonstration de la loi des débouchés, néglige le problème posé par l'épargne ou par le volume de profit réinvesti (en estimant que cela ne fait que reporter l'équilibre dans le temps), Stendhal pointe au contraire le vice de la thésaurisation ou de la frugalité (Malthus ou Keynes ne se situeront pas sur ce terrain moral). On peut penser que symétriquement, lorsque Say s'intéresse à la différence entre dépense et consommation ou bien à l'usure de la valeur échangeable, le psychologue et le romancier peuvent y trouver leur intérêt, puisque

---

129 *Ibid.*, partie I, chap. V, p. 111 et tout le chapitre.
130 Jean-Baptiste Say, *Traité d'économie politique, op. cit.*, livre V, chap. Ier, vol. 2, p. 339-340.
131 Stendhal, *Lucien Leuwen, op. cit.*, partie I, chap. VII, p. 134.

c'est le moment où l'économie politique le cède à la morale ou à la psychologie économiques.

Fait significatif, le moment du roman où Lucien cesse de dépenser est celui où il parle enfin avec Mme de Chasteller au bal de la marquise de Marcilly. Le sort humiliant réservé par les ultras au colonel qui reprochait à Lucien sa dépense n'est qu'un signe parmi d'autres du passage du roman à un autre régime qui est celui de la consumation de l'être, ou tout simplement de l'amour partagé. Le signe de cette consumation est un accord, entre les deux amants, sur la valeur de la parole. Celui-ci connaît trois étapes dans le chapitre du bal. Le premier moment est celui de la « familiarité délicate » par laquelle le discours de Lucien engendre à la fois l'effroi et la passion chez Mme de Chasteller[132]. Le deuxième moment est la conversation spirituelle du souper, lorsque Lucien multiplie les « mots indirects » envers Mme de Chasteller, illustrant l'idée qu' « une plaisanterie amusante a plus de prix si l'on voit qu'elle est dite dans l'intention de vous plaire[133] » – et ici plus de valeur encore en ce qu'elle parvient à déjouer la jalousie des commensaux masculins, celle des ultras confits dans « la colère du rang contre le mérite[134] », enfin celle même du lecteur[135] : régime amphibologique du discours dans lequel l'élue reconnaîtra l'or au milieu de la monnaie courante. Le troisième moment est celui où Lucien, pendant les valses et le cotillon, s'interrompt pour ne pas dire à Mme de Chasteller son « soupçon » (que toute attention pour lui puisse ne provenir que de sa communauté d'uniforme avec Busant de Sicile), soupçon inarticulable qui fait un peu ressembler cette chute de chapitre stendhalien aux pages les plus effrayantes de *La Bête dans la jungle* d'Henry James (le non-dit n'est pas un signe mais la chose même) et refonde la valeur de la parole dans le spectacle même que suscite la nécessité de son interruption (« être soupçonnée par lui au point que son amour en soit arrêté ! », médite alors Mme de Chasteller[136]). Le chapitre a commencé en inversant le

---

132 *Ibid.*, partie I, chap. XVII, p. 254-256 et en particulier p. 254.
133 Stendhal, *Journal*, 30 mars 1810. Voir notre première partie.
134 Stendhal, *Lucien Leuwen, op. cit.*, partie I, chap. XVII, p. 259.
135 Puisque lui-même est susceptible de jalousie sous le masque d'une proscription de genre : en guise de chute du chapitre sur le retour du régiment après la scène de maintien de l'ordre à N… : « les amants sont si heureux dans les scènes qu'ils ont ensemble que le lecteur, au lieu de sympathiser avec la peinture de ce bonheur, en devient jaloux et se venge d'ordinaire en disant : 'Bon Dieu ! Que ce livre est fade !' ». *Ibid.*, partie I, chap. XXVII, p. 337.
136 *Ibid.*, partie I, chap. XVII, p. 262.

paradoxe du comédien (Lucien n'est soupçonné de l'être qu'au moment où précisément il est naturel et se fait aimer). Il se termine en prouvant « l'extrême sincérité » par la réticence.

Or cette réévaluation de la parole repose la question de la dépense. Ne limitons pas, en effet, la métaphore de l'échange commercial aux moments où Lucien se retrouve « à l'égard de la belle Madame Grandet dans la situation d'un connaisseur qui marchande un tableau médiocre[137] », dans la situation d'un homme confronté à « une épicière *demandant son dû*[138] », dans celle « d'un banquier qui pèse la convenance d'une grande spéculation[139] », etc. Car ce genre de métaphore n'est pas circonscrite à l'estimation de la « beauté *sterling* et pittoresque[140] » qu'est Mme Grandet, ni à l'évaluation de la psychomachie de la vanité et de l'amour qui l'agite. La métaphore est fréquente et se lit aussi bien sur le mode mineur (voir le discours de dix minutes par lequel le mutique milord Link paie son « billet d'entrée » chez Mme d'Hocquincourt[141]) que sur le mode majeur, regardant l'amour des protagonistes. Ainsi lors de la visite aux Serpierre qui suit la première promenade dans les bois : « Ils payaient tous les deux, et chèrement, le bonheur rencontré l'avant-veille au *Chasseur vert*[142]. » Ou bien quand Lucien manque dire à Mme de Chasteller, dont les rigueurs se ressentent plus vivement par comparaison avec la passion de Mme d'Hocquincourt : « Rendez-moi ce que vous me coûtez[143]. » Ce n'est pas caricaturer le roman courtois en roman de l'offre de la demande, ce n'est pas rabattre la merci sur une pure et simple consommation, que de remarquer que le langage du for intérieur, dans l'amour, est encore celui de l'intérêt : un psycho-récit toujours économique où l'on se demande si on ne dépense pas *à perte*, si l'on *trouve son compte*, si l'on sera *payé de retour*, si la souffrance n'est pas déjà le bonheur, etc. – et pour ce qui nous regarde ici, si la dépense sera consommation ou si elle l'est déjà, en soi. Pour le coup, s'il y a un écart entre Stendhal et Say, c'est que le langage stendhalien n'est pas

---

137 *Ibid.*, partie II, chap. XLVIII, p. 549.
138 *Ibid.*, partie II, chap. LXV, p. 779.
139 *Ibid.* p. 785.
140 *Ibid.* p. 788.
141 Selon l'établissement du texte adopté par Anne-Marie Meininger dans son édition du roman (*Lucien Leuwen*, Paris, Gallimard, « folio classique », partie I, chap. XXXI, p. 333).
142 Stendhal, *Lucien Leuwen*, éd. Michel Crouzet, *op. cit.*, partie I, chap. XXV, p. 322.
143 *Ibid.*, partie I, chap. XXXIII, p. 389.

comparable chez lui à ce simple « voile » qu'est la monnaie selon la loi des débouchés : chez Stendhal, la monnaie du langage, ni transparente ni évidente ni indifférente, est en soi le lieu d'une thésaurisation, d'une dévaluation et parfois d'une vraie consommation, et l'on peut très bien prodiguer son dire sans le consommer. La sincérité et l'intimité de Lucien et Bathilde rabattront l'un sur l'autre. Alors on pourrait aussi bien dire : le langage redevenant transparent et angélique, tout revient en effet à la monnaie-voile, théorie plutôt bien accordée à l'avertissement d'Helvétius contre l'égarement du désir dans ses propres médiations.

Mais pour que la coïncidence intime ait lieu, il aura fallu d'abord *oser* parler : c'est ici l'essentiel, et c'est ici l'« action d'éclat ». « Tout à coup il osa parler » dit, sans virgule, la grande scène de la conversation bouleversante chez Mme de Marcilly[144]. Illustration parmi mille autres de l'audace, du mouvement, de l'improvisation héroïques par lesquels l'être se fonde en sortant de la gangue du seul désir, pour éclairer la voie qu'il vient d'ouvrir. « J'ai besoin d'agir et beaucoup », se dit Lucien au début du roman en songeant à son accès de faiblesse avant le dîner au *Rocher de Cancale* sur ordre de son père[145]. « Quel besoin d'agir pour être enfin sûr de soi-même, non plus par vaine probabilité, mais d'après les faits ! », se dira plus tard le héros, après une entrevue désastreuse avec Mme de Chasteller dans le salon de Mme de Commercy et une traditionnelle fuite à cheval[146]. Mais cette conquête de soi dans l'agir, dont le fait d'oser parler n'est qu'une expression parmi d'autres, c'est aussi, sans jeu de mot, se produire.

Voici d'un côté un plébéien qu'on négocie comme une poupée automate, qu'on habille en noir, qu'on habille en bleu, qu'on jette dans les salons débiter son latin et dont on réécrit la biographie[147]. Voici de l'autre un fils de banquier qu'on habille en hussard et qu'on jette dans les bras des filles de l'opéra, dans ceux de la plus belle femme de Paris ou dans un ministère. Voici des héros qui, pour avoir été produits de toute pièce – avec chiffrage des coûts de production en nourriture, bottes et cigares – en viennent du moins à apprendre ce qu'est l'effet d'un produit et comprennent qu'il s'agit désormais de se produire.

---

144 *Ibid.*, partie I, chap. XVII, p. 254.
145 *Ibid.*, partie I, chap. II, p. 75.
146 *Ibid.*, partie I, chap. XIV, p. 238.
147 M. de la Mole accepte de donner de la « consistance » à l'invention du Chevalier de Beauvoisis selon laquelle Julien serait le fils naturel d'un ami intime du marquis.

Le héros stendhalien fait de l'effet, mesure son effet, comprend que sa présence altère la situation initiale. Il y a sous la plume de Stendhal, plus volontiers que la métaphore théâtrale qu'on trouverait dans le roman balzacien quant aux femmes, l'idée plus abstraite et peut-être existentialiste que le héros impose sa valeur et réorganise la multitude autour de lui en se produisant. Ce n'est pas qu'il se donne en spectacle ; c'est plutôt que son irruption modifie les conditions de l'expérience et semble elle-même placer les spectateurs. La scène primitive de la production du héros, c'est Julien récitant pour la première fois la Bible tandis que, « pour que rien ne manquât au triomphe de M. de Rênal », se presse un public aussi pléthorique qu'invraisemblable[148] ; c'est Lucien caracolant deux minutes durant sur *Lara* devant l'hôtel de Sauves d'Hocquincourt en étant « examiné par tout ce qu'il y a de plus *pur*, soit pour la naissance, soit du côté des bons principes[149] » (le verbe est au présent). Fantasme stendhalien d'une évaluation totale, régime superlatif de l'apparition où se mesure l'effet. Dans le geste du héros – circonscrire une ville à cheval, oser parler, prendre une main, fixer l'heure à laquelle on apparaîtra dans une chambre, etc. – et dans toute la philosophie existentialiste de l'agir fondateur, autant que dans « la traction impérieuse vers l'avant qui meut la main à plume[150] », c'est la même expérience : se produire, se connaître, faire sensation, mesurer son effet. Lucien fait « trop d'effet » en se rendant à l'église de la Propagation pour voir Mme de Chasteller[151], et lorsqu'il n'est pas paralysé par « l'effet physique[152] » que produit en retour Bathilde, c'est elle qui se consume dans la honte :

> Grand Dieu ! je me compromets d'une manière affreuse ; tous les regards doivent être dirigés sur cet étranger, auquel je parle depuis si longtemps et avec un tel air d'intérêt[153] !

La terreur féminine de la compromission dit la force de l'homme qui se produit. Car tel est le corollaire de la production du héros par lui-même : l'imprévu, l'improvisation, l'agir, font de Julien un être « singulier »

---

148 Stendhal, *Le Rouge et le Noir*, op. cit., partie I, chap. VI, p. 43.
149 Stendhal, *Lucien Leuwen*, op. cit., partie I, chap. V, p. 112.
150 Julien Gracq, *En lisant en écrivant*, José Corti, 1980, p. 42.
151 Stendhal, *Lucien Leuwen*, op. cit., partie I, chap. XIII, p. 225.
152 *Ibid.*, partie I, chap. XV, p. 239.
153 *Ibid.*, partie I, chap. XVIII, p. 264.

(tandis que Croisenois n'est qu'un « chef d'œuvre[154] »), font de Lucien un « *inconnu*[155] » (en italique), font de l'un comme de l'autre un *premier venu*. Pour Mathilde, révoltée de s'être donnée au « premier venu[156] » ; pour Mme de Chasteller, écrasée par l'expression « *se jeter à la tête du premier venu*[157] » ; pour Mme de Rênal accablée d'exaucer le texte des chansons d'adultère (l'amante stendhalienne éprouve l'altérité du langage dans l'infamie des expressions clichées), c'est la même révélation. Bien différente de la partie d'échecs où Lucien laisse Mme Grandet gagner, la partie qui se joue ici montre que le mouvement du héros crée une modification qui le fonde lui-même en même temps qu'elle provoque le désir. Sans doute cet homme est un *premier venu*, mais justement il trouve preneuse.

Dans l'expression stendhalienne *premier venu*, il ne s'agit pas seulement d'une roture qui opposerait Lucien à Bathilde de même qu'elle oppose Julien à Mathilde. Se mesure ici, beaucoup plus fondamentalement, la force que comporte l'être qui s'offre, ou plutôt l'être qui se produit. Se produire a fait sortir le héros de la nuit de la demande que décrivent si bien Sismondi ou Say (si nous consentons à élever les économistes au rang de descripteurs de l'intransitivité de toute demande) ; se produire a suscité la rencontre ; se produire a suscité le désir. Dans cet élément du romanesque stendhalien – un homme apparaît dans sa singularité et il emporte la fille de la maison – il y a quelque chose du romanesque échevelé que nous trouvons dans la cinquième partie de *La Femme de trente ans* (lorsque le meurtrier en fuite survient dans le manoir familial et ravit la fille de Julie) ; il y a quelque chose de la vivante caractérisation amoureuse de Mona par Grange au début d'*Un balcon en forêt* (« tu as la tactique de Napoléon : on s'engage, et puis on voit[158] ») ; mais il y aurait aussi quelque chose de la loi des débouchés de Jean-Baptiste Say : le produit crée la monnaie de son propre désir !

Pour dire les choses en termes économiques, qui sont petits mais ne sont pas sots, le romanesque de la demande, qui fonde l'analyse psychologique, le cède alors à une sorte de romanesque de l'offre. Que

---

154 Stendhal, *Le Rouge et le Noir, op. cit.*, partie II, chap. VIII, p. 610.
155 Stendhal, *Lucien Leuwen, op. cit.*, partie I, fin du chap. XVIII, p. 269.
156 Stendhal, *Le Rouge et le Noir, op. cit.*, partie II, chap. XVII, p. 351.
157 Stendhal, *Lucien Leuwen, op. cit.*, partie I, chap. XIX, p. 275.
158 Julien Gracq, *Un balcon en forêt*, José Corti, 1958, p. 88. Peut-être ce passage serait-il à verser au nombre des caractérisations gracquiennes du romanesque stendhalien...

celui-ci débouche aussitôt sur d'autres tourments (« si tu plais c'est par hasard », se dit Lucien[159]) est un autre problème, qui n'ajourne pas la loi, désormais, de l'action fondatrice. L'analyse passive du désir se tourne en parti du faire. Est-ce là proprement stendhalien ? Cette transition ne motive-t-elle pas par exemple la structure en diptyque de *Madame Bovary*, de l'aveu même de Flaubert[160] ? Cette ambivalence ne régit-elle pas toute la dialectique romanesque du psycho-récit et de l'action, de l'approfondissement du for intérieur et de l'intrigue, du symbolique et du fonctionnel ? Peut-être. Mais l'exemple de Stendhal serait celui d'un authentique théoricien de la demande effective devenu romancier de l'offre, exemple *a fortiori*. Et nous devons nous rendre à l'évidence qu'il existe une tension contradictoire entre d'une part le mouvement qui nous porte à adhérer à la définition stendhalienne du naturel, d'autre part celui qui nous porterait à épouser avec une délectation toute moderne la critique par le jeune Stendhal de la loi des débouchés de Say.

Comment s'étonner, du reste, de la consonance entre l'exaltation théorique de la production dans le *Traité d'économie politique* et toute pensée de l'art ? Peut-être ne faut-il pas s'arrêter aux évidentes condamnations stendhaliennes de l'industriel[161], du reste tempérées par la narration des *Mémoires d'un touriste*. Geneviève Mouillaud a bien montré, à travers l'analyse des ambivalences du pamphlet *D'un nouveau complot contre les industriels*, que l'attaque stendhalienne contre l'*hybris* de certains industriels, qui oublient un peu vite que la création artistique est ontologiquement supérieure à la production prosaïque, s'y disperse dans une différenciation de la gent industrielle où finit par survivre l'éloge libéral de l'industrie. La boutade de celui qui réplique « Moi aussi, je suis un industriel, car la feuille de papier blanc qui m'a coûté deux sous, on la revend cent fois plus après qu'elle a été noircie[162] », relève d'une ironie qui approfondit l'analogie plutôt qu'elle ne la détruit. En cela, le producteur qui écrit pour être lu en 1880 est assez loin de Malthus : il est moins

---

159 Stendhal, *Lucien Leuwen*, *op. cit.*, partie I, chap. XIX, p. 277.
160 « J'ai déjà deux cent soixante pages et qui ne contiennent que des préparations d'action, des expositions plus ou moins déguisées de caractère. (...) Restent donc, pour le corps même de l'action, cent vingt à cent soixante pages tout au plus. » Gustave Flaubert, lettre du 25 juin 1853 à Louise Colet pendant l'écriture du chap. VII de la deuxième partie de *Madame Bovary*, *Correspondance*, vol. II, *op. cit.*, p. 361.
161 Yves Ansel, article « industriel », dans *Dictionnaire de Stendhal*, Champion, 2003, p. 344-345.
162 Stendhal, *D'un nouveau complot contre les industriels*, *op. cit.*, p. 10.

préoccupé d'une demande *in esse* que d'une demande *in posse*, comme Say. Il ne se confond pas non plus avec Zola, même lorsque celui-ci analyse le champ littéraire en faisant du Say sans le savoir. Zola en effet répliquera à Sainte-Beuve, dans son article « L'argent dans la littérature », que les feuilletonistes « ne bouchent aucune voie littéraire[163] ». Entendons : la loi des débouchés, c'est la loi du génie. Idée qu'on retrouverait sous d'autres formes sous la plume de l'économiste Yves Guyot, proche de Zola, lorsque sa critique du colbertisme se développe en refus de l'académisme en art et en exaltation du naturalisme[164]. Idée que ne désavouerait certes pas Stendhal. Car ne recouvre-t-elle pas toute pensée de l'écriture, en même temps qu'elle sous-tend toute hantise de l'égalitarisme[165] ? Mais écrire pour être lu en 1900, ce n'est plus fonder un débouché. Ce n'est pas non plus créer une surabondance partielle de vin de Claix ou de bas de soie. Écrire en faisant la part de l'inachèvement, encore moins. Peut-être une bonne image de l'œuvre serait-elle celle du « legs de Franklin », ce prêt évoqué par Stendhal d'après Say[166] : trente-deux mille francs laissés à des artisans méritants, qui seraient à nouveau prêtés avec les intérêts tous les dix ans, jusqu'à constituer un legs de deux millions de francs au bout d'un siècle ; legs qui promettrait une « plénitude de bonheur ». Cette idée d'un legs aux merveilleux intérêts composés, qui court dans les fragments d'économie politique de Stendhal, serait une assez bonne métaphore du roman écrit pour être compris après un demi-siècle.

---

163 Émile Zola, « L'Argent dans la littérature », dans *Le Roman expérimental, Œuvres complètes*, t. 10, Cercle du livre précieux, 1968, p. 1279.
164 Yves Guyot, *La science économique*, Introduction à la 2ᵉ édition, Paris, Reinwald, 1887, p. 8.
165 Voir le passage que choisit de citer Yves Ansel dans l'article « oser » du *Dictionnaire Stendhal*, *op. cit.*, p. 500 : « L'effet de l'idée *nivelante* au XIXᵉ siècle va plus loin ; elle défend d'*oser* et de travailler à ce petit nombre d'hommes extraordinaires qu'elle ne peut empêcher de naître ». Stendhal, *Voyages en Italie, op. cit.*, p. 825.
166 Voir Stendhal, « Traité d'économie politique », *op. cit.*, p. 126-127. Stendhal se réfère ici au *Traité* de Say, livre IV, chap. v, vol. 2, p. 182-183.

LA MULTIPLICATION DES CHOSES

La grande question du *Traité d'économie politique* de Jean-Baptiste Say serait posée, comme le souligne d'emblée Thomas Sowell, dans cette formule de l'édition de 1826, reprise dans l'édition du *Cours complet d'économie politique* de 1852 :

> Comment est-il possible que l'on puisse acheter et vendre aujourd'hui en France *cinq ou six fois* la quantité de marchandises achetées et vendues à l'époque misérable de Charles VI[1] ?

Comment expliquer l'inflation des produits depuis le XVe siècle, l'expansion du confort, le développement de la richesse des nations, si l'on ne reconnaît pas la loi des débouchés ? si l'on n'accepte pas l'idée que la fabrication même d'un produit crée le moyen de s'en procurer d'autres et l'idée corollaire que « la demande des moyens de production s'étend dans la même proportion que les moyens de production eux-mêmes » ? Stendhal a lu ce raisonnement, dont la chute est libellée de la façon suivante dans l'édition du *Traité* qu'il possède :

> Autrement comment ferait-on pour acheter en France *deux ou trois fois* plus de choses, au moins, qu'on n'en achetait sous le règne misérable et infortuné de Charles VI[2] ?

Mais il est fascinant qu'entre l'édition de 1803 lue par Beyle et Crozet et celle de 1826 citée par Sowell, le multiplicateur ait changé (nous soulignons). Qu'il s'agisse d'une réévaluation du chiffre peut-être trop modeste donné en 1803 (Say écrivait prudemment « au moins ») ou d'une actualisation tenant compte de la situation industrielle de 1826, la réédition du livre de Say au fil des ans semble tenir compte de l'élan

---

1 Jean-Baptiste Say, *Traité d'économie politique*, 5e éd., Chez Rapilly, 1826, p. 137, cité dans Thomas Sowell, *op. cit.*, p. 8.
2 Jean-Baptiste Say, *Traité d'économie politique* (éd. de 1803), *op. cit.*, livre IV, chap. v, vol. 2, p. 180.

industriel du premier XIXe siècle ; la reformulation même de la loi des débouchés semble incorporer le développement de l'économie... Au XIXe siècle, les hommes se nourrissent mieux, s'habillent mieux et s'entourent d'objets plus raffinés, tandis que leur salaire réel augmente. Cette apparente contradiction n'en est pas une pour l'économiste, et Stendhal insiste par exemple, dans ses fragments sur Smith d'avril 1810, sur cet effet de la division du travail par lequel « l'ouvrier anglais, à qui son propre entretien coûte 4 fr. par jour, vend à meilleur marché des boutons d'acier, par exemple en Russie, que ne peut le faire l'ouvrier russe, quoiqu'il puisse vivre avec 10 sous[3] ». Il y revient en septembre de la même année en exagérant quelque peu le caractère « presque encore neuf » de sa pensée et en déplaçant la question de Say de la quantité vers la qualité :

> Comment se fait-il que tout étant plus cher en Angleterre qu'en France, les citoyens anglais possèdent cependant des choses d'un mérite supérieur à celles possédées par les Français de l'état correspondant[4] ?

Ce sont la disponibilité de l'argent pour l'investissement, la division du travail, l'utilisation des matières premières, le « talent du commerce[5] » qui expliquent cette différence dans la physionomie matérielle des nations. Certes « les draps de Leeds ne valent pas tout à fait les draps d'Elbeuf[6] » et le drap anglais est trop bon marché pour que le drap français survive, mais la tendance générale du développement n'en est pas moins l'élévation conjointe de la quantité et de la qualité des objets, la démocratisation du confort anglais :

> En Allemagne, le cordonnier a sa jolie théière et ses tasses à thé anglaises, une jolie table de bois pour prendre son thé et peut-être cette table est-elle d'acajou[7].

Certes le sort de l'ouvrier anglais par rapport à celui du paysan grec, italien, voire irlandais, pose la question du bonheur[8] et introduit le

---

3 Voir Stendhal, fragment daté du 3 avril 1810, « Traité d'économie politique », *op. cit.*, p. 116.
4 Fragment daté du 3 septembre 1810, *ibid.*, p. 120-121.
5 *Ibid.*, p. 121.
6 Fragment probablement du 3 sept 1810, *ibid.*, p. 122.
7 Fragment daté du 3 avril 1810, *ibid.*, p. 117.
8 Voir par exemple Michel Crouzet, *Stendhal et le désenchantement du monde*, *op. cit.*, p. 403.

contre-modèle éthique du *lazzarone*, mais d'un point de vue strictement économique, l'industrialisation engendre bel et bien la multiplication et le raffinement des choses. Que le jeune Stendhal prétende opposer à la loi des débouchés de Say une théorie de la consommation qui aille jusqu'à envisager et encourager la démocratisation du luxe et de la destruction festive, le cadre demeure celui de l'ascension de la civilisation matérielle. Deux conceptions de la consommation s'opposent, pour reprendre les lignes de Jean Baudrillard en 1970 sur le gaspillage : l'une qui découle de « la notion d'utilité, d'origine rationaliste et économiste » (Say serait bien sûr de ce côté), l'autre qui relève d' « une logique sociale beaucoup plus générale où le gaspillage, loin d'être un résidu irrationnel, prend une fonction positive, relayant l'utilité rationnelle dans une fonctionnalité sociale supérieure (...) le surcroît de dépense, le superflu, l'inutilité rituelle de la 'dépense pour rien' devenant le lieu de production des valeurs, des différences et du sens[9] » (le jeune Stendhal serait peut-être ici : il dépasserait ainsi la rationalité consommatrice, de même qu'il dépasse ailleurs la définition de l'utilitarisme). S'opposeraient donc l'économisme frugal et l'idée, plus inquiétante, que « l'abondance [n'aurait] de sens que dans le gaspillage[10] ».

Avec ici un chassé-croisé éthique intéressant pour nous qui méditons depuis bientôt un demi-siècle sur la *société de consommation* : si notre commentaire pouvait tirer un instant le jeune Stendhal du côté de l'apologie de la consommation, c'est Jean-Baptiste Say qui, en dépit de la désuétude ou du simplisme qui le discréditent aujourd'hui auprès des économistes, pourrait nous apparaître moderne dans sa conception péjorative de la consommation. En effet, en flanquant sa loi des débouchés d'une recommandation de frugalité et d'une conception peu hédoniste de la consommation, il finit par annoncer nos inquiétudes sur la destruction productrice. En insistant sur ce qui dans la consommation est destruction, il explique ce qu'elle suppose de renouvellement de la production. Faire de Say un prophète de la décroissance serait bien sûr un contresens, car il n'imagine jamais qu'on puisse raccourcir délibérément le cycle de vie d'un produit pour en assurer la production, qu'on puisse programmer l'obsolescence. Mais par un détour imprévu, le père de la

---

9   Jean Baudrillard, « La liturgie formelle de l'objet », dans *La société de consommation* [1970] Gallimard, « folio essais », 2012, p. 49.
10 *Ibid.*, p. 50.

loi des débouchés annonce parfois quelque chose de la civilisation industrielle décrite par Jean Baudrillard puis Serge Latouche, dans laquelle l'enrichissement des nations qui intéresse le jeune Stendhal serait devenu un élargissement artificiel et auto-entretenu du produire[11]. « Que doit-on penser d'un système qui conseillerait la consommation, non pour jouir, non pour reproduire, mais pour favoriser la production ? », demande en 1821 l'interlocuteur fictif figuré dans le *Catéchisme d'économie politique*. « On doit en penser ce qu'on penserait d'un homme qui conseillerait de mettre le feu à une ville pour faire gagner les maçons », répond l'économiste[12], qui méditait sur l'usure des chaussures[13] mais n'avait pas prévu l'autodestruction fomentée du lave-linge ou de l'ordinateur personnel. Chez Stendhal-Janus, la conclusion sera plus radicale : c'est toute l'économie et tous les économistes qui apparaîtront finalement dévoués à cette production circulaire sans jouissance.

De la multiplication, de l'industrialisation et de l'embellissement des choses, de ce reflet matériel de la civilisation des mœurs, mais aussi de ses périls, le roman réaliste du XIXe siècle est le scrupuleux comptable et l'attentif observateur. Comme l'ont montré Claude Duchet ou Jacques Dubois, il n'y va pas seulement de la thématique mais de la poétique même du roman, acquis à un « détaillisme » inédit[14] : l'investigation sociologique de l'objet se double de leur organisation en « ensembles pertinents, en séries créatrices de leur propre sens[15] ». Il n'est pas question ici de reprendre à nouveaux frais une interrogation sur l'écriture romanesque de l'objet qui a d'ailleurs suscité ces dernières années un net regain d'intérêt[16]. Il

---

11 « Ce qui est produit aujourd'hui ne l'est pas en fonction de sa valeur d'usage ou de sa durée possible, mais au contraire en fonction de sa mort, dont l'accélération n'a d'égale que celle de l'inflation des prix. Cela seul suffirait à remettre en question les postulats 'rationalistes' de toute la science économique sur l'utilité, les besoins, etc. », écrit Jean Baudrillard, *ibid.*, p. 54. Voir aussi et notamment Serge Latouche, *Bon pour la casse. Les déraisons de l'obsolescence programmée*, éd. Les liens qui libèrent, 2012.
12 Jean-Baptiste Say, *Catéchisme d'économie politique*, chap. XXV, « Des résultats de la consommation », dans *Cours d'économie politique et autres essais, op. cit.*, p. 403.
13 Jean-Baptiste Say, *Cours à l'Athénée*, fin de la première séance, *ibid.* p. 112.
14 Jacques Dubois, *Les romanciers du réel, de Balzac à Simenon*, Partie I, chap. 4 « Le détail », Seuil « points essais inédit », 2000, p. 88 *sq.*
15 Claude Duchet, « Roman et objets : l'exemple de *Madame Bovary* » [*Europe*, sept-nov 1969], dans *Travail de Flaubert*, Seuil, « points essais », 1983, p. 12.
16 Voir notamment Marta Caraion (dir.), *Usages de l'objet. Littérature, histoire, arts et techniques XIXe-XXe siècles*, Champ Vallon, 2014, 278 p. ; *Le Magasin du XIX siècle* n°2, « Les

s'agirait plutôt de repartir de la définition de l'objet empruntée par Duchet à Abraham Moles – « un élément du monde extérieur fabriqué par l'homme et que celui-ci peut prendre ou manipuler[17] » – afin d'examiner ce qui se présente a priori à nous comme un mouvement dialectique du roman du XIXe siècle devant l'objet. En effet, à considérer hâtivement les trois massifs balzacien, flaubertien et vernien, nous avons l'impression que la sociologie ou la psychologie balzaciennes de l'objet échappent à la question de l'industrialisme qui en revanche envahit le traitement flaubertien de la chose. Or si le regard flaubertien sur l'objet, volontiers industriel, dit quelque chose du fétichisme de la marchandise, il n'est pas impossible d'analyser certain corpus vernien ou certain discours du *Magasin d'Éducation et de Récréation* comme une tentative de re-légitimation ou de re-sémantisation de l'objet par sa généalogie manufacturière, processus qui paraît évident dans la robinsonnade.

Profusion, fétichisation, généalogie : telle serait la dialectique qui s'offrirait à nous pour interroger le destin littéraire de l'objet dix-neuviémiste en relation avec le productivisme de Say. Mais il est impossible de voir là une téléologie. D'abord parce que le cas complexe de Zola, entre fétichisation et explication, compliquerait le schéma. Ensuite parce que nous ne pouvons résister à l'idée qu'il s'agit plutôt d'un schéma anthropologique, appelé à se répéter. Comment ne pas apparier la dénonciation de l'industrialisme ou du fétichisme de la marchandise à l'époque de Marx ou du manifeste parnassien, avec la méditation de Benjamin sur la reproductibilité technique ou encore avec le discours de Baudrillard ? De même, comment ne pas tracer d'équivalence entre d'une part la leçon de choses à la mode du *Magasin d'Éducation et de Récréation* ou bien la généalogie vernienne de l'objet, d'autre part la vision humaniste de l'objet technique prônée par Gilbert Simondon ou bien l'*éloge de l'objet* de François Dagognet ? Sans compter que les fictions de l'origine, qui professent une familiarité de l'objet et du sujet, sont aussi bien le fait des objecteurs de la croissance et des contempteurs de la division du travail, que des

---

Choses », Société des Études Romantiques et Dix-neuviémistes / Champ Vallon, 2012, 300 p. ; Gisèle Séginger (dir.), *De l'objet à l'œuvre*, Strasbourg, Presses universitaires de Strasbourg, 1997, 214 p.

17. Abraham Moles, « Objet et communication », *Communications* n° 13, « Les objets », 1969, p. 5, cité dans Claude Duchet, art. cité, p. 13.

chantres du progrès technique. D'une certaine manière, le XXe siècle duplique ici le XIXe siècle dans son exploration d'une relation sujet-objet qui est par nature instable, comme le résume Marta Caraion[18] ; mais cette réflexion phénoménologique dépasse largement notre propos, puisqu'il ne s'agit ici que d'esquisser une lecture économique de l'objet romanesque.

LE PARADOXE BALZACIEN

Lorsqu'il commente la digression et le détaillisme balzaciens, Jacques Dubois explique que « c'est toujours un peu comme si, à la faveur de cette incontinence, on voyait l'acte même de la création s'accomplir sous nos yeux[19] ». Un stylisticien astucieux saurait certainement rapprocher semblable jugement de l'esprit même de la loi des débouchés de Jean-Baptiste Say, en expliquant que la description objectale chez Balzac se développe par contiguïté et fécondation croisée, tout comme se développe la production industrielle selon l'économiste. Stendhal caricaturait la pensée de Say en écrivant : « Le défaut d'écoulement vient donc non de la surabondance, mais d'un emploi défectueux des moyens de production ; produisez autre chose[20]. » Or le texte balzacien ferait cela : assurer l'abondance en finançant par ses produits la production d'autres produits, en permettant par la mention d'un objet l'évocation d'un autre. Bien sûr, Pierre Barbéris signale que « peindre le détail et en rester au détail, pouvoir, ou devoir en rester au détail, dire les choses les unes après les autres, les unes à côté des autres, c'est se condamner, c'est être condamné à ne jamais voir, à ne jamais voir l'essentiel, c'est-à-dire les lignes de force[21] » et il exempte Balzac de ce grave défaut en expliquant que sa description n'est jamais un cancer insensé. Il n'en reste pas moins que la description balzacienne se développe volontiers par contiguïté. La description objectale chez Balzac constituerait ainsi fréquemment un

---

18 Marta Caraion, « L'objet en représentation. XIXe-XXe siècles : une introduction », dans *Usages de l'objet, op. cit.* ; voir en particulier p. 28 *et sq.*
19 Jacques Dubois, *Les romanciers du réel, op. cit.*, p. 183.
20 Stendhal, « Traité d'économie politique », *op. cit.*, p. 125.
21 Pierre Barbéris, *Le monde de Balzac*, [1973], Kimé, 1999, p. 107.

cas particulier de l'aspectualisation[22] du thème dans le texte descriptif : elle consisterait moins en l'exploration descendante d'une arborescence thématique, qu'en l'engendrement épidémique voire aléatoire des parties du thème. C'est-à-dire qu'elle apparaît moins déductive qu'inductive, moins arborescente que réticulaire ou rhizomatique, bref décentralisée, pour ne pas dire libérale : produisant un effet dans et par sa production et ses mises en relation éparses.

LA PRODUCTION DU DÉTAIL

Ainsi, la description de la pension Vauquer consiste certes à aspectualiser le double thème « salon » puis « salle à manger » ; bien sûr, chacun de ces thèmes se trouve lui-même subdivisé (on décrit les meubles puis les murs du salon ; on décrit les murs puis les meubles de la salle à manger) ; bien sûr, toute la description obéit à une double isotopie du *râpé* et du *graisseux*. Mais ces principes de gouvernement textuel sont concurrencés par des logiques transversales tout aussi fortes. Le passage du salon à la salle à manger est commandé par la logique du comble : alors que le texte commence sur l'idée que « rien n'est plus triste à voir que ce salon », il continue sur l'affirmation que « si vous le compariez à la salle à manger, qui lui est contiguë, vous trouveriez ce salon élégant et parfumé comme doit l'être un boudoir[23] » ; et le portrait de Mme Vauquer s'inscrira dans cette esthétique (car alors « ce spectacle est complet[24] »). Ainsi, la jubilation de décrire laisse voir ses moteurs, c'est-à-dire son horizontalité, sa productivité éparse. Par exemple son engendrement par la cadence voire par l'homophonie, dans la description de *l'odeur de pension* : « Elle sent le renfermé, le moisi, le rance ; elle donne froid, elle est humide au nez, elle pénètre les vêtements ; elle a le goût d'une salle où l'on a dîné ; elle pue le service, l'office, l'hospice[25] ». Ou encore son engendrement par accumulation et personnification progressive, dans la prétérition finale : « Pour expliquer combien ce mobilier est vieux, crevassé, pourri, tremblant, rongé, manchot, borgne, invalide, expirant,

---

22 Jean-Michel Adam, *Les textes, types et prototypes. Récit, description, argumentation, explication et dialogue*, 2ᵉ édition, Armand Colin, 2005.
23 Honoré de Balzac, *Le Père Goriot*, dans *La Comédie humaine*, vol. III, Gallimard, « Bibliothèque de la Pléiade », p. 53.
24 *Ibid.*, p. 55.
25 *Ibid.* p. 53.

il faudrait en faire une description qui retarderait trop l'intérêt de cette histoire[26]. » Dans la description balzacienne se repèrerait souvent cet emballement local de la production, cet affleurement de l'écriture en acte dont parle Dubois, qui déjoue les trop sages programmations de la déclinaison du thème.

Le roman balzacien des hommes, des femmes et des choses, à la différence d'*Adolphe* où n'existent ni l'« intimité journalière ou nocturne[27] » ni cet empire matériel du féminin qui fonde le réalisme[28], ou bien à la différence du roman stendhalien dont les décors sont indiqués d'un pinceau un peu « sec[29] », serait donc un roman qui semble embrasser esthétiquement la loi de la production industrielle parce qu'il détaille et, qu'en détaillant, il se détaille. Écrire dans la préface d'*Une fille d'Ève* que « notre civilisation est immense de détails », c'est prescrire au roman l'exploration matérielle du raffinement des mœurs. Certes le mot « détails » ne désigne pas seulement les choses, et le passage de l'« Avant-Propos » sur le « mobilier » se prend d'ailleurs à évoquer « les habitudes, les vêtements, les paroles, les demeures » des diverses classes sociales, de même que l'« Introduction » aux *Études philosophiques* par Félix Davin vante un romancier qui « anatomise ces gestes, scrute ces regards, ces inflexions de voix et de visage[30] ». Mais les choses sont le dépôt de la civilisation, son expression ultime et tangible, un « accessoire » qui comme le dit la préface d'*Une fille d'Ève* deviendra bientôt le « principal » de l'époque. Le raffinement des mœurs se dit par le raffinement des choses, tel que dépeint par le prologue de *La Fille aux yeux d'or* lorsqu'il évoque le « prolétaire », ce « quadrumane »,

> ce peuple qui, de ses mains sales, tourne et dore les porcelaines, coud les habits et les robes, amincit le fer, amenuise le bois, tisse l'acier, solidifie le chanvre et le fil, satine les bronzes, festonne le cristal, imite les fleurs, brode de la

---

26 *Ibid.*, p. 54.
27 Honoré de Balzac, *La Muse du département, op. cit.*, p. 765.
28 Naomi Schor, *Lectures du détail*, Nathan, 1994, p. 141, cité dans Jacques Dubois, *Les romanciers du réel, op. cit.*, p. 90.
29 Rappelons les lignes de Balzac au milieu de son article sur *La Chartreuse de Parme* : « Les portraits sont courts. Peu de mots suffisent à M. Beyle, qui peint ses personnages et par l'action et par le dialogue ; il ne fatigue pas de descriptions, il court au drame et y arrive par un mot. Ses paysages, d'un dessin un peu sec (...), sont faits lestement. » (*La Revue parisienne*, 25 sept 1840).
30 Félix Davin, « Introduction aux *Études philosophiques* », dans Honoré de Balzac, *Écrits sur le roman, op. cit.*, p. 101.

laine, dresse les chevaux, tresse les harnais et les galons, découpe le cuivre, peint les voitures, arrondit les vieux ormeaux, vaporise le coton, soufre les tulles, corrode le diamant, polit les métaux, transforme en feuilles le marbre, lèche les cailloux, toilette la pensée, colore, blanchit et noircit tout (...)[31].

L'amincissement, la laminage, le polissage ou l'habillage de la matière dans l'industrie parisienne du luxe et de l'esprit est la métonymie de toute la division du travail, ici désignée par la prévalence des verbes sur les noms de métiers, par la descente de l'art dans la main, et qui implique une infinie division et caractérisation des choses. La richesse des nations est le travail divisé des nations ; l'effilement de la matière est l'expression de la division du travail et du raffinement des mœurs ; et le peuple, comme le soulignait Malthus, gagne son nécessaire en produisant le superflu des riches. Cependant, ce n'est pas tant la loi de la production que cherche à formuler le narrateur ; il indique que ce prolétariat est « [cloué] à un rouage » parce que le fabricant lui a promis « un salaire excessif, soit au nom des caprices de la ville, soit à la voix du monstre nommé Spéculation[32] » ; mais la formulation de la loi demeure simpliste : « l'or et le plaisir ». Moins analyste de la production qu'analyste de la consommation, l'étude balzacienne des mœurs s'intéresse donc plutôt au fait que « l'homme, par une loi qui est à rechercher, tend à représenter ses mœurs, sa pensée et sa vie dans tout ce qu'il approprie à ses besoins » et elle prescrit au roman non seulement l'observation mais l'explication de cette « représentation matérielle[33] ». Le roman est donc la représentation d'une représentation ; il dit la multiplicité des objets pour en étudier le rapport au possesseur ; si le romancier repart, comme l'économiste, de l'évidence de la profusion des choses, c'est pour explorer un tout autre versant du problème.

Il y a une « loi » qui préside à la production : ce pourrait être la loi des débouchés, amendée par les réflexions de Say sur la surabondance partielle. Il y a une « loi » qui préside à la consommation : loi non économique mais toute psychologique par laquelle les hommes s'approprient les choses et se font, par concrétion, des vêtements et des habitats qui disent leur singularité, au contraire du « peu de mobilier »

---

31 Honoré de Balzac, *La Fille aux yeux d'or*, *op. cit.*, p. 1041.
32 *Ibid.*
33 Honoré de Balzac, « Avant-propos » de la *Comédie humaine*, dans *Écrits sur le roman*, *op. cit.*, p. 282-283.

de l'animal. Plus finement que l'économiste, le romancier voit que le rapport humain aux choses est moins de consommation que de représentation (et Stendhal aussi savait intégrer la satisfaction de vanité à la valeur d'une montre). C'est par là que le romancier se rapproche de la question du *sens* de la consommation soulevée par Jean Baudrillard, lorsque ce dernier fait l'hypothèse que les êtres s'organisent moins « en fonction de leur survie » qu'« en fonction du sens, individuel ou collectif, qu'ils donnent à leur vie », et qu'il souligne même que cette « valeur d'"être', cette valeur structurelle peut impliquer le sacrifice des valeurs économiques[34] ». À lire Say, ou bien Mill, ou bien Stendhal lecteur de Say, nous pouvons avoir le sentiment que le producteur ne sait pas trop pourquoi ses contemporains ne lui prennent pas ses bas de soie, ni même ses bas de coton, et préfèrent parfois aller jambes nues... Seul le romancier fait comprendre l'intérêt démesuré des *ciseaux anglais*, des *bas à jours*, des tilburys bleu nuit ou des gants beurre frais. Mais pour dire la multiplication des choses, le roman balzacien doit se faire lui-même producteur, intégrer la mimésis dans la diégésis, accoutumer la syntaxe aux nécessités de l'inventaire, assortir son lexique à la maîtrise ouvrière ou aux effets de matière...

L'USURE DES OBJETS

Si la description balzacienne est productiviste, le paradoxe qui se profile est celui qu'indique Jean-Pierre Richard lorsqu'il remarque que « même les objets les plus déshérités pourront se rouvrir à la tentation d'un dynamisme » : « la prolifération verbale du débris, du décrit, fait accéder le stérile, l'ignoble, l'épuisé à un paradoxal triomphe[35] ». C'est la laideur même du détail qui souvent donne son élan à la description[36], c'est le défaut qui commande l'inventaire. Aussi la description du rez-de-chaussée de la pension Vauquer est-elle gagée sur l'énergie dysphorique de l'objet, la jouissance de l'écœurement, et combine-t-elle l'affirmation de l'extrême usure des objets, prêts à « tomber en pourriture », avec la

---

34 Jean Baudrillard, *La société de consommation, op. cit.*, p. 50.
35 Jean-Pierre Richard, « Corps et décors balzaciens », section « l'objet sensible », dans *Études sur le romantisme*, Seuil, « Pierres vives », 1970, p. 124-125.
36 « Tout retour à zéro, tout retour au détail, tout recommencement est nécessairement une vision du non-beau, une vision du laid... », écrit Pierre Barbéris à propos de *La Maison du chat qui pelote. Le monde de Balzac, op. cit.*, p. 106.

reconnaissance d'une vigueur de la chose qui est aussi celle du geste descriptif : vigueur des « petits paillassons piteux en sparterie qui se déroule toujours sans se perdre jamais », solidité des « piles d'assiettes en porcelaine épaisse, à bords bleus, fabriquées à Tournai », entêtement des « meubles indestructibles[37] ».

Élargir le paradoxe que constitue cette énergétique négative consisterait à mettre, en face de la trop simple analogie entre la description balzacienne et la loi des débouchés de Say, le problème de la nature des objets décrits : oui, le roman balzacien est contemporain des méditations réitérées de Jean-Baptiste Say sur la multiplication des choses depuis Charles VI ; oui, son parti-pris des choses fait songer au geste de l'industriel ; mais décrit-il le neuf, le remplacement de l'ancien par le neuf, la diversification de la nouveauté par rapport à l'indistinction de l'ancien, l'équipement des classes ascendantes en biens de consommation ? Pierre Barbéris insistait sur le fait que le roman balzacien montre la nécessaire destruction créatrice de la bourgeoisie, condamnée dans son mouvement à « se détruire elle-même constamment[38] ». Mais voyons-nous ce processus à l'œuvre dans le règne matériel lui-même, comme y a insisté Baudrillard ? Non ou bien peu ; ce n'est guère cela que montre le roman balzacien, où l'écrivain apparaît d'abord et au contraire comme « l'archéologue du mobilier social[39] » : beaucoup plus nettement que dans *Les Choses* de Perec, l'inventaire romanesque regarde le passé. Si bien qu'à l'économiste comptant les points de croissance depuis le Moyen-Âge s'oppose le romancier descripteur des vestiges de la civilisation. L'exemple à invoquer ici ne serait pas tant celui du magasin de l'Antiquaire de *La Peau de chagrin*, où s'entassent « les ossements de vingt mondes » et « les débris de cinquante siècles évanouis[40] » ; en effet, ces objets qui plongent Raphaël dans la catalepsie et contribuent à une définition de la description comme reconstitution à la Cuvier, sont pour la plupart des pièces uniques, des chefs-d'œuvre, et ils échappent largement à la définition économique du produit. Mais le commun des objets dans le roman balzacien se présente sous l'espèce de l'usure et de l'usé, à l'instar du mobilier de la pension Vauquer ou de celui d'Adeline

---
37 Honoré de Balzac, *Le Père Goriot, op. cit.*, p. 53-54.
38 Pierre Barbéris, *Le Monde de Balzac, op. cit.*, p. 282.
39 Honoré de Balzac, « Avant-Propos » de la *Comédie humaine, op. cit.*, p. 288.
40 Honoré de Balzac, *La Peau de chagrin, op. cit.*, p. 69 et 74.

Hulot, cruellement détaillé par Crevel[41]. Manière de dire l'Histoire (les rideaux sont « passés »), de décrire la matière, d'indiquer le drame, voire de figurer l'épuisement et les dislocations mêmes de la description, explique Aude Déruelle[42]. Manière aussi, lorsque l'on tente de prendre le problème du point de vue de l'économiste, de marquer ce moment où l'objet têtu et survivant laisse d'autant mieux voir son utilité qu'il est depuis longtemps *amorti*. C'est le moment où l'objet, tout en ne valant plus rien, dépouillé de l'éventuelle plus-value éphémère d'une ancienne mode, sert encore : il sert encore au personnage, ce qui définit après tout une vraie validité économique de l'objet amorti face à la théorie économique du remplacement industriel ; surtout, il sert encore à la description, en vertu du fait que l'usé commande le détail et porte le sens, tandis que l'opulence et la nouveauté, comme celles des salons du banquier Taillefer, n'appellent qu'une description impressionniste.

Certes Jean-Baptiste Say est lui aussi attentif à la rapidité d'usure des choses. Il explique par exemple que s'établir dans la cordonnerie permet de parier sur l'usure trimestrielle des chaussures chez ses contemporains[43]. Ailleurs, il classe par ordre décroissant la vitesse de consommation d'une pêche, d'une bougie, d'un cheval, d'une maison et d'un diamant ou d'un plat d'argent. « Lorsqu'on achète un cheval 600 francs et qu'après s'en être servi deux ans, on le revend 400 francs, on a consommé pour 200 francs de *valeur chevaleresque*[44] », dit étrangement l'économiste. Mais chez Balzac, l'usure, l'usage et la perte de valeur monopolisent l'attention. La bougie dérobée par Eugénie pour éclairer l'arrivée de son cousin Charles brûlera en une nuit. Les diamants du comte de Restaud ont perdu leur valeur, comme le prétend du moins Gobseck : trois cent mille francs avant la révolution, deux cent mille sous l'empire, cent mille au moment du réméré, finalement quatre-vingt mille au comptant. L'Histoire est le passé de l'économie, elle en est le vestige ou l'ombre. Ou plus exactement, il y a des valeurs qui profitent du temps et d'autres qui en pâtissent : c'est la logique symétrique de la dépréciation et de l'intérêt, et la première intéresse Balzac autant que le deuxième. Le roman fait pour tout le compte de

---

41 Honoré de Balzac, *La Cousine Bette*, op. cit., p. 58.
42 Aude Déruelle, « L'usure des choses », *L'Année balzacienne* n° 10, 2009, p. 25-35.
43 Jean-Baptiste Say, *Cours à l'Athénée*, fin de la première séance, op. cit., p. 112.
44 *Ibid.*, p. 133.

la déperdition de valeur ; même lorsque la matière est indestructible, il cherche à dire la baisse de la valeur d'échange ; et même quand la valeur d'usage demeure, il cherche à dire l'usure de la matière. Or chez Mme Vauquer, on ne revend pas les meubles, on va jusqu'à l'épuisement de leur « valeur meublante » comme dirait Say. Le développement est un peu comme la monnaie selon Jean-Baptiste Say : c'est une vague qui passe, se perd « je ne sais où[45] », repassera bien sûr, et laisse à chaque fois sur son passage du capital technique, de l'activité productrice bientôt réifiée, de la chose aussitôt vieillissante et par là offerte à la description. Citant les lignes étonnantes de « Ce qui disparaît à Paris » (1844), sur la disparition de l'ancien mobilier urbain et sur l'effacement justement du moyen-âge dans la ville, Pierre Barbéris souligne qu'« il y a chez Balzac un réalisme du présent en train de devenir le passé, en train d'enregistrer sur soi-même son propre vieillissement », en « une extension au moderne des vieux prestiges que le romantisme artiste n'accordait guère qu'aux temps déjà nimbés de légende[46] ». Cette historicisation, ce regard brocanteur ou antiquaire sur les vestiges objectaux, n'est pas le contraire mais l'envers de l'économisme : c'en est le discours complémentaire. Si le descripteur est par essence réactionnaire (l'inverse serait vrai aussi), c'est parce qu'il voit le sens dans l'obsolescence et la consommation, tandis que l'économiste le voit dans le réinvestissement et dans la production. C'est le même curseur glissant sur la marche des siècles, mais l'économiste-industriel regarde vers l'avant tandis que le romancier-descripteur inventorie l'empire poudreux des objets laissés en arrière. Certes, une originale comme Dinah de la Baudraye précède la mode en se meublant d'antiquités gothiques, mais ce qui frappe est la périphrase utilisée pour désigner Sommerard : « cet *Old Mortality* des meubles[47] » (et non *Old Curiosity*). La formule sonne comme une définition de la description objectale chez Balzac.

C'est donc l'usage, l'usure se faisant, la destruction d'utilité des économistes, que montre la description balzacienne. Taillefer a au début de son dîner « la gaieté soucieuse d'un homme qui dépense deux mille écus[48] ». Le magnifique surtout en bronze qui orne sa table, forgé sans

---

45 *Ibid.*, p. 117.
46 Pierre Barbéris, *Le monde de Balzac, op. cit.*, p. 100.
47 D'après le titre original des *Puritains d'Écosse* [*Old Mortality*, 1816], de Walter Scott. Voir *La Muse du département, op. cit.*, p. 646 et la note associée.
48 Honoré de Balzac, *La Peau de chagrin*, p. 95.

doute par les ouvriers du prologue de *La Fille aux yeux d'or*, porte de « blondes pêches » qui auraient fait rêver Jean-Baptiste Say, mais les « pyramides de fruits » seront « pillées[49] ». Les courtisanes offertes par l'amphitryon à ses invités sont plus précieuses que leurs robes et que les salons : « Riches étaient les parures, mais plus riches encore étaient ces beautés éblouissantes devant lesquelles disparaissaient toutes les merveilles de ce palais[50] » ; elles finiront pourtant à l'hôpital. Ce qui intéresse donc le romancier dans les objets et les vêtements, aussi bien que les denrées et les corps monnayés, c'est leur coefficient d'usure, et la description culmine thématiquement dans ce qu'elle a de plus fragile, le fruit ou la femme dont le surtout ou la robe sont l'offertoire.

Il y a une belle page de Valéry sur Robinson, sur les provisions, sur la prévision, page que Baudrillard ne cite que pour la contredire[51]. Valéry y explique qu'« une caisse de biscuits, c'est tout un mois de paresse et de vie », ou que « des pots de viande confite et des couffes de fibre bourrées de graines et de noix sont un trésor de quiétude[52] ». L'abondance est une victoire sur le temps et une victoire de la pensée ou de la rêverie. « Robinson humait la présence de l'avenir dans la senteur des caissons et des coffres de sa cambuse », écrit Valéry : « Son trésor dégageait de l'oisiveté ». Belle page, dans laquelle Valéry emploie une formule que n'aurait pas reniée Say : « L'humanité ne s'est lentement élevée que sur le tas de ce qui dure » ; et dans laquelle l'esprit se définit comme ce qui l'emporte sur le « *mot à mot* de nos besoins ». Mais pour Baudrillard analyste du gaspillage, le « principe économique » que formule Valéry a été balayé par la conception de la dépense de Nietzsche ou Bataille, laquelle serait inséparable d'une conception excessive de l'abondance : « pour que celle-ci devienne une *valeur*, il faut qu'il y en ait non pas assez, mais *trop*[53] ». Aussi la fête de Taillefer est-elle la réédition ironique, à l'aube de la monarchie de Juillet, des fêtes destructrices du Roi Soleil vitupérées par Jean-Baptiste Say : elle détruit dans l'instant. Mais la page de Balzac qui répliquerait le mieux à Valéry, ce serait plutôt l'inventaire

---

49 *Ibid.*, p. 106-107.
50 *Ibid.*, p. 109.
51 Jean Baudrillard, *La société de consommation, op. cit.*, p. 50-51.
52 Paul Valéry, ébauche du « Robinson », dans *Histoires brisées*, *Œuvres*, vol. II, éd. Jean Hytier, Gallimard, « Bibliothèque de la Pléiade », 1960, p. 419. Certaines phrases sont reprises dans la version finale de cet texte, « Le Robinson oisif, pensif, pourvu », p. 412.
53 Jean Baudrillard, *La société de consommation, op. cit.*, p. 51-52.

étonné des « pâtés pourris » de Gobseck par Derville[54]. Car dans cette page déjà commentée[55], la description balzacienne ne se conforme ni au discours du poète économiste, ni à celui du sociologue du gaspillage : ce n'est pas l'abondance qui intéresse, c'est l'hétéroclite ; ce n'est pas la consommation qui est mesurée, c'est l'autodestruction ; enfin la provision n'est pas une victoire sur le temps, c'est le contraire. Peut-être ne faut-il pas exagérer la valeur métonymique de ces « pâtés pourris » et de ces poissons barbus, en tenant compte du fait qu'ils voisinent avec des gages plus précieux et plus durables. Mais les objets figurent ici autant de marchés « en suspens[56] », c'est-à-dire que les denrées, l'argenterie, les antiquités autant que la monnaie présentes témoignent toutes du fait que le temps est entré dans l'échange, lequel s'en trouve modifié, de même que dans la pièce « fourmill[ent] des vers et des insectes ». Ce serait une vanité du marché qu'offrirait cette description des objets, contribuant à lui donner un caractère organique.

Ainsi, le monde balzacien est plein de choses qui s'usent. Il est rempli d'objets poussés à la fin de leur cycle de vie. On y voit des aliments non seulement consommés mais aussi chosifiés dans leur pourriture. D'où la parfaite ambivalence de ce roman au regard de la théorie des débouchés de Say. En effet, quels « débouchés » dans un monde si plein ? Passons sur la réfutation massive de la théorie de la monnaie-voile que constitue la *Comédie humaine* : il y a suffisamment de « pathologies de l'argent » dans le roman balzacien pour qu'il soit impossible d'y lire l'idée que la monnaie n'est rien, qu'elle n'est utile qu'autant qu'elle sert à se procurer des produits[57]. D'une certaine manière, l'expression « on a payé des produits avec des produits[58] » est anti-balzacienne. Concentrons-nous

---

54 Honoré de Balzac, *Gobseck*, *op. cit.*, p. 1011-1012.
55 Voir notre première partie.
56 Honoré de Balzac, *Gobseck*, *op. cit.*, p. 1012.
57 Cette question des « pathologies de l'argent » chez Balzac et Zola a été abordée en commun avec André Orléan, Alexandre Péraud et Claire Pignol dans un panel du colloque de l'Association Française d'Économie Politique du 2 juillet 2014. Voir Pierre Bras et Claire Pignol (dir.), dossier « Économie et littérature », *L'homme et la société* n° 200, 2016/2, p. 189-237. Voir à l'inverse cette formule « non pathologique » de Jean-Baptiste Say sur l'échange marchand : « La monnaie sert dans cette opération à-peu-près de la même manière que les affiches et les feuilles d'avis qui, dans une grande ville, opèrent le rapprochement des gens qui sont dans le cas de faire des affaires ensemble. » (*Traité d'économie politique*, livre I, chap. XXII, « Des Débouchés », *op. cit.*, vol. 1, p. 152).
58 Jean-Baptiste Say, *ibid.*, p. 154.

plutôt sur les choses mêmes. Dans son article sur le bric-à-brac balzacien, José-Luis Diaz cite en bonne place le passage de *Ferragus* où Jules Desmarets, avant même d'entrer chez la veuve Grujet, perçoit par l'ouïe que l'appartement qu'elle occupe est plein à craquer[59]. D'un côté, en figurant un monde saturé, le roman balzacien semble dire qu'il serait inutile de produire et qu'on a déjà surproduit, qu'on est déjà en situation de « surproduction généralisée », enfin que l'homme a déjà essoré les choses, éprouvé tout à la fois leur utilité et leur inutilité. D'ailleurs ce bric-à-brac, qui déjoue tout classement des espèces objectales, exprime un désordre qui nie les lois de l'économie : la production rationnelle ne laisse voir, quand on se retourne, que le spectacle de l'irrationalité, le capharnaüm de Gobseck. Mais d'un autre côté, le monde est plein de choses « expirantes », de choses à remplacer, d'objets laids et antiques qui sont autant de colonels Chabert déclassés et doivent disparaître dans le mouvement de l'Histoire et de la production. Toute l'ambivalence du légitimisme balzacien se retrouve naturellement déposée dans le sens économique des descriptions d'objets. Et cette ambivalence est présente dans l'Avant-Propos qui, tout en prenant note de l'incessant bouleversement social, se prescrit une « archéologie » du mobilier social, choisissant de dire la mode par son envers, de dire le remplacement par la rémanence, de signifier ce qui bouge en disant ce qui reste.

L'UTOPIE DE LA FRUGALITÉ

Cette ambivalence est bien présente dans *Le Médecin de campagne*, mais sous une forme contraire : le roman parle de développement économique, mais il ne nous montre que des intérieurs minimalistes, tour à tour misérables, négligés ou dénudés. Jamais la description ne nous emmènera dans les intérieurs des industriels de cette vallée-modèle : nous ne verrons ni la maison neuve du vannier[60], ni la « jolie maison » de M. Gravier[61], ni la maison construite par le jeune notaire[62]. Certes il n'y a pas encore de « maisons bourgeoises » (dans le sens architectural du terme) dans le bourg, mais il y a « douze maisons [familles] riches »

---

59   Honoré de Balzac, *Ferragus*, dans *La Comédie humaine*, vol. V, Gallimard, « Bibliothèque de la Pléiade », p. 867. Voir José-Luis Diaz, « Balzac bric-à-brac », *Le Magasin du XIXᵉ siècle*, « Les choses », *op. cit.*, p. 86.
60   Honoré de Balzac, *Le Médecin de campagne*, *op. cit.*, p. 416.
61   *Ibid.*, p. 423.
62   *Ibid.*, p. 426.

dont nous ne verrons jamais les intérieurs[63]. Lorsque la description investit des logis par le regard de Genestas, c'est d'abord pour détailler la misère : la pièce unique de la nourrice, la chaumière du crétin ou celle du petit poitrinaire[64]. On pourrait évidemment arguer que ces peintures du dénuement légitiment le développement prôné par Benassis. De la chaumière du crétin, semblable à la « niche » d'un chien, aux « tanières » des « Moujiks », aux terriers auxquels pense l'Avant-propos, le texte indique : « Là, rien n'attestait les choses de la vie, il ne s'y trouvait même pas le moindre ustensile nécessaire à la préparation des aliments les plus grossiers[65]. » Renvoyant à un passage du *Cours d'économie politique* sur les fourchettes, Donnard fait remarquer qu'il y a du Jean-Baptiste Say dans ces « Georgiques » de Balzac[66]. Le lecteur de Say sera en effet sensible à des phrases comme : « Les peuples sans besoin sont pauvres » ; ou bien : « En peuplant le bourg, j'y créais des nécessités nouvelles » ; et surtout, cette presque reformulation de la loi des débouchés : « Une production en exigeait une autre[67] ». Mais il nous semble, pour commencer, que le texte balzacien dissone. Benassis explique un peu plus loin : « Quand un pays est en plein rapport, et que ses produits sont en équilibre avec sa consommation, il faut, pour créer de nouvelles fortunes et accroître la richesse publique, faire à l'extérieur des échanges qui puissent amener un constant actif dans la balance commerciale[68]. » Certes Say défend le commerce, mais nous pouvons nous demander si la force de la loi des débouchés ne provient pas justement de son caractère endogène, de son efficacité dans la clôture : c'est en produisant des choses qu'on en vient aussi à produire des fourchettes et à changer les mœurs, et cela pourrait fonctionner sans qu'on ouvre une route vers Grenoble. En outre, pour en rester à la description des intérieurs dans *Le Médecin de campagne*, nous avons le sentiment, déjà exprimé dans l'analyse du personnage de Taboureau, que le roman nourrit non pas une « arrière-fable » – car elle est parfaitement explicite et assumée – mais une contre-fable : celle du dénuement consenti, de la rareté et de l'intensité objectales. La

---

63 *Ibid.*, p. 426-427.
64 *Ibid.*, respectivement p. 392, p. 399-400 et p. 491.
65 *Ibid.*, p. 399-400.
66 Jean-Hervé Donnard, *Balzac. Les réalités économiques et sociales dans* La Comédie humaine, partie I, chap. VII « Georgiques ».
67 Honoré de Balzac, *Le Médecin de campagne*, p. 418.
68 *Ibid.*, p. 425.

description de l'intérieur de la maison de Benassis à travers le regard de Genestas offre l'image d'un intérieur très propre (grâce à la bonne Jacquotte) mais « conforme au délabrement de la porte et aux vêtements du possesseur[69] ». Tandis que la chambre proposée à Genestas est presque luxueuse, celle de Benassis est sans confort :

> Tout (...), dans ce tableau simple auquel l'extrême propreté maintenue par Jacquotte imprimait une sorte de correction, donnait l'idée d'une vie quasi monacale, indifférente aux choses et pleine de sentiments[70].

Et le premier chapitre du roman se termine sur une « tartine » de Benassis sur l'hospitalité, expliquant que « le luxe ne va qu'aux hôtels, aux châteaux, aux boudoirs et aux chambres d'amis[71] ». Le luxe ne s'excuse que par l'altruisme, mais il acquiert aussi une profondeur historique et spirituelle. Le pot à eau avec lequel Benassis fait sa toilette est « antique », tout comme les carafes qui ornent la belle table du dîner donné au chapitre III, table décorée d'« objets d'un luxe ancien et néanmoins presque neufs[72] ». L'ensemble évoque la Renaissance, et discrètement le protestantisme, par l'évocation de la nappe faite « de cette toile damassée inventée sous Henri IV par les frères Graindorge » et du couvercle de la soupière « à la manière de Bernard de Palissy[73] ». Se dessine alors une ligne sémantique qui parcourt la description des intérieurs et se retrouve d'une part dans la description de la maisonnette de la Fosseuse sur le flanc de la montagne, d'autre part dans la description de la maison d'Évelina à l'intérieur de la confession finale du médecin de campagne. Ces passages peuvent apparaître discrètement attelés, parce qu'il s'agit de l'environnement domestique de la promise de Genestas (comme le suggère le texte[74]) et de celle qui fut autrefois promise à Benassis. La brève description de la « cage (...) charmante » de la Fosseuse évoque un mobilier « simple » et un nécessaire à couture qui composent un ensemble « propre et frais comme une coquille jetée par

---

69 *Ibid.*, p. 409.
70 *Ibid.*, p. 441.
71 *Ibid.*, p. 442.
72 *Ibid.*, respectivement p. 441 et 500.
73 *Ibid.*, p. 500.
74 « 'Qu'est-ce donc que ce monsieur là ?' souffla-t-elle à l'oreille de Benassis. – Ha ! ha ! répondit le médecin en mettant le pied à l'étrier, peut-être un mari pour toi. » *Ibid.*, p. 485.

la mer en un coin de grève[75] ». L'argument est ici celui du naturel : « le secret de cette élégance est dans une sorte d'harmonie entre la maison et la nature qui a réuni là des ruisseaux, quelques arbres bien groupés, et jeté sur cette pelouse ses plus belles herbes, ses fraisiers parfumés, ses jolies violettes », explique Benassis à Genestas[76]. Dans le dernier chapitre, l'évocation par Benassis de son amour pour Évelina douze ans auparavant installe une autre légitimation de l'objet. C'est même par la description objectale déléguée à Benassis que Balzac rend compte de ce qu'est le puritanisme catholique (les parents d'Évelina ont à la fois embrassé le parti de la « Petite Église » schismatique de la Révolution et la doctrine janséniste) :

> L'aspect intérieur de cette maison avait quelque chose de glacial : j'y voyais, chaque jour tous les meubles, même les plus usagers, exactement placés de la même façon, et les moindres objets toujours également propres. Néanmoins cette manière de vivre attachait fortement.

Le récit dit alors l'expansion de l'âme :

> Après avoir vaincu la première répugnance d'un homme habitué aux plaisirs de la variété, du luxe et du mouvement parisien, je reconnus les avantages de cette existence ; elle développe les idées dans toute leur étendue, et provoque d'involontaires contemplations ; le cœur y domine, rien ne le distrait, il finit par apercevoir je ne sais quoi d'immense autant que la mer. Là, comme dans les cloîtres, en retrouvant sans cesse les mêmes choses, la pensée se détache nécessairement des choses et se reporte sans partage vers l'infini des sentiments[77].

Un peu différente de la rhétorique de la nature qui nimbait la description du nid de la Fosseuse, la rhétorique est ici celle du « sentiment », comme dans la description de la chambre de Benassis. Il existe une différence entre la maisonnette colorée de la Fosseuse, harmonie de rouge et de blanc, et les « couleurs grises » qu'évoque Benassis pour désigner la « suave quiétude » de la vie d'Évelina, mais l'objet y fait identiquement sens par sa rareté, sa propreté et sa permanence. Libéré d'une profusion qui fait généralement sens dans la *Comédie humaine* comme bric à brac, libéré de l'irrationalité accumulatrice et sorti du magasin, enfin ramené dans ses lignes singulières, l'objet est dans ce roman doublement présent

---
75 *Ibid.*, p. 482.
76 *Ibid.*, p. 484.
77 *Ibid.*, p. 560. Il faut comprendre « usagers » par « usuels ».

comme ustensile et comme invitation au détachement, à l'intérieur d'une vaste opposition entre matérialisme et spiritualisme. Benassis explique incidemment que « le propre des doctrines absolues est d'agrandir les plus simples actions en les rattachant à la vie future[78] », et il y aurait peut-être là une définition de la description objectale mise en œuvre dans *Le Médecin de campagne* : libérée du pli « archéologique » revendiqué par l'Avant-Propos, elle ferait plutôt signe vers le présent de l'usage et l'avenir du nécessaire dépouillement ; ressemblant à une nature vivante plutôt qu'à une nature morte ou à une vanité du bric à brac, elle libérerait l'objet de l'interprétation, en même temps qu'elle en ferait un tremplin vers la « contemplation » et le « sentiment ». Ici l'herméneutique balzacienne se renonce. C'est l'élargissement métaphysique qui la remplace. L'objet n'a plus aucune valeur psychologique ou sociale. Et l'esthétique balzacienne se renonce du même coup.

C'est ainsi que l'ambivalence de Balzac – lorsqu'il dépeint un monde trop plein de choses trop usées, ce qui à la fois déjoue et légitime le productivisme – est une ambivalence qui ne se trouve guère résolue dans un manifeste romanesque d'économie rurale comme *Le Médecin de campagne*. Chez la Fosseuse et chez Évelina, le débouché, c'est l'infini, le sentiment, l'âme. Et l'objet, rendu permanent par sa propreté, sa rareté et son rangement, persévérant dans son *être pour* l'homme plutôt qu'enfermé dans l'*il y a* des choses ou bien dans toute sur-signification d'ordre indiciaire, n'appelle pas de remplaçant ni de compagnon. Dans ce cas, pourquoi ne pas comparer ce puritanisme, expression objectale de l'ordre catholique auquel appelle l'Avant-propos, à la frugalité du producteur-réinvestisseur selon Say ? Parce que le roman de la Chartreuse ne nous montre justement pas les producteurs, les familles riches, les classes montantes, les maisons qui s'équipent (on ne sait d'ailleurs pas non plus ce que font les parents d'Évelina, ni d'où vient leur fortune). Le fait que la maisonnette de la Fosseuse contienne des meubles fabriqués gracieusement par le vannier de Benassis ne paraît pas suffisant pour faire de son intérieur le signe du développement de la vallée. La frugalité de Benassis ou de la Fosseuse n'est pas celle des accumulateurs de capital qui chez Say préfèrent le « reproduire » aux « plaisirs[79] ». Nous en arrivons à la conclusion que les lieux qui se trouvent décrits

---

78 *Ibid.*, p. 557.
79 Jean-Baptiste Say, *Cours à l'Athénée*, 2ᵉ séance, *op. cit.*, p. 121.

de façon méliorative dans *Le Médecin de campagne*, et qui sont les seuls intérieurs détaillés en regard des chaumières des pauvres, ne sont guère expressifs du développement économique organisé par Benassis : ils sont eux-mêmes schismatiques ; ils sont marginaux par rapport à la route de Grenoble. Peut-être la richesse des intérieurs nouveaux, qui ne sont pas décrits, est-elle aussi regrettable que le surdéveloppement de l'intérêt bien compris chez le personnage de Taboureau[80]. Ajoutons que la jolie « cage » de la Fosseuse, à flanc de montagne, est saisie au « coucher du soleil[81] » : l'avenir du développement initié par le médecin n'est pas le couchant où baignent les protagonistes ; le règne des objets, chez Benassis comme chez la Fosseuse et comme autrefois chez Évelina, est celui du détachement. D'un côté, nous pouvons estimer ces descriptions d'intérieurs honnêtes assorties au développement « doux[82] » de cette économie rurale ; de l'autre, nous pouvons lire dans ce dénuement puritain une discrète objection de conscience à toute théorie économique de l'élargissement des besoins. « *Dressons une tente et restons ici* », dit le texte de Balzac en citant l'Évangile selon Matthieu pour décrire la beauté du crépuscule[83]. Balzac aurait inventé l'utopie économique mélancolique.

L'IMPERMÉABLE ET L'EFFET DE RÉEL (FLAUBERT)

Il est malaisé de considérer le vêtement comme un objet : c'est l'un des problèmes de définition qu'examinait Claude Duchet au début de son article sur « Roman et objets[84] ». Cependant il notait que le vêtement s'objective dès lors qu'il se détache du corps (comme les chemises des invités aux noces de Charles et Emma, qui « sur les poitrines

---

80 Voir notre première partie.
81 Honoré de Balzac, *Le Médecin de campagne*, p. 480-481.
82 Tel est le terme répété par Emmanuel Leroy-Ladurie dans sa préface au roman. Voir Honoré de Balzac, *Le Médecin de campagne*, Gallimard, « folio classique », 1974, p. 31 ou 42 notamment.
83 Évangile selon Matthieu, chap. 17, versets 1-8, *cit. in Le Médecin de campagne*, Gallimard, « Bibliothèque de la Pléiade », *op. cit.*, p. 489.
84 Claude Duchet, art. cité, p. 14.

bomb[ent] comme des cuirasses[85] ! ») ou dès lors qu'il est fétichisé (la robe « démesurée, infinie, insoulevable » de Marie Arnoux[86] ou bien son gant[87]). En outre, c'est par le détour du vêtement que nous pouvons ménager la transition entre Balzac et Flaubert dans l'écriture de l'objet. En effet, c'est en constatant que « le vêtement est, pour Balzac, tout un langage » que Jacques Dubois s'avance vers la distinction entre le régime balzacien de l'objet romanesque et celui de ses successeurs :

> On n'en est pas encore à vouloir que les choses façonnent l'homme, comme ce sera le cas chez Flaubert ou Zola. Non, les objets sont dans une relation d'échange avec l'individu, l'un disant l'autre et réciproquement[88].

Dans la sociologie balzacienne des vêtements et des choses, le règne des objets est celui de la lisibilité. Lorsque Lousteau froisse la robe d'organdi de Dinah pour la compromettre plaisamment, il joue de la logique indiciaire qui amènera le monde à conclure qu'il l'a étreinte : « Madame de la Baudraye se vit dans un état à ne pas se montrer[89]. » De même, lorsque Gobseck contemple Madame de Restaud au réveil, les « brimborions épars » laissés par le déshabillage au retour du bal sont les signes lisibles de sa passion comme de son écartèlement moral[90]. Jean-Pierre Richard remarque qu'il existe parfois chez Flaubert une correspondance comparable entre le corps et la toilette, « lorsque le héros de *Novembre* fait par exemple craquer entre ses doigts la robe de satin de sa maîtresse » et que « le vêtement se dissout dans la chair dont il est l'exhalaison dernière[91] ». Mais le paradigme flaubertien dominant est bien plutôt le fétichisme vestimentaire : le vêtement de Marie ou Emma fait rempart à Frédéric ou Léon,

---

85   Gustave Flaubert, *Madame Bovary*, partie I, chap. IV, éd. Jacques Neefs, Paris, Livre de poche « Classiques », 1999, p. 87.
86   Gustave Flaubert, *L'Éducation sentimentale*, partie II, chap. III, éd. Pierre-Marc de Biasi, Paris, Livre de poche « Classiques », 2002, p. 309.
87   Sur ce point, voir Jean-Pierre Richard, « La création de la forme chez Flaubert », *Littérature et sensation. Stendhal, Flaubert*, Seuil, « points essais », 1970, p. 212.
88   Jacques Dubois, *op. cit.*, p. 185. Sur l'idée que l'objet façonne l'individu, voir aussi *Les Mots et les choses*. L'homme se voit à la fois sujet et objet de son savoir, rappelle Gisèle Séginger, qui pose cette question : « L'objet gagne-t-il une valeur esthétique parce que sa représentation manifeste mieux qu'autrefois l'enracinement de l'homme dans le monde concret, voire son conditionnement ? » Gisèle Séginger « Objet en métamorphose, esthétique en question », *De l'objet à l'œuvre, op. cit.*, p. 203.
89   Honoré de Balzac, *La Muse du département, op. cit.*, p. 725-726.
90   Honoré de Balzac, *Gobseck, op. cit.*, p. 972-973.
91   Jean-Pierre Richard, *Littérature et sensation, op. cit.*, p. 211.

qui par conséquent investissent érotiquement les accessoires qu'elles leur donnent[92]. Si le vêtement est encore présenté comme le prolongement du corps (« il s'écartait, comme s'il eût marché sur quelqu'un », dit le texte lorsque Léon marche par mégarde sur la robe d'Emma[93]), il est cette fois sacralisé et intouchable. Ainsi, pas de transitivité de la robe comme chez Balzac, ni de contournement de l'obstacle comme chez Stendhal (lorsque Julien vainqueur ouvre l'armoire de Mme de Rênal pour y contempler tous les artifices de « l'artillerie féminine »). Zone interdite, le vêtement flaubertien conteste justement la distinction avec le corps, rompt la bijection qui commande l'herméneutique balzacienne et la notion même d'indice. Or ce que l'on peut dire du vêtement pourrait se dire des objets en général chez Flaubert. Jean-Pierre Richard élargit d'ailleurs son propos à toutes les occurrences de L'Éducation sentimentale où Frédéric voit Mme Arnoux en chaque bibelot[94], de même que Charles retrouvera Emma morte dans son mobilier et ses objets d'élection. La relation fétichiste au vêtement s'élargit en fétichisme de tout objet.

LA FASCINATION POUR LA CHOSE

C'est ainsi que dans « l'ébahissement » de Frédéric contemplant le panier à ouvrage de Mme Arnoux, il y aurait déjà de cette souveraineté paradoxale de l'objet dont parle Baudrillard, lorsqu'il avance que nous vivons « sous le regard muet d'objets obéissants et hallucinants qui nous répètent toujours le même discours, celui de notre puissance médusée[95] ». On sait que lorsque Baudrillard s'exprime ainsi, il désigne un règne de l'objet qui se développe en proportion de « notre absence les uns aux autres ». On sent en outre ce que cette analyse de la société de consommation doit à l'idée marxiste de fétichisme de la marchandise. Est-il judicieux de rapprocher ces pages de Baudrillard d'un roman flaubertien où l'activité des protagonistes se réfugie justement dans leur regard[96] ? Est-il pertinent, sous prétexte de rapprocher deux fétichismes, de mettre en relation des romans où l'objet est bel et bien vecteur d'une

---

92 *Ibid.*
93 Gustave Flaubert, *Madame Bovary*, partie II, chap. IV, *op. cit.*, p. 184.
94 Jean-Pierre Richard, *Littérature et sensation*, *op. cit.*, p. 214.
95 Jean Baudrillard, *La société de consommation*, *op. cit.*, p. 18. C'est aussi le passage dont repart Marta Caraion dans l'introduction de son ouvrage.
96 Voir Michel Raimond, « Le réalisme subjectif dans *L'Éducation sentimentale* », dans *Travail de Flaubert*, *op. cit.*, en particulier p. 93-96.

représentation, avec une théorie de la marchandise postulant que les conditions de possibilité de l'objet, ses facteurs de production, sont escamotés dans une fantasmagorie où s'effacent aussi bien la valeur d'usage que la valeur-travail ? Oui, dans la mesure où ce rapprochement attire notre attention sur l'autonomie conquise par l'objet flaubertien, à l'intérieur de récits déceptifs montrant comment le désir se prend dans des rets, s'épand et s'arrête sur des surfaces, des couleurs, des matières qui sont le *terminus ad quem* des portraits :

> Comme elle se trouvait enveloppée d'ombre, il ne distingua d'abord que sa tête. Elle avait une robe de velours noir et, dans les cheveux, une longue bourse algérienne en filet de soie rouge qui, s'entortillant à son peigne, lui tombait sur l'épaule gauche[97].
>
> Le soleil l'entourait ; — et sa figure ovale, ses longs sourcils, son châle de dentelle noire, moulant la forme de ses épaules, sa robe de soie gorge-de-pigeon, le bouquet de violettes de sa capote, tout lui parut d'une splendeur extraordinaire[98].

« Si les regards pouvaient user les choses, Frédéric aurait dissous l'horloge à force d'attacher dessus les yeux », dit le texte pour dire l'impatience du héros de retour à Paris après deux ans d'exil à Nogent[99]. Mais le regard n'est pas une consommation.... L'objet, inentamé, finira par porter l'être. Le porte-cigare trouvé au retour de la Vaubyessard tient lieu de vicomte, le petit coffret d'argent représente l'intimité de Mme Arnoux, enfin il devient inutile de faire paraître Mme Vauquer pour que le spectacle soit « complet » : l'objet assume seul une fonction de symbole bien différente de la relation de réciprocité balzacienne résumée par la « propriété de l'organdi ». Ce serait la différence entre le paradigme balzacien et la métonymie flaubertienne que définit Jacques Dubois : « Substituant à chaque occasion l'objet à l'être, elle reflète un univers où valeurs et sentiments sont à proprement parler réifiés[100]. » Tout comme l'objet balzacien, l'objet flaubertien peut appeler une exégèse sociologique et psychologique telle qu'en commande l'Avant-Propos à la *Comédie humaine*, mais il revêt en plus une inquiétante étrangeté, provenant à la fois de sa puissance de suggestion et de la dérobade de son correspondant humain.

97 Gustave Flaubert, *L'Éducation sentimentale*, partie I, chap. IV, *op. cit.*, p. 102.
98 *Ibid.*, partie II, chap. VI, p. 388.
99 *Ibid.*, partie II, chap. 1er, p. 184.
100 Jacques Dubois, *Les romanciers du réel, op. cit.*, p. 103.

LES NOUVEAUX OBJETS INDUSTRIELS

Cette étrangeté vient aussi de ce que le règne des objets a mué. Le roman flaubertien n'est pas seulement celui des accessoires fétichisés de la sphère féminine : c'est aussi et surtout celui de l'irruption de l'objet né à l'âge industriel. Il y a bien des sabots, des cheveux coupés, et des pipes dans le roman flaubertien, mais ce n'est pas ce dénominateur commun avec le roman balzacien qu'y cherche communément la critique, ce sont au contraire tous les signes de l'industrie moderne en expansion. Dans *Madame Bovary*, la promenade dominicale s'effectue vers une filature de lin en construction. Dans *L'Éducation sentimentale*, Frédéric traverse de Creil à Montataire une campagne semée de manufactures. Et la visite de la faïencerie d'Arnoux, avec ses « pyroscopes », ses « landiers », ses « engobes » et ses fameux « patouillards[101] », annonce déjà l'invasion du capital technique le plus varié dans les pages de *Bouvard et Pécuchet*. La fabrique de clous sommaire et bucolique du *Rouge* a cédé la place à des bâtiments de plusieurs étages et à des appareils perfectionnés. Et dans les décors du roman, les objets les plus insolites sortent des murs, tels l'« énorme provision de bouillottes, chaufferettes et samovars » entreposée par Arnoux dans son couloir[102] ou la « tête phrénologique » offerte par Léon à Charles. Enfin les néologismes de l'âge industriel envahissent ici le discours de Homais, là le discours de Sénécal (expliquant la faïencerie), en attendant que les technolectes évadés des dictionnaires des arts et techniques ne farcissent les micro-paragraphes de *Bouvard et Pécuchet*.

Il n'est pas sûr que le roman flaubertien souffre du défaut de nomination dont parlent Baudrillard quand il évoque le nécessaire retard des monèmes et phonèmes sur les technèmes[103] ou bien José-Luis Diaz quand il retrace comment après 1830 « les objets manufacturés se mettent à affluer en masse, et donc à excéder les conventions du langage, à bousculer l'économie de ses médiations[104] ». Au contraire, le roman flaubertien préfère le néologisme à la périphrase, embrassant ainsi la « révolution du mot propre » dont parle José-Luis Diaz[105] et reflétant

---

101 Gustave Flaubert, *L'Éducation sentimentale*, partie II, chap. III, p. 306 et 304.
102 *Ibid.*, partie II, chap. II, p. 241.
103 Jean Baudrillard, *Le système des objets* [1968], Gallimard, « Tel », 2012, p. 16-17.
104 José-Luis Diaz, « La société des choses », dans Marta Caraion (dir.), *Usages de l'objet*, *op. cit.*, p. 42.
105 *Ibid.*, p. 45.

aussi bien l'assomption du nom de marque (Bouvard acquiert « un scarificateur Guillaume, un extirpateur Valcourt, un semoir anglais et la grande araire de Mathieu de Dombasle[106] ») que la ramification des technolectes, qui fait du langage une chimie de synthèse (pendant que Sénécal cause « chlorure, sulfure, borax, carbonate[107] »). En effet, l'un des ressorts de l'ironie parnassienne est de retourner contre la modernité évoquée par Baudelaire ses tombereaux de néologismes industriels ; c'est le pendant de la stratégie de légitimation poétique des merveilles techniques selon *Les Chants modernes*, stratégie que Maxime du Camp peine à mener à son terme puisqu'il s'en remet bien souvent à la périphrase. Paradoxalement, ce sont les ironistes parnassiens qui s'emparent le plus vigoureusement des néologismes industriels. Mais cette ironie sur le langage, travaillé de l'intérieur par la diversification des choses, commence tôt. Elle est à l'œuvre dans la préface de *Mademoiselle de Maupin* et dans le vaudeville, genre d'actualité. Gautier cause « seringues à jet continu » en 1835. Dans *Monsieur Gogo à la Bourse* de Bayard en 1838, on parle « briquets phosphoriques » et Bilboquet vante « cette grande belle femme d'industrie qui marche à la perfection universelle... sur une route d'asphalte granitique, et dans un char de fer galvanisé[108] ». Vingt ans plus tard, Vallès se régale, dans ses chroniques boursières du *Figaro*, des noms des sociétés *Gouvernail-Fouque*, *La Baleine française* ou *Lits hygiéniques*[109]. Entre-temps, le style indirect libre flaubertien a mieux assimilé le mot propre de la modernité bête que toutes les tentatives de poésie techniciste si bien que, du pur point de vue de la langue, les écrivains sont à front renversé : Homais fait plus pour la (contre-)promotion de l'électricité et de la superpurgation que tous les auteurs de chants modernes réunis.

Cependant la modernité technique n'est pas faite seulement de mots mais aussi de choses, passibles d'une sémantique, et parmi lesquelles Flaubert ne semble pas faire un choix indifférent. On donne souvent, pour évoquer

---

106 Gustave Flaubert, *Bouvard et Pécuchet*, chap. II, éd. Claudine Gothot-Mersch, Gallimard, « folio classique », 1979, p. 89.
107 Gustave Flaubert, *L'Éducation sentimentale*, partie II, chap. III, *op. cit.*, p. 306.
108 Jean-François Alfred Bayard, *Monsieur Gogo à la Bourse*, vaudeville en un acte et un tableau, Paris, Marchant éditeur, 1838. Voir la scène 11.
109 Voir les deux articles de la rubrique « Figaro à la Bourse » parus les 4 et 25 avril 1858. Jules Vallès, *Œuvres complètes*, t. I, éd. Roger Bellet, Gallimard, « Bibliothèque de la Pléiade », 1975, p. 118-125.

en lui le contempteur de l'industrialisme, cet extrait d'une lettre que nous avons déjà citée (à propos des modes et de la division du travail[110]) :

> Élançons-nous dans l'idéal ! Puisque nous n'avons pas les moyens de loger dans le marbre et dans la pourpre, d'avoir des divans en plumes de colibris, des tapis en peaux de cygne, des fauteuils d'ébène, des parquets d'écaille, des candélabres d'or massif, ou bien des lampes creusées dans l'émeraude, *gueulons* donc contre les gants de bourre de soie, contre les fauteuils de bureau, contre les mackintosh, contre les caléfacteurs économiques, contre les fausses étoffes, contre le faux luxe, contre le faux orgueil ! L'industrialisme a développé le Laid dans des proportions gigantesques[111] !

Nous voyons bien ici qu'il n'y va pas seulement de l'idéal contre la matière. C'est aussi une lettre sur le faux au XIXe siècle[112], plus précisément sur la dialectique du *modèle* et de la *série* qu'analysera Baudrillard après Benjamin, c'est-à-dire sur le *déficit* de matériau et de style qu'entraîne la reproduction industrielle d'une beauté rare[113] (Flaubert médite sur le fait que « le bon marché (...) a rendu le luxe fabuleux[114] » et sa réflexion s'étend bien sûr aux œuvres de l'art et de l'esprit). C'est en outre une lettre sur la laideur, qui rappelle cette caractéristique du réalisme soulignée par Pierre Barbéris à propos de *La Maison du chat qui pelote* : « tout retour à zéro, tout retour au détail, tout recommencement est nécessairement une vision du non-beau, une vision du laid[115]... » La lettre de Flaubert se concentre enfin sur des objets ridicules. De ce point de vue, elle diffère un peu du discours de Gautier lorsqu'il écrit que « grâce à la vapeur, au galvanisme, à l'électricité, à la compression atmosphérique, notre planète va être travaillée d'une étrange façon » – avisant par-là les vaudevillistes qu'il faut y réfléchir à deux fois avant d'écrire des œuvres d'anticipation satiriques[116]. La lettre de Flaubert diffère aussi du propos

---

110 Voir notre deuxième partie.
111 Gustave Flaubert, Lettre à Louise Colet du 29 janvier 1854, *Correspondance*, vol. II, *op. cit.*, p. 518.
112 Et qui à ce titre présidait aux débats de la journée d'études de la SERD sur « le faux au XIXe siècle » le 18 janvier 2013.
113 Jean Baudrillard, *Le système des objets*, *op. cit.*, p. 191-217.
114 Gustave Flaubert, Lettre à Louise Colet du 29 janvier 1854, *Correspondance*, vol. II, *op. cit.*, p. 518.
115 Pierre Barbéris, *Le monde de Balzac*, *op. cit.*, p. 106.
116 Théophile Gautier, critique des *Iles Marquises* des frères Cogniard à la Porte Saint Martin, dans *La Presse* du 11 décembre 1843, *Histoire de l'art dramatique en France*, vol. 3, Genève, Slatkine, p. 138.

où Baudelaire réagit à l'exposition de 1855 en tonnant contre le progrès résumé à « la vapeur, l'électricité et l'éclairage au gaz[117] ». Car Gautier et Baudelaire nomment des puissances, des principes énergétiques, tandis que la lettre de Flaubert isole des applications techniques ou des objets emblématiques, cherchant par là à dire une incongruité réifiée dans le quotidien (cela dit, Baudelaire parle aussi d'allumettes chimiques…). Autorisons-nous un moment de positivisme étriqué.

Les *gants de bourre de soie* sont des gants faits avec la soie la plus grossière, celle qui entoure le cocon : donc produit de *série* de deuxième qualité ; produit de bonneterie à ranger parmi les bonnets de coton et les culottes de tricot ; produit qui représente du reste une forme de progrès technique dans les inventaires commerciaux et industriels de la Restauration et de la monarchie de Juillet, puisqu'on a appris à filer efficacement la matière première la plus grossière. Cette simple évocation conjugue l'ironie citationnelle sur une dénomination technique, l'allusion à la douillette et bourgeoise bonneterie que fuit Jérôme Paturot (et déjà le bonnet de coton d'Homais se profile) et un jeu sur le signifiant : utiliser le synonyme « fil de fleuret » ou « fantaisie[118] » aurait été perdre toute l'expressivité de cette « bourre » qui évoque un surcroît de protection, un gonflement du faux comme celui des crinolines, et annonce les « bourrelets » desquels Mme Homais entoure le crâne de ses enfants pour les protéger des chutes.

On discerne aussi pourquoi le *fauteuil de bureau* prête le flanc à l'attaque de Flaubert : c'est le complément du nom qui pèche ; le fauteuil est *spécialisé* ; et il risque par là d'être altéré en sa forme (car comme pour les souliers, tout aboutit chez Flaubert à cette question de poétique). Le fauteuil de bureau est-il dans l'esprit de Flaubert l'un de ces augustes fauteuils Empire ou Restauration avec leurs accotoirs en crosse et leur massif dossier renversé ? Ne pense-t-il pas plutôt aux fauteuils d'employés qui sont peut-être déjà, comme l'étaient certains fauteuils de bureau Louis XVI et comme le seront les *swivel chairs* victoriennes, des fauteuils tournants ? Ridicule alors du fauteuil fonctionnel, adapté, déformé, articulé, arraché à l'essence

---

117 Charles Baudelaire, « Exposition universelle – 1855 », dans *Œuvres complètes*, vol. 2, Gallimard, « Bibliothèque de la Pléiade », p. 580, cité dans Marta Caraion, *Usages de l'objet, op. cit.*, p. 11.

118 Article « Fleuret », *Dictionnaire théorique et pratique du commerce et de la navigation*, tome Ier (lettres A-G), Guillaumin, 1859, p. 1251.

du siège pour se voir assigner un usage plus étroit (sur quoi était assis Flaubert à Croisset ?).

Faut-il commenter le *caléfacteur économique* ? On sait que le terme désigne un système de cuisson des aliments. Il aurait dû y avoir un caléfacteur économique dans le chapitre II de *Bouvard et Pécuchet*, dans le passage sur les conserves ; peut-être aurait-il explosé comme l'alambic. Pourquoi le texte de *Madame Bovary* dit-il que Homais « connaissait aussi toutes les inventions nouvelles de caléfacteurs économiques[119] », comme s'il y avait là une pluralité de techniques qui méritaient examen ? Sous le même terme, plusieurs applications existent. On peut utiliser la vapeur d'eau produite par une chaudière pour la faire courir dans un serpentin autour d'une cuve d'eau thermale, ainsi chauffée pour les curistes : c'est l'hydro-caléfacteur conçu à Uriage en 1822 par un certain Dr Billerey, qui réclame ardemment la paternité de l'invention contre un certain Gueymart, en la comparant, pour son importance, à l'invention de la charrue[120]. Mais le caléfacteur auquel pense Flaubert est plutôt le caléfacteur Lemare, reconnu par l'Académie des Sciences le 26 août 1822 (rapport de MM. Thénard et Fourier), et ses dérivés, plus ou moins dévolus à la production de vapeur. Pierre-Alexandre Lemare, après avoir écrit six volumes de grammaire, « a fait une incursion dans les champs de la physique[121] » pour inventer d'abord la *marmite autoclave* puis se couvrir de gloire avec le *caléfacteur économique*. Ce dernier consiste en un récipient à double paroi remplie d'eau dans lequel on peut allumer un feu de charbon et ajuster une marmite : considérable économie de combustible (280 g de charbon pour un pot-au-feu de 3 kg de viande et de 4 l d'eau) ; immense avantage de pouvoir laisser le système couvert, éteint, mais réchauffé par son enveloppe d'eau bouillante, durant les six heures de la préparation du ragoût, « avantage très précieux pour les malades, et surtout les ouvriers, qui peuvent en rentrant de leur travail trouver un aliment qu'il leur est souvent impossible de se procurer parce que le temps leur manque pour le préparer[122] ». Mission

---

119 Gustave Flaubert, *Madame Bovary*, op. cit., partie II, chap. IV, p. 183.
120 François Billerey, *Mémoire historique, scientifique et polémique sur un nouvel hydro-caléfacteur à la vapeur d'eau*, Grenoble-Paris, 1826. Voir la p. IIJ de la préface.
121 A. V. Arnault, A. Jay, E. Jouy, J. Norvins (dit.), *Biographie nouvelle des contemporains*, tome XI, 1823, p. 311.
122 Article « Caléfacteur », *Dictionnaire technologique ou Nouveau dictionnaire universel des arts et métiers et de l'économie industrielle et commerciale*, sous la direction de L.-B. Francœur,

noble, mais ce qui est cocasse ici – c'est pour cela qu'il faut s'approcher au plus près du discours des arts et techniques dans lequel baigne le romancier –, c'est le contraste entre l'ingéniosité et la finalité de l'objet, la rencontre de Watt et du pot-au-feu, cette *reductio ad utilitam* qui fonde la rhétorique des dictionnaires technologiques, avec ses effets de chute involontairement cocasses :

> (...) si l'on ajoute à cela une production de chaleur très économique, ce qui a lieu effectivement, puisque le charbon brûle au milieu de surfaces propres à absorber puissamment toute la chaleur, et que les produits de la combustion passent en couches très minces entre des parois très conductrices, et l'on aura une idée des avantages que le caléfacteur présente dans ses applications à l'économie domestique, et particulièrement dans la préparation du bouillon[123].

Nous comprenons bien que le caléfacteur économique, qui a quelques traits en commun avec les autocuiseurs, robots, appareils autonomes commentés par Baudrillard, n'est pas un « gadget » au sens où on l'entend dans *Le Système des objets*. Il n'a pas une « pseudo-fonctionnalité » mais une vraie utilité économique, sociale, philanthropique. Ce n'est pas vraiment une élucubration du concours Lépine auquel se réfère périodiquement Baudrillard. En revanche, il manifeste cette problématique de l'âge industriel qui nous ramène après un long détour à Jean-Baptiste Say et que pointe Baudrillard lorsqu'il cite une réflexion de Lewis Mumford : il existe des périodes de transition qui ne sont plus des périodes d'invention, et dans lesquelles le capitalisme ne se développe qu'en apportant des modifications inessentielles aux objets existants (en développant surtout un discours autour de ces objets). « En effet, écrit Baudrillard, les perfectionnements mineurs, complication et systèmes annexes (de sécurité, de prestige) entretiennent une fausse conscience de 'progrès' et masquent l'urgence de transformations essentielles (ce qu'on pourrait appeler le "réformisme" de l'objet)[124]. » L'invention du caléfacteur économique, quoi qu'en dise M. Billerey, n'est justement pas celle de la charrue. Chez Baudrillard, cette analyse du réformisme de l'objet est évidemment au fondement d'une pensée du gaspillage et de

---

F.-E. Molard, L.-S. Lenormand, Payen, P.-J. Robiquet, tome II, éd. de 1839, p. 372.
123 *Ibid.*
124 Jean Baudrillard, *Le système des objets, op. cit.*, p. 176. Baudrillard se réfère à Lewis Mumford, *Technique et civilisation* [*Technics and civilization*, New York, Harcourt Brace, 1934 ; trad. fr. Seuil, 1950], en particulier aux pages 303 et 341 sur « l'objet saturé ».

l'obsolescence programmée. Nous ne prétendons pas que les années de l'Exposition de 1855 soient dépourvues de saut technologique, nous disons que Flaubert cherche à mettre en évidence la faible utilité marginale de certaines inventions modernes et l'inflation rhétorique qui l'escorte. Le caléfacteur économique ne fait après tout que du pot-au-feu et il le fait économiquement : il synthétise l'éternel besoin et la réduction du coût. Substituer le caléfacteur économique à la marmite sur son feu, c'est toujours fabriquer du produit autour du besoin : c'est, en moins convaincant, la fourchette de Jean-Baptiste Say. Ce que pointe Flaubert, c'est une agitation technique, rhétorique, idéologique autour d'une permanence triviale : on pourrait écrire une scène de comices industriels en regard des comices agricoles. Au fond de la rage du romancier parnassien contre la laideur, contre la dénaturation de l'objet simple en un objet perfectionné qui a ironiquement la même fonction, il y a finalement toujours le même scepticisme anti-industriel : pourquoi cette chose plutôt que rien ? Pourquoi des dictionnaires entiers et des académies des sciences autour de ces prétendus progrès ? C'est toute l'époque qui fait crinoline autour du moindre débouché.

Faut-il commenter le *mackintosh* ? Non seulement l'invention de cette toile imperméable[125] mais le mot même ? – un nom de marque déjà, que nous voyons courir chez Mérimée[126], chez Gautier[127] et qui reste en usage dans la langue du XXe siècle. Un manufacturier anglais a eu l'idée d'un enduit qui a « pour objet de rendre imperméables les tissus de chanvre de lin, de coton, de laine, de soie, de toute autre matière » et qui consiste en « un vernis épais et élastique que l'on fait en dissolvant du caoutchouc dans une petite quantité d'huile de charbon de terre[128] ». Au milieu des multiples applications du produit (manteaux,

---

125 Par Charles Mackintosh (1766-1843), invention brevetée en 1823.
126 « ... la large terre, malgré le mackintosh, était encore plus froide que vous. » Prosper Mérimée, lettre du 2 août 1843, dans *Lettres à une inconnue*, tome II, Calmann-Lévy, p. 1. (On ne retrouve toutefois pas cette lettre parmi les lettres à Jenny Dacquin dans la correspondance générale de Mérimée).
127 Dans « Venise à Londres », dans la partie « Pochades, zigzags et paradoxes », le voyageur décrit « ces figures anglaises aux fronts carrés, aux mentons carrés, aux nez carrés, aux yeux carrés, enveloppés de tweeds, de mackintosh, et autres préparations imperméables ». Théophile Gautier, *Caprices et zigzags*, Phénix, 1999, p. 188 (réimpression de l'édition Lecou de 1852).
128 Article « Mackintosh », *Annales mensuelles de l'industrie manufacturière, agricole et commerciale, de la salubrité publique et des Beaux-Arts*, sous la direction de J.-G. V. de Moléon, tome second, chez Bachelier, 1827, p. 207.

matelas, toiles d'aérostats, tabliers de nourrices[129]...), on discerne quelques inconvénients[130], mais est-il raisonnable de *tonner contre*? Oui, pour une raison qui dépasse l'esthétique vestimentaire et touche à la philosophie : le *mackintosh* est l'une des mille et une expressions modernes de l'éloignement du bourgeois envers la nature. Flaubert s'abstient de moquer son frère et sa petite famille à Trouville : « Ils ramassent maintenant des coquilles, entourés de caoutchoucs, et s'amusent beaucoup[131]. » Mais il observe plus sévèrement les baigneuses et leur costume : « Rien n'est plus pitoyable que ces sacs où les femmes se fourrent le corps, que ces serre-tête en toile cirée[132] ! » Le *mackintosh* appartient à cette espèce de couches vestimentaires : il est l'un des attributs d'un « genre humain » qui a non seulement perdu « toute notion d'élégance » mais s'est dénaturé en s'éloignant des éléments. Marta Caraion rappelle le développement d'Abraham Moles sur la modification des relations sociales qu'induit tout nouvel objet : l'objet est « médiateur universel, révélateur de la Société dans la dénaturation de celle-ci, constructeur de l'environnement quotidien[133] » (et il peut y avoir des pathologies de l'objet, comme il y a des pathologies de l'argent). Face aux baigneuses de Trouville, il faudrait mettre le baigneur entrevu par Flaubert six ans auparavant à Saint-Malo et dont il décrivait le « corps lavé », grec, adamique, mais aussi christique (ce serait une rédemption matérialiste par la beauté) en concluant :

> Oh que la forme humaine est belle quand elle apparaît dans sa liberté native, telle qu'elle fut créée au premier jour du monde ! Où la trouver, masquée qu'elle est maintenant et condamnée pour toujours à ne plus apparaître au soleil ? Ce grand mot de nature que l'humanité tour à tour a répété avec idolâtrie ou épouvante, que les philosophes sondaient, que les

---

129 Article « Mackintosh », *Dictionnaire technologique ou Nouveau dictionnaire universel des arts et métiers, et de l'économie industrielle et commerciale*, sous la direction de L.-B. Francœur, F.-E. Molard, L.-S. Lenormand, Payen, P.-J. Robiquet, tome XXI, Paris, 1834, p. 39-40.
130 « Les tissus doubles de ce genre conservent l'odeur, malheureusement trop sensible, de l'huile essentielle du charbon de terre. (...) Les tissus simples ont sur eux l'avantage d'une plus grande légèreté (...), mais ils ont le léger inconvénient de mettre un enduit froid en contact avec la peau des enfants que les nourrices placent à nu sur leurs tabliers. » *Ibid.*
131 Gustave Flaubert, Lettre du 14 août 1853 à Louise Colet, *Correspondance*, vol. II, *op. cit.*, p. 391.
132 *Ibid.*
133 Abraham Moles, *Théorie des objets*, Éditions universitaires, 1972, p. 7, cité dans Marta Caraion, *Usages de l'objet, op. cit.*, p. 13.

poètes chantaient, comme il se perd ! comme il s'oublie ! (...) L'homme a coupé les forêts, il bat les mers, et sur ses villes le ciel fait les nuages avec la fumée de ses foyers. La gloire, sa mission, disent d'autres, n'est-elle pas d'aller toujours ainsi, attaquant l'œuvre de Dieu, gagnant sur elle ? Il la nie, il la brise, il l'écrase, et jusqu'en lui, jusque dans ce corps dont il rougit et qu'il cache comme le crime[134].

Résultat du drame industriel et bourgeois de la protection : « l'artiste ignore la forme » (et le jeune Flaubert d'évoquer déjà la crinoline[135]). Il y a du Gauguin dans le Flaubert agacé de Trouville, qui voudrait « aller vivre aux îles Sandwich ou dans les forêts du Brésil », là où « les plages ne sont pas souillées par des pieds si mal faits, par des individualités aussi fétides[136] ». Alors le *mackintosh* résume à lui tout seul la promotion du *pratique* par laquelle le bourgeois assure son industrie en même temps qu'il se prémunit contre la vie et le contact. Dans *Par les champs et les grèves*, Gustave et Maxime ont certes à Fouesnant « chapeaux » et « waterproff » (sic), mais cela n'empêche rien : « nous fûmes rafraîchis par le vent, chauffés par le soleil, la pluie nous trempa jusqu'au dernier fil, la sueur jusqu'au dernier poil[137]. » À Belle-Île, ils sont littéralement imbibés (« nous dînâmes entre nos jambes, en faisant sécher au bout des branches d'arbres nos chaussettes et nos souliers tout trempés d'eau de mer[138] ») et leur course retour vers Palais transcende l'adolescent mépris de l'imperméable pour toucher à la communion cosmique :

> Nous nous roulions l'esprit dans la profusion de ces splendeurs, nous en repaissions nos yeux ; nous en écartions les narines, nous en ouvrions les oreilles ; quelque chose de la vie des éléments émanant d'eux-mêmes, sous l'attraction de nos regards, arrivait jusqu'à nous, s'y assimilant, faisait que nous les comprenions dans un rapport moins éloigné, que nous les sentions plus avant, grâce à cette union plus complexe. À force de nous en pénétrer, d'y entrer, nous devenions nature aussi, nous sentions qu'elle gagnait sur nous et nous en avions une joie démesurée ; nous aurions voulu nous y perdre, être pris par elle ou l'emporter en nous[139].

---

134 Gustave Flaubert, *Voyage en Bretagne – Par les champs et les grèves*, Éditions Complexe, « Le regard littéraire », 1989, p. 328.
135 *Ibid.*, p. 329.
136 Gustave Flaubert, lettre du 14 août 1853 à Louise Colet, *Correspondance*, vol. II, *op. cit.*, p. 391.
137 Gustave Flaubert, *Voyage en Bretagne – Par les champs et les grèves*, p. 224.
138 *Ibid.*, p. 155.
139 *Ibid.*, p. 160.

Telle est la symbiose, la désagrégation de bateau ivre, à laquelle s'oppose tout entier le calfatage odorant du mackintosh ! Peut-être l'une des beautés du passage où Emma raccompagne Charles sur le perron des Berteaux consiste-t-elle dans le fait que son ombrelle est aussi perméable au soleil (« L'ombrelle, de soie gorge de pigeon, que traversait le soleil, éclairait de reflets mobiles la peau blanche de sa figure ») qu'aux gouttes d'eau de ce jour de dégel (« on entendait les gouttes d'eau, une à une, tomber sur la moire tendue »)[140]. Peut-être une minuscule qualité arrache-t-elle à tout jamais Marie Arnoux à tout bourgeoisisme : « Elle aimait les voyages, le bruit du vent dans les bois, et à se promener tête nue sous la pluie[141]. » Peut-être n'est-il pas indifférent, quand on quitte les plages de Belle-Île pour en revenir au pavé parisien, que le chapitre de *L'Éducation sentimentale* sur les courses et l'averse (« J'ai des riflards », précise Frédéric, et tout le monde tire « les parapluies, les parasols, les mackintosh[142] »), passage qui montre l'humanité cloisonnée dans des voitures vernissées de neuf par la pluie et le soleil des Champs-Élysées, soit aussi le moment d'un désenchantement du héros. Il y a chez Flaubert une topique de la perméabilité, de la fusion, du *devenir nature* qui s'avère profondément rétive à toute idée de protection et exprime la hantise de la vie vécue « dans un étui[143] ». Nous pouvons sans doute en discerner un avatar dans le goût du romancier pour les pamphlets de Frédéric Bastiat : la « Pétition des fabricants de chandelles », morceau d'anthologie dans lequel l'économiste libéral réduit *ad absurdum* l'argumentaire protectionniste, est d'essence flaubertienne[144]. Les industriels de Bastiat réclament qu'on bouche les issues des maisons, qu'on fasse barrage au soleil, pour mieux écouler leurs bougies[145]. L'ironie citationnelle et antiphrastique de Bastiat identifie alors protection et préjugé. Ainsi en va-t-il chez Flaubert, chez qui le mackintosh est de la même toile que

---

140 Gustave Flaubert, *Madame Bovary*, partie I, chap. II, *op. cit.*, p. 75.
141 Gustave Flaubert, *L'Éducation sentimentale*, partie II, chap. II, p. 239.
142 *Ibid.*, partie II, chap. IV, p. 315 et 321.
143 Pour faire écho au titre d'une étonnante nouvelle de Tchékhov, qui évoque l'étroitesse morale associée à la protection vestimentaire. Anton Tchékhov, « L'homme dans un étui », dans *Le Violon de Rotschild*, trad. André Markowicz, Alinéa, 1986, p. 163 *sq.*
144 Voir Françoise Mélonio, « Flaubert 'libéral enragé ?' », dans Anne Herschberg-Pierrot (dir.), *Savoirs en récits I – Flaubert : la politique, l'art, l'histoire*, PUV, « manuscrits modernes », 2010, p. 15-33.
145 Voir Michel Leter, préface à Frédéric Bastiat, *Sophismes économiques*, Les Belles Lettres, « La Bibliothèque classique de la liberté », 2005.

l'idée reçue : figure de fermeture et de réduction de la pensée, figure de la répétition aussi[146]. Voilà pourquoi, comme toute forme de protection, il est haïssable.

L'EFFET DE RÉEL

Nous avons forcé ici la lecture référentielle d'un roman flaubertien dans lequel abonderaient des objets symboliques de la modernité qui sont tour à tour, dans leur laideur, symptomatiques du racornissement de l'homme industriel ou dotés d'un faible surcroît d'utilité : le progrès *tourne au bête*, il tourne en rond. Et Homais s'entoure d'une chaîne Pulvermacher[147] comme Monsieur Gogo s'affublait des produits fabriqués par les sociétés où il avait des participations[148] : le contemporain de l'âge industriel est, plutôt qu'un « Scythe[149] », un sous-Prométhée pâle et débile empêtré dans les objets. Comment dire, par le roman, cette prolifération, autrement qu'en déployant comme Balzac une description qui se prend à son propre jeu ? Peut-être par le mécanisme de l'« effet de réel[150] », dont Barthes élaborait en 1968 la définition par rapport notamment à cette phrase d'*Un cœur simple* : « un vieux piano supportait, sous un baromètre, un tas pyramidal de boîtes et de cartons ». Barthes estimait que le piano pouvait bien ici constituer « un indice du standing bourgeois de sa propriétaire », les cartons « un signe de désordre et comme de déshérence », mais que le baromètre, « ni incongru ni significatif » était décidément un « détail inutile » (expression qu'il mettait entre guillemets). Et Barthes raisonnait d'ailleurs en termes économiques : ces effets seraient « une sorte de *luxe* de la narration, prodigue au point de dispenser des détails 'inutiles' et d'élever ainsi le coût de l'information narrative[151] » (nous serions alors entrés dans une

---

146 Gisèle Séginger, dans son volume sur les objets, repart de l'idée qu'« on se révolte contre le régime de la répétition qui affecte les objets comme les idées ». *De l'objet à l'œuvre*, *op. cit.*, p. 6.
147 Gustave Flaubert, *Madame Bovary*, partie III, dernier chapitre, p. 496. Voir à ce propos Shoshana-Rose Marzel, « La sexualité de M. Homais », revue *Flaubert*, 3 | 2010, mis en ligne le 30 septembre 2010, consulté le 13 juillet 2014 [http://flaubert.revues.org/1314].
148 Jean-François Alfred Bayard, *Monsieur Gogo à la Bourse*, *op. cit.* Voir l'entrée en scène du personnage.
149 Gustave Flaubert, *Madame Bovary*, partie III, dernier chapitre, p. 496.
150 Roland Barthes, « L'effet de réel » [*Communications* n° 11, 1968], dans *Littérature et réalité*, Seuil, « Points essais », 1982, p. 81-90.
151 *Ibid.*, p. 82 pour l'ensemble de ces citations.

ère de gaspillage linguistique évoquant le raisonnement de Baudrillard). L'intérêt pour nous de la notion si débattue d'effet de réel s'impose : du point de vue de la référence, il y aurait dans le texte flaubertien un surplus analogue au surplus de l'âge industriel ; s'y tiendraient des objets excédentaires qui diraient la vanité de toute une partie du règne objectal ; bref, face à la théorie des débouchés et au *Traité* de Say se félicitant de la multiplication des choses et des progrès du confort, nous aurions un roman flaubertien où parfois trône l'inutile. Inutile ici figuré par le baromètre, que nous retrouverons seul au milieu du lambris de la salle à manger de Bouvard et Pécuchet[152], système métallique fruste fiché dans son cartel prétentieux, composé *kitsch* qui palie l'incapacité acquise de l'homme moderne à lire le ciel. Mais selon la lecture de Barthes, pour qui l'effet de réel se retrouve dans « tout récit occidental de type courant », cela signifie que Flaubert se trouverait lui-même passible de l'objection adressée à l'industrialisme : le récit aussi, pour progresser, suppose du gaspillage et mobilise transitoirement l'intérêt du lecteur sur des objets de faible utilité narrative ; le roman lui-même prendrait quelques traits du productivisme à la mode de Say.

Dans *Le Démon de la théorie*, Antoine Compagnon fait le procès de l'anti-mimétisme que manifesterait Barthes dans cet article de 1968, premièrement en le réfutant du point de vue de la référence, deuxièmement en s'appuyant sur la critique de Christopher Prendergast, dont le principal intérêt est de reprocher à Barthes sa dramaturgie de l'expulsion du réel comme dénotation et de sa réapparition comme connotation, conception hallucinatoire du réalisme dans laquelle les détails inutiles proclament « *nous sommes le réel*[153] ». Mais d'abord l'objection toute positive d'Antoine Compagnon comporte une fragilité. Le baromètre « pourrait bien indiquer un souci du temps », écrit-il, et « une obsession particulièrement appropriée en Normandie », car « un baromètre fait plus de sens en Normandie qu'en Provence[154] ». Argumentation curieuse, qui fait penser aux lignes dans lesquelles Jean-Baptiste Say explique qu'« un poêle est utile en Suède, ce qui fait qu'il a une valeur dans ce pays-là ; mais [qu'] en Italie il n'en a aucune, parce que qu'on ne s'y

---

152 Gustave Flaubert, *Bouvard et Pécuchet*, chap. II, *op. cit.*, p. 104.
153 Voir Roland Barthes, « L'effet de réel », art. cité, p. 88-89 et voir Antoine Compagnon, *Le démon de la théorie – Littérature et sens commun*, Seuil, « Points essais », 1998, p. 133-138.
154 Antoine Compagnon, *Le démon de la théorie, op. cit.*, p. 134-135.

sert jamais de poêle[155] ». Oui, mais dans une herméneutique de la vie quotidienne ou de la littérature, le baromètre de la maison provençale ou le poêle italien nous intéresseraient bien plus, par la manière dont ils dérogent à l'usage commun ! En régime herméneutique, notre logique de distribution de la valeur symbolique refuse la binarité.

Ensuite, si l'argumentation de Barthes doit nous intriguer, c'est bien plutôt par son imprécision quantitative et parce qu'il s'agit d'une objection qu'il s'adresse à lui-même. L'analyse des récits doit « fatalement rencontrer *des* notations qu'aucune fonction (...) ne permet de justifier » ; ces « détails inutiles », tout récit « en possède *quelques-uns* ». Barthes cherche des exceptions – et elles semblent rares, difficilement quantifiables, de même que le choix du baromètre de Mme Aubain semble arbitraire – à la théorie magistrale qu'il a lui-même développée en 1966 dans son « Introduction à l'analyse structurale des récits ». L'article de 1968 sur « L'effet de réel » répond explicitement à celui qui, écrit deux ans plus tôt, avait démontré que tous les éléments peuvent être « finalement récupérés par la structure[156] ». Dans ce manifeste de l'analyse structurale, Barthes avait démontré que tout segment du texte narratif avait son « utilité » (mot qu'il plaçait entre guillemets encore), qu'il s'agisse d'une « fonction » au sens où l'entendaient les formalistes russes (« l'achat d'un revolver a pour corrélat le moment où l'on s'en servira, et si l'on ne s'en sert pas la notation est retournée en signe de velléitarisme, etc. »), ou bien d'un « indice » (que James Bond décroche un téléphone parmi quatre signifie le développement technologique des services secrets, sans lien aucun avec l'enchaînement de l'action)[157]. Ces premières pages de l'article de 1966 pourraient être résumées par la belle page dans laquelle Gracq invente, contre Valéry, une phrase de roman (« *il passa devant une maison de petite apparence dont les volets verts étaient rabattus* ») pour démontrer, mot par mot, que « rien ne fera plus que s'efface ce menu coup d'ongle sur l'esprit du lecteur[158] ». Et Gracq de développer comme Barthes une métaphore plus ou moins contrariée du roman comme économie :

---

155 Jean-Baptiste Say, *Catéchisme d'économie politique*, chap. II « Ce que c'est que l'utilité, et en quoi consiste la Production des richesses », *op. cit.*, p. 316.
156 Roland Barthes, « L'effet de réel », art. cité, p. 81.
157 Roland Barthes, « Introduction à l'analyse structurale des récits » [*Communications* n° 8, 1966], *L'analyse structurale du récit*, Seuil, « Points essais », 1981, p. 13-15.
158 Julien Gracq, *En lisant en écrivant*, *op. cit.*, p. 120.

> Tout ce qui est dit déclenche attente ou ressouvenir, tout est porté en compte, positif ou négatif, encore que la totalisation romanesque procède plutôt par agglutination que par addition[159].
> [...]
> Les secrets processus de capitalisation continue (l'image est par trop mercantile, mais je n'en trouve pas de meilleure) qui, à l'œuvre tout au long du progrès d'un ouvrage de fiction, contribuent de façon sans doute décisive à son enrichissement, sont une des parties les moins bien étudiées de la technique romanesque[160]...

Certes l'article de Barthes de 1968 correspond peut-être à un discrédit de la référence, comme l'estime Antoine Compagnon, puisqu'il définit le réalisme comme le signifié épars d'un surplus, comme un *puff*, comme une proclamation autotélique de la fiction (et nous discernons ici la possibilité d'une analogie entre ces zones étanches du texte et le fétichisme flaubertien de l'objet voire l'obsession de l'imperméable !). Mais cet article exprime surtout la grande difficulté d'alimenter l'objection à sa propre « méthode », laquelle prétend par nature « rendre compte de l'intégralité de son objet[161] », et s'avère plutôt consolidée que fragilisée par ce raisonnement contrefactuel. Car, si dans *James Bond* tout fait signe, s'il serait aventureux de chercher un détail inutile chez Agatha Christie, si le roman-feuilleton semble caractérisé par une instrumentalisation de l'objet qui laisse peu de chance au gaspillage[162], si le rare objet stendhalien acquiert l'importance d'un « talisman[163] », se tourner vers Flaubert pour espérer y trouver un fragment d'immotivé textuel relève aussi de la gageure.

Aussi se dirige-t-on vers l'idée que le roman de Flaubert – à la fois le meilleur et le pire exemple que pouvait choisir Barthes – participe lui-même de la démonstration que la littérature romanesque est un règne de l'utile, qu'elle est peut-être le seul règne où l'utilité atteint sa pleine expression. Il n'y a rien qui n'y soit motivé, toute « tête de veau » y trouve son explication, tout détail y sollicite la mémoire, toute gratuité même

---

159 *Ibid.*
160 *Ibid.*, p. 76.
161 Roland Barthes, « L'effet de réel », art. cité, p. 81-82.
162 Voir Anaïs Goudmand, « L'objet et le roman-feuilleton. Stratégies de dévalorisation et traitement narratif (1836-1848) », dans Marta Caraion, *op. cit.*, p. 68-81.
163 Voir Pierre-Louis Rey, « Le talisman de Stendhal », dans Gisèle Séginger (dir.), *De l'objet à l'œuvre, op. cit.*, p. 33.

y fait sens[164]. Qu'on y prenne tous les baromètres qu'on voudra – celui d'Emma, qui tombe lorsqu'elle claque la porte furieuse après l'opération du pied-bot ; celui de Bouvard et Pécuchet ; celui même de Madame Aubain ; d'ailleurs reliés par une intertextualité interne à creuser –, l'analyse leur reconstruira une motivation. Bien sûr la réception ne se confond pas avec la production, mais l'aporie que constitue l'objection formulée par Barthes contre lui-même désigne le manifeste du roman flaubertien. Vouloir que le roman se tienne seul « par la force de son style », c'est ambitionner une motivation interne qui fasse échec à tout règne de l'inutile. Comme le souligne d'emblée Marta Caraion dans son livre sur les objets, le point commun des objections de Gautier ou Baudelaire à l'industrialisme ne réside pas dans la critique du principe de l'utilité en soi (ce serait à son tour une aporie) mais dans leur révolte contre la réduction de l'utilité à la matérialité[165] – et le pamphlet de Stendhal *D'un nouveau complot contre les industriels* allait dans le même sens. La ressemblance du roman flaubertien avec ces manifestes pour une révision des hiérarchies utilitaires entre matière et Beauté tiendrait dans son ambivalence : d'un côté, on exprime une perfection de la motivation romanesque qui fait du roman le règne linguistique de l'utilité maximale, tout gaspillage étant rigoureusement chassé ; d'un autre côté, on oppose cette perfection économique romanesque au monde du progrès immobile, profus en inventions inutiles, en technologies ridicules et en discours vains. Par l'effet de réel, Flaubert désignerait tout à la fois le débordement du monde en superfluités et la nécessité interne du roman.

---

164 Voir les analyses de Pierre-Marc de Biasi dans sa préface à *L'Éducation* sentimentale, où il fait précisément cette remarque : « Toutes contingentes et hétérogènes qu'elles soient, les 'choses vues' par Frédéric ne renvoient qu'illusoirement à cet 'effet de réel' dont parlait Barthes : elles sont en fait projectives et provisionnelles. » Gustave Flaubert, *L'Éducation sentimentale*, éd. Pierre-Marc De Biasi, *op. cit.*, p. 32-33 et p. 34. Sur cette mémoire du récit et sur la mémoire du personnage dans *Madame Bovary*, voir les remarques de Jacques Neefs dans son édition du roman. Gustave Flaubert, *Madame Bovary*, éd. Jacques Neefs, *op. cit.*, notamment note 3 p. 331 et note 2 p. 360.
165 Marta Caraion, *Usages de l'objet*, *op. cit.*, p. 11.

LEÇONS DE CHOSES (VERNE)

Encombrement du caduc chez Balzac, soulignement de l'inutile chez Flaubert : ces deux termes appelleraient alors une sorte de dépassement qui pourrait consister dans la refondation de l'objet, dans sa nouvelle légitimation pour le monde et pour le roman. « L'homme ne se retrouve plus dans les objets industriels », résume Gisèle Séginger[166]. Alors s'indiquent plusieurs voies de restauration romanesque de l'objet : la constitution, par la collection et par opposition à la reproduction industrielle, d'une élite des objets, rareté orfévrie dont le roman se veut l'équivalent[167] ; l'explication de l'objet ou de la technique dans une « séquence de transmission du savoir[168] » où la littérature naturaliste proclame sa vocation documentaire (de l'atelier de brochage des sœurs Vatard[169] au fonctionnement de la locomotive) ; enfin la généalogie de l'objet, dans une séquence descriptive ou narrative qui ne maintient pas l'explication dans le statisme de l'existant (toujours susceptible de se retourner en fétichisme) mais fait l'archéologie des raisons de l'objet. C'est ce dernier discours qui doit nous intéresser ici, parce qu'il constitue forcément un discours sur le développement économique et qu'il participe lui-même d'une industrie éditoriale : il s'agit d'une part du *Magasin d'Éducation et de Récréation*, d'autre part du roman vernien qui y prend place.

LE *MAGASIN D'ÉDUCATION*
ET DE RÉCRÉATION
ET LA CHAMBRE D'ENFANT

L'un des ressorts pédagogiques de la revue de Pierre-Jules Hetzel et de Jean Macé est de partir de l'environnement des jeunes lecteurs pour en interroger la genèse. Dans les « Causeries économiques » de Maurice Block (août 1870-août 1871), que nous avons signalées comme une

---

166 Gisèle Séginger, *De l'objet à l'œuvre*, op. cit., p. 6.
167 Voir les travaux de Dominique Pety et toute la troisième partie du volume *Usages de l'objet* dirigé par Marta Caraion (*op. cit.*). Voir aussi Auguste Dezalay, « L'objet à l'œuvre chez Huysmans », Gisèle Séginger (dir.), *De l'objet à l'œuvre*, op. cit., p. 56 sq.
168 Philippe Hamon, « Un discours contraint », dans *Littérature et réalité*, op. cit., p. 141-144.
169 Voir Auguste Dezalay, « L'objet à l'œuvre chez Huysmans », art. cité, p. 56-57.

véritable adaptation pour les enfants de la théorie économique de Jean-Baptiste Say (elles se terminent sur l'énoncé de la loi des débouchés[170]) et qui réclameraient une étude en règle, nous avons dit que l'instituteur repartait des vêtements portés par ses ouailles pour brosser l'histoire de la fabrique du tissu[171]. C'est un thème récurrent du *Magasin* : sept pages auparavant, un article porte sur « Les Jenny de Thomas Highs » et rend hommage à l'inventeur, qui n'a pas demandé de patente pour son système à filer le fil de trame[172]. Le passage en question de la causerie de Block porte sur la division du travail, tout comme l' « Histoire d'une bonne aiguille » d'Hippolyte Durand, véritable autobiographie de l'épingle de Smith[173] ; « savez-vous par combien de mains j'avais passé ? », demande la petite aiguille : « cent vingt, mes bons amis ». Puis la boîte d'aiguilles est achetée par une dame élégante de Regent's Street pour sa fille. La boîte tombe dans la chambre et l'aiguille voit enfin le jour :

> Je me trouvais dans une chambre belle et bien meublée. Sur les murs, sur le parquet, partout, que d'objets nouveaux et intéressants pour moi ! J'aurais voulu n'en pas détourner la vue ! Mais ma curiosité était bien davantage encore excitée au sujet des personnages qui m'entouraient. Ils ressemblaient si peu aux ouvriers de l'usine[174] !

Cette vision de l'industrie depuis la chambre évoque un extrait du livre *Les Pères et les enfants* d'Ernest Legouvé, intitulé « Ce que coûte le bien-être qui nous entoure[175] » et donné un an auparavant au *Magasin*. Tout part de l'observation des objets qui décorent une chambre d'enfant : « Eh bien, il n'y a pas un seul de ces objets si agréables à voir qui ne représente des douleurs, des dangers, des catastrophes, du sang, des larmes, la mort ! », déclare le père à son fils étonné. Le père n'entend pas considérer les « rudes travaux » (couvreur, maçon, mineur), mais justement s'occuper « de ces états paisibles dont nous touchons du doigt les utiles produits » : ce sont l'ouvrier en coton fabricant l'étoffe

---

170 « En résumé, à la longue, on n'achète les produits des autres qu'en produisant soi-même, et plus le débouché est grand – ce qui veut dire : plus il y a d'acheteurs (ou de consommateurs), – plus la production est stimulée ». *Magasin d'Éducation et de Récréation* (désormais abrégé *Magasin*), 1871-1872, 1er semestre, vol. 15, p. 366.
171 *Magasin*, 7e année, 1870-1871, 2e semestre, vol. 14, p. 314.
172 *Ibid.*, p. 307.
173 *Magasin*, 4e année, 1867-1868, 2e semestre, vol. 8, p. 193-198.
174 *Ibid.*, p. 194.
175 *Magasin*, 3e année, 1866-1867, 2e semestre, vol. 6, p. 318-319.

de perse des rideaux mais mourant de phtisie, les ouvriers en papier peint empoisonnés par l'arsenic, les peintres en bâtiment par le plomb. « Ainsi, tu le vois, ce bien-être qui t'entoure est fait de douleur, ce luxe qui te charmes est fait de misères ! », conclut le père. Ce misérabilisme substitue bien entendu à toute proposition réformatrice une « éternelle leçon de pitié, de reconnaissance et de tendresse » envers les ouvriers, ces « amis inconnus ». Le dolorisme de Legouvé, qui se conjugue à l'exaltation de la valeur travail[176], est le retour du refoulé en même temps que l'exorcisme de l'accusation de Marx. Mais ce qui nous intéresse pour l'instant est le geste pédagogique et moral consistant à réintroduire de la profondeur dans le familier.

Au premier semestre 1868, le *Magasin* publie plusieurs extraits des chapitres VIII à X de l'*Histoire du travail* de Félix Foucou, parallèlement éditée par Hetzel, chapitres qui font l'archéologie des « habitations de l'homme », du « vêtement de l'homme », ainsi que de son alimentation[177]. On explique à quoi ressemblaient les huttes avant que se développe l'art de laminer le verre pour les fenêtres, on raconte l'apparition de l'étage dans la maison, on esquisse l'importance de la division du travail derrière chaque matériau et chaque ouvrier employés : cela suppose « un nombre considérable d'objets inventés, construits, perfectionnés, renouvelés incessamment, toujours à l'œuvre et toujours en voie d'être améliorés[178] ». Quant au textile, on décrit le dénuement vestimentaire des Grecs, on parle de l'importation du coton par Christophe Colomb, on explique la machine à filer d'Amiens en 1773 et la machine d'Arkwright à Manchester, avec l'idée fondamentale que le XVIIIe siècle a su faire converger « l'idée d'améliorer le sort des masses » et la possibilité technique de son exécution : alors « le cercle des fatalités sociales fut déchiré et l'on put entrevoir la bienfaisante influence des choses matérielles sur les idées pures[179] ». C'est donc par l'Histoire et par un jeu sur la proximité que se déconstruit, pour les jeunes lecteurs de la bourgeoisie, l'évidence du développement. Certes il y a dans cette reconstitution toute l'opération idéologique imaginable de naturalisation de l'existant, y compris des structures de productions (intéressant moment, dans les

---

176 Voir « Le travail et la douleur », *Magasin*, 4e année, 1867-1868, 2e semestre, vol. 8, p. 236.
177 *Magasin*, 5e année, 1868-1869, 1er semestre, vol. 9, respectivement p. 274, 307 et 338.
178 *Ibid.*, p. 277.
179 *Ibid.*, p. 310.

« causeries économiques » de Block, que celui où l'ouvrier Robert survient entre l'instituteur et sa classe pour défendre les coalitions, les grèves et les coopératives[180]), mais il y a aussi aménagement d'une profondeur de l'objet et restauration d'une souveraineté du sujet. À la date de *L'Île mystérieuse*, la démocratie républicaine n'est pas encore une évidence, mais la révolution industrielle en est une depuis longtemps, et le *Magasin d'Éducation et de Récréation* prospère grâce à la gigantesque analyse de ce qui est. Tout entre dans la démonstration : la production de masse des aiguilles et des boutons[181], l'histoire de la mouture du grain[182] (on trouvera aussi une ode vibrante d'Élisée Reclus au moulin[183]), l'histoire de l'acheminement de l'eau douce à Paris[184], la chimie enseignée aux demoiselles[185] et, dans la livraison même où paraissent les chapitres XIII et XIV de *Vingt mille lieues sous les mers*, une petite « causerie scientifique » de Lucien Biart qui met en scène un frère et une sœur voulant s'acheter une pile voltaïque[186]. La leçon de choses est une lecture qui à la fois dépayse et acculture le quotidien ; l'objet réapparaît comme un concentré d'histoire et d'ingéniosité. Ainsi, le quart de siècle glorieux du *Magasin d'Éducation et de Récréation*[187] promeut une philosophie de l'objet qui nous semble assez proche de celle de Gilbert Simondon quant aux objets techniques, parce qu'en redonnant sa substance à l'objet, cette explication éduque aussi son possesseur/utilisateur, et semble ainsi promouvoir un humanisme de l'objet, opposé à tout fétichisme et à tout effacement des fondements techniques et économiques des choses.

L'ÎLE MYSTÉRIEUSE

D'un côté, par rapport à l'ensemble du *Magasin*, le feuilleton de Jules Verne et plus généralement les romans publiés par le périodique peuvent nous apparaître comme des éléments allogènes, alors même qu'ils font

---

180 *Magasin*, 8ᵉ année, 1871-1872, 1ᵉʳ semestre, vol. 15, p. 174 et p. 201. La publication de ces pages n'est donc pas fort éloignée de la répression de la Commune.
181 *Magasin*, 5ᵉ année, 1868-1869, 1ᵉʳ semestre, vol. 9, p. 311.
182 *Ibid.*, p. 338 et *sq*.
183 *Magasin*, 6ᵉ année, 1869-1870, 2ᵉ semestre, vol. 12, p. 348.
184 *Magasin*, 5ᵉ année, 1868-1869, 1ᵉʳ semestre, vol. 9, p. 338.
185 Rubrique de Cahours et Riche à partir du 2ᵉ semestre de l'année 1868 (*Magasin*, 5ᵉ année, vol. 10).
186 *Magasin*, 6ᵉ année, 1869-1870, 1ᵉʳ semestre, vol. 11, p. 212.
187 Nous avons consulté les années 1866-1891 du périodique.

l'essentiel de chaque livraison. Le feuilleton, par son ampleur, donne aux micro-récits du *Magasin*, à ses fables, à ses saynètes illustrées (les « commissions de Fanchette » signées P.-J. Stahl) l'allure d'un paratexte éditorial superficiel. En outre, le feuilleton détonne par rapport au moralisme du *Magasin* : en effet, pour s'en tenir à la question de l'argent, quel écart entre l'héritage providentiel ou la Bourse frénétique des *Cinq cents millions de la Bégum* et, dans les mêmes livraisons, « Pauvreté de l'avare » de Rivarol ou bien les textes sur l'aumône de St Jean Chrysostome ou Sismondi[188], ou bien plus tard la comédie-proverbe « L'héritage » de Vadier[189] ! Quelle distance entre l'argent ludique du roman vernien[190] et l'exaltation, sur tous les tons, de la valeur travail ou de l'épargne[191] ! Quelle différence aussi entre la violence complexe du roman et ces petites morales en action !

D'un autre côté, il n'y a pas de solution de continuité entre les rubriques scientifiques et économiques du *Magasin* et le roman. Certes, il est difficile de repérer des coïncidences calculées : que voisinent le chapitre XIII de *Vingt mille lieues sous les mers* et la causerie de Lucien Biart sur l'électricité paraît un hasard ; et du reste, le texte de Biart ne rebondit pas sur le chapitre XII du roman (« Tout par l'électricité ») ; les rubriques périphériques ne sont pas pensées *ad hoc* et sont souvent des extraits d'ouvrages de vulgarisation. Mais ce sont les mêmes thèmes scientifiques qui sont à l'œuvre.

Naturellement, les robinsonnades de Jules Verne apparaissent comme le lieu où convergent tous les savoirs déployés par la revue. L'annonce de *L'Oncle Robinson* par Hetzel, au moment où se termine la publication de *Vingt mille lieues sous les mers*, est en parfait accord avec l'année d'histoire de l'habitat, du vêtement, de la meule ou de l'électricité qui précède :

> Il est évident qu'un Robinson moderne, au courant des progrès de la science, résoudrait les problèmes de la vie solitaire d'une tout autre façon que le Robinson Crusoé, type de ceux qui l'ont suivi[192].

---

188 *Magasin*, 15ᵉ année, 1879, 2ᵉ semestre, vol. 30, p. 50 et 247.
189 *Magasin*, 24ᵉ année, 1888, 1ᵉʳ semestre, vol. 47.
190 Voir notre article « L'argent et sa liquidité chez Jules Verne », dans Francesco Spandri (dir.), *La littérature au prisme de l'économie. Argent et roman en France au XIXᵉ siècle*, Classiques Garnier, « Rencontres », 2014, p. 95-116.
191 Voir « Le billet de cent francs de Madeleine », par Manuel Germain, *Magasin*, 27ᵉ année, 1891, 1ᵉʳ semestre, vol. 53, p. 216-220.
192 *Magasin*, 7ᵉ année, 1870-1871, 1ᵉʳ semestre, vol. 13, p. 31.

Et l'ample réécriture de ce texte pour annoncer *L'Île mystérieuse* en janvier 1874 prend le même caractère d'autopromotion du *Magasin d'Éducation et de Récréation* et de sa contribution à la diffusion des savoirs :

> Un Robinson contemporain, un Robinson au courant des progrès de la science, aurait-il besoin aujourd'hui de demander à l'imagination de son auteur les moyens de vaincre les difficultés de sa position ? ne trouverait-il pas en lui-même, n'amènerait-il pas à lui, en vertu des progrès modernes, les ressources que De Foë et Wyss sont obligés de demander pour lui à chaque instant à une série de ces hasards miraculeux, dont le lecteur le plus bienveillant ne saurait être tout à fait dupe ? Poser ces questions, c'est les résoudre[193].

Ce romanesque de la science, qui doit abolir le romanesque du roman-feuilleton en même temps que la Providence de *Robinson Crusoé*, est d'abord un romanesque du dénuement. Hetzel y insiste tout particulièrement dans cet avant-propos, qui légitime le nouvel opus de Jules Verne au regard du genre profus de la robinsonnade, qu'il s'agisse du livre fondateur de Defoe ou du *Robinson suisse* que Verne aimait et que Hetzel avait lui-même adapté :

> Dans les débris des naufrages, les naufragés trouvent en réserve et à point nommé tout ce qui peut leur servir. Ils ont dans ces bienheureuses et prévoyantes épaves les cinq sous traditionnels pour monter ou remonter leur ménage. Ustensiles, outils, instruments, armes, munitions, graines, animaux domestiques même, tout est sous leurs mains. Ils n'ont qu'à utiliser l'outil et non à le créer. L'île elle-même est imaginée à souhait en dehors de toute vraisemblance climatérique pour leur fournir tout ce qui, sans l'aide de cette fiction, leur manquerait[194].

Si Barthes estimait que le « geste profond de Jules Verne » est « incontestablement l'appropriation[195] », *L'Île mystérieuse* commence par un geste de dépouillement. Jacques Noiray souligne combien cet échouage original sur un îlot du Pacifique est un « naufrage absolu[196] » : ce n'est pas un naufrage dispensateur d'épave mais un « atterrissage », selon

---

193 *Magasin*, 10ᵉ année, 1874-1875, 1ᵉʳ semestre, vol. 19, p. 1.
194 *Ibid.*, p. 2.
195 Roland Barthes, « Nautilus ou bateau ivre », dans *Mythologies* [1957], Seuil, « Points essais », 2002, p. 76.
196 Voir Jules Verne, *L'Île mystérieuse*, éd. Jacques Noiray, Paris, Gallimard, « folio classique », 2010, préface p. 13.

l'expression employée par Cyrus Smith[197], qui ne laisse strictement rien. Le premier chapitre est structuré autour du dialogue anonyme d'hommes qui jettent du lest – « Dehors tout ce qui pèse !... tout ! et à la grâce de Dieu[198] ! » – et il prend l'allure d'une réécriture prosaïque de l'épître de Saint-Paul aux Corinthiens : il faut « jeter par-dessus bord les objets même les plus utiles », y compris le « sac pesant » contenant « dix mille francs d'or », pour « ne rien perdre de ce fluide, de cette âme de leur appareil, qui les soutenait au-dessus de l'abîme[199] ». Dépouillement dans l'espoir d'une élévation, ce premier chapitre esquisse, dans les limites de ce que permet l'exposition, un véritable inventaire négatif : on jette « munitions, armes, provisions » ; « les passagers jetèrent les derniers objets qui alourdissaient encore la nacelle, les quelques vivres qu'ils avaient conservés, tout, jusqu'aux menus ustensiles qui garnissaient leurs poches » ; la nacelle est elle-même coupée ; et le texte prend le soin de préciser que le ballon, après s'être abattu sur le rivage de l'île, « dispar[aît] dans l'espace », ne laissant ni la ressource de ses cordes ni celle de sa toile[200]. Les chapitres suivants, où l'on cherche à faire du feu, retourneront les poches désormais vides des naufragés. Le moment où Pencroff s'approche de Spilett pour lui poser la question de la dernière chance – « du ton le plus naturel, il lui demanda si, par hasard, il n'aurait pas sur lui une allumette[201] » – doit s'entendre, derrière l'humour, comme l'ultime formulation d'une évidence désormais caduque : celle du développement, du confort, du bien-être. Ce qui point dès lors est tout autre chose que le plaisir d'un roman explorant l'espace ou les eaux à travers les hublots d'une « caverne adorable », comme l'écrivait Barthes, mais le plaisir d'une soudaine revalorisation des choses à travers leur absence (c'étaient les premières causeries de Maurice Block sur la valeur). L'ultime allumette, « ce petit morceau de bois, que dans les pays habités on prodigue avec tant d'indifférence, et dont la valeur est nulle », doit être allumée avec soin et apparaît comme un « misérable et

---

197 Jules Verne, *L'Île mystérieuse*, partie II, chap. 1ᵉʳ, *Voyages extraordinaires*, éd. Marie-Hélène Huet, Paris, Gallimard, « Bibliothèque de la Pléiade », 2012, p. 248. C'est à cette édition que nous renvoyons.
198 *Ibid.*, partie I, chap. 1ᵉʳ, p. 6.
199 *Ibid.*, p. 7 et 10.
200 *Ibid.*, p. 7, 8, 10 et 13. On ne retrouvera l'enveloppe du ballon que beaucoup plus tard, à un moment où cette ressource est facultative (voir partie II, chap. v).
201 *Ibid.*, partie I, chap. v, p. 50.

précieux fétu[202] ». Tout objet et toute substance seront désormais dans le roman des composés oxymoriques de banalité et de préciosité. Tel l'unique grain de blé retrouvé plus tard par Harbert dans sa poche[203]. Dès lors, le roman peut se lire de deux manières différentes, comme en surimposition. Faire du feu, fabriquer arcs et flèches, faire des briques, construire un four, faire des poteries[204], fabriquer du fer à la mode catalane puis de l'acier[205], synthétiser de la glycérine, de l'acide sulfurique puis de la nitroglycérine[206], reconstituer un mobilier et divers objets de métal[207], fabriquer des vêtements de coton et de laine[208], construire un ascenseur hydraulique, fabriquer des vitres[209], construire un moulin pour faire son pain[210] et finalement relier Granite House au corral par un télégraphe électrique : tout cela peut apparaître comme une exaltation et une légitimation du développement économique du monde occidental par sa reproduction en raccourci, en « urgence » comme le dit Marie-Hélène Huet, lorsqu'elle observe que quatre années, « c'est beaucoup pour un voyageur créé par Jules Verne, mais peu pour retracer l'histoire qui va du premier outil à la révolution industrielle[211] ». Comme les robinsonnades dénoncées par Marx, le récit tendrait à susciter une illusion rétrospective de nécessité de ce modèle de développement. Pour reprendre l'argumentation à charge de Michel Picard, cela va de pair avec l'élimination de toute figure de l'autre et participe de la formule du roman colonial[212]. Pour reprendre celle de Jean Giono, cette mise en scène d'une « société industrielle en coopération » qui n'aspire qu'aux armes et à la nitroglycérine mène tout droit à la guerre[213]. Aussi le

---

202 *Ibid.*, p. 51.
203 *Ibid.*, partie I, chap. XX, p. 218-221.
204 *Ibid.*, partie I, chap. XIII.
205 *Ibid.*, partie I, chap. XV.
206 *Ibid.*, partie I, chap. XVII.
207 *Ibid.*, partie I, chap. XX.
208 *Ibid.*, partie II, chap. VIII et XI.
209 *Ibid.*, partie II, chap. IX.
210 *Ibid.*, partie II, chap. XVI.
211 Marie-Hélène Huet, notice sur *L'Île mystérieuse*, *op. cit.*, p. 1140.
212 Michel Picard, « Le trésor de Nemo : *L'Île mystérieuse* et l'idéologie », *Littératures* n° 16 « Images et discours », décembre 1974, p. 88-101.
213 Jean Giono, « Virgile » [1960], dans *Œuvres romanesques complètes*, vol. III, Gallimard, « Bibliothèque de la Pléiade », 1974, p. 1064. Ce long texte sur Virgile, qui s'achève par six pages sur les robinsonnades et particulièrement *L'Île mystérieuse*, a été écrit entre novembre 1943 et janvier 1944. Voir Alain Schaffner, « *L'Île mystérieuse* ou la réinvention

roman peut-il se lire comme une justification du capitalisme depuis ses origines, et ce même si Cyrus Smith est plus « un ingénieur du XVIIIe siècle » qu'un contemporain de Nemo[214], même si toutes les créations représentées relèvent plutôt de la « méta-chimie » du XVIIIe siècle qui a intéressé François Dagognet (celle des céramistes, des verriers, des métallurgistes) que de la chimie de Lavoisier[215], même si par la force des choses il n'y a pas de machine à vapeur sur l'île (imagine-t-on le corral rallié par un petit chemin de fer?), même si le groupe de l'Île Lincoln détient tous les objets en commun et n'a pas besoin de monnaie, même si la valeur d'échange s'efface complètement derrière la valeur d'usage, même si la division du travail est périodiquement contredite par des travaux de groupe, même si l'anti-esclavagisme proclamé corrige (certes plus ou moins bien) la perpétuation de la relation maître-serviteur (Nab)... Pierre Macherey a cependant souligné le caractère distancié de cette justification du progrès et de l'industrie, tout comme dans l'œuvre de Daniel Defoe : ces deux grands romans élèvent d'emblée au stade critique le genre même de la robinsonnade[216]. Mais ils intègrent bel et bien le récit insulaire à un plus vaste récit du développement économique et colonial : de même que Robinson retrouvait *in fine* ses productives plantations au Brésil, Hetzel contraint Verne à transporter ses héros en Iowa à la fin du roman, lestés d'un capital (la cassette de bijoux *négociables* donnée par Nemo[217]) qui remplace le sac d'or jeté au

---

du romanesque », dans Christophe Reffait et Alain Schaffner (dir.), *Jules Verne ou les inventions romanesques*, Amiens, Encrage université, 2007, p. 480-481.

214 Telle est du moins la démonstration finale de Virginie Champeau-Fonteneau dans son article « 'Rien à inventer, tout à fabriquer'. Chimie et technique dans *L'Île mystérieuse* », dans Philippe Mustière et Michel Fabre (dir.), *Jules Verne, les machines et la science*, Nantes, Coiffard, 2005, p. 213.

215 François Dagognet, *Rematérialiser – Matières et matérialismes* [1985], Vrin, 2e éd., 1989, p. 11. Et voir en l'occurrence son livre de 1969, *Tableaux et langages de la chimie*, au Seuil.

216 Pierre Macherey, *Pour une théorie de la production littéraire* [1966], Paris, Maspero, 1974, voir par exemple p. 199.

217 À propos des diamants échangeables, Hetzel écrit ceci à Verne le 22 janvier 1874 en plaidant pour un remaniement de la fin du roman : « vous diminuerez le prix de la perle, vous direz qu'elle vaudrait des millions mais vous la mettrez au milieu de 8 ou 10 millions de diamants, bijoux, etc. / (...) et avec les diamants nos colons revenus en Amérique iront se refaire une île Lincoln en terre ferme ». Marie-Hélène Huet conclut : « Verne accepta de transformer le don de Nemo – la perle inestimable qu'avait tant admirée Aronnax – en cassette de bijoux et diamants négociables... ». Marie-Hélène Huet, notice sur *L'Île mystérieuse*, *op. cit.*, p. 1132. Cette conversion manifeste le refus de Hetzel de prendre en compte la définition romantique de la valeur qui prévaut chez Verne, en

début, atteste la *convertibilité* entre l'histoire enchâssée et le récit cadre, enfin vaut récompense symbolique de la geste insulaire.

Mais cette reconstitution-légitimation du développement économique conduit simultanément à revitaliser la réalité industrielle ou l'environnement quotidien et à défaire leur évidence. Peut-être faut-il autant considérer dans *L'Île mystérieuse* le geste d'appropriation du microcosme insulaire – Barthes a dit la violence de cet éventrement de la terre-mère[218] – que le geste de révision du quotidien du lecteur, lequel est aussi un geste de restauration de l'émerveillement. Barthes s'étonnait d'un roman qui apparaissait comme « le contraire même d'un roman d'anticipation » mais plutôt « comme un roman de l'extrême passé, des premières productions de l'outil[219] ». Jacques Noiray parle d'« archaïsme » technique comme social[220]. Oui, nous sommes décidément chez les physiocrates, plus que dans la révolution industrielle qui irrite Flaubert. Nous sommes plus près de la « civilisation paysanne » de Virgile que ne veut bien le reconnaître Giono, lorsqu'il oppose le bucolique *Robinson Crusoé* à *L'Île mystérieuse*, en avançant que le parc à bestiaux y semble le prétexte du télégraphe[221]. Ce déplacement temporel fait d'ailleurs sens dans la stratégie idéologique du roman. Nous sommes plongés dans une économie rurale pré-machinique, même si nous repérons des tensions parmi les époques économiques représentées (faire sauter la roche à la nitroglycérine évoque plutôt le percement d'isthmes à la mode saint-simonienne ; installer un télégraphe électrique est résolument contemporain de l'écriture du roman ; et bien sûr le sous-marin de Nemo relève de « l'hypotypose future[222] »). Cela signifie que le roman s'arrête à un paysage objectal primaire et familier. Tout comme les rubriques scientifiques du *Magasin d'Éducation et de Récréation* dressent la généalogie du quotidien, le roman invite à une analyse qui

---

lien avec la nature. Nous renvoyons à notre article « L'argent et sa liquidité chez Jules Verne », art. cité.
218 Roland Barthes, « Par où commencer ? » [1970], dans *Nouveaux essais critiques* [1972], Seuil, « Points essais », 1988, p. 151.
219 *Ibid.*, p. 149.
220 Jacques Noiray, préface de l'*L'Île mystérieuse, op. cit.*, p. 27.
221 Jean Giono, « Virgile », *op. cit.*, p. 1064 et 1066.
222 Christian Chelebourg, dans sa lecture de l'œuvre de Jules Verne, recourt à cette expression de Gilbert Durand pour caractériser les mythes du progrès (*Les structures anthropologiques de l'imaginaire*, Dunod, 1992, p. 408). Christian Chelebourg, « L'invention des *Voyages extraordinaires* », in *Jules Verne ou les inventions romanesques, op. cit.*, p. 268.

est symétrique des synthèses accomplies par ses héros : voici un roman d'aventures où le petit lecteur est convié à la fabrication d'une batterie de cuisine en céramique, fièrement brandie par les personnages de la gravure[223]... Et tandis que le *Magasin* finit de publier l'« Histoire d'une maison » de Viollet le Duc, le roman retrace l'aménagement de Granite-House. Tout s'approfondit dès lors autour du lecteur : la dialectique de l'aventure et du confort que formulait Barthes dans son fameux article de *Mythologies*[224], où il laissait percevoir la contradiction entre velléités d'exploration et « enfermement chéri » du bourgeois-enfant (avec « pantoufles, pipe et coin du feu »), s'inverse pour le jeune lecteur en un voyage autour de la chambre où chaque objet s'approfondit. Dans la lecture de la robinsonnade, le plaisir n'est peut-être pas seulement dans l'écart entre la sécurité de la lecture « à plat ventre sur [s]on lit » et le péril représenté, comme le disait Perec[225], mais aussi dans l'écart entre le confort environnant et la perte de son évidence : comment fabriquerais-je cela si je ne l'avais pas ?

C'est pourquoi la robinsonnade de Verne nous évoque le geste intellectuel de Gilbert Simondon lorsqu'il entreprenait de réintroduire dans la culture « la conscience de la nature des machines, de leurs relations mutuelles et de leurs relations avec l'homme, et des valeurs impliquées dans ces relations[226] ». Bien sûr, il ne s'agit pas dans *L'Île mystérieuse* de machines. Plus encore, l'anachronisme économique du roman reproduit délibérément l'erreur que pointe Simondon quand il nous reproche de juger la modernité en nous référant à une « culture ancienne, incorporant comme schémas dynamiques l'état des techniques artisanales et agricoles des siècles passés[227] ». Dans ces cas-là, dit Simondon préoccupé d'éclairer la démocratie, « le pouvoir devient littérature, art d'opinion, plaidoyer sur des vraisemblances, rhétorique[228] ». Et il est bien certain que les critiques de *L'Île mystérieuse* comme discours du capitalisme triomphant amendé par un éditeur industriel et progressiste trouveraient un aliment

---

223 Voir Jules Verne, *L'Île mystérieuse*, partie I, chap. XIII, p. 140-141 et le dessin de Férat p. 142.
224 Roland Barthes, « Nautilus et bateau ivre », art. cité, p. 75-77.
225 Georges Perec, *Espèces d'espaces* ([1974], rééd. 2003, p. 34), cité dans Alain Schaffner, « *L'Île mystérieuse* ou la réinvention du romanesque », art. cité, p. 484.
226 Gilbert Simondon, *Du mode d'existence des objets techniques* [1958], Aubier, 1989, p. 13.
227 *Ibid.*, p. 14.
228 *Ibid.*

dans ces propos du promoteur de la *mécanologie*. Néanmoins, il nous semble que dans la première partie de son roman, Verne ne masque pas seulement la « démesure » de l'ère de la thermodynamique derrière un tableau du progrès nimbé de l'optimisme du XVIIIe siècle[229]. Il fait par la robinsonnade la même chose que Simondon dans la première partie de sa thèse : une généalogie des objets de première nécessité, de même que Simondon pense la « genèse et évolution des objets techniques ». « Un enfant devrait savoir ce qu'est une auto-régulation ou une réaction positive comme il connaît les théories mathématiques[230] », estime Simondon, qui déplore la défiance de l'homme devant les techniques qu'il ignore. De même, Verne et Hetzel promeuvent une *culture* qui embrasse la généalogie des objets.

Du strict point de vue de l'objet, le pivot de *L'Île mystérieuse* est moins la découverte d'une balle en plomb dans un pécari – laquelle révèle une présence cachée dans l'île et marque le passage entre la partie I et la partie II – que la découverte de la malle à la « pointe de l'épave ». Ce moment du roman, qui ravissait Perec parce que s'y déploie une liste classée d'outils/armes/instruments/vêtements/ustensiles/livres qui s'affranchit de la poétique narrative pour esquisser une totalité[231], est un moment profondément ambivalent. Comme l'écrit Jacques Noiray, nous sommes dans l'un des chapitres qui, dans ce roman complexe et réflexif, marquent la fin de la robinsonnade proprement dite[232]. Aux objets déjà fabriqués par les colons viennent s'adjoindre des objets allogènes : les fusils que Pencroff avait réclamés à Cyrus Smith, des couteaux en tout genre, des casseroles, du papier, des couverts (la fourchette de Say !), des aiguilles et des clous (de Smith !). Objets offerts sans le récit de leur genèse quoique rendus précieux et compréhensibles par les limites mêmes de l'industrie des colons. Objets neufs et sans provenance – Nemo a effacé la « marque du fabricant[233] » – qui forment un point d'opacité dans ce roman des origines. Objets que leur évidente utilité dispense de description. Ils représentent une transition que souligne parfaitement le roman :

---

229 *Ibid.*, p. 15 sur l'opposition de ces deux moments de la technique.
230 *Ibid.*, p. 13-14.
231 Jules Verne, *L'Île mystérieuse*, partie II, chap. II, p. 263-264. Voir Georges Perec, *La Vie mode d'emploi*, chap. LXXII, 1978.
232 Jacques Noiray, préface à *L'Île mystérieuse*, *op. cit.*, p. 12 et 18.
233 Jules Verne, *L'Île mystérieuse*, partie II, chap. II, p. 266.

> Jusqu'alors, en transformant les produits de la nature, ils avaient tout créé par eux-mêmes, et grâce à leur intelligence, ils s'étaient tirés d'affaire. Mais ne semblait-il pas que la Providence eût voulu les récompenser, en leur envoyant alors ces divers produits de l'industrie humaine[234] ?

La mine sombre de Cyrus Smith, pour qui il n'est pas plus question de « Providence » que pour Hetzel lui-même, signale l'ambivalence de ce moment qui marque aussi la fin de sa souveraineté, engage les colons dans une dette qui ne fera que se creuser (il est intéressant que Cyrus Smith prévoie d'abord de rendre cette malle « à ceux auxquels elle appartient[235] ») enfin pose la question de la satiété. « Il y a peut-être là-dedans tout ce qui nous manque ! », s'exclame Pencroff devant cette malle doublement emballée comme un cadeau d'enfant[236]. D'un côté, cela se confirme : la caisse est comme le dit Spilett un véritable nécessaire à naufrage ; « Rien n'y manque en effet », convient Cyrus Smith[237]. De l'autre, le texte souligne des lacunes malgré tout : Smith regrette la proportion insuffisante de vêtements (on en fabriquera en effet dans la suite du roman) et de munitions ; et Pencroff reste abattu par l'absence de tabac, *leitmotiv* comique du roman qui n'en désigne pas moins la limite cruciale entre besoin et plaisir, nécessaire et luxe. La malle est une totalité à la mode de Perec, une totalité soulignée par un manque[238]. Pierre Macherey notait à propos de *Robinson Crusoé* que « l'île représente (...) le *lieu naturel* d'une autarcie économique » et que le roman débouche par-là sur la notion de mesure : Robinson ne sème pas plus de blé qu'il ne lui en faut[239]. À partir de la découverte de la malle, ce n'est pas simplement la question éthique qui se pose dans *L'Île mystérieuse* (la malle contenant des armes, une Bible, un appareil photographique, elle signifie la fin brutale d'un âge adamique et le début de la guerre et de l'autoscopie), mais la question économique de

---
234 *Ibid.*, p. 267.
235 *Ibid.*, p. 262. Quant à la question de la dette, voir le passage sur la découverte des cinq *convicts* abattus : « Une générosité qui s'arrange de façon à éluder toute marque de reconnaissance accusait une sorte de dédain pour les obligés... » *Ibid.*, partie III, chap. XIII, p. 619.
236 *Ibid.*, p. 261.
237 *Ibid.*, p. 264.
238 Voir à ce propos Jean-Luc Joly, « Georges Perec et Jules Verne : une leçon en totalisation », dans *Jules Verne ou les inventions romanesques, op. cit.*, p. 439-469.
239 Pierre Macherey, *Pour une théorie de la production littéraire, op. cit.*, p. 271.

la mesure : « D'où que vînt cette caisse, elle faisait riches les colons de l'île Lincoln[240] ».

La problématique de l'objet dans le roman se trouve donc condensée ici de manière suggestive. Se rencontrent l'artisanat des Robinsons et « l'industrie humaine », ce qui pose à la fois la question de la mesure et la question de l'intelligibilité technique de l'objet (comment fabrique-t-on un fusil ? un thermomètre ?). D'un côté s'esquisse le risque de fétichiser ces objets offerts au regard et au désir par une apparition providentielle, d'un autre côté ce fétichisme est évité parce que la description est pauvre (l'aspect matériel de l'objet n'est pas évoqué ; il est tout au plus neuf ou usagé) et surtout que l'évaluation de ces choses, de leur sophistication, se déduit des étapes et limites de la robinsonnade antérieure. Aussi le caractère instructif de ce genre de récit, tel que le définissait Rousseau, se trouve-t-il ici préservé. L'objet usiné, clos, mystérieux, qui est cette fois celui de Flaubert (il y a dans la malle un « baromètre anéroïde » !) n'apparaît qu'en seconde instance, une fois que le récit a refondé l'objet en se gageant sur sa fabrique.

LE SAVOIR ET LE TRAVAIL

La généalogie de l'objet suppose un savoir : en même temps que les colons synthétisent l'objet, le lecteur est invité à analyser ce qui l'entoure. Nous avons dit que Hetzel fait la promotion même du *Magasin d'Éducation et de Récréation* lorsqu'il explique que les héros du roman de Verne triomphent de la nature « non pas grâce à une succession de hasards, mais grâce aux ressources qu'ils trouv[ent] dans leurs connaissances acquises, dans la pratique de la science[241] ». L'une des pages les plus éloquentes de l'article de Barthes sur le roman est celle qui pointe la raréfaction du travail dans *L'Île mystérieuse*. Pierre Macherey avait noté que *Robinson Crusoé* est « moins une réflexion sur l'industrie qu'une lente évaluation de la peine » et Claire Pignol repart de cette omniprésence du labeur dans le roman de Defoe pour réfléchir à la négation de la division du travail. Or *L'Île mystérieuse* se caractérise au contraire par un véritable « euphémisme » du travail, explique Barthes : « le discours vernien, par ses ellipses, ses survols euphoriques, renvoie le temps, la peine, en un mot le labeur, au

---

240 Jules Verne, *L'Île mystérieuse*, partie II, chap. II, p. 267.
241 *Magasin*, 10e année, 1874, 1er semestre, vol. 19, p. 2.

néant de l'innommé[242] ». Un rapide examen du chapitre sur les poteries suffirait à montrer en effet que le récit procède par saturation de tournures passives (« le combustible, fait de fascines bien préparées fut disposé sur le sol[243] ») ou de tournures impersonnelles (« L'opération dura quarante-huit heures et réussit parfaitement » / « On commença donc, sans perdre un instant, la construction d'un four ») et qu'il enchaîne les résultats en minorant les résistances (« On y réussit sans trop de difficulté »). Mais Barthes dit bien que cette « censure du travail » est en proportion inverse de la « promotion du savoir » en la personne de l'ingénieur Cyrus Smith, « technocrate, maître de la science », placé au-dessus de compagnons qui, comme Pencroff, ne voient peut-être pas en lui un dieu mais « assurément plus qu'un homme[244] ». Il est indéniable que la priorité du roman n'est pas de souligner la résistance du réel (d'ailleurs l'île est moins inhospitalière que le prétend Hetzel et que l'île pauvre de Robinson selon Macherey), mais d'indiquer que l'ingénieur en possède le mode d'emploi. Macherey explique que dans le roman de Defoe, Robinson doit retrouver la *raison* de l'outil (la meule tournante)[245]. Dans le roman de Verne, la raison de l'objet ou de l'outil n'est pas à redécouvrir : elle est tout entière dans l'esprit de l'ingénieur et n'a plus qu'à s'extérioriser. C'est la phrase célèbre, souvent citée : « si, profitant de l'expérience acquise, ils n'avaient rien à inventer, du moins avaient-ils tout à fabriquer[246]. » Aussi l'aventure prend-elle l'aspect d'une longue épreuve pratique pour naufragés bachoteurs.

Il existe cependant une différence entre la mise en récit du savoir technique de Cyrus Smith ou des connaissances botaniques du jeune Harbert et les « exposés didactiques » dont Jacques Noiray a montré dans *Vingt mille lieues sous les mers* le caractère condescendant voire autoritaire[247]. Dans la robinsonnade, le didactisme gage sa nécessité sur la mise en scène d'une situation d'urgence. Harbert sait que les lithodomes et les couroucous sont comestibles, et grâce à lui les naufragés font leur premier repas[248]. Cyrus Smith sait comment transformer la matière et

---

242 Roland Barthes, « Par où commencer ? », art. cité, p. 150.
243 Jules Verne, *L'Île mystérieuse*, partie I, chap. XIII, p. 140.
244 *Ibid.*, partie I, chap. X, p. 100.
245 Pierre Macherey, *Pour une théorie de la production littéraire*, *op. cit.*, p. 272.
246 Jules Verne, *L'Île mystérieuse*, partie I, chap. XIII, p. 134.
247 Jacques Noiray, « L'inscription de la science dans le texte littéraire : l'exemple de *Vingt mille lieues sous les mers* », dans *Jules Verne ou les inventions romanesques*, *op. cit.*, p. 37-41.
248 Jules Verne, *L'Île mystérieuse*, partie I, chap. IV, 36 et chap. VI, 60.

peut résoudre les défis sans cesse posés par ce roman chimique : « Leur fer, leur acier n'étaient encore qu'à l'état de minerai, leur poterie à l'état d'argile, leur linge et leurs habits à l'état de matières textiles[249]. » Or dans l'opération de survie, beaucoup mieux que dans le voyage sous les eaux à bord d'un sous-marin performant, ce qui se trouve sans cesse désigné ou sous-entendu est l'ignorance ou l'oubli du lecteur. Et il y a là un ressort très profond de la robinsonnade vernienne, sous la forfanterie industrialiste ou la légitimation du capitalisme qu'y voient de nombreux commentateurs : derrière l'exaltation de l'ingénieur – trop hyperbolique pour n'être pas distanciée[250] –, cette robinsonnade interroge l'inévitable ignorance, et écrit en creux le désastre de l'oubli, trouvant par là une zone commune avec le récit d'emprisonnement ou de déportation. Barthes s'amuse du caractère scolaire de la « leçon de choses » vernienne : « en quoi peut-on bien transformer les phoques ? », écrit-il en faisant référence au massacre des phoques ordonné par Cyrus Smith dans le chapitre sur la « période métallurgique[251] » des colons. « Réponse (retardée selon les lois du suspense) » : leur peau et leur graisse servent « à faire un soufflet de forge et des bougies[252] ». Et Barthes de développer une remarque sur l'écart entre ressources insulaires et usages dérivés. En effet, la rhétorique de la robinsonnade vernienne accuserait les écarts entre les ressources et les usages pour mieux mettre en évidence les savoirs. Comment fabrique-t-on de la chaux vive ? Que faut-il ajouter à l'argile pour faire de meilleures poteries[253] ? Comment fabrique-t-on du fer à partir du minerai de fer et du charbon miraculeusement offerts par des gisements à ciel ouvert[254] ? Que peut-on fabriquer de fort précieux lorsqu'on dispose de zinc, d'acide azotique et de potasse[255] ? Traversée par la robinsonnade, la somme des savoirs du *Magasin d'Éducation et de Récréation* ou de l'école trouve sa nécessité en même temps qu'elle accuse l'universelle méconnaissance. Le texte dit au début du roman : « Autant valait se trouver avec Cyrus dans une île déserte que sans Cyrus dans la

---

249 *Ibid.*, partie I, chap. XIII, p. 134.
250 Les premières présentations de la supériorité de Smith sont d'ailleurs filtrées par la révérence de ses compagnons : « Avec lui, on ne pouvait manquer de rien. Avec lui, on ne pouvait désespérer. » *ibid.*, partie I, chap. IX, 87.
251 *Ibid.*, partie I, chap. XV, p. 164.
252 Roland Barthes, « Par où commencer ? », art. cité, p. 153.
253 Jules Verne, *L'Île mystérieuse*, partie I, chap. XIII, p. 141.
254 *Ibid.*, partie I, chap. XV, p. 166.
255 Réponse : une pile de Becquerel à courant continu… *Ibid.*, partie II, chap. XVIII, p. 456.

plus industrieuse ville de l'Union[256]. » Certes. Mais notre lot quotidien est justement de nous trouver au cœur de la civilisation dépourvus du savoir technique qui la vertèbre. Sacre de l'ingénieur, certainement, mais aussi avertissement à tous les contemporains : l'essentiel échappe à l'homme moderne. Simondon disait que nous jugeons de la modernité avec des références artisanales dont nous n'avons même plus la maîtrise, n'étant pas des Cincinnatus qui viennent de « lâcher les mancherons de la charrue[257] ». Verne dit à l'âge industriel que nous ne connaissons même plus l'âge de l'outil. Du moins est-ce le discours que nous pourrions soustraire de la réussite des Robinsons.

Évidemment, cette lecture du roman vernien est une lecture pauvre : c'est celle même que désire Hetzel ! c'est celle même que déplore Giono, qui fut « terrifié de voir qu'on pouvait de façon cohérente employer la vie à autre chose qu'à vivre[258] » ! Elle néglige en outre le fait que *L'Île mystérieuse* participe d'une véritable rhétorique de la lecture. D'abord, le roman se termine sur une apocalypse qui réduit à néant les œuvres des hommes, Jacques Noiray détectant même une sorte de sadisme narratorial dans la destruction des aménagements de l'île et du second navire[259] : tout cela engage la question du scepticisme vernien à l'égard du progrès[260]. Ensuite, Verne s'est proposé d'écrire une robinsonnade de groupe parce que Defoe avait déjà écrit le naufrage du solitaire et Wyss le naufrage de la famille[261], mais de même qu'il a mis en scène la régression de l'homme seul (l'histoire d'Ayrton, âprement négociée avec Hetzel, valant du même coup mise en abyme critique du roman de Defoe), il s'est bien gardé d'explorer le dernier scénario de robinsonnade qui restait à sa disposition : le roman de l'ingénieur solitaire. Aussi le génie pratique de Cyrus Smith se trouve-t-il intégralement subordonné à

---

256 *Ibid.*, partie I, chap. IX, p. 87.
257 Gilbert Simondon, *Du mode d'existence des objets techniques, op. cit.*, p. 14.
258 Jean Giono, « Virgile », *op. cit.*, p. 1064.
259 Jacques Noiray, préface à *L'Île mystérieuse, op. cit.*, p. 34.
260 Vaste question, qui nous rappelle que l'auteur de *Paris au XXe siècle* est d'abord proche d'une position parnassienne, et que beaucoup de ses œuvres soulignent ensuite l'ambivalence de la machine ou déploient un imaginaire cyclique et non linéaire du développement.
261 « Le sujet du Robinson a été traité deux fois. De Foë, qui a pris *l'homme seul,* Wyss qui a pris la *famille.* C'étaient les deux meilleurs sujets. Moi, j'en ai à faire un troisième qui ne soit ni l'un ni l'autre. » Jules Verne, Lettre à Pierre-Jules Hetzel du 23 septembre 1873, *Correspondance inédite de Jules Verne et Pierre-Jules Hetzel (1863-1886)*, tome I, Genève, Slatkine, 1999, p. 208.

la mise en scène d'un groupe fraternel. Aucune des réalisations techniques de *L'Île mystérieuse* n'étant tout à fait impossible pour un homme seul, la fabrique de l'objet et du confort ne prend sens que dans le déploiement d'une sociabilité et d'un dialogue. L'humanité ne se prouve pas par le pouvoir de synthèse des choses mais dans le fait qu'elles sont conçues pour autrui, qu'il s'agisse du nécessaire de la communauté ou du cadeau pour un seul (la pipe bourrée de tabac enfin offerte à Pencroff). Donc, même si on nous reprochait de lire, avec Gilbert Simondon, la robinsonnade vernienne pour le contenu informatif que revendiquait Hetzel et que louaient à chaque période d'étrennes les critiques littéraires les plus condescendants, nous pourrions répliquer que *L'Île mystérieuse* non seulement propose une généalogie de l'objet, mais aussi une mise en scène du perfectionnement de l'objet pour autrui. Au vieil objet individualisé par le roman balzacien, à l'objet industriel refusé par Flaubert, Verne substitue un objet fabriqué en commun et pour tous en suggérant que chacun doit à tous une qualité d'objet. Mémoire de la fabrique et mémoire de la socialité : ce n'est ni du Legouvé ni une ode à la révolution industrielle, mais un roman sur l'esprit du développement qui cache un roman sur les périls de l'oubli.

CONCLUSION DE LA TROISIÈME PARTIE

Nous avons interrogé la multiplication des choses dans le roman d'un point de vue économique, après avoir cherché les limites de la critique stendhalienne de la loi des débouchés, telle que formulée dans le *Traité d'économie politique* en 1803. Peut-être le rapport établi ici entre le roman du XIXe siècle et la pensée de Jean-Baptiste Say paraîtra-t-il parcellaire.

Toutefois, il semblait essentiel de souligner pourquoi les objections du jeune Stendhal à l'industriel d'Auchy constituent, avant même les controverses entre Say et Malthus, une introduction à presque deux siècles de débat entre d'une part une lignée de penseurs qui, de Say aux *supply siders* de l'ère Reagan en passant par Hayek, considèrent l'économie du côté de l'offre en tendant à nier la possibilité de crises durables, d'autre part une lignée de penseurs qui, de Malthus à Keynes en passant par Sismondi et le socialisme, sont soucieux de la demande et affirment la possibilité d'importants déséquilibres[1]. Certes nous résumons ici ce débat de manière schématique, et des économistes sauraient nous expliquer comment il s'est approfondi au fil des décennies. Mais nous retiendrons avec Thomas Sowell et Alain Béraud que toute la pensée économique, jusque dans les années 1940 et 1950, a été contrainte de se situer par rapport à la « loi des débouchés » initialement formulée par Say[2]. Le jeune Stendhal aussi, dans le secret de ses études d'économie politique et de ses conversations avec Louis Crozet, s'est mesuré à ce raisonnement et a abordé la question, ignorée par Say, de « l'élasticité de la substitution de loisirs aux marchandises[3] » ou, pour le dire plus simplement, de l'indolence, objection que soulèveront Sismondi ou

---

1 Voir Jacques Garello, préface de Thomas Sowell, *La loi de Say, op. cit.*, p. XI.
2 Voir Thomas Sowell, *La loi de Say, op. cit.*, p. XI et p. 1 ; Alain Béraud, « Ricardo, Malthus, Say et les controverses de la 'seconde génération' », art. cité, p. 475-478 (Alain Béraud expliquant comment les détracteurs de Keynes – Lange en 1942, Becker en 1952, etc. – ont dû se replonger dans Say pour lui répondre).
3 Thomas Sowell, *La loi de Say, op. cit.*, p. 18.

Malthus. Cet entretien intérieur de Stendhal avec Say est peut-être central dans sa maturation de l'utilitarisme, dans sa géographie morale de l'Europe, voire, comme nous l'avons suggéré, dans son romanesque.

Si le roman stendhalien est rare en objets et s'apparente par là, de manière distanciée et réflexive, au roman du XVIIIe siècle ou bien au roman d'Adolphe dont Lousteau fait la critique en règle, il n'en reste pas moins qu'il « blasonne » (pour reprendre le mot de Gracq[4]) autour d'objets riches de sens : les « ciseaux anglais » de Mme de Rênal ne nous semblent pas moins fascinants que le nécessaire de toilette de Charles Grandet ou le panier à ouvrage de Mme Arnoux. Il n'en reste pas moins, surtout, que Stendhal a parfaitement repéré ce fait, qui est au cœur de la pensée de Say comme il sera au cœur de l'industrie, du quotidien, voire du roman du XIXe siècle : l'inflation de la production des choses, la parabole du *confort anglais*, fait d'époque que la critique littéraire envisage trop souvent comme *realia* au lieu d'en interroger la justification théorique. Comme le résumera Yves Guyot, « la loi des débouchés prouve que la masse des objets échangeables est infiniment extensible[5] ». L'économie devient moins la science du partage du gâteau que celle de l'accroissement du gâteau. Et si le romanesque stendhalien n'accueille pas cette prolifération, les écritures subséquentes se situent bel et bien par rapport à elle. En Balzac, nous avons voulu voir une espèce de Say à l'ouvrage. Gracq dit de Balzac qu'« il y a toujours à l'horizon de sa plume la réserve d'un continent vierge, d'un Far West romanesque inépuisable où les dysharmonies, les ruptures d'équilibre qui s'ébauchent dans un texte mené à la diable ne sont que des stimulants pour une fuite en avant conquérante[6] ». Pour nous, cette phrase est presque un énoncé de la loi des débouchés. Nous avons voulu souligner chez Balzac l'extrême ambivalence – au regard de l'économie – d'un texte qui détaille et interprète le trop plein objectal, suggère l'usure comme le renouvellement, mais exalte la frugalité. Quant à Flaubert, nous avons fait l'hypothèse que l'exécration contre le cancer de la laideur industrielle pourrait trouver son expression romanesque dans cette autre figure du débordement qu'est « l'effet de réel ». Chez Verne, dont nous

---

4   Julien Gracq, *En lisant en écrivant, op. cit.*, p. 43.
5   Yves Guyot, « Jean-Baptiste Say et la Loi des débouchés », *Journal des économistes*, 15 décembre 1927, Félix Alcan, p. 273-289.
6   Julien Gracq, *En lisant en écrivant, op. cit.*, p. 71-72.

ne prétendons pas nier la précoce et profonde affinité avec l'objection parnassienne anti-industrialiste, nous avons élu une robinsonnade plutôt que le corpus à machines, afin de suggérer que le XIXᵉ siècle n'a cessé de rejouer le dénuement et la genèse de la richesse des nations, et que la vertu peut-être de Verne et de son éditeur est de nous contraindre à penser l'envers du progrès que constitue l'ignorance de ses techniques. Chez tous se dessine, en face du règne objectal, le règne du « sentiment » : il est entendu que l'objet risque d'être l'intransitif réceptacle ou la tragique diversion du désir ou de la fraternité, et qu'il revient au roman de dire ce péril. Au cœur de tout romanesque, les objets oscillent donc entre le statut d'attributs interprétables et celui de *praticables* gênant les hommes et les femmes dans leurs mouvements.

Tout cela suffit-il à prétendre que la littérature romanesque témoigne de la prégnance de la pensée de Say en général et de la loi des débouchés en particulier au XIXᵉ siècle ? Sans doute faut-il se garder d'essentialiser le « productivisme » ou « l'industrialisme » comme la pensée de Jean-Baptiste Say, alors que nous avons dit combien la croyance dans le développement de la production est partagée au XIXᵉ siècle, y compris par Ricardo ou Malthus. Pour éviter cette dilution, il y aurait d'autres moyens d'interroger la présence de Say dans le roman du XIXᵉ siècle en tenant compte des traits fondamentaux de sa pensée, dénombrés par Philippe Steiner[7]. On pourrait d'abord se lancer dans une analyse du démenti que le roman du XIXᵉ siècle adresse à la théorie selon laquelle la monnaie serait un « voile » (Say n'a pas utilisé ce terme), selon laquelle la principale hâte de l'agent économique serait de « se défaire de la monnaie » (expression récurrente) après avoir vendu un produit : non seulement la monnaie peut être conservée pour spéculer, par précaution ou encore pour opérer des transactions, comme le dira Keynes, mais la monnaie peut faire l'objet d'un investissement pathologique qu'incarnent en partie Gobseck ou le Père Grandet. Il faudrait dire en outre l'importance de la figure de l'industriel dans le roman, en la rattachant aussi bien à la pensée de Say qu'au saint-simonisme. Philippe

---

7   Voir Philippe Steiner, préface à Jean-Baptiste Say, *Cours d'économie politique et autres essais*, *op. cit.*, sur le pli pédagogique de Say (p. 19), sur sa conception de l'entrepreneur (p. 21, 25, 31 et 33), sur sa théorie de la valeur et son scepticisme envers la distinction prix de marché / prix naturel de Ricardo (p. 24), sur sa prise en compte des biens et services immatériels à l'inverse de Smith (p. 28), sur son intérêt pour les phénomènes de marché (p. 30).

Steiner souligne l'ambivalence de la figure de l'industriel chez Say : il est bien sûr le « héros de la société moderne », mais Say (tout comme Bastiat) n'est pas tendre avec ses pairs lorsqu'ils réclament des protections ou sous-paient le travail peu qualifié. Il y aurait chez Say, conclut Steiner, la même inquiétude que chez Tocqueville : celle qu'une nouvelle aristocratie industrielle, plus dure, succède à l'aristocratie titrée[8]. Nous sentons bien que cette analyse éclairerait M. de Rênal d'un jour intéressant, en en faisant moins un industriel honteux qu'une pleine figure de la transition d'une aristocratie à une autre, dont la sévérité justifierait l'appel à l'État pour protéger les ouvrières de la fabrique de clous... Enfin, il serait intéressant d'interroger la fortune romanesque de la définition de la valeur selon Say : il fonde la valeur sur l'utilité et il estime celle-ci représentée par la valeur d'échange ; c'est en cela qu'il s'oppose au projet ricardien de déterminer un prix par des conditions de production (la valeur-travail), et c'est en cela qu'il s'avère proche de la définition de la valeur retenue par les néo-classiques. Or il semble bien que cette définition de la valeur fondée dans et par l'échange soit celle que traduisent les scènes de transaction balzaciennes ou zoliennes, qui la compliquent en outre d'une évaluation de l'agent lui-même.

Aussi ne prétendons-nous pas que la délibération de Stendhal sur la loi des débouchés, ou bien l'étude économique des objets dans le roman suffisent à résumer Say. Mais nous suggérons que le rapport entre la littérature romanesque et cette pensée reste profond dès lors que les théories de Jean-Baptiste Say imprègnent le XIXe siècle français. Il n'est pas sûr que la logique théorique des manuels d'histoire de la pensée économique restitue cette importance. Or il faut rappeler ce fait majeur : certes l'économie politique du XIXe siècle français, en particulier les éditions Guillaumin ou le *Journal des économistes*, traduit et discute les économistes étrangers, mais elle ne cesse aussi de consolider l'autorité de Jean-Baptiste Say. C'est bien la théorie de Say que relaie le discours économique « grand public », de Frédéric Bastiat à Yves Guyot en passant par Gustave de Molinari, or le discours de cette « économie vulgaire apologétique[9] », se développe au plus près des écrivains. Flaubert se délecte de Bastiat. Zola n'a lu ni Say ni Bastiat, mais il connaît

---

8 *Ibid.*, p. 33.
9 Karl Marx, postface à la deuxième édition allemande (24 janvier 1873), *Le Capital, op. cit.*, p. 13.

parfaitement Yves Guyot depuis *L'Assommoir* et il a parcouru pour *Germinal* son manuel de 1881 *La Science économique*. Or le livre Ier de cet ouvrage, consacré à définir la science en question, commence par une citation de cinq pages du « Discours préliminaire » à l'édition de 1826 du *Traité d'économie politique*. C'est un passage qui affirme l'existence, dans la vie économique, de lois générales de type newtonien, que l'économie doit mettre en évidence avec toute la scientificité nécessaire. Se déploie ici un naturalisme économique homogène à celui de Zola. Et nous avons dit que la conception même du champ littéraire par Yves Guyot est analogue au propos de Zola dans le fameux article « L'argent dans la littérature », devenu chapitre du *Roman expérimental*[10].

Vigueur, donc, de la théorie de Say jusqu'à la fin du siècle. Nous en retrouverions une preuve dans l'article qu'Yves Guyot consacre en 1927 à « Jean-Baptiste Say et la loi des débouchés » dans le *Journal des économistes*[11] : à l'occasion de la parution du livre de Teilhac sur *L'œuvre économique de Jean-Baptiste Say*, Guyot se fend d'un nouveau dithyrambe dans un texte qui fait la jonction, *in vivo* en quelque sorte, entre la loi des débouchés et l'exemple des usines Ford. Les détracteurs du naturalisme de Say soulignent que le système fordiste – qui rémunère l'ouvrier de façon à lui faire acheter la Model T – est la plus évidente et peut-être la seule manifestation tangible de la loi des débouchés dans l'histoire économique[12] ! Yves Guyot y voit quant à lui la victoire de la théorie qu'il a toujours défendue. À deux ans de la crise de 1929, l'ancien rédacteur en chef du *Bien public*, ministre des travaux publics et proche de Zola, peut exprimer tout l'optimisme de la théorie de Say, optimisme qu'on a l'habitude d'étendre à toute l'école française d'économie politique[13].

---

10 À propos du naturalisme économique, nous nous permettons de renvoyer à deux de nos articles : « Le roman du XIXe siècle et les lois naturelles de l'économie », *Épistémocritique*, n° 12, « Littérature et économie », dossier dirigé par Christine Baron, 2013 [www.epistemocritique.org] ; « Libéralisme et naturalisme », dans Nicholas White (dir.), numéro spécial sur Zola, *Romanic Review*, vol. 102, n° 3-4, New York, May-Novembre 2011 (parution 2013), p. 427-448. La consonance entre la pensée de Say et le roman stendhalien ou le roman zolien a été exposée lors d'une intervention au séminaire du Ceriel le 14 février 2014.

11 Yves Guyot, « Jean-Baptiste Say et la Loi des débouchés », art. cité.

12 Voir Bernard Billaudot et Ghislaine Destais, « L'économie, à la recherche des lois de la nature, ne rencontre finalement que les lois des hommes », in Arnaud Berthoud, Bernard Delmas et Thierry Demals (dir.), *Y a-t-il des lois en économie ?, op. cit.*, p. 558-560.

13 Voir Jérôme Lallement, « Trois économistes face à la question sociale au XIXe siècle », *Romantisme* n° 133, 2006, p. 57.

Jean-Baptiste Say est en effet pour lui l'économiste qui a su « libérer l'intellect humain de la peur de l'abondance ». Il conclut cet article de 1927 sur cette note vibrante qu'il avait déjà poussée en 1880 : « Nous ne saurions témoigner une trop grande reconnaissance à Jean-Baptiste Say pour avoir, en énonçant *la Loi des débouchés*, supprimé le Croquemitaine de la surproduction[14] ».

Le naturalisme économique de Say, qui ne rompt pas avec celui des physiocrates, est répandu. Il ne se retrouve pas seulement dans la pensée zolienne du développement et jusque dans l'anti-protectionnisme flaubertien, mais aussi et nécessairement dans la robinsonnade vernienne : Cyrus Smith tenant dans ses mains le minerai et le charbon que la terre a donnés en expliquant qu'ils n'attendent plus que le travail de l'homme ; l'ingénieur expliquant le rendement du grain de blé ; Pencroff et Harbert utilisant d'emblée la marée pour leur train de bois ; les colons construisant leur moulin : c'est toujours la même idée de continuité entre production naturelle et production humaine, l'homme tournant à son avantage les énergies naturelles ou la loi de la gravité, comme l'explique la Genèse en mineur qu'est le « discours préliminaire » au *Traité d'économie politique*, en 1803 et dans ses rééditions successives.

Cependant le trait majeur de Jean-Baptiste Say n'est peut-être pas celui-ci, et peut-être Stendhal apprenti économiste ou Flaubert contempteur de l'industrialisme ont-ils le mieux repéré la spécificité de cet esprit économiste. Say, en délaissant les abstractions pour privilégier la pratique, en inventant des situations et de petits *exempla* (l'histoire de l'étranger qui dîne en France, lue par Beyle et Crozet[15]), en se lançant dans une forme de psychologie de l'économie, en agrégeant les biens et services immatériels à sa réflexion, s'est nécessairement aventuré sur un terrain où les hommes de Lettres pouvaient le mieux le jauger et il incarne involontairement l'une des premières manifestations de l'impérialisme de la science économique[16], qui est un impérialisme à double tranchant[17]. Ce qui est désopilant chez Say est que tout – la propriété intellectuelle,

---

14   Yves Guyot, « Jean-Baptiste Say et la Loi des débouchés », art. cité, p. 289.
15   Jean-Baptiste Say, *Traité d'économie politique, op. cit.*, livre Ier, chap. XXVI, vol. 1, p. 182 *sq*.
16   Même s'il y a un pas entre Jean-Baptiste Say et Gary Becker, qui analyse les stratégies maritales ou criminelles en termes économiques.
17   Voir Yves Citton et Martial Poirson, « L'économie à l'œuvre », dans M. Poirson, Y. Citton, Ch. Biet (dir.), *Les Frontières littéraires de l'économie (XVIIe-XIXe siècles)*, Desjonquères, 2008, p. 13.

le geste esthétique, le fait de posséder une maison et de beaux arbres, l'envie d'aller à l'opéra ou de donner une fête pour ses amis – est éclairé par la seule lumière du revenu, de l'intérêt, de l'accroissement du capital. Un marchand brûle de l'huile pour un bal ? – il aurait mieux fait de garder l'huile pour ses ateliers, objecte l'économiste[18] : voici César Birotteau averti ! Lire le *Traité d'économie politique*, c'est voir soudainement la vie éclairée par une seule source lumineuse, celle de la rentabilité et de l'utilité, mais dans une candeur qui n'a rien de la *schadenfreude* balzacienne. Cela produit une image froide et vraie, pauvre et analytique.

Il y a quelque chose de « bon à savoir », dans ces pages qui réduisent le monde à l'utile : elles font de l'économie politique une œuvre de réductionnisme éthique, un exercice spirituel involontairement pessimiste. Mais le lecteur se trouve aussi prisonnier de cette pédagogie désespérante, dont Stendhal a bien vu qu'elle bat en brèche l'optimisme utilitariste et *ne parle pas du bonheur*. Tout comme Flaubert dans sa critique de l'industrialisme, Stendhal a surtout capté la rationnelle cocasserie de cet esprit de Jean-Baptiste Say. On se rappelle, au début du *Rouge*, la petite méditation philosophico-économique sur l'émondage excessif des arbres du *cours de la Fidélité* sous l'autorité du maire ultra, par opposition à l'épanouissement des arbres dans l'Angleterre libérale. M. de Rênal se défend en déclarant :

> « J'aime l'ombre, je fais tailler *mes* arbres pour donner de l'ombre, et je ne conçois pas qu'un arbre soit fait pour autre chose, quand toutefois, comme l'utile noyer, il *ne rapporte pas de revenu*[19]. »

Ce qui n'empêche pas de critiquer un peu plus loin les beaux noyers du parc de Vergy :

> « Chacun de ces maudits noyers, disait M. de Rênal quand sa femme les admirait, me coûte la récolte d'un demi-arpent, le blé ne peut venir sous leur ombre[20]. »

Phrase digne du père Grandet abattant ses peupliers. Phrase qui semble contredire la précédente, mais approfondit en vérité la logique

---

18 Jean-Baptiste Say, *Catéchisme d'économie politique*, chap. XXVI « Des consommations privées », dans *Cours d'économie politique et autres essais, op. cit.*, p. 408.
19 Stendhal, *Le Rouge et le Noir, op. cit.*, partie I, chap. II, p. 16.
20 *Ibid.*, partie I, chap. VIII, p. 56-57.

de l'intérêt. Phrases enfin que nous devrions rapprocher du chapitre du *Traité d'économie politique* dans lequel Say honore le propriétaire de jardin qui, « jusque dans ses caprices », sait ménager « un but d'utilité » à son jardin, c'est-à-dire sait l'agrémenter d'un verger et d'un potager[21]. Ce glissement de l'agrément au calcul, cette réticence persistante à tolérer la gratuité dans l'agrément, qui sont peut-être l'essence de l'esprit industriel, ont pu apparaître à Stendhal caractéristiques de la sécheresse de l'utilitarisme mal compris, qui ne sait pas dépasser le prosaïque par l'esthétique. Dans ces pages, après moult concessions sur le fait qu'il est fort bien d'avoir de beaux arbres, l'économiste passe, dans un comique involontaire mêlant lyrisme et euphémisme, de la jouissance du beau parc à l'utilité de son abattage. Ne voir dans les arbres que la menuiserie : voici Sorel et Rênal renvoyés dos à dos. Or pour le romancier, l'arbre sert plutôt à épaissir le crépuscule à la faveur duquel le héros peut prendre la main de l'amante.

---

21 Jean-Baptiste Say, *Traité d'économie politique, op. cit.*, livre I, chap. XLV, « Des Terrains productifs d'agrément », vol. 1, p. 381-384. Ce chapitre fait suite au chapitre « Des capitaux productifs d'utilité ou d'agrément », que nous savons avoir été lu par Stendhal et Crozet.

QUATRIÈME PARTIE

LA LOI DE MALTHUS

En face des lois de la production que sont la division du travail ou la loi des débouchés, le « principe » de population de Malthus peut passer d'abord pour une loi de la destruction. Lorsque Smith décrit la division manufacturière ou la division sociale du travail, Stendhal ou Crozet s'enthousiasment dans un premier temps de voir « l'homme et la société agissants ». Lorsque Jean-Baptiste Say dit que les produits s'échangent contre des produits, il montre le pouvoir d'engendrement de l'initiative industrielle, qui distribue du revenu en se perpétuant du même coup. Le génie propre de Malthus dans l'*Essai sur le principe de population* serait de penser l'économie en amont de la question industrielle, en se situant dans la sphère individuelle de la plus grande urgence – le désir, la faim –, afin d'y pointer au contraire une atroce antinomie, une contradiction endogène du développement. Le périmètre même de cette loi ne lui donne-t-il pas un potentiel romanesque ? Rappeler la logique malthusienne ne permettrait-il pas de lire autrement certains romans ?

La thèse de Malthus est d'une remarquable simplicité, qui contraste avec la masse des données empiriques ou historiques censées l'illustrer, du moins dans les éditions de l'*Essai* qui ont suivi l'édition *princeps* de 1798[1]. Si nous considérons ici comme édition de référence la « cinquième » édition anglaise de 1817 et sa traduction française[2], cette thèse tient dans

---

1   Tous les commentateurs soulignent la différence entre le *pamphlet philosophique* de cinquante mille mots qu'est l'*Essai* dans sa version de 1798 et le véritable *traité* de *sociologie de la population* qu'il devient à partir de l'édition quatre fois plus longue de 1803. Tels sont les termes de Jacques Dupâquier dans l'avant-propos à la première traduction française de l'*Essai* de 1798 qui fasse autorité : Thomas Robert Malthus, *Essai sur le principe de population, en tant qu'il influe sur le progrès futur de la société, avec des remarques sur les théories de Mr Godwin, de M. Condorcet et d'autres auteurs* [1798], trad. Éric Vilquin, Institut national d'études démographiques, Imprimerie nationale, 1980, p. 10-11.
2   Nous nous référerons tout au long de cette partie à cette édition courante : Thomas Robert Malthus, *Essai sur le principe de population*, trad. Pierre et Guillaume Prévost, préface de Jean-Paul Maréchal, Paris, GF-Flammarion, 1992 (2 volumes). Nous simplifierons la référence en donnant à chaque fois les chiffres romains du livre et du chapitre considérés, puis le numéro de page, suivis entre parenthèses du volume. Il s'agit d'une réédition du texte de l'édition française de 1823, traduction intégrale de la cinquième édition anglaise de 1817. C'est le texte qui figure dans la « Collection des principaux économistes » éditée par Guillaumin en 1845 / 1852. Son titre exact, qui n'est pas développé dans l'édition de poche, est *Essai sur le principe de population, ou exposé des effets passés et présents de l'action*

les deux chapitres qui ouvrent le livre Ier : elle postule que l'augmentation de la production des subsistances est d'ordre arithmétique tandis que la progression de la population est d'ordre géométrique ; dans l'histoire du développement des sociétés humaines, ce sont donc les subsistances qui bornent l'essor de la population ; toute augmentation disproportionnée de la population se heurte bientôt aux obstacles destructifs (*positive checks*) que sont les malheurs (*misery*) issus de la famine, de la pauvreté, de la maladie, des guerres, etc., à moins qu'elle ne soit contenue par un obstacle privatif (*preventive check*) parfaitement condamnable qui est le vice (libertinage, prostitution, homosexualité, adultère, avortement[3]), ou bien par un obstacle privatif éminemment souhaitable qui est la contrainte morale (*moral restraint*), fruit de l'élémentaire prudence (*prudential restraint*) de l'homme civilisé qui voit son intérêt à rester chaste et à se marier tard. « Si [un homme] ne peut nourrir ses enfants, il faut donc qu'ils meurent de faim ; et s'il se marie avec la probabilité de ne pouvoir pas nourrir les fruits de son mariage, il est coupable des maux qu'il attire, par cette conduite, sur lui, sur sa femme et sur ses enfants », prévient Malthus dans l'un des chapitres du Livre IV qui développent la notion de contrainte morale[4].

On peut radicaliser à plaisir la thèse de l'*Essai*, une fois admis que chez Malthus sexe, mariage et procréation s'équivalent : *dépêche-toi d'aimer et tu auras faim, exauce vite ton désir et tout mourra autour de toi.* Stupéfiant moment que celui où le raisonnement économique descend dans l'organique et le passionnel pour y déceler un effet induit catastrophique, et y descend en se nimbant de puissance prophétique. Mais une prophétie sans dieux ni providentialisme, simple manifestation d'une loi immanente, qui apparaît dans son implacable monstruosité. « Les lois de la nature sont semblables et uniformes », écrit Malthus en parlant de l'intempérance : « Chacune d'entre elles nous indique le point où, en cédant à ses impulsions, nous passons la limite prescrite par

---

de cette cause sur le bonheur du genre humain ; suivi de quelques recherches relatives à l'espérance de guérir ou d'adoucir les maux qu'elle entraîne.
3   Malthus, *Essai*, I, II, p. 76-78 (vol. 1). Nous mettons des mots sur les euphémismes de Malthus. Le passage le plus explicite serait celui-ci : « Le libertinage, les passions contraires au vœu de la nature, la violation du lit nuptial, en y joignant tous les artifices employés pour cacher les suites des liaisons criminelles ou irrégulières, sont des obstacles privatifs qui appartiennent manifestement à la classe des vices. » (p. 78)
4   Malthus, *Essai*, IV, III, p. 218 (vol. 2).

quelque autre loi collatérale et non moins importante[5] ». Avec Malthus, le progrès économique apparaît dans sa dimension antinomique : il n'est pas une résultante linéaire et harmonieuse, mais affaire d'évictions et de frictions incessantes. L'ambition de l'*Essai* est de fournir « une explication du fonctionnement impitoyable des sociétés », comme le résume Jacques Wolff[6]. Cette ambition est particulièrement sensible dans le célèbre apologue du banquet de la nature, qui ne figure que dans l'édition anglaise de 1803[7], ainsi que dans les premières pages de l'*Essai*, version *princeps*, étant donné son pli polémique :

> Cette inégalité naturelle entre le pouvoir de multiplication de la population et le pouvoir de production de la terre, et cette importante loi de notre nature qui maintient constamment leurs effets en équilibre, constituent le grand obstacle, qui me paraît insurmontable, sur le chemin de la perfectibilité de la société[8].

Plus que toute autre loi de l'économie, la loi de Malthus (les Allemands parlent bien de Bevölkerungs*gesetz*[9]) est bien une loi naturelle : elle a son siège dans les entrailles de l'homme. Mais ce n'est pas une loi que Gustave de Molinari accueillerait volontiers dans son ouvrage de 1887 sur *Les lois naturelles de l'économie*[10] : elle est par trop pessimiste. Et ce n'est pas seulement une loi pessimiste à la manière de la loi des rendements décroissants de Ricardo, qu'elle a inspirée : elle est par trop charnelle. La question qui fascine Malthus et, à son tour, le lecteur qui le suit dans ses pérégrinations intellectuelles à travers les continents, est moins celle des rendements de la terre que celle du « principe de population », dont la dénomination est empruntée à Montesquieu et

---

5   Malthus, *Essai*, IV, I, p. 198 (vol. 2).
6   Jacques Wolff, *Malthus et les malthusiens*, Paris, Economica, 1994, p. 9.
7   « Tout homme qui naît dans un monde déjà occupé, si sa famille ne peut pas le nourrir, ou si la société n'a pas besoin de son travail, n'a pas le moindre droit à réclamer une portion quelconque de nourriture, et il est réellement de trop sur la terre. Au grand banquet de la nature, il n'y a point de couvert mis pour lui. La nature lui commande de s'en aller, et elle ne tarde pas à mettre elle-même cet ordre à exécution. » Joseph Garnier a réintroduit ces lignes dans une note ajoutée à la notice de Charles Comte sur l'*Essai*, dans l'édition Guillaumin de 1845 et 1852, p. xv.
8   Nous citons exceptionnellement ici l'*Essai* dans son édition de 1798, trad. Éric Vilquin, *op. cit.*, p. 26.
9   Jean-Paul Maréchal, préface de l'*Essai sur le principe de population*, *op. cit.*, p. 25 (vol. 1). *Gesetz* signifie « loi ».
10 Voir l'introduction de la deuxième partie du présent ouvrage.

qui signifie la « puissance de peupler[11] », le pouvoir de génération, la pression à la procréation. Le titre même de l'*Essai* ne désigne donc pas la contradiction entre la loi d'accroissement de la population et la loi d'accroissement des subsistances. Il ne désigne pas le rapport des deux taux de croissance qui commande la problématique de l'ouvrage. Non, il y a bien d'un côté le « principe de population », de l'autre le « principe productif des subsistances[12] », donc le titre de l'*Essai* met bel et bien l'accent sur le seul élan vers la procréation (lequel trouve sa limite dans l'état des subsistances). La première page de l'*Essai* étonne d'ailleurs par son tour solennellement énigmatique et suspensif : l'auteur se propose d'étudier « les effets d'une grande cause, intimement liée à la nature humaine », qu'il ne nomme pas encore mais « qui a agi constamment et puissamment dès l'origine des sociétés[13] ». Les hommes ont souvent été témoins de « l'action de cette cause », note-t-il un peu plus loin. Elle peut se solder par « des vices, des malheurs » et une « distribution trop inégale des bienfaits de la nature », ajoute-t-il enfin. À la fin de cette page liminaire, à quoi peut s'attendre le lecteur non prévenu ? Il pourrait avoir affaire à un traité sur l'ambition, sur l'intérêt ou sur la rivalité, à l'étude d'une passion directement liée à la manipulation de l'argent, en somme à une étude morale Grand Siècle, un peu anachronique par rapport à l'histoire des idées retracée par Hirschman. Or il s'agit en fait de l'étude extensive des effets universellement induits par une passion ancrée dans le corps, laquelle ne se résume pas au désir mais le dépasse :

> Après le désir de la nourriture, la passion la plus générale et la plus impérieuse est celle de l'amour, en donnant à ce mot le sens le plus étendu[14].

Malthus englobe donc dans le terme « passion de l'amour », les « plaisirs des sens », les « plaisirs de famille » et le bonheur d'avoir des enfants[15]. Tel est le principe de population, complet et multiple, qui exerce une pression continue sur l'équilibre démographico-économique des nations :

---

11 *Ibid*. Éric Vilquin pointe quant à lui, dans sa traduction de l'*Essai* de 1798, les lieux où il a estimé nécessaire de s'éloigner de la traduction classique « principe de population » pour rendre le sens dynamique de l'expression malthusienne « *power of population* » (*op. cit.*, n. 1, p. 25).
12 Malthus, *Essai*, I, I, p. 74 (vol. 1).
13 *Ibid*., p. 67.
14 *Ibid*., IV, I, p. 201 (vol. 2).
15 *Ibid*., p. 202.

Malthus constate « la tendance constante qui se manifeste dans tous les êtres vivants à accroître leur espèce[16] » ; il voit partout « un constant effort de la population pour croître au-delà des moyens de subsistance[17] ». Devançant les théories économiques des cycles qui se développeront à partir du XIXe siècle[18], l'économiste esquisse des boucles de rétroaction[19] qui permettent d'identifier et d'expliquer dans l'histoire des nations des « marches rétrogrades et progressives » qui « ne manqueront pas de se répéter », une « espèce d'oscillation » intime des sociétés que révèle l'analyse économique, enfin des « fluctuations[20] » que les hommes ont peut-être remarquées mais qu'ils n'ont jamais su rattacher à l'action de ce puissant, intime, et tout individuel « principe de population ». Avec Malthus, qui deviendra titulaire de la première chaire d'économie politique d'Angleterre, la science nouvelle descend dans les reins des hommes pour expliquer les schèmes enfouis du collectif, les récurrences de la faim et du progrès dans l'histoire des sociétés. Étonnante suture du plus intime et du plus général, l'herméneutique de Malthus articule individualisme méthodologique et ambition statistique pour interroger la possibilité du bonheur. Profonde alliance de déterminisme et de libéralisme, elle affirme d'un côté que l'intempérance de l'amour au sens large menace l'équilibre collectif, de l'autre que la puissance publique n'a pas à légiférer sur cette matière passionnelle[21]. Bien sûr,

---

16   *Ibid.*, I, I, p. 67-68 (vol. 1).
17   *Ibid.*, I, 2, p. 79 (vol. 1).
18   Nous pensons aux travaux de Clément Juglar, devancés par ceux de Tooke ou de Basingstoke, en attendant, au XXe siècle, les théories des cycles de Kondratiev, Kitchin, Schumpeter, etc.
19   Exemple : l'augmentation temporaire de la population fait baisser les salaires, ce qui certes provoque une crise momentanée mais incite aussi les cultivateurs à employer plus de travailleurs, d'où augmentation de la production agricole, d'où encouragement à la population. Voir Malthus, *Essai*, I, II, p. 80 (vol. 1).
20   *Ibid.*, p. 80-81 pour l'ensemble de ces termes.
21   Voir le chapitre VI du Livre IV, intitulé « Quel effet a sur la liberté civile la connaissance de la principale cause de la pauvreté » : il s'ouvre sur l'idée que « *le peuple doit s'envisager comme étant lui-même la cause principale de ses souffrances* » (c'est Malthus qui souligne) et il s'achève sur le vœu que « le gouvernement représentatif (...) donne à chaque individu une plus grande responsabilité personnelle et une plus grande frayeur de la dégradation ». L'économiste libéral conclut, en une phrase qui contient à la fois une critique des révolutions et un appel à la responsabilité individuelle : « il serait fort utile qu'on sût généralement que la principale cause des besoins et des souffrances du peuple ne dépend du gouvernement que d'une manière indirecte ». Inversement, à aucun moment dans l'*Essai* Malthus n'imagine quelque politique coercitive de dépopulation, comme a pu en

Malthus s'inscrit dans une « économie politique de la population » qui a déjà un bon demi-siècle[22], mais ce qui intéresse dans l'*Essai* est la manière dont il articule pulsion intime et ordre social. On y voit surtout que l'individualisme ou le libéralisme malthusiens résistent à l'idée de Foucault selon laquelle « il ne faut pas décrire la sexualité comme une poussée rétive, étrangère par nature et indocile par nécessité à un pouvoir qui, de son côté, s'épuise à la soumettre et souvent échoue à la maîtriser entièrement[23] ». Non, pour Malthus lui-même, le politique n'a pas vocation à empiéter sur la libre disposition du corps, et l'*Essai* relève de l'exposé d'une thèse plutôt que d'une proposition de réforme.

Dans ces conditions, étant donné la force du « principe de population », faut-il parler de pessimisme malthusien ? Oui, de prime abord, car la démarche de Malthus apparaît bel et bien, dès les premières lignes de l'*Essai sur le principe de population*, intégralement négative : contre William Godwin, contre Condorcet, contre les « théoriciens abstraits » et leurs « spéculations[24] », contre tout discours progressiste prospectif, *a fortiori* utopique, Malthus se situe dans l'examen des échecs avérés du passé. « Si l'on cherchait à prévoir quels seront les progrès futurs de la société, il s'offrirait naturellement deux questions à examiner », écrit-il. « 1° Quelles sont les causes qui ont arrêté jusqu'ici les progrès des hommes, ou l'accroissement de leur bonheur ? », demande-t-il d'abord, ce qui implique le calcul mental de la différence entre ce qui a été et ce qui aurait pu être (donc une inclination à penser le progrès à l'irréel du passé), et ce qui déjoue d'emblée le lyrisme prophétique des progressistes. Il est vrai que ce retour au principe de réalité paraît pessimiste, lorsqu'on oublie que Malthus, comme il l'a maintes fois répété[25] et comme le prouve sa deuxième question liminaire, a pour objectif de lever les obstacles :

---

concevoir le néo-malthusianisme. Malthus, *Essai*, IV, VI, respectivement p. 237 et 249 (vol. 2).
22 Voir Michel Foucault, *Histoire de la sexualité*, 1. *La volonté de savoir*, Paris, NRF Gallimard, 1976, p. 37.
23 *Ibid.*, p. 136.
24 Ces termes se trouvent dans le premier chapitre de l'*Essai* de 1798 (trad. Éric Vilquin), que nous citons à nouveau à titre exceptionnel ; *op. cit.*, p. 22-23.
25 Malthus écrira un « Appendice contenant la réfutation des principales objections et le résumé de cet ouvrage », dans lequel il précise notamment : « Sur le haut prix qu'on doit mettre à une grande et forte population, je ne diffère en rien des plus chauds partisans de cette doctrine. » (*Essai*, V, I, p. 344, vol. 2)

« 2° Quelle est la probabilité d'écarter, en tout ou en partie, ces causes qui font obstacle à nos progrès[26] ? » Il est vrai aussi que sa vision d'une nature « économe de place et d'aliment[27] » est fondamentalement pessimiste, même si Malthus adoucira les rééditions successives de l'*Essai*, en supprimant notamment l'apologue du banquet de la nature.

Cependant, qui de Malthus ou des progressistes, idéalistes et autres romantiques humanitaires auxquels il semble superficiellement s'opposer développe la conception la plus défavorable de « l'amour » ? Dans l'*Esquisse d'un tableau historique des progrès de l'esprit humain* (1793), Condorcet, discernant le risque que « l'augmentation du nombre des hommes surpass[e] celle de leurs moyens », expliquait que l'humanité, dans son développement final, comprendrait devoir rejeter « la puérile idée de charger la terre d'êtres inutiles et malheureux[28] ». Dans ses *Recherches sur la justice politique* (*Enquiry concerning political justice*, 1793), William Godwin allait plus loin : il affirmait sa croyance dans le caractère indéfini du progrès, il expliquait les maux de l'humanité par l'imperfection des gouvernements, mais il englobait aussi dans sa définition de la perfectibilité l'idée, pour nous largement dysphorique, que le progrès de la civilisation concorderait avec une atrophie du désir, compensée par une meilleure maîtrise de la maladie et de la mort[29]. N'était-ce pas dire que l'amour est soluble dans la civilisation, comme l'exprimera à sa manière la loi de Spencer, que nous évoquerons ici à propos de Zola ? N'y a-t-il pas déjà un tour schopenhauerien dans la conception par Godwin des subterfuges par lesquels la nature conspire à l'amour ? « Ôtez du commerce des sexes les circonstances qui l'accompagnent, il sera généralement dédaigné », écrit-il, dans une phrase que cite Malthus pour la réfuter[30]. William Petersen a pointé la fragilité de cet individualisme calviniste, de ce scepticisme célibataire que Godwin sera amené à

---

26 Pour l'ensemble de ces citations, voir l'*Essai*, I, I, p. 67 (vol. 1).
27 *Ibid.*, p. 68.
28 Condorcet, « Dixième époque – Des progrès futurs de l'esprit humain », dans *Esquisse d'un tableau historique de l'esprit humain*, éd. Alain Pons, Paris, GF-Flammarion, 1988, p. 281-282.
29 Sur ce point, voir par exemple Maureen N. McLane, « Malthus our contemporary ? : toward a political economy of sex », *Studies in romanticism*, vol. 52, n°3, automne 2013, p. 349.
30 Malthus, *Essai*, IV, 1, p. 201-202 (vol. 2). Dès le premier chapitre de la première version de l'*Essai*, Malthus s'est étonné de cette « hypothèse » de Godwin.

amender lorsqu'il s'éprendra de Mary Wollstonecraft[31]. Bien autrement vigoureuse apparaît alors la conception malthusienne du « principe de population », de l'amour ! C'est là son intéressante réversibilité. Dans la première édition de l'*Essai*, explicitement présentée comme une réfutation de Godwin, Malthus affirme à la fois que « la nourriture est nécessaire à l'existence de l'homme » et que « jusqu'à présent, pas le moindre progrès n'a été fait vers l'extinction de la passion réciproque entre les sexes », laquelle « semble exister aujourd'hui avec autant de force qu'il y a deux ou quatre mille ans[32] » ; il reproche ainsi à Godwin de considérer l'homme d'un point de vue par trop intellectuel[33].

Ainsi, Byron pourra toujours ironiser sur la justification malthusienne de la misère, sur l'idée que la guerre nous sauverait heureusement de la faim, sur le morne parti du mariage tardif et rentable, ou encore sur la confiance mise par Malthus dans la contrainte morale, le poète n'en restera pas moins proche de Malthus dans l'affirmation même de la force du désir[34]. De même, Percy Bysshe Shelley peut bien appartenir au clan familial opposé à Malthus[35], il n'en reste pas moins qu'il pourrait reconnaître chez l'économiste honni son propre refus de tout « négativisme sexuel[36] ». On a de même montré que Mary Shelley, affrontant dans ses fictions la question du développement et de la population, est loin de se conformer à la pensée de son père William Godwin et se rapproche en bien des points de celle de Malthus[37]. C'est ainsi que l'intensité prêtée au principe de population – cette notion d'*intensité* dont nous avons déjà dit l'importance dans les méditations de Malthus sur la demande

---

31   Voir William Petersen, *Malthus – Le premier anti-malthusien*, trad. Antoinette et Jacques Fauve et Hervé Le Bras, préface Emmanuel Le Roy Ladurie, Paris Dunod, « L'œil économique », 1980, p. 39-41.
32   Voir l'*Essai* dans sa version de 1798, *op. cit.*, p. 24-25. Voir aussi Maureen N. McLane, « Malthus our contemporary ?... », art. cité, p. 349.
33   Voir Lauren Cameron, « Mary Shelley's Malthusian Objections in *The Last Man* », *Nineteenth-Century Literature*, vol. 67, n° 2, sept. 2012, p. 184.
34   Frederick Beaty a montré comment la position de Byron envers le discours malthusien s'infléchit entre la correspondance de 1811 et les chants du poème *Don Juan* en 1819-1824. Frederick Beaty, « Byron on Malthus and the Population Problem », *Keats-Shelley Journal*, vol. XVIII, 1969, New York, The Keats-Shelley Association of America, p. 17-26.
35   Voir William Petersen, *Malthus – Le premier anti-malthusien*, *op. cit.*, p. 64.
36   Voir Maureen N. McLane, « Malthus our contemporary ?... », art. cité, p. 342.
37   Telle est la démonstration de Lauren Cameron dans l'article « Mary Shelley's Malthusian Objections in *The Last Man* », *Nineteenth-Century Literature*, vol. 67, n° 2, sept 2012, p. 177-203.

effective[38] – peut rapprocher Malthus des romantiques anglais. Bien sûr, Malthus est insupportable aux yeux d'un homme comme Carlyle, qui aurait baptisé l'économie politique « science (du) lugubre » (*dismal science*) après sa lecture de l'*Essai*[39] ; mais l'avis de Carlyle est justement indissociable de son dégoût pour la conception malthusienne de la vigueur sexuelle. Bien sûr, Malthus peut être regardé comme pessimiste par ceux qui dénoncent en lui l'inspirateur de la morale victorienne, dans la mesure où l'*Essai* dirait la hantise du corps désirant, déréglé et reproducteur[40] ; mais l'envers positif de cette hantise est la puissance conférée à l'irrépressible désir, qui fait de Malthus à la fois un vrai naturaliste (l'objection à Godwin de ne voir dans les hommes que des intellects sera celle de Zola aux romanciers psychologues) et un économiste romantique (le génie de Malthus est de fonder la science économique sur une antinomie, en l'occurrence le repérage de la finitude prosaïque des subsistances devant l'infini désirant du « principe de population », et donc de poser la question de la limite[41]).

L'ambivalence de la thèse malthusienne explique largement les malentendus qui se sont multipliés sur l'œuvre. « Si nous adoptons la définition cynique d'une œuvre classique – un texte qu'on cite

---

38 Voir le premier chapitre de la troisième partie du présent ouvrage.
39 Nous avons précisé dans l'Introduction que Carlyle utilise bien l'adjectif « *dismal* » dans un commentaire de 1839 sur l'*Essai sur le principe de population*, mais qu'il ne forgera l'expression « *dismal science* » qu'en 1849 dans la brochure intitulée *Occasional Discourse on the Negro Question*.
40 Sur cette question, voir Catherine Gallagher, « The Body Versus the Social Body in Malthus and Mayhew », dans Catherine Gallagher et Thomas Laqueur (dir.), *The Making of the Modern Body : Sexuality and Society in the Nineteenth Century*, Berkeley, University of California Press, 1987, p. 84 ; développement auquel renvoie Linda Schlossberg dans « 'The low, Vague Hum of Numbers' : the Malthusian Economies of Jane Eyre », *Victorian literature and culture*, vol. 29, n° 2, 2001, p. 493.
41 Sur la question de la limite ou du surnombre, voir notamment Frances Ferguson, « Malthus, Godwin, Wordsworth, and the spirit of Solitude », dans Elaine Scarry (dir.), *Literature and the body : essays on populations and persons*, Baltimore, The John Hopkins University Press, 1988; ou du même auteur, *Solitude and the Sublime : Romanticism and the Aesthetics of Individuation*, New York, Routledge, 1992. Voir aussi Marjorie Levinson, notamment « Of being numerous. Counting and Matching in Wordsworth's Poetry », *Studies in romanticism*, vol. 49, n° 4 « Romanticism and Politics », 2010, p. 633-657. Parmi l'abondante bibliographie anglo-américaine sur économie politique et romantisme, voir notamment Richard Bronk, *The Romantic economist. Imagination in Economics*, New York, Cambridge University Press, 2009 ; voir aussi Catherine Gallagher, « The Romantics and the Political Economists », dans James Chandler (dir.), *The Cambridge History of English Romantic Literature*, New York, Cambridge University Press, 2008, p. 71-100.

toujours et qu'on ne lit jamais – l'*Essai sur la population* mérite le titre de superclassique », plaisante William Petersen[42]. Combien d'amorces similaires dans les travaux consacrés à Malthus ? Jacques Wolff rappelle qu'en 1845 déjà, l'économiste Joseph Garnier décrivait ainsi la position des contemporains : « Lisez Malthus. / — Mais nous l'avons lu. / — Relisez-le : vous ne l'avez pas compris[43] ». Le catalogue de l'exposition de la Bibliothèque Nationale en 1980 cite encore en épigraphe cette phrase de Paul Morand : « Comme Épicure pour l'épicurisme, comme Platon pour le platonisme, Malthus est trahi par le malthusianisme[44] ». Il n'existe pas une étude sur Malthus qui n'insiste d'abord sur la réception troublée et polémique de l'*Essai* : Petersen insiste sur la pauvreté des objections de William Hazzlit, De Quincy, William Cobbett ou encore Godwin lui-même dans *De la population*[45], chez lesquels la rhétorique pamphlétaire l'emporte sur le raisonnement ; il souligne la vigueur des socialistes (« Il y a un seul homme de trop sur terre, c'est M. Malthus », aurait dit Proudhon, cité par Sauvy[46] et repris partout), mais aussi la minceur de leur réfutation par rapport à la vigueur de l'invective, ainsi chez Marx[47]. Bref, il fut rapidement entendu au début du XIXᵉ siècle que Malthus haïssait les pauvres, qu'il ajoutait à leurs tourments l'interdiction d'enfanter, qu'il était l'économiste des riches, qu'il craignait l'amour autant que l'augmentation de la population, ou encore qu'il s'était trompé dans ses calculs de fécondité. De même, il n'est aucune étude sur Malthus qui n'explique comment le darwinisme social et le néo-malthusianisme ont distordu et rendu opaque le raisonnement originel, brouillant précisément l'antinomie de départ : « on a rendu Malthus responsable de tous ceux qui citaient son nom, souvent sans même comprendre ce qu'il avait écrit[48] » ; les lecteurs, péchant par simplification, « ont scindé en dualités discontinues son effort pour exposer la résultante de forces contraires et, alléguant telle

---

42 William Petersen, *Malthus – Le premier anti-malthusien, op. cit.*, p. 53.
43 Jacques Wolff, *Malthus et les malthusiens, op. cit.*, p. 5.
44 Paul Morand, « Malthus ou le contingentement », *Revue de Paris*, jan-fév 1938, cité dans *De Malthus... au malthusianisme*, catalogue de l'exposition du 27 mai au 26 juin 1980 à la Bibliothèque nationale, société de démographie historique, Paris, 1980, p. 15.
45 William Petersen, *Malthus – Le premier anti-malthusien, op. cit.*, p. 65-68.
46 Alfred Sauvy, *Malthus et les deux Marx. Le problème de la faim et de la guerre dans le monde*, Paris, Gonthier, 1963, p. 41, cit. in William Petersen, *op. cit.*, p. 71.
47 William Petersen, *Malthus – Le premier anti-malthusien, op. cit.*, p. 69.
48 *Ibid.*, p. 66.

ou telle citation ne présentant qu'un aspect partiel de sa pensée, ils ne lui ont reconnu que l'une des deux faces de Janus[49] ».

Si Hazzlit a été superficiel, Engels emporté et Godwin injurieux, comme l'indique Petersen, si les pamphlets des polémistes polygraphes ont ignoré l'ambivalence de l'*Essai sur le principe de population*, il reste à savoir comment la littérature s'est saisie de la pensée malthusienne, si le roman a su déjouer ces simplifications, ou encore comment l'analyse de la loi de Malthus permet de relire les romanciers qui s'y sont intéressés directement ou indirectement. Que serait au juste un *roman malthusien* ? La critique littéraire anglo-américaine a naturellement affronté cette question de sociopoétique, dont nous ne connaissons guère d'équivalent dans la France de Jean-Baptiste Say ou de Frédéric Bastiat. Nous aurait-il manqué une Harriet Martineau, c'est-à-dire des publicistes faisant entrer les catégories de l'économie politique dans le débat public en même temps que dans les formes du récit[50] ? Certes Stendhal est un bon passeur, mais sa réflexion théorique se déroule dans le for intérieur de ses fragments d'économie politique. Nous aurait-il manqué un équivalent français du débat sur la réforme des *poor laws* en 1834, débat qui a suscité une immense littérature outre-Manche et a essaimé dans le roman[51] ? Certes Tocqueville est au plus près de ce débat, lorsqu'il pointe dans son *Mémoire sur le paupérisme* les dérives des « lois des pauvres », qu'il a directement constatées en 1833 en assistant en Angleterre à des séances de justice de paix[52]. D'autres notes écrites entre 1836 et 1840 contiennent un argumentaire sur les effets pervers de la charité publique qui recoupe évidemment les idées de Malthus[53]. Mais il manque un

---

49 *Ibid.*, p. 213.
50 Harriet Martineau, *Illustrations of Political Economy* (9 volumes), Londres, Charles Fox, 1834. La comparaison entre les contes d'Harriet Martineau et *Le Médecin de campagne* est toutefois apparue sous la plume de certains commentateurs du roman de Balzac.
51 Parmi une vaste bibliographie, voir en particulier Katharina Böhm, « Disciplining the Surplus Child : Malthusianism and Science in Charles Dickens's *Oliver Twist* », dans Klaus Stierstorfer (dir.), *Anglistentag 2007 Münster*, Trèves, Wissenschaftlicher Verlag Trier, 2008, p. 425-434.
52 Alexis de Tocqueville, *Mémoire sur le paupérisme* (premier mémoire), à l'invitation de la Société royale académique de Cherbourg, dans *Œuvres complètes*, t. XVI, *Mélanges littéraires et économiques*, éd. Françoise Mélonio, Paris, Gallimard, 1989, p. 117-139. Voir en particulier les p. 134-136, dans lesquelles Tocqueville cite ses notes de septembre 1833, prises à l'occasion d'une audience.
53 Voir Guillaume Boudou, « *Quelques idées sur un plan d'association libre pour la destruction de la mendicité* – À propos d'un manuscrit méconnu d'Alexis de Tocqueville (1836-1840) »,

ingrédient éminemment malthusien dans cette réflexion tocquevillienne sur le paupérisme : même lorsqu'il évoque la recherche systématique en paternité ordonnée par les juges de paix anglais – mesure qui incite certaines jeunes filles à des relations sexuelles précoces parce qu'elles sont assurées de recueillir l'aide de leur amant aisé ou, à défaut, l'argent de la charité publique[54] –, Tocqueville ne nous semble pas envisager le principe de population comme premier. Même s'il connaît parfaitement la thèse de l'*Essai* et s'il a pu s'en entretenir avec Nassau William Senior[55], le nom de Malthus n'apparaît pas dans sa correspondance avec ce dernier, même lorsqu'il y va de la réforme des *poor laws*[56]. Faut-il y voir le fait que la réflexion française sur le paupérisme serait peu sensible au facteur de la natalité et ne s'interrogerait pas comme Malthus sur la priorité de réduire les naissances ? Il manquerait chez nous ce nœud malthusien entre enfantement et paupérisme, qui est aussi un gisement romanesque.

À l'inverse, la critique anglo-américaine a reconnu la profonde influence de la pensée de Malthus sur la fiction de son époque[57]. On a ainsi étudié chez Dickens l'anxiété de la sur-reproduction en s'appuyant sur l'*Histoire de la sexualité* de Michel Foucault[58] : dans *David Copperfield* par exemple, l'intempérante famille Micawber et le mariage tardif de David avec Agnès indiqueraient, malgré bien des signaux anti-malthusiens (les positions publiques de Dickens lui-même, ou bien le discrédit dix-huitiémiste de la déperdition spermatique[59]), que le roman relève d'un « canevas

---

texte déposé le 2 juillet 2015 sur hal.archives-ouvertes.fr, consulté le 12 mars 2016. Dans ces treize pages, Tocqueville envisage une charité associative qui permette à la fois d'éviter la prime au vice de la charité publique et l'inefficacité économique de la charité individuelle.

54 Alexis de Tocqueville, *Mémoire sur le paupérisme, op. cit.*, p. 135-136.
55 Sur ce point précis, voir Michael Drolet, « Democracy and political economy : Tocqueville's thoughts on J.-B. Say and T. R. Malthus », *History of European Ideas*, n° 29, 2003, p. 164 et p. 177-178.
56 Alexis de Tocqueville, *Correspondance anglaise vol. II, Correspondance et conversations d'Alexis de Tocqueville et Nassau William Senior*, dans *Œuvres complètes* t. VI, éd. Hugh Brogan et Anne Paterson Kerr, Paris, Gallimard, 1991. Voir les lettres de Tocqueville des 24 mars 1834, 14 mars 1835 ou 11 janvier 1837.
57 Voir James Huzel, *The Popularization of Malthus in early nineteenth Century England. Martineau, Cobbett and the Pauper Press*, Aldershot (G-B) et Burlington (É-U), Ashgate, 2006, 266 p.
58 Voir par exemple Eric Berlatsky, « Dickens's Favorite Child : Malthusian Sexual Economy and the Anxiety over Reproduction in *David Copperfield* », *Dickens Studies Annual – Essays on Victorian Fiction*, vol. 31, 2002, p. 87-126.
59 *Ibid.*, respectivement p. 93-94, p. 96 et p. 106.

malthusien[60] ». On a de même pu lire *Jane Eyre* de Charlotte Brontë comme une « dramatisation des lois économiques malthusiennes[61] » : sur fond de grande famine de 1847 en Irlande et de reconfiguration majeure de la conception de l'enfant (entre idéalisation victorienne et utilitarisme économique), les chapitres sur la survie de Jane à l'école Lowood, tandis que la nourriture est comptée et que sévit la fièvre typhoïde, montreraient que « le récit d'une conscience enfantine développé par Brontë satisfait finalement les termes d'une doctrine malthusienne qu'il paraît par ailleurs réfuter[62] ». On a même établi, par une étude statistique et qualitative, que les récits brefs publiés dans la presse populaire anglaise des années 1820 et 1830 ont un dénouement « historiquement informé par le discours sur l'amour, le mariage et la mortalité connu sous le nom de malthusianisme[63] » : toute intrigue amoureuse (la majorité de ce corpus) y confinerait à « une sombre intrigue malthusienne de (tentative de) mariage et de mort (inévitable)[64] » et cet ensemble contiendrait d'explicites défenses du mariage tardif ou du célibat[65], ainsi que d'édifiants tableaux de chute dans la misère par la faute de l'amour[66]. Dans tous ces exemples, le discours romanesque malthusien semble s'épanouir

---

60 *Ibid.*, p. 97.
61 Voir Linda Schlossberg, « 'The low, Vague Hum of Numbers' : the Malthusian Economies of Jane Eyre », *Victorian literature and culture*, vol. 29, n° 2, 2001, p. 489-506 ; en particulier p. 489.
62 « *That Brontë's narrative of childhood consciousness ultimately fulfills the terms of the Malthusian doctrine it otherwise seems to critique is both disturbing and suggestive* », écrit précisément Linda Schlossberg (art. cité, p. 504).
63 « *One contention of the present essay is that "the sense of an ending" in "The Curate's Daughter" and other similar tales is mediated historically by the discourse of love, marriage and mortality known as Malthusianism. Another, more general contention is that in the first two decades of the nineteenth century Malthus' principles of population provided the most controversial terms in which to reframe the age-old issues of "love," "marriage," "procreation" and "death"— much as Darwin's ideas and metaphors were to provide later on an equally controversial framework for rediscussing the alpha and omega of "life" on earth"*. » Silvana Colella, « Intimations of mortality : the malthusian plot in early nineteenth century popular fiction », *Nineteenth-Century Contexts*, 2002, n° 24 (1), p. 18.
64 Silvana Colella explique que Hazlitt commente la thèse de Malthus comme une inversion de toutes les valeurs : le bon devient le mal, le vice devient la vertu. Elle conclut ainsi : « *In fact, the echo of such paradoxes can be perceived distinctly in the popular fiction of the 1820s, through the countless peripeties and sudden narrative swerves by which the plot of love is transformed into a gloomy — Malthusian — plot of (attempted) marriage and (always successful) death.* » *Ibid.*, p. 20.
65 *Ibid.*, p. 23-24.
66 *Ibid.*, p. 25.

malgré les positions d'auteur ou l'obédience des journaux : l'imaginaire d'époque serait profondément marqué par le raisonnement malthusien, lequel apparaît aussi impressionnant qu'il est élémentaire.

Si cette réduction de toute intrigue amoureuse et mortifère à la théorie de Malthus pose d'évidents problèmes méthodologiques, elle n'en révèle pas moins, inversement, qu'un certain nombre de discours critiques bien connus pourraient être reformulés en termes malthusiens. Lorsque Marthe Robert médite sur l'enfant trouvé, nous sommes chez Malthus. Lorsque Jean Borie écrit sur le « roman célibataire » de l'âge naturaliste, il invite à qualifier tout son corpus de roman malthusien. Lorsque Léo Bersani écrit que le roman réaliste est « peur du désir » ; lorsqu'il montre comment sa stabilité temporelle, sa conception systémique du social, son hypothèse de stabilité psychologique, son impassibilité narrative, concourent à l'idée que « le monde extérieur parvient toujours à étouffer la vie dont le héros anime le roman » ; lorsqu'il montre enfin que les héros sont des « boucs émissaires, représentants d'un excès », d'une « explosion structurale », de « débordements d'énergie vitale » qui ne peuvent qu'être condamnés par cette forme essentiellement conservatrice, le critique fait tout simplement du roman réaliste un roman malthusien, sans le savoir ou sans utiliser cet adjectif[67].

Nous interrogerons ici la réception française de Malthus selon trois grands axes et trois corpus. Il nous faut une fois encore repartir de Stendhal, qui a lu les pages essentielles de l'*Essai sur le principe de population* dans la traduction de 1809 tirée de la seconde édition anglaise de 1803 : Victor Del Litto a remarqué l'importance accordée par Stendhal à ce livre de sa bibliothèque, rapporté de Milan en 1821[68] ; Michel Crouzet a brièvement indiqué combien cette lecture a pu satisfaire le pessimisme de Stendhal[69] ; mais l'important serait ici de migrer une fois encore des fragments de 1810 vers *Le Rouge et le Noir* écrit vingt ans plus tard, pour y lire l'équivalent français des réflexions romanesques anglaises sur le *surplus child* : car c'est aussi à travers l'hypertexte malthusien que le fils

---

67 Léo Bersani, « Le réalisme et la peur du désir » [*Poétique* n° 22, avril 1975], dans *Littérature et réalité*, Seuil, « Points Essais », 1982, en particulier p. 72.
68 Victor Del Litto, « L'étude de l'économie politique. Nouvelles notes inédites », *Une somme stendhalienne. Études et documents, 1935-2000*, vol. 2, Paris, Honoré Champion, 2002, p. 1151-1152.
69 Michel Crouzet, *Stendhal et le désenchantement du monde*, Paris, Classiques Garnier, 2011, p. 338.

surnuméraire Julien Sorel apparaît conforme à la définition du héros romantique. Lire Malthus permettrait alors peut-être d'éclairer chez Stendhal une structure de pensée malthusienne, déjà détectée par la critique mais jamais identifiée comme telle. Dans un second moment, il nous faudra investir la seconde moitié du XIXe siècle pour y lire à travers le roman ce que ne cessent de pointer les études générales sur Malthus : la dégradation de la thèse originelle en *doxa* à la fois impure et simpliste sous l'influence du darwinisme social et du néo-malthusianisme. Ce qui constitue sans doute la réfutation romanesque française la plus manifeste du pessimisme malthusien – entendons *Fécondité* de Zola en 1899 – s'insère en effet dans un espace polémique fort trouble : ce n'est pas Malthus que réfute le roman zolien, mais un feuilleté de discours, ce qui nous oblige à repenser en termes malthusiens la forme même de ce roman. Cependant, si Zola récrit Malthus à son insu, il exorcise, dans son roman expansionniste, l'idée centrale qu'affronte la théorie économique malthusienne, qui est celle d'une croissance finie dans un monde fini, le « spectre de Malthus[70] » faisant aujourd'hui retour à travers la perspective d'un « krach écologique[71] ». Or s'il fallait circonscrire un corpus de nature à penser la décroissance des rendements et l'épuisement des ressources terrestres, on pourrait ajouter, à certains volumes des *Rougon-Macquart*, les récits de Jules Verne où se déploie justement une rêverie sur la finitude de l'univers qui est indissociable de sa réécriture des robinsonnades et constitue l'envers du discours du progrès.

---

70 « *In the early twenty-first century, as resources reach their limits and the external costs of the massive use of carbon energy become apparent in pollution and global warming, it appears that the ghost of Malthus has arisen again.* » Alan Macfarlane, article « Malthusian trap », *International Encyclopedia of the Social Sciences*, 2008, Encyclopedia.com [en ligne].
71 Daniel Cohen, *La prospérité du vice. Une introduction (inquiète) à l'économie*, Paris, Albin Michel – Le Livre de poche, 2009, p. 247.

PRINCIPE DE POPULATION ET DESTIN DU HÉROS

Stendhal lecteur de Malthus[1]

Tout désigne Julien Sorel comme un enfant surnuméraire, comme le jumeau français du *surplus child* du roman victorien. Son caractère excédentaire est d'emblée signalé par sa différence physique et morale. Tandis que le père Sorel fait presque six pieds et que ses deux fils aînés, indistincts comme des personnages de conte, sont des « espèces de géants (...) armés de lourdes haches[2] », Julien est « faible en apparence[3] », a une « taille mince, peu propre aux travaux de force, (...) différente de celle de ses aînés[4] », enfin une « physionomie » qui saisit l'observateur par sa « spécialité[5] », si bien que la singularité du personnage dans le foyer Sorel rejoint la solitude de fils uniques comme Octave de Malivert ou Lucien Leuwen. Cette différence entre d'une part le benjamin « lisard » et faible, d'autre part le père et les frères qui savent compter et sont aptes aux travaux de la scierie, pose un problème d'ordre économique : « Dès sa première jeunesse, son air extrêmement pensif et sa grande pâleur avaient donné l'idée à son père qu'il ne vivrait pas, ou qu'il vivrait pour être une charge à sa famille[6] », dit le roman, qui fait porter au héros la figure même de sa mort possible, comme s'il incarnait l'enfant de trop et le péril de

---

1 Un premier état de ce développement, plus bref, ordonné différemment, dépourvu de références à la critique anglo-américaine, est paru sous le titre « Une bouche de plus à nourrir », dans Éléonore Reverzy et Bertrand Marquer (dir.), *La cuisine de l'œuvre au XIXᵉ siècle. Regards d'artistes et d'écrivains*, Strasbourg, Presses universitaires de Strasbourg, 2013, p. 93-106.
2 Stendhal, *Le Rouge et le Noir*, Iᵉʳᵉ partie, chap. IV, éd. Michel Crouzet, Livre de poche, « Classiques de poche », 1997, p. 25. Comme dans les parties précédentes, nous renverrons à cette édition en indiquant successivement la partie, le chapitre et la page.
3 *Ibid.*, p. 26.
4 *Ibid.*, p. 24.
5 *Ibid.*, p. 26.
6 *Ibid.*

la faim qu'il ferait courir à lui-même et aux siens selon l'*Essai sur le principe de population*, en même temps qu'il revêt les traits de l'indolent selon les *Principes d'économie politique* de Malthus.

En outre, du fait de sa singularité, du fait aussi de l'absence de la mère, le héros pose purement et simplement le problème de la passion amoureuse. L'enfant surnuméraire signale dans la pensée malthusienne un rapport intempérant à l'amour. « Un homme qui gagne de quoi nourrir deux enfants seulement, ne consentirait jamais à se mettre dans une situation où il pourrait être forcé d'en nourrir quatre ou cinq, quelles que fussent à cet égard les suggestions d'une passion aveugle », affirme Malthus[7]. Certes, le père Sorel n'a pas quatre ou cinq enfants. Il n'en a pas non plus six ou huit, comme Malthus l'a vu dans le pays de Joux, où les jeunes garçons et les jeunes filles se marient à l'âge où ils devraient encore aller à l'école[8]. Enfin on ne saurait faire du foyer Sorel une illustration de la pauvreté constatée par l'économiste dans les cantons suisses et les vallées de Savoie ou du Jura[9], où l'agriculture se limite à l'élevage, où l'élevage est lui-même contraint par le fourrage que fournit la vallée, enfin où la jeunesse se perd dans des mariages précoces[10]. Pourtant, le troisième enfant Sorel a déjà les traits d'un excédent et d'une « exception », pour reprendre le terme de Zola. Qui, du père Sorel ou de la mère élidée, aurait donc manqué de la « prudente retenue » que préconise Malthus ? Tandis que l'économiste suppose généralement l'intempérance des maris, le roman n'exclut pas la passion coupable de l'épouse, du fait même de la sécheresse du père dont il dresse le portrait. Sauf à penser que la haine du père proviendrait de ce que la naissance de Julien, comme celle de Jean-Jacques ou René, aurait coûté la vie à sa mère, nous pouvons rêver qu'une faute de la mère en fait un bâtard surnuméraire, et nous verrons bel et bien Julien « forger la fable de son illégitimité[11] ». Dans le roman familial stendhalien, le premier enfant (Octave, Lucien) n'a jamais de doute sur la paternité qui, justement, lui pèse. C'est avec le deuxième enfant, *a fortiori* avec le troisième (Julien), que la paternité

---

7 Malthus, *Essai*, IV, II, p. 208 (vol. 2).
8 *Ibid.*, II, V, p. 322-323 (vol. 1).
9 *Ibid.*, p. 322.
10 *Ibid.*, p. 320-321.
11 Voir Marthe Robert, *Roman des origines, origines du roman* [1972], Paris, Gallimard, « Tel », 2004, p. 246.

devient effectivement ou symboliquement incertaine[12]. Aussi le titre du chapitre « Un père et un fils » ne dirait-il pas simplement l'affrontement filial, mais vaudrait-il aussi comme antiphrase. Et puisque l'élision de la mère prépare l'épanouissement de l'amour maternel de Mme Rênal, puisqu'un discret écho relie au début du roman deux progénitures (les trois fils Sorel et les trois fils Rênal), nous pourrions verser au dossier la remarque souvent faite par la critique sur la géométrie variable de la famille Rênal : l'aîné Adolphe et le benjamin Stanislas-Xavier sont fréquemment nommés, mais le téméraire cadet, qui se singularise d'emblée en montant sur le parapet du *Cours de la fidélité*[13], disparaît du texte, comme s'il cédait une place à Julien tout en exprimant l'idée que l'existence d'un enfant sur trois est précaire et que la naissance du héros est elle-même problématique.

Il ne suffit pas de reconnaître dans Julien Sorel les traits d'un *surplus child* cousin d'Oliver Twist ou de Jane Eyre pour que cela permette d'affirmer la prégnance des thèmes malthusiens, même si nous savons que vingt ans avant l'écriture du *Rouge*, Beyle et Crozet ont lu d'importantes sections de l'*Essai sur le principe de population* dans l'édition de 1809. Il existe toutefois des passages du roman dans lesquels la thématique malthusienne se développe curieusement, notamment lorsque Julien s'écrie, outré par les malversations de Valenod :

> (...) je parierais qu'il gagne même sur les fonds destinés aux enfants trouvés, à ces pauvres dont la misère est encore plus sacrée que celle des autres ! Ah ! monstres ! monstres ! Et moi aussi, je suis une sorte d'enfant trouvé, haï de mon père, de mes frères, de toute ma famille[14].

Non seulement Julien s'identifie explicitement à l'enfant trouvé et donc à l'enfant surnuméraire, mais le texte associe par glissement le dépôt de mendicité dirigé par Valenod à la question de l'enfant trouvé. Or dans l'*Essai sur le principe de population*, Malthus étudie aussi bien les dépôts de mendicité pour adultes pauvres que les hôpitaux pour enfants trouvés, parce que sa critique libérale des *poor laws* anglaises et

---

12 Voir Georges Kliebenstein, *Figures du destin stendhalien*, Paris, Presses de la Sorbonne nouvelle, 2004, p. 341.
13 Stendhal, *Le Rouge et le Noir*, *op. cit.*, I, III, p. 21.
14 *Ibid.*, I, VII, p. 44.

des dispositifs d'assistance étrangers (russes par exemple[15]) l'amène à reprocher aux uns comme aux autres d'encourager le funeste surplus des naissances. De même, la prime évocation dans *Le Rouge et le Noir* de la visite d'inspection de Benjamin Appert mentionne tout à la fois la prison, le dépôt de mendicité et l'hospice, tous tenus par M. de Rênal et « les principaux propriétaires de l'endroit[16] ». Stendhal a fait de Valenod le directeur du dépôt de mendicité en même temps qu'un détenteur de marchés publics pour les Enfants trouvés. Lorsque M. de Rênal augmente Julien mécontent en le croyant près d'être débauché par Valenod, il se promet d'adresser à ce dernier « deux mots fermes sur son entreprise de fournitures pour les enfants trouvés[17] », c'est-à-dire qu'il veut faire cesser la (prétendue) surenchère de Valenod sur le salaire de Julien en menaçant de dénoncer ses détournements[18]. C'est ainsi toute une thématique malthusienne – celle de l'aide aux pauvres – qui s'établit au début du roman : le romancier associe ce que l'économiste, lui aussi, met en rapport. C'est par ce biais que l'enfant trouvé Julien se trouve rapproché des prisonniers du dépôt de mendicité, selon une logique qui pourrait échapper au lecteur, mais qui est bien celle de l'*Essai* de Malthus et de toute méditation économique sur l'assistance dans la première moitié du XIXᵉ siècle. Le pauvre, le prisonnier, l'enfant trouvé, c'est tout un ; chez Malthus, ils sont le produit de la même intempérance et sont promis à la même misère ; dans le roman, l'inspection de la prison par Benjamin Appert se substitue textuellement à l'inspection du dépôt de mendicité, et les prisonniers de Valenod (les termes « détenus », « gueux » et « prisonniers » sont tour à tour utilisés[19]) appellent spontanément le héros à un retour sur soi.

---

15 Voir le passage de *l'Essai sur le principe de population* consacré à la visite des hôpitaux pour enfants trouvés de Saint Pétersbourg et de Moscou et à leur mortalité importante. Malthus, *Essai*, II, III, p. 285-288 (vol. 1).
16 Stendhal, *Le Rouge et le Noir*, *op. cit.*, I, II, p. 17.
17 *Ibid.*, I, X, p. 69.
18 Faut-il préciser que les abus dans la gestion du « bien des pauvres » sont fréquents ? Michel Crouzet rappelle que Stendhal indique en marge du début du chapitre VII du *Rouge*, exemplaire de Civitavecchia : « On volait quatre millions sur les enfants trouvés. 1829. » Il en va de même en Angleterre : le directeur de l'hospice d'Andover décrit par William Petersen nous fait penser à Valenod. Voir William Petersen, *Malthus – Le premier anti-malthusien*, *op. cit.*, p. 110.
19 Voir le chapitre consacré au dîner de Julien chez Valenod : Stendhal, *Le Rouge et le Noir*, *op. cit.*, I, XXII.

SURPLUS CHILD ET SENS DU MONDE

Il nous faudrait alors pousser à son terme ce rapprochement entre le héros et l'être excédentaire selon Malthus. Lors de la séance de travail de l'été 1810 sur l'économie politique, Crozet a lu et annoté le chapitre sur les *poor laws* et les dépôts de mendicité[20] et Beyle a bien repéré l'un des ressorts de la politique malthusienne de dissuasion en matière d'assistance : « Appliquer *a sort of shame to being received in a* dépôt de mendicité et faire *that the poors fear the* traitements qu'on y reçoit[21] ». Il faut, dans l'idée libérale, faire honte aux pauvres au nom du fait que la charité publique doit avoir un prix[22] : le dépôt de mendicité doit apparaître si dissuasif qu'il contribue à la contrainte morale[23]. Aussi la grivèlerie de Valenod du côté des enfants trouvés et sa tyrannie au dépôt de mendicité rejoignent-elles le libéralisme malthusien, mais en toute immoralité, en dégradant les conditions de vie des détenus et des enfants. Au dîner Valenod, on sert aux invités un vin à neuf francs tout en intimant *silence au pauvre*, pour reprendre le mot de Lamennais, au grand scandale de Julien.

Tout est contrainte dans le système malthusien : *contrainte morale* du père de famille invité à la prudence, et *honte* imposée par les administrateurs aux pauvres bénéficiaires de l'assistance. Le *surplus child* est peut-être né d'une intempérance du père ou de la mère, donc d'une dérogation à la contrainte première, mais il est alors promis au dépôt, c'est-à-dire à une prison fort malheureuse, bien différente de la prison choisie du héros

---

20 Il s'agit du chap. III du Livre III, « Des lois sur les pauvres », dans le tome II de l'édition Paschoud de 1809. Ce développement se trouvera augmenté et refondu en trois chapitres dans les éditions ultérieures. Ce sont en particulier ces pages qui ont déclenché l'ire de Marx ou de Proudhon. Voir Malthus, *Essai, op. cit.*, introduction de Jean-Paul Maréchal, p. 9.

21 C'est une annotation portée au verso de la table des matières du tome II de l'*Essai* de Malthus dans l'édition Paschoud de 1809. Victor del Litto, *Une somme stendhalienne, Études et documents 1925-2000*, t. II, Paris, Champion, 2002, p. 1160.

22 Voir Guillaume Boudou, « À propos d'un manuscrit méconnu d'Alexis de Tocqueville », art. cité.

23 « Aussi cruel que cela puisse paraître dans des cas particuliers, on devrait considérer la pauvreté assistée comme honteuse. Un tel aiguillon semble absolument nécessaire pour promouvoir le bonheur de la grande masse de l'humanité », écrit Malthus dans la première édition (*Essai*, trad. Éric Vilquin, *op. cit.*, p. 51). Voir sur ce point William Petersen, *Malthus – Le premier anti-malthusien, op. cit.*, p. 112.

stendhalien. Qu'il s'identifie aux enfants trouvés ou aux prisonniers, le héros se représente comme un excédent dans la famille et dans la société. Il n'y a pas de place pour lui dans le monde : pas de place dans la scierie, dont il déjoue le cadre physique en se juchant sur une poutre ; pas d'état possible dans la vallée, dont il subvertit l'espace social lorsqu'il devient précepteur ou se trouve « *bombardé* dans la garde d'honneur[24] » ; pas de paix morale possible pour celui qui pourra toujours se dire : « Je suis seul sur la terre[25] ». Économie, politique et métaphysique se rejoignent dans cette pensée de l'excédent. D'abord, l'excédent de population bouleverse le niveau des salaires réels, soit parce qu'il constitue une armée de réserve de travailleurs, soit parce que les dépôts de mendicité poussent à la hausse le prix des grains. Ensuite, cet excédent peut être cause de révolutions, comme l'affirme parfois Malthus[26] et comme le montrera la dernière incarnation de Julien en plébéien « révolté contre la bassesse de sa fortune[27] ». Dans son plaidoyer devant les assises de Besançon, le héros a en effet délaissé l'identification à l'enfant trouvé pour s'identifier à « cette classe de jeunes gens (...) opprimés par la pauvreté » qui a « l'audace de se mêler à ce que l'orgueil des gens riches appelle la société[28] ». Nous voyons bien que tout au long du roman, Julien aura cherché à donner un nom et un sens à son être surnuméraire, et le *surplus child* malthusien est l'une de ces incarnations idéologiques. Dans *Politique de la littérature*, Jacques Rancière écrit :

> Le mécompte démocratique consiste à mettre en circulation des êtres en excédent par rapport à tout compte fonctionnel des corps, par exemple ce mot « prolétaire » que Blanqui donne en réponse au procureur qui lui demande sa profession[29].

Qu'il convoque d'abord la figure de l'enfant trouvé ou qu'il allègue finalement un « intérêt de caste[30] », le héros de Stendhal semblerait bien

---

24 Stendhal, *Le Rouge et le Noir*, *op. cit.*, I, XIX, p. 117.
25 Comme le dit l'épigraphe, attribuée à Young, de l'un des chapitres sur le séminaire. *Ibid.*, I, XXVI, p. 178.
26 Voir l'ouverture de l'*Essai* de 1798 sur la « comète de feu » de la Révolution française. Voir aussi le passage de notre édition de référence évoqué dans l'introduction de cette partie (*Essai*, IV, VI). Voir enfin Linda Schlossberg, « 'The low, Vague Hum of Numbers' : the Malthusian Economies of Jane Eyre », art. cité, p. 495.
27 Stendhal, *Le Rouge et le Noir*, *op. cit.*, II, XLI, p. 482.
28 *Ibid.*, p. 483.
29 Jacques Rancière, *Politique de la littérature*, Galilée, 2007, p. 51.
30 Comme le dira M. de Frilair à Mathilde. Stendhal, *Le Rouge et le Noir*, *op. cit.*, II, XLIV, p. 495.

illustrer l'idée de Rancière selon laquelle « la démocratie est d'abord l'invention de mots par lesquels ceux qui ne comptent pas se font compter et brouillent ainsi le partage ordonné de la parole et du mutisme qui faisait de la communauté politique un 'bel animal', une totalité organique[31] ». Et l'idée du « bel animal » serait appropriée pour désigner la communauté tempérante telle que l'envisage la biopolitique malthusienne. Toutefois, la revendication du héros stendhalien nous semble un peu différente : il ne nous semble pas que Julien allègue un « mot vide, sans référent », qui « configure un espace politique », comme le dit Rancière lorsqu'il explique qu' « il ne doit pas y avoir, dans la communauté, de noms-de-corps qui circulent en surplus des corps réels, pas de noms flottants et surnuméraires, susceptibles de constituer des fictions nouvelles, divisant le tout, défaisant sa forme et sa fonctionnalité ». En parlant d'*enfant trouvé* ou en s'identifiant tout à coup à la *classe inférieure*, Julien se glisse plutôt dans des figures de l'excédent qui ont déjà leur nom et qu'il contribue seulement à rapprocher, tout comme le fait le raisonnement de Malthus : l'enfant surnuméraire, le prisonnier, le mendiant, le révolutionnaire sont la même chose ; telle est la portée politique de la notion d'excédent de population.

Enfin cette acception politique de l'excédent demeure moins importante que son acception métaphysique : la figure de l'enfant trouvé ou du fils surnuméraire, transposée dans le monde de l'esprit, signifie tout simplement que « l'enfant du siècle n'a pas sa place dans le siècle », comme le dit Georges Gusdorf[32]. La disproportion étudiée par Malthus, lorsqu'il compare le principe de population à la croissance des subsistances, n'est pas strictement économique : dire qu'il n'y a pas assez de pain pour tout le monde, croire que la productivité ne progressera pas au même rythme que l'augmentation de la population, c'est déjà dire, comme Gusdorf, qu' « il n'y a pas assez de réalité pour la plénitude du sens, pour que le sens puisse venir au monde et créer un monde à sa mesure[33] ». Léo Bersani ne dit pas autre chose quand il explique que le roman confère une sorte d'irréalité au désir de Julien[34]. L'enfant surnuméraire est

---
31 Jacques Rancière, *Politique de la littérature, op. cit.*, p. 51.
32 Georges Gusdorf, *Le Romantisme*, vol II. (*l'homme et la nature*) [1984], Paris, Payot, 1993, p. 118.
33 *Ibid.*, p. 117.
34 Léo Bersani, « Le réalisme et la peur du désir », art. cité, p. 69.

promis à la même mélancolie que celui qui trouve le monde trop petit pour lui. La pensée de Malthus est une pensée de la limite, indissociable de la pensée de l'infini[35]. Aussi la figure malthusienne du *surplus child* engage-t-elle tout simplement la définition de l'homme romantique.

GARDER LA TÊTE FROIDE
CONTRE LE MÉLODRAME

Vingt ans après la séance d'économie politique de Beyle et Crozet durant l'été 1810, *Le Rouge et le Noir* développerait donc une thématique proprement malthusienne autour de son héros surnuméraire. Et peut-être le roman de Stendhal se trouve-t-il ici plus malthusien que certains romans anglais : lorsque Linda Schlossberg conclut à propos de *Jane Eyre* que « la survie finale de Jane, en dépit des terribles obstacles malthusiens, nous prouve qu'elle n'est pas un pur et simple excédent, mais une héroïne valable[36] », nous sommes plutôt tenté de lire avec Bersani la disparition de Julien comme la validation d'un pronostic malthusien qui ferait du héros stendhalien une exception définitive et inassimilable : exception au règne des intérêts positifs et de la médiocrité politique, exception à l'interdit de la passion et à l'organicité tempérante du corps social.

Mais la reformulation de la théorie économique pourrait alors nous apparaître caricaturale dans *Le Rouge et le Noir*. On sait le reproche de Sorel à son fils : « Dieu sait, maudit paresseux, [...] si tu auras jamais assez d'honneur pour me payer le prix de ta nourriture, que j'avance depuis tant d'années[37] ! ». Alors que le vieux Sorel ne doit pas toucher un sou du salaire dévolu à son fils, il le négocie âprement et le voit comme l'assurance de son remboursement[38]. Ce remboursement s'opérera en fin

---

35   Nous renvoyons une fois de plus à l'article de Marjorie Levinson, « Of being numerous. Counting and Matching in Wordsworth's Poetry », art. cité.
36   « *Jane's ultimate survival against Malthus's terrible odds tells us that she is not merely a surplus product, but rather a valuable heroine ; one, Brontë seems to suggest, who is very much worth the gamble.* » Linda Schlossberg, « The Malthusian Economies of Jane Eyre », art. cité, p. 504.
37   Stendhal, *Le Rouge et le Noir, op. cit.*, I, V, p. 31.
38   « J'exige votre parole de ne pas donner un sou de cet argent à votre père », précise M. de Rênal. *Ibid.*, I, VI, p. 40.

de roman : « il convient de payer vos dettes », dit-il à Julien qui annonce avoir fait des « économies[39] ». Comment lire cela ? Le charpentier Sorel n'est-il, sous l'espèce du Dauphinois, qu'un exemplaire de père pingre à ranger dans la catégorie littéraire des Séchard et autres Grandet, ou bien est-il un porte-parole de la loi de Malthus ? Pourrions-nous lire sa monstrueuse avarice comme une caricature stendhalienne du raisonnement malthusien ? Il faut bien convenir que le vieux Sorel n'est pas habilité à tenir le discours d'un père appauvri par son troisième fils, dès lors que le texte l'a désigné comme un « père riche[40] » et que rien n'indique que la naissance de Julien ait appauvri ou affamé ses frères. En outre, si Malthus insiste sur la nécessité qu'un père s'assure *ex ante* des moyens d'entretenir ses futurs enfants, jamais il n'imagine un processus de remboursement *ex post* des pères par les fils. Ici, le père Sorel serait mal placé pour parler ; le roman décrirait une avarice qui ressemble à une *reductio ad absurdum* du calcul malthusien ; cela donnerait avant tout un effet de ton, poussé au noir.

C'est une surenchère symétrique qui se donnerait à lire dans les deux passages du roman où Julien s'indigne des prévarications de Valenod, passages qui nous plongent dans une thématique malthusienne, compliquée cependant par des altérations du ton. Nous avons déjà cité le passage où le héros s'identifie aux enfants trouvés en s'exclamant « monstres ! monstres ! ». Le récit de pensées stendhalien nous montrera plus loin la douleur de Julien, dissimulant ses larmes derrière son « verre vert » au dîner Valenod, lorsque le directeur du dépôt de mendicité interdit aux prisonniers de chanter :

> Voilà donc, se disait la conscience de Julien, la sale fortune à laquelle tu parviendras, et tu n'en jouiras qu'à cette condition et en pareille compagnie ! Tu auras peut-être une place de vingt mille francs, mais il faudra que, pendant que tu te gorges de viandes, tu empêches de chanter le pauvre prisonnier ; tu donneras à dîner avec l'argent que tu auras volé sur sa misérable pitance, et pendant ton dîner il sera encore plus malheureux ! – Ô Napoléon ! qu'il était doux de ton temps de monter à la fortune par les dangers d'une bataille ; mais augmenter lâchement la douleur du misérable !
>
> J'avoue que la faiblesse dont Julien fait preuve dans ce monologue me donne une pauvre opinion de lui. Il serait digne d'être le collègue de ces conspirateurs en gants jaunes, qui prétendent changer toute la manière

---
39 *Ibid.*, II, XLIV, p. 497.
40 *Ibid.*, I, IV, p. 25.

d'être d'un grand pays, et ne veulent pas avoir à se reprocher la plus petite égratignure[41].

Qu'est-ce que cette grandiloquence ? Que le tutoiement lyrique et éthique de Julien soit ici modalisé par une intrusion d'auteur montre que le détournement du discours malthusien peut être aussi le fait du héros. Le démontage de la position morale de Julien s'effectue en deux temps, à rebours : c'est parce que l'émoi de Julien détonne que son empathie pour les « pauvres détenus » tourmentés par Valenod et, précédemment, son identification aux enfants trouvés, apparaissent finalement infondées. Car Julien n'est pas dans une situation vraiment comparable à celle des enfants trouvés ou des détenus du dépôt de mendicité que le roman maintient d'ailleurs hors-scène (ce n'est que plus tard que le héros invitera de vrais prisonniers dans sa cellule, pour mesurer au contraire la noirceur de l'âme humaine et la force de la cupidité). La « faiblesse » de l'invité des Valenod est donc celle d'un révolutionnaire de salon qui n'a pas encore fait ses armes dans le monde de l'utilité et de l'hypocrisie (même si le roman ne promeut pas cet endurcissement). Enfin et surtout, ce pathos transpire l'égocentrisme : il est le contraire de la posture que se prescrivent aussi bien le romancier que l'économiste. Cet exemple célèbre d'intrusion d'auteur dénoncerait ainsi la possibilité d'un misérabilisme à la mode malthusienne.

Car c'est bien une consigne de ton et de sang-froid que se donnait le jeune Stendhal en 1810 lors de ses lectures d'économie politique. À lire ses fragments, Henri apparaît aussi intéressé par les concepts que par la rhétorique des économistes. Il critique le style de Jean-Baptiste Say, qu'il trouve morne, comme l'exprime le *Journal* le 30 avril 1811 à travers une analogie assez étonnante, à propos des environs de la ville du Havre : « La campagne a la physionomie du livre de Say, bien, mais froid et n'inspirant rien[42]. » Il n'apprécie pas non plus le style d'Adam Smith, qu'il classe parmi cette « manière » d'« auteur anglais » qui consiste à « faire voir la vérité par petites parties successivement exprimées par des phrases prolixes qui prouvent ce qu'elles avancent[43] », sorte

---
41 *Ibid.*, I, XXII, p. 142-143.
42 Stendhal, *Journal*, éd. Xavier Bourdenet, Gallimard, « folio », 2010, p. 735.
43 Stendhal, « Traité d'économie politique », dans *Œuvres complètes*, vol. 45, *Mélanges I – Politique, Histoire, Économie politique*, éd. Victor Del Litto et Ernest Abravanel, Genève, Édito-service, « Cercle du bibliophile », 1971, p. 116.

de raisonnement inductif qui semble l'incommoder. Beyle préférerait, en ces matières, un « style à la Montesquieu » : « J'aime mieux énoncer d'une manière claire et tranchée la vérité qui est l'objet d'un chapitre, et la prouver ensuite successivement[44] ». Or cette démarche déductive se rapproche plus de celle de Malthus dans l'*Essai sur le principe de population*, quoique ce dernier se caractérise par sa méthode empirique et statistique. Certes, jamais Stendhal ne dit explicitement affectionner l'écriture somme toute pesante et répétitive de Malthus, autre Touriste (et lecteur) qui enquête sur « les obstacles à la population » en Amérique, en Europe, en Afrique, en Sibérie, en Turquie, etc. C'est l'impassibilité de l'économiste au milieu des misères, sa sévérité morne au spectacle de l'intempérance des hommes, son invariable utilitarisme puritain, qui semblent constituer un modèle naturaliste et présider aux recommandations que se fait le jeune Beyle lorsqu'il réfléchit au traité qu'il lui reste à écrire :

> Prouver à Saint-Julien que l'auteur of this book :
> 1° a le talent de raisonner juste sur des objets de finance ;
> 2° possède une tête froide ;
> 3° a un style qui le met à même de rédiger ;
> 4° qu'on est disposé à voir froidement quelque grande mesure politique que ce soit ;
> 5° a de la mesure (qui est l'art de parler d'un sujet quelconque sans toucher à une partie des idées fournies par ce sujet) ;
> 6° dévouement[45].

À travers l'économie politique, Henri voudrait briller dans le monde des froids. Et le ton à prendre, en cette discipline, constitue un équivalent des masques dénombrés Jean Starobinski : nous voyons bien que la prestation de l'économiste confine au paradoxe du comédien[46], mais un paradoxe du comédien retourné, qui voit ici l'aspirant économiste Beyle jouer l'insensibilité à des fins de haute administration. C'est en cela que la grandiloquence larmoyante de Julien à l'égard des enfants trouvés et des prisonniers du dépôt de mendicité peut apparaître comme une déplorable entorse au ton et au courage que se prescrit l'économiste.

---

44 *Ibid.*
45 *Ibid.*, p. 119.
46 Jean Starobinski, « Stendhal pseudonyme » [1951], dans *L'œil vivant*, Paris, Gallimard, 1961, p. 221.

Car plutôt que de plaindre les enfants et les pauvres en s'y identifiant par mauvaise conscience et misérabilisme, il faudrait abolir l'assistance, fermer les hôpitaux et les dépôts de mendicité ! Malthus prônait l'abolition progressive des *poor laws*. Julien larmoie quant à lui sans statuer. Le narrateur le signale, et peut-être est-ce l'un des signes qu'il est « libéral ». Certes cette intrusion d'auteur, qui nous donne ici la « cote » du premier rôle, comme dit Georges Blin[47], se garde de répliquer à la « faiblesse » du personnage par une sécheresse d'économiste : dans le roman, celle-ci ferait l'effet, comme la politique, « d'un coup de pistolet au milieu d'un concert ». Mais l'intrusion d'auteur signale du moins le mensonge de la pitié et de l'identification, instruments du roman facile.

Léo Bersani, dans son article sur le profond malthusianisme du réalisme (du moins le comprenons-nous ainsi), utilise le terme de « prudence » pour désigner la posture du narrateur stendhalien, lequel manifeste certes de l'affection pour son héros mais pointe sa naïveté dans le monde positif[48]. Or tel est le terme par lequel le jeune Stendhal qualifiait la posture exemplaire d'Adam Smith et de toute l'économie politique. Mettre à distance le pathos de Julien lorsqu'il y va des enfants trouvés et des détenus du dépôt de mendicité serait faire montre de cette sorte de « prudence ». C'est aussi faire un choix axiologique et tonal qui se démarque non seulement de la littérature romanesque commerciale[49], mais aussi de toute une partie de la littérature anglaise opposée à la réforme des *poor laws* en 1834. Katharina Böhm a montré, en s'appuyant sur les travaux d'Elaine Hadley ou Thomas Lacqueur, que cette littérature, qui luttait contre l'abolition des anciennes *poor laws* promulguées sous le règne d'Élisabeth, privilégiait deux registres[50]. Soit un registre satirique qui consistait à parodier la statistique malthusienne, la pathologisation de la pauvreté ou même les tentations d'expérimentations médicales sur les détenus ; soit un registre pathétique qui consistait à mettre en scène le corps souffrant de l'enfant, menacé en particulier de

---
47 Georges Blin, *Stendhal et les problèmes du roman*, Paris, José Corti, 1990, p. 280.
48 Léo Bersani, « Le réalisme et la peur du désir », art. cité, p. 69-70.
49 Voir Georges Blin, *Stendhal et les problèmes du roman, op. cit.*, p. 281.
50 Katharina Böhm, « Disciplining the Surplus Child... », art. cité, p. 426. Voir plus avant : Elaine Hadley, *Melodramatic tactics : Theatricalized Dissent in the English Marketplace, 1800-1885*, Stanford, Stanford University Press, 1995 ; Thomas Lacqueur, « Bodies, Details and the Humanitarian Narrative », dans Hunt, Lynn (dir.), *The New Cultural History*, Berkeley, California University Press, 1989, p. 176-204.

terrifiants trafics d'organes[51]. Le lien entre cette dernière veine mélodramatique et le roman dickensien est notoire, et le passage d'*Oliver Twist* où le héros comparaît devant le tribunal de Mr Fang peut passer pour une scène-clé où le corps défaillant de l'enfant est confronté à une justice qui concentre le discours de l'État sur le pauvre[52]. Cependant, ce recours au pathétique est chez Dickens corrigé par une énonciation humoristique. Plus complexe serait le dispositif stendhalien, puisqu'il tient ensemble d'une part la possibilité du registre pathétique (Julien, battu, haï, ému, a des traits de l'enfant trouvé qu'il n'est pas), d'autre part sa neutralisation par une voix narrative au libéralisme ambigu (ce pourrait être aussi bien celui d'un Benjamin Appert que d'un Thomas R. Malthus, c'est-à-dire un réformisme humaniste ou bien un abolitionnisme théorique). Il y a appel aux larmes dans *Le Rouge et le Noir* : Julien s'émeut de sa propre identification aux enfants trouvés, il pleure sur les prisonniers derrière son verre, il fait pleurer le public lors de son procès. Mais cette triple identification du héros à l'excédent malthusien sous toutes ses formes – l'enfant surnuméraire, le prisonnier du dépôt de mendicité, le criminel voire le révolutionnaire – refuse le mélodrame. D'abord, il y a discordance entre le larmoiement complaisant du héros et ses propres professions d'utilitarisme. Ensuite, il y a contention des larmes par l'instance narrative. Encore ce narrateur n'est-il pas comparable au célibataire insensible et surplombant, en quelque sorte maupassantien, que Silvana Colella voit se profiler dans les feuilletons malthusiens de la presse populaire anglaise des années 1820 et 1830. Car l'intrusion d'auteur ne va pas ici jusqu'à reprocher au héros d'avoir du cœur[53]. Simplement, le narrateur stendhalien fait la part du pathos en même temps qu'il en expose la vacuité politique et économique.

Aussi le rapport d'un roman comme *Le Rouge et le Noir* à la théorie de Malthus pourrait-il nous apparaître à la fois profond et contrarié. Le roman est parcouru d'une indiscutable thématique malthusienne, peu importe que cette inspiration remonte aux études d'économie politique de l'été 1810 ou à des débats plus récents, vraisemblablement relayés par l'*Edinburgh Review* ou par les revues françaises : une étude historique en règle permettrait de savoir si les idées de Malthus y ont été

---

51 Katharina Böhm, « Disciplining the Surplus Child… », art. cité, p. 426-427.
52 *Ibid.*, p. 426 et p. 431-432.
53 Voir Georges Blin, *Stendhal et les problèmes du roman*, op. cit., p. 291-292.

abondamment discutées en amont de la réforme des *poor laws* en 1834. Ce qui nous importe est que la thématique malthusienne se retrouve formulée dès le début du *Rouge* à travers la triple évocation des enfants trouvés, du dépôt de mendicité et de l'hôpital ; qu'elle soit aussitôt confisquée par un héros qui n'est pas tout à fait habilité à l'alléguer, soit parce que sa position est différente, soit parce que son ton dissone ; enfin que cette mention dissonante du thème malthusien à travers le récit de pensées du personnage se trouve à son tour modalisée par une voix narrative qui, en refusant le pathétique, se rapproche précisément de la posture de l'économiste. C'est dire que le roman stendhalien met tout à la fois en scène la profondeur de la pensée malthusienne, pensée politique de la chair, et le risque de détournement romanesque de cette pensée par l'expédient du mélodrame. Il relève décidément d'un dialogisme essentiel, qui tient ensemble l'exposé des déterminismes et la dénonciation de la complaisance, la restitution des savoirs et le signalement des clichés.

L'IRRÉEL DU PASSÉ

Mais sans doute n'avons-nous pas encore approché ici la consonance essentielle entre le roman stendhalien et la pensée malthusienne, consonance qui est peut-être la raison pour laquelle l'*Essai sur le principe de population* est resté cher à Stendhal, même lorsque celui-ci s'est éloigné de toute préoccupation d'économie politique[54]. Michel Crouzet fait l'hypothèse que la pensée de Malthus « séduit manifestement le nihilisme de Stendhal[55] ». En quoi consiste le nihilisme qui serait commun à l'économiste et au romancier ? Évidemment, Beyle n'est pas malthusien dans le sens que nous pourrions sommairement imaginer : lecteur de Malthus en 1810, il se moque bien de la *contrainte morale*, réfléchissant plutôt aux avantages d'une crème

---

54 Voir Victor Del Litto, *Une somme stendhalienne (...)*, *op. cit.*, vol. 2, p. 1151-1152. Sur le dégoût de Stendhal pour l'économie politique, nous avons déjà renvoyé en partie I au texte de la *Vie de Henry Brulard* (chap. XXIX) ou à celui des *Souvenirs de soixante années* de Delécluze (chap. XVII).

55 Michel Crouzet, *Stendhal et le désenchantement du monde, op. cit.*, p. 338.

spermicide imaginaire[56], pendant que Crozet rêve de gains de productivité agricole[57]. Mais comme nous l'avons rappelé, l'idéal que le désir demeure et que l'enfant ne meure pas n'est pas étranger aux avertissements de l'économiste. Une fois reconnue l'idée qu'il n'y a pas de contradiction foncière entre la chasse au bonheur stendhalienne et l'intention maintes fois formulée par Malthus de rechercher le « bonheur du genre humain[58] » ; une fois souligné que son principe de population – ou « pouvoir qui fait naître les hommes », comme le formule Beyle sur la page de faux-titre de son exemplaire personnel de l'*Essai* le 12 mars 1810 – est peu susceptible d'affaiblissement et que l'économiste est donc aussi « *sex-positive*[59] » que ses contemporains les plus byroniens ; une fois établi que ce n'est donc pas le rapport à un quelconque pessimisme malthusien qui est en jeu, il convient de repartir de la manière dont le jeune Stendhal lui-même reformulait le raisonnement de l'économiste.

Nous l'avons dit, l'*Essai sur le principe de population* introduit d'abord un ton : il se donne à lire « toute humanité mise à part », pour reprendre une expression de Stendhal. Cette expression apparaît dans un passage des *Mémoires d'un touriste* daté du 23 juin 1837, dans lequel Beyle développe des « raisonnements à la Turgot ». En compagnie d'un ancien préfet qui descend comme lui la Loire vers Nantes, le Touriste médite en effet sur la progressivité de l'impôt ou sur le montant des amendes, par rapport aux revenus et au patrimoine, en particulier des plus pauvres. Nos deux réformateurs éclairés conviennent que, « toute humanité mise à part », il vaudrait mieux que les enfants pauvres ne meurent pas de faim parce que l'impôt disproportionné que paie leur père (pauvre) les prive de viande. Stendhal cite ici Malthus, et

---

56 Stendhal, marginalia sur l'*Essai* de Malthus, dans Victor Del Litto, *Une somme stendhalienne, Études et documents 1925-2000, op. cit.*, vol. 2, p. 1162.
57 *Ibid.*
58 Malthus, *Essai*, IV, XIV, p. 333 (vol. 2). En écartant les innombrables passages où Malthus déclare vouloir éviter des malheurs à la société, cherchons les mentions positives de sa recherche du bonheur. Rappelons une partie du sous-titre de l'*Essai sur le principe de population* que porte déjà l'édition française de 1809 utilisée par Beyle : *Exposé des effets passés et présents de l'action de cette cause sur le bonheur du genre humain*. Voir aussi les termes de la préface à la deuxième édition : « les erreurs mêmes dans lesquelles je serai tombé deviendront utiles en répandant de plus en plus, par la réfutation qui en sera faite, un sujet si intimement lié au bonheur de la société. » Malthus, *Essai*, vol. 2, p. 60.
59 Voir Maureen N. McLane, « Malthus our contemporary ?... », art. cité, p. 342.

le Touriste esquisse un calcul de la progressivité de l'impôt qui nous évoque une importante note marginale portée plus d'une quinzaine d'années auparavant par le jeune Beyle sur la quatrième de couverture de son exemplaire de l'*Essai sur le principe de population* (tome III)[60]. Cette note semblait avoir un double statut ; en effet elle paraît aussi bien résumer l'esprit de l'ouvrage de Malthus, que constituer un échantillon stylistique et même éthique du traité d'économie que Beyle ambitionne d'écrire en 1810 :

> *Fondation* [sic] *of the w[ork].*
> The want of broat [lire *bread*] kills 10 mille enfants *upon hundred thousand,* mais s'il n'en était né que 95 mille, ils auraient vécu. Ainsi ce qui paraît diminuer la population à 1 an, l'augmente à 12, et c'est à 12 que commence à être utile la population d'enfants. Toute la nourriture de ceux qui meurent avant cet âge est perdue[61].

Il n'est pas impossible de retrouver dans l'*Essai* de Malthus le raisonnement qui a pu informer cet exemple. Une méditation comparable sur le manque de pain et la mortalité infantile se trouve, sans expression chiffrée, à la fin de l'ouvrage, lorsque Malthus[62] explique que « si l'on considère l'intérêt public, tout enfant qui meurt au-dessous de dix ans occasionne à la nation la perte de toute la nourriture qu'il a consommée », et qu'il s'agit de donc « diminuer la mortalité à tout âge[63] », ce qui revient à l'idée de restreindre les naissances pour assurer la subsistance de tous, étant donné le stock de nourriture. De même que la note de Stendhal évoque la nourriture qui a été donnée en pure perte aux enfants qui ne survivront pas, le chapitre de Malthus s'achève notamment sur l'idée que « la société épargnerait les sommes immenses qu'elle consomme en pure perte pour les enfants qui meurent d'une mort prématurée causée par la

---

60   Michel Crouzet fait de même le rapprochement entre ces deux passages dans *Stendhal et le désenchantement du monde, op. cit.*, p. 339.
61   Stendhal, « Traité d'économie politique », *op. cit.*, p. 119.
62   Il s'agirait du chapitre « De la nécessité de poser des principes généraux sur l'objet dont nous venons de nous occuper ». Ce chapitre fait partie des sept chapitres de l'*Essai* lus par Stendhal, puisqu'annotés par lui. Il s'agit du chapitre XI du Livre IV dans l'édition Paschoud de 1809 que possède Beyle, et du chapitre XIII dans les éditions ultérieures et augmentées de l'*Essai*, notamment l'édition GF que nous utilisons ici.
63   Malthus, *Essai*, IV, XIII, p. 324 (vol. 2).

misère[64] ». C'est en face de ces lignes que Beyle avait écrit en 1810 : « *Insist much upon that*[65] ».

Si tels sont bien les passages qui ont inspiré la note maîtresse portée sur la quatrième de couverture de l'exemplaire de Stendhal, ce dernier, en traduisant mathématiquement le raisonnement, y introduit une complexité qui n'est étrangère ni à une forme de pathétique contenu, ni même à la notion de fiction. Une traduction chiffrée simple aurait consisté à écrire que 90 000 ou bien 95 000 enfants auraient vécu étant donné la quantité de nourriture. La traduction chiffrée de Stendhal est un peu plus complexe, dans la mesure où elle consiste à croiser les courbes. Soit un graphique qui représenterait la population d'enfants en ordonnée et les années en abscisse : l'idée qu'une population de 95 000 enfants seulement aurait pu survivre tout le long des douze premières années, étant donné la quantité de nourriture, se traduirait alors par une ligne horizontale ; en revanche, l'idée qu'une population initiale de 100 000 enfants chute non pas à 95 000, mais à 90 000 faute de nourriture, se matérialiserait par une courbe ou une droite décroissantes qui couperaient l'horizontale précédente. Stendhal précise de manière plus fine et plus atroce l'idée de Malthus : le rationnement initial fragilise un dizième de la population d'enfants et entraîne leur mort avant douze ans, alors que si la population initiale avait été inférieure de cinq pour cent, tous auraient survécu. Le strict nécessaire qui permettrait de faire vivre 95 000 enfants, quand il est partagé pour tenter d'en faire vivre 5000 de plus, cause une carence qui en tue deux fois plus. L'apprenti économiste approche là une sorte d'effet d'éviction, d'ironie tragique aussi, et surtout il part d'une hypothèse (un taux de mortalité de dix pour cent) pour introduire, par un irréel du passé, la fiction rétrospective d'un optimum : « s'il n'en était né que 95 mille, ils auraient vécu ». Le petit triangle que nous pourrions hachurer en pensée, et que délimiteraient la droite horizontale et la portion de la courbe qui est passée dessous, ce sont en quelque sorte les petites victimes inutiles de l'intempérance humaine et de l'avarice de la terre : Stendhal économiste, ex-administrateur des subsistances à Brunswick, dénombre ceux qui n'ont pas été alors qu'ils auraient pu être.

---

64 *Ibid.*, p. 329.
65 Stendhal, marginalia sur l'*Essai* de Malthus, dans Victor Del Litto, *Une somme stendhalienne*, *op. cit.*, vol. 2, p. 1163.

Ce raisonnement au conditionnel passé n'est pas proprement stendhalien. On le trouve chez Malthus dès la fin du chapitre Ier de l'*Essai*, lorsque l'économiste, pour expliquer l'écart entre les courbes d'accroissement des subsistances et de multiplication de la population, se livre à des projections imaginaires de la population anglaise au XIXe siècle tous les vingt-cinq ans : « À la fin du premier siècle, la population serait de cent soixante-seize millions, et les moyens de subsistance ne pourraient suffire à plus de cinquante-cinq millions ; en sorte qu'une population de cent vingt et un millions d'hommes serait réduite à mourir de faim[66]. » Plus avant, Malthus recourt parfois comme le jeune Stendhal à l'irréel du passé, comme dans la phrase frappante qui ponctue ses méditations sur la mortalité infantile en France :

> Si, dans les pays les mieux gouvernés de l'Europe, on devait pleurer les enfants dont, par diverses causes, la naissance a été prévenue, il ne faudrait jamais quitter l'habit de deuil[67].

Ici l'irréel du passé n'est pas grammatical mais réside dans l'idée que si la nourriture avait été en quantité suffisante, la naissance de ces enfants n'aurait pas été empêchée. C'est dès lors une véritable figure de pensée que nous désignerons désormais ici par l'expression « irréel du passé ». L'économiste malthusien ne cesse d'inventorier ce qui n'a pas été, c'est là le caractère fascinant de cette contre-pensée du progrès. Et le lien apparaît profond entre l'économiste qui écrit contre les théories progressistes de Condorcet ou de Godwin auxquelles adhérait son propre père, Daniel Malthus, et le romancier qui pouvait reconnaître en Chérubin Beyle ce genre d'optimisme. Ici, le fils du père progressiste développe l'antithèse, relit le passé sous l'angle de ce qui n'a pas pu être, légifère sur les morts et les pauvres, et peut se concevoir du même coup comme un élu, une exception, un rescapé, éventuellement un ingrat, en tout cas un homme libre. Maureen N. McLane a écrit une belle page sur le fait que les méditations de Malthus « le mènent à une extraordinaire comptabilité du manque, à un calcul de l'absence[68] », pli méthodologique qui selon elle le rap-

---

66 Malthus, *Essai*, I, 1, p. 74 (vol. 1). Notons que cela reste une soustraction sommaire (176 - 55 = 121) : Malthus ne tient pas compte de la mortalité supplémentaire tenant au rationnement de tous.
67 *Ibid.*, II, VI, p. 334 (t. I).
68 « *Malthus's meditations lead him to an extraordinary counting of the missing, a calculus of absence.* » Maureen N. McLane, « Malthus our contemporary ?... », art. cité, p. 353.

proche d'Amartya Sen comptant les femmes qui manquent en Chine du fait de la politique de l'enfant unique :

> Soucieux des améliorations possibles, l'œil de Malthus embrasse un paysage de l'absence formé des champs qui auraient pu être consacrés à la culture du maïs plutôt qu'à l'élevage, des millions d'hommes qui auraient pu vivre, des terres où l'on aurait pu planter des patates plutôt que du maïs. À côté de son incessant parti-pris du « monde tel qu'il est » (formule aussi bien malthusienne que godwinienne) pointe l'idée insistante et négative de ce que le monde était, de ce qu'il aurait pu être, de ce qu'il pourrait encore devenir. Se défiant de toute conjecture, il n'a pourtant cessé d'en faire[69].

Ainsi, Malthus « soutient que la terre s'est d'ores et déjà refusée à la population, que nous vivons parmi des millions d'êtres éteints[70] ». D'abord, ce serait la marque de la structure mélancolique de la pensée malthusienne, si nous reprenons comme définition l'idée que la mélancolie est moins la nostalgie d'un objet perdu que l'ignorance, justement, de ce qu'on a précisément perdu[71]. Ensuite, nous observerions ici une profonde consonance entre la pensée de Malthus et celle de Stendhal, entre la théorie économique du premier et l'interrogation biographique du second, qui se rejoignent dans un même usage de l'irréel du passé.

Nous savons bien en effet que ce trait du raisonnement malthusien se retrouve chez Stendhal hors de la seule question économique. Georges Kliebenstein a désigné sous le terme d'« hendiadys de récit » le caractère bifide de l'écriture stendhalienne, en montrant que ce qui est le moins passible de se reproduire chez un homme – naître, aimer, mourir – se trouve dédoublé chez Henri-Marie Beyle, frère du défunt Marie-Henri[72]. Stendhal est un cadet à qui l'aîné fictif a laissé la place, tout en l'exposant

---

69 « *Malthus's improving eye surveys a landscape of absences : the fields that might have been dedicated to corn and not to cattle; the millions that might have lived; the lands that might yet be devoted to potatoes instead of corn. Alongside this relentless commitment to "things as they are"* – *that Malthusian as well a Godwinian phrase* – *lurks the negative pressure of things as they were, might have been, or may yet be. Skeptical of what he considered wild conjectures, he was nevertheless a ceaseless conjecturer.* » Ibid.

70 « *Malthus argues that the earth has always already refused itself to population* – *that we live amidst extinguished millions.* » Ibid.

71 « Considérer la mélancolie comme un deuil qui n'en finit pas, c'est oublier que le sujet a lui-même oublié l'objet après lequel il gémit. » Marie-Claude Lambotte, *Le discours mélancolique : de la phénoménologie à la métapsychologie*, Toulouse, Érès, 2012, p. 743.

72 Georges Kliebenstein, *Figures du destin stendhalien*, Paris, Presses de la Sorbonne nouvelle, 2004, 390 p. Voir les parties III.3 et III.4, p. 215-256.

au risque d'un rôle secondaire[73]. Georges Kliebenstein médite sur cette généralisation de l'être *second* dans les figures du destin stendhalien. La vie du personnage stendhalien peut apparaître comme une « vie parallèle », pour reprendre le titre du livre de Francesco Manzini sur Stendhal et la *Vie des hommes illustres*[74] : toujours le texte convoque, aux côtés de ce qui est, la considération de ce qui aurait pu être, exactement comme le fait Malthus lorsqu'il mesure la part absente du progrès. Ainsi, l'irréel du passé que nous trouvons en 1810 au cœur du résumé stendhalien de la pensée de Malthus serait l'expression, en économie, de ce vertige des possibles qui marque les uchronies stendhaliennes : que se serait-il passé si Louis XVI avait vécu et régné, si Napoléon avait gagné Waterloo, etc.[75] ? Cette tendance au décollement ordonne de même le récit romanesque, puisque mettre Julien à l'Hôtel de la Mole, moyennant une fragile motivation romanesque, c'est recommencer une vie de Julien. Cet écart dans la virtualité peut éclairer le processus même de l'écriture : « Supposons que je continue ce manuscrit et qu'une fois écrit je ne le brûle pas[76]... ». Et l'autobiographie est ponctuée de ces méditations à l'irréel du passé : « Ai-je su tirer un bon parti des hasards au milieu desquels m'a jeté et la toute-puissance de Napoléon (que toujours j'adorai) en 1810, et la chute que nous fîmes dans la boue en 1814, et notre effort pour en sortir en 1830[77] ? »

Cette pensée de la contingence se redéploie dans les fictions de Stendhal, dès lors que « la biographie de ses héros n'est qu'une autobiographie de ses possibles » ou que « la rêverie romanesque a été pour lui une des pentes de l'investigation de soi-même[78] ». Cette disposition se manifeste à l'intérieur même du roman, qu'elle construit comme une arborescence borgésienne, suggérant des « sentiers qui bifurquent ». Dans le passage où Julien médite sur le coût moral de l'ambition en considérant les prisonniers du dépôt de mendicité, ce qui compte, c'est l'expression de la simultanéité : « Tu auras peut-être une place de vingt mille francs, mais il faudra que, *pendant que* tu te gorges de viande, tu

---

73 *Ibid.*, en particulier p. 343.
74 Francesco Manzini, *Stendhal's Parallel Lives*, Bern, Peter Lang, « *Romanticism and after in France* » vol. 8, 2004, 494 p.
75 *Ibid.*, p. 307 *et sq.*
76 Stendhal, *Vie de Henry Brulard, op. cit.*, chap. 1, p. 535.
77 Stendhal, *Souvenirs d'égotisme, op. cit.*, chap. 1, p. 431.
78 Michel Raimond, *Le roman depuis la révolution*, Paris, Armand Colin, 1967, p. 42.

empêches de chanter le pauvre prisonnier[79] ». Cette subordination, ou la construction prépositionnelle équivalente (« pendant ton dîner il sera encore plus malheureux ! »), recouvre toujours le même mode de représentation parallèle des destins. Cependant, à ce moment de l'ascension du précepteur, ces pauvres n'incarnent plus une virtualité du héros – de même que les jeunes filles de la fabrique de clous n'incarnèrent qu'un moment un destin possible du jeune homme de la scierie –, mais figurent justement un irréel du passé, un destin évité, en attendant d'autres bifurcations. Toujours le destin de Julien demeure pensé par rapport à la figure invisible de ces pauvres, de même que, dans l'apologue économique des 100 000 enfants devenus 90 000, errent les ombres de 10 000 morts, comme si le romancier continuait de tracer conjointement des courbes, celle des vivants et celle des morts, celle du virtuel et celle de l'agi, sans que jamais la conscience du héros s'affranchisse de ses doubles fantomatiques. C'est par cette « omniscience chronologique[80] » que Stendhal apparaît existentialiste, puisque dire l'univers des possibles consiste, au-delà des jeux de prolepse et de mantique[81], à nier le destin, à réfuter les histoires écrites par la fin. C'est aussi par ce biais que l'écriture est perpétuelle interrogation sur sa propre contingence, puisqu'elle procède d'un perpétuel abandon de déchets[82] ou, comme le dit Gracq, d'une production incessante de « fantômes de livres successifs que l'imagination de l'auteur proje[tte] à chaque moment en avant de sa plume », mais qui sont « dissipés à mesure, rejetés par millions aux limbes de la littérature[83] ». En tout cas, c'est peut-être en vertu de son affection pour l'irréel du passé que Malthus trouve grâce aux yeux de Stendhal, bien que l'apprenti polytechnicien se soit détourné de l'économie politique faute d'y trouver assez d'ambition mathématique. Peut-être est-ce là cette forme de « nihilisme » qu'évoquait Michel Crouzet, et qui serait plutôt la pensée de la mort qui borde le dessin de la vie. C'est

---

79 Stendhal, *Le Rouge et le Noir, op. cit.*, I, XXII, p. 142.
80 Georges Kliebenstein, *Figures du destin* stendhalien, *op. cit.*, p. 32.
81 Analysés en particulier dans la deuxième partie de l'ouvrage de Georges Kliebenstein, p. 87 *et sq.*
82 Sur ce genre d'approche, et sans renvoyer à la génétique en général, voir par exemple Yinsu Vizcarra, « L'économie de la perte : rebut et récupération dans *Les Nuits de Paris* de Rétif de la Bretonne et le *Tableau de Paris* de Louis-Sébastien Mercier », thèse soutenue en 2000 à l'Université Paris 3, sous la direction de René Démoris.
83 Julien Gracq, *Lettrines*, dans *Œuvres complètes*, vol. 2, éd. Bernhild Boie, avec la collaboration de Claude Dourguin, Paris, Gallimard, « Bibliothèque de la Pléiade », p. 151.

à travers la pensée malthusienne de la mortalité, ce tableau planétaire des ruines humaines, que peut s'exprimer l'*ethos* romantique : de quel frère ai-je pris la place ? pourquoi ai-je été admis à vivre ? ma différence ne dit-elle pas que je suis de trop au banquet de la nature ?

LE COÛT D'OPPORTUNITÉ

Il nous semble pour finir qu'il existe une homologie profonde entre cette figure de pensée que nous avons appelée l'irréel du passé, dans lequel communient Malthus et Stendhal, et ce que les économistes appellent le coût d'opportunité. Si nous négligeons la complexité de cette notion[84] et si nous nous écartons de la définition du coût d'opportunité comme équivalent du « coût comparatif » selon Ricardo[85], nous retiendrons que « le coût d'opportunité d'une action ou d'une décision économique est la mesure de la valeur de chacune des autres actions ou décisions auxquelles on renonce[86] », c'est-à-dire que le coût d'opportunité devrait être compris comme un « coût de substitution » ou, mieux, un « coût de renoncement[87] ». Lorsque Julien Sorel refuse l'offre de son ami Fouqué de s'associer à son commerce de bois, les 4000 francs de salaire annuel attendus de cette association sont le coût d'opportunité de la décision de Julien de suivre l'envol de l'aigle, de suivre l'exemple de Napoléon, d'entrer au séminaire, d'ambitionner la conquête de Paris... Nous discernons le rapport de cela au goût de Stendhal pour l'irréel du passé qui hantait Malthus : c'est la même mise en scène, dans et par le roman, des bifurcations et des choix qui ponctuent une biographie.

---

84 En témoigne l'article d'Edgard Andréani, « Le coût d'opportunité », *Revue économique*, n°5, vol. 18, 1967, p. 840-858.
85 Dans ce cas, le coût d'opportunité d'une marchandise Y, pour la fabrication de laquelle la firme ou la nation détient un avantage comparatif, est ce que cette fabrication suppose de sacrifice de la production d'une marchandise X.
86 Article « Coût d'opportunité », [www.wikibéral.org], définition consultée le 1er janvier 2015.
87 Edgard Andréani cite ce synonyme dû à Pierre Lassègue dans *Gestion de l'entreprise et comptabilité* (2e éd., Paris, Dunod, 1963, p. 443). Edgard Andréani, « Le coût d'opportunité », art. cité, p. 840.

Cette figuration du destin du personnage comme une succession de renoncements éventuellement chiffrés n'est pas strictement stendhalienne. Il est évident que chiffrer le « coût de renoncement » est par exemple un ressort essentiel du roman flaubertien, tout particulièrement d'un diagramme de trajectoires socio-idéologiques comme *L'Éducation sentimentale* lorsqu'on l'envisage à la manière de Bourdieu. Manquer Louise Roque, ne pas entrer dans l'affaire des houillères de Dambreuse, claquer finalement la porte de la voiture de sa veuve… : la vie de Frédéric, bien qu'elle soit présentée sous forme de « tableaux », comme disait Thibaudet à propos de la composition chez Flaubert, se présente moins sous l'espèce du « défaut de ligne droite » que de l'accumulation, au contraire très lisible, de coûts d'opportunité dont l'estimation appartient au héros. Frappante est d'ailleurs cette autocritique de Flaubert que Jean-Pierre Richard n'a pas manqué de relever :

> Il faudrait, pour l'*Éducation*, récrire, ou du moins recoller l'ensemble, refaire deux ou trois chapitres, et, ce qui me paraît le plus difficile de tout, écrire un chapitre qui manque où l'on montrerait comment fatalement le même tronc a dû bifurquer, c'est-à-dire pourquoi telle action a amené ce résultat dans ce personnage plutôt que telle autre. Les causes sont montrées, les résultats aussi ; mais l'enchaînement de la cause à l'effet ne l'est point. Voilà le vice du livre et comment il ment à son titre[88].

Jean-Pierre Richard en retire l'idée qu'« avec Flaubert le lecteur se prend toujours à rêver à ce qui aurait *pu* et *dû* être » et qu'il se retrouve « fidèle en cela à l'esprit de Flaubert lui-même qui, n'ayant jamais voulu se choisir absolument, vécut dans l'insatisfaction et dans la nostalgie[89] ». Ce qui nous frappe est que Flaubert a su trouver, comme Stendhal, l'économiste qui correspondait le mieux à la tournure de sa pensée. Nous savons qu'il a approché Malthus et ses disciples, aussi bien pour le passage de *L'Éducation sentimentale* où Sénécal tonne en socialiste contre « l'infâme Malthus », que pour le *Dictionnaire des idées reçues* (qui reprend ce cliché) ou encore la préparation de *Bouvard et Pécuchet*. Mais Flaubert a surtout confessé qu'il se délectait de la critique

---

88 Gustave Flaubert, Lettre du 16 janvier 1852 à Louise Colet à propos de la première *Éducation sentimentale*, *Correspondance*, vol. 2, éd. Jean Bruneau, Gallimard, « Bibliothèque de la Pléiade », p. 344 ; citée dans Jean-Pierre Richard, *Littérature et sensation – Stendhal, Flaubert* [1954], Paris, Seuil « Points essais », 1990, p. 185-186.
89 *Ibid.*, p. 188.

des sophismes économiques par Frédéric Bastiat, laquelle recoupait sa haine des idées reçues en même temps qu'elle définissait une posture discursive, justement celle du comptable des coûts d'opportunité qui voit « ce qu'on ne voit pas[90] », analogue à la posture du dieu caché qui fait entendre ce qu'il ne dit pas[91]. Dans la célèbre parabole de « La vitre cassée » comme dans tous les brefs textes rassemblés dans *Ce qu'on voit et ce qu'on ne voit pas*, Bastiat met astucieusement en pièces l'argument qui consiste à dire que remplacer une vitre cassée fait tourner l'économie ; il chiffre ce que le remplacement de la vitre coûte à son propriétaire (un cordonnier), non seulement en argent qui aurait pu être consacré à une autre consommation, mais aussi en temps qui aurait pu être consacré à son travail. C'est là le coût d'opportunité. Il explique le rapport entre ce cas simple et le maintien de soldats sous les drapeaux, les mesures protectionnistes, le vote de subventions aux arts, etc. Bref, il réduit *ad absurdum* l'argument initial en montrant qu'une destruction ne peut jamais favoriser la croissance.

Même si Bastiat est d'une plaisante ironie et s'il ne peut être d'accord avec Malthus lorsque celui-ci assigne des limites au progrès de la productivité (il y a un passage des *Harmonies économiques* de Bastiat qui concerne Malthus et que Flaubert connaît[92]), il le rencontre peut-être sur un point essentiel, qui nous semble pouvoir expliquer la fascination de Stendhal pour l'*Essai sur le principe de population* : par suite de décisions irrationnelles ou d'une mésestimation du coût d'opportunité dans l'état présent de l'information et des préjugés, les hommes ont pu mener leurs affaires économiques en accumulant des effets destructifs qu'ils continuent de payer. La croissance serait faite de reculs invisibles. La richesse des nations cacherait un passé de gâchis. Et regarder le développement par la fin ou depuis la surface ferait oublier « ce qu'on ne voit pas », l'immense excavation du négatif. Tandis que Flaubert envisagera cela, via Bastiat, avec l'espèce de *Schadenfreude* du contempteur des idées reçues et de l'ignorance économique des députés, Stendhal l'envisage, via Malthus,

---

90 Frédéric Bastiat, *Ce qu'on voit et ce qu'on ne voit pas*, dans *Pamphlets*, éd. Michel Leter, Paris, Les Belles Lettres, 2009.
91 Françoise Mélonio, « Flaubert 'libéral enragé ?' », dans Anne Herschberg-Pierrot (dir.), *Savoirs en récits I – Flaubert : la politique, l'art, l'histoire*, Saint-Denis, Presses Universitaires de Vincennes, « Manuscrits modernes », 2010, p. 15-33.
92 En témoigne une note bibliographique de Flaubert pour la préparation de *Bouvard et Pécuchet* [http://dossiers-flaubert.ish-lyon.cnrs.fr/c-5675].

selon la perspective individuelle de l'amour et de la passion. Dans tous les cas, le romancier n'est guère prêt à conférer au sujet ou à la collectivité la rationalité et la pleine information qui leur permettraient de bien calculer les coûts de renoncement. Mais peut-être est-ce la fonction de la littérature que de dire cet envers du progrès et de faire accepter l'imperfection des choix des hommes. Vincent Jouve rappelle que « le roman existe pour combler un manque, une absence » et que « cette mélancolie du lecteur, ce besoin de faire du plein avec du vide, a sa source dans 'la nostalgie de l'objet perdu' décrite par la psychanalyse[93] ». C'est cette fonction essentielle que retrouveraient Stendhal comme Flaubert à travers leurs économistes préférés, et qui ne s'avère pas si étrangère à la vocation même de l'économie politique : percevoir la réalité comme le résultat de choix, la concevoir éventuellement comme déficitaire (le coût d'opportunité peut être supérieur à l'option choisie), délaisser donc l'idée que tout est pour le mieux, s'alimenter à l'irréel du passé dans l'espoir de se corriger, ou tout simplement chiffrer la destruction et lui trouver du sens. À cette aune, la littérature et l'économie marchent main dans la main pour interroger la perte.

---

93 Vincent Jouve, *L'effet-personnage dans le roman*, Paris, PUF, « écriture », 1992, p. 90.

LE MALTHUSIANISME CONTRARIÉ DE ZOLA

Si Stendhal ou Flaubert ont eu ce génie de l'ambivalence, et si la théorie malthusienne peut fournir une heuristique de leur mélancolie en même temps que leurs romans construisent la fiction du coût de renoncement, il ne faudrait pas faire du Zola des *Évangiles* un triomphant utopiste, ayant tout uniment remisé le malthusianisme au magasin des vieilleries pessimistes. Tout s'avère réversible dans *Fécondité*. A priori, Zola semble partir en guerre contre le malthusianisme, et on ne trouverait guère, dans le roman étranger ni dans le roman français contemporains, expression aussi claire et délibérée d'un tel projet. Cependant, près d'un demi-siècle après les entrées « Malthus » et « malthusianisme » du *Dictionnaire des idées reçues*, force est de constater que le nom de l'économiste anglais et le terme « malthusianisme » ne correspondent plus au contenu de l'*Essai sur le principe de population* et que la qualification du projet de Zola appelle approfondissement. David Baguley le souligne plusieurs fois avec une grande netteté dans son étude génétique et poétique du roman[1]. René-Pierre Colin le note dans l'article « Natalisme » de son *Dictionnaire du naturalisme*, lorsqu'il évoque « ce que l'on nomme improprement le néo-malthusianisme français[2] ». Alain Pagès éclaire une distorsion supplémentaire en signalant avec David Baguley combien est sélective voire partielle la lecture par Zola des ouvrages de René Gonnard (*La dépopulation en France*, 1898) et surtout de Francesco Nitti (*La population et le système social*, 1897)[3], lecture dont Fabian Scharf a plus récemment

---

1   David Baguley, *Fécondité d'Émile Zola. Roman à thèse, évangile, mythe*, Toronto, University of Toronto Press, 1973.
2   René-Pierre Colin, entrée « Natalisme », *Dictionnaire du naturalisme*, Tusson, Du Lérot, 2012, p. 376.
3   Alain Pagès, introduction à *Fécondité*, dans Émile Zola, *Œuvres complètes*, t. 18, Paris, Nouveau Monde Éditions, 2008, p. 16. C'est à cette édition du roman que nous renverrons désormais par des références au livre puis au chapitre en chiffres romains, suivis du numéro de page.

repris l'analyse[4]. Enfin lorsque Thérèse Moreau étudie « l'économie anti-malthusienne dans l'œuvre de Zola[5] », elle recourt à l'acception commune et imprécise de l'adjectif « malthusien » qui était déjà en vigueur à l'époque du romancier et qui tend à désigner toute politique économique restrictive, défiante envers les déséquilibres de l'expansion.

En effet, peut-être dès le milieu du XIXe siècle, et à la date en tout cas de la page de *L'Éducation sentimentale* dans laquelle Sénécal conspue « l'infâme Malthus[6] », on habille du terme inapproprié de malthusianisme une pensée de la limitation des naissances qui est une reformulation décalée de la théorie de Malthus. Pour résumer ce décalage : certains obstacles privatifs (*preventive checks*) que Malthus identifiait expressément comme *vices*, ainsi les « fraudes » dans le lit conjugal, sur lesquelles glosent *Fécondité* et les démographes ou publicistes contemporains, ou bien ce que l'économiste regroupait sous l'euphémisme d'« artifices employés pour cacher les suites des liaisons criminelles ou irrégulières[7] », c'est-à-dire l'avortement (sans aller jusqu'à la fabrique d'enfants morts-nés que dénonce *Fécondité*), certains vices donc sont des pratiques sociales que tolèrent voire défendent les néo-malthusiens. Le malthusianisme devient, sans nuance, une pratique de la restriction des naissances. La *contrainte morale* a laissé la place à une morale hypocrite de l'enfant unique. Dès le premier chapitre du roman de Zola, qui pose comme d'habitude l'ensemble du problème, l'industriel Beauchêne allègue ainsi l'autorité de l'économiste : « il sortit tout ce qu'il savait vaguement de Malthus, la progression géométrique des naissances et la progression mathématique [comprendre : arithmétique] des subsistances, la terre peuplée et réduite à la famine en moins de deux siècles[8]. » Puis se déroulent les idées de l'usinier : « C'était la faute des pauvres, s'ils mouraient de faim[9] », commence-t-il, dans une caricature de la critique libérale des *poor laws*; il explique ensuite que, quoique riche, il a intérêt à ne pas diviser à terme son patrimoine industriel en donnant un frère ou une

---

4   Fabian Scharf, *Émile Zola, de l'utopisme à l'utopie, 1898-1903*, Paris, Honoré Champion, 2011.
5   Thérèse Moreau, « Noces d'or : l'économie anti-malthusienne dans l'œuvre de Zola », *Romantisme* n° 40, Paris, Armand Colin, 1983, p. 153-165.
6   Gustave Flaubert, *L'Éducation sentimentale*, partie II, chap. II, éd. Pierre-Marc de Biasi, Livre de poche « Classiques », 2002, p. 228.
7   Malthus, *Essai, op. cit.*, I, II, p. 78 (vol. I).
8   Émile Zola, *Fécondité, op. cit.*, I, I, p. 27.
9   *Ibid.*

sœur à son fils unique Maurice ; aussi Beauchêne comme sa femme Constance doivent-ils recourir à des méthodes de contraception ; enfin, comme le montrera la mésaventure du patron avec l'ouvrière Norine, le libertinage permet de limiter les risques pris par les conjoints, mais si enfant il y a, celui-ci n'est évidemment pas reconnu et doit disparaître ou demeurer en dehors de l'économie familiale (tel sera le destin d'Alexandre-Honoré dans le roman). Pour Gustave Kahn, qui entend louer le roman écrit par le héros de l'Affaire Dreyfus, le sujet traité est « la question des malthusianismes » – pluriel étrange qui prend acte de la dilution de la théorie – « bref, le problème de la dépopulation[10] », ajoute-t-il, ce qui achève d'accommoder l'original *Essai sur le principe de population* au contexte fin de siècle d'une hantise patriotique de la chute de la natalité. Ainsi, par un étrange retournement, le roman *Fécondité* dépeint comme dénaturées des pratiques que Malthus regardait déjà comme vicieuses, et s'avère conforme à Malthus au moment même où tous les contemporains veulent y lire la critique du malthusianisme.

Il ne nous semble pourtant pas que Zola ignore la distorsion infligée par le siècle à la théorie originelle, dès lors qu'il prend soin d'attribuer la référence à Malthus au personnage de Beauchêne (le style indirect libre expose le commun amalgame), dès lors que le roman précise d'emblée que Malthus « [n'a] pas voulu la fraude » et que les égoïstes et autres schopenhaueriens le « méconnaiss[ent][11] », enfin qu'il évite toute allusion à l'économiste dans l'article « Dépopulation » qui évoque, trois ans auparavant, son projet de roman[12]. Cela n'empêche pas cet article d'user d'une amorce proprement malthusienne puisque, repartant d'une conception diderotienne de la déperdition de la semence, du généreux « déchet » de la nature (Zola imagine intituler ainsi le roman à faire), faisant involontairement écho à Malthus lorsque celui-ci déclare que « la nature a répandu d'une main libérale les germes de la vie[13] », réfléchissant « à l'effroyable gaspillage, à toute la vie qui se perd, qui avorte, qui se détruit avant d'être, au milieu de l'éternelle lutte des éléments », Zola repart *de facto* d'un tableau des *obstacles destructifs* qui limitent la

---

10 Gustave Kahn, « Fécondité », *La Revue blanche*, 15 octobre 1899, p. 284.
11 Émile Zola, *Fécondité, op. cit.*, I, III, p. 46.
12 Émile Zola, « Dépopulation », *Le Figaro*, 23 mai 1896. Le roman *Fécondité* paraît quant à lui en feuilleton dans *L'Aurore* du 15 mai au 4 octobre 1899, avant une sortie en volume le 12 octobre.
13 Malthus, *Essai, op. cit.*, I, I, p. 68 (vol. 1).

population des êtres vivants, pour leur opposer ce que Malthus aurait appelé des *obstacles préventifs* vicieux, fomentés cette fois par la mentalité de l'époque :

> ce n'est plus seulement l'insouciante largesse de la bonne nature qui se sait trop riche pour être ruinée jamais. Il y a raisonnement, volonté, et souvent c'est la débauche, et souvent c'est le crime, et dès lors le plus abominable sujet d'étude s'évoque, toutes les comédies, tous les drames qui sèment ainsi au néant la semence auguste des hommes, de même qu'un semeur assassin tuerait dans son germe le blé qui fait vivre, en le jetant à un champ de cailloux[14].

Si cette opposition est proprement malthusienne, Zola refuse nettement de se situer sur le terrain de l'économie. Évoquant un projet de l'« Alliance nationale pour le relèvement de la population française » visant à « dégrever les pères chargés de beaucoup d'enfants », Zola écarte d'emblée cette solution fiscale : « Hélas ! un peu moins, un peu plus de justice dans l'impôt, je ne pense pas que cela suffise. » Chroniqueur parlementaire, Zola s'était autrefois peu intéressé aux débats sur l'impôt sur le revenu, qui auraient enchanté Stendhal[15] ; apôtre de la repopulation, Zola refuse les « raisonnements à la Turgot » que développèrent au contraire les *Mémoires d'un touriste*[16]. Car la solution à la dépopulation ne paraît pas économique ni parlementaire au romancier naturaliste, mais esthétique et morale :

> La vie va toujours en renchérissant, il y a là un phénomène économique qui tient à de profondes causes sociales, qu'on ne pourrait détruire sans une révolution violente. Et c'est pourquoi les législateurs me paraissent être sans force, je voudrais qu'on confiât la tâche aux moralistes, aux écrivains, aux poètes[17].

Le mouvement de l'article de 1896 consiste donc globalement à déplacer le problème de l'économie et de la politique vers la critique et la réforme des mentalités. C'est ainsi qu'opère le premier chapitre du roman qui paraît trois ans plus tard. Dans son débat avec l'industriel Beauchêne, le bon docteur Boutan commence par contester « l'hypothèse de Malthus »,

---

14 Émile Zola, « Dépopulation », art. cité.
15 Voir notre article « Libéralisme et naturalisme », *Romanic Review*, vol. 102, n° 3-4 (n° spécial sur Zola, dir. Nicholas White), New York, May-November 2011 (parution 2013), p. 427-428.
16 Stendhal, *Mémoires d'un touriste, op. cit.*, p. 229-230.
17 Émile Zola, « Dépopulation », art. cité.

histoire économique à l'appui, et par objecter que « la mauvaise distribution des richesses, sous le régime capitaliste, [est] l'exécrable et unique cause de la misère » ; mais très vite il abandonne ce terrain (Péguy déplorera cet abandon et la persévérance de *Fécondité* dans la pensée bourgeoise[18]) et il objecte aux solutions de Beauchêne (« des réductions d'impôts, des moyens fiscaux auxquels il [Beauchêne] ne croyait guère[19] ») que « toutes ces mesures ne feront rien » : « Ce sont les mœurs qu'il s'agit de changer, et l'idée de morale, et l'idée de beauté[20]. » Ainsi, le roman suit Boutan et doit faire la preuve, en tant que roman à thèse, évangile, mythe (pour reprendre les étapes de l'analyse de David Baguley), en tant que roman expérimental aussi (dont le déterminisme interne redistribuerait les lois naturelles de l'économie), que le principe de population est un principe de bonheur.

Car la question n'est pas seulement chez Zola celle de la « fécondité », nonobstant le titre du roman. Ou du moins le romancier donne-t-il à ce mot un sens étendu. Malthus distinguait la question de la fécondité de celle du principe de population, en écrivant que « la fécondité de l'espèce humaine est, à quelques égards, indépendante de la passion », et qu'« elle dépend plutôt de la constitution naturelle des femmes, qui les rend propres à avoir un plus ou moins grand nombre d'enfants[21] ». Mais nous savons bien que le roman de Zola, même s'il abonde en descriptions de Marianne, « d'une beauté victorieuse de femme féconde, au corps superbe et sain[22] », est d'abord un roman sur la « loi d'universel accouplement », « l'attraction qui régit les mondes », « l'invincible loi qui propage », comme le proclament les dernières pages du livre I[23] : « fécondité » y signifie bel et bien puissance de peupler au sens où l'entend Malthus, comme l'avait parfaitement remarqué David Baguley en constatant que « Zola tient pleinement compte de la force du principe de population » et que « c'est la forme abâtardie et déformée des idées de Malthus que Zola flétrit dans ce roman[24] ». Et sans doute faut-il ajouter ceci : si Zola ignore les arguties fiscales des économistes pour

---

18 Charles Péguy, « Les récentes œuvres de Zola » (*Le Mouvement socialiste*, 15 novembre 1899), dans *Œuvres en prose complètes*, éd. Robert Burac, Paris, Gallimard, « Bibliothèque de la Pléiade », 1987, vol. 1, p. 243-263 et notamment p. 257.
19 Émile Zola, *Fécondité, op. cit.*, I, I, p. 31.
20 *Ibid.*
21 Malthus, *Essai, op. cit.*, IV, I, p. 204 (vol. 2).
22 Émile Zola, *Fécondité, op. cit.*, I V, p. 67.
23 *Ibid.*, I, V, p. 71.
24 David Baguley, *Fécondité d'Émile Zola. Roman à thèse, évangile, mythe, op. cit.*, p. 173.

ambitionner une réforme de la morale par l'esthétique, Malthus aussi développe sa pensée en amont de toute politique économique. C'est un même naturalisme qui relie le romancier de la fécondité à l'économiste des lois naturelles (en l'occurrence le principe de population et les lois qui le contrebalancent) ; c'est un même libéralisme qui rapproche le romancier à thèse de l'économiste, lequel préfère infléchir les comportements plutôt que de légiférer *ex post* sur la sphère privée ; enfin c'est peut-être une même virtualité darwinienne qui se repère dans la pensée de l'économiste et dans l'histoire de l'expansion des Froment. Si *Fécondité* est un roman « malthusien », ce ne serait donc pas à la manière de ces romans populaires anglais, dans lesquels la critique recense les malheurs provenant d'un mariage précoce ou d'une progéniture nombreuse, mais parce que le roman consonne essentiellement avec l'*Essai*. Cependant, l'enjeu n'est point tant de révéler combien la thèse zolienne rejoint le propos de Malthus, ni d'éclairer la réversibilité de l'adjectif « anti-malthusien », que d'examiner les conséquences sur la poétique romanesque de ce rapport réversible à l'*Essai sur le principe de population*.

LE VICE

Rien ne va plus nettement dans le sens du pasteur anglais que la peinture zolienne des obstacles privatifs et vicieux au développement de la population. Mais rien ne s'éloigne plus nettement de la rhétorique euphémistique de Malthus que les effets mélodramatiques de Zola. « Le dérèglement des mœurs, porté au point d'empêcher la naissance des enfants, semble avilir la nature humaine et lui ravir sa dignité[25] », écrit Malthus à propos des époux fraudeurs, et nous savons que le roman de Zola incarne cette idée dans Beauchêne, dont le roman dépeint la déchéance progressive, jusqu'à son apoplexie, hors scène, entre les bras de deux femmes[26]. Ce dérèglement des mœurs « dégrade encore plus

---

25 Malthus, *Essai, op. cit.*, I, II, p. 76-77 (vol. 1).
26 Encore cette ellipse étonnante, pour un personnage de premier plan, n'est-elle pas le meilleur exemple de l'opposition zolienne à tout euphémisme. Voir Émile Zola, *Fécondité, op. cit.*, V, IV, p. 371.

le caractère des femmes », ajoute Malthus : « il en efface les traits les plus aimables et qui constituent [leur] nature[27] », et telle est bien la formule du personnage de Constance, dont la noirceur croissante, due à sa « maternité inconsolable[28] » (elle a perdu Maurice et ne parvient pas à avoir d'autre enfant), tourne au crime (elle tue Blaise Froment par omission). Malthus ajoute dans la même page que « lorsque la corruption devient générale et s'étend à toutes les classes de la société, son effet inévitable est d'empoisonner la source du bonheur domestique[29] », or ce constat s'applique parfaitement au couple Morange, qui imite le ménage des patrons en privilégiant l'enfant unique et en singeant sa consommation, selon la loi de « capillarité sociale » dégagée par Arsène Dumont (*Dépopulation et civilisation*, 1890), que Zola avait pu retrouver énoncée en ces termes dans le livre de Gonnard[30] et reformulée dans le livre de Nitti[31]. Lorsqu'on ajoute aux Beauchêne et aux Morange le ménage Seguin, qui fournit à Zola le moyen de dénoncer l'opposition intellectuelle et artiste à l'idée de fécondité – le pessimisme schopenhaurien, les livrets même de Wagner, le roman contemporain des Bourget et consorts, que le romancier avait déjà fustigés dans l'article « Dépopulation[32] » –, nous tenons les trois types de ménages « malthusiens » que souhaitait Zola dans son dossier préparatoire[33]. Malthusiens dans l'acception courante et dévoyée du terme, puisque les Beauchêne,

---

27 Malthus, *Essai, op. cit.*, I, II, p. 77 (vol. 1).
28 Émile Zola, *Fécondité, op. cit.*, V, III, p. 366.
29 Malthus, *Essai, op. cit.*, I, II, p. 77 (vol. 1).
30 Sur ces points, voir les p. 36-37 et 95 de l'étude de David Baguley, Fécondité *d'Émile Zola. Roman à thèse, évangile, mythe, op. cit.*
31 *Ibid.*, p. 107.
32 Rappelons que dans l'article de 1896 pour *Le Figaro*, Zola se demande « si, réellement, la littérature a une influence sur les mœurs » et interroge la responsabilité, dans la dépopulation, successivement du refus d'enfanter inspiré par le pessimisme schopenhaurien ; de l'exaltation de la virginité qui se dégagerait des livrets de *Tristan und Isolde* ou bien *Tannhaüser* ; de l'adultère stérile qui « règne en maître » dans la littérature d'inspiration schopenhauerienne, en particulier dans les « romans de psychologie mondaine » ; et, pour finir, de la haine de « l'amour sain et loyal, qui procrée », qu'on trouve répandue dans les romans de « l'école décadente et l'école symboliste ». Ceci expliquera la violente critique de Rachilde contre *Fécondité*. Pour une mise au point sur la critique des romans de Bourget filée dans *Fécondité* à travers la figure de l'écrivain Santerre, voir David Baguley, Fécondité *d'Émile Zola. Roman à thèse, évangile, mythe, op. cit.*, p. 132-133.
33 Voir sur ces trois couples le bilan de David Baguley sur l'Ébauche du roman, après la lecture des ouvrages de René Gonnard et Francesco Saverio Nitti. David Baguley, *op. cit.*, p. 107 et p. 111-114 sur la deuxième partie de l'Ébauche du roman (Ms 10 301, f°s 66-95).

les Morange et les Séguin, qui évitent d'enfanter par égoïsme capitaliste ou apologie de la stérilité, incarnent bel et bien trois vices pointés par l'économiste (la fraude, l'avortement, l'adultère).

Aussi Zola entre-t-il parfaitement dans les fins de l'*Essai sur le principe de population* lorsqu'il peint des couleurs les plus noires les errements de ces Parisiens. Il se rencontre chez Malthus des évocations sombres : lorsque l'économiste débat « des obstacles à la population en France », il pointe l'accroissement du nombre d'enfants illégitimes depuis la Révolution française, enfants en partie abandonnés dans les hôpitaux devenus pauvres, et victimes de « la grande mortalité de ces funestes dépôts[34] » (tandis que l'Angleterre se singularise plutôt par l'importance du frein préventif, de l'abstention par crainte de la pauvreté). Lorsque Malthus, ouvrant l'*Essai* sur l'étude des sociétés réputées les plus frustes, s'intéresse aux « obstacles à la population dans les îles de la mer du Sud », il examine le cas curieux de la société tahitienne des Earee, élite qui a pour « lois fondamentales » l'infanticide et la prostitution[35], aristocratie licencieuse et enviée dont les mœurs évoquent *mutatis mutandis* le grand monde de Zola. L'objectif de l'*Essai* de Malthus, dans sa dimension statistique, dans sa volonté d'exhaustivité géographique, est de dresser un panorama des obstacles privatifs et destructifs à la population et d'y pointer la part du vice, d'examiner aussi les disparités culturelles.

C'est une entreprise que relaie assez bien le romancier naturaliste lorsqu'il délègue au personnage du médecin Boutan une série de bilans chiffrés, par exemple sur le demi-million d'ovariectomies abusives pratiquées les quinze dernières années en France[36]. Ou bien lorsque le roman, ajoutant l'étude qualitative à l'étude quantitative, décline la variété des cas d'accouchement clandestin et d'abandon d'enfant qui se rencontrent dans le seul discret hospice de Mme Bourdieu : Norine et Victoire, la Parisienne et la provinciale toutes deux engrossées et chassées par leur patron ; la pieuse Anglaise Amy, qui vient périodiquement se faire délivrer ; l'angélique Rosine, enceinte des œuvres de son père ; la belle Charlotte, enceinte de son amant et pressée d'accoucher avant le retour de son mari voyageur de commerce[37]... Au plan géographique

---

34 Malthus, *Essai, op. cit.*, II, VI, p. 342 (vol. 1).
35 Malthus, *Essai, op. cit.*, I, V, p. 120 (vol. 1).
36 Émile Zola, *Fécondité, op. cit.*, IV, I, p. 205.
37 *Ibid.*, II, IV, p. 108-114.

de l'*Essai* de Malthus répond ici une autre organisation sérielle, celle d'une collection de « poignante[s] histoire[s][38] », moment où le roman vire à l'énumération d'ébauches romanesques, en une sorte de logique fractale qui n'est pas absente des autres romans de Zola, mais qui prend ici, beaucoup plus nettement que dans *Pot-Bouille* par exemple, l'unité d'une démonstration ; car cette logique sérielle ne consiste pas seulement à concentrer des anecdotes — aventures ancillaires ou dissimulations bourgeoises — autour de l'axe d'un escalier comme celui de la rue de Choiseul, mais dans l'âme et le cœur mêmes du héros Mathieu, *cicerone* virgilien à qui est déléguée la synthèse des portraits et la formulation de la leçon :

> Dans quel enfer était-il donc tombé, dans quel gouffre d'horreur, d'iniquités et de souffrances ? Et cette maison d'accouchement était la plus propre, la plus honnête du quartier ! Et c'était vrai, il fallait de tels refuges à l'abomination sociale, de secrets asiles où les misérables femmes enceintes pussent se venir cloîtrer ! Il n'y avait là que l'exutoire nécessaire, la tolérance qui permettait de combattre l'avortement et l'infanticide[39].

Mathieu classe les maux, comme nous le voyons, puisque l'hospice infernal de Mme Bourdieu, dont la description occupe le cœur de ce chapitre, n'est rien en comparaison du bouge de la Rouche, qui est évoqué de part et d'autre et se trouvera plus complètement décrit lors de la mort terrible de Valérie Morange[40]. La maison de la Rouche est le lieu de « l'étouffement sans violence, le coup de pouce silencieux rejetant au néant la vie qui n'est pas encore[41] », soit le plus noir du vice, l'avortement et la production d'enfants morts-nés. Tout le talent feuilletonesque de Zola s'est réfugié, dans ce roman dit utopique, dans le romanesque lugubre auquel s'alimentent les évocations de la Rouche et des nourrices meurtrières du village de Rougemont, enrichies par le trafic de Mme Couteau. Toutes les courtières louches des *Rougon-Macquart* — Sidonie ou La Méchain — reprennent ici du service dans un trafic de nouveau-nés digne du roman populaire.

Dans un chapitre tout entier consacré au nourrissage mercenaire assassin qui spécule sur l'argent public des hospices ou sur la pauvreté

---
38 *Ibid.*, p. 111.
39 *Ibid.*, p. 113.
40 Voir le chapitre v du livre II.
41 *Ibid.*, II, IV, p. 106.

des ouvrières, et dans lequel Mathieu suit Mme Couteau aux Enfants-trouvés, le texte évoque le *tour*, cet ancien système constitué d'une « boîte ronde tournant dans le mur[42] », qui permettait aux mères d'abandonner leur nouveau-né dans l'anonymat. Zola a lu des ouvrages de Brochard et de Strauss sur le sujet, le premier favorable au retour de ce moyen aboli en 1838 puis 1860, le second opposé à ce système mortifère[43]. « Lui, trop jeune, ne l'avait vu fonctionner que dans un mélodrame de la Porte Saint-Martin[44] », précise le roman à propos de Mathieu. Mais c'est justement ce substrat mélodramatique que Zola réintègre dans son roman à thèse, en détaillant l'économie mortifère organisée par la Couteau, économie grise indissociable du « malthusianisme » hypocrite et dévoyé des bourgeois ; en montrant le départ depuis la gare Saint-Lazare des nouveau-nés emmaillotés promis à la mort ; en n'hésitant pas à exagérer la mortalité infantile à Rougemont, par un anachronisme statistique qu'a relevé David Baguley[45]. Par ces hyperboles et ces développements feuilletonesques, Zola poursuit en définitive le même but que Malthus lui-même. Nous avons dit que le roman noir du trafic d'enfant pouvait être en Angleterre l'une des modalités du discours anti-malthusien. Son équivalent zolien, installé comme repoussoir au cœur même de l'Évangile, et garant indispensable de la dynamique narrative du roman utopique, devrait nous apparaître au contraire parfaitement conforme à la pensée de Malthus.

Et Zola, entrant sans y penser dans les vues du pasteur anglais, écrit ces pages de *Fécondité* avec la sévérité d'un « moine très chaste et très sérieux » qui « maudi[t] la corruption de son temps dans une langue obscène et hyperbolique », comme le disait quinze ans auparavant le bel article de Jules Lemaitre à propos de *Germinal*[46]. Sauf que le romancier qui à l'époque de *Pot-Bouille*, d'*Une page d'amour* ou de *La Joie de vivre* passe encore pour celui qui « maudit la vie dans sa source et l'homme dès les

---

42 *Ibid.*, III, II, p. 151.
43 André-Théodore Brochard, *La vérité sur les enfants trouvés*, Paris, Plon, 1876 ; Paul Strauss, *L'enfance malheureuse*, Paris, Charpentier et Fasquelle, 1896. Voir David Baguley, *Fécondité d'Émile Zola. Roman à thèse, évangile, mythe*, *op. cit.*, p. 119.
44 Émile Zola, *Fécondité, op. cit.*, III, II, p. 151.
45 « On sait que le romancier a souvent sacrifié la chronologie aux effets dramatiques de son œuvre », note David Baguley (*Fécondité d'Émile Zola. Roman à thèse, évangile, mythe*, *op. cit.*, p. 120-121).
46 Jules Lemaitre, « M. Émile Zola. À propos de *Germinal*. » (*La Revue politique et littéraire*, 14 mars 1885), dans *Zola*, éd. Sylvie Thorel-Cailleteau, Presses de l'université de Paris-Sorbonne, coll. « Mémoire de la critique », 1998, p. 202.

entrailles de sa mère[47] », a dans *Fécondité* intégralement basculé dans la célébration de l'enfantement à travers la vitupération expressionniste de l'eugénisme pessimiste. Il reste sévère comme un moine, mais il embrasse le *crescite*; il tourne bel et bien au pasteur. « Quel drame pathologique, quel rêve de carabin morose que l'atroce accouchement de Louise dans *La Joie de vivre*[48] ! », s'exclamait Lemaitre. Encore y avait-il naissance et survie du petit Paul. Car dans *Fécondité*, les « horreurs de clinique » et les « pourritures morales[49] » sont réservées aux couches dramatiques et criminelles : ce sont les tableaux bien préparés de Valérie Morange morte chez la Rouche, dans sa « chambre de terreur et d'horreur[50] » ou de sa fille Reine morte dans la clinique du docteur Sarraille, dans « la même chambre » dit le texte, avec un détail supplémentaire (sur le mode de la prétérition) : sous le lit une « grande tache humide sur le plancher, mal essuyé et rougeâtre encore[51] ». Rien n'est épargné au lecteur, dans une esthétique qui relève moins du naturalisme techniciste que du roman populaire du dernier quart de siècle, celui des Jules de Gastyne et autres romanciers noirs et grand guignolesques – car cela est trop cru pour être du Mérouvel, du Zaccone ou du Montépin. Nous pensons au passage où Morange avoue qu'il a emmené sa femme se faire avorter : « Il disait tout, il avouait la tringle de rideau, le fer ignoble et banal, dirigé pourtant par une main experte, mais qui devait s'être trouvée devant un organe descendu très bas, et qui l'avait perforé d'un coup trop vif[52]. » Ou encore au dialogue dans lequel l'apprenti chirurgien Sarraille donne des détails sur les pinces neuves qu'il a utilisées pour obturer les artères de Reine, laquelle, sous prétexte de désirer une ovariectomie, cherchait à se faire avorter. Le roman est obscène : obscène peut-être dans ses apologies de la fécondité ou ses tableaux d'allaitement heureux, comme l'écrit Rachilde[53] ; mais obscène aussi dans les passages étonnants où les adultes débattent de la fraude devant les enfants[54],

---

47 *Ibid.*, p. 201.
48 *Ibid.*, 201.
49 *Ibid.*
50 Émile Zola, *Fécondité*, *op. cit.*, II, V, p. 121.
51 *Ibid.*, IV, II, p. 219.
52 *Ibid.*, II, V, p. 120.
53 Rachilde, « Émile Zola, *Fécondité* », *Mercure de France*, novembre 1899, p. 485.
54 Les époux Beauchêne assurent leur fils Maurice qu'ils veillent à ce qu'il demeure fils unique (I, Ier) ; Séguin et sa femme causent fraude devant leurs deux enfants, qui « écout[ent] sans comprendre » (I, III, p. 51) ; etc.

ou dans ces hypotyposes technicistes des hémorragies meurtrières des Morange, mère et fille.

Il y a même lieu de se demander si le roman ne touche pas ici, en cette peinture parfaitement malthusienne du vice, à une forme de sadisme ou de *Schadenfreude*; sadisme qu'il n'est pas rare de rencontrer dans *Les Rougon-Macquart*; *Schadenfreude* qui a pour discret relais notre guide Mathieu, transporté dans le roman dans tous les endroits où règne une misère morale qui conforte ses choix. Mais les souffrances de Morange qui perd ce qu'il avait de plus cher, de Valentine malmenée par Séguin et prisonnière de son pessimisme culturel, voire de Sérafine racornie par le désir et son ovariectomie, n'éveillent pas un intérêt de même nature que les souffrances de Gervaise. Dans le transfert du mélodrame des *Rougon-Macquart* au roman à thèse s'est perdue la proximité qui existait entre la voix du narrateur et le for intérieur du personnage. Dans *L'Assommoir*, la distance est minime entre la voix narrative et la pensée de Gervaise, et cette transparence intérieure ne tient pas seulement à l'indirect libre ni à l'entreprise sociolinguistique du roman. Dans *Fécondité*, la dissonance ménagée par le roman à thèse entre les convictions et préjugés de certains personnages et le discours du roman va de pair avec un étrange plaisir d'observer les idées erronées aller à l'abattoir[55]. On ne voit pas du même œil Gervaise mourant sous son escalier et Valérie ou Reine Morange éventrées dans les cliniques des bas-fonds. C'est pourtant un même déterminisme qui opère ; mais sous un éclairage narratif et un régime thétique différents. À quoi mène l'eugénisme chez les femmes coquettes ? – à se faire découper vivante par la Rouche ou par Sarraille. Et que cela ne soit pas tant au service de notre édification morale – ce qui nous ennuierait – qu'au service d'une thèse, voilà qui fait naître un intérêt romanesque assez neuf : la tension du roman réside moins dans le triomphe prévisible des Froment, ni même dans cette présence sensuelle de la thèse qui participe parfois du plaisir du texte[56], que dans la destruction sadique des idées qui ne sont pas celles de l'auteur. Beaucoup

---

55 Cela a pu se rencontrer dans *Les Rougon-Macquart*, par exemple dans le sort réservé aux Beauvilliers dans *L'Argent*, lorsque justement le roman prenait le caractère d'une thèse et entendait anéantir un parti adverse. Nous nous permettons de renvoyer à *La Bourse dans le roman du second XIXe siècle*, Paris, Honoré Champion, 2007, p. 355-361.

56 « […] l'idéologie passe sur le texte et sa lecture comme l'empourprement sur un visage […]. Je traverse légèrement la nuit réactionnaire. Par exemple, dans *Fécondité* de Zola, l'idéologie est flagrante, particulièrement poisseuse : naturisme, familialisme, colonialisme :

plus intéressante que l'Évangile qui nimbe les héros fades de toutes les qualités serait donc la dégradation de l'impassibilité naturaliste en vérisme utilitaire. Ce nouveau paradigme est celui du viol de Fernande par Ragu dans *Travail* : l'esthétique évangélique zolienne se met à intéresser par les sévices qu'elle inflige aux personnages dévoyés. Il y a ici une translation de la victimisation feuilletonesque vers la mise à l'épreuve des mauvaises idées. Cela recouvre d'ailleurs une mutation et une élévation du feuilleton, dans le processus de fusion avec le roman à thèse, parce que les personnages exécutés dans des scènes atroces ne sont que des discours, des positions intellectuelles, des idées à anéantir, des préjugés. Or l'anéantissement du préjugé peut être une jouissance en littérature. Et de ce point de vue, le roman de Zola entre toujours dans les fins de l'essai de Malthus, avec peut-être plus de cruauté et de sens du « lugubre », pour reprendre le mot de Carlyle.

Il n'est pas indifférent que les tableaux sanglants de *Fécondité* aient impressionné, en Frédéric Passy, le spécialiste de Malthus (plus que le pacifiste, l'anti-colonialiste ou le féministe). D'ailleurs, il est en soi notable que le roman ait été lu par des économistes. Qu'Yves Guyot, resté aux cotés de Zola depuis la publication de *L'Assommoir* dans le *Bien public* jusqu'à l'Affaire Dreyfus, donne un article n'est pas pour surprendre[57]. Article fort tiède, du reste, dans lequel Guyot préfère récapituler l'œuvre de Zola et dans lequel il déplore « les procédés de la morale en action » qui abondent dans le roman à thèse qu'est *Fécondité*[58]. Critique dans laquelle Guyot, trop avisé pour confondre morale restrictive et théorie malthusienne, attribue au moins à l'évangile de Zola la vertu de combattre la « morale dépressive » des Français – leur idéal de paresse, leur rêve de retraite dorée, leur préférence pour l'épargne et le loisir – et souhaite qu'il contribue « à émanciper un certain nombre de nos compatriotes de cette conception étroite de la vie ». Mais que Frédéric Passy, en économiste libéral, notamment auteur d'un ouvrage de référence sur la théorie malthusienne (*Le principe de population : Malthus et sa doctrine*, 1868),

---

il n'empêche que je continue à lire le livre. » Roland Barthes, *Le plaisir du texte*, Seuil, « points essais », 1973, p. 45.
57 Voir Yves Guyot sur *Fécondité*, dans *Le Siècle*, 13 octobre 1899.
58 Mais Guyot lui-même est l'auteur d'un proto-*Germinal* d'un schématisme assez confondant. Voir notre article « Le roman du XIXe siècle et les lois naturelles de l'économie », *Épistémocritique*, n° 12, « Littérature et économie », dir. Christine Baron, 2013 [www.epistemocritique.org].

consacre à *Fécondité* une dizaine de pages dans le *Journal des économistes* est plus singulier[59]. David Baguley a signalé cet article, mais nous gagnons à le lire dans son intégralité, d'abord parce qu'il relève tous les points sur lesquels Zola rejoint en définitive l'économiste anglais, même « si son livre peut sembler à certaines personnes une réfutation de celui de Malthus[60] » ; ensuite parce qu'il s'ouvre sur une *captatio benevolentiae* en forme de critique de « l'abus de l'ordure[61] » chez Zola.

Passy, on le comprend en lisant ces pages, a perdu autrefois la vue en lisant *Germinal*[62]; *Fécondité* est un roman dont on lui a sans doute fait la lecture à voix haute (on se prend à penser que cette lecture a pu magnifier la nouvelle poétique zolienne, les *leitmotives* de la partie IV et le « lyrisme enflammé[63] » que mentionne l'économiste). Or Passy a d'abord été frappé par l'intensité des scènes atroces, des « scènes d'enfer » dont parlait Mirbeau[64]. Mais il reconnaît que les ordures zoliennes peuvent être « utiles », en une argumentation qui reproduit à son insu celle du romancier lui-même dans son article sur « La moralité dans l'art » et dans ses diatribes contre l'obscénité foncière du roman idéaliste. Passy a perçu l'utilité de *L'Assommoir* à l'époque du scandale ; de même, il est prêt à excuser, au nom de l'utilité, un roman qui s'aventure dans des bureaux de nourrice louche, chez des sages-femmes homicides et chez des chirurgiens misogynes :

> Tout cela ne peut se faire sans mettre sous nos yeux des scènes hideuses, ni se dire sans employer des termes qui ne sont pas faits pour toutes les oreilles. Je me plais à reconnaître que la violence des couleurs est ici, étant donné le but, parfaitement légitime, et que l'impression est bien, la plupart du temps, celle de la terreur et de la réprobation morale que se propose d'exciter M. Zola[65].

Tout en maintenant des réserves sur certains passages de *Fécondité* (il ne précisera pas lesquels[66]), Frédéric Passy souhaite en économiste s'en tenir au « sujet » du roman. Mais c'est pour confesser plus tard le « véritable

---

59 Frédéric Passy, *Journal des économistes*, février 1900, p. 228-239.
60 *Ibid.*, p. 237.
61 *Ibid.*, p. 229.
62 *Ibid.*, p. 228.
63 *Ibid.*, p. 238.
64 Scènes qui, selon lui, « paraîtront, à quelques uns, excessives et pas toujours justifiées. » Octave Mirbeau, « *Fécondité* », *L'Aurore*, 29 novembre 1899.
65 Frédéric Passy, art. cité, p. 231.
66 *Ibid.*, p. 231-232.

frisson[67] » que provoque chez le lecteur l'épisode dans lequel Morange traverse Paris pour retrouver sa fille morte[68]. Épisode rattaché, pour son efficacité, au tableau « triste » mais édifiant de Norine et Cécile fabriquant chez elles leurs petites boites[69], aussi bien qu'au chapitre célèbre et souvent commenté par la critique d'époque, dans lequel Mathieu et Marianne conçoivent leur cinquième enfant[70]. La reconnaissance par l'économiste de l'utilité des scènes hideuses aux côtés des scènes heureuses, en dépit de la déploration des excès zoliens ou des lourdeurs du roman à thèse, suggèrent qu'elles vont parfaitement dans le sens de Malthus. Cette traduction du vice en hypotyposes sanglantes n'a rien d'anti-malthusien. Et ce sera pour d'autres raisons que l'économiste verra dans *Fécondité* une tentative de réfutation de l'*Essai sur le principe de population*.

Objectiver l'esthétique décadentiste du fœtus comme cauchemar ; faire entrer le soleil dans les bouges où l'on avorte (la métaphore revient plusieurs fois) ; tels sont les objectifs d'un roman qui est d'autant plus conforme à la pensée malthusienne qu'il n'y a pas de demi-mesure dans cette thèse : pas de *planning* familial dans *Fécondité*, pas de place pour une pensée de la contraception, pas d'excuse pour l'avortement. Pour Zola, s'étonnait Rachilde, « c'est le bourgeois victorieux qui a inventé Malthus[71] », alors que selon elle, « l'humanité » réside bel et bien dans le fait de réfléchir à limiter les naissances pour qu'il y ait « prédilection ». Or les seules scènes où l'on affirme l'élection de l'enfant – Maurice ou Reine par exemple – nous paraissent déplacées jusqu'à l'invraisemblance, puisque ce sont les scènes dans lesquelles les parents informent obliquement leur progéniture qu'ils fraudent (mot d'époque et mot récurrent du roman) pour ne pas leur donner de frère et sœur. En outre, le seul personnage qui tienne le langage de la grossesse choisie dans *Fécondité* est la Rouche, l'atroce avorteuse, qui prend à partie le héros Mathieu – que sa fonction de témoin itinérant finit par rendre désagréablement complaisant – pour alléguer l'exemple de telle petite commerçante enceinte battue par son mari, de telle fille de

---

67 *Ibid.*, p. 234-235.
68 Émile Zola, *Fécondité, op. cit.*, IV, II.
69 *Ibid.*, VI, I.
70 *Ibid.*, I, V.
71 Rachilde, « Émile Zola, *Fécondité* », art. cité, p. 488.

ferme réduite à la mendicité, de telle dame prête à tous les expédients pour préserver les apparences :

> Alors, quoi ? que voulez-vous que je fasse ? Croyez-vous qu'on ne trouve pas déjà assez de petits cadavres dans les égouts et dans les fosses d'aisances ? Est-ce que, si nous refusions, le nombre des infanticides ne doublerait pas ? Est-ce que, sans même tenir compte de l'aide charitable que nous leur apportons, à ces tristes femmes, il n'y a pas là un dérivatif nécessaire, *une besogne préventive de prudence sociale* qui évite bien des drames et des crimes ?... (...) Il y a trois degrés. S'arranger pour que la femme accouche d'un mort-né, ce que je considère comme absolument licite, car la femme, dans son libre-arbitre, a bien le droit, n'est-ce pas ? de donner ou de ne pas donner la vie. Ensuite, l'avortement, qui, déjà, est à mes yeux une manœuvre fâcheuse, d'un droit discutable, auquel il ne faut consentir que dans des cas particuliers, sans parler des dangers qu'il peut offrir. Enfin, l'infanticide, un crime véritable, que je réprouve totalement[72]...

Enfermé dans le dispositif zolien (ou flaubertien) de la citation, du propos thétique invalidé par son contexte, ce discours du libre-arbitre et du distinguo bioéthique demeure irrecevable. La Rouche, avec « son éternelle robe noire » et « son grand nez fureteur[73] », est bien la jumelle fourbe de Sidonie et s'adonne à un « crime hypocrite[74] ». Elle opère dans une chambre, éclairée « sur la cour par une étroite fenêtre poussiéreuse qui n'y laiss[e] pénétrer qu'un faible jour de cave[75] » (depuis *Thérèse Raquin*, cela relève d'une topographie contre-nature). Son argument par dissociation ne tient pas, puisque les nouveau-nés non désirés sont envoyés à Rougemont : elle alimente bel et bien le commerce de Mme Couteau. Ajoutons que la hiérarchisation éthique de la fausse couche provoquée et de l'avortement ne tient guère. Toutefois, Mathieu reconnaît qu'elle prononce des « vérités qui le boulevers[ent][76] », mais cela à l'intérieur d'une page qui replace Mme Bourdieu (l'accouchement clandestin), Mme Rouche (l'avortement) et Mme Couteau (le nourrissage meurtrier) dans le même ensemble sordide, et qui débouche sur la critique vibrante de la société égoïste et « agonisante » » : « La maternité ne tombait à cette folie meurtrière que par l'abomination sociale, la perversion de l'amour,

---

72 Émile Zola, *Fécondité*, *op. cit.*, II, V, p. 124.
73 *Ibid.*, p. 121.
74 *Ibid.*, p. 125.
75 *Ibid.*, p. 121.
76 *Ibid.*, p. 125.

l'iniquité des lois⁷⁷ ». Il n'est plus question de choix individuel, mais de fatalité sociale. Dès lors, la focale de Zola devient comparable à celle de Malthus, en son libéralisme et son déterminisme : ni l'économiste ni le romancier ne se satisfont des raisons des hommes et des femmes ; ils ne sauraient faire le départ entre les différentes pratiques préventives vicieuses ; ce sont les conditions économiques et l'état des mentalités qui déterminent ces expédients vicieux ; c'est sur les coutumes, les préjugés et les modes que peuvent agir le roman comme le traité. Mais si le roman est bel et bien la poursuite par d'autres moyens de la critique des vices formulée par Malthus, le romancier se distingue apparemment de l'économiste en refusant la *contrainte morale*.

LA « DIVINE IMPRÉVOYANCE »

S'il est un point sur lequel Zola paraît contredire Malthus, c'est en effet ce que le traducteur de l'*Essai* nomme tour à tour la « prudente prévoyance », la « prudence » ou la « retenue » que devraient montrer les hommes devant la force indéniable du principe de population[78]. C'est contre cette éthique malthusienne, qui aurait « érigé en loi la privation[79] », que Mathieu et Marianne incarnent et promeuvent la « loi d'universel accouplement[80] ». Le premier livre de *Fécondité* constitue une véritable sociologie de l'« infécondité volontaire[81] » à Paris, telle qu'elle s'offre au regard itinérant du protagoniste. Ce livre aboutit ainsi au tourment que Mathieu, chargé d'enfants et payé petitement, confesse à Marianne : « [J'ai] le remords inquiet de me dire que la gêne croissante où nous nous trouvons est notre œuvre... Oui, oui ! nous sommes coupables d'imprudence, d'imprévoyance[82]. » Le mot est répété, dans cette scène où Mathieu semble ébranlé par le néomalthusianisme du capitaliste Beauchêne, de l'ambitieux Morange et du schopenhauerien Séguin.

---

77 *Ibid.*
78 Malthus, *Essai, op. cit.*, respectivement IV, I, p. 197, et IV, II, p. 208 (vol. 2).
79 Émile Zola, *Fécondité, op. cit.*, I, III, p. 46.
80 *Ibid.*, I, V, p. 71.
81 *Ibid.*, I, IV, p. 57.
82 *Ibid.*, I, V, p. 68.

Mais ce moment de doute et d'adhésion pessimiste à la prudence malthusienne est bientôt balayé par le désir de Mathieu pour Marianne, par « l'invincible loi qui propage[83] », en l'un de ces passages typiquement zoliens dans lesquels la thèse s'impose au moment même où elle fait l'objet d'un déni :

> Alors, chez Mathieu, les réflexions, les raisonnements furent balayés, il n'y eut plus que le désir, l'insatiable et éternel désir qui a créé les mondes, qui les crée chaque jour encore, sans que la conception ni l'enfantement puissent s'attarder une seconde[84].

La thèse est naturalisée, coulée dans la physiologie des personnages, comme dans le *finale* de *L'Argent*, où Mme Caroline se trouvait inondée par un sentiment d'espoir et de confiance en la « vie » (mot de la fin, comme dans *Le Docteur Pascal*), lequel servait une conception cyclique et naturaliste des crises financières. Nous reconnaissons bien dans l'étreinte finale du livre Ier de *Fécondité*, dans cette érotique de l'idéologie abolie, un expédient physiologique de cet ordre ; le narrateur exalte la fécondité, contre l'économisme en général et la pensée de Malthus en particulier, quoiqu'il reconnaisse avec ce dernier la force du principe de population :

> Et ils eurent la superbe, la divine imprévoyance. Dans leur possession, tous les bas calculs sombrèrent, il ne resta que l'amour vainqueur, ayant confiance en la vie qu'il crée sans compter[85].

Il suffit cependant de placer cette thèse naturalisée à côté de l'une des thèses équivalentes pour mesurer combien l'argument de la nature est malléable. Dans *L'Argent*, Saccard développait en faveur de la spéculation une métaphore de la luxure qui consistait, pour Zola, à distordre le distinguo entre agiotage et saine spéculation développé par les pamphlétaires hostiles à la Bourse[86]. Le directeur de l'Universelle expliquait alors à Mme Caroline l'intérêt de la « bousculade » des appétits spéculatifs, en utilisant non pas une métaphore dissociative, mais une métaphore de la subsidiarité :

---

83 *Ibid.*, p. 71.
84 *Ibid.*
85 *Ibid.*, p. 72.
86 Voir *La Bourse dans le roman du second XIXe siècle, op. cit.*, p. 395.

tout en suant pour leur plaisir, les gens arrivent parfois à faire des enfants, des choses vivantes, grandes et belles... Ah ! Dame ! Il y a beaucoup de saletés inutiles, mais certainement le monde finirait sans elles[87].

Aussi l'enfantement n'était-il, dans le roman de la spéculation, qu'une conséquence latérale du plaisir ; Zola avait trouvé là une métaphore qui désignait l'effet de levier de l'agiotage, la relation entre excitation sur les titres et production réelle. Bien différent est l'hymne à la fécondité développé dans le roman éponyme, puisque la finalité de l'enfantement y est donnée comme condition même du plaisir : l'inférence est inversée, dans cette naturalisation de la morale. C'est là tout le sens de l'étreinte de Mathieu et Marianne, qui clôt le livre : « Si, aux bras l'un de l'autre, ils avaient restreint l'acte, ils ne se seraient plus aimés de tout leur être, se réservant, se reprenant mutuellement quelque chose d'eux[88]. » C'est aussi le sens assigné au destin de Sérafine, que son ovariectomie condamne à ressentir le désir sans jamais pouvoir trouver le plaisir. C'est enfin le sens de l'un des *leitmotives* du livre IV (« le désir passait en coups de flamme, le divin désir les fécondait[89]... »), puisque le désir n'y semble qu'une « tempête » devant la permanence de la génération. La justification du plaisir dans *L'Argent* a laissé place dans *Fécondité* à une exaltation de la vie, mais celle-ci s'alimente au même registre de la naturalité : il est entendu que là où l'enfantement était à proprement parler un accident, un effet marginal, il devient une finalité, une condition de sens, une donnée métaphysique. « Et la conception de cet être, de cet atome vivant lancé parmi les êtres, est auguste et sacrée, d'une incalculable importance, décisive peut-être[90] », dit gravement l'autorité narrative pour clore le premier livre. Ce serait d'ailleurs une métaphore possible du nouveau romanesque des *Évangiles* : le plaisir de lire ne vaut que par la thèse qu'il promeut ; *placere et docere*...

Mais la contradiction pointe aussitôt, car si l'enfant est accepté comme conséquence possible de l'acte amoureux, c'est bien qu'il est déjà prévu ; si le désir n'est plus qu'un moyen et si le plaisir ne fait pas écran, c'est qu'une fin se présente à la conscience du couple, tandis que les spéculateurs selon

---

87 Émile Zola, *L'Argent*, chap. IV, dans *Les Rougon-Macquart*, vol. V, éd. Henri Mitterand, Gallimard, « Bibliothèque de la Pléiade », 1967, p. 135-136.
88 Émile Zola, *Fécondité*, *op. cit.*, I, V, p. 72.
89 *Ibid.*, IV, V, p. 261.
90 *Ibid.*, I, V, p. 72.

Saccard, les Maheu de *Germinal*, ou encore les Moineaud de *Fécondité*, ne cherchent que le plaisir. La possibilité d'enfanter est pensée *ex ante* par les Froment, comme dans le catholicisme le plus rigoureux auquel Zola prétend s'opposer[91], et s'il n'y a pas calcul, il y a bien toutefois anticipation, et donc prévoyance. D'où l'une des contradictions les plus évidentes du roman. Certes la promenade dominicale des Froment évoquée au début du livre II, mettant en scène leurs quatre enfants et Marianne enceinte du cinquième, est donnée comme une manifestation éclatante de leur « imprévoyance[92] », en particulier à travers le point de vue des badauds désapprobateurs. Certes la fin du roman célèbre l'imprévoyance originelle des Froment, présentés comme ayant « dépassé toute mesure[93] ». Mais c'est avec une insistance suspecte que le début du roman a affirmé la stérilité du domaine de Chantebled élu par les Froment : le lecteur a déjà compris, au milieu de la salve de prolepses dont il a été assailli (Maurice Beauchêne mourra, Valentine se donnera à Santerre, les Morange souffriront), que les « terrains incultes » de Séguin ne devaient pas le rester longtemps. Le roman est orienté, autant que l'énergie créatrice de Froment. Plus avant, dès que Mathieu revient à l'agriculture au début du livre III, dès qu'il médite sur les possibilités scientifiques de déboiser, drainer les terres marécageuses et irriguer les terres sèches de Chantebled, le roman affirme la nécessité de proportionner les subsistances aux naissances :

> Si des enfants lui venaient encore, que ferait-il, de quelle façon trouverait-il le nécessaire, chaque fois qu'une naissance nouvelle lui imposerait de nouveaux besoins ? Quand on enfante ainsi, il faut bien, à mesure que de petites bouches s'ouvrent et crient la faim, créer des ressources, faire sortir du sol des subsistances, sous peine de tomber à une imprévoyance criminelle. On ne peut, honnêtement, pondre au hasard, comme l'oiseau, lâcher la couvée à l'aventure, à la charge des récoltes d'autrui. Et ces réflexions l'envahissaient d'autant plus, que la gêne s'aggravait chez lui, depuis la naissance de Gervais, au point que Marianne ne savait comment arriver aux fins de mois, malgré des prodiges d'économie[94].

Mais Malthus ne disait pas autre chose ! Il soulignait contre tous ses détracteurs que c'était « *méconnaître entièrement [ses] principes que de*

---

91 Voir comment le roman caricature l'infécondité catholique à travers les propos du personnage de Santerre. *Ibid.*, I, III, p. 45.
92 *Ibid.*, II, I, p. 79.
93 *Ibid.*, VI, V, p. 394.
94 *Ibid.*, III, I, p. 137.

[l]'envisager comme un ennemi de la population[95] », qu'il était l'un « des plus chauds partisans[96] » d'une population grande et forte. Il reconnaissait dans la force du principe de population le levier même du développement : « il faut que le désir du mariage conserve toute sa force, qu'il entretienne l'activité et qu'il engage le célibataire à acquérir par son travail le degré d'aisance qui lui manque[97] ». Car il répétait que c'est le besoin de subsistances qui donne à l'homme l'impulsion « d'étendre la culture[98] ». La pensée de Malthus n'est pas une pensée de la privation, mais du développement graduel, et d'un développement fondé sur cette « loi d'universel accouplement » si fort prisée par Zola, poète du Paradou. « *C'est à diriger et à régler le principe de population que nous devons nous appliquer, et non à l'affaiblir ou l'altérer*[99] », insiste l'économiste, dont la pensée se déploie entre la reconnaissance des vertus dynamiques de ce principe et la déploration de la misère ou du vice qui peuvent apparaître dans « une population qui croit sans gêne[100] ». Il s'agit d'une pensée de la mesure, que Malthus affirme parfaitement conforme au *crescite* de la Genèse[101], et qui n'exclut aucunement le déséquilibre productif et vertueux où se place Mathieu Froment dans les trois premiers livres de *Fécondité*. Aussi le *leitmotiv* qui clôt chaque chapitre du livre IV de *Fécondité* (tandis que chaque amorce de chapitre associe un enfant nouveau à une portion défrichée de Chantebled) est-il une fidèle transcription poétique de la théorie de Malthus :

> Et c'était toujours la grande œuvre, la bonne œuvre, l'œuvre de fécondité qui s'élargissait par la terre et par la femme, victorieuses de la destruction, créant des subsistances à chaque enfant nouveau, aimant, voulant, luttant, travaillant dans la souffrance, allant sans cesse à plus de vie, à plus d'espoir[102].

Malthus n'aurait donc rien trouvé à redire à la critique zolienne des vices, encore moins à la vertueuse appréhension qui gagne Mathieu, ni même à l'impulsion génératrice qui l'anime d'emblée. La révélation de

---

95 Malthus, *Essai, op. cit.*, V, I, p. 342 (vol. 2). C'est Malthus qui souligne.
96 *Ibid.*, p. 344.
97 *Ibid.*, IV, I, p. 206 (vol. 2). Il s'agit du chapitre sur la contrainte morale.
98 *Ibid.*, p. 205.
99 *Ibid.*, p. 206. C'est Malthus qui souligne.
100 *Ibid.*, V, I, p. 350 (vol. 2).
101 *Ibid.*, p. 342.
102 Voir Émile Zola, *Fécondité, op. cit.*, livre IV, p. 207, 221, 235, 250 et 262.

Mathieu lors de la nuit inaugurale aux côtés de Marianne – « Il fallait être trop, pour que l'évolution puisse s'accomplir[103] » – ne contrevient aucunement à l'*Essai sur le principe de population*, bien que les quatre premiers chapitres de *Fécondité* se présentent comme une réfutation en règle du malthusianisme. Et Zola, s'il avait lu l'*Essai*[104], aurait peut-être été troublé par la convergence entre sa thèse et la pensée d'un économiste trahi par ses héritiers. Si nous nous plaisons à imaginer sa gêne à la lecture des pages où Émile de Laveleye déplore que le libéralisme économique relève d'un naturalisme darwinien contraire au socialisme, nous pouvons imaginer quelle aurait été sa surprise en constatant sa proximité avec le naturalisme progressiste de l'*Essai*. Inversement, chercher ce qui chez Zola s'oppose vraiment à Malthus nous ramène à la lettre de l'*Essai sur le principe de population*. Frédéric Passy ne s'y trompe pas, pour qui le roman montre parfaitement que l'homme, « s'il a une bouche pour consommer, a deux bras pour produire », et que « le nombre, lorsqu'il est accompagné de l'intelligence et de l'énergie, est une condition de force et de richesse[105] ». « Malthus l'avait dit avant nous », constate Frédéric Passy, et nous nous trouvons dans l'obligation singulière de voir en *Fécondité* un roman expérimental qui met la morale en action, comme l'écrivait Yves Guyot, mais la morale même de Malthus...

Toutefois bien sûr, Guyot ironise sur l'abondante famille Froment ; et Passy reproche aussi au naturalisme zolien (informé par le thème du déchet et de l'abondance de la nature) de faire la part trop belle aux obstacles destructifs et de pousser « l'enthousiasme du nombre jusqu'à voir dans le pullulement aveugle et dans les conséquences douloureuses qui en résultent, dans l'écrasement des germes et dans la souffrance des foules que cet écrasement a épargnées, la source de tout progrès[106]... » (comme si Zola était plus malthusien que Malthus qui, lui, déplore la destruction avant de célébrer la profusion). Il n'en reste pas moins qu'il devient impossible de dire que le roman oppose des prévoyants

---

103 *Ibid.*, I, V, p. 71. Voir aussi le vibrant *credo* final du roman : « Il ne s'est pas fait, dans l'histoire, un seul pas en avant, sans que ce soit le nombre qui ait poussé l'humanité en sa marche. » *Ibid.*, VI, V, p. 393.
104 « Zola se contentera, semble-t-il, de l'exposé de l'auteur italien [Francesco Nitti], sans jamais lire l'*Essai sur le principe de population*. » David Baguley, *Fécondité d'Émile Zola. Roman à thèse, évangile, mythe, op. cit.*, p. 102.
105 Frédéric Passy, art cité, p. 237.
106 *Ibid.*, p. 238.

malthusiens aux glorieux imprévoyants que sont les Froment. Les prévoyants déclarés du roman, comme les Beauchêne ou les Morange, sont d'égoïstes calculateurs qui auraient parfaitement pu nourrir et établir un deuxième enfant ; « ce sont des fous[107] », s'exclame Mathieu, dans le sens où ils manifestent en effet la déraison de la raison économique dont parle Serge Latouche[108]. Au contraire, la prétendue imprévoyance de Mathieu est une anticipation au service du développement ; en ce sens, Marianne peut dire devant Valérie Morange que des enfants, « c'est quand même de la joie et de la richesse qui viennent[109] », et l'un des *leitmotives* du roman peut être que le désir est « fabricateur et régulateur du monde[110] » : Zola écrit bien « régulateur », pour souligner que la fécondité débouche sur un équilibre, qu'une stabilité dans l'expansion est possible, ce que n'exclut pas et ce que souhaite Malthus (même s'il fait erreur sur le différentiel entre les taux de croissance des subsistances et des naissances).

L'ENFANT SURNUMÉRAIRE

Que devient l'enfant surnuméraire dans un tel roman ? Cette question, qui est consubstantielle à la définition du roman réaliste, est posée trois fois dans l'évangile zolien : à travers les enfants trop nombreux du misérable Moineaud, à travers le destin d'Alexandre-Honoré, fils bâtard de Beauchêne (et de Norine Moineaud), enfin à travers les enfants Froment qui ne semblent pas trouver d'emploi économique ou romanesque. Le cas de Moineaud permet à Zola d'identifier abusivement malthusianisme et capitalisme : « La loi est qu'il faut toujours trop d'enfants, pour qu'il y ait assez d'ouvriers à bas prix[111] », pense le héros Mathieu dans l'un des passages que Péguy et d'autres lecteurs socialistes ont pu trouver prometteur. Ainsi, pour les lecteurs qui reprennent la critique de Marx, le tort de la théorie malthusienne serait de laisser croire que la misère

---

107 Émile Zola, *Fécondité, op. cit.*, II, II, p. 93.
108 Serge Latouche, *La déraison de la raison économique, op. cit.*, p. 77. Voir partie I.1.
109 Émile Zola, *Fécondité, op. cit.*, II, I, p. 82.
110 *Ibid.*, VI, V, p. 394.
111 *Ibid.*, I, I, p. 31.

des ouvriers provient de leur imprévoyance, alors qu'elle est le fruit d'une répartition inique des profits du travail ; l'hypocrisie bourgeoise culminerait dans le fait que la fécondité des classes populaires amène aux portes des usines un *Lumpenproletariat* qui pèse sur les salaires. Comme le roman *Fécondité* ne règle aucunement le sort de Moineaud, qui reste aussi misérable sous la direction des Froment que sous celle de Beauchêne[112] – parce que la réforme du travail ne sera envisagée que plus tard, dans le roman éponyme –, nous restons bel et bien dans un état social où la prévoyance du prolétariat apparaît à la fois nécessaire et vaine : « Quand un homme n'a que ça pour son plaisir, ce serait vraiment malheureux (...) que sa femme le contrarie[113] », dit la Moineaude au début du roman. « Si les Moineaud n'ont fait que changer de maîtres, est-ce parce qu'ils ont été un peu moins féconds que les Froment ? », demande Eugène Fournière dans la *Revue socialiste*, « – Non, mais parce qu'ils ont été moins actifs, moins intelligents, moins prévoyants[114] ». Du coup, puisque le roman n'est pas socialiste, les recommandations de Malthus continuent d'y avoir leur lugubre validité : le roman est bel et bien malthusien, à la manière des romans anglais qui montrent quelle misère s'abat sur les ménages pauvres et intempérants. Zola pointe la question de l'iniquité du salariat dès le premier chapitre, mais comme son roman utopique ne la traite aucunement, le roman se trouve passible de la même critique que celle que développe le docteur Boutan (ou Zola dans son avant-texte) contre la théorie de Malthus.

En effet, dans ces conditions, *Fécondité* devient « *La Fortune des Froment* », selon le mot de Péguy[115], et il existe une dangereuse proximité entre les pages originelles où Pierre et Félicité attendaient un retour sur investissement de leur progéniture, et les passages où Marianne voit en ses enfants de la richesse à venir, tandis que le ménage Moineaud plonge dans la pauvreté. La conséquence de cette thématique de la *misery* est que

---

112 Voir le triste bilan de la vie des Moineaud, qui se répète dans la vie de leur fils Victor. *Ibid.*, VI, I, p. 334-335.
113 *Ibid.*, I, I, p. 30.
114 Eugène Fournière, *La Revue socialiste*, décembre 1899, p. 750-751, cité dans David Baguley, *Fécondité d'Émile Zola. Roman à thèse, évangile, mythe*, *op. cit.*, p. 157. Il n'est pas certain que ce défaut du roman de Zola au regard du socialisme orthodoxe choque un théoricien de l'individualisme en contexte socialiste comme Fournière. Voir Philippe Chanial, « Le socialisme, un libéralisme d'extrême gauche ? Eugène Fournière, la question individualiste et l'association », *Revue du MAUSS permanente*, 17 février 2009 [en ligne].
115 Charles Péguy, « Les récentes œuvres de Zola », art. cité, p. 256.

le surnuméraire pauvre devient créature de feuilleton. C'est Alexandre-Honoré, issu des « bas-fonds parisiens, dont il n'est pas sain de remuer la boue[116] » ; c'est Alfred Moineau, qui figure « l'excès sacrifié de la famille pauvre, le trop-plein versé à l'égout, le fruit gâté qui gâtait les autres[117] » ; ce sont enfin Toinette et Richard, qui touchent à la prostitution et au crime. « Cette semence si imprudemment jetée à la rue, devenait une moisson de brigandage, l'affreuse moisson du mal dont craquait la société tout entière[118] », dit le texte, faisant du « hasard d'une minute de luxure » un « terrible ferment de décomposition sociale ». Il y a ici équivalence forcée entre l'excès de naissances et le crime. Telle est la traduction feuilletonesque de la pensée de Malthus. Tandis que le motif de l'enfant surnuméraire engage, chez Stendhal, la geste de l'enfant trouvé Julien, lequel traverse une société qu'il contribue à ébranler, le même motif dans *Fécondité* nous fait tomber dans le feuilleton, dans un romanesque qui a toujours accompagné le réalisme social de Zola, et qui se trouve à la fois instrumentalisé, contingenté et condamné dans les *Évangiles*.

Plus probant est le cas des « surnuméraires » Froment, à qui le roman s'empresse de trouver un emploi, tant il serait embarrassant que la doctrine familiale (en fait malthusienne) de développement conjoint des terres et de la famille se trouve mise en défaut par l'un de ses rejetons. Nicolas, « l'avant dernier des fils », celui qui partira conquérir des terres vierges en Afrique, est d'emblée présenté comme le *surplus child* de l'épopée agronomique de Chantebled :

> Un des derniers-nés d'une famille nombreuse, il ne trouvait plus d'espace assez libre, pour y faire tenir l'ampleur, la force de son vouloir. Ses frères, ses sœurs, avant que son tour fût venu, avaient déjà pris toutes les terres environnantes, à ce point qu'il étouffait, menacé de famine, en quête du large champ rêvé, qu'il cultiverait, où il moissonnerait son pain. Plus de place, plus de subsistances, et il ne sut d'abord où aller, il tâtonna, hésita pendant des mois[119].

Le passage, qui réifie véritablement le thème de l'enfant surnuméraire et qui est aussi parfaitement conforme à l'esprit de l'*Essai sur le principe de population*, fait état d'une saturation : « à la ferme, il n'y avait plus de coin

---
116 Émile Zola, *Fécondité, op. cit.*, VI, I, p. 332.
117 *Ibid.*, VI, 1er, p. 332 et 333.
118 *Ibid.*, p. 336.
119 *Ibid.*, VI, II, p. 349-350.

pour Nicolas... » ; « à l'usine, Denis suffisait[120]... ». Mais dans l'utopie zolienne, le « trop-plein de la famille nombreuse », « le fils qui n'[est] pas pourvu », refuse d'être un « parasite » et part vers « une autre terre où il fer[a] pousser son pain, puisque la patrie, devenue trop étroite, n'[a] plus de champ pour lui[121] ». Malthus recommandait l'émigration pour les habitants des enclaves montagneuses semblables à Verrières. Dans le roman du tournant du siècle, ce sont les colonies africaines, le Soudan du conte colonial sur lequel s'achève *Fécondité*, qui figurent le *Lebensraum*, comme l'écrit Fabian Scharf[122], auquel aspirent les surnuméraires : « ce trop-plein de la famille nombreuse, qui débordait, s'étendait, colonisait le monde[123]. » Il nous faut ici retraduire en termes malthusiens, en enjeux de population, les remarques que la critique n'a pas manqué de faire sur l'évocation africaine qui achève *Fécondité*.

D'abord, le Soudan célébré dans les pages finales du roman est un « Orient désert », comme l'écrit Corinne Saminadayar-Perrin[124], dont la population est victime d'un « ethnocide fictionnel », explique Jean-Marie Seillan[125]. L'énumération des richesses dues au fleuve Niger est « plus un catalogue de marchandises que l'évocation romanesque d'un marché sahélien », remarque ailleurs Jean-Marie Seillan, « puisqu'on n'y voit pas l'ombre d'un marchand[126] ». Pourtant, Martin Steins a autrefois montré que l'une des sources de Zola était un récit de voyage du journaliste Félix Dubois qui insistait tout particulièrement sur les caractères et qualités de la population soudanaise[127]. Il semblerait que l'expansion de la famille Froment en Afrique par le biais de Nicolas ne

---

120 *Ibid.*, p. 350.
121 *Ibid.*, p. 350-351.
122 Voir Fabian Scharf, *Zola, de l'utopisme à l'utopie*, op. cit., p. 344.
123 Émile Zola, *Fécondité*, op. cit., VI, II, p. 351.
124 Corinne Saminadayar-Perrin, « D'impossibles nouveaux mondes : Zola, *L'Argent* / *Fécondité* », *Les Cahiers naturalistes*, n° 88 « Le roman colonial », 2014, p. 38.
125 Jean-Marie Seillan, « La (para)littérature (pré)coloniale à la fin du XIXe siècle », *Romantisme*, n° 139 « Le fait colonial », 2008, p. 41-42, cité dans Corinne Saminadayar-Perrin, art. cité, p. 38.
126 Jean-Marie Seillan, *Aux sources du roman colonial. L'Afrique à la fin du XIXe siècle*, Paris, Karthala, 2006, p. 366.
127 Martin Steins, « L'épisode africain de *Fécondité* », *Les Cahiers naturalistes*, n° 48, 1974, p. 173 et n. 19, p. 174-175. Jean-Marie Seillan estime quant à lui que c'est le livre de Dubois *Tombouctou la mystérieuse* (Flammarion, 1897), plutôt que son article, qui a pu influencer Zola en ces pages. Voir Jean-Marie Seillan, *Aux sources du roman colonial*, op. cit., p. 358.

débouche sur aucun métissage[128], quelles que soient les invraisemblances de cette endogamie biblique, et bien que Zola prétende élargir son propos de la famille à la nation, et de la nation à l'humanité[129]. Ainsi, la conquête coloniale de Nicolas ressemble pour l'enfant surnuméraire à un « appel du vide[130] », vers des contrées tout au plus hantées par des bandes de « nègres rôdeurs » éventuellement anthropophages[131] ; elle doit bel et bien apparaître comme un pur déversement de la famille Froment ; elle doit mettre dans la balance un excès de population net et de nouvelles cultures.

Ensuite, le roman a pu apparaître décalé aux historiens de la colonisation tout comme à Charles Péguy, dans la mesure où il présente le départ de Nicolas et la fondation d'une branche Froment au Soudan comme une colonisation de peuplement plutôt qu'une colonisation économique. Cela vient évidemment du fait, comme l'écrit Jean-Marie Seillan, que « c'est par le biais de la question démographique (…) que Zola a rencontré le problème colonial[132] ». Si Jean-Marie Seillan repère dans la littérature et le discours coloniaux un tournant économique[133], si à un moment donné le roman colonial a pu motiver des valeurs libérales voire entrer dans un « âge des boutiquiers[134] », la singularité du roman de Zola résiderait alors dans la prévalence du déterminant démographique sur le déterminant économique, tandis que « le fameux discours de Jules Ferry, le 28 juillet 1885, avait esquissé le développement de colonies purement commerciales, lesquelles convenaient aux peuples ayant des excédents de capitaux et de produits », rappelle Martin Steins[135]. « La politique coloniale était, selon Ferry, la fille de la politique industrielle – et non le résultat d'une pression démographique », ajoute-t-il, en citant le passage dans lequel Péguy objecte lui-même que « le Soudan n'a jamais été une colonie de peuplement[136] ». Ce décalage entre le roman de Zola et les discours colonialistes de son temps désignerait encore une

---

128 Voir Jean-Marie Seillan, *op. cit.*, p. 370-371.
129 « Après la patrie, la terre. Après la famille, la nation, puis l'humanité. » Émile Zola, *Fécondité*, *op. cit.*, VI, V, p. 395.
130 Martin Steins, « L'épisode africain de *Fécondité* », art. cité, p. 180.
131 Émile Zola, *Fécondité*, *op. cit.*, VI, V, p. 392.
132 Jean-Marie Seillan, *Aux sources du roman colonial*, *op. cit.*, p. 359.
133 Voir Corinne Saminadayar-Perrin, « D'impossibles nouveaux mondes… », art. cité, p. 29.
134 Jean-Marie Seillan, *Aux sources du roman colonial*, *op. cit.*, p. 328-329.
135 Martin Steins, « L'épisode africain de *Fécondité* », art. cité, p. 171.
136 Charles Péguy, « Les récentes œuvres de Zola », art. cité, p. 255.

fois sa proximité avec le raisonnement de Malthus, pour qui c'est bien l'excès des naissances qui détermine l'émigration ; c'est bien cet excès qui certes expose à la destruction mais aussi commande le progrès ; c'est cet excédent de la génération qui décidément intéresse Zola.

Le lecteur se prend à rêver à ce que pourrait devenir le dernier né de Mathieu et Marianne, qu'ils désirent étrangement garder auprès d'eux. Benjamin a douze ans lorsque Nicolas part ; il en a quarante-trois lorsque Dominique, fils de Nicolas, survient aux noces de diamant de Mathieu et Marianne. Benjamin, prisonnier du « tendre égoïsme » de ses parents et ayant refusé « toute femme, après avoir perdu la seule qu'il [ait] aimée[137] », a quelques traits de l'enfant surnuméraire romantique :

> De tout temps, il s'était montré inquiet, rêveur, avec ses beaux yeux qui semblaient sans cesse chercher l'au-delà des choses, le pays ignoré de la satisfaction parfaite, là-bas, derrière l'horizon. Et maintenant que l'âge venait, qu'il n'était plus jeune, son tourment paraissait s'aggraver, comme s'il se fût désespéré secrètement de ne pouvoir tenter l'inconnu, avant de finir inutile et sans bonheur[138].

Mais l'au-delà spirituel vers lequel semble tendre le personnage ne fera de lui ni le chantre de l'épopée parentale, ni le poète des espaces intérieurs, encore moins un révolté insatisfait ou un ferment de désordre : la tension spirituelle qui pourrait faire de ce personnage un héros romantique se résout en translation horizontale. En effet, le récit de Dominique le convainc de quitter ses parents tout en poursuivant leur entreprise parmi les Froment d'Afrique. « Le jamais-plus de la séparation devenait le toujours-davantage de la vie accrue[139] », conclut le chapitre dans la *novlangue* de Zola utopiste. Et de même que l'espace colonial est un expédient romanesque permettant communément aux romanciers de faire disparaître tel ou tel personnage surnuméraire, jamais un personnage de *Fécondité* ne demeure oisif et délétère, en vertu d'une analogie entre emploi romanesque et emploi économique. Tout comme Benjamin, Grégoire, « le turbulent, l'inquiétant de la famille », incapable de « se décider pour un métier ou une profession quelconque[140] », trouvera ainsi

---

137 Émile Zola, *Fécondité*, *op. cit.*, VI, V, p. 383.
138 *Ibid.*
139 *Ibid.*, VI, V, p. 396.
140 *Ibid.*, VI, II, p. 342.

sa place aux côtés de Thérèse Lepailleur pour reprendre le moulin et l'enclave de son père. À chaque personnage son lopin, sa subsistance, sa raison économique et romanesque.

Mais aussitôt s'indique le revers de cette réalisation optimiste du vœu de Malthus : le personnel d'un tel roman apparaît trop souvent insipide au lecteur. En artiste, Zola sait consacrer deux ou trois pages à l'ébauche singulière d'un enfant Froment, Rose ou Blaise, pour mieux le tuer – autre emploi romanesque – et en étoffer la perte. Toutefois, la vraie mécanique de ce roman utopique consiste dans la fabrication de clones, d'une armée de réserve, fabrique par laquelle le roman Zola touche à une forme de génie surprenant dans le roman à thèse. Ici en effet, la fécondité même peut tenir lieu de coup de théâtre feuilletonesque, comme dans le chapitre consacré à la mort de Maurice Beauchêne, dans lequel Constance apprend la nouvelle grossesse de Marianne en même temps qu'elle éprouve la douleur de voir Blaise prendre la place de son propre fils ; ou bien dans le chapitre consacré au meurtre de Blaise, dans lequel Constance voit Denis Froment prendre illico la place de son frère assassiné. « C'est fort », se félicite Zola en concevant cette scène, sentant peut-être le caractère inédit de ce romanesque des idées. Mais le prix à payer est que la transformation du roman en bureau de placement donne lieu, comme ce sera le cas dans *Travail*, à un arbre généalogique Froment beaucoup moins individualisé que l'arbre généalogique des Rougon-Macquart. La joyeuse scène finale, où Marianne et Mathieu, lors de leurs noces de diamant, font la « délicieuse erreur[141] » de confondre les prénoms et noms de leurs petits-enfants trop nombreux est le symptôme d'une altération de la notion de personnel romanesque. C'est l'envers du contrôle que voudrait exercer Félicité, à la fin du *Docteur Pascal*, sur l'arbre généalogique des Rougon-Macquart. Le triomphe de la morale (involontairement) malthusienne dans *Fécondité* – entendons la morale de l'expansion conjuguée des subsistances et de la population – est la mort du personnage. Au roman réaliste de la peur du désir et de l'expulsion du héros, Zola substitue le roman utopique de l'exaltation du désir et de la fadeur des êtres. Au roman des enfants trouvés, des bâtards ou des tarés, il substitue le roman du géniteur. Et nous pensons alors aux premiers contes de Balzac, consacrés à des figures de pères inextinguibles

---

141 *Ibid.*, VI, V, p. 393.

contre lesquels doivent à la fois se constituer la figure du fils et celle du romancier ; à l'autre bout du siècle, Zola invente un roman du père total et un éloge de la semence, dans lequel l'existence des fils est avant tout révérence au patriarche[142].

LA PENSÉE DES LIMITES

Cependant, le conte colonial final indique le point où *Fécondité* diverge nécessairement de la théorie malthusienne *stricto sensu*. Nous avons dit que la peinture zolienne du vice était conforme à Malthus. Le respect de la nécessaire proportionnalité entre naissances et subsistances dans l'expansion des Froment est aussi du malthusianisme orthodoxe. L'exaltation même de la fécondité ne dissone aucunement par rapport à l'identification par Malthus du principe de population comme source du développement. En revanche, ce roman qui s'achève sur l'évocation par Dominique de l'immense fleuve Niger et du « domaine sans limites » des Froment d'Afrique, de « l'empire illimité » qui s'offre à la France[143], ce roman qui se clôt sur la célébration de « l'expansion humaine par le monde, l'humanité en marche, à l'infini[144] », est une œuvre qui se place délibérément hors de la situation que Malthus a voulu envisager. Malgré les déclarations liminaires de Boutan qui explique combien Malthus s'est trompé sur ses taux de croissance et sur la productivité des travaux agricoles, Zola se fourvoie. En effet, l'hypothèse de Malthus est précisément celle qui lui permet de penser la fin du développement dont Zola ne veut plus décrire que l'aurore. Malthus rappelle, comme le conclut Jean-Paul Maréchal, « la nécessité

---

142 Il y aurait sans doute à dire sur le personnage de Beauchêne. Pourquoi apparaît-il, somme toute, comme le seul personnage sympathique de ce roman, malgré les vices dont il est grevé ? Parce qu'il est le véritable envers de Mathieu, l'expression fantasmée de l'échec, et même une figure du déni (il continue de prôner l'enfant unique alors qu'il a perdu le sien). À mi-chemin du Saccard de *L'Argent*, du Hennebeau de *Germinal* et du Delaveau de *Travail*, Beauchêne, dont le patronyme relève étrangement de la topique positive de *Fécondité*, est l'envers humain, singulier et romanesque de l'apôtre Mathieu : il figure un désir et un discours mis en échec.
143 Émile Zola, *Fécondité, op. cit.*, VI, V, p. 390-391.
144 « Infini » est le mot de la fin. *Ibid.*, VI, V, p. 392.

d'une pensée des limites[145] », or Zola utopiste a voulu éluder ce qui était, sans qu'il l'accepte, la fin nécessaire de son utopie plutôt que sa situation initiale. Il ne voit pas que Malthus est devant lui et non derrière. Et ce n'est que dans la toute dernière page de son roman, page dérogatoire par rapport à la thèse développée jusqu'alors, qu'il rencontre de nouveau l'économiste.

« Si l'on pense », écrit Jean-Paul Maréchal, « que la substance de l'*Essai* réside dans l'avertissement que la Terre constitue un espace clos et un fonds borné, alors Malthus précède d'un siècle et demi le Club de Rome et ses courbes exponentielles[146]. » Or si nous lisons ainsi l'*Essai* comme l'annonce que l'expansion humaine « que l'on croyait indéfiniment perpétuable butte sur la double limite de l'épuisement des ressources naturelles et des capacités de régénération du milieu[147] », alors l'écriture zolienne de l'espace, dans *Fécondité*, nous apparaît comme le refoulement concerté de cette pensée d'une croissance finie dans un monde fini. Par une vaste méprise, peut-être tissée du colonialisme ambiant et faite d'une volonté d'abolir les espaces confinés où se sont souvent tenus les opus des *Rougon-Macquart*, Zola présenterait comme perspective de progrès ce qui constitue précisément une situation dépassée : l'Évangile explore un monde vierge, alors que les *Rougon-Macquart* ont su penser la saturation, l'ironie étant que cette saturation est la fin assignée aux grands espaces. Pour Malthus, l'avenir du Soudan de *Fécondité*, ce serait Chantebled, et l'avenir de Chantebled, ce seraient l'escalier de la rue de Choiseul ou le coron de *Germinal*... D'ailleurs, à la fin de *Fécondité*, le discours de Dominique détonne par rapport à l'épopée de Chantebled jusqu'alors développée dans le roman : « Je crains bien de n'être guère aimable, ni pour ce coin de pays, ni pour vos œuvres, si je suis franc », commence le fils de Nicolas : « que votre royaume est petit[148] ! ». Ce discours s'achève sur un appel à l'émigration : « Venez donc, venez donc, vous tous, puisque vous êtes trop entassés, puisque vous manquez d'air dans vos champs trop étroits, dans vos villes surchauffées, empoisonnées[149]. » Décidément, le Chantebled francilien est au Soudan ce que l'espace des *Rougon-Macquart* est à Chantebled... Ce passage nous indique

---

145 Jean-Paul Maréchal, préface de l'*Essai sur le principe de population, op. cit.*, p. 55 (vol. 1).
146 *Ibid.*
147 *Ibid.*
148 Émile Zola, *Fécondité, op. cit.*, VI, V, p. 388.
149 *Ibid.*, p. 392.

du même coup la faille de l'utopie zolienne. Dans le chapitre liminaire de l'*Essai sur le principe de population*, Malthus étend son raisonnement sur le différentiel des taux de croissance des subsistances et de la population hors du seul cas de la Grande Bretagne : « Substituons à cette île », écrit-il, « la surface entière de la Terre ». Il y a certes expansion par l'imagination, comme chez Zola. Mais c'est pour mieux toucher à la limite : « on remarquera qu'il ne sera plus possible, pour éviter la famine, d'avoir recours à l'émigration[150] ». À l'échelle de la planète, veut montrer Malthus, le *principe de population* « l'emporte[ra] » forcément sur le *principe productif des subsistances*. Les modalités de l'expansion figurée dans *Fécondité* sont exactement contraires.

Car la situation malthusienne de saturation est précisément celle que Zola entend esquiver dans son échappée soudanaise, à travers l'évocation de productions agricoles fabuleuses (dont on n'interroge jamais l'écoulement, ce roman n'étant pas un roman du commerce et négligeant parfaitement la fixation des prix) et par la négation de toute limite (« La plaine et la plaine toujours, des champs que des champs toujours prolongent, des sillons droits, à perte de vue, dont la charrue mettrait des mois à atteindre le bout[151] »). Jean-Marie Seillan note combien ce déni de la frontière contredit, peu après Fachoda, la minutie des topographes employés par les États qui se partagent l'Afrique[152]. Corinne Saminadayar-Perrin écrit que les espaces fantasmatiques du progrès chez Zola, Orient de *L'Argent* ou Soudan de *Fécondité*, relèvent d'« imaginaires politiques régressifs[153] » (impérialisme, modèle patriarcal, organisation clanique), bien qu'ils soient censés figurer « le seul avenir possible pour une civilisation exténuée, traversée d'incurables fractures sociales, et rongées par la tentation du néant[154] ». Mais il s'agit aussi d'un imaginaire économique régressif, dans la mesure où il dépeint un développement tiré par la seule agriculture (alors que l'occident a échappé à la loi de Malthus par le développement du commerce industriel[155]) et dans la mesure où le Soudan de *Fécondité* permet de ne plus

---

150 Malthus, *Essai, op. cit.*, I, I, p. 74 (vol. 1).
151 Émile Zola, *Fécondité, op. cit.*, VI, V, p. 389.
152 Jean-Marie Seillan, *Aux sources du roman colonial, op. cit.*, p. 368.
153 Corinne Samidayar-Perrin, « D'impossibles nouveaux mondes… », art. cité, p. 39 *et sq.*
154 *Ibid.*, p. 43.
155 Voir la démonstration que fait Daniel Cohen à propos de la Grande-Bretagne au XIXᵉ siècle : la population a pu y passer de 8,5 millions en 1801 à 15 millions en 1841 non pas du

poser les questions cruciales qu'affronte Malthus. Jean-Marie Seillan repart, dans un article récent, du propos de Renan, dans sa *Réforme intellectuelle et morale de la France* (1871), selon lequel « une nation qui ne colonise pas est irrévocablement vouée au socialisme, à la guerre du riche et du pauvre[156] ». Tels sont bien les ressorts du dégagement colonial de *Fécondité* et de l'esquive idéologique de Zola, au désespoir de Péguy. De ce point de vue, l'Évangile apparaît comme un discours en recul sur *Les Rougon-Macquart*. L'utopie est régressive. Elle procède peut-être même d'une incapacité à penser le progrès.

De Chantebled, le roman nous dit finalement peu de chose. Nous ne saurons rien de l'organisation des fermes, ni de l'effectif et encore moins de l'identité des métayers ou des serviteurs des Froment. Et nous savons parallèlement que la reprise de l'usine Beauchêne par les Froment n'a pas amélioré le sort des Moineaud. Si bien que, d'une certaine manière, le sombre personnage du meunier Lepailleur, qui accuse la terre d'être une « gueuse », (reprenant le mot utilisé dans *La Terre*, et aussi employé par les pêcheurs de Bonneville pour désigner la mer dans *La Joie de vivre*), ce personnage qui prétend envoyer à Paris son fils pour qu'il devienne un monsieur (le texte oppose suffisamment cette ambition au retour à la terre de Mathieu), ce personnage donc sorti des *Rougon-Macquart*, destiné à faire repoussoir dans le monde utopique, n'en incarne pas moins une question essentielle, qui était au cœur du pessimisme combattu par Zola : la question de l'avarice de la nature, l'idée que ses fins ne seraient pas si bonnes, problème qu'avait affronté Malthus en scandalisant ses contemporains. Certes l'odieux Lepailleur est dans le roman une figure caricaturale du pessimisme, tout comme Beauchêne est un porte-parole du malthusianisme capitaliste et hypocrite. « Tu sais que ce Lepailleur est un fainéant et un imbécile », précise Mathieu à Marianne : « Est-il une sottise plus sacrilège que d'aller s'imaginer que la terre a perdu de sa fécondité, qu'elle est en train de faire banqueroute, elle l'éternelle mère, l'éternelle vie[157] ! » De ce point de vue, le discours de *Fécondité* est

---

fait de la machinisation agricole, mais grâce aux exportations de textile, au peu glorieux commerce triangulaire (traite des esclaves et importations de produits agricoles d'Amérique du Nord), enfin aux ressources en charbon. Daniel Cohen, *La prospérité du vice. Une introduction (inquiète) à l'économie*, Paris, Albin Michel – Le Livre de poche, 2009, p. 88-90.

156 Jean-Marie Seillan, « Zola et le fait colonial : les raisons d'un rendez-vous manqué », *Les Cahiers naturalistes*, n° 88 « Le roman colonial », 2014, p. 13-14.

157 Émile Zola, *Fécondité, op. cit.*, III, I, p. 142.

anti-malthusien dans le sens le plus sommaire du terme; il refuse de poser des limites au rendement de la terre. Mais c'est aussi un roman qui exprime à travers les personnages de Lepailleur ou Beauchêne – qui conservent pour nous l'intérêt de se trouver fort douloureusement vaincus – ce que Malthus ne cesse quant à lui d'interroger : le péril de la rareté, la décroissance des rendements, l'état social que peuvent susciter les limites de la nature. Ainsi, Dominique a raison de s'exclamer que Chantebled est petit, et même de le rapprocher de Paris, alors que tout le roman s'est ingénié à opposer cette campagne à Babylone. Car bientôt, Chantebled pourrait passer pour aussi avare en blé que l'enclave de Lepailleur, et les *Rougon-Macquart* recommenceraient : l'éphémère litige de Grégoire et Gervais[158] n'est d'ailleurs pas sans rappeler le conflit original d'Antoine Macquart et Pierre Rougon. Mais lorsque Dominique enchaîne sur son conte soudanais, cette perspective s'éloigne définitivement. Son discours permet en effet de « gommer les affrontements d'accapareurs que recèle le principe d'extension illimité réglant (si l'on ose dire) l'appropriation des terres[159] », écrit Jean-Marie Seillan. Mais « où les hommes fuiront-ils quand le monde entier sera devenu la ville que leur promet Zola[160] ? ».

LA LOI DE SPENCER

L'étude génétique de David Baguley montre parfaitement en quoi Zola, dans sa lecture préparatoire de *La dépopulation en France*, est gêné par le résumé que donne René Gonnard de la théorie selon laquelle le développement de la civilisation irait de pair avec une baisse de la fécondité : il s'agit de la loi élaborée par Herbert Spencer dans ses *Principes de biologie* (1864, traduction française de 1877-1878), selon laquelle la population devrait nécessairement atteindre un état stationnaire puisque l'humanité, au fur et à mesure du raffinement des mœurs et du développement de la démocratie, préfère l'individuation de l'être

---
158 *Ibid.*, VI, IV.
159 Jean-Marie Seillan, *Aux sources du roman colonial, op. cit.*, p. 367.
160 *Ibid.*, p. 373.

humain à la reproduction en masse. Pour Zola, partisan proclamé de la fécondité depuis l'article « Dépopulation » de 1896, il était possible de s'engouffrer dans l'assimilation faite par Nitti entre domination du capital, pessimisme culturel et baisse de la natalité : ces idées ordonnent le portrait des Beauchêne et celui des Séguin. Il lui était aussi possible de reconnaître l'explication donnée par Arsène Dumont dans *Dépopulation et civilisation* (1890) selon laquelle la baisse de la natalité dans les villes s'explique par l'ambition sociale : cela motive le portrait des Morange. En revanche, il devenait beaucoup plus malaisé de contourner la loi de Spencer, laquelle apparaît comme une « loi naturelle », écrit Baguley, affirmant l'antinomie entre progrès et fécondité :

> Aussi Zola se trouve-t-il en présence de lois démographiques qui semblent rendre inévitable le mal qu'il cherche à combattre. Cette constatation inquiète le romancier, qui aurait voulu allier son art à la doctrine déterministe et qui continue à tenir compte des principes scientifiques. Bien plus, sensible lui-même aux bienfaits de la vie moderne et aux progrès de l'humanité, il découvre que la civilisation qu'il exalte ne peut s'accomplir qu'aux dépens de la fécondité qui, selon lui, doit en rester le fondement[161].

Cela heurte non seulement la thèse, mais aussi la méthode que s'assignait Zola dans *Fécondité* :

> La fécondité, l'effort du plus de vie possible, doit amener le plus de prospérité, de félicité possible. Faire cela scientifique, si je le puis. Le prouver par la vérité, par le fait. En tout cas, en créer l'évidence[162].

Dès lors s'opposent une loi romanesque et une loi anthropologico-économique, dans la mesure où la loi de Spencer peut apparaître comme un prolongement de la loi de Malthus, prolongement qui nous fait glisser des considérations quantitatives de l'économiste aux considérations qualitatives du théoricien de la civilisation (c'est une théorie de l'individu civilisé), comme cela s'était déjà produit dans la transition entre Malthus et Darwin[163]. Nous devinons ce que cette confrontation comporte d'enjeux proprement esthétiques : la loi de Spencer, en tant que théorie de l'individuation, va dans le sens d'une culture de l'exception, de la

---
161 David Baguley, *Fécondité d'Émile Zola. Roman à thèse, évangile, mythe, op. cit.*, p. 96.
162 Émile Zola, Ébauche de *Fécondité*, Ms NAF 10 301, f° 42-44, cité dans David Baguley, *Fécondité d'Émile Zola. Roman à thèse, évangile, mythe, op. cit.*, p. 90.
163 Voir Jean-Paul Maréchal, préface de l'*Essai sur le principe de population, op. cit.*, p. 45.

singularité, de la « prédilection » comme dirait Rachilde. Il n'est pas indifférent qu'elle soit mise dans la bouche du romancier Santerre dans le roman, dans la mesure où elle engage la conception même du personnel romanesque. Lorsque cet *alter ego* de Bourget déclare au début du roman que « Paris veut simplement rester stationnaire, et cela parce qu'il est la ville du monde la plus intelligente, la plus civilisée[164] », c'est aussi une manière de dire que ne sont dignes d'être racontées que les histoires de l'élite, des « mondains » que Mathieu voit dans cette scène « devant lui, en habit et en cravate blanche[165] ». Au début de ce roman de la multiplication des personnages et de l'effacement inévitable de leur individualité, qui serait dès lors un roman « républicain » pour reprendre le mot de Santerre dans cette scène[166], la loi de l'équilibre stationnaire deviendrait celle d'une culture supérieure, en somme celle du roman psychologique bourgeois. Or nous voyons bien que Mathieu y réplique d'une part par l'argument de la mort des civilisations (trouvé chez Gonnard), d'autre part en reportant la fin de son roman expansionniste :

> La loi de Spencer, je la connais, je la crois même juste en théorie. Il est certain que la civilisation est un frein à la fécondité, de sorte qu'on peut imaginer une série d'évolutions sociales déterminant des reculs ou des excès dans la population, pour aboutir à un équilibre final, par l'effet même de la culture victorieuse, lorsque le monde sera entièrement peuplé et civilisé. Mais qui peut prévoir la route à parcourir, au travers de quels désastres, au milieu de quelles souffrances ? Des nations disparaîtront encore, d'autres les remplaceront, et combien de mille ans faudra-t-il, pour arriver à la pondération dernière, faite de la vérité, de la justice et de la paix enfin conquises[167] ?...

La position de Zola est d'autant plus malaisée qu'elle consiste à amender son progressisme, à faire la part des « désastres » et des « brèches » (pour reprendre un mot qui sera utilisé dans le livre où nous verrons disparaître certains des enfants Froment). Mais l'idée de la mort des civilisations ou celle de l'expansion coloniale (toutes deux empruntées à la discussion par Gonnard de la théorie de Spencer[168]) permettent aussi

---
164 Émile Zola, *Fécondité, op. cit.*, I, III, p. 47.
165 *Ibid.*
166 Du moins Zola souhaiterait-il écrire un roman « républicain », *via* cette critique formulée par un personnage antipathique. *Ibid.*, p. 46.
167 *Ibid.*, p. 48.
168 Voir David Baguley, *Fécondité d'Émile Zola. Roman à thèse, évangile, mythe, op. cit.*, p. 96.

de reporter la fin, c'est-à-dire de reporter la discussion au dénouement en déployant entre-temps un contre-discours.

David Baguley estime dans son étude que *Fécondité* n'obéit plus à la formule du roman expérimental, dès lors qu'il s'agit d'une « thèse romancée » et que « les développements et les changements qui ont lieu dans le récit résultent, non pas de facteurs situables dans le champ romanesque, mais d'une loi apodictique imposée de l'extérieur[169] ». Nous pourrions arguer à l'inverse que *Fécondité* se développe comme un roman expérimental qui justement entendrait opposer sa loi interne à d'autres lois, celle de Spencer autant que celle de Malthus, et se développerait un peu comme un modèle économique. Si le roman expérimental consiste, selon la définition originelle, à « fai[re] mouvoir les personnages dans une histoire particulière, pour y montrer que la succession des faits y sera telle que l'exige le déterminisme des phénomènes mis à l'étude », il s'agit bien selon Zola d'« une expérience "pour voir", comme l'appelle Claude Bernard[170] », et elle apparaît assez proche de la modélisation économique elle-même. Les modèles économiques sont en partie des modèles « pour voir » et leur construction relève aussi bien de l'exploitation d'un outil mathématique nouveau que d'une intuition interprétative[171], d'une « loi apodictique », comme l'écrit Baguley (moyennant quoi ils frôlent la pétition de principe). *Fécondité* serait ainsi un récit-modèle qui entendrait montrer que l'expansion de la famille et de la nation tire le développement et que « l'équilibre est mensonger, rien ne peut rester stationnaire[172] », comme le déclare Mathieu devant Séguin et Santerre. Cette démonstration bien sûr, tout comme les modèles économiques, s'opère hors de l'Histoire, dans ce temps indéfini si souvent commenté par les lecteurs des *Évangiles* zoliens ; elle ne vaut pas « historiquement », pour reprendre l'un des adverbes cardinaux de la préface de *La Fortune des Rougon*, mais en pure logique ; elle ne vaut aussi qu'en refusant tout raisonnement à la limite. Car ce n'est qu'à la toute fin du roman que

---

169 *Ibid.*, p. 181.
170 Émile Zola, *Le Roman expérimental*, éd. François-Marie Mourad, Paris, GF-Flammarion, 2006, p. 52. Je me permets de renvoyer aussi à l'introduction du numéro 7 de la revue *Romanesques* sur « Récit romanesque et modèle économique » (dir. Patrice Baubeau, Alexandre Péraud, Claire Pignol et Christophe Reffait), Paris, Classiques Garnier, 2015, p. 29.
171 Voir Bruna Ingrao, « La pile instable d'assiettes. Contes économiques et récits romanesques », *ibid.*, p. 69.
172 Émile Zola, *Fécondité*, *op. cit.*, I, III, p. 47.

Zola fait une concession à la loi de Spencer, parmi le tableau d'une expansion nécessaire et infinie :

> La vie est la marée montant dont le flot chaque jour continue la création, achève l'œuvre du bonheur attendu, quand les temps seront accomplis. Le flux et le reflux des peuples ne sont que les périodes de la marche en avant ; les grands siècles de lumière emportés, remplacés par des siècles noirs, marquent uniquement les étapes. Toujours un nouveau pas est fait, un peu plus de la terre conquis, un peu plus de la vie mise en œuvre. La loi semble être le double phénomène de la fécondité qui fait la civilisation et de la civilisation qui restreint la fécondité. Et l'équilibre en naîtra, le jour où la terre entièrement habitée, déchiffrée, utilisée, aura rempli son destin[173].

Mais ce « règne de la vie souveraine » est renvoyé à un futur indistinct en même temps qu'heureux, comme si le processus périodique évoqué devait constituer en soi une éducation de l'humanité. La fin de ce roman opposé à la loi de Spencer, c'est l'équilibre stationnaire, « oh ! dans longtemps, dans bien longtemps », ironise Frédéric Passy, qui n'a pas manqué de remarquer cette contradiction chez Zola : « Il me paraît inutile de le chicaner sur cette entorse problématique donnée tout à la fois à la liberté humaine et à sa doctrine[174]. » Mais la fin de ce processus de développement, lorsque la terre sera « entièrement habitée, déchiffrée, utilisée », comme l'écrit Zola, ou bien lorsque « toute place étant prise, toute productivité du sol étant employée, il n'y aura plus à demander au sol un épi de plus, ni aux familles une naissance de plus », comme l'écrit Passy, est justement l'hypothèse dont part Malthus, celle d'une croissance finie dans un monde fini.

Or cette hypothèse est déjà connue de Zola. C'est celle de l'enclos des Fouque, à l'origine des *Rougon-Macquart*, qui fait de la famille une race de Caïn. C'est celle de la mer avaricieuse et « gueuse » de *La Joie de vivre*, qui laisse les hommes face à leur misère et leur angoisse. C'est celle de la bataille de la terre dans le roman éponyme, qui plonge les hommes dans la division et la cupidité. La pensée de Malthus, à laquelle *Fécondité* emprunte tant de ses axiomes, reste bel et bien à l'horizon du roman. Et ne croyons pas Zola, lorsqu'il esquisse un monde fini et un état stationnaire qui seraient une Cité de justice et de bonheur, dénuée de la violence et de la destruction que voulait abolir Malthus : il s'est

---

173 *Ibid.*, VI, V, p. 396 (dernière page).
174 Frédéric Passy, art. cité, p. 239.

suffisamment inquiété lui-même, à la lecture du livre de Nitti, de la
« rapacité » de ses Froment[175] pour que nous ne nous aveuglions pas sur
ce que son utopie expansionniste comporte d'emblée de sélection et
d'éviction. Incapable de trancher entre progrès social et sélection naturelle[176], darwinien en dépit des affirmations répétées que les Froment n'ont
« rien pris à personne », Zola tourne le dos à la finitude malthusienne
qui marquait les *Rougon-Macquart*, mais ne fait que masquer, sous une
thématique de l'expansion, une idéologie de la sélection qu'on a justement (indûment) fondée sur la pensée de Malthus. Bref, partant d'une
opposition contre le malthusianisme vulgaire, Zola se trouve renouer
tout au long de *Fécondité* avec des principes essentiels de la pensée de
Malthus, tout en renonçant à réfléchir, comme le faisait au contraire
l'économiste, sous la contrainte de la finitude, comme si toute finitude
devait être pessimisme. « Malthus battu », écrivait Zola en concevant
le personnage du médecin Boutan[177]. David Baguley est pourtant fondé
à conclure qu'il n'en est rien[178]. D'autant qu'avec *Fécondité*, premier des
Évangiles, Zola ouvre une gigantesque parenthèse qu'il ne refermera plus,
un espace non-problématique et anti-romanesque où les rendements
sont forcément croissants et la Terre sans borne.

---

175 « Je songe que Jean [lire Mathieu] ne peut poursuivre la conquête avec sa grande famille, car cela est de la rapacité. Il s'en inquiète. Le mieux serait la famille suffisante et non conquérante. À voir. » Émile Zola, dossier préparatoire de *Fécondité*, Ms 10 302, f° 431, cité dans David Baguley, Fécondité *d'Émile Zola. Roman à thèse, évangile, mythe, op. cit.*, p. 108.
176 Voir les pages remarquables de David Baguley sur ces contradictions idéologiques ; *ibid.*, p. 108-109 et p. 140-142.
177 Émile Zola, dossier préparatoire de *Fécondité*, Ms 10 302, f° 432-433, cité dans David Baguley, *op. cit.*, p. 106.
178 « Bien que Zola s'acharne contre le néo-malthusianisme et même contre les doctrines de Malthus, il ne met pas en question le fondement socio-économique du système conservateur du pasteur anglais », *ibid.*, p. 211.

JULES VERNE ET L'ÉPUISEMENT DES RESSOURCES

L'espace que *Fécondité* voudrait faire passer pour infini est justement celui que certaines fictions de Jules Verne s'emploient à mesurer, mais aussi à limiter, sinon à épuiser. Dans un texte admirable dont il a voulu faire un adieu à Jules Verne, Jean Delabroy écrit que le récit vernien est souvent écrit en vue d'une image, qui le justifie en même temps qu'elle le condense : « le feu sur les yeux de Strogoff, la pitié de Dieu sur la haine de Nemo, le chant de Paganel sur le désert australien, l'Imânus des abîmes sur l'incrédulité d'un gosse, ils sont à Verne ce que Sandrino est à Stendhal, le passage d'une image qui tire en avant de lui-même tout un livre[1]... ». Par « image », Jean Delabroy n'entend pas simplement une image poétique, ni un morceau de choix pour l'illustrateur, mais un lieu problématique (« d'une condensation mathématique, d'une concentration poétique inégalables ») ; lieu qui peut être aussi bien une péripétie qu'une réplique de dialogue ou un instantané descriptif ; situation qui serait pour Verne une scène à faire et dépasserait pourtant tous les poncifs ; moment critique enfin, dont la puissance dynamique dépasserait sa fonction dans l'ordre du récit. C'est Hatteras errant invariablement vers le Nord dans le jardin de la maison de santé. Ce sont les aéronautes de *Cinq semaines en ballon* ou de *L'Île mystérieuse* jetant des sacs d'or et d'argent par-dessus leur nacelle. C'est encore le cadavre du chien Satellite qui accompagne dans le vide l'obus lancé vers la lune. Ou bien la chute du narrateur du *Chancellor* dans l'eau douce de l'Amazone, alors même que la côte amérindienne n'apparaît pas encore aux yeux des naufragés...

---

1   Jean Delabroy, « La terre des promesses », dans Christophe Reffait et Alain Schaffner (dir.), *Jules Verne ou les inventions romanesques*, Amiens, CERR / Encrage Université, « Romanesques », 2007, p. 496-497.

Dans la nouvelle *Edom*, parue dans le recueil posthume *Hier et demain* sous le titre *L'Éternel Adam*, l'image est celle d'une voiture poursuivie par la mer. Dès le début du récit enchâssé au centre de cette nouvelle, l'image est préparée : le narrateur de ce récit apocalyptique précise que dans le garage de sa belle maison de Rosario se trouve « un superbe et puissant double phaéton de trente-cinq chevaux, de l'une des meilleures marques françaises » ; derrière la maison s'élance une route qui part de l'altitude de cent mètres au-dessus du niveau de la mer pour atteindre les premiers sommets de la côte pacifique mexicaine[2]. Le récit se donne ainsi du « champ » : « deux heures au moins de montée et une altitude disponible de quinze cents mètres[3] ». Cela précisé, l'histoire du « cataclysme[4] » qui va engloutir tous les continents connus peut commencer, et elle se cristallise dans une scène de poursuite de cette automobile par la mer, tandis que s'enfonce l'Amérique :

> À mesure que nous l'avions conquise, la route disparaissait sous la mer qui la conquérait à son tour. Celle-ci s'était calmée. À peine si quelques rides venaient doucement mourir sur une grève toujours nouvelle. C'était un lac paisible qui gonflait, gonflait toujours, d'un mouvement uniforme, et rien n'était tragique comme la poursuite de cette eau calme. En vain nous fuyions devant elle, l'eau montait, implacable, avec nous[5].

L'image finale sera celle de « l'auto encore trépidante[6] », arrêtée en haut de la route coupée par le séisme, tandis que l'immersion du continent ne laisse subsister qu'un îlot d'un kilomètre sur un demi. « Parqués, sans vivres, sans eau, sur ce roc étroit et dénudé, nous ne pouvons conserver le moindre espoir[7] », écrit le narrateur. L'image de cette course-poursuite toute particulière, qui aboutit à une singulière situation de robinsonnade, confronte donc le progrès technique le plus abouti à la disparition du socle terrestre. Gracq a commenté la relative absence de l'automobile chez Jules Verne, laquelle semble participer d'une modernité sur laquelle

---

2   Jules Verne, *Edom*, in *Maître Zacharius et autres récits*, Paris, José Corti, « Merveilleux », 2000, p. 204-205. C'est à cette édition que nous renvoyons par la suite, sans entrer dans les débats sur la paternité de ce texte (Jules ou Michel).
3   *Ibid.*, p. 211.
4   *Ibid.*, p. 209.
5   *Ibid.*, p. 211.
6   *Ibid.*, p. 213.
7   *Ibid.*, p. 215.

le romancier n'avait plus prise[8]. Il n'en reste pas moins que l'image centrale d'*Edom* consiste à opposer cette métonymie du progrès technique (peut-être mieux ancrée dans l'Histoire que l'électrique Nautilus) à une raréfaction littérale de la Terre. L'image, ici, confronte le maximum de la technique au minimum de la ressource, le maximum de vitesse potentielle à la contrainte de l'immobilité, sur fond ironique de fin de la route (« on l'eût dite tranchée au couteau[9] ») et d'escamotage paradoxal des plus hautes montagnes (« Ces sommets ont disparu, tandis que, pour des raisons qui resteront à jamais inconnues, le nôtre, plus humble cependant, s'est arrêté dans sa chute tranquille[10] »), qui sont synonymes de l'arbitraire naturel. L'image d'*Edom*, bien différente de celle du Nautilus emprisonné dans l'île Lincoln et coulant finalement à l'abîme avec elle, ce qui peut représenter une fusion des puissances, est plutôt celle d'un progrès devenu vain, d'un moteur à explosion inopérant, et même d'une économie qui n'a plus lieu d'être (« Mes affaires avaient étonnamment prospéré », précise au début le narrateur, propriétaire de cette auto : « J'étais un homme riche, très riche même, – ce mot-là me fait bien rire aujourd'hui[11] ! »). Aux naufragés de cette robinsonnade éphémère et originale (on n'aborde pas l'île, on est déjà sur ce roc et c'est le continent alentour qui s'affaisse), l'automobile ne servira de rien, peut-être parce qu'elle est un système clos, trop bien ajusté en ses éléments, au contraire de la cargaison de Robinson, de la malle envoyée par Nemo ou même du ballon de *L'Île mystérieuse*. Elle sera abandonnée, et le chauffeur Modeste Simonnat restera « inconsolable de la perte de sa machine[12] ». Alors l'image de cette voiture arrêtée sur la seule portion encore émergée de l'Amérique serait un peu le contraire des machines agricoles de *Fécondité* lancées à l'assaut des horizons du Niger : l'expression d'une conscience vernienne de la finitude ; l'image

---

8   Gracq s'intéresse chez Verne à « cette espèce de télescopage qui est très excitante chez lui entre le modernisme technique, qu'il a deviné et même précédé, et le cadre social dans lequel il se manifeste et qui est un monde d'autrefois », mais l'automobile ne ferait pas vraiment partie de ce modernisme technique à valeur contrastive. Julien Gracq, entretien avec Jean-Paul Dekiss, dans *Jules Verne aujourd'hui. Julien Gracq, Michel Serres et Régis Debray* [entretiens avec Jean-Paul Dekiss publiés antérieurement dans la *Revue Jules Verne*], Paris, Le Pommier, 2013, p. 33.
9   Jules Verne, *Edom, op. cit.*, p. 214.
10 *Ibid.*
11 *Ibid.*, p. 204.
12 *Ibid.*, p. 215.

d'une pensée conjuguée du progrès et des bornes de la Terre ; donc une image proprement malthusienne, si l'on accepte de lire cette réduction cataclysmique de la Terre comme une expression de l'épuisement de toute ressource.

VERNE ET MALTHUS

De même qu'il n'y a pas d'économie politique dans la bibliothèque de Nemo, l'œuvre de Malthus est restée probablement inconnue de Verne, malgré son anglophilie et ses innombrables lectures. Si la nouvelle *Edom* débat explicitement des théories de Darwin, le nom de Malthus (comme celui de Schopenhauer) demeure absent des romans ou de la correspondance Verne-Hetzel. Verne connaît Dickens, évoque avec Hetzel la facture des personnages de *Martin Chuzzlewitt*[13], enfin a peut-être lu les charges anti-malthusiennes de *Temps difficiles*, mais cela ne fait pas souche. Si l'on peut tout à fait étudier le rapport de Verne au darwinisme[14] ou au pessimisme[15], il demeure aventureux d'étudier son rapport au malthusianisme. Nous percevons cependant l'atmosphère malthusienne qui préside à certains romans verniens : de même que Verne est passible d'une critique d'obédience écopoétique[16], il peut en effet nous intéresser par son appartenance d'une part à une veine d'anticipation qui interroge l'avenir des ressources terrestres, d'autre part, puisqu'il est question de Malthus, à la « civilisation victorienne »

---

13   Jules Verne, Lettre à Pierre-Jules Hetzel du 4 juin 1885, *Correspondance inédite de Jules Verne et Pierre-Jules Hetzel (1863-1886)*, tome III, Genève, Slatkine, 2002, p. 293.
14   Philippe Clermont, « Jules Verne ou un darwinisme en suspens », dans Jean-Pierre Picot et Christian Robin (dir.), *Jules Verne. Cent ans après*, Rennes, Terre de Brume, 2005, p. 347-367. Philippe Clermont accorde une attention particulière au *Village aérien* et à *L'Éternel Adam*.
15   Jean Chesneaux, *Jules Verne, une lecture politique*, Paris, Maspero, 1971. Voir en particulier le chap. 11, « Progrès ou pessimisme : l'avenir de l'humanité ».
16   Le récent livre de Pierre Schoentjes comprend une étude sur *Le Village aérien* (1901), roman qui figure une communauté simiesque vivant dans une forêt du Congo sous un chef humain. Verne y interroge l'existence du « chaînon manquant » de la théorie darwinienne, moyennant quoi il a aussi intéressé Philippe Clermont (art. cité, p. 352 et sq.). Pierre Schoentjes, *Ce qui a lieu. Essai d'écopoétique*, Paris, Éditions Wildproject, 2015.

à laquelle le rattache Gracq. Telle est la difficulté voire le paradoxe du corpus vernien : il traite de la question éminemment malthusienne de l'épuisement des ressources, sans évoquer le principe de population en tant que tel. Nous pouvons voir là un effet de genre, de catégorisation éditoriale, qui abstrait le roman vernien de toute thématique sexuelle directe, tandis qu'il lui ouvre des horizons spéculatifs et fantaisistes hors de portée du Zola des *Rougon-Macquart* comme de celui des *Évangiles*.

D'un côté donc, fermeture : le roman vernien se plie aux normes morales du *Magasin d'Éducation et de Récréation* : « il y avait l'occultation du sexe, qui était un tabou, qui est typique chez Jules Verne comme elle l'est à peu près chez Dickens », rappelle Gracq[17]. La femme apparaît peu dans les *Voyages extraordinaires*, parce qu'elle parle beaucoup et freinerait le récit, plaisante parfois Verne[18] ; parce que l'amour va de pair avec une sédentarité qui n'a pas sa place dans le roman d'aventures, estime Gracq[19], en accord avec Verne qui y voyait une « passion absorbante[20] » ; et plus généralement parce que Verne, comme il le confesse à Hetzel, demeure rétif au langage romanesque de l'amour[21]. Le mariage, chez Verne qu'on dit misogame, relève souvent de l'expédient de comédie. Et la femme, à part des exceptions comme Helena Campbell dans *Le Rayon vert*, apparaît souvent dans l'œuvre sous la forme dédramatisée de l'enfant, sous la forme virile de l'épouse héroïque ou sous la forme mélancolique de la disparue[22]. D'enfants, il semble être assez peu question, sauf à les envoyer chercher le père (*Les Enfants du Capitaine Grant*) ou à en faire de petits hommes (*Deux ans de vacances*). Les récits verniens s'achèvent peut-être par un *ils se marièrent* (une soixantaine d'opus des *Voyages extraordinaires* s'achèvent sur un mariage, nous dit le

---

17 Julien Gracq, entretien cité, p. 24-25.
18 Jules Verne, entretien avec Adrien Marx [1873], dans Daniel Compère et Jean-Michel Margot, *Entretiens avec Jules Verne, 1873-1905*, Genève, Slatkine, 1998, p. 20.
19 « Il y a peu de romans d'amour qui soient liés à la vie du voyage, et surtout à la vie du voyage, aventureuse et extraordinairement aventureuse, qui est celle de Jules Verne… » Julien Gracq, entretien cité, p. 46.
20 Jules Verne, entretien avec Marie A. Belloc [1895], dans *Entretiens avec Jules Verne, 1873-1905*, *op. cit.*, p. 103.
21 Jules Verne, Lettre à Pierre-Jules Hetzel du 1er trimestre 1866 (env.), *Correspondance inédite de Jules Verne et Pierre-Jules Hetzel (1863-1886)*, tome I, Genève, Slatkine, 1999, p. 40.
22 Ainsi, respectivement, Nell, dans *Les Indes noires*, Lady Helena dans *Les Enfants du capitaine Grant*, enfin la Stilla ou Myra dans *Le Château des Carpathes* ou *Le Secret de Wilhelm Storitz*.

dictionnaire de Lengrand[23]), mais pas par *et ils eurent beaucoup d'enfants*. Procrée-t-on, nait-on chez Verne ? – non, sauf dans une nouvelle comme *Edom* justement, lorsque l'humanité revient à l'état sauvage.

D'un autre côté, expansion : le roman vernien, sans tout à fait relever du roman d'anticipation, sans se rapprocher de l'esthétique d'un H. G. Wells ou d'un Rosny aîné – sauf encore une fois dans *Edom* –, mais en construisant ce que Christian Chelebourg appelle d'après Gilbert Durand des « hypotyposes futures », s'autorise des investigations temporelles ou spatiales grâce auxquelles il peut interroger le progrès technique, son envers destructeur, et la dévoration de la planète par les hommes au fil du développement. On a depuis longtemps fait justice du préjugé selon lequel Jules Verne serait le chantre du progrès en général et du progrès technique en particulier : le manuscrit de *Paris au XXe siècle*, les échanges entre Samuel Fergusson et ce « vandale écologique[24] » qu'est le personnage de Dick Kennedy dans *Cinq semaines en ballon*, le refus par Hetzel du premier dénouement de *L'Île mystérieuse*, où les personnages reviennent à leur état initial de naufragés, suffisent à dire la nature foncièrement dialogique du roman vernien, qui met en débat l'évolution de l'humanité plutôt qu'il ne croit à un sens de l'Histoire. Nous avons dit à propos de *L'Île mystérieuse* que l'ode à l'ingénieur suppose un récit de dépouillement, mais aussi que la réplique du développement humain par les Robinsons est inséparable de la sanction de la destruction de l'île. La pensée de la destruction tout comme l'idée de progrès sont consubstantiels au genre romanesque dans lequel exerce et excelle Verne.

Ainsi, alors que Zola sort du cadre contraint des *Rougon-Macquart* pour envisager une croissance infinie dans un monde infini, Verne n'aurait cessé de penser les revers du progrès et la finitude du monde, depuis *Paris au XXe siècle* jusqu'à *Edom*, en s'alimentant à l'imagerie saisissante des bouleversements naturels. Michel Butor, dans son article fondateur, faisait de *L'Éternel Adam*, en amont des débats sur la paternité de cette nouvelle, un texte homogène au reste de la production vernienne et une fin de l'œuvre vernien, sceptique envers l'idée de progrès, en même temps qu'une fin du discours critique

---

23   Claude Lengrand, *Dictionnaire des « Voyages extraordinaires »*, tome II, Amiens, Encrage, 2011, p. 226-229.
24   L'expression est de Tim Unwin. Voir Timothy Unwin, *Jules Verne : journeys in writing*, Liverpool, Liverpool University Press, 2005, p. 21.

sur cet œuvre : « La finitude de l'homme ici-bas est dès lors irrémédiable et on comprend cette prééminence de l'origine, de l'âge d'or, et comment toute l'activité humaine est défense contre la morsure de cette béance indéfiniment à venir, à la fois incertaine promesse et sûr péril[25]. » Et de même que Malthus est réputé avoir formulé sa loi au moment où elle ne s'appliquait plus, du fait de l'accroissement de la productivité[26], le romancier des *mondes connus et inconnus* a entrepris un roman de « l'exploration », pour reprendre le mot choisi par Julien Gracq, au moment même où l'héroïque « exploration » laissait la place au démocratique « exotisme[27] » et où l'inconnu disparaissait du monde désormais borné. Il ne s'agit pas là d'un paradoxe rhétorique : Verne est le romancier de la première mondialisation, dans ce qu'elle recèle conjointement d'extension et de désenchantement. Sa production romanesque est gouvernée par un problème qui, dans un autre genre, n'est pas sans rapport avec le désarroi de certains romanciers américains qui vivent la fin de la *Frontier* géographique et se cherchent une nouvelle frontière (qui pourra être celle de l'épopée économique et financière)[28]. Aussi le roman vernien dit-il la fin au moment même où il dit le « départ[29] ». Il enchante pour conjurer le désenchantement. Le ressort même de cette fiction serait la revitalisation d'une promesse qui est en train de se perdre, et c'est dans ce geste de refondation d'un romanesque en voie de disparition que l'œuvre serait de son temps.

---

25 Michel Butor, « Le point suprême et l'âge d'or » [1949], dans *Essais sur les modernes*, Paris, Gallimard, « Tel », 1992, p. 93.
26 « L'Occident n'a jamais compris en temps réel la croissance économique, la crise des années trente, les Trente Glorieuses… Très souvent, comme ce fut le cas avec la loi de Malthus, il ne saisit les lois qui le guident que lorsqu'elles deviennent mortes. L'Occident agit d'abord et comprend ensuite. » Daniel Cohen, « La quête impossible du bonheur », *La prospérité du vice*, Paris, Le Livre de poche, 2009, p. 171.
27 Julien Gracq, entretien cité, p. 49.
28 Nous pensons à Frank Norris et à son article « The Frontier gone at last — How our race pushed it westward around the world and now moves eastward again — The broader conception of patriotism as the age of conquest ends », dans Frank Norris, *Novels and Essays*, Literary Classics of the United States, The Library of America, New York, 1986, p. 1183-1190.
29 « Verne ou le partir », écrit Jean Delabroy, dans une page sur la mélancolie vernienne qu'il définit comme mélancolie de « celui qui dit : le monde est trop grand pour moi » (Jean Delabroy, « La terre des promesses », art. cité, p. 499). Il nous semble que la mélancolie vernienne a cependant encore à voir avec cet autre modèle romantique que rappelle Jean Delabroy, celui d'une mélancolie consistant à penser que « le monde est trop petit pour moi », mélancolie indissociable de l'opération de réduction économique du globe.

Encore faudrait-il remarquer qu'il existe dans la fiction vernienne deux acceptions assez différentes de l'idée de finitude. En effet, nous ne pouvons d'emblée faire l'amalgame entre les dénouements des deux romans que nous évoquerons ici aux côtés de la nouvelle *Edom* : l'épuisement des ressources houillères anglaises, commenté dans *Les Indes noires*, n'est pas tout à fait la même chose que le cataclysme naturel qui engloutit l'île Lincoln dans *L'Île mystérieuse*. Le premier est bien un épuisement économique, causé par l'humanité. Le second semble relever de l'impondérable tellurique, du caprice de la nature. Pourtant, il n'est pas tout à fait sûr que cette dissociation résiste à l'examen, parce que le texte introduit de la causalité dans la succession même des événements chtoniens.

Par exemple, lorsque les colons de l'île Lincoln font sauter une rive du lac supérieur, au terme de la patiente synthèse de dix kilos de nitroglycérine, creusant par là une considérable « saignée[30] » dans le granit, le texte indique : « Il sembla que toute l'île tremblait sur sa base[31]. » Plus loin, Pencroff dit à Cyrus Smith : « savez-vous bien (...) qu'au moyen de cette charmante liqueur que vous avez fabriquée, on ferait sauter notre île tout entière ? » « — Sans aucun doute », répond l'ingénieur, « l'île, les continents, et la terre elle-même[32] ». La violence ici infligée par les hommes à la Terre-mère, violence qu'a soulignée Barthes[33] et qui ne se trouve aucunement atténuée par l'humour comme elle l'est ailleurs chez Verne[34], n'est donc guère moins importante, effectivement ou potentiellement, que les puissances volcaniques qui vont détruire l'île à la fin du roman. Certes, jamais le narrateur ni les personnages n'établiront de lien entre l'explosion déclenchée par Smith (fin de la première partie) et le bouleversement souterrain de l'île Lincoln (fin de la troisième partie). Mais cette disjonction nous paraît remise en question de manière détournée par tel ou tel détail du texte. « Une gerbe de pierre se projeta

---

30 Ce mot est utilisé deux fois à dix pages d'intervalle : voir I, chap. XVII et chap. XVIII. Jules Verne, *L'Île mystérieuse*, éd. Marie-Hélène Huet, Paris, Gallimard, « Bibliothèque de la Pléiade », 2012, respectivement p. 182 et p. 192. C'est à cette édition que nous renvoyons par la suite.
31 *Ibid.*, I, XVII, p. 190.
32 *Ibid.*, I, XVIII, p. 192.
33 Roland Barthes, « Par où commencer ? » [1970], *Nouveaux essais critiques* [1972], Seuil, « Points essais », 1988, p. 151.
34 Voir la description hyperbolique et humoristique des conséquences, sur « l'ordre naturel », de la mise à feu de la Columbiad, dans *De la Terre à la Lune*, chap. XXVII.

dans les airs comme si elle eût été vomie par un volcan[35] », lisons-nous en effet lorsque la nitroglycérine explose, la comparaison pouvant valoir prolepse de l'éruption finale du mont Franklin. Cette disjonction est aussi contredite par la similarité des deux dispositifs physiques évoqués : dans le premier cas, on veut faire sauter la roche pour provoquer un écoulement des eaux du lac, pour modifier son « déversoir » naturel ; dans le deuxième, la paroi rocheuse de la caverne Dakkar cède à cause d'un tremblement de terre, et l'eau de la mer se déverse dans le sous-sol volcanique, ce qui fait sauter l'île comme une chaudière. Canaux, issues, isthmes et autres membranes de pierre : en tout cela, il est question de « trous de mine[36] », artificiels ou naturels, et d'une même dramaturgie des liquides, eau, lave ou nitroglycérine, qui bouleverse les pressions et mène à l'explosion. Notons que le « Creek Glycérine » sera évoqué à la fin du roman comme une ultime frontière, dont le franchissement par la lave serait le signal de la catastrophe, or l'onomastique vaut mémoire du récit : le nom de ce ruisseau vient nous rappeler l'explosion initiale au moment du cataclysme final. La distinction ne serait donc pas si nette entre action des hommes et impondérable tellurique[37]. De même qu'on peut lire *Robinson Crusoé* comme une fiction du capitalisme parce que le naufragé, ramené parmi les hommes, peut jouir des plus-values de ses plantations brésiliennes comme si elles étaient – *post hoc propter hoc* – le résultat de son ardeur au travail sur son île, le *topos* vernien de l'immersion des continents pourrait encore valoir sanction de l'action humaine, par un effet de récit : comme une sorte de réplique sismique et ironique de l'action humaine.

---

35 Jules Verne, *L'Île mystérieuse, op. cit.*, I, chap. XVII, p. 190.
36 *Ibid.* Voir les trois dernières pages du chap. XVII de la partie I.
37 Remarquons que dans *Edom*, l'esthétique de la nouvelle tend naturellement à rapprocher la consécution de la causalité, au moment où le président Mendoza affirme la possibilité d'une immersion simultanée de tous les continents : « (...) je ne vois rien d'absurde, *a priori*, à admettre que toute la surface du globe soit bouleversée en même temps. / – Allons donc !, nous écriâmes-nous à l'unisson. / Ce fut à cet instant précis que survint le cataclysme. » Jules Verne, *Edom, op. cit.*, p. 209.

LES CONTRADICTIONS
DU ROMAN *LES INDES NOIRES*

Si nous prenons l'exemple de l'œuvre qui traite explicitement de l'épuisement des ressources, en l'occurrence *Les Indes noires*, nous sommes d'emblée frappé du caractère contradictoire de l'argument romanesque : tandis que le chapitre liminaire et le chapitre III (« Le sous-sol du Royaume-Uni ») promettent, par l'intermédiaire de l'autorité narrative (et de notes de bas de page chiffrées !), l'épuisement de tous les gisements houillers du monde, les chapitres X et XIII s'émerveillent, par l'intermédiaire des personnages de James Starr ou bien Simon et Harry Ford, des ressources de « la Nouvelle-Aberfoyle ». Le roman est certes l'histoire de la découverte d'un nouveau filon dans une mine abandonnée depuis dix ans, mais l'exposé liminaire de l'épuisement des ressources du globe apparaît si définitif qu'il condamne par avance la découverte ultérieure, et la réduit à une simple péripétie dans l'histoire économique du Royaume-Uni et du monde. La prévision pessimiste du narrateur coiffe l'enthousiasme des personnages. Le roman énonce la règle avant de narrer l'exception. Il demeure intégralement placé sous le signe de la finitude. « La disette n'était pas à craindre à court délai », dit le chapitre premier[38], mais c'est tout de même dire que la nature se mesure. Cette contradiction entre le temps long de l'extinction et le temps court de l'exploit ou du développement n'est pas propre à ce roman ; ce *memento mori* est profondément vernien, présent au cœur des répliques les plus allègres d'Ardan dans *Autour de la Lune* comme dans les méditations d'Aronnax dans *Vingt mille lieues sous les mers* ; mais avec *Les Indes noires*, ce thème prend une tournure plus étroitement économique et fait songer aux préoccupations de William Stanley Jevons, l'un des fondateurs de l'économie néoclassique, dans *The Coal question* (1865).

C'est avec joie que l'ingénieur Starr et l'*overman* Simon Ford vont découvrir le nouveau filon. « C'était l'entière satisfaction de leurs désirs », dit le chapitre X : « Autour d'eux, tout n'était que houille[39] ». La Nouvelle-

---

38 Jules Verne, *Les Indes noires*, Paris, Le Livre de poche, 2004, chap. I, p. 9. C'est à cette édition que nous renvoyons par la suite.
39 *Ibid.*, chap. X, p. 93.

Aberfoyle est « d'une incomparable richesse[40] », et l'ingénieur s'exclame : « tel que j'en puis juger par cette courte exploration, nous possédons les éléments d'une exploitation qui durera des siècles[41] ! » Et l'*overman* de surenchérir en parlant de « mille ans ». Cet enthousiasme communicatif amène le personnage de l'ingénieur à abandonner la réserve et la prudence du Cyrus Smith de *L'Île mystérieuse* pour faire montre d'une étonnante *hybris*. Déjà le chapitre liminaire avait glissé dans son portrait une nuance dysphorique : « Ses travaux honoraient la respectable corporation de ces ingénieurs qui dévorent peu à peu le sous-sol carbonifère du Royaume-Uni (...)[42] ». Le chapitre IV avait aussi pris le lecteur à contre-pied en évoquant la tristesse de James Starr devant le paysage minier rendu à la vie agricole : « À l'horizon, pas une de ces vapeurs noirâtres, que l'industriel aime à retrouver, mêlées aux grands nuages[43]. » De même, le chapitre X révèle fugacement l'intempérance voire la monomanie du personnage :

> Poussons nos tranchées sous les eaux de la mer ! Trouons comme une écumoire le lit de l'Atlantique ! Allons rejoindre à coups de pioche nos frères des États-Unis à travers le sous-sol de l'Océan ! Fonçons jusqu'au centre du globe, s'il le faut, pour lui arracher son dernier morceau de houille[44] !

Ce personnage d'ingénieur réédite ici l'optimisme saint-simonien voire l'activisme fou qui vertébraient d'autres conquérants comme Hatteras ou Ardan. Cela cependant avec fadeur, avec un effet de sourdine qui sera sensible dans tout le roman. Le texte semble d'ailleurs condamner cette intempérance, synonyme d'évidement de la Terre. Parfois, l'ingénieur se réjouit des perspectives d'extraction, limitant sa pensée au périmètre de sa profession : pas plus que l'*overman* Simon qui vit sous terre, Starr ne manifeste alors, dans son exaltation, de conscience du monde. Mais l'autorité narrative qui préside à l'exposé du chapitre III consacré au sous-sol du Royaume-Uni a, quant à elle, exposé l'amont (la formation des couches géologiques) et l'aval (l'activité industrielle) de la production de houille :

---

40 *Ibid.*, chap. IX, p. 90. Voir plus loin : « la richesse des filons carbonifères était incalculable » (chap. XIII, p. 130).
41 *Ibid.*, chap. X, p. 95.
42 *Ibid.*, chap. I, p. 8.
43 *Ibid.*, chap. IV, p. 36.
44 *Ibid.*, chap. X, p. 98.

> (…) la nature, si prodigue d'ordinaire, n'a pas enfoui assez de forêts pour une consommation qui comprendrait quelques milliers d'années. La houille manquera un jour, – cela est certain. (…) À une époque plus ou moins reculée, il n'y aura plus de gisements carbonifères, si ce n'est ceux qu'une éternelle couche de glace recouvre au Groenland, aux environs de la mer de Baffin, et dont l'exploitation est à peu près impossible. C'est le sort inévitable. (…) cent siècles ne s'écouleront pas sans que le monstre à millions de gueules de l'industrie n'ait dévoré le dernier morceau de houille du globe[45].

Ce fatalisme économique est fort différent de l'expansionnisme de *Fécondité*. Les houillères du Royaume-Uni valent bien des colonies (le roman rappelle l'origine de l'expression « Indes noires[46] »), mais Verne assigne une limite à ses Indes souterraines que Zola refuse à son Niger imaginaire. Écrire un roman sur les ressources fossiles est le contraire d'écrire une « épopée du blé » (pour reprendre le titre de Norris). Cependant, cette conscience de la finitude ne débouche pas pour autant sur quelque malthusianisme économique ou romanesque : il n'est jamais question dans le scénario vernien d'épargner les ressources naturelles[47]. Comme l'a bien remarqué Tim Unwin en lisant *Cinq semaines en ballon*[48], l'effet même de la profusion est la consommation : Kennedy tire autant de bêtes qu'il s'en présente au bout de son fusil et Fergusson peine à l'arrêter. Les personnages verniens dévorent sans complexe, sauf peut-être l'autarcique Nemo (quoique son *circulus* économique achoppe contre le mystère de son combustible électrique). Starr est donc bien décidé à exploiter à fond la Nouvelle-Aberfoyle, mais parfois il manifeste sa pleine conscience de l'appétit délirant des hommes, comme il le fait incidemment devant le jeune Harry :

> – (…) il faut avouer, cependant, que la nature s'est montrée prévoyante en formant notre sphéroïde plus principalement de grès, de calcaire, de granit, que le feu ne peut consumer !

---

45 *Ibid.*, chap. III, p. 28.
46 « On sait que les Anglais ont donné à l'ensemble de leurs vastes houillères un nom très significatif. Ils les appellent très justement les "Indes noires", et ces Indes ont peut-être plus contribué que les Indes orientales à accroître la surprenante richesse du Royaume-Uni. » *Ibid.*, chap. I, p. 9.
47 Voir Anne-Marie Drouin-Hans et Jean-Marc Drouin, « Maîtriser la nature, organiser la cité : rêve ou cauchemar ? », in Philippe Mustière et Michel Fabre (dir.), *Jules Verne, science, crises et utopies* (actes des rencontres JV du 22-23 novembre 2012, École centrale de Nantes), Nantes, Coiffard Libraire éditeur, 2013, p. 264.
48 Timothy Unwin, *Jules Verne : journeys in writing*, *op. cit.*, p. 23.

— Voulez-vous dire, monsieur Starr, que les humains auraient fini par brûler leur globe ?...
— Oui ! Tout entier, mon garçon, répondit l'ingénieur. La terre aurait passé jusqu'au dernier morceau dans les fourneaux des locomotives, des locomobiles, des steamers, des usines à gaz, et, certainement, c'est ainsi que le monde eût fini un beau jour[49] !

Cette image existe chez Verne : c'est celle de Phileas Fogg brûlant le pont, la dunette et les mâts du vapeur *Henrietta* pour rallier plus vite l'Irlande depuis New York[50], image d'une tension héroïque mais aussi monomaniaque, subordonnant l'essentiel à ses objectifs, épuisant les moyens jusqu'à menacer la fin, ou encore payant les dégâts par la réussite — bref une image du jeu économique à outrance. Dans le présent passage, la philosophie de Starr se rapproche cette fois du scepticisme du narrateur, pour dire le caractère irrémédiable de la consommation des ressources fossiles (« le globe ne se retrouvera jamais dans les conditions voulues pour les refaire[51] ») et pour dire l'impossibilité de la satiété dans la société des hommes (il existe d'ailleurs une tension entre la peinture de la sobriété des mineurs dans le roman et leur participation à une économie dévoratrice). Sans doute l'ingénieur se montre-t-il encore optimiste à nos yeux, lorsqu'il s'exprime à l'irréel du passé. Il n'en reste pas moins que le roman affirme plusieurs fois l'idée que les « richesses carbonifères » sont « énormes (...) – mais épuisables, comme toutes richesses[52] ». Tout se consomme, tout s'épuise, et le texte fait en définitive le lien entre la dévoration humaine des ressources naturelles et le *topos* vernien[53] du refroidissement naturel du globe :

> La consommation deviendra telle, pour les besoins de l'industrie et du commerce, que ces richesses s'épuiseront. Le troisième millénaire de l'ère chrétienne ne sera pas achevé, que la main du mineur aura vidé, en Europe, ces magasins dans lesquels, suivant une juste image, s'est concentrée la chaleur solaire des premiers jours[54].

---

49 Jules Verne, *Les Indes noires*, op. cit., chap. IV, p. 38.
50 Voir Jules Verne, *Le Tour du monde en quatre-vingts jours*, chap. XXXIII.
51 Jules Verne, *Les Indes noires*, op. cit., chap. IV, p. 38.
52 *Ibid.*, chap. III, p. 29.
53 *Topos* vernien et *topos* d'époque. « C'est en effet une idée courante, à la fin du XIXe siècle, que celle du refroidissement total, progressif et régulier de l'univers », rappelle Michel Butor (« Le point suprême et l'âge d'or », art. cité, p. 55).
54 Jules Verne, *Les Indes noires*, op. cit., chap. III, p. 30.

L'« image » en question opère bel et bien la jonction entre l'acception économique de l'épuisement de la Terre et le pessimisme fondamental que Jean Chesneaux diagnostiquait chez Verne, « courant pessimiste qui s'était affirmé dès les premières œuvres et constitue donc un élément beaucoup plus permanent de la vision vernienne du monde », c'est-à-dire « l'inquiétude et la crainte, quant aux possibilités futures des forces de la nature[55] », entendons le devenir des ressources naturelles. En reliant l'idée d'exploitation / consommation à celle d'une Terre refroidie – on se rappelle Cyrus Smith évoquant, comme Buffon ou Reclus, la thèse d'une « extinction graduelle des feux intérieurs de notre globe[56] » – ces lignes incorporent bel et bien le facteur économique au pessimisme de Verne. Souvent, nous constatons ce mélange du fait naturel et du schème économique chez Verne : Barbicane exprime la chaleur solaire en termes de consommation de houille par exemple[57], le geste humain devenant un étalon astronomique. C'est par là que le roman vernien est roman de l'anthropocène, nouvel âge ouvert par la machine à vapeur, laquelle est le « symbole du commencement de la révolution industrielle et de la 'carbonification' de notre atmosphère par la combustion de charbon prélevé dans la lithosphère[58] » : à travers la colonisation de l'île Lincoln à coups d'explosifs et de barre à mine, aussi bien qu'à travers le cataclysme qui engloutit cette île, le roman vernien fait de l'homme « une force géologique majeure[59] ». Et comme « l'Anthropocène est un Anglocène[60] », l'anglophilie vernienne devient le vecteur idéal de la représentation romanesque de la cannibalisation du globe, de l'épuisement du capital naturel.

Aussi remarquons-nous une étrange ambivalence dans l'évocation des mines de la Nouvelle-Aberfoyle découvertes dans le chapitre IX, aussi bien que dans la description de Coal City à partir du chapitre XIII. S'alimentant à l'imaginaire vernien de la caverne, qui bien sûr ne se limite pas à la « caverne adorable » évoquée par Barthes, mais se

---

55 Jean Chesneaux, *Jules Verne, une lecture politique, op. cit.*, p. 172.
56 Jules Verne, *L'Île mystérieuse, op. cit.*, I, chap. XXI, p. 228.
57 Voir Jules Verne, *Autour de la Lune*, chap. VI.
58 Christophe Bonneuil et Jean-Baptiste Fressoz, *L'événement anthropocène*, Paris, Seuil, 2013, p. 17-18. C'est le prix Nobel Paul Crutzen qui a forgé le terme et a fait de l'invention de James Watt en 1784 l'origine symbolique de cette ère.
59 *Ibid.*, p. 11.
60 *Ibid.*, p. 134.

développe souvent chez Verne dans le registre sublime (la grotte de Fingal décrite dans *Le Rayon vert*; les grottes de Mammouth évoquées dans *L'Île mystérieuse* aussi bien que dans *Les Indes noires*, lorsqu'il s'agit de décrire la grotte Dakkar ou bien la Nouvelle-Aberfoyle), les chapitres en question décrivent un paysage grandiose, inquiétant en même temps qu'accueillant. Deux dessins de Férat illustrent dans le chapitre XIII le caractère « pittoresque » de Coal City, et même son aspect « fantastique[61] », lorsqu'elle apparaît éclairée par des disques électriques (comme la grotte où s'abrite le Nautilus). Mais l'exploitation de la mine ne sera jamais véritablement montrée dans la deuxième partie de ce roman, lequel s'ouvre pourtant sur une problématique économique[62]. Cette ellipse pourrait s'expliquer par une anomalie propre à la Nouvelle-Aberfoyle : elle constitue pour ainsi dire une mine déjà creusée. Alors que l'histoire géologique de la planète récapitulée dans le chapitre III insistait singulièrement sur la « pression énorme » qui a déterminé la formation de la houille à partir des « grandes forêts de l'époque géologique[63] », les tableaux de la Nouvelle-Aberfoyle, à partir du chapitre éponyme, sont ceux d'une « excavation immense » ; le sous-sol n'est que « galeries », « cathédrales », « cavités » :

> Il faut ajouter que l'exploitation de cette houillère allait être singulièrement facilitée, puisque, par une disposition bizarre des terrains secondaires, par un inexplicable retrait des matières minérales à l'époque géologique où ce massif se solidifiait, la nature avait déjà multiplié les galeries et les tunnels de la Nouvelle-Aberfoyle[64] !

Par la vertu de cet « inexplicable » tout romanesque, le nouveau gisement est une image de l'exploitation à faire en même temps que de l'exploitation déjà faite. Nous ne sommes pas dans *Germinal*, où le mineur ne progresse parfois qu'à « col tordu » dans des galeries à creuser et à boiser, galeries dont le caractère oppressant constitue en soi une réification symbolique de sa condition. Nous sommes dans un

---

61 Jules Verne, *Les Indes noires*, op. cit., chap. XIII, p. 132 pour ces deux termes.
62 Dans le chapitre sur l'inondation criminelle de la mine, une demi-page évoque les équipements de la mine (voir chap. XIX, p. 203). Mais ces précisions techniques éclipsent quelque peu le travail humain, comme nous l'avons déjà remarqué avec Barthes à propos de *L'Île mystérieuse* dans la partie III.2 du présent ouvrage.
63 *Ibid.*, chap. III, p. 27-28.
64 *Ibid.*, chap. IX, p. 90.

paysage qui dit simultanément le début et la fin de la dévoration des sous-sols par les hommes, omettant au passage de dire la condition du mineur (même si on observe que les mines épuisées pourraient un jour servir de « refuge » à « la classe pauvre du Royaume-Uni[65] »). Peu importe, à la limite, cette coutumière ellipse du travail dans le roman vernien, que nous avons vu commentée par Barthes[66] ; ce qui compte est que l'image donnée des ressources nouvelles est une image en creux. Le nouveau filon est exploitable par ce vide même, mais il apparaît aussi comme déjà du vide. En cela, la Nouvelle-Aberfoyle continue de figurer l'ancienne Aberfoyle épuisée : « On aurait pu croire, tout d'abord, à la découverte de quelque exploitation abandonnée depuis des siècles[67]. » Cette idée se trouve répétée au début du chapitre x, en une séquence d'ailleurs assez abondante en redites[68]. Et ce qui aurait dû être redécouverte, nouveau départ, ce qui aurait pu être épopée de l'exploitation minière (épopée que se rappelle l'ingénieur Starr au début du roman) se transforme en contemplation du vide, de la « nef », de l'âme de la terre perdue. Les grottes nouvelles figurent donc l'épuisement des ressources, comme si le récit quelque peu balbutiant du regain économique avait été battu en brèche par le pronostic malthusien qui ouvre le roman.

Nous comprenons bien qu'il y a dans ce paradoxe une nécessité toute esthétique, quelque chose de l'ordre de la licence poétique : de même que dans le chapitre x, une gravure de Férat montre Starr et les Ford enfermés sans lampe dans une galerie, alors que l'absence de lumière devrait condamner le dessin[69], le gisement fabuleux de la Nouvelle-Aberfoyle est représenté dans les chapitres x et xiii comme une gigantesque excavation, comme si le volume du contenant appelait un contenu comparable, comme si ce sublime souterrain disait l'abondance de la ressource. Il est entendu que c'est le réseau des galeries naturelles qui va permettre l'exploitation. Mais la galerie va bientôt engendrer la galerie, et achever de faire des « comtés de Stirling, de Dumbarton et de

---

65 *Ibid.*, p. 91.
66 Voir le troisième chapitre de la troisième partie du présent ouvrage.
67 Jules Verne, *Les Indes noires*, *op. cit.*, chap. ix, p. 90.
68 Voir le début du chap. x, p. 92 : « Les explorateurs devaient se demander si, par un singulier hasard, ils n'avaient pas été transportés dans quelque ancienne houillère. » Voir aussi la récurrence de la comparaison avec la grotte de Mammouth.
69 *Ibid.*, chap. ix, p. 103.

Renfrew », le gigantesque gruyère décrit au début du chapitre IX[70]. De même que Stendhal peut comprendre Malthus sous l'espèce de l'irréel du passé et que Flaubert peut aimer en Bastiat l'analyste de la destruction, Verne semble donc figurer l'épuisement lors même qu'il dit la richesse. Tel serait d'abord le malthusianisme propre à Verne : il consiste moins à souligner la nécessité de proportionner la population aux subsistances, comme le fait Zola dans *Fécondité*, qu'à dire la finitude des ressources, l'appétit inextinguible de l'homme apparaissant comme une donnée.

L'ADIEU AU MONDE

Une fois découvert le nouveau filon, une fois James Starr et la famille Ford libérés de la galerie où une main criminelle les a enfermés, comme pour interdire le renouveau industriel d'Aberfoyle, le roman *Les Indes noires* entre dans une deuxième partie. Après ce climax romanesque mêlé de répétitions et d'événements assez peu motivés[71], il s'agit de raconter autre chose. Une fois la curiosité minière satisfaite et absorbée par l'économique (on fonde Coal city, on exploite le filon à l'Ouest), le récit tourne en effet à la quête de l'opposant mystérieux. À vrai dire, cette quête a commencé dès la fin du chapitre Ier, lorsque Starr reçoit une lettre anonyme lui intimant de ne pas se rendre à la fosse Dochart. L'argument économique semblerait donc n'être qu'un épisode à l'intérieur d'un nouveau voyage au centre de la Terre, « labyrinthe[72] » où Harry Ford trouvera à la fois la vierge et celui qui la séquestre. Le roman de l'ingénieur s'arrête pratiquement au chapitre de la fondation de Coal-city, et Starr n'est plus ensuite qu'un figurant, ou plutôt un « philosophe[73] ». Le roman du jeune Harry continue, et la découverte au fond de la mine du corps encore chaud de Nell vient se substituer à la découverte du

---

70   *Ibid.*, p. 89.
71   Nous pensons aux chap. IX-XIII. À propos du chap. XI et d'éventuels problèmes de motivation du récit, pourquoi Silfax irait-il brûler le grisou qui sourd parmi les ruines du château de Dundonald, jusqu'à abuser le *Mottala* et causer son naufrage ? Nous ne comprenons pas le lien entre l'épisode du *Mottala* et le reste du récit.
72   *Ibid.*, chap. IX, p. 89.
73   *Ibid.*, chap. XVII, p. 174.

« sang noir[74] » qui coule dans la Nouvelle-Aberfoyle. Que reste-t-il à raconter dans les chapitres XIV à XXII ? D'une part la genèse d'un amour et d'un mariage, d'autre part les menées du mystérieux opposant à cette union, opposant apparemment omniscient et omnipotent, alter ego archaïque et maléfique du Nemo de *L'Île mystérieuse*. Bien sûr, Harry et Nell se marieront. Leur vie se trouvera exposée, concentrée, pour ne pas dire expédiée, dans un paragraphe au passé simple du dernier chapitre : « Harry et Nell furent heureux, il est superflu de le dire. » Et l'aspect ponctuel du passé simple sert admirablement la *reticentia* du romancier misogame : « Ces deux cœurs, tant éprouvés, trouvèrent dans leur union le bonheur qu'ils méritaient[75]. »

Il n'en reste pas moins que le prix de ce mariage est un adieu au monde terrestre et une disparition de la culture. Deux chapitres narrent la remontée de Nell à la surface de la terre, qu'elle n'a jamais vue. De même que la translation descendante du peuple a été radicale (« tous les ouvriers de l'ancienne houillère s'étaient hâtés d'abandonner la charrue ou la herse pour reprendre le pic ou la pioche. (…) ils avaient abandonné le dessus du sol pour le dessous[76] »), les polarités du monde et le langage semblent s'être inversés : Nell, Harry, Jack et Starr en partance pour le plein air sont évoqués comme des « touristes » en « excursion » pour voir un « panorama » du monde extérieur[77]. Le premier des deux chapitres (chap. XVII) est d'ordre cosmique : on montre à Nell la nuit, la lune, les étoiles, le lever du soleil sur la mer et les environs de la ville d'Édimbourg, cette « Athènes du Nord » où s'est concentré tout l'esprit du monde[78]. L'Écosse est créditée de la même merveilleuse diversité que l'île Lincoln[79], et Nell peut ainsi contempler « ce qui constitue presque tout l'univers, tel que l'ont fait le Créateur et l'homme[80] ». Ce chapitre figure « l'immensité du monde extérieur » ; le ciel y apparaît comme « un profond abîme » ; Nell s'évanouit lorsque son regard embrasse

---

74 *Ibid.*, chap. IX, p. 89-90.
75 *Ibid.*, chap. XXII, p. 235 pour ces deux occurrences.
76 *Ibid.*, chap. XIII, p. 132.
77 *Ibid.*, chap. XVII, p. 173 pour ces trois termes.
78 *Ibid.*, chap. XVII, p. 188 et plus loin chap. XVIII, p. 197.
79 « On dirait un résumé de tous les aspects que présente un continent, et je ne serais pas surpris qu'elle eût été continent autrefois », déclare Cyrus Smith. Jules Verne, *L'Île mystérieuse, op. cit.*, I, chap. XXI, p. 226.
80 Jules Verne, *Les Indes noires, op. cit.*, chap. XVII, p. 188.

« l'immensité de la mer et l'infini du ciel[81] ». On figure ici une totalité. La matière du deuxième chapitre (chap. XVIII) est culturelle, sinon folklorique : les personnages explorent le lac Lomond, cher à Walter Scott et comparé ici au lac Ontario selon Fenimore Cooper[82]. Ils parcourent le pays de Rob Roy et des Mc Gregor, sur les rives du lac Katrine. Un Highlander joue de la cornemuse, le narrateur en retranscrit l'air, et Jack entonne un chant calédonien... L'écriture vernienne confine ici au guide Baedeker alors que le chapitre précédent refaisait la Genèse.

Dans ces deux chapitres, il s'agit pour Harry de s'assurer que Nell, en le prenant pour mari, ne regrettera pas le monde extérieur, qu'elle découvre à peine : « c'est avec bonheur que je rentrerai avec toi dans notre bien-aimée houillère », lui jure-t-elle en effet[83]. Selon une motivation romanesque assez fragile, il est entendu qu'Harry habitera toujours pour raison commerciale et sentimentale au fond de la mine (un détail du roman suggère que son père Simon, découvreur de la mine, voit sa fortune acquise). Il est entendu aussi que le mariage est un choix entre contempler le merveilleux infini, et s'habituer au sentiment d'être « écras[é] par la voûte de schiste qui recouvre Coal-city[84] ». Le roman présente donc la découverte du monde par Nell comme un voyage sans réplique, un voyage de noces qui prendrait l'allure d'un adieu. Pour Nell, il faut faire le deuil du cosmos. Mais il faut aussi faire le deuil d'un paysage culturel. Or la disparition de la Calédonie scottienne va s'opérer dans le roman selon une étrange image ; l'esprit malfaisant qui s'oppose aux héros fait exploser un point de la grande voûte de la Nouvelle-Aberfoyle, et la partie orientale du lac Katrine, qui se trouve juste au-dessus, se vidange vulgairement dans la mine :

> Quel retentissement eut cet événement bizarre ! C'était la première fois, sans doute, qu'un lac se vidait en quelques instants dans les entrailles du sol. Il n'y avait plus, maintenant, qu'à rayer celui-ci des cartes du Royaume-Uni, jusqu'à ce qu'on l'eût rempli de nouveau – par souscription publique –, après avoir préalablement bouché sa fissure. Walter Scott en fût mort de désespoir, – s'il eût encore été de ce monde[85] !

---

81 *Ibid.*, chap. XVII, voir respectivement p. 183 et la chute du chapitre p. 188.
82 *Ibid.*, chap. XVIII, p. 191.
83 *Ibid.*, chap. XVIII, p. 202.
84 *Ibid.*, chap. XVII, p. 183.
85 *Ibid.*, chap. XIX, p. 207-208.

On reste étonné de la désinvolture avec laquelle ces quelques lignes prononcent la fin de l'Écosse de Rob Roy et l'anéantissement du lac chanté par les Highlanders. Tim Unwin parlait dans un autre contexte d'autocannibalisation du texte vernien[86] ; nous serions tenté d'user du même terme pour commenter l'irrévérence avec laquelle le narrateur dit la disparition du patrimoine culturel dont il nous a imposé l'inventaire dans le chapitre précédent. Peut-être le romantisme scottien n'a-t-il pas chez Verne la puissance séminale de l'intertexte poesque ou hoffmannien, peut-être tire-t-il ici vers la simple couleur locale et le folklore, mais il n'en fait pas moins les frais de l'histoire d'amour, au moment même où Nell accepte d'épouser Harry. S'il y a mariage, c'est au prix d'une frappante réduction ontologique (on vivra dans les grottes, sans soleil et sans infini) et d'un étonnant naufrage du paysage culturel (le lac de Rob Roy se vide comme un lavabo).

Donc ce roman du charbon aujourd'hui retrouvé mais épuisé demain, ce roman du mariage en forme d'adieu à l'infini, ce roman dont le pessimisme d'allure malthusienne est en tout point contraire à l'expansionnisme de *Fécondité*, est en outre le roman d'un romanesque perdu et dont il faut accepter la perte, le roman d'un chant qu'on peut encore citer à titre folklorique, mais qu'on ne peut plus écrire. Désormais, le roman n'aurait plus comme sujet que les péripéties géologiques ; il referait *Les Époques de la nature* de Buffon sous forme romanesque ; du moins Verne s'approprie-t-il cette veine. Tantôt les volcans se réveillent et les continents s'engloutissent, tantôt c'est une volonté humaine qui fait trembler la terre, mais ce *deus ex machina* (cette *natura ex machina* ?) demeure de l'ordre de la sanction. Du reste, la Terre présente déjà des points de fragilité : Starr et les Ford avaient repéré la minceur de la voûte de la Nouvelle-Aberfoyle et entendu le ressac du lac Katrine qui la couvrait[87]. Que ce soient de valeureux colons qui percent ces membranes, avec un esprit d'aménageur saint-simonien (Cyrus Smith fait sauter la rive du lac ou ordonne à Pencroff de percer la façade de Granite House), ou bien des êtres de destruction comme Silfax, avec une rage de conservation, il faut comprendre que la Terre est une délicate géode,

---

[86] À l'intérieur d'un développement sur l'abondance de la nature, il entendait par là que le langage est renvoyé du coup à son étrange arbitraire. Tim Unwin, *Jules Verne : journeys in writing, op. cit.*, p. 24-25.
[87] Jules Verne, *Les Indes noires, op. cit.*, chap. X, p. 97.

alternant lacs souterrains et conduits volcaniques[88] : comme Axel à la fin de *Voyage au centre de la Terre*, comme Cyrus Smith explorant les contreforts de la grotte Dakkar, l'homme devrait coller l'oreille aux tympans de granit pour sentir, derrière, le pouls de la lave et la Terre en gésine.

Silfax a bien compris, lui qui voudrait condamner les galeries, inonder les grottes, rendre la Terre à sa densité, que la cavité intérieure est la forme du mystère, et que cette forme se propose à la curiosité infinie des hommes (et des lecteurs) comme à leur appétit inextinguible, en même temps qu'elle figure la dévoration déjà effectuée. De Silfax, Simon Ford dit qu'il ne supportait pas l'épuisement de la fosse Dochart : « Il semblait que ce fussent ses propres entrailles que chaque coup de pique lui arrachât du corps ! » Aussi n'est-ce pas exactement un « égoïsme de fou[89] » qui anime le vieux « pénitent » de l'ancienne Aberfoyle, mais bien plutôt une solidarité organique avec la ressource avidement extraite par les hommes (ces mineurs dont Silfax n'était autrefois que l'éclaireur). Dans cette mesure, le récit économique inscrit dans *Les Indes noires* ne s'arrête pas au milieu du roman : il continue après la découverte du filon, car l'opposition au mariage de Nell et Harry recouvre une hostilité plus profonde et plus vaste à cette vie souterraine consacrée à l'extraction. Et peut-être le terme de « pénitent » pourrait-il prendre alors une acception différente de celle du vocabulaire des mineurs[90], et désigner une forme d'expiation de la dévoration économique de la Terre.

C'est finalement toujours la même histoire que raconte Jules Verne : l'opposition entre un archaïsme anti-économique et purificateur, et une exploration toujours susceptible de tourner à la prospection. Mesurer un méridien, s'approcher du pôle, chercher les sources du Nil ne sont que le préambule de l'appropriation, bientôt de l'exploitation, et tôt ou tard de l'épuisement du « sphéroïde terrestre ». L'île Lincoln est dégagée du

---

88   Voir les commentaires d'Irene Zanot sur le *Mundus Subterraneus* du père jésuite Athanasius Kircher et voir les gravures de cet ouvrage de 1678. Irene Zanot, « Quelques observations sur la création du texte vernien, à partir de l'exemple de *Voyage au centre de la Terre* », dans Marie-Françoise Melmoux-Montaubin et Christophe Reffait (dir.), *Les Voyages extraordinaires de Jules Verne : de la création à la réception*, Amiens, Encrage université, « Romanesque Hors série », 2012, p. 56-62.
89   *Les Indes noires*, chap. XX, p. 218 pour ces deux occurrences.
90   Rappelée par Simon Ford dans le roman, non pas dans le chapitre éponyme mais, astucieusement, au début du récit, à l'intérieur d'une page informative que va actualiser le dénouement : *ibid.*, p. VII, p. 73.

commerce, mais on y observe déjà la transition entre repérage et aménagement du territoire. L'océan de Nemo est un espace anti-économique, où l'on pille des épaves pour donner des lingots et où le Capitaine est sans concurrent, mais Aronnax ne peut s'empêcher de chiffrer les *mirabilia* selon leur cours de surface. *Les Indes noires* marqueraient l'invasion du sous-sol par l'esprit mercantile de la surface et incarneraient en Silfax un justicier de l'intégrité terrestre. S'expriment donc à la fois une tension réaliste vers le chiffrement, la commercialisation et la dévoration du monde, et une tension romantique vers la restauration de l'incommensurable merveille[91].

LA MÉLANCOLIE DES MONDES CONNUS

La question deviendrait pour nous de situer, parmi les pessimismes verniens, ce pessimisme d'ordre malthusien (les ressources s'épuisent, les hommes se marient pour les exploiter et même habiter en leur cœur). Nous voyons bien que se conjuguent, dans l'argument des *Indes noires*, un pronostic de l'épuisement des ressources qui correspond au pessimisme écologique fondamental de Verne identifié par Jean Chesneaux, et une arrière-fable étrangement dysphorique du mariage, conçu comme ensevelissement dans un monde privé d'infini. Dans les deux cas s'impose la limite, en même temps d'ailleurs que l'ellipse des enfants. Mais comme l'a bien noté Jean Chesneaux, évaluer le pessimisme vernien devient plus complexe lorsque, nous détachant de l'illusion selon laquelle une œuvre suffirait à conclure, nous joignons à la réflexion une nouvelle comme *Edom*, qui relève encore d'un autre paradigme.

Jules Verne y développe une critique de l'évolutionnisme darwiniste qui est aussi une remise en question de l'idée de progrès et une contestation de la vision hégélienne de l'Histoire, puisqu'il s'alimente au mythe de l'Éternel Retour : en réutilisant le motif de l'émersion / immersion des continents et le mythe de l'Atlantide, tous deux évoqués

---

91 Je me permets de renvoyer à mon article « L'argent et sa liquidité chez Jules Verne », dans Francesco Spandri (dir.), *La littérature au prisme de l'économie. Argent et roman en France au XIXe siècle*, Paris, Classiques Garnier, « Rencontres » n°90, 2014, en particulier p. 112-116.

notamment dans *Vingt mille lieues sous les mers* et dans *L'Île mystérieuse*, la nouvelle met en scène une humanité qui tous les vingt mille ans, de cataclysme en cataclysme, aurait à refaire le même chemin, passerait par les mêmes inventions (écriture, imprimerie, machine à vapeur, électricité...), après une phase d'oubli, de régression et de guerres sanglantes. Le récit enchâssé redouble, au XXIe siècle (?), la liste des inventions déjà établie dans le récit-cadre, vingt mille ans après l'émersion du continent. Le récit-cadre fait état de la découverte de traces de civilisation quarante mille ans auparavant, que le récit enchâssé permet d'identifier comme des vestiges de l'Atlantide. Enfin, le récit-cadre insiste singulièrement sur la longue histoire de massacres claniques puis nationaux qui ont précédé l'unification de l'humanité. Jules Verne s'amuse à forger une langue pour les hommes du futur, dans laquelle « Edom » apparaît comme l'écho d'« Adam » prononcé à l'anglaise. Il s'emploie aussi avec une singulière minutie, sortie de la science de *Voyage au centre de la Terre*, à décrire la superposition des couches géologiques, et en particulier la progressive transformation des sols des continents émergés au contact de l'air[92]. Il esquisse enfin, dans le récit-cadre, une moralité : il suffit décidément qu'« un imperceptible frisson parcour[e] l'écorce du globe » pour que les civilisations soient englouties ; il n'en faut pas plus « pour que l'optimisme de Sofr [l'homme du futur, la figure projetée du lecteur] [soit] irrémédiablement renversé » ; celui-ci s'achemine alors vers « la conscience de l'éternel recommencement des choses[93] ». Le roman de l'espace devient roman du temps. Mais l'historicisme progressiste le cède à une désespérante pensée des cycles.

Ce pessimisme continue donc de s'alimenter à la dramaturgie vernienne de l'abaissement des continents, mais il remplace le pessimisme écologique par un schéma cyclique dans lequel, notons-le, la question des ressources fossiles ne paraît plus se poser : « L'homme avait pénétré dans les entrailles de la terre et il en extrayait de la houille, généreuse dispensatrice de chaleur », dit le récit-cadre situé vers le deux cent vingt et unième siècle[94]. Dans ce schéma disparaît aussi l'idée du refroidissement du globe. Il est sans doute illusoire de chercher une pensée qui unifierait les diverses œuvres de Verne, difficile de réduire une topique

---
92 Voir Jules Verne, *Edom, op. cit.*, p. 224 et p. 227-228.
93 *Ibid.*, p. 232-234 pour l'ensemble de ces citations.
94 *Ibid.*, p. 194.

d'auteur en système. On ne saurait dire par exemple si le pessimisme d'*Edom* transcende, avec le motif de l'Éternel Retour, les romans qui comme *L'Île mystérieuse* disent les caprices telluriques et ceux qui comme *Les Indes noires* programment l'extinction des ressources, ou bien si ce pessimisme du début du XXe siècle contredit et renouvelle celui des œuvres précédentes. On discerne cependant que le motif de l'Éternel Retour permet de réconcilier deux éléments de la pensée vernienne ordinairement en tension, qui sont le motif de l'épuisement et l'esprit d'entreprise, mais de les réconcilier à l'intérieur d'une plus vaste dérision pessimiste du progrès.

Quels seraient les points communs des schémas pessimistes que nous venons d'évoquer ? Le premier est qu'ils relèvent tous du « naturalisme », pour reprendre un terme de Jean Chesneaux[95] : Verne « pos[e] le problème de la fin de l'univers en termes scientifiques et naturels, sans faire intervenir une quelconque providence divine, une quelconque eschatologie religieuse ». Et qu'il évoque, comme Renan, le refroidissement du globe, ou qu'il réfute cette thèse (comme le fait incidemment Axel dans *Voyage au centre de la Terre*[96]), il n'accède pas non plus, au contraire de l'auteur des *Dialogues philosophiques et religieux*, à l'idée selon laquelle la mutation voire la disparition des mondes participerait du moins d'une progressive réalisation de l'idéal de l'univers[97], ou encore à l'idée selon laquelle le refroidissement irait peut-être de pair avec « une très grande puissance métaphysique[98] » de l'homme. Il n'y a pas de programmation immanente d'une amélioration du monde chez Verne.

---

95 Jean Chesneaux, *Jules Verne, une lecture politique op. cit.*, p. 173.
96 « Pour mon compte, je ne puis admettre [la] théorie du refroidissement », déclare finalement Axel, « je croirai toujours à la chaleur centrale. » Jules Verne, *Voyage au centre de la Terre*, Paris, Gallimard, « folio classique », 2014, chap. XLV, p. 372.
97 Théoctiste dit à la fin de l'ouvrage : « Tout dans la nature se réduit au mouvement. Oui, certes ; mais le mouvement a une cause et un but. La cause, c'est l'idéal ; le but, c'est la conscience. » Eudoxe ajoute : « Croyez-moi, Dieu est une nécessité absolue. Dieu sera et Dieu est. En tant que réalité, il sera ; en tant qu'idéal, il est. » Ernest Renan, *Dialogues philosophiques et religieux* (chapitre « Rêves »), éd. Laudyce Rétat, Paris, CNRS éditions, 1992, p. 160-161.
98 Voir le *Journal* de Goncourt au 11 juin 1872, variation sur le futur thème des *Indes noires*, et bonne indication de l'écart entre d'une part l'optimisme renanien à l'endroit du « gâchis » de la profuse nature, d'autre part le pessimisme vernien : « On parle du refroidissement du globe dans quelques dizaines de millions d'années. C'est l'occasion, pour Berthelot, de peindre pittoresquement la retraite dans les mines des derniers hommes avec des champignons pour nourriture, avec le gaz des marais, "le *feu grisou*

Le deuxième point commun est que ces récits installent une dialectique de l'oubli et du savoir, de la régression et du progrès : tandis que Cyrus Smith porte un savoir universel et que le narrateur d'*Edom* consigne ses connaissances dans un manuscrit en forme de bouteille à la mer, Ayrton oublie et régresse, et la poignée d'hommes contemporains du narrateur second d'*Edom* aussi, quoiqu'ils soient en groupe. La différence étant que dans *Edom* se pose un problème qui n'existait pas sur l'Île Lincoln : l'éducation d'enfants « qui ne savent pas lire, ni compter, à peine parler », rejetons anonymes « aux dents aiguës, qui semblent n'être qu'un ventre insatiable[99] ». Car contrairement à Stendhal qui jetait sur le papier de petites robinsonnades économiques en postulant la stérilité des naufragées[100], contrairement aux robinsonnades verniennes non mixtes, *Edom* a son petit contingent de femmes anonymes et « les enfants pullulent[101] ». C'est l'instruction qui fait défaut (alors que Malthus voyait dans celle-ci le moyen, pour la classe populaire, d'accéder à la bourgeoisie et de se dégager de sa loi). « La conservation de notre vie matérielle a été, depuis l'origine, et est encore notre unique souci[102] », dit ainsi le texte de Verne. Cela nous ramène à la problématique de l'oubli que nous examinions à propos de *L'Île mystérieuse*[103].

Le troisième point commun de ces pessimismes est d'installer un *circulus* tellurique qui anéantit les progrès humains. Le narrateur ne met pas ces derniers en doute, mais « l'écorce minérale du globe n'est

---

comme *Bon Dieu*". "Mais peut-être", interrompt tout à coup Renan, qui a écouté avec le plus grand sérieux, "ces hommes auront-ils une très grande puissance métaphysique !" Et la sublime naïveté avec laquelle il dit cela a fait éclater de rire toute la table. » Sur ces points, voir Keith Gore, *L'idée de progrès dans la pensée de Renan*, Paris, Nizet, 1970, p. 228 et 243. Nous nous permettons de renvoyer aussi à notre article « Verne, Renan et l'anti-scientisme de la fin du XIXᵉ siècle », dans *Les Voyages extraordinaires de Jules Verne : de la création à la réception, op. cit.*, p. 233-254. Notons pour finir qu'il existe une proximité, en revanche, entre l'omnipotence du savant selon Verne, représentée comme un risque (voir le cycle de Robur), et la souveraineté scientifique future que Renan imagine et exalte contre l'ordre du vivant, du féminin, de la chair (Laudyce Rétat, Introduction aux *Dialogues philosophiques, op. cit.*, p. 15).

99 *Edom*, p. 230.
100 Voir Stendhal, « Traité d'économie politique », *op. cit.*, p. 127-130. En manière de plaisanterie, Stendhal évoque une Virginie, catin, mais ajoute : « Nous supposons la fille stérile, c'est-à-dire faisons abstraction de la population. »
101 Jules Verne, *Edom, op. cit.*, p. 228.
102 *Ibid.*, p. 229.
103 Voir le deuxième chapitre de la troisième partie du présent ouvrage.

jamais dans un état de repos absolu », comme le notait Axel[104], et cette activité magmatique entraîne moins une tectonique prévisible qu'une bascule arbitraire des plaques, à la manière d'un plancher truqué de féérie dramatique. Il efface ainsi les civilisations de la surface terrestre tout en en conservant les vestiges en son sein. En tout cela, ni Dieu ni les hommes ne portent la mémoire de l'humanité, mais la terre elle-même. Le corollaire esthétique de semblable pessimisme est une forme d'érosion du personnage romanesque, moins intéressant dans *Les Indes noires* que dans *L'Île mystérieuse*, et réduit dans *Edom* à une silhouette. Il y a là une forme d'*arte povera*, comme l'écrit Jean Delabroy (à un autre propos, en, évoquant certains romans verniens amaigris des années 1870[105]), où le personnel romanesque finit par être moins important que la masse minérale, l'eau et l'air.

Le roman vernien est donc peut-être roman de l'Anthropocène, mais il ne cesse de dire l'éphémère et la minceur de la présence de l'homme. Il reconnaît d'un côté son impulsion progressiste, en mesure la puissance dévoratrice et peut même suggérer dans *Edom* (mais de manière évidemment plus fugitive et pudique que dans *La Guerre du feu*) la force du principe de population. Il montre d'un autre côté la fragilité de l'écorce, la superficialité de l'agriculture, la ténuité de la civilisation. Dès que les romans de Jules Verne ne se déploient plus sur un axe horizontal, qui est aussi un axe ludique – tour du monde en quatre-vingts jours, jeu de l'oie américain, filature sur le Danube – mais qu'ils passent sous la surface, alors s'engage un imaginaire géologique qui bouleverse la mesure du temps, de la valeur et du progrès. L'archéologue, le géologue ou le passager du sous-marin constatent la sédimentation des civilisations. Elle leur suggère que les forces telluriques l'emportent sur l'économique, que la Terre est l'obstacle destructif total et que rien n'y perdure. On peut comprendre dès lors qu'il n'y ait pas besoin d'économie politique dans la bibliothèque de Nemo – ni sans doute dans celle de Lindenbrock.

Mais comme le disait Nemo à Aronnax, il ne faut pas confondre la statique avec la dynamique : c'est la dynamique même du roman vernien qui doit nous apparaître profondément ambivalente, comme le suggère le paradigme de la chasse incarné par Kennedy dans *Cinq semaines en*

---

104 Jules Verne, *Voyage au centre de la Terre*, *op. cit.*, chap. XLIII, p. 354.
105 Jean Delabroy, « Les variations du vernier », in *Revue des Lettres Modernes*, série Jules Verne, n° 6, « La science en question », Paris, Minard, 1992, p. 143-144.

ballon. Les ressources s'épuisent, dévorons-les. L'animal surgit, tuons-le. Une nouvelle mine se découvre, descendons y vivre pour mieux la creuser. Il est intéressant que Jevons, préoccupé de la raréfaction du charbon, soit aussi le mathématicien de la satiété. En effet, le principe marginaliste selon lequel le deuxième verre d'eau que je boirai dans le désert aura forcément moins d'utilité marginale que le premier, et ainsi de suite, semble valoir pour l'individu sans valoir pour les sociétés, lancées comme des paquebots à pleine vitesse dans l'exploitation des ressources terrestres. On a parfois comparé Jevons à Malthus, dans le sens où ses pronostics d'épuisement du charbon n'avaient pas pris en compte le progrès technique (dans les moyens de prospection comme dans le rendement des machines). Il peut surtout nous intéresser par la traduction politique qu'il donne à son constat de 1865 : il va désormais falloir arbitrer, écrit-il, entre un traditionnel libre-échangisme menaçant d'abréger la durée des gisements de charbon, et un nouveau conservatisme « subordonnant le commerce à des fins plus hautes » et « tendant à interdire les exportations de charbon, à restreindre le commerce et à promouvoir le moindre moyen d'économiser ce combustible qui nourrit notre bien-être et soutient notre rayonnement à travers le monde[106] ». Les dernières lignes de la conclusion soulignent le dilemme dans lequel l'ouvrage à succès de l'économiste entend plonger le Royaume-Uni :

> Le maintien de notre position est physiquement impossible. Est venu le moment du choix entre brève grandeur et médiocrité pérenne.

Pour autant, aurait-il fallu que James Watt n'invente pas la machine à vapeur, aurait-il fallu qu'Adam Smith ne publie pas ? – demande Jevons quelques pages auparavant. Non, bien sûr, et ici prend corps l'espèce d'ambivalence dans laquelle se meut en définitive le roman vernien lui-même. L'élan humain est inextinguible. Il ne se fait pas un pas sans qu'on brise des coquillages, comme le remarque douloureusement Aronnax lors de la chasse à l'île Crespo. Et le roman chez Verne dit deux choses absolument interdépendantes quoique contraires, qui résonnent tout aussi bien avec *The Coal question* qu'avec les angoisses de notre siècle : d'un côté, il regarde la Terre avec commisération et inquiétude, comme

---

[106] William Stanley Jevons, *The Coal Question. An Inquiry Concerning the Progress of the Nation, and the Probable Exhaustion of our Coal-mines* [1865], Basingstoke-New York, Palgrave, 2001, p. XVIII.

Michelet envisageait l'épuisement de la mer, de l'autre il continue de crier *forward*, bien qu'en vérité la civilisation entière puisse s'engloutir dans l'excavation gigantesque de la Nouvelle-Aberfoyle. Pour les besoins du romanesque, l'œuvre de Verne opère toujours un choix, de même que les hommes ont toujours eu le choix entre un modèle de développement respectueux de la nature et un modèle destructif de progrès, comme le rappellent Christophe Bonneuil et Jean-Baptiste Fressoz en relisant Buffon. Dans *Edom* comme dans *Les Indes noires*, il y a finalement relance : que les ressources s'épuisent ou que la terre se refasse, l'humanité redémarre et n'en finit pas de finir, en une frénésie de mouvement. Le roman vernien est bipartite, il adhère aux deux idéologies anglaises dont Jevons reconstituait brièvement l'histoire dans son livre sur le charbon. D'un côté, il voudrait conserver : il est tenté par une douloureuse volonté de préservation romantique de ce qui peut rester de la virginité terrestre. De l'autre, il veut commercer : il n'exclut pas que plus d'expansion puisse susciter une sorte d'effet réversif par lequel on trouverait des solutions à la destruction. Pari extrêmement dangereux, préviennent Bonneuil et Freissoz, qui n'est qu'un moyen de proroger la catastrophe en cours et d'abandonner encore une fois la direction du monde aux savants[107]. Le risque est gigantesque en effet, et nous pourrions bien périr ; c'est ce risque que dit le roman vernien. D'un côté il s'exclame, avec Michel Ardan, que nous ne sommes plus des Terriens et que nous pourrons bien trouver refuge sur une autre planète ; de l'autre il contemple avec une inquiétude infinie tout ce qu'on jette dans la gueule des chaudières. Le moment est « crucial » (*momentous*), comme dit Jevons, et le roman vernien donne substance à ce choix économique qui définit la modernité, en même temps qu'il se paie le luxe de l'humour en restant suspendu comme un ballon au-dessus des hypothèses.

---

107 Les « anthropocénologues » ont un discours ambivalent, soulignent Christophe Bonneuil et Jean-Baptiste Fressoz, puisque toujours susceptible d'alimenter une approche technocratique du globe. *L'événement anthropocène, op. cit.*, p. 63-80.

CONCLUSION DE LA QUATRIÈME PARTIE

Les romans évoqués dans cette partie n'investissent pas tous également la pensée déployée par Malthus dans l'*Essai sur le principe de population*, mais ils se complètent et constituent ensemble une expression romanesque de la thèse malthusienne. Stendhal, qui a lu Malthus, s'arrête sur le point qui apparaît bien à Maureen N. McLane comme l'un des traits saillants de l'*Essai* : c'est une méditation originale sur le passé de la population qui ne considère pas celui-ci comme *temporis acti*, à l'imparfait, mais comme ce qui aurait pu être, à l'irréel du passé. Malthus serait l'inventeur d'une forme de nostalgie originale, où il ne s'agit pas de se remémorer ce qui est advenu, mais de considérer ce qui aurait pu advenir, le sujet romanesque se construisant non par le souvenir mais par la considération des bifurcations qu'il aurait pu prendre, de même que la population présente est doublée d'une population fantôme qui n'a pu être, ou a été détruite. La compréhension zolienne de l'*Essai* pourrait alors nous apparaître plus extensive, même si l'auteur de *Fécondité* n'a pas lu Malthus. En effet, la réfutation du malthusianisme amène Zola à vérifier à son insu les lois de l'économiste, comme si son roman utopique demeurait à sa manière un roman expérimental : il est impossible d'exalter le pouvoir d'enfanter sans construire, dans et par le roman, un modèle d'accroissement des subsistances. Alors, le roman vernien prend toute sa place dans la réflexion sur l'expression romanesque de la thèse malthusienne, dans la mesure où Verne, sans avoir lu Malthus, y montre ce que ne montre pas le Zola des *Évangiles*, entendons le caractère nécessairement borné des ressources naturelles. Zola comme Verne explorent donc l'un et l'autre la pensée malthusienne, et ce de manière parfaitement complémentaire, puisque le premier tire les conséquences de l'exaltation de la fécondité, tandis que les *Voyages extraordinaires* interrogent la finitude de l'univers. Chacune à leur manière, ces œuvres seraient « malthusiennes ».

Mais que veut dire « roman malthusien » dès lors que nous pouvons rassembler sous cette qualification des œuvres aussi divergentes ? L'intérêt de l'étude semble se diluer dans la polysémie de l'adjectif, produite d'une part par l'ambivalence de l'*Essai*, d'autre part par les faux-sens accumulés sur lui. *Le Rouge et le Noir* serait donc malthusien, parce que Stendhal, lecteur de Malthus, ferait en partie de Julien un *alter ego* du *surplus child* à la mode de Dickens ou de Charlotte Brontë, exprimant l'essence de l'homme romantique qu'est le sentiment de l'insuffisance du monde. *Fécondité*, contre toute intention de Zola, serait une œuvre parfaitement malthusienne, parce qu'elle n'ignorerait jamais la nécessité de proportionner les subsistances aux naissances et reconnaîtrait dans le principe de population l'aiguillon du développement. Mais le roman vernien serait tout aussi malthusien, parce qu'il explorerait le refoulé de l'utopie zolienne qu'est la limitation de la Terre et des ressources. À cette aune, il faudrait dire : tout roman réaliste est malthusien parce qu'il dit la peur et l'expulsion du désir ; tout roman colonial est malthusien, parce qu'il traduit la nécessité de chercher sa place hors de la métropole ; tout récit d'anticipation est malthusien, lorsqu'il dit la fin du monde humain ou terrestre. Et nous serions bientôt contraint d'embrasser dans notre corpus le roman teinté de ce pessimisme qu'on prête communément au malthusianisme : alors le roman célibataire serait malthusien en première acception, puisqu'il dit les « embêtements » de l'amour, la désillusion du mariage ou l'horreur de l'enfant. Mais alors, le roman du crime est aussi malthusien, puisqu'il montre, pour reprendre le propos de *Fécondité*, en quoi l'enfant surnuméraire tourne mal et devient nécessairement ferment de destruction sociale. Dans ces conditions, le romanesque est essentiellement malthusien, autant que l'anti-romanesque. Dans le roman, cultiver le scepticisme, en amour comme en tout, est avoir la *prudential restraint* de Malthus. Partir à l'aventure et passer les montagnes est exaucer l'invitation malthusienne à émigrer hors des enclaves. Mourir jeune comme les héros stendhaliens est parfaitement malthusien. Vivre en « fruit sec » est malthusien.

Peut-être est-ce le caractère antinomique de la loi de Malthus – l'idée que la croissance est conditionnelle, que l'expansion est limitée – qui explique que le roman en éclaire tant d'aspects. Si ce discours a son adret (notre inclination à aimer est un gage de développement), il a aussi son ubac (nous risquons de souffrir en enfantant), et la loi de Malthus est un autre nom du principe de réalité[1]. Peut-être est-ce aussi le mélange d'individualisme méthodologique et de froide distance qui constitue le potentiel romanesque du malthusianisme. Lorsque nous réfléchissions sur l'utilitarisme[2], nous évoquions la rationalité de l'agent, la mesure de son bonheur, la résultante sociale de ses choix. La réflexion malthusienne déplace à une échelle plus générale la désespérante rationalisation du monde : elle identifie un équilibre économique qui a son siège dans la nature, et sur lequel notre nature influe ; elle met plus que jamais l'homme en cage. En même temps, elle fait sentir l'élasticité et la résistance du réel, en subordonnant au passage la culture à la nature. Il y aurait là une pensée analogue au déterminisme réaliste-naturaliste, à toute esthétique préoccupée de dire la résultante systémique des choix et pulsions individuels, et la puissance que celle-ci exerce en retour sur les êtres. Avec Malthus, le regard économique change en outre de direction. La nature n'apparaît plus, comme dans le *Traité d'économie politique* de Say, comme un doux adjuvant aux entreprises humaines – ruisseaux emportant des moulins, gravité actionnant des marteaux –, mais comme une nature avare. La prolifération des êtres, qui enchante *a priori* le naturaliste, n'apparaît plus comme manifestation de la puissance de la nature mais comme perspective de destruction. La ligne du temps apparaît moins comme promesse de progrès que comme régime de l'irrémédiable. Même le regard sur le passé change d'objet, puisque l'économie malthusienne ne relève pas de l'histoire économique à l'imparfait, mais de la spéculation au conditionnel passé.

Peut-être enfin est-ce le caractère ouvert de la pensée de Malthus, disposée aux lectures idéologiques les plus différentes, qui nous amène à la retrouver partout. Si je reconnais que la surpopulation, relativement aux subsistances, cause la destruction, trois visions du monde s'offrent à moi. Admettre la destruction, qui provient de la générosité même de la nature ; admettre que le monde peut progresser par elle ; glisser de

---

1 William Petersen tend à nier la première partie de la proposition en attribuant une telle idée à Spencer : « Il n'est pas jusqu'à la poussée démographique qui ne devienne sous le nouvel éclairage de Spencer un *stimulus* au mouvement de l'évolution alors que, selon le principe de Malthus, elle ne pouvait conduire qu'au vice et à la misère. » (William Petersen, *Malthus, le premier anti-malthusien, op. cit.*, p. 221). Sauf erreur de notre part, cette conception dynamique, à laquelle nous nous somme alimenté plusieurs fois, est pourtant bien présente dans le livre V de l'*Essai*.
2 Voir la première partie du présent ouvrage.

la considération malthusienne de la quantité d'hommes ainsi détruite, vers l'idée de la *lutte pour la vie* et bientôt vers l'idée de la qualité des hommes ainsi sélectionnés : ce darwinisme, puis ce spencérisme, enfin cet hégélianisme sans idéalisme[3] qui participent de la pensée de Zola acceptent le constat initial de Malthus. Autre vision du monde : constater la destruction ; remarquer qu'elle peut tuer les hommes supérieurs ; contredire donc l'idée (à venir) de la sélection du plus apte ; connaître la valeur des morts tandis que triomphe l'égoïsme ; décrire la conscience aiguë de la vanité du monde que donne la position de surnuméraire, debout à la frontière du contingent des enfants morts et du monde froid des vivants : voici un égotisme anti-spencérien avant la lettre, celui de Stendhal, qui peut tout aussi bien reconnaître la grandeur de la thèse malthusienne. Troisième vision du monde : fuir la destruction ; faire sienne la prévision malthusienne en refusant de participer à la procréation, à la surpopulation ou même à la destruction des ressources ; s'y soustraire, soit par la réclusion, soit par le départ ; endosser donc la responsabilité des actes de l'espèce en refusant d'y souscrire : peut-être y a-t-il, aussi bien dans le schopenhauerisme du roman célibataire que dans l'exploration des *Voyages extraordinaires*, une même déduction pessimiste tirée de la donnée malthusienne. La pensée de l'économiste paraîtrait alors irriguer toute littérature, aussi bien celle qui procède d'une rétention de vie que celle qui appelle à l'expansion.

Mais comment cela ne serait-il pas, dès lors que l'*Essai sur le principe de population* constitue le moment mélancolique de l'économie politique, ainsi que Malthus le reconnaissait dans la préface du premier *Essai* ? L'*Essai sur le principe de population* serait ce moment à la fois inaugural et mûr de l'économie politique, dans lequel elle prend conscience du désenchantement du monde dont elle contribue pourtant à poser les lois. C'est un moment problématique que peut habiter la fiction romanesque. « La vision qu'il [l'auteur] a donnée de la vie humaine a une teinte mélancolique », convenait Malthus en 1798, « mais il a le sentiment d'avoir tiré ces couleurs obscures de la conviction qu'elles sont vraiment dans le paysage, et non d'une sombre perception des choses ou d'une disposition innée aux idées noires[4]. » Quels que soient les correctifs de Malthus,

---

3   Christophe Charle, « Zola et l'Histoire », dans Michèle Sacquin (dir.), *Zola et les historiens*, Paris, BnF, 2004, p. 19.
4   Malthus, *Essai sur le principe de population* [1798], trad. Éric Vilquin, *op. cit.*, p. 20.

qui a adouci l'*Essai* au fil des éditions, l'ouvrage marque l'entrée, dans l'économie politique, d'une pensée de la limite du développement. Il dit que la rationalité caractérisant la science économique naissante a son siège dans les lois de la nature mêmes – cela, les autres économistes le disent aussi – mais il identifie cette rationalité au principe de la limite. D'une part, la méthode empirique et inductive de Malthus ressemble à une contestation des abstractions de l'économie politique. D'autre part, cette compilation historique et statistique, aussi incomplète et irrégulière soit-elle, fait de l'*Essai* un texte implacable et désespérant, tendu entre leçon du passé et prévision (« Quelles sont les causes qui ont arrêté jusqu'ici le progrès des hommes, ou l'accroissement de leur bonheur[5] ? », était, nous l'avons dit, l'une des questions de départ).

Cependant, l'*Essai sur le principe de population* ne doit pas nous apparaître mélancolique pour la raison que donne Malthus. Il nous paraît trop simple de dire que l'œuvre est mélancolique parce qu'elle consiste à « penser froidement » sur ce qu'il y a de plus chaud, parce qu'elle inscrit l'expansion dans un tunnel de données, ou encore parce qu'elle oblige à « envisager la misère et le malheur, auxquels sont en butte les classes inférieures du peuple, comme des maux irrémédiables[6] ». La relation de l'*Essai* de Malthus à la mélancolie existe bel et bien, mais comme relation de rejet énergique. Dans l'un de ses appendices, Malthus évoque les détracteurs de l'*Essai*, à qui il a semblé « que cette doctrine répandait sur la nature un voile lugubre et fermait la porte aux espérances, à ces espérances d'amélioration et de perfectionnement qui embellissent la vie humaine[7] ». Pour les thuriféraires de Godwin ou Condorcet, « le verre fumé est derrière l'œil » de Malthus, pour reprendre le mot de Starobinski[8], et l'*Essai* est écrit avec de la bile noire. Pourtant, cette pensée de la limite, du rendement décroissant[9], ne cesse jamais d'être une pensée de la vigueur, du pouvoir d'enfanter. À ces accusations de pessimisme, Malthus répond donc : « Je ne puis,

---

5   Malthus, *Essai sur le principe de population*, éd. Jean-Paul Maréchal, *op. cit.*, I, I, p. 67 (vol. 1).
6   Préface à la deuxième édition, *ibid.*, p. 60.
7   *Ibid.*, V, II, p. 376 (t. II).
8   Jean Starobinski, « L'encre de la mélancolie » [*La Nouvelle revue française*, 1er mars 1963], dans Jean Clair (dir.), *Mélancolie. Génie et folie en Occident*, Gallimard – Réunion des musées nationaux, 2005, p. 24.
9   A-t-on pu dire de même que Ricardo, en tant que théoricien des rendements décroissants, est un économiste mélancolique ?

je l'avoue, partager ce sentiment[10]. » Et si la leçon du passé commande de ne pas se faire d'illusion, et si la nature s'oppose à nos fins, du moins y a-t-il là pour l'économiste une « lutte propre à exciter l'activité de l'homme, à développer ses facultés, à donner à son âme plus de vigueur ». Ainsi, lorsque Malthus utilise le terme de « mélancolie » en cette page de son appendice[11], c'est pour désigner plutôt, en partisan de la réforme des *poor laws*, l'état où tombe nécessairement l'homme qui, au lieu de se soumettre à l'« épreuve » que lui propose la nature, est enclin à imputer la lenteur du progrès, le poids de ses désillusions, ses éventuels malheurs, aux « institutions sociales ». La mélancolie du texte malthusien est donc une mélancolie de second degré, une mélancolie combattue. Et, aussi étrange et incongru que cela puisse paraître, il nous semble que nous pourrions dire de l'économiste libéral qu'est Malthus à peu près ce qu'Yves Bonnefoy dit du poète lorsqu'il décrit le « grossissement » de l'art comme « l'occasion offerte à l'artiste de se mieux voir comme il est, de replacer sa mélancolie au sein de cette existence elle-même aperçue dans le miroir embué, et donc de se ressaisir ». « Un ressaisissement que j'appelle la poésie ou, en tout cas, le vouloir qui dispose à la poésie », ajoute aussitôt Bonnefoy. Et nous voudrions suggérer que la pensée de Malthus procède *mutatis mutandis* de la même sorte de ressaisissement. « La poésie, c'est le refus de la mélancolie, un refus sans cesse oublié mais sans cesse réaffirmé », conclut Bonnefoy[12]. Dans le petit champ de l'économie politique – bien sûr ancré dans le prosaïsme, mais peut-être animé du même altruisme ou du même souci de l'humanité et de l'unité que celui assigné par Bonnefoy à la vraie poésie –, Malthus serait un peu le poète, le seul qui, plongé dans l'« oxymore[13] », travaillerait à contredire la tristesse qu'il ne cesse de formuler. L'*Essai* est intrinsèquement mélancolique parce qu'il présente la même ambivalence que celle que nous repérions dans les *Principes d'économie politique* au moment où nous évoquions le *lazzarone* stendhalien : la question de l'à quoi bon. Pourquoi quelque chose plutôt que rien ? Pourquoi ne pas vivre dans le confort plutôt que dans une frugalité qui nous coûte moins d'efforts, se demandaient les *Principes* ?

---

10   Malthus, *Essai, op. cit.*, V, II, p. 376 (vol. 2).
11   *Ibid.*, p. 377.
12   Yves Bonnefoy, « La mélancolie, la folie, le génie – la poésie », dans Jean Clair (dir.), *Mélancolie. Génie et folie en Occident, op. cit.*, p. 16 pour l'ensemble de ces citations.
13   *Ibid.*

Comment aimer et enfanter sans alimenter la destruction, se demande l'*Essai* ? Ces questions peuvent être formulées ainsi, positivement. Mais elles pourraient tout aussi bien être retournées négativement, dans la perspective des *vanités*. Partout se présente le risque de la désaffection, or Malthus d'un côté dépeint la perspective de la destruction, de l'autre enseigne l'énergie de la contourner. Car la misère ne commence-t-elle pas à l'idée que notre désir devrait se borner ? Toujours, une espèce de ressort fait sortir le révérend Malthus de cette acédie et l'amène à creuser son credo libéral.

Plus simplement sans doute, la thèse de Malthus est nécessairement de celles qu'investit profondément la littérature puisque, tout en passant pour le *summum* de la « science sans entrailles » du fait de sa cruelle vérité, la thèse malthusienne est aussi l'expression économique du plus intime et du plus naturel. Avec l'*Essai sur le principe de population*, l'amour et la faim s'imposent comme catégories *a priori* de l'économie : l'amour, la faim, et même la conjonction de coordination qui les relie, puisque la question est celle de la proportion. Dans *The Coal Question*, l'épigraphe choisie par Jevons et empruntée à Adam Smith établissait une sorte de relation entre état économique et état moral de la société : « La situation de progrès économique est en réalité une situation de joie et de bonheur dans tous les ordres de la vie sociale ; l'état stationnaire est morosité ; le déclin est mélancolie[14]. » Dans l'*Essai sur le principe de population*, la réflexion met immédiatement en rapport l'individu (ou le couple) et l'état social : ce texte fondateur de l'économie politique dit que l'intime fait déjà partie de l'économique. L'économie commence dès le cœur, le sexe et l'estomac, elle est donc bien science des entrailles – mais dans un monde désenchanté.

---

14 « *The progressive state is in reality the cheerful and the hearty state to all the different orders of the society; the stationary is dull; the declining melancholy.* » Nous traduisons. Germain Garnier donne quant à lui : « L'état progressif est, pour tous les différents ordres de la société, l'état de la vigueur et de la santé parfaites ; l'état stationnaire est celui de la pesanteur et de l'inertie ; l'état rétrograde est celui de la langueur et de la maladie. » Adam Smith, *La Richesse des nations*, I, chap. VIII, Paris, GF-Flammarion, 1991, p. 153 (vol. I).

CONCLUSION

> Que dire à ces gens qui, croyant posséder une clé, n'ont de cesse qu'ils aient disposé votre œuvre en forme de serrure ?
> Julien GRACQ, *Lettrines*, p. 55

L'économie politique n'a pas été conçue dans ce travail comme une clé prétendant révéler, encore moins épuiser, le sens des œuvres. Elle a simplement été utilisée pour les ouvrir autrement, pour entrer par une porte latérale dans *Le Rouge et le Noir* ou dans *Les Indes noires*. Et si cette lecture a parfois choisi des romans qui semblaient d'emblée la justifier par leur thème, par exemple *Le Médecin de campagne*, *Travail* ou *L'Île mystérieuse*, en courant le risque de la pétition de principe, c'est parce que la finalité de l'étude exorbitait l'approche monographique : le corpus de l'économie politique a constitué ici un discours de liaison entre les œuvres. Certes, des lectures économiques du *Médecin de campagne*, roman le plus libéral de Balzac, de *Fécondité*, réécriture de Malthus à l'insu de Zola, ou encore de *L'Île mystérieuse*, chant du refoulé capitaliste, avaient déjà été menées. Le présent ouvrage a cependant nourri la prétention de relier chacune de ces œuvres à un plus vaste ensemble d'inférences, selon lequel la loi de l'économie d'efforts appelle la division du travail, la division du travail permet la multiplication des produits, la multiplication des produits interroge le sens du développement et le destin de la terre...

L'articulation générale du propos, apparemment étrangère à la matière littéraire, entendait replacer chaque œuvre dans une section problématique du discours de la science économique, non pour faire entrer artificiellement la littérature dans des catégories allogènes, mais pour situer la pertinence économique du discours fictionnel et établir des rapprochements imprévus. De même que *L'Assommoir* de Zola fait signe vers *Travail*, il se trouve que des textes fort distincts de Flaubert et de Verne sont susceptibles d'une analyse commune sur la division du travail. Les questionnements et catégories de l'économie politique ont ici servi à disposer le corpus romanesque sur une aire inhabituelle, celle des interrogations sur l'intérêt, le travail, la richesse, le développement. C'est donc à une forme de méta-lecture que nous nous sommes livré, dans la mesure où chaque section monographique ne prenait sens qu'en vertu de son inscription dans un grand récit économique. Car l'économie politique, derrière l'organisation thématique et statique de ses traités, dispense elle aussi un récit : elle a ses mythes (Smith évoque les sociétés antérieures à la division du travail, Say décrit la naissance du producteur comme une Genèse), elle a ses genres (on sait l'importance de la robinsonnade dans la théorie économique, sur laquelle Marx ironisait), elle a ses valeurs, elle introduit de l'anecdote dans ses preuves, elle théorise les crises, elle s'inquiète des fins.

Elle commence d'ailleurs par se donner une anthropologie, inspirée de la philosophie morale qui, selon Hirschman, est à l'origine du développement endogène de l'esprit du capitalisme. Il nous fallait donc commencer par interroger le rapport entre cette anthropologie et celle du roman du XIXe siècle. Cela supposait d'abord d'approcher l'individu moderne dans son rapport au bonheur. Le *Journal* ou le traité *De l'Amour* permettent ici de rappeler les professions de foi utilitaristes de Stendhal, en même temps que leur dépassement dans et par ses fictions romanesques. Cet exemple *a fortiori* met en lumière les velléités du jeune Beyle d'atteindre mathématiquement le bonheur selon la méthode benthamienne ; il montre ce que la chasse au bonheur suppose d'incessante mesure des affects chez le diariste, l'essayiste, mais aussi le héros du *Rouge*, avant de suggérer que la connaissance de soi et de sa propre valeur n'est possible que dans l'abolition de ce *felicific calculus*. Une fois soulignées, à partir de Stendhal, les apories de la modélisation utilitariste de l'individu (modélisation qu'on peut dire à la source de la construction théorique de l'*homo œconomicus* dans la mesure où elle postule une stabilité des préférences, une homogénéité du sujet), il restait encore à examiner comment le roman s'adonne à des représentations orchestrales du social, dans lesquelles il est possible d'interroger la résultante globale des conduites individuelles.

De là l'exemple balzacien, l'exemple zolien, qui, loin de se redoubler, offrent deux versions de la possible conjonction entre règne de l'intérêt et progrès. La lecture des textes préfaciels balzaciens permet de faire le lien entre une anthropologie et une vision du mouvement social, elle permet de contredire la philosophie morale récapitulée par Hirschman en même temps que de douter du progrès face au chaos démocratique. Et lorsque Balzac se rapproche au plus près de l'idée libérale de composition des intérêts privés, avec un roman comme *Le Médecin de campagne*, que nous avons parfois lu avec les yeux de Friedrich Hayek, c'est pour continuer de dénier à l'intérêt le pouvoir de faire véritablement société : la société libérale est vide, elle s'évide au fur et à mesure qu'elle progresse, et *Le Médecin de campagne* ne contredirait pas la démonstration célèbre de Karl Polanyi. L'exemple de Zola nous a paru un peu différent, car l'une des interrogations les plus précoces du romancier est celle de la possibilité du progrès, à partir d'une anthropologie pessimiste et du postulat que règnent les « ambitions » et les « appétits » (d'où la possible comparaison avec *La Fable des abeilles* de Mandeville). Depuis ses notes préparatoires pour les *Rougon-Macquart* jusqu'à *Travail*, en passant par *Au Bonheur des Dames* ou *L'Argent*, Zola s'est non seulement ingénié comme Balzac à réintégrer dans l'intérêt ce qu'il comporte naturellement de passion, mais aussi à sauver cet « intérêt passionné », comme dit Gabriel Tarde, pour en faire un levier du développement. L'enjeu idéologique est pour lui d'opérer une transition entre darwinisme social et fouriérisme, tout en sauvant l'intérêt.

Étudier ainsi le rapport entre anthropologie de l'économie politique et anthropologie du roman réaliste, d'un point de vue à la fois individuel et collectif, amène à formuler un double constat. D'un côté, nous voyons bien que ces romans du XIXe siècle nient l'idée d'intérêt calme et prévisible sur lequel a pu se fonder l'idéologie du « doux commerce ». De l'autre, nous constatons que le roman caresse le fantasme de gouvernements éclairés du médecin ou de l'ingénieur, tout en poursuivant en vérité un questionnement identique à celui de l'économie politique : savoir si le libre jeu des intérêts individuels est au service du progrès économique, moral et politique.

Mais le roman ne pense pas, du moins pas toujours ; il donne à penser[1]. Il apparaît parfois comme une surface énigmatique où viendrait se déposer le thème économique tandis que le narrateur se tait : la description des jeunes filles de la fabrique de clous de M. de Rênal, dans

---

[1] Philippe Dufour, *Le roman est un songe*, Paris, Seuil, « Poétique », 2010, p. 9-10.

Le Rouge et le Noir, tout comme la description de l'atelier de Gouget, dans *L'Assommoir*, participent en effet d'une apparente neutralisation de l'idéologie. Nous avons montré en quoi la vignette elliptique que compose le troisième paragraphe du *Rouge* renvoie le débat sur la division du travail à sa trivialité oiseuse et anti-romanesque, alors que Stendhal connaît non seulement les pages de Smith sur ce principe fondateur de l'économie capitaliste, mais aussi les objections de Say contre ce concept (présentes déjà chez Smith, radicalisées par Lemontey, relayées par Blanqui). Le diptyque central de *L'Assommoir*, quant à lui, se contente d'opposer le mythe du travail plein au spectacle du travail mécanisé en focalisant le tableau sur Gervaise amoureuse puis sur Gouget sans conscience. C'est dire combien la loi fondamentale de l'économie – la division du travail étant pour Smith la première des lois, l'expression *princeps* du grand principe d'« économie des forces » (Molinari) parmi les hommes, le levier même du développement – s'impose au récit à la manière d'une évidence, qui ajourne tout questionnement. Or nous avons bien vu comment le concept représenté accède aussitôt à la qualité de concept critique : il devient parfaitement possible, selon Lukács, de juger le détachement stendhalien et l'inféodation zolienne (devant le spectacle des fabriques de clous) à l'aune de la division du travail esthétique. Le concept économique se retourne en concept opératoire pour juger de la production romanesque elle-même. Ce n'est pas simplement un signe de l'entrée de l'écrivain dans de nouveaux déterminismes socio-économiques, c'est aussi une illustration de la malléabilité herméneutique des concepts économiques.

Cependant, le roman zolien ne se laisse pas réduire à la division du travail bourgeoise où voudrait le cantonner Lukács : il est net que le diptyque industriel central de *L'Assommoir*, presque hors-sujet dans l'économie de ce roman, est comme une pierre d'attente. Il met Zola en demeure de produire du discours sur cette loi économique qui voudrait assigner à chacun (et au romancier même) une spécialité. Aussi notre analyse du roman *Travail*, où se déploient à la fois la critique de l'économie politique et l'expérimentation d'une solution, appelait-elle une mise en perspective discursive : *Travail* est un roman qui peut se lire en regard des réflexions de Simone Weil dans son journal d'usine, à l'aune aussi de l'amertume des ouvriers de LIP qui ont réédité et préfacé cet introuvable de Zola, parce que c'est un roman qui doit se lire comme un roman expérimental. On peut très bien considérer le roman, en adoptant le point de vue de la critique marxiste, comme un symptôme, et nourrir en même temps une certaine méfiance envers le roman à thèse ou l'utopie, parce que la cristallisation de l'idéologie du romancier en discours explicite peut participer d'un système de la mauvaise foi. Il n'en reste pas moins que *Travail* de Zola prétend s'élever au-dessus des impensés de *L'Assommoir* en expérimentant, dans sa logique narrative propre, la possibilité d'une réforme du travail. Peu importent ici les discours de Fourier ou Kropotkine, que Zola tourne contre une économie politique qu'il ne connaît guère : c'est *en écrivant* que le romancier mesure les forces et fragilités de son contre-modèle.

Or nous avons vu avec Flaubert à quelle profondeur le discours idéologique peut informer l'esthétique romanesque. À travers la figure dégradée de Binet, tournant des ronds de serviette dans *Madame Bovary*, Flaubert interroge le geste artistique. Mais bien plus essentielle est sa méditation de l'été 1853 sur la division du travail : coulée dans un compliment à l'adresse de Leconte de Lisle, aux bons soins de Louise Colet, cette vitupération de l'industrialisme contemporain et du travail divisé à la mode de Smith n'est rien moins qu'une adhésion au principe d'impersonnalité dans l'art. Pour Leconte de Lisle, le rêve est la véritable action, et l'impersonnalité du poète la vraie réponse à la division des egos. Flaubert établit de son côté une équivalence fulgurante entre sa critique du monde transformé en manufacture d'épingles et le principe de l'impersonnalité narrative. Il ajoute que la spécialité n'est rien, si elle n'est comprise par le génie comme la partie d'un tout. À cette conception flaubertienne de la métonymie, nous avons pu associer les jeux de restriction de champ de Jules Verne (dans *Les Cinq cents millions de la Bégum*, qui est précisément un roman de la division du travail) pour conclure que, loin de prêter le flanc à la critique de Lukács, le rapport des romanciers à la notion de division du travail – notion qu'ils connaissent et qu'ils mettent en scène – consiste à interroger en retour les techniques narratives en même temps que le statut de l'écrivain.

Réfléchir à la division du travail a donc permis de montrer la propension du thème économique à agir en retour sur le langage romanesque. Or il en va de même lorsqu'on s'interroge, à la suite de Stendhal lui-même, sur la loi des débouchés de Say, ce credo productiviste qui sous-tend la mutation du monde des objets au XIXe siècle. En effet, nous avons vu que le désaveu de Say par le jeune Stendhal amène celui-ci à des considérations sur l'intensité de la demande qui, d'une part, devancent de dix ans certains travaux de Malthus voire annoncent certaines idées de Keynes, d'autre part résonnent avec des thèmes stendhaliens aussi fondamentaux que celui du « vouloir » ou du *lazzarone*. Nous avons même suggéré que la critique du productivisme de Say en 1810 peut ironiquement se retourner en invention, dans les romans ultérieurs, d'un romanesque stendhalien de l'offre, assez conforme à l'esprit du *Traité d'économie politique*. S'affirment en effet une éthique et une esthétique du héros qui illustrent, à l'insu du romancier autrefois contempteur de Say, une sorte de loi des débouchés : ce héros qui « ose », ce « premier venu », est vraiment un homme qui s'offre et qui mesure son « effet » sur le marché opaque du désir.

Mais parce qu'il n'était pas question de faire de l'économie une pure et simple métaphore, ni de regarder tout uniment Julien ou Lucien comme des produits, il nous fallait éclairer le rapport entre la loi des débouchés et la question de l'objet dans la poétique romanesque du XIXᵉ siècle. C'est là, on le sait, une problématique bien connue : le roman du XIXᵉ siècle est par essence détailliste, l'objet romanesque prolifère, Balzac promeut les « choses » et tout un « mobilier » national aux côtés des hommes et des femmes... Mais le détour par l'économie politique (ou par les analyses de Baudrillard sur l'objet et la société de consommation) nous a permis de réintroduire un aspect dynamique dans l'analyse à la fois économique et poéticienne de la multiplication des choses. C'est ainsi que nous avons pu avancer que la loi d'engendrement de la description objectale balzacienne semble se conformer à la loi des débouchés de Say, tout en frôlant le paradoxe : elle fabrique du texte à partir de l'affirmation de l'usure des objets. Or il apparaît que ce règne de l'usure signifie un encombrement qui compromet, à l'inverse, tout débouché. Aussi le motif balzacien du bric-à-brac peut-il résonner, aux côtés du discours de la frugalité dans *Le Médecin de campagne*, comme une objection fondamentale au concept de richesse selon les économistes.

Mais ce n'est peut-être pas chez Balzac que la considération de l'objet romanesque porte le plus profondément à l'analyse poéticienne. Nous avons bien vu en effet que l'inventaire flaubertien des objets honnis de l'industrie, inventaire susceptible d'ailleurs d'une véritable sémantique, débouche sur une poétique de « l'effet de réel » que nous pouvions étudier à nouveau frais. Loin de se conformer à « l'inutilité » que lui conférait Barthes dans son article fameux et débattu, il nous a semblé que l'objet flaubertien fonctionne, en sa gratuité même, comme un élément toujours intelligible, toujours offert à l'analyse structurale que Barthes avait théorisée deux ans plus tôt. Il apparaît finalement que la poétique flaubertienne de l'objet consiste précisément en une revendication de la nécessité du détail objectal romanesque, contre la fabrication frénétique de l'inutile dont s'enorgueillit la risible industrie. Un même scepticisme se retrouve dans les romans de Jules Verne, même s'ils ne sombrent jamais dans un anti-industrialisme caricatural. Bien loin d'exalter la richesse des nations comme réification magnifique de la division du travail, comme y invitent les leçons de choses du *Magasin d'Éducation et de Récréation*, le roman vernien ne cesse en vérité de dire, notamment à travers le genre de la robinsonnade, l'envers du progrès, mais aussi et surtout le péril que recouvre l'évidence de l'objet familier : l'impossibilité de pénétrer la raison technique de sa fabrication. Ici résiderait une réversibilité comparable à celle que Pierre Macherey détectait dans *Robinson Crusoé* ou dans *L'Île mystérieuse* : la robinsonnade manifeste *a contrario* l'évidence de la richesse des nations ; lu selon les thèses de Gilbert Simondon, le roman du dénuement apparaît surtout comme une méditation sur l'ignorance mécaniquement produite par le développement technique. Car saurions-nous refaire, à nous seul, non pas certes la révolution industrielle, mais un bout de l'histoire du progrès technique ? L'ingénieur omniscient du roman vernien doit ainsi nous apparaître comme un surhomme de roman populaire, caractéristique de l'âge industriel, qui incarnerait à la fois la négation de la division du travail s'imposant au commun, et l'exorcisme de cet oubli du *faire* qui nous menace au cœur du « confort anglais ».

S'interroger sur la loi des débouchés, c'est donc, nous l'avons vu, croiser toujours la même question : pourquoi, au juste, quelque chose plutôt que rien ? Volée à la philosophie et ainsi reformulée, cette question est au fondement de la geste capitaliste et de la science économique. C'est celle de l'incitation à produire, de l'incitation à consommer, et du sens même de cette gesticulation. On comprend dès lors le retentissement au XIXe siècle, en particulier en Angleterre, de la pensée de Malthus, qui a pu passer pour une immense objection contre l'optimisme productiviste. La lecture de l'*Essai sur le principe de population* semble avoir plus profondément marqué Stendhal que celle du *Traité d'économie politique* de Say. Elle n'explique pas seulement certains motifs du *Rouge* (les Enfants trouvés ou le dépôt de mendicité de Valenod) : il nous a semblé que la lecture par le jeune Beyle des pages de Malthus sur les « obstacles destructifs » au développement de la population engage un idéal stendhalien de distanciation narrative, mais aussi une véritable *Weltanschauung*. Essentiellement mélancolique, cette dernière conçoit avant tout le monde comme le déploiement d'une absence. Elle répertorie ce qui manque au désir. Elle appelle la comparaison avec le concept économique de « coût d'opportunité » et fait de la littérature la comptable d'une perte que les économistes, fors Malthus, ne pensent guère au début du XIXe siècle. La définition malthusienne de l'enfant surnuméraire nous est ainsi apparue comme une figure par excellence de l'homme romantique.

C'est précisément cette pensée de la perte qui a poussé Zola à entreprendre l'écriture de son curieux opus *Fécondité*, qu'il nous a fallu relire à cette aune. David Baguley a remarqué que ce roman à thèse rejoint les positions de Malthus plutôt qu'il ne s'y oppose. En effet, dès lors qu'on rend à Malthus ce qui lui appartient, c'est-à-dire une conception du développement concerté de la population et des subsistances, et même une foi dans la pression positive créée par la natalité, la geste zolienne des Froment nous apparaît comme un conte économique assez conforme au libéralisme le plus convaincu, y compris dans ses aspects darwinistes. Mais pousser comme nous l'avons fait la lecture malthusienne de *Fécondité*, en remarquant au passage ce que la prolifération des Froment suppose de mutation de la notion de personnel romanesque, amène premièrement à pointer ce qu'élude Zola (par exemple son refoulement de la loi dite de Spencer sur la corrélation du degré de civilisation et de la baisse de natalité), deuxièmement à indiquer ce que son progressisme, son utopisme, son colonialisme même lui interdisent de penser (et que Malthus, par un détour imprévu, nous aide à penser aujourd'hui) : la finitude de la planète. C'est à Verne seul, et à l'esthétique romanesque qu'il pratique, que pouvait revenir la représentation, sous forme d'hypotypose, de l'épuisement des ressources terrestres. Dans *L'Île mystérieuse* comme dans *Les Indes noires*, la rêverie malthusienne sur la finitude éclaire ainsi le présent de l'aventure. Exprimant à sa manière le même avertissement que celui que Jevons adressait à la toute-puissante Angleterre charbonnière, Verne élabore un discours romanesque qui ne déparerait pas nos réflexions contemporaines sur l'anthropocène.

Au fil de notre propos, il nous a semblé que la réflexion économique portée par le roman changeait d'échelle : dans nos derniers développements, il ne s'agissait plus seulement d'examiner la propension des intérêts particuliers à nourrir l'intérêt général et même à faire société, mais de mesurer leurs effets induits sur le règne animal, végétal, minéral. Si l'économie politique a pu théoriser les lois naturelles que venaient exaucer les inclinations des hommes, elle a aussi mis une nature face à une autre : les ruisseaux qui font tourner les moulins de Jean-Baptiste Say pourraient bien se tarir si les besoins, les intérêts et les passions des hommes ne se limitent pas.

Ainsi associés par les fils de la pensée économique, ces romans nous apparaissent sous un jour nouveau : ils explorent un empire de la nécessité, qui se décline dans le travail divisé, dans l'invasion des objets ou dans le péril du manque. D'autres voies s'offriraient à l'étude : un développement propre sur la loi de la concurrence permettrait d'articuler naturalisme libéral et darwinisme social (nous l'avons fait ponctuellement) ; un autre sur la loi de l'offre et de la demande porterait l'analyse vers les parties dialoguées du roman, le psychorécit, les constructions de la valeur ; une étude de la notion d'équilibre permettrait peut-être de confronter les pensées de Walras ou Pareto à la poétique du récit ; tout comme l'analyse des cycles de crise selon Juglar, Kondratiev ou Schumpeter. Nous y perdrions d'un côté le corpus fondateur de l'économie classique, la caution de Stendhal et le grand récit qui nous porte de l'anthropologie au thème de l'épuisement. Mais nous pourrions vérifier de l'autre la fertilité herméneutique des idées économiques.

Il s'avère cependant que si les lois de l'économie peuvent intéresser le roman du XIXe siècle, en tant qu'expressions parmi d'autres des déterminismes pesant sur la modernité et de l'inquiétant « mécanisme des sociétés » qu'évoque Albérès[2], il est difficile d'affirmer au terme de cette étude que le roman se définit ou se situe par rapport à l'économie politique comprise comme science. Nous ne voyons guère la science économique prendre

---

2   Mécanisme susceptible de *broyer l'intelligence humaine*. Voir la citation de l'*Histoire du roman moderne* donnée dans notre introduction. René-Marill Albérès, *Histoire du roman moderne*, 4e éd. revue et augmentée, Albin Michel, 1962, p. 41.

chez nos romanciers de place marquée, comparable à celle de l'histoire, des sciences naturelles, de la médecine, pour ne rien dire de la sociologie, de la psychologie ou de la linguistique[3]. On ne trouve aucun économiste patenté susceptible de rivaliser avec un Bianchon ou un Docteur Pascal, ni de se trouver pris en défaut comme ces messieurs du Muséum dans *La Peau de chagrin*. On ne voit pas Smith ou Say occuper dans les préfaces et manifestes le rang que peuvent y tenir Geoffroy Saint-Hilaire ou Claude Bernard. On ne nomme pas les économistes dans le roman : le père Grandet balbutie le nom de Bentham et le principe d'utilité est invoqué dans *Le Rouge et le Noir*, mais il ne s'agit pas d'économie politique ; *Fécondité* ne cite après tout Malthus qu'en fausse part, et à titre de détour, à l'occasion du débat fin de siècle sur le péril de la dénatalité en France. Rares sont en outre les séquences où l'on verrait s'inscrire, comme dans les fiches ou les dialogues pédagogiques verniens ou zoliens, un savoir économique susceptible de poser les mêmes problèmes stylistiques[4] : la description de la fabrique de clous de Rênal nous est justement apparue comme un texte allusif, où le concept économique est pour ainsi dire acquis et élidé, ce qui veut dire aussi que le roman ne se fonde pas comme discours du savoir à partir de ce savoir-là[5]. Symptôme : il y a bien peu d'économie politique dans *Bouvard et Pécuchet*, hormis le passage sur le protectionnisme et le libre-échange dans le dernier chapitre[6]. Enfin nous ne connaissons pas de discours critique dix-neuviémiste qui s'alimenterait métaphoriquement à l'économie politique, à la façon de Sainte-Beuve évoquant le « scalpel » de Flaubert et s'exclamant : « Anatomistes et physiologistes, je vous retrouve

---

3 Sciences examinées par Philippe Dufour dans le chapitre IV (« L'invention des sciences humaines ») de son ouvrage sur le réalisme. Philippe Dufour, *Le réalisme*, Paris, PUF, 1998, p. 141-156.
4 Sur ce point, voir Jacques Noiray, « Le traitement des savoirs dans *L'Île mystérieuse* », dans Jacques Neefs (dir.), *Savoirs en récits II. Éclats de savoirs : Balzac, Nerval, Flaubert, Verne, les Goncourt*, Saint-Denis, Presses Universitaires de Vincennes, 2010, p. 119-138 ; et Jacques Noiray, « L'incription de la science dans le texte littéraire : l'exemple de *Vingt mille lieues sous les mers* », dans Christophe Reffait et Alain Schaffner (dir.), *Jules Verne ou les inventions romanesques*, Amiens, Encrage Université, « Romanesques », 2007, p. 29-50.
5 Philippe Dufour rappelle que la restitution des savoirs et, mieux, leur critique, est une manière pour le roman de s'instaurer en lieu de savoir suprême. Philippe Dufour, *Le réalisme, op. cit.*, p. 108.
6 Gustave Flaubert, *Bouvard et Pécuchet*, éd. Claudine Gothot-Mersch [1979], Gallimard, « folio classique », 1995, p. 404. Voir sur ce point Françoise Mélonio, « Flaubert, 'libéral enragé' ? », dans Anne Herschberg-Pierrot (dir.), *Savoirs en récits I. Flaubert : la politique, l'art, l'histoire*, Saint-Denis, Presses Universitaires de Vincennes, 2010, p. 18-19.

partout ! » Imagine-t-on un : « Économistes, je vous retrouve partout » ? Il nous semble que ce cri-là correspond plutôt à la préface de *Mademoiselle de Maupin*, ou qu'il renvoie à notre actualité. Du reste, ce cri consiste plus souvent aujourd'hui à dénoncer l'impérialisme de la science économique[7] qu'à récompenser la compétence économique des romanciers[8].

La question se déplace donc. Puisque le roman ne met pas vraiment l'économie politique en chaire, puisque Benassis déclare que ses préoccupations sont « trop simples pour qu'on en compose une science » et « n'ont rien d'éclatant ni de théorique[9] », puisqu'il n'y a pas d'économie politique dans la bibliothèque du capitaine Nemo, la véritable question devient bien de savoir quelle économie politique grise pratique le roman. La pensée économique qui l'anime serait passible d'un questionnement analogue à celui qu'on adresse par exemple à l'œuvre flaubertienne, à l'endroit de l'histoire : de même qu'on peut s'interroger sur les « formes de rationalité[10] » qu'emprunte le traitement de la matière antique dans *Salammbô*, ou bien sur la conception définalisée de l'histoire qu'aurait entretenue Flaubert[11], il faudrait s'interroger sur les modalités de la pensée romanesque de l'économie, voir s'il existe en quelque sorte des régimes d'économicité... Peut-on dire que les romanciers du fait économique montreraient une « force de résistance à la causalité et au discours explicatif[12] » de la science économique ? Dira-t-on que le discours romanesque contredit parfois l'idée d'universalité et d'intemporalité des lois économiques en leur opposant une diversité géographique et historique ? Le roman fonctionne-t-il comme puissance de contestation de l'axiome de naturalité du marché et de la chose économique en général ? Le roman serait-il par essence « hétérodoxe » ?

---

7   Voir Yves Citton et Martial Poirson, « L'économie à l'œuvre », dans Martial Poirson, Yves Citton et Christian Biet (dir.), *Les frontières littéraires de l'économie (XVIIe-XIXe siècles)*, Paris, Desjonquères, 2008, p. 12-13.
8   Voir toutefois Bernard Maris, *Houellebecq économiste*, Paris, Flammarion, 2014.
9   Honoré de Balzac, *Le Médecin de campagne*, éd. Rose Fortassier, dans *La Comédie humaine*, vol. IX, Paris Gallimard, « Bibliothèque de la Pléiade », 1978, p. 429.
10 Gisèle Séginger, « Écrire l'histoire antique », dans *Savoirs en récits I, op. cit.*, p. 76.
11 Voir Gisèle Séginger, *Flaubert, une poétique de l'histoire*, Strasbourg, Presses universitaires de Strasbourg, 2000, p. 150-178. Voir aussi les remarques de Pierre-Marc de Biasi dans Gustave Flaubert, *L'Éducation sentimentale*, éd. Pierre-Marc de Biasi, Paris, Librairie générale française, « Le Livre de Poche Classiques », 2002, p. 27 et 648.
12 Gisèle Séginger, « Écrire l'histoire antique », art. cité, p. 85.

Lorsque nous lisons *L'Enfer social*, d'Yves Guyot, roman qu'a lu Zola avant d'écrire *Germinal*, nous sommes bien surpris de voir le disciple de Jean-Baptiste Say, chantre des lois naturelles de l'économie, grand pourfendeur du colbertisme, se couler dans les formes faciles et non problématiques du roman populaire[13] : les mineurs qu'il met en scène sont écrasés par un directeur et un contremaître iniques et vicieux, le roman réclame pour les travailleurs le respect du droit de grève et une vraie réglementation du travail. Bref, ce roman veut montrer que le libéralisme n'est pas l'anarchie que dénonçait Proudhon ; il suggère qu'on ne peut *laisser faire et laisser aller* qu'à l'intérieur d'une législation nette et humaine, mais après tout Bastiat ou Hayek le disent aussi. Ainsi, ce n'est pas dans ce genre de mélodrame mais plutôt dans *Germinal* que se dessine la réalité cruelle que promeut ailleurs Guyot : celle de la concurrence par les prix, de la réduction des coûts d'exploitation, de la puissance de l'actionnariat-Minotaure... Cette réalité cruelle est la projection partielle d'une « science sans entrailles » que Guyot n'a pas ignorée, puisqu'il est allé jusqu'à la représenter dans son roman sous les traits d'un économiste odieux, malthusien, tenant du libéralisme débridé en contexte politique autoritaire. Mais c'était se faire la part trop belle : c'était proclamer son radicalisme politique sans tirer les conclusions romanesques de son libéralisme en économie.

Donc le vrai roman, le grand roman, est plutôt celui qui accueille en son sein les manifestations, accidents, déterminismes du marché pour jouer de cette naturalité (et à vrai dire, nous ne connaissons pas de meilleure expression de cette nouvelle nature que la fabrique de clous de Rênal plantée au bord du ruisseau de Verrières). Nous avons dit que la définition par Léo Bersani du roman réaliste, lisible comme récit d'expulsion d'un héros dont le désir n'est pas conforme à l'état du monde, était par essence malthusienne. Mais cette définition, qui est elle-même une projection homothétique du *Rouge*, pourrait très bien exprimer, par homothétie aussi, les déterminismes de l'économie politique tout entière : le travail est divisé, le salaire permet tout juste la subsistance, les taux de profit baissent tendanciellement, les ressources viendront à manquer, tandis que l'objet envahit le monde... Le roman du XIXe siècle

---

13 Nous renvoyons ici à notre article « Le roman du XIXe siècle et les lois naturelles de l'économie », dans *Épistémocritique*, n° 12, « Littérature et économie », dossier dirigé par Christine Baron, 2013 [www.epistemocritique.org].

ne gagnerait guère à taire ces contraintes puisque, aussi sûrement que l'emprise du politique chez Stendhal, aussi sûrement que la réaction Polignac, l'éteignoir autrichien ou la boue louis-philipparde expriment le carcan politique, elles dessinent la « cage d'acier » de la modernité capitaliste[14], contribuent à rendre le sujet à lui-même, érotisent le défi au réel. Il est entendu que la « naturalisation de l'idéal » passe dans le roman du XIXe siècle par la peinture d'un « enracinement » ou d'une norme « anonyme et contraignante », pour mieux refuser « de mettre ses personnages à la chaîne du déterminisme historique et social[15] ».

Quant à savoir si le roman a une conception anhistorique des déterminismes économiques ou s'il pointe leur défaut d'universalité, nous pourrions remarquer que l'opération romanesque d'historicisation de la loi économique est paradoxalement ce qui motive l'utopie. Avec *Le Médecin de campagne*, *Fécondité* ou bien *Travail*, nous mesurons bien que ce genre, réputé abolir l'histoire, est plutôt mis au service d'une idéale réinscription de l'économie dans l'histoire, selon qu'on fantasme la fécondation progressive du réel par le germe de l'intérêt (voir Balzac – dont le roman devrait du reste se lire plutôt comme une dystopie), ou bien au contraire l'abolition de l'ordre ancien du travail divisé (voir *Travail*). Or dans tous les cas, le roman utopique de la réforme n'en a pas fini avec les lois naturelles de l'économie : il se trouve devoir intégrer les déterminismes économiques dans ses propres structures. Ironie : avoir la charge de la preuve, c'est devoir s'interroger sur le sens d'un développement et d'une société mus par l'intérêt (*Le Médecin de campagne*), mesurer la difficulté de mettre en scène la « papillonne » rêvée par Fourier (*Travail*), ou encore redécouvrir les principes de Malthus (*Fécondité*).

Il serait difficile d'opposer le romantisme – romantisme *stricto sensu* ou romantisme élargi, anticapitaliste, selon Michael Löwy – au naturalisme, le premier passant pour une contestation échevelée et désirante des lois

---

14 Max Weber, *L'Éthique protestante et l'esprit du capitalisme*, trad. Jean-Pierre Grossein, Paris, Gallimard, « Bibliothèque des idées », 2003, p. 252. La traduction d'Isabelle Kalinowski donne « chape d'acier » (Flammarion, « Champs », 2000, p. 301). On peut hésiter sur la traduction du terme de Weber : voir l'article en ligne de Christian Laval, « La 'cage de Weber' », *temporel* [temporel.fr], 27 septembre 2006. Voir aussi Michael Löwy, « Max Weber, capitalisme et liberté – *"Stahlhartes Gehäuse"* : l'allégorie de la cage d'acier », [lcr-lagauche.be] (site de la ligue communiste révolutionnaire belge), 14 décembre 2012.

15 Voir Thomas Pavel, *La Pensée du roman*, Paris, Gallimard, « nrf essais », 2003, p. 215 et 263. Mais l'instance normative décrite par Pavel est celle de la société en général et non de l'économie.

de l'économie, le second se réduisant à une expression consentante et bourgeoise du darwinisme social voisin du libéralisme économique. De même, il ne faudrait pas confondre haine de l'industrialisme et désaveu de la science économique ou négation de ses lois. Car dans ce cas nous ne comprendrions plus pourquoi Stendhal peut aimer Bentham ou Malthus, tout en moquant la sécheresse des gens à intérêt, la bêtise de M. de Thaler dans *Le Rouge et le Noir*, ou le tourment de M. de Sanréal préoccupé dans *Lucien Leuwen* de vendre son avoine au plus haut cours, comme le père Grandet son vin. Nous ne comprendrions plus pourquoi Julien peut à la fois négliger la question du « salaire des sonneurs » de la Fête-Dieu à Besançon et être crédité d'un trop plein d'« imagination » économique. Nous ne comprendrions plus pourquoi Flaubert peut vitupérer le « boucan » de « l'industrie » et le règne des « hommes-machines », tout en faisant de Bastiat l'un des représentants de « la Science » seule à même de sauver les hommes du désordre de l'obscurantisme protectionniste et plus généralement étatique[16]. Peut-être même ne comprendrions-nous plus Zola, lorsqu'il tâche de restaurer la notion d'intérêt au lieu de rêver l'amour universel. C'est Flaubert qui donne l'explication : comment négliger une science économique qui, tels les pamphlets de Bastiat, possède la vertu d'expliquer à la fois « ce qu'on voit » et « ce qu'on ne voit pas », qui décèle les effets induits d'un choix dans le réseau des interdépendances, qui montre les conséquences tout en déjouant les discours ? À la recherche de modèles unifiants du social, le roman du XIXᵉ siècle, qu'il connaisse ou non la science économique, n'ignore plus que les *realia* de l'économie font système, comme on le théorise depuis les physiocrates. C'est encore cela que montrent de manière élémentaire les romans de Jules Verne : même s'il n'y a à proprement parler pas d'économie moderne dans *L'Île mystérieuse*, même si le roman ne reproduit ni l'échange libéral ni l'âge industriel, il suggère une continuité souterraine entre la violence première de l'appropriation et la disparition de la terre.

Il vaudrait donc mieux regarder la littérature romanesque et la science économique du XIXᵉ siècle comme deux régimes de discours contigus et parfois entremêlés, nés sur un socle épistémologique commun (individualisme, mécanicisme, organicisme), et dont la coexistence fait sens. L'économie politique et le roman participeraient tout simplement

---

16 Voir Françoise Mélonio, « Flaubert, 'libéral enragé' ? », art. cité., p. 27.

de la même herméneutique d'un monde désenchanté. Entreprenant de « débrouiller au moins partiellement l'écheveau des influences réciproques entre Weber et Lukács », Pierre Rusch montre que l'apparition du concept wébérien de « désenchantement du monde » est postérieur à la lecture par Weber de *La Théorie du roman*[17] : il a amendé *L'Éthique protestante et l'esprit du capitalisme* après avoir lu Lukács. Il y aurait donc un rapport d'intertextualité entre la « généalogie religieuse de la modernité » produite par Lukács et la transition décrite par Weber entre le monde enchanté de l'irrationnel et le présent de la rationalité capitaliste. La démonstration de Pierre Rusch met en rapport le démonique lukácsien et le « polythéisme des valeurs » wébérien, pour désigner le sort de l'homme moderne confronté à la multiplicité des valeurs[18]. Cela nous invite à formuler une comparaison entre le roman conçu comme « épopée d'un monde abandonné par Dieu » (Lukács) et l'économie politique comprise comme l'une des « prophéties rationnelles » (Weber) qui justifient le capitalisme. Derrière l'opposition (le roman constate le désenchantement alors que l'économie politique contribue à le produire), il y aurait la même pulsion : comprendre désormais le divers, ordonner la multiplicité des valeurs, partir dans une quête « virile[19] » du sens.

Il nous semble, pour finir sur cette gémellité des deux discours, qu'il existe un même danger à négliger la littérature et à mépriser la science économique. Dans le fond, c'est le même geste. Entendons-nous : nous parlons ici de l'économie politique des premiers âges, de celle même qui était réputée « sans entrailles » et qui se retrouve, pour d'autres raisons, internes à la discipline, marginalisée comme un grand poème peu apte à traiter les problèmes contemporains, comme une Bible obsolète. Lit-on encore Smith, Say ou Malthus hors des cours d'histoire de la pensée économique, et l'histoire de la pensée économique a-t-elle même toute sa place ? Si certains économistes trouvent quelque pertinence dans la fiction romanesque[20], une pertinence

---

17 Pierre Rusch, « Les spectres de la totalité. L'histoire littéraire comme cosmologie et démonologie », *Romanesques* n° 8, Paris, Classiques Garnier, 2016, p. 155.
18 *Ibid.*, p. 154 et p. 157.
19 Georg Lukács, *La Théorie du roman* [1916], Paris, Gallimard, « Tel », p. 84.
20 Évoquons, sans pour autant aplanir les différences, les travaux d'André Orléan retrouvant dans *Illusions perdues* un discours sur l'immatérialité, la violence, éventuellement l'irrationalité de la monnaie ; Claire Pignol reconnaissant en Robinson Crusoë un agent économique bien différent et plus contradictoire que celui de la théorie économique ; ou encore Thomas Piketty repérant partout chez Balzac la disproportion actuelle entre productivité du capital et revenu du travail. Voir respectivement André Orléan, « Le

qui ne relèverait pas seulement de l'illustration mais correspondrait aussi à la production romanesque d'une pensée propre de l'économique, ce sont plus souvent des historiens de la pensée économique, ou bien des historiens de l'économie, que des producteurs de modèles. L'épistémologie rêve parfois d'une science économique renouvelée – « romantique », dit Richard Bronk – qui s'inspirerait de la définition du fragment selon Schlegel pour la dépasser : « pareil à une petite œuvre d'art, un fragment doit être totalement détaché du monde environnant, et clos sur lui-même comme un hérisson[21] ». Plutôt que d'insister sur la clôture du fragment sur sa vérité – ce serait la définition du modèle en mathématiques économiques –, Richard Bronk préfère en tirer l'idée de fragment holiste. « Il faut désormais choisir », écrit Bronk en s'interrogeant sur la possible réforme de la science économique, « entre le récit holiste du singulier et la mise sous cloche, systématique et quintessentiellement scientifique, d'une tendance certes générale mais aussi hypothétique[22] ». Bref, nous aurions le choix entre le modèle mathématico-économique et un « récit holiste du singulier » qui serait, tout simplement, la fiction narrative. Nulle surprise, dès lors, à ce que l'économiste éclairé trouve son compte dans l'expression romanesque du singulier.

Mais la réciproque est vraie. Nous avons déjà dit que Louis Crozet, ayant lu le premier chapitre de *La Richesse des nations* aux côtés d'Henri Beyle, avait écrit sur la page du livre de son ami :

> (…) ce chapitre est excellent, non point seulement sous le rapport de la science, il est encore très intéressant et il peint. Je vois l'homme et la société agissants[23].

Rien de plus, rien de moins. Le roman découvrait un nouveau pittoresque : une action à la fois individuelle et collective, intelligible à la science autant qu'offerte au récit romanesque.

---

modèle balzacien de la monnaie », dans Alexandre Péraud (dir.), *La comédie (in)humaine de l'argent*, Lormont, Le Bord de l'eau, 2013, p. 129-145 ; Claire Pignol, « Quel agent économique Robinson Crusoë incarne-t-il ? », *Épistémocritique* n° 12, *op. cit.* ; Thomas Piketty, *Le capital au XIXᵉ siècle*, Paris, Seuil, 2013, p. 377 ou 653.

21   Friedrich Schlegel, *Fragments de l'Athénée*, cité dans Richard Bronk, *The Romantic Economist. Imagination in Economics*, Cambridge, Cambridge University Press, 2009, p. 109.

22   « (…) *there's a choice to be made between the holistic narratives of the particular and the systematic and quintessentially scientific encapsulation of a widespread but hypothetical tendency.* » *Ibid.*, p. 294 (nous traduisons).

23   Victor Del Litto, *Une somme stendhalienne, Études et documents 1935-2000*, vol. 2, Paris, Champion, 2002, p. 1167.

BIBLIOGRAPHIE

TEXTES ÉTUDIÉS

CORPUS LITTÉRAIRE PRINCIPAL

Œuvres romanesques

BALZAC, Honoré de, *Gobseck*, dans *La Comédie humaine*, vol. II, « Étude de mœurs : Scènes de la vie privée », éd. Pierre Citron, Gallimard, « Bibliothèque de la Pléiade », 1680 p.

BALZAC, Honoré de, *Gobseck. Une double famille*, éd. Philippe Berthier [1984], Paris, GF-Flammarion, 2008, 248 p.

BALZAC, Honoré de, *Le Médecin de campagne*, éd. Rose Fortassier, dans *La Comédie humaine*, vol. IX, « Étude de mœurs : Scènes de la vie de campagne », Gallimard, « Bibliothèque de la Pléiade », 1978, 1776 p.

BALZAC, Honoré de, *Le Médecin de campagne*, éd. Patrick Berthier, préface de Emmanuel Leroy Ladurie, Gallimard, « folio classique », 1974 (éd. revue en 2007), 472 p.

FLAUBERT, Gustave, *Madame Bovary*, dans *Œuvres complètes*, t. III, éd. Claudine Gothot-Mersch (dir.), Paris, Gallimard, « Bibliothèque de la Pléiade », 2013, 1332 p.

FLAUBERT, Gustave, *Madame Bovary*, éd. Jacques Neefs, Librairie générale française, « Le Livre de Poche Classique », 1999, 568 p.

STENDHAL, *Le Rouge et le Noir*, dans *Œuvres romanesques complètes*, t. I, éd. Philippe Berthier et Yves Ansel, Paris, Gallimard, « Bibliothèque de la Pléiade », 2005, 1160 p.

STENDHAL, *Le Rouge et le Noir*, éd. Michel Crouzet, Librairie générale française, « Le Livre de Poche Classique », 1997, 572 p.

STENDHAL, *Lucien Leuwen*, dans *Œuvres romanesques complètes*, t. II, éd. Yves Ansel, Philippe Berthier et Xavier Bourdenet, Paris, Gallimard, « Bibliothèque de la Pléiade », 2007, 1468 p.

STENDHAL, *Lucien Leuwen*, éd. Michel Crouzet, Paris, Librairie générale française, « Le Livre de Poche Classique », 2007, 958 p.
VERNE, Jules, *Edom*, dans *Maître Zacharius et autres récits*, Paris, José Corti, « Merveilleux », 2000, p. 189-234.
VERNE, Jules, *L'Île mystérieuse*, éd. Marie-Hélène Huet, dans *Voyages extraordinaires*, Paris, Gallimard, « Bibliothèque de la Pléiade », 2012, 1249 p.
VERNE, Jules, *L'Île mystérieuse*, éd. Jacques Noiray, Paris, Gallimard, « folio classique », 2010, 927 p.
VERNE, Jules, *Les Cinq cents millions de la Bégum* [1879], Paris, Librairie générale française, « Le Livre de Poche », 2002, 252 p.
VERNE, Jules, *Le Humbug*, dans *Maître Zacharius et autres récits*, éd. Jean-Pierre Picot, Paris, José Corti, « Merveilleux », 2000, p. 151-188.
VERNE, Jules, *Les Indes noires*, Paris, Librairie générale française, « Le Livre de Poche », 2004, 237 p.
ZOLA, Émile, *L'Argent*, dans *Les Rougon-Macquart*, t. V, éd. Armand Lanoux et Henri Mitterand, Paris, Gallimard, « Bibliothèque de la Pléiade », 1967, 1904 p.
ZOLA, Émile, *L'Argent*, éd. Philippe Hamon et Marie-France Azéma, dossier financier de Bernard Cieutat, Paris, Librairie générale française, « Le Livre de Poche Classique », 1998, 544 p.
ZOLA, Émile, *L'Assommoir*, dans *Les Rougon-Macquart*, t. II, éd. Henri Mitterand, Paris, Gallimard, « Bibliothèque de la Pléiade », 1961, 1756 p.
ZOLA, Émile, *Au Bonheur des Dames*, dans *Les Rougon-Macquart*, t. III, éd. Henri Mitterand, Paris, Gallimard, « Bibliothèque de la Pléiade », 1964, 1968 p.
ZOLA, Émile, *Fécondité*, préface et notice d'Alain Pagès, dans *Œuvres complètes*, t. 18, éd. Henri Mitterand (dir.), Paris, Nouveau Monde Éditions, 2008, 672 p.
ZOLA, Émile, *Travail*, préface et notice de Béatrice Laville, dans *Œuvres complètes*, t. 19, éd. Henri Mitterand (dir.), Paris, Nouveau Monde Éditions, 2009, 524 p.
ZOLA, Émile, *Travail*, Lagrasse, Verdier, 1979, 259 p.

Préfaces, essais, correspondances, fragments, avant-textes

BALZAC, Honoré de, *Écrits sur le roman. Anthologie*, éd. Stéphane Vachon, Paris, Le livre de poche, « références », 2000, 349 p.
FLAUBERT, Gustave, *Correspondance*, vol. II et IV, éd. Jean Bruneau (dir.), Paris, Gallimard, « Bibliothèque de la Pléiade », 1980 et 1997, respectivement 1534 et 1484 p.

FLAUBERT, Gustave, *Voyage en Bretagne – Par les champs et les grèves*, présentation de Maurice Nadeau, Paris, Éditions Complexe, « Le regard littéraire », 1989, 369 p.

STENDHAL, « Traité d'économie politique », dans *Œuvres complètes*, vol. 45, *Mélanges I – Politique, Histoire, Économie politique*, éd. Victor Del Litto et Ernest Abravanel, Genève, Édito-service, « Cercle du bibliophile », 1971, p. 111-138 [IV-369 p.].

STENDHAL, *De l'amour*, éd. Victor Del Litto, Paris, Gallimard, « folio classique », 1980, 564 p.

STENDHAL, *Journal*, éd. Henri Martineau, revue par Xavier Bourdenet, préface de Dominique Fernandez, Paris, Gallimard, « folio classique », 2010, 1263 p.

ZOLA, Émile, « Dépopulation », *Le Figaro*, 23 mai 1896.

ZOLA, Émile, manuscrits originels (1868-1869), dans *La fabrique des* Rougon-Macquart, vol. 1, édition des dossiers préparatoires publiée par Colette Becker avec la collaboration de Véronique Lavielle, Paris, Honoré Champion, 2003.

ZOLA, Émile, *Le Roman expérimental*, préface de Michel Butor, dans *Œuvres complètes*, éd. Henri Mitterand (dir.), vol. 10, Paris, Claude Tchou / Cercle du livre précieux, 1968, 1438 p.

ZOLA, Émile, *Le Roman expérimental*, éd. François-Marie Mourad, Paris, GF-Flammarion, 2006, 460 p.

ZOLA, Émile, *Les romanciers naturalistes*, dans *Œuvres complètes*, t. XI, éd. Henri Mitterand (dir.), Paris, Claude Tchou / Cercle du Livre précieux, 1968, 860 p.

CORPUS LITTÉRAIRE COMPLÉMENTAIRE

Œuvres romanesques

BALZAC, Honoré de, *Le Contrat de mariage*, éd. Henri Gauthier, dans *La Comédie humaine*, vol. III, « Études de mœurs : Scènes de la vie privée – Scènes de la vie de province », Paris, Gallimard, « Bibliothèque de la Pléiade », 1976, 1760 p.

BALZAC, Honoré de, *Ferragus*, dans *La Comédie humaine*, vol. V, « Étude de mœurs : Scènes de la vie de province. Scènes de la vie parisienne », éd. Pierre-Georges Castex, Paris, Gallimard, 1977, « Bibliothèque de la Pléiade », 1976, 1584 p.

BALZAC, Honoré de, *La Cousine Bette*, éd. Anne-Marie Meininger, dans *La Comédie humaine*, vol. VII, « Étude de mœurs : Scènes de la vie parisienne », Paris, Gallimard, « Bibliothèque de la Pléiade », 1977, 1760 p.

BALZAC, Honoré de, *La Cousine Bette*, éd. Pierre Barbéris [1972], Paris, Gallimard, « folio classique », 2005, 512 p.

BALZAC, Honoré de, *Le Curé de Tours*, éd. Nicole Mozet, dans *La Comédie humaine*, vol. IV, « Études de mœurs : scènes de la vie de province », Paris, Gallimard, « Bibliothèque de la Pléiade », 1976, 1600 p.
BALZAC, Honoré de, *Le Curé de Tours* suivi *de Pierrette*, éd. Anne-Marie Meininger [1976], Paris, Gallimard, « folio classique », 2010, 384 p.
BALZAC, Honoré de, *La Fille aux yeux d'or*, éd. Rose Fortassier, dans *La Comédie humaine*, vol. V, « Étude de mœurs : Scènes de la vie privée. Scènes de la vie parisienne », Paris, Gallimard, « Bibliothèque de la Pléiade », 1977, 1584 p.
BALZAC, Honoré de, *La Fille aux yeux d'or*, éd. Michel Lichtlé, Paris, GF-Flammarion, 1988, 350 p.
BALZAC, Honoré de, *Illusions perdues*, éd. Roland Chollet, dans *La Comédie humaine*, vol. II, « Étude de mœurs : Scènes de la vie de province. Scènes de la vie parisienne », Paris, Gallimard, « Bibliothèque de la Pléiade », 1977, 1574 p.
BALZAC, Honoré de, *Illusions perdues*, éd. Jacques Noiray, Paris, Gallimard, « folio classique », 2013, 956 p.
BALZAC, Honoré de, *La Muse du département*, éd. Anne-Marie Meininger, dans *La Comédie humaine*, vol. IV, « Études de mœurs : scènes de la vie de province », Paris, Gallimard, « Bibliothèque de la Pléiade », 1976, 1600 p.
BALZAC, Honoré de, *La Muse du département*, éd. Patrick Berthier, Paris, Gallimard, « folio classique », 1984, 369 p.
BALZAC, Honoré de, *La Peau de chagrin*, éd. Pierre Citron, dans *La Comédie humaine*, vol. X, « Études philosophiques I », Paris, Gallimard, « Bibliothèque de la Pléiade », 1979, 1856 p.
BALZAC, Honoré de, *Le Père Goriot*, éd. Henri Gauthier, dans *La Comédie humaine*, vol. III, « Études de mœurs : Scènes de la vie privée. Scènes de la vie de province », Paris, Gallimard, « Bibliothèque de la Pléiade », 1976, 1760 p.
BALZAC, Honoré de, *Séraphîta*, éd. Henri Gauthier, dans *La Comédie humaine*, vol. XI « Études philosophiques. Études analytiques », Paris, Gallimard, « Bibliothèque de la Pléiade », 1980, 1952 p.
DREISER, Theodore, *The Financier* [1912], New York, Meridian, 1995, 462 p.
FLAUBERT, Gustave, *Bouvard et Pécuchet*, éd. Claudine Gothot-Mersch, Paris, Gallimard, « folio classique », 1979, 570 p.
FLAUBERT, Gustave, *L'Éducation sentimentale*, éd. Pierre-Marc de Biasi, Paris, Librairie générale française, « Le Livre de Poche Classique », 2002, 668 p.
NORRIS, Frank, *Le Gouffre*, trad. M.-B. de Gramont, Paris, Les éditions du sonneur, 2012, 355 p.
NORRIS, Frank, *The Pit* [1901], in *Novels and Essays*, Literary Classics of the United States, The Library of America, New York, 1986.
NORRIS, Frank, *The Pit* [1901], Cambridge (Massachusetts), Robert Bentley Inc., 1971, 421 p.

VERNE, Jules, *Vingt mille lieues sous les mers* [1869-1870], éd. Henri Scepi, Paris, Gallimard, « Bibliothèque de la Pléiade », 2012, 1394 p.
VERNE, Jules, *Voyage au centre de la Terre*, éd. William Butcher, Paris, Gallimard, « folio classique », 2014, 457 p.
ZOLA, Émile, *La Bête humaine*, dans *Les Rougon-Macquart*, t. IV, éd. Henri Mitterand, Paris, Gallimard, « Bibliothèque de la Pléiade », 1966, 1812 p.
ZOLA, Émile, *Germinal*, dans *Les Rougon-Macquart*, t. III, éd. Henri Mitterand, Paris, Gallimard, « Bibliothèque de la Pléiade », 1964, 1968 p.
ZOLA, Émile, *Nouveaux Contes à Ninon*, dans *Contes et nouvelles*, éd. Roger Ripoll, Paris, Gallimard, « Bibliothèque de la Pléiade », 1976, 1624 p.

Théâtre, poésie, essais, pamphlets,
journaux, correspondances

BAYARD, Jean-François Alfred, *Monsieur Gogo à la Bourse*, vaudeville en un acte et un tableau, Paris, Marchant éditeur, 1838, 18 p.
DELÉCLUZE, Étienne-Jean, *Souvenirs de soixante années*, Paris, Michel Lévy, 1862, 551 p.
GAUTIER, Théophile, *Caprices et zigzags*, Paris, V. Lecou, 1852, 351 p.
GAUTIER, Théophile, *Histoire de l'art dramatique en France depuis vingt-cinq ans* (6 vol.) [1858-1859], Genève, Slatkine reprints, 1968.
GAUTIER, Théophile, *Œuvres complètes*, section VI, critique théâtrale, t. IV (années 1843-1844), éd. Patrick Berthier, Paris, Honoré Champion, 2012, 1093 p.
GIONO, Jean, « Virgile » [1960], dans *Œuvres romanesques complètes*, éd. Robert Ricatte, vol. III, Paris, Gallimard, « Bibliothèque de la Pléiade », 1974.
HUYSMANS, Joris-Karl, *À Rebours*, éd. Marc Fumaroli [1977], Paris, Gallimard, « folio », 1991, 433 p.
LECONTE DE LISLE, Charles, *Poèmes antiques*, dans *Œuvres complètes*, t. I, éd. Vincent Vivès, Paris, Classiques Garnier, 2011, 641 p.
LECONTE DE LISLE, Charles, *Poèmes barbares*, dans *Œuvres complètes*, t. III, éd. Edgard Pich, Paris, Honoré Champion, 2012, 697 p.
PÉGUY, Charles, *L'Argent* [1913], dans *Œuvres en prose complètes*, vol. III, éd. Robert Burac, Paris, Gallimard, « Bibliothèque de la Pléiade », 1992, 2090 p.
PÉGUY, Charles, *Œuvres en prose complètes*, vol. I, éd. Robert Burac, Paris, Gallimard, « Bibliothèque de la Pléiade », 1987, 1934 p.
STAËL, Germaine de, *De la littérature*, éd. Gérard Gengembre et Jean Goldzink, Paris, GF-Flammarion, 1991, 445 p.
STENDHAL, « La comédie est impossible en 1836 », dans Antoine de Baecque (éd.), *Du rire, essai philosophique sur un sujet difficile et autres essais*, Paris, Rivages poche, 2005, 180 p.

STENDHAL, *Correspondance générale*, t. II (1810-1816), éd. Victor Del Litto, Paris, Honoré Champion, 1998, 806 p.
STENDHAL, *Correspondance générale*, t. III (1817-1830), éd. Victor Del Litto, Paris, Honoré Champion, 1999, 890 p.
STENDHAL, *Courrier anglais*, vol. V, éd. Henri Martineau, Paris, Le Divan, 1936.
STENDHAL, *Journal littéraire* I [1801-1804], dans *Œuvres complètes*, vol. 33, éd. Victor Del Litto et Ernest Abravanel, Genève, Édito-service, « Cercle du bibliophile », 1970, 602 p.
STENDHAL, *Journal littéraire* II [1804, suite-1813], dans *Œuvres complètes*, vol. 34, éd. Victor Del Litto et Ernest Abravanel, Genève, Édito-service, « Cercle du bibliophile », 1970, 560 p.
STENDHAL, *Journal littéraire* III [1813, suite-1840], dans *Œuvres complètes*, vol. 35, éd. Victor Del Litto et Ernest Abravanel, Genève, Édito-service, « Cercle du bibliophile », 1970, 432 p.
STENDHAL, *Mélanges II (Journalisme)*, dans *Œuvres complètes*, vol. 46, éd. Victor Del Litto et Ernest Abravanel, Genève, Édito-service, « Cercle du bibliophile », 1972, 359 p.
STENDHAL, *Mémoires d'un touriste*, dans *Voyages en France*, éd. Victor Del Litto, Paris, Gallimard, « Bibliothèque de la Pléiade », 1992, 1873 p.
STENDHAL, *Racine et Shakespeare (1818-1825) et autres textes de théorie romantique*, éd. Michel Crouzet, Paris, Honoré Champion, 2006, 550 p.
STENDHAL, *Rome, Naples, Florence*, dans *Voyages en Italie*, éd. Victor Del Litto, Paris, Gallimard, « Bibliothèque de la Pléiade », 1973, 1873 p.
STENDHAL, *Souvenirs d'égotisme* et *Vie de Henry Brulard*, dans *Œuvres intimes*, t. II, éd. Victor Del Litto, Paris, Gallimard, « Bibliothèque de la Pléiade », 1982, 1712 p.
STENDHAL, *D'un nouveau complot contre les industriels*, dossier établi par P. Chartier, A. Delaveau, J.-M. Gleize, G. Mouillaud *et al.*, Flammarion, « Nouvelle bibliothèque romantique », 1972, 190 p.
VALÉRY, Paul, *Histoires brisées*, dans *Œuvres* vol. II, éd. Jean Hytier, Gallimard, « Bibliothèque de la Pléiade », 1960, 1696 p.
VERNE, Jules, *Correspondance inédite de Jules Verne et Pierre-Jules Hetzel (1863-1886)*, tome I (1863-1874), éd. Olivier Dumas, Piero Gondolo della Riva et Volker Dehs, Genève, Slatkine, 1999, 285 p.
VERNE, Jules, *Correspondance inédite de Jules Verne et Pierre-Jules Hetzel (1863-1886)*, tome III (1879-1886), éd. Olivier Dumas, Piero Gondolo della Riva et Volker Dehs, Genève, Slatkine, 2002, 423 p.
VERNE, Jules, entretien avec Adrien Marx [1873] et entretien avec Marie A. Belloc [1895], dans Daniel Compère et Jean-Michel Margot, *Entretiens avec Jules Verne, 1873-1905*, Genève, Slatkine, 1998, 275 p.

CORPUS D'ÉCONOMIE POLITIQUE

Théoriciens

BASTIAT, Frédéric, *Capital et rente* [février 1849], dans *Œuvres complètes* de Frédéric Bastiat, t. V, éd. Prosper Paillottet et Roger de Fontenay, Paris, Guillaumin, 1854.

BASTIAT, Frédéric, *Sophismes économiques*, préface de Michel Leter, Les Belles Lettres, « La Bibliothèque classique de la liberté », 2005, 290 p.

BASTIAT, Frédéric, *Pamphlets*, préface de Michel Leter, Les Belles Lettres, « La Bibliothèque classique de la liberté », 2009, 412 p.

BENTHAM, Jeremy, *An introduction to the principles of morals and legislation*, éd. J. H. Burns et H. L. A. Hart, introd. F. Rosen, Oxford, Clarendon Press, 1996, 343 p.

JEVONS, William Stanley, *The Coal Question. An Inquiry Concerning the Progress of the Nation, and the Probable Exhaustion of our Coal-mines* [1865], Basingstoke-New York, Palgrave, 2001, 349 p.

MALTHUS, Thomas Robert, *Essai sur le principe de population, en tant qu'il influe sur le progrès futur de la société, avec des remarques sur les théories de Mr Godwin, de M. Condorcet et d'autres auteurs* [1798], traduit de l'anglais par Éric Vilquin, préface de Jacques Dupâquier, Paris, Institut national d'études démographiques, Imprimerie nationale, 1980, 166 p.

MALTHUS, Thomas Robert, *Essai sur le principe de population*, traduit de l'anglais par Pierre Prévost, Paris/Genève, J. J. Paschoud, 1809 (3 vol.). [Édition possédée par Stendhal]

MALTHUS, Thomas Robert, *Essai sur le principe de population*, traduit de l'anglais par Pierre et Guillaume Prévost, préface de Jean-Paul Maréchal, Paris, GF-Flammarion, 1992 (2 tomes de 480 et 436 p.).

MALTHUS, Thomas Robert, *Principes d'économie politique : considérés sous le rapport de leur application pratique*, préface de Jean-François Faure-Soulet, Calmann-Lévy « perspectives économiques », 1969, 367 p.

MARX, Karl, *Le Capital : critique de l'économie politique. Livre premier, Le procès de production du capital* [1867], traduit de la quatrième édition allemande par Étienne Balibar, Gérard Cornillet, Geneviève Espagne *et al.*, éd. Jean-Pierre Lefebvre, Paris, PUF, « Quadrige », 3e éd., 2009, 940 p.

QUESNAY, François, *Œuvres économiques complètes et autres textes*, éd. Christine Théré, Loïc Charles et Jean-Claude Perrot, Paris, Institut national d'études démographiques, 2005 (2 vol. 1618 p.).

QUESNAY, François, *Maximes générales du gouvernement économique d'un royaume agricole* [1767], in *Œuvres économiques et philosophiques de François Quesnay*, éd. August Oncken, Francfort, Joseph Baer / Paris, Jules Peelman, 1888, 814 p.

Say, Jean-Baptiste, *Cours d'économie politique et autres essais*, [1815/1828-1829], présentation, chronologie, bibliographie par Philippe Steiner, Paris, GF-Flammarion, 1996, 450 p.

Say, Jean-Baptiste, *Traité d'économie politique*, Paris, impr. Crapelet, éd. Déterville, 1803, (2 vol. de 527 et 572 p.). [Édition possédée par Stendhal]

Say, Jean-Baptiste, *Traité d'économie politique*, facsimilé de l'édition de 1803, Düsseldorf, Faks. Ausg., « Klassiker der Nationalökonomie », 1986 (2 vol. de 527 et 572 p.).

Say, Jean-Baptiste, *Traité d'économie politique*, dans *Œuvres complètes de Jean-Baptiste Say*, édition d'Emmanuel Blanc, Pierre-Henri Goutte, Gilles Jacoud *et al.*, Paris, Economica, 2006, 2 vol., 1065 p.

Sismondi, Jean-Charles Simonde de, *Nouveaux principes d'économie politique, ou De la richesse dans ses rapports avec la population* [1819], éd. Pascal Bridel, Francesca Dal Degan et Nicolas Eyguesier, dans *Œuvres économiques complètes*, vol. V, Paris, Economica, 2015, 364 p.

Sismondi, Jean-Charles Simonde de, *Nouveaux principes d'économie politique, ou De la richesse dans ses rapports avec la population*, Delaunay, Paris, 1819 (2 vol. de 453 et 449 p.).

Smith, Adam, *Recherches sur la nature et les causes de la richesse des nations* [-1776], trad. et préface Germain Garnier, Paris, 1802. [Édition possédée par Stendhal]

Smith, Adam, *Recherches sur la nature et les causes de la richesse des nations* [-1776], trad. Germain Garnier, entièrement revue et corrigée, précédée d'une notice biographique par M. Blanqui, avec les commentaires de Buchanan, G. Garnier, Mac Culloch *et al.*, augmentée de notes inédites de Jean-Baptiste Say et d'éclaircissements historiques par M. Blanqui, Paris, Guillaumin, « Collection des principaux économistes », vol. V et VI, 1843 (2 vol de 520 et 714 p.).

Smith, Adam, *Recherche sur la nature et les causes de la richesse des nations* [1776], trad. Germain Garnier revue par Adolphe Blanqui, éd. Daniel Diatkine, Paris, GF-Flammarion, 1991 (2 vol. de 531 et 637 p.).

Smith, Adam, *Théorie des sentiments moraux* [1759], texte traduit, introduit et annoté par Michaël Biziou, Claude Gautier et Jean-François Pradeau, « Quadrige », 2014, 469 p.

Smith, Adam, *Théorie des sentimens moraux ou essai analytique sur les principes des jugemens que portent naturellement les hommes*, suivi d'une *Dissertation sur l'origine des langues*, traduit de l'anglais par Mme S. de Grouchy, marquise de Condorcet, suivi de huit *Lettres sur la sympathie*, Paris, An VI-1798 (2 volumes).

Autres économistes, publicistes, auteurs de manuels, vulgarisateurs

DE LA SAGRA, Ramon, réfutation d'un discours de Michel Chevalier au Collège de France, dans *Organisation du travail : questions préliminaires à l'examen de ce problème*, Paris, Ledoyen, 1848, 95 p.

GIDE, Charles « L'école nouvelle », troisième conférence, dans *Quatre écoles d'économie sociale : conférences données à l'Aula de l'université de Genève, ; sous les auspices de la société chrétienne suisse d'économie sociale*, Genève, Stapelmohr, 1890, p. 99-154.

GIDE, Charles, « Henri Saint-Marc », *Revue d'économie politique*, Paris Sirey-Dalloz, 1896, p. 847-854.

GUYOT, Yves, « Jean-Baptiste Say et la Loi des débouchés », *Journal des économistes*, 15 décembre 1927, Félix Alcan, p. 273-289.

GUYOT, Yves, *La science économique*, Introduction à la 2e édition, Paris, Reinwald, 1887, 47 p.

GUYOT, Yves, *La science économique*, Paris, Reinwald, « Bibliothèque des sciences contemporaines » vol. VII, 1881, 471 p.

LEROY-BEAULIEU, Paul, *Essai sur la répartition des richesses et la tendance à une moindre égalité des conditions* [préface de novembre 1880], Paris, Guillaumin, 1881, 586 p.

LEVASSEUR, Émile, *L'ouvrier américain : l'ouvrier au travail, l'ouvrier chez lui, les questions ouvrières*, Paris, L. Larose, 1898, 2 vol., 658 p.

MARTINEAU, Harriet, *Illustrations of Political Economy*, Londres, Charles Fox, 1834 (9 volumes).

MOLINARI, Gustave de, *Les lois naturelles de l'économie politique*, Paris, Guillaumin, 1887, 333 p.

NITTI, Francesco Saverio, *La population et le système social*, préface de René Worms, Paris, V. Giard et E. Brière, « Bibliothèque sociologique internationale », 1897, 276 p.

TRUCHY, Henri, compte rendu de Francesco Saverio Nitti, *Principes de science des finances*, trad. J. Chamard, préface A. Wahl, Paris, Giard et Brière, 1904, *Revue de science et de législation financières*, janvier 1904, p. 555-558.

VERGÉ, Ch., [Rapport sur la communication entre MM. Dunoyer, Cousin, Blanqui et Chevalier], « De l'objet et des limites de l'économie politique », *Séances et travaux de l'académie des sciences morales et politiques* [1853], Paris, A. Durand, 1855, p. 145-199.

PHILOSOPHIE POLITIQUE, SOCIOLOGIE, CRITIQUE CHRÉTIENNE DE L'ÉCONOMIE POLITIQUE

CONDORCET, *Arithmétique politique. Textes rares ou inédits (1767-1789)*, éd. Bernard Bru et Pierre Crépel, Paris, Institut national d'études démographiques / PUF, 1994, 746 p.

CONDORCET, *Esquisse d'un tableau historique de l'esprit humain*, éd. Alain Pons, Paris, GF-Flammarion, 1988, 350 p.

CONCORCET, Marie-Louise Sophie de GROUCHY, marquise de, *Lettres sur la sympathie* [1798], Marc-André Bernier et Deidre Dawson (dir.), Oxford, Voltaire Foundation, « Studies on Voltaire and the eighteenth century », 2010, 238 p.

CONSTANT, Benjamin, *De la liberté chez les modernes – Écrits politiques*, textes choisis, présentés et annotés par Marcel Gauchet, Paris, Hachette, « Pluriel », 1980, 703 p.

DURKHEIM, Émile, *De la division du travail social* [1893], introduction de Serge Paugam, Paris, PUF, « Quadrige », 8e éd., 2013, 416 p.

FAGUET, Émile, « Charles Fourier », *Revue des deux mondes*, juillet-août 1896, p. 570-594.

FOURIER, Charles, « Détérioration matérielle de la planète » [1822/1847], dans René Schérer (éd.), *L'écosophie de Charles Fourier : deux textes inédits*, Paris, Anthropos/Economica, 2001, 174 p.

FOURIER, Charles, *Théorie de l'unité universelle* [1845], vol. II, « Théorie en abstrait / Introduction / Notions préliminaires », dans *Œuvres complètes de Ch. Fourier*, tome III [1841-1842], Paris, éd. Anthropos (reprint), 1966, 452 p.

GOBLOT, Edmond, « Exercices logiques sur les jugements de valeur », *Revue philosophique de la France et de l'étranger*, Paris, Alcan, janvier 1926, p. 321-337.

HELVÉTIUS, *De l'Esprit* [1758], texte revu par Jacques Moutaux, Paris, Fayard, « Corpus des œuvres de philosophie en langue française », 1988, 574 p.

HELVÉTIUS, *De l'Homme* [1773], texte revu par Geneviève et Jacques Moutaux, Paris, Fayard, « Corpus des œuvres de philosophie en langue française », 1989, 2 vol., 971 p.

KROPOTKINE, Pierre, *La Conquête du pain*, 2e éd., préface par Élisée Reclus, Paris, Tresse et Stock, 1892, 299 p.

LAMÉ-FLEURY, Ernest, compte rendu de l'ouvrage de M. P. Rivet, avocat à la Cour d'appel de Paris, *Des rapports du droit et de la législation avec l'économie politique* (Paris, Guillaumin, 1864), *Journal des économistes*, avril 1865.

LAURENTIE, Pierre-Sébastien, *Théorie catholique des sciences. Introduction à l'encyclopédie du XIXe siècle*, Paris, Bureau de l'Encyclopédie, 1842, 92 p.

LAVELEYE, Émile de, *Le socialisme contemporain* [1880], 2ᵉ éd., Paris, Germer-Baillère, 1883, 335 p.
LE BON, Gustave, *Psychologie des foules* [1895], 9ᵉ éd., Paris, PUF, « Quadrige », 2014, 132 p.
LEMONTEY, Pierre-Édouard, *Œuvres*, t. Iᵉʳ, éd. revue par l'auteur, Paris, Sautelet et Cⁱᵉ éditeurs, 1829, 423 p.
NÉEL, James-Élie, « Les deux nouvelles écoles », *Revue chrétienne*, juillet 1894, p. 344-357 et 415-422.
RENAN, Ernest, *Dialogues philosophiques et religieux*, éd. Laudyce Rétat, Paris, CNRS éditions, 1992, 185 p.
RENAUD, Hippolyte, *Solidarité : vue synthétique sur la doctrine de Charles Fourier*, 7ᵉ éd, Paris, Bibliothèque phalanstérienne, 1898, 364 p.
TARDE, Gabriel, *La Psychologie économique*, Paris, Alcan, 1902 (2 volumes de 383 et 449 p.).
TOCQUEVILLE, Alexis de, *Correspondance anglaise vol. II, Correspondance et conversations d'Alexis de Tocqueville et Nassau William Senior*, dans *Œuvres complètes* t. VI, éd. Hugh Brogan et Anne Paterson Kerr, Paris, Gallimard, 1991, 538 p.
TOCQUEVILLE, Alexis de, *Mémoire sur le paupérisme* (premier mémoire), à l'invitation de la Société royale académique de Cherbourg, dans *Œuvres complètes* t. XVI, *Mélanges littéraires et économiques*, éd. Françoise Mélonio, Paris, Gallimard, 1989, p. 117-139.
VALOIS, L., « Qu'est-ce que l'économie politique ? », *La Revue synthétique. Sciences, littérature, Beaux-arts, industrie*, tome second, Paris, Aux bureaux de la Revue synthétique, 1843, p. 132-149.
VERDONIE, Jean-Louis de la, « Essai de morale économique : le devoir social du patron », *La Science catholique : revue des questions religieuses* (périodique), 18ᵉ année, n° 1, décembre 1903, p. 41-50.

DOCUMENTS DIVERS

BILLEREY, François, *Mémoire historique, scientifique et polémique sur un nouvel hydro-caléfacteur à la vapeur d'eau*, Grenoble-Paris, 1826.
BROCHARD, André-Théodore, *La vérité sur les enfants trouvés*, Paris, Plon, 1876, 405 p.
Dictionnaire théorique et pratique du commerce et de la navigation, tome Iᵉʳ (lettres A-G), Guillaumin, 1859.
DRILLON, P., Compte rendu de la Conférence de Carême de 1896 à Notre Dame de Paris par Mgr d'Hulst, « Bulletin des sciences sociales », *La Science catholique : revue des questions religieuses*, Lyon, Delhomme et Briguet et Paris, Sueur-Charruey, 15 novembre 1896, p. 1210-1212.

Francœur, L.-B., Molard F.-E., Lenormand L.-S., Payen, Robiquet P.-J (dir.), *Dictionnaire technologique ou Nouveau dictionnaire universel des arts et métiers et de l'économie industrielle et commerciale*, Paris, Thomine, 1822-1835 (22 volumes).

Moléon, J.-G. V de (dir.), *Annales mensuelles de l'industrie manufacturière, agricole et commerciale, de la salubrité publique et des Beaux-Arts*, Paris, Bachelier, 1827 (2 volumes).

Strauss, Paul, *L'enfance malheureuse*, Paris, Charpentier et Fasquelle, 1896, 298 p.

CORPUS CRITIQUE

ÉTUDES SUR LES AUTEURS
(HORS ÉTUDES SUR ÉCONOMIE
ET LITTÉRATURE)

Balzac

L'Année balzacienne, n° 4, 2003, « Relectures du *Médecin de campagne* ».

Barbéris, Pierre, *Le monde de Balzac*, [1973], Paris, Kimé, 1999, 637 p.

Barbéris, Pierre, *Mythes balzaciens*, Paris, Armand Colin, « Études romantiques », 1972, 359 p.

Barbéris, Pierre, *Le Prince et le Marchand. Idéologiques : la littérature, l'histoire*, Paris, Fayard, 1980, 434 p.

Baron, Anne-Marie, « Fantasmes et sublimation dans *Le Médecin de campagne* », *L'Année balzacienne* n° 4, 2003, p. 77-90.

Déruelle, Aude, « L'usure des choses », *L'Année balzacienne* n° 10, 2009, p. 25-35.

Diaz, José-Luis, « Balzac bric-à-brac », *Le Magasin du XIXe siècle*, « Les choses », Société des Études Romantiques et Dix-neuviémistes / Champ Vallon, 2012, p. 86-93.

Diaz, José-Luis, « La société des choses », dans Marta Caraion (dir.), *Usages de l'objet. Littérature, histoire, arts et techniques XIXe-XXe siècles*, Seyssel, Champ Vallon, « Détours », 2014, p. 41-54.

Frølich, Juliette, *Des hommes, des femmes et des choses : langages de l'objet dans le roman de Balzac à Proust*, Saint-Denis, Presses universitaires de Vincennes, 1997, 166 p.

FRØLICH, Juliette, « Esquisse d'une poétique de l'objet dans le roman balzacien. Les choses pour le dire », dans Stéphane Vachon (dir.), *Balzac, une poétique du roman*, Saint-Denis, Presses Universitaires de Vincennes, 1996.

GENGEMBRE, Gérard, « Balzac, Bonald et/ou la Révolution bien comprise ? », *L'Année balzacienne*, 1990, p. 189-202.

LUKÁCS, Georg, *Balzac et le réalisme français*, trad. Paul Laveau, éd. Gérard Gengembre, La Découverte/poche, 1999, 111 p.

LYON-CAEN, Boris, « Raconter, expliquer, comprendre. Balzac et le problème de la causalité », *Poétique* n° 172, novembre 2012, p. 423-439.

MÉRA, Brigitte, « L'art d'être croyant », *L'Année balzacienne* n° 4, 2003, p. 91-100.

RICHARD, Jean-Pierre, *Études sur le romantisme*, Paris, Seuil, « Pierres vives », 1970, 286 p.

VACHON, Stéphane (éd.), *Honoré de Balzac. Mémoire de la critique*, Paris, Presses de l'Université Paris-Sorbonne, 1999, 557 p.

WURMSER, André, *La Comédie inhumaine* [1964], Paris, Gallimard, « Bibliothèque des idées », 1979, 840 p.

Flaubert

DUCHET, Claude, « Roman et objets : l'exemple de *Madame Bovary* » [*Europe*, sept-nov 1969], in *Travail de Flaubert*, Paris, Seuil, « points essais », 1983, p. 11-43.

HERSCHBERG-PIERROT, Anne (dir.), *Savoirs en récits I – Flaubert : la politique, l'art, l'histoire*, Saint-Denis, Presses Universitaires de Vincennes, « Manuscrits modernes », 2010, 180 p.

MARZEL, Shoshana-Rose, « La sexualité de M. Homais », *Flaubert* [https://flaubert.univ-rouen.fr], 3 | 2010, mis en ligne le 30 septembre 2010, consulté le 13 juillet 2014.

MÉLONIO, Françoise, « Flaubert 'libéral enragé ?' », in Anne Herschberg-Pierrot (dir.), *Savoirs en récits I – Flaubert : la politique, l'art, l'histoire*, Saint-Denis, Presses Universitaires de Vincennes, « Manuscrits modernes », 2010, p. 15-33.

NEEFS, Jacques, « 'Un nouvel archiviste', Flaubert archéologue des savoirs », in Anne-Herschberg-Pierrot et Jacques Neefs (dir.), *Bouvard et Pécuchet : archives et interprétation*, Nantes, Éditions nouvelles Cécile Defaut, 2014, p. 63-82.

RAIMOND, Michel, « Le réalisme subjectif dans *L'Éducation sentimentale* » [*Europe*, sept-nov 1969], dans *Travail de Flaubert*, Paris, Seuil, « points essais », 1983, p. 93-102.

RICHARD, Jean-Pierre, « La création de la forme chez Flaubert », dans *Littérature et sensation. Stendhal. Flaubert* [1954], Paris, Seuil, « Points Essais », 1990, p. 137-252.

SÉGINGER, Gisèle, « Écrire l'histoire antique. Le défi esthétique de *Salammbô* », dans Anne Herschberg-Pierrot (dir.), *Savoirs en récits I – Flaubert : la politique, l'art, l'histoire*, Saint-Denis, Presses Universitaires de Vincennes, « Manuscrits modernes », 2010, p. 63-85.

SÉGINGER, Gisèle, *Flaubert, une poétique de l'histoire*, Strasbourg, Presses universitaires de Strasbourg, 2000, 256 p.

THERENTY, Marie-Ève, « Flaubert et l'histoire littéraire », dans Anne Herschberg-Pierrot (dir.), *Savoirs en récits I – Flaubert : la politique, l'art, l'histoire*, Saint-Denis, Presses Universitaires de Vincennes, « Manuscrits modernes », 2010, p. 109-143.

TRIAIRE, Sylvie, *Une esthétique de la déliaison – Flaubert (1870-1880)*, Paris, Honoré Champion, 2002, 476 p.

Stendhal

ANSEL, Yves, « Le paysage est un miroir qu'on promène le long du roman », *L'Année stendhalienne* n° 3, Paris, Honoré Champion, 2004, p. 9-30.

ANSEL, Yves, BERTHIER, Philippe et NERLICH, Michael (dir.), *Dictionnaire de Stendhal*, Paris, Honoré Champion, 2003, 776 p. (voir notamment les articles « Argent », « Économie », « Industriel »)

ANSEL, Yves, *Stendhal littéral. Le Rouge et le Noir*, Paris, Kimé, 2001, 209 p.

BARBÉRIS, Pierre, « Les éléments constitutifs de la ville et la naissance d'un problème », *L'Année Stendhal* n° 2, Genève, Klincksieck, 1998, p. 5-20.

BELLEMIN-NOËL, Jean, *L'auteur encombrant. Stendhal, Armance*, Villeneuve d'Ascq, Presses Universitaires de Lille, « Objet », 1985, 103 p.

BERTHIER, Philippe, *Espaces stendhaliens*, Paris, PUF, « Écrivains », 1997, 343 p.

BERTHIER, Philippe, *Stendhal. Vivre, écrire, aimer*, Paris, Éditions de Fallois, 2010, 542 p.

BLIN, Georges, *Stendhal et les problèmes du roman* [1954], Paris, José Corti, 1990, 339 p.

BLIN, Georges, *Stendhal et les problèmes de la personnalité* [1958], Paris, José Corti, 2001, 655 p.

BOURDENET, Xavier, « Les laideurs de la civilisation », *L'Année Stendhalienne* n° 2, Paris, Honoré Champion, 2003, p. 9-42.

CROUZET, Michel, *Nature et société chez Stendhal. La révolte romantique*, Villeneuve d'Ascq, Presses Universitaires de Lille, 1985, 232 p.

CROUZET, Michel, « L'or, la Bourse et l'ironie » [1985], dans *Lucien Leuwen, le mentir-vrai de Stendhal*, Orléans, Paradigme, 1999, 261 p.

CROUZET, Michel, « Stendhal et l'énergie : du Moi à la Poétique », *Romantisme* n° 46, 1984, p. 61-78.
CROUZET, Michel, *Stendhal en tout genre : essai sur la poétique du moi*, Paris, Honoré Champion, 2004, 337 p.
DEL LITTO, Victor, *En marge des manuscrits de Stendhal, Compléments et fragments inédits (1803-1820)*, PUF, 1955, 435 p.
DEL LITTO, Victor, *La vie intellectuelle de Stendhal. Genèse et formation de ses idées (1802-1821)*, Paris, PUF, 1959, 731 p.
DEL LITTO, Victor, *Une somme stendhalienne, Études et documents 1935-2000*, t. II, Paris, Champion, 2002. Voir en particulier « L'étude de l'économie politique. Nouvelles notes inédites » (p. 1151-1171) ; « De l'étude de l'économie politique à la querelle de l'industrialisme » (p. 1107-1119) ; « Commerce et commerçants chez Stendhal » (p. 1667-1677) ; « Réalisme et/ou 'espaces imaginaires'. Stendhal et l'argent » (p. 1681-1687).
DIDIER, Béatrice, « L'argent dans la *Vie de Henry Brulard* », *Stendhal Club*, n° 144, « Stendhal et l'argent », 1994, p. 277-291.
DIDIER, Béatrice, « La description dans les textes autobiographiques », *L'Année Stendhalienne* n° 2, Paris, Honoré Champion, 2003, p. 57-69.
KLIEBENSTEIN, Georges, « Dysmimésis stendhalienne », *L'Année Stendhalienne* n° 2, Paris, Honoré Champion, 2003, p. 137-159.
KLIEBENSTEIN, Georges, *Figures du destin stendhalien*, Paris, Presses de la Sorbonne nouvelle, 2004, 390 p.
LIPRANDI, Claude, *Au cœur du Rouge. L'affaire Lafargue et Le Rouge et le Noir*, Lausanne, éd. du Grand Chêne, 1961, 368 p.
MANZINI, Francesco, *Stendhal's Parallel Lives*, Bern, Peter Lang, « *Romanticism and after in France* » vol. 8, 2004, 494 p.
MARIETTE-CLOT, Catherine, « Paysages silencieux et sublimes : l'objet de la description chez Stendhal », *L'Année Stendhalienne* n° 2, Paris, Honoré Champion, 2003, p. 105-114.
MOUILLAUD, Geneviève, « Le pamphlet impossible », dans Stendhal, *D'un nouveau complot contre les industriels*, Flammarion, « nouvelle bibliothèque romantique », 1972, p. 69-90.
REY, Pierre-Louis, « Le talisman de Stendhal », dans Gisèle Séginger (dir.), *De l'objet à l'œuvre*, Strasbourg, Presses Universitaires de Strasbourg, 1997, 211 p.
ROYER, Louis, *Les livres de Stendhal dans la bibliothèque de son ami Crozet*, Paris, Librairie Henri Leclerc – L. Giraud-Badin, 1923, 28 p.
RUDE, Fernand, *Stendhal et la pensée sociale de son temps* [Plon, 1967], nouvelle éd. augmentée, Paris, Gérard Monfort, « Imago mundi », 1983, 362 p. (voir en particulier les p. 57-93 sur l'économie politique).

STAROBINSKI, Jean, « Stendhal pseudonyme » [1951], dans *L'œil vivant*, Paris, Gallimard, 1961.

VANOOSTHUYSE, François, *Le moment Stendhal*, Paris, Classiques Garnier, 2017, 464 p.

Verne

BESSIÈRE, Jean (dir.), *Modernités de Jules Verne*, Paris, CERR/PUF, 1988, 245 p.

BUTCHER, William, « Chirurgie et hypnose : pour une 'dé-hetzelisation' de *L'Île mystérieuse* », dans *Les Voyages extraordinaires de Jules Verne : de la création à la réception*, Amiens, CERR / Encrage Université, « Romanesques », 2012, p. 137-153.

BUTOR, Michel, « Le point suprême et l'âge d'or » [1949], dans *Essais sur les modernes*, Paris, Gallimard, « Tel », 1992, p. 35-94.

CHAMPEAU-FONTENEAU, Virginie, « 'Rien à inventer, tout à fabriquer'. Chimie et technique dans *L'Île mystérieuse* », dans Philippe Mustière et Michel Fabre (dir.), *Jules Verne, les machines et la science*, Nantes, Coiffard, 2005, p. 205-221.

CHELEBOURG, Christian, « L'invention des *Voyages extraordinaires* », dans *Jules Verne ou les inventions romanesques*, Amiens, CERR / Encrage Université, 2007, « Romanesques », p. 263-278.

CHESNEAUX, Jean, *Jules Verne, une lecture politique*, Paris, Maspero, 1971, 196 p.

CHEVREL, Yves, « Questions de méthode et d'idéologie chez Verne et Zola. *Les Cinq cents millions de la Bégum* et *Travail* », *Revue des Lettres modernes*, série Jules Verne n° 2, Paris, Minard, 1978.

CLERMONT, Philippe, « Jules Verne ou un darwinisme en suspens », dans Jean-Pierre Picot et Christian Robin (dir.), *Jules Verne. Cent ans après*, Rennes, Terre de Brume, 2005, p. 347-367.

DELABROY, Jean, « La terre des promesses », dans *Jules Verne ou les inventions romanesques*, Amiens, CERR / Encrage Université, « Romanesques », 2007, p. 495-505.

DELABROY, Jean, « Les variations du vernier », *Revue des Lettres Modernes*, série Jules Verne, n° 6, « La science en question », Paris, Minard, 1992, p. 143-153.

DROUIN-HANS, Anne-Marie et DROUIN Anne-Marie, « Maîtriser la nature, organiser la cité : rêve ou cauchemar ? », dans Philippe Mustière et Michel Fabre (dir.), *Jules Verne, science, crises et utopies* (actes des rencontres JV du 22-23 novembre 2012, École centrale de Nantes), Nantes, Coiffard, 2013, 457 p.

FOUCAULT, Michel, « L'Arrière-fable », *L'Arc* n° 29 « Jules Verne », Aix-en-Provence, 1965, p. 5-12.

JOLY, Jean-Luc, « Georges Perec et Jules Verne : une leçon en totalisation », dans *Jules Verne ou les inventions romanesques*, Amiens, Encrage université, « Romanesques », 2007, p. 439-469.

LE SCANFF, Yvon, « *Le Rayon vert* et le problème de la représentation romanesque », dans *Jules Verne ou les inventions romanesques*, Amiens, CERR / Encrage Université, « Romanesques », 2007, p. 249-262.

LENGRAND, Claude, *Dictionnaire des « Voyages extraordinaires »*, tome II, Amiens, Encrage, « Bibliothèque du Rocambole », 2011, 352 p.

MELMOUX-MONTAUBIN, Marie-Françoise et REFFAIT, Christophe, Les Voyages extraordinaires *de Jules Verne : de la création à la réception*, Amiens, CERR / Encrage Université, « Romanesques », 2012, 396 p.

NOIRAY, Jacques, « L'inscription de la science dans le texte littéraire : l'exemple de *Vingt mille lieues sous les mers* », dans *Jules Verne ou les inventions romanesques*, Amiens, Encrage université, « Romanesques », 2007, p. 29-50.

NOIRAY, Jacques, « Le traitement des savoirs dans *L'Île mystérieuse* », dans Jacques Neefs (dir.), *Savoirs en récits II. Éclats de savoirs : Balzac, Nerval, Flaubert, Verne, les Goncourt*, Saint-Denis, Presses Universitaires de Vincennes, 2010, p. 119-138.

PICARD, Michel, « Le trésor de Nemo : *L'Île mystérieuse* et l'idéologie », *Littératures* n° 16, « Images et discours », décembre 1974, p. 88-101.

PICOT, Jean-Pierre et ROBIN, Christian (dir.), *Jules Verne. Cent ans après*, Rennes, Terre de Brume, 2005, 493 p.

RAYMOND, François et VIERNE, Simone (dir.), *Jules Verne et les sciences humaines*, actes de la décade de Cerisy des 11-21 juillet 1978, Paris, UGE, « 10/18 », 1979, 441 p.

REFFAIT, Christophe et SCHAFFNER, Alain (dir.), *Jules Verne ou les inventions romanesques*, Amiens, CERR / Encrage Université, « Romanesques », 2007, 505 p.

REFFAIT, Christophe, « Verne, Renan et l'anti-scientisme de la fin du XIXe siècle », dans Les Voyages extraordinaires *de Jules Verne : de la création à la réception*, Amiens, CERR / Encrage Université, « Romanesques », 2012, p. 233-254.

SCHAFFNER, Alain, « *L'Île mystérieuse* ou la réinvention du romanesque », dans *Jules Verne ou les inventions romanesques*, Amiens, CERR / Encrage Université, « Romanesques », 2007, p. 480-481.

SCHAFFNER, Alain, « *Le Testament d'un excentrique*, plagiat par anticipation ? », dans Les Voyages extraordinaires *de Jules Verne : de la création à la réception*, Amiens, CERR / Encrage Université, « Romanesques », 2012, p. 271-286.

UNWIN, Timothy, *Jules Verne : journeys in writing*, Liverpool, Liverpool University Press, 2005, 243 p.

VIERNE, Simone, *Jules Verne*, Paris, Balland, 1986, 447 p.

ZANOT, Irene, « Quelques observations sur la création du texte vernien, à partir de l'exemple de *Voyage au centre de la Terre* », dans *Les* Voyages extraordinaires *de Jules Verne : de la création à la réception*, Amiens, CERR / Encrage Université, « Romanesques », 2012, p. 56-62.

Zola

BAGULEY, David, *Fécondité d'Émile Zola. Roman à thèse, évangile, mythe*, Toronto, University of Toronto Press, 1973, 278 p.

BECKER, Colette, « La condition ouvrière dans *L'Assommoir* : un inéluctable enlisement », *Les Cahiers naturalistes*, n° 52, 1978, p. 42-57.

BECKER, Colette, « Du 'meurtrier par hérédité' au héros révolutionnaire. Étienne Lantier dans le dossier de *Germinal* », Cahiers de l'UER Froissart, automne 1980, p. 99-111.

BECKER, Colette, *La fabrique de « Germinal ». Dossier préparatoire de l'œuvre* (établissement du texte, annotation et présentation), Paris, SEDES, 1986, 514 p.

BECKER, Colette, avec la collaboration de Véronique LAVIELLE, *La fabrique des Rougon-Macquart*, édition des dossiers préparatoires, voir en particulier les vol. I, II et IV, Paris, Honoré Champion, respectivement 2003 et 2005.

BECKER, Colette, « Retour sur les dossiers préparatoires. Cela 's'établira en écrivant' », *Les Cahiers naturalistes*, n° 67, 1993, p. 225-234.

BORIE, Jean, *Zola et les mythes, ou De la nausée au salut* [1971], Paris, Librairie Générale Française, « Le Livre de Poche – Biblio Essais », 2003, 350 p.

BRUNET, Étienne, *Le vocabulaire de Zola*, vol. I, Genève, Slatkine/Paris, Champion, 1985, 472 p.

CHARLE, Christophe, « Zola et l'Histoire », dans Michèle Sacquin (dir.), *Zola et les historiens*, Paris, BnF, 2004, p. 12-21.

DEZALAY, Auguste, « Destruction et sacrilège chez Zola », dans La Curée *de Zola ou « la vie à outrance »*, Paris, SEDES, 1987, p. 195-201.

DEZALAY, Auguste, « L'infortune des Rougon ou Le Mal des origines », dans Myriam Watthee-Delmotte et Metka Zupancic (dir. et introd.) et Max Milner (préface), *Le Mal dans l'imaginaire littéraire français (1850-1950)*, Paris, L'Harmattan, 1998.

GLAUDES, Pierre, « Le naturel et le social dans *La Fortune des Rougon* », dans Pierre Glaudes et Alain Pagès (dir.), *Relire La Fortune des Rougon*, Paris, Classiques Garnier, 2015, p. 219-255.

HAMON, Philippe et LEDUC-ADINE, Jean-Pierre (dir.), *Mimesis et semiosis. Littérature et représentations. Miscellanées offertes à Henri Mitterand*, Paris, Nathan, 1992, 607 p.

LEDUC-ADINE, Jean-Pierre (dir.), *Zola, Genèse de l'œuvre*, Paris, CNRS Éditions, 2002, 300 p.

LUMBROSO, Olivier, « "Système des masses et grands ensembles" : la poétique des foules dans *Les Rougon-Macquart* », *Les Cahiers naturalistes*, n° 86, 2012, p. 9-26.

MITTERAND, Henri, *Le discours du roman*, Paris, PUF, « Écriture », 1980, 266 p.

MITTERAND, Henri, *Le roman à l'œuvre. Genèse et valeurs*, Paris, PUF, « Écriture », 1998, 310 p.

NOIRAY, Jacques, *Le romancier et la machine*, t. I, « L'univers de Zola », Paris, José Corti, 1981, 539 p.

PETREY, Sandy, « Le discours du travail dans *L'Assommoir* », *Cahiers naturalistes* n° 52, 1978, p. 58-67.

PIERRE-GNASSOUNOU, Chantal, *Zola, les fortunes de la fiction*, Nathan, « Le texte à l'œuvre », 1999, 218 p.

PIERRE, Chantal, « Zola et le contrôle de l'individu », *Les Cahiers naturalistes*, n° 86, 2012, p. 27-40.

REFFAIT, Christophe, « La renaissance de la nation selon *La Débâcle*, d'Émile Zola », *Dix-Neuf, Journal of the Society of Dix-Neuviémistes*, n° 6, avril 2006 [https://www.tandfonline.com]

SAMINADAYAR-PERRIN, Corinne, « D'impossibles nouveaux mondes : Zola, *L'Argent/Fécondité* », *Les Cahiers naturalistes*, n° 88 « Le roman colonial », 2014, p. 27-44.

SCHARF, Fabian, *Émile Zola : de l'utopisme à l'utopie (1898-1903)*, Honoré Champion, « Romantisme et modernités », 2011, 616 p.

SEILLAN, Jean-Marie, « Zola et le fait colonial : les raisons d'un rendez-vous manqué », *Les Cahiers naturalistes*, n° 88 « Le roman colonial », 2014, p. 13-26.

STEINS, Martin, « L'épisode africain de *Fécondité* et la tradition exotique », *Les Cahiers naturalistes*, n° 48, 1974, p. 164-181.

THOREL-CAILLETEAU, Sylvie, *La pertinence réaliste*, Paris, Honoré Champion, 2001, 216 p.

THOREL-CAILLETEAU, Sylvie (éd.), *Émile Zola. Mémoire de la critique*, Paris, Presses de l'Université Paris-Sorbonne, 1998, 368 p.

WHITE, Nicholas (dir.), *Romanic Review*, vol. 102, n° 3-4 (spécial Zola), New York, May-Nov 2011 (parution 2013), 224 p.

CRITIQUE LITTÉRAIRE GÉNÉRALE, THÉORIE LITTÉRAIRE

ADAM, Jean-Michel, *Les textes, types et prototypes. Récit, description, argumentation, explication et dialogue*, 2e édition, Paris, Armand Colin, 2005, 223 p.
ALBÉRÈS, René-Marill, *Histoire du roman moderne*, 4e éd. revue et augmentée, Paris, Albin Michel, 1962, 460 p.
BAKHTINE, Mikhaïl, *Esthétique et théorie du roman* [1924-1941], traduit du russe par Daria Olivier, Paris, Gallimard, « Tel », 1993, 488 p.
BARTHES, Roland, *L'analyse structurale du récit*, Paris, Seuil, « Points essais », 1981, 178 p.
BARTHES, Roland, « L'effet de réel » [*Communications* n° 11, 1968], in *Littérature et réalité*, Paris, Seuil, « Points essais », 1982, p. 81-90.
BARTHES, Roland, *Le plaisir du texte*, Paris, Seuil, « Points essais », 1973, 105 p.
BARTHES, Roland, *Nouveaux essais critiques* [1972], Paris, Seuil, « Points essais », 1988.
BERSANI, Léo, « Le réalisme et la peur du désir » [*Poétique* n° 22, avril 1975], in *Littérature et réalité*, Seuil, « Points essais », 1982, p. 47-80.
BONNEFOY, Yves, « La mélancolie, la folie, le génie – la poésie », in Jean Clair (dir.), *Mélancolie. Génie et folie en Occident*, Gallimard – Réunion des musées nationaux, 2005, p. 14-22.
BUTOR, Michel, *Essais sur le roman*, Paris, Gallimard, « Tel », 1995, 185 p.
CARAION, Marta (dir.), *Usages de l'objet. Littérature, histoire, arts et techniques XIXe-XXe siècles*, Seyssel, Champ Vallon, « Détours », 278 p.
COLIN, René-Pierre, *Dictionnaire du naturalisme*, Tusson, Du Lérot, 2012, 547 p.
COMPAGNON, Antoine, *Le démon de la théorie – Littérature et sens commun*, Paris, Seuil, « Points essais », 1998, 344 p.
DUBOIS, Jacques, *Les romanciers du réel, de Balzac à Simenon*, Paris, Seuil, « points essais inédit », 2000, 358 p.
DUFOUR, Philippe, *Le réalisme*, Paris, PUF, 1998, 339 p.
DUFOUR, Philippe, *Le roman est un songe*, Paris, Seuil, « Poétique », 2010, 449 p.
GENETTE, Gérard, *Figures III*, Paris, Seuil, « Poétique », 1972, 286 p.
GORE, Keith, *L'idée de progrès dans la pensée de Renan*, Paris, Nizet, 1970, 314 p.
LUKÁCS, Georg, *Le roman historique* [1937 ; trad. fra. 1965], Paris, Payot, « petite bibliothèque Payot », 2000, 410 p.
GOUDMAND, Anaïs, « L'objet et le roman-feuilleton. Stratégies de dévalorisation et traitement narratif (1836-1848) », dans Marta Caraion (dir.), *Usages de l'objet. Littérature, histoire, arts et techniques XIXe-XXe siècles*, Seyssel, Champ Vallon, « Détours », 2014, p. 68-81.
GRACQ, Julien, *En lisant en écrivant*, José Corti, 1980, 305 p.

GRACQ, Julien, entretien avec Jean-Paul Dekiss, dans *Jules Verne aujourd'hui. Julien Gracq, Michel Serres et Régis Debray* [entretiens avec Jean-Paul Dekiss publiés antérieurement dans la *Revue Jules Verne*], Paris, Le Pommier, 2013, 367 p.

GRACQ, Julien, *Lettrines*, dans *Œuvres complètes*, vol. 2, éd. Bernhild Boie, avec la collaboration de Claude Dourguin, Paris, Gallimard, « Bibliothèque de la Pléiade », 1995, p. 139-245.

GUSDORF, Georges, *Le Romantisme*, vol II. (*L'homme et la nature*) [1984], Paris, Payot, 1993, 706 p.

HAMON, Philippe, *Texte et idéologie* [1984], Paris, PUF, « Quadrige », 1997, 227 p.

HAMON, Philippe, « Un discours contraint » [1973], dans *Littérature et réalité*, Paris, Seuil, « Points essais », 1982, p. 119-181.

JOUVE, Vincent, *L'effet-personnage dans le roman*, Paris, PUF, « Écriture », 1992, 272 p.

Le Magasin du XIX siècle n° 2, « Les Choses », Société des Études Romantiques et Dix-neuviémistes / Champ Vallon, 2012, 300 p.

LUKÁCS, Georg, « Raconter ou décrire ? – Contribution à la discussion sur le naturalisme et le formalisme » [« Erzählen oder beschreiben ? », *Internationale Literatur*, n° 11, 1936], dans *Problèmes du réalisme*, Paris, L'Arche éditeur, 1975.

MACHEREY, Pierre, *Pour une théorie de la production littéraire* [1966], Paris, Maspero, 1974, 332 p.

NEEFS, Jacques (dir.), *Savoirs en récits II — Éclats de savoirs : Balzac, Nerval, Flaubert, Verne, les Goncourt*, Saint-Denis, Presses universitaires de Vincennes, « Manuscrits modernes », 2010, 166 p.

OZOUF, Mona, *Les aveux du roman*, [2001], Paris, Gallimard, « Tel », 2004, 348 p.

PAVEL, Thomas, *La pensée du roman*, Paris, Gallimard, « nrf essais », 2003, 436 p.

RANCIÈRE, Jacques, *Politique de la littérature*, Paris, Galilée, 2007, 231 p.

ROBERT, Marthe, *Roman des origines, origines du roman* [1972], Paris, Gallimard, « Tel », 2004, 365 p.

RUSCH, Pierre, « Les spectres de la totalité. L'histoire littéraire comme cosmologie et démonologie », *Romanesques* n° 8, « Lukács : cent ans de *Théorie du roman* » (dir. Carlo Arcuri), Paris, Classiques Garnier, 2016, p. 145-160.

SARTRE, Jean-Paul, « Monsieur François Mauriac et la liberté », *Nouvelle Revue française*, 1er février 1939.

SARTRE, Jean-Paul, *Qu'est-ce que la littérature ?* [1948], Paris, Gallimard, « folio essais », 2008, 325 p.

SCHOENTJES, Pierre, *Ce qui a lieu. Essai d'écopoétique*, Paris, Éditions Wildproject, 2015, 295 p.

SCHOR, Naomi, *Lectures du détail*, trad. Luce Camus, Nathan, « Le texte à l'œuvre », 1994, 218 p.

SÉGINGER, Gisèle (dir.), *De l'objet à l'œuvre*, Strasbourg, Presses Universitaires de Strasbourg, 1997, 214 p.

SEILLAN, Jean-Marie, *Aux sources du roman colonial. L'Afrique à la fin du XIXe siècle*, Paris, Karthala, 2006, 509 p.

SEILLAN, Jean-Marie, *Le roman idéaliste dans le second XIXe siècle. Littérature ou « bouillon de veau »* ?, Paris, Classiques Garnier, 2011, 323 p.

STAROBINSKI, Jean, « Un éclat sans fin pour mon amour » [*La Nouvelle revue française*, 1er mars 1963], dans *L'encre de la mélancolie*, Seuil, Librairie du XXIe siècle, 2012, p. 611-623.

TORTONESE, Paolo, *L'homme en action. La représentation littéraire d'Aristote à Zola*, Paris, Classiques Garnier, « Théorie de la littérature », 2013, 210 p.

WOLF, Nelly, *Le roman de la démocratie*, Saint-Denis, Presses Universitaires de Vincennes, « Culture et société », 2003, 259 p.

ÉTUDES SUR ÉCONOMIE
ET LITTÉRATURE

Travaux sur la littérature française

BARON, Christine (dir.), *Épistémocritique* n° 12, « Littérature et économie », dossier mis en ligne le 28 juillet 2013 [https://epistemocritique.org]

BAUBEAU, Patrice et PÉRAUD, Alexandre, « Lectures romantiques de l'économie, lectures de l'économie romantique », *Romanesques* n° 7, « Récit romanesque et modèle économique », Paris, Classiques Garnier, mai 2015, p. 183-210.

BAUBEAU, Patrice, « Un modèle économique chez Balzac ? Une relecture de *La Fille aux yeux d'or* », dans Alexandre Péraud (dir.), *La comédie (in)humaine de l'argent*, Lormont, Le Bord de l'eau, 2013, p. 95-128.

BAUBEAU, Patrice, PÉRAUD, Alexandre, PIGNOL, Claire et REFFAIT, Christophe (dir.), *Romanesques* n° 7, « Récit romanesque et modèle économique », Paris, Classiques Garnier, mai 2015, 319 p.

BORNEMANN, Alfred H., *Stendhal as economist*, New York, Peter Lang, 1994, 156 p.

BOURDENET, Xavier, « Économie de la dépense dans *Armance* de Stendhal », intervention du 30 mars 2012 au séminaire « Roman et argent » organisé par Francesco Spandri, Universités Paris Sorbonne et Sorbonne Nouvelle.

BOUSSUGES, Christian, « Stendhal, un écrivain passionné d'économie », dans François Vatin et Nicole Édelman (dir.), *Économie et littérature, France et Grande-Bretagne 1815-1848*, éd. Le Manuscrit, 2007, p. 27-50.

CHRISTEN, Carole, « Qu'est-ce qu'épargner veut dire ? Par-delà les poncifs de l'avarice balzacienne », dans Alexandre Péraud (dir.), *La Comédie (in) humaine de l'argent*, Lormont, Le Bord de l'eau, 2013, p. 53-76.

CITTON, Yves et POIRSON, Martial, « L'économie à l'œuvre », dans M. Poirson, Y. Citton, Ch. Biet (dir.), *Les Frontières littéraires de l'économie (XVIIe-XIXe siècles)*, Paris, Desjonquères, 2008, p. 9-24.

CITTON, Yves, « Le poulpe et la vitre. Résistance ou complicité de la littérature envers l'hégémonie économique ? », *Versants*, 58/1, 2011, p. 83-96.

CROUZET, Michel, *Stendhal et l'Amérique — L'Amérique et la modernité*, Paris, Éditions de Fallois, 2008, 282 p.

CROUZET, Michel, *Stendhal et le désenchantement du monde. Stendhal et l'Amérique II*, Paris, Classiques Garnier, 2011, 718 p.

DAUMARD, Adeline (dir.), *Romantisme* n° 40, « L'argent », Paris, CDU-SEDES, 1983, 185 p.

DE GANDT, Marie, « Le signe au XIXe siècle, entre littérature et économie », dans Andrea Del Lungo et Boris Lyon-Caen (dir.), *Le Roman du signe. Fiction et herméneutique au XIXe siècle*, Saint-Denis, Presses universitaires de Vincennes, « Essais et savoirs », 2007, p. 63-76.

DONNARD, Jean-Hervé, *Balzac. Les réalités économiques et sociales dans* La Comédie humaine, Paris, Armand Colin, 1961, 491 p.

ÉDELMAN, Nicole et VATIN, François (dir.), *Économie et littérature, France et Grande-Bretagne 1815-1848*, Paris, Le Manuscrit, 2007, 353 p.

FIX, Florence et FOUGÈRE, Marie-Ange (dir.), *L'argent et le rire, de Balzac à Mirbeau*, Presses Universitaires de Rennes, « Interférences », 2012, 228 p.

FONTAINE, Laurence, « Félix Grandet ou l'impossible rencontre de l'avare et du spéculateur », dans Alexandre Péraud (dir.), *La Comédie (in)humaine de l'argent*, Lormont, Le Bord de l'eau, 2013 p. 29-52.

GOMART, Hélène, *Les opérations financières dans le roman réaliste : lectures de Balzac et de Zola*, Honoré Champion, 2004, 380 p.

GOUX, Jean-Joseph, « Monnaie, échanges, spéculations. La mise en représentation de l'économie dans le roman français du XIXe siècle », dans Francesco Spandri (dir.), *La littérature au prisme de l'économie. Argent et roman en France au XIXe siècle*, Classiques Garnier, « Rencontres », 2014, p. 51-70.

GOUX, Jean-Joseph, *Frivolité de la valeur, Essai sur l'imaginaire du capitalisme*, Blusson, 2000, 318 p.

GOUX, Jean-Joseph, *Les monnayeurs du langage*, Paris, Galilée, 1984, 230 p.

MARIS, Bernard, *Houellebecq économiste*, Paris, Flammarion, 2014, 153 p.

MOREAU, Thérèse, « Noces d'or : l'économie anti-malthusienne dans l'œuvre de Zola », *Romantisme* n° 40, Paris, Armand Colin, 1983, p. 153-165.

ORLÉAN, André, « Le modèle balzacien de la monnaie », dans Alexandre Péraud (dir.), *La comédie (in)humaine de l'argent*, Lormont, Le Bord de l'eau, 2013, p. 129-145.

MAGNOT-OGILVY, Florence et POIRSON, Martial (dir.), *Économies du rebut : poétique et critique du recyclage au XVIIIe siècle*, Paris, Desjonquères, 2012, 233 p.

PELLINI, Pierluigi, *L'oro e la carta*. *L'Argent di Zola, la « letteratura finanziaria » e la logica del naturalismo*, Schena Editore, 1996, 312 p.

PELLINI, Pierluigi, « Thème littéraire ou topos banalisé ? Quelques remarques sur le statut textuel de l'argent en régime réaliste/naturaliste », dans Francesco Spandri (dir.), *La littérature au prisme de l'économie. Argent et roman en France au XIX*^{e} *siècle*, Classiques Garnier, « Rencontres », 2014, p. 31-50.

PÉRAUD, Alexandre (dir.), *La comédie (in)humaine de l'argent*, Lormont, Le Bord de l'eau, 173 p.

PÉRAUD, Alexandre, « La panacée universelle : le crédit (*César Birotteau*). Quelques exemples d'inscription narrative du crédit dans la première moitié du XIXe siècle », *Romantisme* n° 151, « Le crédit », 2011, p. 39-52.

PÉRAUD, Alexandre, *Le crédit dans la poétique balzacienne*, Paris, Classiques Garnier, 2012, 401 p.

PÉRAUD, Alexandre, « Quand l'immatérialisation de l'argent produit le roman », dans Jean-Yves Mollier, Philippe Régnier et Alain Vaillant (dir.), *La production de l'immatériel*, Publications de l'Université de Saint-Étienne, 2008, p. 217-230.

PIETROMARCHI, Luca, « Flaubert : l'éducation commerciale », dans Francesco Spandri (dir.), *La littérature au prisme de l'économie. Argent et roman en France au XIX*^{e} *siècle*, Classiques Garnier, « Rencontres », 2014, p. 219-232.

PIGNOL, Claire et RUGY, Anne de, « Le choix du consommateur, entre récit romanesque et modèle économique », *Romanesques* n° 7, « Récit romanesque et modèle économique », Paris, Classiques Garnier, 2015, p. 87-104.

PIGNOL, Claire, « Usages de la littérature en sciences sociales », *Revue Française de Socio-Économie* 1/2009 (n° 3), p. 195-197 (article en ligne)

PIGNOL, Claire, « *Robinson Crusoé*. Usages et mésusages d'un roman », *L'économie politique* n° 79, dossier « Quand la littérature s'intéresse à l'économie (et inversement) », *Alternatives économiques*, juillet 2018, p. 32-42.

POIRSON, Martial, « Les affinités électives entre économie et littérature », *ibid.*, p. 8-23.

POIRSON, Martial, CITTON, Yves et BIET, Christian (dir.), *Les Frontières littéraires de l'économie (XVII*^{e}*-XIX*^{e} *siècles)*, Paris, Desjonquères, 2008, 217 p.

REFFAIT, Christophe, « Avant-propos », *Romanesques* n° 7, « Récit romanesque et modèle économique », Paris, Classiques Garnier, mai 2015, p. 11-32.

REFFAIT, Christophe, « L'argent et sa liquidité chez Jules Verne », dans Francesco Spandri (dir.), *La littérature au prisme de l'économie. Argent et roman en France au XIX*^{e} *siècle*, Classiques Garnier, « Rencontres », 2014, p. 95-116.

REFFAIT, Christophe, « *L'Argent*, roman politique », *Les Cahiers naturalistes*, n° 78, 2004, p. 63-69.

REFFAIT, Christophe, *La Bourse dans le roman du second XIX*^{e} *siècle*, Paris, Honoré Champion, 2007.

REFFAIT, Christophe (dir.), *Romantisme* n° 151, « Le crédit », Paris, Armand Colin, 2011, p. 3-85.
REFFAIT, Christophe, « Libéralisme et naturalisme », dans Nicholas White (dir.), numéro spécial sur Zola, *Romanic Review*, vol. 102, n° 3-4, New York, May-Nov 2011 (parution 2013), p. 427-448.
REFFAIT, Christophe, « Le roman du XIXe siècle et les lois naturelles de l'économie », *Épistémocritique*, n° 12, « Littérature et économie », dossier dirigé par Christine Baron, 2013.
SPANDRI, Francesco (dir.), *La littérature au prisme de l'économie. Argent et roman en France au XIXe siècle*, Paris, Classiques Garnier, « Rencontres », 2014, 399 p.
SPANDRI, Francesco, « Romanzo e denaro : alcune riflessioni metodologiche sul caso francese » (article en ligne).
TORTONESE, Paolo, « La main visible. Balzac, l'intérêt et l'amour propre », dans Francesco Spandri, *La littérature au prisme de l'économie. Argent et roman en France au XIXe siècle*, Paris, Classiques Garnier, 2014, p. 151-166.
VATIN, François, « La genèse littéraire de la critique sociale de l'économie politique. L'écriture du cœur d'Eugène Buret (1811-1842) », dans Francesco Spandri (dir.), *La littérature au prisme de l'économie. Argent et roman en France au XIXe siècle*, Classiques Garnier, « Rencontres », 2014, p. 335-356.

Travaux sur la littérature étrangère (anglaise, américaine, allemande)

BEATY, Frederick, « Byron on Malthus and the Population Problem », *Keats-Shelley Journal*, vol. XVIII, 1969, New York, The Keats-Shelley Association of America, p. 17-26.
BERLATSKY, Eric, « Dickens's Favorite Child : Malthusian Sexual Economy and the Anxiety over Reproduction in *David Copperfield* », *Dickens Studies Annual – Essays on Victorian Fiction*, vol. 31, 2002, p. 87-126.
BIGELOW, Gordon, *Fiction, famine, and the rise of economics in Victorian Britain and Ireland*, Cambridge, Cambridge University Press, 2003, 229 p.
BLAKE, Kathleen, *Pleasures of Benthamism : Victorian literature, Utility, Political Economy*, Oxford, Oxford University Press, 2009, 267 p.
BLASCHKE, Bernd, *Der « homo oeconomicus » und sein Kredit bei Musil, Joyce, Svevo, Unamuno und Céline*, München, W. Fink, 2004, 412 p.
BÖHM, Katharina, « Disciplining the Surplus Child : Malthusianism and Science in Charles Dickens's *Oliver Twist* », dans Klaus Stierstorfer (dir.), *Anglistentag 2007 Münster*, Trèves, Wissenschaftlicher Verlag Trier, 2008, p. 425-434.
CAMERON, Lauren, « Mary Shelley's Malthusian Objections in *The Last Man* », *Nineteenth-Century Literature*, vol. 67, n° 2, sept. 2012, p. 177-203.

COLELLA, Silvana, « Intimations of mortality : the Malthusian plot in early nineteenth century popular fiction », *Nineteenth-Century Contexts*, 2002, n° 24 (1), p. 17-32.

FERGUSON, Frances, « Malthus, Godwin, Wordsworth, and the spirit of Solitude », dans Elaine Scarry (dir.), *Literature and the body : essays on populations and persons*, Baltimore, The John Hopkins University Press, 1988, p. 106-124.

GALLAGHER, Catherine, *The Body Economic. Life, Death and Sensation in Political Economy and the Victorian Novel*, Princeton, Princeton University Press, 2006, 209 p.

GALLAGHER, Catherine, « The Romantics and the Political Economists », dans James Chandler (dir.), *The Cambridge History of English Romantic Literature*, New York, Cambridge University Press, 2008, p. 71-100.

HADLEY, Elaine, *Melodramatic tactics : Theatricalized Dissent in the English Marketplace, 1800-1885*, Stanford, Stanford University Press, 1995, 300 p.

HUZEL, James, *The Popularization of Malthus in early nineteenth Century England. Martineau, Cobbett and the Pauper Press*, Aldershot (G-B) et Burlington (É-U), Ashgate, 2006, 266 p.

INGRAO, Bruna, « Economic life in nineteenth-century novels : what economists might learn from literature », dans G. Erreygers (dir.), *Economics and Multidisciplinary Exchange*, London, Routledge, 2001, p. 7-40.

INGRAO, Bruna, « La pile instable d'assiettes. Contes économiques et récits romanesques », *Romanesques* n° 7, « Récit romanesque et modèle économique », Paris, Classiques Garnier, mai 2015, p. 67-86.

JAFFRO, Laurent, « Jekyll et Hyde. Quel modèle de multiplicité des soi ? », *Romanesques* n° 7, « Récit romanesque et modèle économique », Paris, Classiques Garnier, mai 2015, p. 105-120.

LEVINSON, Marjorie, « Of being numerous. Counting and Matching in Wordsworth's Poetry », *Studies in romanticism*, vol. 49, n° 4 « Romanticism and Politics », 2010, p. 633-657.

LEWIS, Charles R, *A Coincidence of Wants : the Novel and neoclassical Economics*, New York, Garland, 2000, 154 p.

MCLANE, Maureen N., « Malthus our contemporary ? : toward a political economy of sex », *Studies in romanticism*, vol. 52, n° 3, automne 2013, p. 337-362.

MCLANE, Maureen N., *Romanticism and the Human Sciences. Poetry, Population, and the Discourse of the Species*, Cambridge, Cambridge University Press, 2006, 282 p.

MICHAELS, Walter Benn, *The Gold Standard and the logic of naturalism, American Literature at the Turn of the Century*, Berkeley – Los Angeles – London, University of California Press, 1987, 248 p.

PICON, Dorothée, « Dickens et la critique de la pédagogie utilitariste », dans Nicole Édelman et François Vatin (dir.), *Économie et littérature, France et Grande-Bretagne 1815-1848*, éd. Le Manuscrit, 2007, p. 73-94.

PIGNOL, Claire, « Quel agent économique Robinson Crusoë incarne-t-il ? », *Épistémocritique* n° 12, « Littérature et économie », dossier dirigé par Christine Baron, 2013.

SCHLOSSBERG, Linda, « 'The low, Vague Hum of Numbers' : the Malthusian Economies of Jane Eyre », *Victorian literature and culture*, vol. 29, n° 2, 2001, p. 489-506.

SHELL, Marc, *Money, Language, and Thought : Literary and Philosophic Economies From the Medieval to the Modern Era*, John Hopkins University Press, 1982, 264 p. [réimpr. 1993].

SKINNER, Gillian, *Sensibility and Economics in the Novel, 1740-1800 : the Price of a tear*, Basingstoke, Macmillan, St. Martin's press, 1999, 232 p.

THOMPSON, James, *Models of Value : Eighteenth Century Political Economy and the Novel*, Durham, Duke University Press, 1996, 271 p.

VOGL, Joseph, *Kalkül und Leidenschaft : Poetik des ökonomischen Menschen*, Zürich, Diaphanes, 2008, 393 p.

VOLKMANN, Laurenz, *Homo oeconomicus : Studien zur Modellierung eines neuen Menschenbilds in der Englischen Literatur vom Mittelalter bis zum 18. Jahrhundert*, Heidelberg, Universitätsverlag, 2003, 760 p.

WATTS, Michael, *The literary book of economics : including readings from literature and drama on economic concepts, issues and themes*, Wilmington (Del.), ISI Books, 2003, 348 p.

APPROCHES CRITIQUES
DE LA PENSÉE ÉCONOMIQUE

Essais et études d'économie

ANDRÉANI, Edgard, « Le coût d'opportunité », *Revue économique*, n° 5, vol. 18, p. 840-858.

HAYEK, Friedrich A., *La route de la servitude* [1944], traduit de l'anglais par G. Blumberg, Paris, PUF, « Quadrige », 2010, 176 p.

PIKETTY, Thomas, *Le capital au XXIe siècle*, Paris, Seuil, 2013, 969 p.

SEN, Amartya « La théorie du choix rationnel », in *Rationalité et liberté en économie*, Paris, Odile Jacob, 2005.

SEN, Amartya, « Des idiots rationnels » [1983], in *Éthique et économie (et autres essais)*, trad. fr. Sophie Marnat, Paris, PUF, « Philosophie morale », 1993.

Histoire de la pensée économique

BARRÈRE, Alain, avec la collaboration d'Edwin LE HÉRON et Pierre LÉVY, *Histoire de la pensée et de l'analyse économiques*, t. I : « La formation des premiers systèmes d'économie politique (des origines à 1870) », éd. Cujas, 1994, 717 p.

BÉRAUD, Alain et FACCARELLO, Gilbert, *Nouvelle histoire de la pensée économique*, t. I (*Des scolastiques aux classiques*), Paris, La Découverte, 1992, 620 p.

BLAUG, Mark, *La pensée économique*, 5ᵉ éd. [*Economic Theory in retrospect*, 5ᵉ éd., Cambridge, 1996], trad. Alain et Christiane Alcouffe, Paris, Economica, 1999, 950 p.

BRETON Yves, « Les économistes libéraux et l'emploi des mathématiques en économie politique : 1800-1914 », *Économies et sociétés*, tome XX, n° 3, mars 1986, p. 25-63.

BRETON, Yves et LUTFALLA, Michel (dir.), *L'économie politique en France au XIXᵉ siècle*, Paris, Economica, 1991, 670 p.

DOCKÈS, Pierre, FROBERT, Ludovic, KLOTZ, Gérard, POTIER, Jean-Pierre et TIRAN, André, *Les traditions économiques françaises, 1848-1939*, Paris, CNRS éditions, 997 p.

ETNER, François et HECHT, Jacqueline (dir.), *Romantisme* n° 133, « Économie, économistes », Paris, Armand Colin, 2006, 145 p.

ETNER, François, *Histoire de la pensée économique*, Paris, Economica, 2000, 369 p.

FACCARELLO, Gilbert, « L'économie, une science nouvelle ? Ce siècle avait trois ans... », *Romantisme*, n° 133, « Économie, économistes », Paris, Armand Colin, 2006, p. 15-24.

FACCARELLO, Gilles et STEINER, Philippe, « La diffusion de l'œuvre d'Adam Smith en langue française : quelques lignes de force », traduction française en ligne de : « The Diffusion of the Work of Adam Smith in the French Language : An Outline History », dans Keith Tribe (dir.), *A Critical Bibliography of Adam Smith*, Londres, Pickering & Chatto, 2002, p. 61-119 (article en ligne).

JESSUA, Claude, *Histoire de la théorie économique*, Paris, PUF « Économie », 1991, 584 p.

LALLEMENT, Jérôme, « Trois économistes face à la question sociale au XIXᵉ siècle », *Romantisme* n° 133, « Économie, économistes », Paris, Armand Colin, 2006, p. 48-58.

LUTFALLA, Michel, *Aux origines de la pensée économique*, Paris, Economica, 1981, 168 p.

De Malthus au malthusianisme, catalogue de l'exposition du 27 mai au 26 juin 1980 à la Bibliothèque nationale, Société de démographie historique, Paris, 1980, 80 p.

MACFARLANE, Alan, article « Malthusian trap », *International Encyclopedia of the Social Sciences*, 2008 [https://www.encyclopedia.com].

PETERSEN, William, *Malthus – Le premier anti-malthusien*, traduit de l'anglais par Antoinette et Jacques Fauve et Hervé Le Bras, préface Emmanuel Le Roy Ladurie, Paris, Dunod, « L'œil économique », 1980, 269 p.

PRIBRAM, Karl, *Les Fondements de la pensée économique*, trad. de l'anglais par Henri-Paul Bernard, préface de Pierre Chaunu, Paris, Economica, 1986, 778 p.

SCHUMPETER, Joseph Alois, *Histoire de l'analyse économique* de traduit de l'anglais sous la direction de Jean-Claude Casanova ; préface de Raymond Barre, Paris, Gallimard, 1983 (3 volumes de 519, 499 et 710 p.). Voir en particulier le vol. 1 (« L'Âge des fondateurs : des origines à 1790 ») et le vol. 2 (« L'Âge classique : 1790 à 1870 »).

SOWELL, Thomas, *La loi de Say – Une analyse historique* [1972], trad. de l'anglais par Claude Budin et Guy Millière, préface de Jacques Garello, Paris, Litec « Liberalia », 1991, 186 p.

STEINER, Philippe, en collaboration avec Alain BÉRAUD, « French Political Economy : History of (1700-1870) », *The New Palgrave Dictionary of Economics*, 2008.

VALLIER, Jacques, *Brève histoire de la pensée économique d'Aristote à nos jours*, Flammarion, « Champs Essais », 2005, 241 p.

WOLFF, Jacques, *Malthus et les malthusiens*, Paris, Economica, 1994, 111 p.

Philosophie, sociologie et épistémologie de l'économie ; histoire du libéralisme

AUDARD, Catherine, *Qu'est-ce que le libéralisme ? Éthique, politique, société*, Paris, Gallimard, « Folio essais », 2009, 843 p.

BAUDRILLARD, Jean, *La société de consommation* [1970], Gallimard, « folio essais », 2012, 320 p.

BAUDRILLARD, Jean, *Le système des objets* [1968], Gallimard, « Tel », 2012, 294 p.

BERTHOUD, Arnaud, DELMAS, Bernard et DEMALS, Thierry (dir.), *Y a-t-il des lois en économie ?*, Villeneuve d'Ascq, Presses Universitaires du Septentrion, 2007, 647 p.

BILLAUDOT, Bernard et DESTAIS, Ghislaine, « L'économie, à la recherche des lois de la nature, ne rencontre finalement que les lois des hommes », dans Arnaud Berthoud, Bernard Delmas et Thierry Demals (dir.), *Y a-t-il des lois en économie ?*, Villeneuve d'Ascq, Presses Universitaires du Septentrion, 2007, p. 541-562.

BOUDOU, Guillaume, « *Quelques idées sur un plan d'association libre pour la destruction de la mendicité* – À propos d'un manuscrit méconnu d'Alexis de Tocqueville (1836-1840) », [hal.archives-ouvertes.fr], déposé le 2 juillet 2015.

BRÉBAN, Laurie et DELLEMOTTE, Jean, « From one form of sympathy to another : Sophie de Grouchy's translation of and commentary on Adam Smith's *Theory of Moral Sentiments* », 2016, [hal.archives-ouvertes.fr] <hal-01435828>, déposé le 15 janvier 2017.

COHEN, Daniel, *La prospérité du vice. Une introduction (inquiète) à l'économie*, Paris, Albin Michel / Le Livre de poche, 2009, 282 p.

COT, Annie (dir.), *Économies et sociétés* n° 10-11, « Existe-t-il des lois en économie ? », Paris, Presses de l'Ismea, oct-nov 2007.

DOSTALER, Gilles « Les lois naturelles en économie. Émergence d'un débat », *L'Homme et la société*, n° 170-171, Paris, L'Harmattan, 2008-2009, p. 71-92.

DROLET, Michael, « Democracy and political economy : Tocqueville's thoughts on J.-B. Say and T. R. Malthus », *History of European Ideas*, n° 29, 2003, p. 164 et p. 177-178.

DUMONT, Louis, *Homo aequalis*, vol. I, *Genèse et épanouissement de l'idéologie économique* [1977], Paris, Gallimard, « Tel », 1985, 272 p.

DUMONT, Louis, *Essais sur l'individualisme : une perspective anthropologique sur l'idéologie moderne*, Paris, Seuil, 1983, 267 p.

DUPUY, Jean-Pierre, *Libéralisme et justice sociale. Le sacrifice et l'envie*, Paris, Hachette, « Pluriel », 1992, 397 p.

FOUCAULT, Michel, *Les mots et les choses* (chapitres VI, VII, VIII) [1966], Paris, Gallimard, « Bibliothèque des sciences humaines », 1988, 400 p.

FOURNIÈRE, Eugène, « La question individualiste et l'association », *Revue du MAUSS permanente*, 17 février 2009 [www.revuedumauss.com.fr].

GIBERT, Bertrand, « Autour de l'épingle », *Poétique* n° 172, Paris, Seuil, 2012, p. 481-508.

HALÉVY, Élie, *La formation du radicalisme philosophique*, vol. I, *La jeunesse de Bentham 1776-1789* [1901], Paris, PUF, « Philosophie morale », 1995, 363 p.

HALÉVY, Élie, *La formation du radicalisme philosophique*, vol. II, *L'évolution de la doctrine utilitaire de 1789 à 1815*, [1901], PUF, « Philosophie morale », 1995, 322 p.

HALÉVY, Élie, *La formation du radicalisme philosophique*, vol. III, *Le radicalisme philosophique*, [1901], Paris, PUF, « Philosophie morale », 1995, 448 p.

HIRSCHMAN, Albert O., *L'économie comme science morale et politique*, préface de François Furet, Paris, Gallimard/Seuil, « Hautes études », 1984, 113 p.

HIRSCHMAN, Albert O., *Les passions et les intérêts : justifications politiques du capitalisme avant son apogée* [*The Passions and the Interests – Political Arguments for Capitalism before its Triumph*, Princeton University Press, 1977], traduit de l'anglais par Pierre Andler, Paris, PUF, 1980, 135 p.

ISRAEL, Giorgio, « Y a-t-il des lois en économie ? », in Arnaud Berthoud, Bernard Delmas et Thierry Demals (dir.), *Y a-t-il des lois en économie ?*, Villeneuve d'Ascq, Presses Universitaires du Septentrion, 2007, p. 19-35.

KLOTZ, Gérard et LARRÈRE, Catherine (dir.), *Dix-huitième siècle* n° 26, « Économie et politique », Paris, PUF, 1994, 701 p.

LAPIDUS, André et SIGOT, Nathalie, « Individual Utility in a Context of Asymetric Sensitivity to Pleasure and Pain : An Interpretation of Bentham's Felicific Calculus », *European Journal of the History of Economic Thought*, Taylor&Francis (Routledge), 2000, 7 (1), p. 45-78.

LARRÈRE, Catherine, *L'Invention de l'économie. Du droit naturel à la physiocratie*, Paris, PUF, « Léviathan », 1992, 325 p.

LATOUCHE, Serge, *Bon pour la casse. Les déraisons de l'obsolescence programmée*, Paris, éd. Les liens qui libèrent, 2012, 137 p.

LATOUCHE, Serge, *La déraison de la raison économique. Du délire d'efficacité au principe de précaution*, Paris, Albin Michel, 2001, 221 p.

LAVAL, Christian, « La 'cage de Weber' », *temporel* [temporel.fr], 27 septembre 2006.

LAVAL, Christian, *L'homme économique. Essai sur les racines du néolibéralisme*, Paris, Gallimard, « nrf essais », 2007, 396 p.

LEVY, David et PEART, Sandra, « The secret history of the dismal science », [econlib.org], 22 janvier 2001.

LÖWY, Michael, et SAYRE, Robert, *Esprits de feu, figures du romantisme anticapitaliste*, Paris, éd. Du Sandre, 2010, 288 p.

LÖWY, Michael, « Max Weber, capitalisme et liberté – *"Stahlhartes Gehäuse"* : l'allégorie de la cage d'acier », [lcr-lagauche.be], 14 décembre 2012.

LÖWY, Michael, et SAYRE, Robert, *Révolte et mélancolie. Le romantisme à contre-courant de la modernité*, Paris, Payot, « critique de la politique », 1992, 306 p. (voir en particulier les p. 46-64 sur « la critique romantique de la modernité »).

ORLÉAN, André, *L'empire de la valeur. Refonder l'économie*, Paris, Seuil, « La couleur des idées », 2011, 343 p.

MANENT, Pierre, *Histoire intellectuelle du libéralisme* [1987], Paris, Hachette, « Pluriel », 2002, 250 p.

PERROT, Jean-Claude, *Une histoire intellectuelle de l'économie politique, XVIIe-XVIIIe siècle*, Paris, École des hautes études en sciences sociales, 1992, 496 p.

POLANYI, Karl, *La grande transformation* [1944], Paris, Gallimard, « Tel », 2009, 467 p.

RIST, Gilbert, *L'économie ordinaire entre songe et mensonges*, Paris, Les Presses de Sciences Po, 2010, 250 p.

ROSANVALLON, Pierre, *Le capitalisme utopique. Histoire de l'idée de marché* [1979], Paris, Seuil, « Points Essais », 1999, 251 p.

ROUGH, Guy, *The Origin of Economic Ideas*, 2ᵈ edition, Basingstoke-London, Macmillan, 1989, 360 p.

STEINER, Philippe, *La science nouvelle de l'économie politique*, PUF, « Philosophies », 1998, 128 p.

STEINER, Philippe, et VATIN, François, *Traité de sociologie économique*, Paris, PUF, « Quadrige », 2ᵉ éd., 2013, 824 p.

VATIN, François, « Pierre-Édouard Lemontey, l'invention de la sociologie du travail et la question salariale », *Revue du Mauss*, n° 27, 2006, p. 398-420.

WASZEK, Norbert, *L'Écosse des Lumières. Hume, Smith, Ferguson*, Paris, PUF, « Philosophies », 2003, 127 p.

WEBER, Max, *L'Éthique protestante et l'esprit du capitalisme*, traduit de l'allemand par Jean-Pierre Grossein, Paris, Gallimard, « Bibliothèque des idées », 2003, 531 p.

Rhétorique de l'économie

ANGENOT, Marc, *Dialogues de sourds : traité de rhétorique antilogique*, Paris, Mille et une nuits, 2008, 450 p.

ANGERMULLER, Johannes, LEBARON, Frédéric et TEMMAR, Malika (dir.), *Les discours sur l'économie*, Paris, Curapp/PUF, 2013, 195 p.

BRONK, Richard, *The Romantic economist. Imagination in Economics*, New York, Cambridge University Press, 2009, 382 p.

MC CLOSKEY, Deirdre, *The Rhetoric of Economics* [1985], University of Wisconsin Press, 1998 [disponible en ligne sur Project Muse].

RÉFÉRENCES DIVERSES

ARENDT, Hannah, *La Condition de l'homme moderne* [*The Human condition*, 1958], traduit de l'anglais par Georges Fradier [1961], Paris, Press Pocket, « Agora », 1988, 406 p.

BARTHES, Roland, *Mythologies* [1957], Paris, Seuil, « Points essais », 2001, 247 p.

BONNEUIL, Christophe et FRESSOZ, Jean-Baptiste, *L'événement anthropocène*, Paris, Seuil, 2013, 304 p.

BRAND, Ulrich et LÖWY, Michael, *Globalisation et crise écologique : une critique de l'économie politique par des écologistes allemands*, Paris, L'Harmattan, 2011, 269 p.

DAGOGNET, François, *Rematérialiser – Matières et matérialismes* [1985], 2ᵉ éd., Paris, Vrin, 1989, 268 p.

DAGOGNET, François, *Tableaux et langages de la chimie*, Paris, Seuil, 1969, 223 p.

FOUCAULT, Michel, *Histoire de la sexualité*, 1. *La volonté de savoir*, Paris, Gallimard, « Bibliothèque des histoires », 1976, 213 p.

LACQUEUR, Thomas, « Bodies, Details and the Humanitarian Narrative », in Hunt, Lynn (dir.), *The New Cultural History*, Berkeley, California University Press, 1989, p. 176-204.

LAMBOTTE, Martie-Claude, *Le discours mélancolique : de la phénoménologie à la métapsychologie*, Toulouse, Érès, 2012, 777 p.

LARRÈRE, Catherine et Larrère, Raphaël, *Du bon usage de la nature. Pour une philosophie de l'environnement*, Paris, Aubier, « Alto », 1997, 355 p.

LAURENS, Jean-Louis, « Les instabilités institutionnelles d'une discipline émergente – *Le cas de la sociologie à Montpellier (1838-1922)* », *Revue d'anthropologie des connaissances*, vol. 9, n° 4, 2015 (article en ligne)

MOLES, Abraham, *Théorie des objets*, Paris, Éditions universitaires, 1972, 196 p.

REVAULT D'ALLONNES, Myriam, *La crise sans fin, essai sur l'expérience moderne du temps*, Paris, Seuil, « La couleur des idées », 2012, 200 p.

SIMONDON, Gilbert, *Du mode d'existence des objets techniques* [1958], préface de John Hart, postface Yves Deforge, Paris, Aubier, 1989, 333 p.

TORT, Patrick, article « Effet réversif de l'évolution », dans Patrick Tort (dir.), *Dictionnaire du darwinisme et de l'évolution*, Paris, PUF, 1996.

WEIL, Simone, *L'enracinement* [1949], Paris, Gallimard, « Folio essais », 2011, 382 p.

WEIL, Simone, *La condition ouvrière* [1951], Paris, Gallimard, « Folio essais », 2002, 525 p.

INDEX NOMINUM

ABRAVANEL, Ernest : 29, 45, 46, 55, 172, 269, 402, 513, 516, 520
ADAM, Jean-Michel : 315, 530
ALBÉRÈS, René-Marill : 23, 254, 503, 530
AMPÈRE, André-Marie : 174
ANDRÉANI, Edgard : 414, 537
ANGENOT, Marc : 10, 25, 542
ANSEL, Yves : 76, 168, 170, 173, 175, 176, 306, 307, 511, 524
ANSIAUX, Maurice : 13
ANTONIONI, Michelangelo : 132
APOLLINAIRE, Guillaume : 179-180
APPERT, Benjamin : 396, 405
ARCURI, Carlo : 33, 531
ARENA, Richard : 151
ARENDT, Hannah : 58-60, 542
AUDARD, Catherine : 42-44, 48, 53, 84, 539
AUERBACH, Erich : 172
AUGUSTIN : 40

BAGULEY, David : 419, 423, 425, 428, 432, 440, 442, 452, 453-455, 457
BAKHTINE, Mikhaïl : 254, 255, 530
BALZAC, Honoré de : 23, 26, 30, 32, 38, 40, 42-44, 53, 87-114, 115-123, 126, 144, 145, 151, 154, 155, 181, 299, 312, 314-329, 330, 332, 343, 348, 368, 387, 447, 495, 497, 500, 504, 505, 507, 509, 511-514, 522, 523, 527, 530-533, 535
BARBÉRIS, Pierre : 23, 60, 93, 99, 103, 106, 167-169, 179, 314, 318, 319, 321, 335, 513, 522, 524
BARNAVE, Antoine : 97

BARNUM, Phineas Taylor : 136
BARON, Christine : 19, 371, 431, 506, 532, 535, 537
BARRÈRE, Alain : 17, 20, 22, 538
BARTHES, Roland : 246, 343-347, 353, 354, 357, 358, 361-363, 431, 466, 472, 473, 501, 530, 542
BASTIAT, Frédéric : 11-13, 15, 31, 134, 149, 155, 163, 233, 241, 251, 266, 342, 370, 387, 416, 475, 506, 508, 517
BAUBEAU, Patrice : 25-27, 98, 455, 532
BAUDELAIRE, Charles : 334, 336, 347
BAUDRILLARD, Jean : 311-313, 318, 319, 322, 331, 333, 335, 338, 344, 500, 539
BAYARD, Jean-François Alfred : 334, 343, 515
BEATY, Frederick : 384, 535
BECCARIA, Cesare : 39
BECKER, Colette : 38, 118, 126, 184, 193, 198, 225, 513, 528
BECKER, Gary : 372
BELLAMY, Edward : 218
BELLEMIN-NOËL, Jean : 298, 524
BELLOC, Marie A. : 463, 516
BENICHOU, Paul : 90, 516
BENJAMIN, Walter : 313, 335
BENTHAM, Jeremy : 18, 37, 39-42, 45-61, 62, 65, 68, 75, 79, 80, 83-85, 148, 154, 155, 247, 504, 508, 517, 540
BÉRAUD, Alain : 18, 58, 151, 264, 274-280, 282, 284, 367, 538, 539
BERLATSKY, Eric : 388, 535
BERNARD, Claude : 116, 122, 455, 504
BERNARD, Thalès : 233
BERNIER, Marc-André : 51, 51, 520

BERSANI, Léo : 390, 399, 400, 404, 506, 530
BERTHIER, Philippe : 76, 173, 178, 511, 524
BERTHOUD, Arnaud : 21, 33, 34, 371, 541
BEYLE, Chérubin : 299, 410
BEYLE, Henri : voir *Stendhal*
BEYLE, Marie-Henri : 411
BIART, Lucien : 351, 352
BIET, Christian : 25, 372, 505, 533
BILLAUDOT, Bernard : 371, 539
BILLEREY, François : 337, 338, 521
BISMARCK, Otto von : 142
BLANQUI, Adolphe : 10, 14, 20, 161, 162, 232, 498, 518, 519
BLANQUI, Auguste : 398
BLIN, Georges : 244, 245, 404, 405, 524
BLOCK, Maurice : 163, 348, 349, 351, 354
BÖHM, Katharina : 387, 404, 405
BONALD, Louis de : 43, 96, 104, 109, 523
BONAPARTE, Napoléon : 19, 107
BONNEFOY, Yves : 492, 530
BONNEUIL, Christophe : 472, 486, 542
BONTOUX, Eugène : 130
BORIE, Jean : 390, 528
BORNEMANN, Alfred : 30, 270, 532
BOSSUET, Jacques-Bénigne : 96, 111
BOUDOU, Guillaume : 387, 397, 539
BOUGLÉ, Célestin : 15
BOURDALOUE, Louis : 111
BOURDENET, Xavier : 45, 169, 179, 298, 402, 511, 513, 524, 532
BOURDIEU, Pierre : 415
BOURGET, Paul : 425, 454
BOUSSUGES, Christian : 30, 270, 532
BRAS, Pierre : 323
BRÉBAN, Laurie : 52, 75, 540
BRETON, Yves : 49, 538
BROCHARD, André-Théodore : 428, 521
BRONK, Richard : 32, 385, 510, 542
BRONTË, Charlotte : 389, 400, 488
BRUNEAU, Jean : 233, 415, 512
BUFFON, Georges-Louis Leclerc de : 72, 263, 472, 478, 486

BURKE, Edmund : 45, 47, 48
BUTCHER, William : 252, 515, 526
BUTLER, Joseph : 113
BUTOR, Michel : 39, 116, 464, 465, 471, 513, 526, 530
BYRON, George Gordon : 384, 535

CABANIS, Pierre Jean Georges : 47, 52
CAMERON, Lauren : 384, 535
CARAION, Marta : 312, 314, 331, 333, 336, 340, 346-348, 522, 530
CARLYLE, Thomas : 12, 15, 385, 431
CASTILLE, Hippolyte : 92, 111
CERCLET, Antoine : 50
CHAMFORT, Sébastien-Roch Nicolas de : 96
CHAMPEAU-FONTENEAU, Virginie : 356, 526
CHANIAL, Philippe : 442
CHARLE, Christophe : 442
CHARLES VI : 309, 319
CHELEBOURG, Christian : 357, 464, 526
CHESNEAUX, Jean : 246, 462, 472, 480, 482, 526
CHEVALIER, Michel : 10, 519
CHEVREL, Yves : 246, 526
CHOPIN, Frédéric : 138
CHRISTEN, Carole : 27, 532
CINCINNATUS : 364
CITRON, Pierre : 40, 94, 96, 511, 514
CITTON, Yves : 24, 25, 28, 372, 505, 533, 534
CLERMONT, Philippe : 462, 526
COBBETT, William : 386, 388, 536
COHEN, Daniel : 391, 450, 451, 465, 540
COLBERT, Jean-Baptiste : 19, 307, 506
COLELLA, Silvana : 389, 405, 536
COLET, Louise : 228, 231-240, 306, 335, 340, 341, 415, 499
COLIN, René-Pierre : 419, 530
COMPAGNON, Antoine : 344, 346, 530
COMPÈRE, Daniel : 463, 516
COMTE, Auguste : 44
CONDORCET, François de Caritat, marquis

INDEX NOMINUM

de : 33, 34, 125, 377, 382, 383, 410, 491, 517, 520
CONDORCET, Sophie de Grouchy, marquise de : 51, 52, 518
CONSTANT, Benjamin : 20, 520
COT, Annie : 21, 58, 540
COURNOT, Augustin : 31, 49, 50, 154
COUSIN, Victor : 10, 519
CROUZET, Michel : 42, 56, 58-61, 64, 69, 76, 84, 168, 171, 176, 183, 270, 272, 273, 287, 291-293, 297, 302, 310, 390, 393, 396, 406, 408, 413, 511, 512, 516, 524, 525, 533
CROZET, Louis : 29, 46, 48, 50, 53, 59, 67, 70, 84, 172, 173, 176, 177, 263, 269-272, 275, 276, 281, 282, 284, 286, 287, 292, 294, 297, 309, 367, 374, 377, 395, 397, 400, 407, 510, 525
CUVIER, Georges : 241, 319

DAGOGNET, François : 313, 356, 542
DANTON, Georges-Jacques : 64
DARU, Alexandrine : 62, 63
DARWIN, Charles : 134, 140-143, 147, 150, 154, 386, 391, 462, 490, 497, 503, 508, 526, 543
DAUMIER, Honoré : 132
DAVIN, Félix : 91-94, 98, 316
DE BAECQUE, Antoine : 40, 515
DE BIASI, Pierre-Marc : 330, 347, 420, 505, 514
DEBRAY-GENETTE, Raymonde : 167
DEFOE, Daniel : 353, 356, 361, 362, 364
DE GANDT, Marie : 26, 171, 533
DEKISS, Jean-Paul : 461, 531
DELABROY, Jean : 459, 465, 484, 526
DELACROIX, Eugène : 138
DELÉCLUZE, Étienne-Jean : 50, 406, 515
DELLEMOTTE, Jean : 52, 540
DEL LITTO, Victor : 29, 45-51, 55, 67, 68, 73, 79, 167, 172, 173, 177, 269, 270, 273, 281, 282, 286, 390, 397, 402, 406, 407, 409, 510, 513, 516, 525
DEL LUNGO, Andrea : 26, 171, 533

DELMAS, Bernard : 21, 33, 34, 371, 539, 541
DELVAU, Alfred : 191
DEMALS, Thierry : 21, 33, 34, 371, 539, 541
DEMBOWSKI, Matilde : 67, 71
DENIEUL, Séverine : 75
DE QUINCY, Thomas : 386
DÉRUELLE, Aude : 320, 522
DESTAIS, Ghislaine : 371, 539
DESTUTT DE TRACY, Antoine : 45-48, 275, 279, 293
DEZALAY, Auguste : 126, 348, 528
D'HOLBACH, Paul-Henri Thiry : 87
D'HULST, Maurice : 15
DIATKINE, Daniel : 20, 67, 159, 161, 261, 518
DIAZ, José-Luis : 324, 333, 522
DIAZ, Narcisse : 138
DICKENS, Charles : 23, 27, 79, 181, 388, 405, 462, 463, 488, 535, 537
DIDEROT, Denis : 61
DONNARD, Jean-Hervé : 102, 103, 325, 533
DOS PASSOS, John : 253
DOSTALER, Gilles : 21, 38, 540
DOUBROVSKY, Serge : 90, 245
DROLET, Michael : 388, 540
DROUIN, Jean-Marc : 470, 526
DROUIN-HANS, Anne-Marie : 470, 526
DUBOIS, Félix : 444
DUBOIS, Jacques : 240, 241, 255, 312, 314, 316, 330, 332, 530
DU CAMP, Maxime : 234, 334
DUCHET, Claude : 240, 312, 313, 329, 523
DUESENBERRY, James Stemble : 285
DUFOUR, Philippe : 497, 504, 530
DUMONT, Arsène : 425, 453
DUMONT, Louis : 38, 42, 43, 48, 85, 540
DUNOYER, Charles : 10, 519
DURAND, Gilbert : 357, 464
DURAND, Hippolyte : 349
DURKHEIM, Émile : 160-165, 253-257, 520

EDELMAN, Nicole : 11, 21, 27, 30, 270, 532, 533, 537
ELISABETH 1re : 404
ÉPICURE : 386
ENGEL, Ernest : 19
ENGELS, Friedrich : 60, 387
ESCHYLE : 236

FACCARELLO, Gilbert : 50, 52, 58, 151, 264, 538
FAGUET, Émile : 208, 292, 293, 520
FAURE, Félix : 269, 272
FAURE-SOULET, Jean-François : 275, 283, 517
FÉRAT, Jules : 358, 473, 474
FERGUSON, Adam : 41, 542
FERGUSON, Frances : 385, 536
FERRY, Jules : 445
FLAUBERT, Achille : 235
FLAUBERT, Gustave : 11, 28, 31, 32, 118, 164, 181, 182, 219-241, 251, 256, 306, 312, 329-347, 348, 357, 361, 365, 368, 370, 372, 373, 415-417, 419, 420, 475, 496, 499, 504, 505, 508, 511, 512, 514, 523, 524, 527, 531, 534
FLOREZ ESTRADA, Alvaro : 9, 10
FONTAINE, Laurence : 27, 533
FOUCAULT, Michel : 262, 382, 526, 540, 542
FOUCOU, Félix : 350
FOURIER, Charles : 148, 149, 208-213, 216, 499, 507, 520, 521
FOURNIÈRE, Eugène : 442, 540
FRANKLIN, Benjamin : 266, 307, 467
FRÉDOL, Alfred : 244
FRESSOZ, Jean-Baptiste : 472, 486, 542

GALILÉE : 18
GALLAGHER, Catherine : 385, 536
GAMBETTA, Léon : 246
GARELLO, Jacques : 264, 282, 367, 539
GARNIER, Germain : 20, 29, 67, 159, 161, 162, 173, 232, 261, 493, 518
GARNIER, Joseph : 379, 386

GASTYNE, Jules de : 429
GAUCHET, Marcel : 20, 520
GAUGUIN, Paul : 231, 341
GAUTIER, Théophile : 334-336, 339, 347, 515
GENGEMBRE, Gérard : 104, 109, 515, 523
GEORGES-MÉTRAL, Alice de : 167
GIDE, Charles : 12, 14, 15, 17, 21, 31, 519
GINZBURG, Carlo : 241
GIONO, Jean : 355, 357, 364, 515
GLAUDES, Pierre : 116, 122, 528
GOBLOT, Edmond : 16, 520
GODWIN, William : 377, 382-387, 410, 491, 517, 536
GOETHE, Johann Wolfgang : 182, 234
GOMART, Hélène : 144, 533
GONCOURT, Edmond de : 118, 122, 482, 504, 527, 531
GONCOURT, Jules de : 118, 122, 504, 527, 531
GONNARD, René : 419, 425, 452, 454
GORE, Keith : 483, 530
GOUDMAND, Anaïs : 346, 530
GOUX, Jean-Joseph : 27, 28, 533
GRACQ, Julien : 74, 183, 241, 304, 305, 345, 368, 413, 460, 461, 463, 465, 495, 530, 531
GRESHAM, Thomas : 18
GRIMAL, Pierre : 38
GUILLAUMIN, Gilbert Urbain : 11-13, 19, 20, 161, 174, 336, 370, 377, 379, 517-521
GUSDORF, Georges : 399, 531
GUYON, Bernard : 102
GUYOT, Yves : 19, 25, 31, 163, 307, 368, 370-372, 431, 440, 506, 519

HADLEY, Elaine : 404, 536
HALÉVY, Élie : 37, 40, 41, 48, 50, 55, 56, 58, 65, 84 540
HAMON, Philippe : 125, 145, 186, 348, 512, 528, 531
HAYEK, Friedrich : 21, 104, 105, 110, 145, 367, 497, 506, 537

INDEX NOMINUM

HAZZLIT, William : 386, 387
HELVÉTIUS, Claude Adrien : 40, 42, 46-48, 53-61, 66, 68, 72, 73, 75, 82, 150, 153, 154, 244, 293, 294, 520
HEMINGWAY, Ernest : 253
HERSCHBERG-PIERROT, Anne : 11, 24, 26, 239, 342, 416, 504, 523, 524
HETZEL, Pierre-Jules : 163, 251, 252, 348, 350, 352, 353, 356, 359-365, 462, 463, 464, 516
HIGHS, Thomas : 349
HIRSCHMAN, Albert Otto : 40, 53, 87-91, 96, 97, 99, 102, 103, 106, 108, 112, 113, 147, 149, 153, 380, 496, 497, 540
HOBBES, Thomas : 38, 39, 43, 46, 123
HOMÈRE : 234, 236
HUET, Marie-Hélène : 354, 355, 356, 466, 512
HUGO, Victor : 23, 44
HUMBOLDT, Alexandre de : 290
HUME, David : 39, 41, 87, 89, 94, 113, 542
HUTCHESON, Francis : 41, 48, 52
HUYSMANS, Joris-Karl : 220, 221, 348, 515
HUZEL, James : 388, 536

INGRAO, Bruna : 26, 455, 536
ISRAEL, Giorgio : 34, 541

JAFFRO, Laurent : 27, 536
JAMES, Henry : 301
JEVONS, William Stanley : 31, 129, 468, 485, 486, 493, 502, 517
JOUVE, Vincent : 417, 531
JUGLAR, Clément : 11, 381, 503

KAFKA, Franz : 247
KAHN, Gustave : 421
KEYNES, John Maynard : 31, 276, 284, 300, 367, 369, 500
KIRCHER, Athanasius : 479
KITCHIN, Joseph : 381
KLIEBENSTEIN, Georges : 170, 395, 411-413, 525

KONDRATIEV, Nicolaï : 381, 503
KROPOTKINE, Pierre : 201, 209, 499, 520
KRUPP, Alfred : 137, 242, 246

LA BRUYÈRE, Jean de : 46, 48, 60, 88, 89, 96, 170, 180
LAFARGUE, Adrien : 292-295, 525
LAFAYETTE, Marie-Madeleine de : 68
LALLEMENT, Jérôme : 163, 371, 538
LAMARCK, Jean-Baptiste de : 263
LAMBOTTE, Marie-Claude : 411, 543
LAMÉ-FLEURY, Ernest : 12, 13, 520
LAPIDUS, André : 75, 541
LAQUEUR, Thomas : 385
LAROUSSE, Pierre : 11
LAS CASES, Emmanuel de : 175, 176
LASSÈGUE, Pierre : 414
LATOUCHE, Serge : 60, 312, 441, 541
LAURENTIE, Pierre-Sébastien : 9, 10, 520
LAVAL, Christian : 58, 507, 541
LAVELEYE, Émile de : 20, 141, 142, 147, 440, 521
LAVIELLE, Véronique : 38, 118, 184, 225, 513, 528
LE BON, Gustave : 129, 130, 521
LECONTE DE LISLE, Charles : 231-238, 499, 515
LEGOUVÉ, Ernest : 183, 349, 350, 365
LE HÉRON, Edwin : 17, 538
LEIBNIZ, Gottfried Wilhelm : 105
LEMAITRE, Jules : 121, 428, 429
LEMARE, Pierre-Alexandre : 337
LEMONTEY, Pierre-Édouard : 161, 162, 164, 173-177, 190, 192, 199, 200, 203, 232, 239, 253, 498, 521, 542
LENGRAND, Claude : 464, 527
LÉPINE, Louis : 338
LEROY-BEAULIEU, Paul : 11, 14, 519
LE ROY LADURIE, Emmanuel : 101, 329, 384, 511, 539
LE SCANFF, Yvon : 34, 250, 327
LETER, Michel : 31, 342, 416, 517
LETOURNEAU, Charles : 122
LEVASSEUR, Émile : 13, 519

LEVINSON, Marjorie : 385, 400, 536
LEVY, David : 12, 541
LÉVY, Pierre : 17, 538
LIPRANDI, Claude : 292, 293, 525
LOCKE, John : 38
LÖWY, Michael : 507, 541, 542
LOUIS XIV : 266
LUCAS, Prosper : 118, 122
LUKÁCS, Georg : 26, 33, 141, 163, 165, 181-183, 185, 187, 192-194, 197, 199, 207, 228, 238, 241, 253, 254, 498, 509, 523, 530, 531
LUMBROSO, Olivier : 129, 529
LYON-CAEN, Boris : 26, 171, 523, 533

MACÉ, Jean : 348
MACHEREY, Pierre : 244, 249, 356, 360-362, 501, 531
MACHIAVEL, Nicolas : 38, 40, 43
MALTHUS, Daniel : 410
MALTHUS, Thomas Robert : 14, 19, 29-33, 42, 46-49, 53, 59-61, 153, 162, 172, 177, 264, 269, 270, 274-285, 287-296, 300, 306, 317, 367, 369, 375-467, 475, 483, 485, 487-493, 495, 500-502, 504, 507-509, 517, 535, 536, 538-540
MANDEVILLE, Bernard : 39, 43, 89, 97, 99, 124, 138, 497
MANUEL, Eugène : 193
MANZINI, Francesco : 412, 525
MARÉCHAL, Jean-Paul : 377, 379, 397, 448, 449, 453, 491, 517
MARGOT, Jean-Michel : 463, 516
MARICIC, Anna : 151
MARIS, Bernard : 505, 533
MARQUER, Bertrand : 393
MARTINEAU, Harriet : 387, 388, 519
MARTINEAU, Henri : 45, 49, 286, 513, 516
MARX, Karl : 23, 97, 160, 174, 190, 194, 212, 243, 313, 350, 370, 386, 397, 441, 496, 517
MARZEL, Shoshana-Rose : 343, 523
MAUPASSANT, Guy de : 237, 241, 405

MC CLOSKEY, Deirdre : 32, 542
MC CULLOCH, John Ramsay : 49, 161, 162, 289, 518
MC LANE, Maureen N. : 383, 384, 407, 410, 487, 536
MELMOUX-MONTAUBIN, Marie-Françoise : 34, 248, 479, 527
MÉLONIO, Françoise : 11, 31, 34, 342, 387, 416, 504, 508, 521, 523
MENGER, Carl : 129
MÉRA, Brigitte : 96, 523
MERCIER DE LA RIVIÈRE, Pierre-Paul : 274
MÉRIMÉE, Prosper : 339
MÉROUVEL, Charles : 429
MICHEL-ANGE : 234
MICHELET, Jules : 44, 126, 162, 244, 486
MILL, James : 49, 264, 277, 278, 289, 318
MILL, John Stuart : 31, 49, 151
MIRBEAU, Octave : 432, 533
MITTERAND, Henri : 101, 113, 116, 122, 131, 134, 135, 141, 143, 437, 512, 513, 515, 528, 529
MOLES, Abraham : 313, 340, 543
MOLIÈRE, Jean-Baptiste Poquelin, dit : 48
MOLINARI, Gustave de : 19, 20, 29, 30, 155, 162-164, 253, 370, 379, 498, 519
MONTÉPIN, Xavier de : 429
MONTESQUIEU, Charles Louis de Secondat, baron de : 48, 87-89, 94, 97, 99, 147, 149, 274, 285, 379, 403
MORAND, Paul : 245, 250, 386
MOREAU, Thérèse : 420, 533
MOUILLAUD, Geneviève : 180, 306, 516, 525
MOURAD, François-Marie : 115, 116, 455, 513
MOUTAUX, Jacques et Geneviève : 54, 520
MUMFORD, Lewis : 338
MUSSET, Alfred de : 90

NEEFS, Jacques : 24, 26, 222, 227, 330, 347, 504, 511, 523, 527, 531

INDEX NOMINUM

NÉEL, James-Élie : 12, 521
NERLICH, Michael : 76, 173, 524
NEWTON, Isaac : 18, 58, 159
NICOLLE, Charles Dominique, abbé : 111
NITTI, Francesco Saverio : 15, 419, 425, 440, 453, 457, 519
NOIRAY, Jacques : 196, 214, 233, 353, 357, 359, 362, 364, 504, 512, 514, 527, 529
NORRIS, Frank : 145, 465, 470, 514

ORLÉAN, André : 21, 26, 323, 509, 533, 541
OZOUF, Mona : 38, 531

PAGÈS, Alain : 419, 528
PALISSY, Bernard : 326
PARETO, Vilfredo : 31, 34, 68, 503
PASSY, Frédéric : 431, 432, 440, 456
PAVEL, Thomas : 507, 531
PEART, Sandra : 12, 541
PÉGUY, Charles : 197, 423, 441, 442, 445, 451, 515
PELLINI, Pierluigi : 147, 534
PÉRAUD, Alexandre : 25-28, 34, 98, 100, 299, 323, 455, 510, 532, 533, 534
PEREC, Georges : 248, 319, 358-360, 527
PÉRIER-LAGRANGE, François-Daniel : 45
PERROT, Jean-Claude : 37, 38, 45, 517, 541
PETERSEN, William : 383, 384, 386, 387, 396, 397, 489, 539
PETREY, Sandy : 191-193, 529
PETY, Dominique : 348
PICARD, Michel : 355, 527
PICH, Edgard : 234, 515
PICON, Dorothée : 27, 34, 68, 537
PICOT, Jean-Pierre : 136, 462, 512, 526, 527
PIERRE (-GNASSOUNOU), Chantal : 122, 529
PIETRAGRUA, Angela : 72
PIGNOL, Claire : 24-27, 34, 74, 323, 361, 455, 509, 510, 532, 534, 537

PIKETTY, Thomas : 509, 510, 537
PLATON : 386
POINCARÉ, Henri : 34
POIRSON, Martial : 25, 28, 372, 505, 533, 534
POLANYI, Karl : 39, 108, 111, 497, 541
POLANYI, Michael : 90
POULOT, Denis : 188, 191, 193, 204
PRÉVOST, Pierre : 29, 377, 517
PROUDHON, Pierre-Joseph : 12, 162, 232, 386, 397, 506
PUJOL, Stéphan : 75

QUESNAY, François : 17, 19, 110, 159, 263, 517

RABELAIS, François : 234
RACHILDE : 425, 429, 433, 454
RAIMOND, Michel : 331, 412, 523
RANCIÈRE, Jacques : 398, 399, 531
REAGAN, Ronald : 367
RECLUS, Élisée : 351, 472, 520
RENAN, Ernest : 451, 482, 483, 521, 527, 530
RENAUD, Hippolyte : 208, 521
RÉTAT, Laudyce : 482, 483, 521
RETZ (Jean-François Paul de Gondi, Cardinal de) : 96
REVERZY, Éléonore : 34, 393
REY, Pierre-Louis : 38, 346, 525
RICARDO, David : 14, 15, 18, 19, 31, 49, 65, 130, 155, 162, 163, 178, 264, 274, 276, 277, 279, 280, 282, 284, 288, 289, 367, 369, 379, 491
RICHARD, Jean-Pierre : 227, 318, 330, 331, 523
RIOU, Édouard : 243
RIST, Gilbert : 152, 541
ROBERT, Marthe : 27, 390, 394, 531
ROBIN, Christian : 462, 526, 527
ROHAN, Henri de : 88
ROSANVALLON, Pierre : 20, 39, 42, 124, 541
ROSNY AÎNÉ : 464

ROUSSEAU, Jean-Jacques : 43, 60, 61, 100, 361
ROYER, Louis : 29, 270, 525
RUDE, Fernand : 45, 49, 174, 270, 275, 525
RUGY, Anne de : 27, 74, 534
RUSCH, Pierre : 33, 509, 531

SAGRA, Ramon de la : 10, 519
SAINTE-BEUVE, Charles-Augustin de : 134, 307, 504
SAINT-HILAIRE, Geoffroy : 116, 504
SAINT-MARC, Henri : 15, 519
SAINT-SIMON, Claude-Henri de Rouvroy, comte de : 49, 103, 264, 357, 369, 469, 478
SAMINADAYAR-PERRIN, Corinne : 444, 445, 450, 529
SAMUELSON, Paul : 98
SARTRE, Jean-Paul : 132, 165, 182, 245, 247, 250, 253, 254, 531
SAUVY, Alfred : 386
SAY, Jean-Baptiste : 18, 19, 21-23, 29-31, 33, 42, 46, 48-50, 53, 60, 61, 110, 153, 159, 160, 162, 164, 170-174, 176, 221, 239, 259-314, 317-325, 328, 338, 339, 344, 345, 349, 359, 367-374, 377, 387, 388, 402, 489, 496, 498-500, 502-504, 506, 509, 518, 519, 539, 540
SCEPI, Henri : 242, 515
SCHAFFNER, Alain : 248, 250, 355, 356, 358, 459, 504, 527
SCHARF, Fabian : 201, 208-210, 214, 419, 420, 444, 529
SCHLEGEL, Friedrich : 510
SCHLOSSBERG, Linda : 385, 389, 398, 400, 537
SCHMOLLER, Gustav von : 129, 164
SCHOENTJES, Pierre : 462, 531
SCHÖNBERG, Gustav von : 20
SCHOPENHAUER, Arthur : 383, 421, 425, 435, 462
SCHOR, Naomi : 316, 531
SCHUMPETER, Joseph Alois : 381, 503, 539

SCOTT, Walter : 92, 111, 181, 321, 477
SÉGINGER, Gisèle : 313, 330, 343, 348, 505, 524, 532
SEILLAN, Jean-Marie : 444, 445, 450-452, 529, 532
SEN, Amartya : 74, 152, 537
SENIOR, Nassau William : 388, 521
SHAFTESBURY, Anthony Ashley Cooper : 88, 97, 113
SHAKESPEARE, William : 234, 286, 291, 516
SHELL, Marc : 28, 537
SHELLEY, Mary : 384
SHELLEY, Percy Bysshe : 384, 535
SIMON, Herbert : 74
SIMONDON, Gilbert : 313, 351, 358, 359, 364, 365, 501, 543
SISMONDI, Jean-Charles Simonde de : 162, 276, 277, 281, 284, 296, 305, 367, 518
SMITH, Adam : 14, 20, 22, 29, 33, 39-43, 46-53, 57, 59-61, 67, 69, 70, 78, 85, 87, 89, 93, 97, 99, 144, 147, 151, 159-165, 171-175, 177, 178, 180, 184, 198, 199, 212, 232, 242, 243, 261, 264, 265, 269, 270, 273, 274, 278, 283, 286, 310, 359, 369, 377, 402, 404, 485, 493, 496, 498, 499, 504, 509, 518, 538, 542
SOMMERARD, Alexandre du : 321
SOPHOCLE : 236
SOWELL, Thomas : 264, 274, 276, 277, 280-282, 309, 367, 539
SPANDRI, Francesco : 11, 25, 28, 89, 137, 298, 352, 480, 532-535
SPENCER, Herbert : 383, 452-457, 489, 502
SPINOZA, Baruch : 87, 89, 149
STAËL, Germaine de : 90, 515
STAROBINSKI, Jean : 45, 69, 403, 491, 526, 532
STEINER, Philippe : 18, 52, 263, 296, 369, 370, 518, 538, 539, 542
STEINS, Martin : 444-445, 529
STENDHAL : 27-32, 38, 40, 42-44, 45-85,

90, 106, 117-123, 149, 151-155, 164, 167-183, 199, 244, 245, 250, 251, 253, 256, 261, 263, 264, 269-307, 309-312, 314, 318, 331, 346, 347, 367-374, 377, 387, 390, 391, 393-419, 422, 443, 459, 475, 483, 487, 488, 490, 496, 498, 499, 502, 503, 507, 508, 511-513, 515-516, 518, 524-526, 532, 533
STEUART, James : 97
STRAUSS, Paul : 428, 522
SULTAN, Élise : 75

TAINE, Hippolyte : 117, 118
TARDE, Gabriel : 129, 152-154, 379, 497, 521
TCHÉKHOV, Anton : 342
THÉRENTY, Marie-Ève : 239, 524
THIBAUDET, Albert : 415
TOCQUEVILLE, Alexis de : 43, 91, 97, 162, 164, 232, 370, 387, 388, 397, 521, 540
TOLSTOÏ, Léon : 181, 182
TORT, Patrick : 143, 543
TORTONESE, Paolo : 34, 89, 108, 532, 535
TRIAIRE, Sylvie : 237, 238, 524
TRUCHY, Henri : 15, 519
TURGOT, Anne Robert Jacques : 14, 79, 407, 422

UNWIN, Timothy : 464, 470, 478, 527

VACHON, Stéphane : 44, 91, 512, 523
VALÉRY, Paul : 12, 322, 345, 516
VALLÈS, Jules : 191, 192, 210, 219, 334
VALOIS, L. : 10, 521
VANOOSTHUYSE, François : 34, 40, 526
VATIN, François : 532, 533, 535, 537, 542, 11, 21, 25, 162, 176, 177
VAUVENARGUES, Luc de Clapiers de : 87, 96, 102
VERDONIE, Jean-Louis de la : 13, 521
VERNE, Jules : 32, 136-140, 146, 153, 164, 242-252, 256, 262, 348-365, 368, 369, 391, 459-486, 487, 496, 499, 501-504, 508, 512, 515, 516, 526-528, 531, 534
VERNET, Joseph : 136
VERRI, Pietro : 33, 34
VICO, Giambattista : 40, 87
VILQUIN, Éric : 377, 379, 380, 382, 397, 490, 517
VIOLLET LE DUC, Eugène : 358
VIRGILE : 55, 355, 357, 364, 515
VIZCARRA, Yinsu : 413
VIVÈS, Vincent : 233, 234, 515
VOLTAIRE, François-Marie Arouet, dit : 274, 285

WAGNER, Richard : 425
WALRAS, Léon : 31, 34, 37, 49, 98, 151, 503
WASZEK, Norbert : 41, 52, 542
WATT, James : 338, 472, 485
WEBER, Max : 33, 88, 507, 509, 541, 542
WEIL, Simone : 190, 195, 196, 199, 200, 207, 212, 216, 217, 498, 543
WELLS, Herbert George : 464
WOLF, Nelly : 122, 124, 532
WOLFF, Jacques : 379, 386, 539
WOLLSTONECRAFT, Mary : 384
WYSS, Johann David : 353, 364

YOUNG, Arthur : 47, 398

ZACCONE, Pierre : 429
ZANOT, Irène : 479, 528
ZOLA, Émile : 10, 16, 19, 31, 32, 38, 39, 42-44, 90, 101, 113, 115-151, 153-155, 164, 181-183, 184-229, 233, 246, 251, 256, 299, 307, 313, 323, 330, 370, 371, 383, 385, 391, 394, 419-457, 463, 464, 470, 475, 487, 488, 490, 495, 497-499, 502, 506, 508, 512, 513, 515, 528-529, 532, 533-535

TABLE DES MATIÈRES

INTRODUCTION
Une « science sans entrailles » ? 9
    Une idée reçue 11
    Les lois naturelles de l'économie 17
    Le roman expérimental de l'économie 23
    Stendhal économiste 27
    De la littérature comme objection de conscience 33

PREMIÈRE PARTIE
LES PASSIONS ET LES INTÉRÊTS

STENDHAL ET L'APORIE DU CALCUL UTILITAIRE 45
    D'Helvétius à Bentham 53
    Le calcul, condition de l'homme moderne ? 58
    Le *felicific calculus* dans le *Journal* ou *De l'amour* 62
    Trois limites du calcul 66
    Le héros calculateur 75

BALZAC AU PRISME DE HIRSCHMAN 87
    La « grande transition » selon Balzac 91
    Peut-on parler d'un gouvernement des intérêts ? 97
    Le Médecin de campagne 101
    La réhabilitation esthétique et morale des passions 111

ÉMILE ZOLA ET LA FABLE DES ABEILLES 115
   Le personnage exceptionnel stendhalien 117
   Les « appétits » et la « poussée » 121
   La « poussée » a-t-elle une direction ? 124
   La bataille des intérêts 127
   Parenthèse vernienne 136
   Libéralisme et darwinisme 140
   Abolir ou accepter l'intérêt ? 146

CONCLUSION DE LA PREMIÈRE PARTIE 151

DEUXIÈME PARTIE

LA DIVISION DU TRAVAIL

DEUX FABRIQUES DE CLOUS 167
   Verrières 167
   La Goutte d'Or 184

COMMENT RÉGÉNÉRER LE TRAVAIL ? 201
   L'Évangile des forgerons (de *L'Assommoir* à *Travail*) 201
   L'œuvre domestique (les petites boites de Zola
   et les ronds de serviette de Flaubert) 219

ŒILLÈRES OU SURPLOMB
DU NARRATEUR ET DU ROMANCIER 231
   Le « fonds commun à l'homme et au poète ».
   Flaubert et la spécialité 231
   Le héros et son point de vue 242

CONCLUSION DE LA DEUXIÈME PARTIE 253

TROISIÈME PARTIE
LA LOI DES DÉBOUCHÉS

CONSOMMER, PRODUIRE, CRÉER
Stendhal lecteur de Say 269
   Une lecture de parti pris 270
   Les théories stendhalienne
   et malthusienne de la demande 274
   L'économie politique et le *lazzarone* 286
   L'intensité de la demande comme principe romanesque ? 292
   Dépenser n'est pas consommer 297
   Un romanesque de l'offre 300

LA MULTIPLICATION DES CHOSES 309
   Le paradoxe balzacien 314
      La production du détail 315
      L'usure des objets 318
      L'utopie de la frugalité 324
   L'imperméable et l'effet de réel (Flaubert) 329
      La fascination pour la chose 331
      Les nouveaux objets industriels 333
      L'effet de réel 343
   Leçons de choses (Verne) 348
      Le *Magasin d'Éducation et de Récréation*
      et la chambre d'enfant 348
      L'Île mystérieuse 351
      Le savoir et le travail 361

CONCLUSION DE LA TROISIÈME PARTIE 367

QUATRIÈME PARTIE
LA LOI DE MALTHUS

PRINCIPE DE POPULATION ET DESTIN DU HÉROS
Stendhal lecteur de Malthus 393
   Surplus child et sens du monde 397
   Garder la tête froide contre le mélodrame 400
   L'irréel du passé 406
   Le coût d'opportunité 414

LE MALTHUSIANISME CONTRARIÉ DE ZOLA 419
   Le vice 424
   La « divine imprévoyance » 435
   L'enfant surnuméraire 441
   La pensée des limites 448
   La loi de Spencer 452

JULES VERNE ET L'ÉPUISEMENT DES RESSOURCES 459
   Verne et Malthus 462
   Les contradictions du roman *Les Indes noires* 468
   L'adieu au monde 475
   La mélancolie des mondes connus 480

CONCLUSION DE LA QUATRIÈME PARTIE 487

CONCLUSION 495

BIBLIOGRAPHIE 511

INDEX NOMINUM 545